姜明安公法著作系列丛书

# 行政诉讼法

（第四版）

姜明安——著

Administrative Litigation Law

法律出版社
LAW PRESS · CHINA

谨以此书献给在中国创建“民告官”制度并使这一制度在中国顺利、有效运作而曾经和正在付出辛劳、心血、智慧乃至生命的学者、立法者、法官、律师，以及曾经和正在奔波、跋涉在“告官”路上的生民们。

姜明安

2021年5月

# 第四版序言

本书第三版出版后，最高人民法院先后发布了三个非常重要的司法解释文件：《最高人民法院关于适用〈中华人民共和国行政诉讼法〉的解释》、[①]《最高人民法院关于审理行政协议案件若干问题的规定》[②]和《最高人民法院、最高人民检察院关于检察公益诉讼案件适用法律若干问题的解释》（最后一个司法解释是最高人民法院和最高人民检察院联合发布的）。[③] 这三个司法解释文件的发布和施行，特别是其中第一个司法解释，共有条文163个，对2000年和2015年的相应司法解释进行了全面修改，补充了大量的法律具体实施规则，使第三版的许多内容与现行司法实践出现了不一致，且没有全面论述和阐释现行行政诉讼法规范和制度的内容。这迫使笔者不得不抽出时间对本书第三版加以全面修改：补充对上述三个司法解释进行阐释的相应内容，纠正原书中与三个司法解释规定不一致甚至相冲突的论述。以期避免误导读者，特别是误导拟运用该书知识、理论指导其办理行政诉讼案件和打行政官司的读者。若如此，姜明安可罪莫大焉！

本书第四版相对第三版，体例也略有改变：一是增加了"行政协议诉讼与行政公益诉讼"一章（第十三章），以反映和体现我国行政诉讼近年来的两个最大发展亮点；二是将第三版原第三章的内容前置于第一章，使读者一开始阅

---

① 该司法解释（法释〔2018〕1号）于2017年11月13日由最高人民法院审判委员会第1726次会议通过，2018年2月6日由最高人民法院公告公布，自2018年2月8日起施行。

② 该司法解释于2019年11月12日由最高人民法院审判委员会第1781次会议通过，2020年1月1日由最高人民法院公布施行。

③ 该司法解释于2018年2月23日由最高人民法院审判委员会第1734次会议通过、2018年2月11日由最高人民检察院第十二届检察委员会第73次会议通过，2018年3月1日由最高人民法院和最高人民检察院公告公布，自2018年3月2日起施行。

读本书就能对我国行政诉讼制度发展和演变的概貌有一个大致的了解;三是删去了第三版附录中转载的最高人民法院发布的50个行政诉讼典型案例,因为这些案例随着相应法律和司法解释的修改,有些内容与现行法律和司法解释出现了不一致的情形;四是将各章参考阅读书目统一置后,以更方便读者查阅。

本书第四版原本打算作为“姜明安公法著作系列”第三卷出版,但因为考虑到前述最高人民法院三个司法解释出台导致第三版内容极度过时,故笔者提前修改将之作为“姜明安公法著作系列”第二卷出版(笔者《行政法》第五版将顺延为“姜明安公法著作系列”第三卷出版)。

姜明安

2020年12月1日

于北京海淀区八里庄

# 第三版序言

2016年的这个暑假，鄙人做了两件多年来想做但一直因故未能做的大事：一是做了一个全口牙科手术，把一口早已松动或开始松动或即将松动的牙齿全部拔掉，换上能吃排骨、能啃苹果的人造牙齿；二是将笔者23年前撰写、9年前做过中修的这本《行政诉讼法》旧作做了一次大修，推出了现在呈现在诸位读者面前的新作《行政诉讼法》第三版。第一件大事对于笔者后半生的人生确实意义重大。想想这8年牙病带来的痛苦：饭不香，菜无味，真是苦不堪言，特别是与亲朋好友聚餐时，看着桌上大盘小盘的美味佳肴，多么想将之尽收吾腹，一饱口福，但心有余而力不足，对这些佳肴美味大多只能望之兴叹，可远观而不能动口品尝焉。此时心中的委屈、难受，真是无以言表，难与他人言。这样的日子笔者竟然熬了8年。8年了，别提它啦。今岁已是忍无可忍，这次暑假终于做了这个了断。第二件大事也是笔者多年想做而未能做的一件大事，这本旧作出版了20多年，重印了10多次，仅在2007年做了一次不大的修改，其中许多内容已经过时，特别是1989年《行政诉讼法》于2014年第十二届全国人大常委会第十一次会议全面修改后，我的这本拙作就更是千疮百孔、惨不忍睹了。如果再不作为，让书架上一直放着这么一本病书，自己心中的痛苦、折磨，也许比口中一直留着那副病牙更甚，更无以言表和难与他人言了。

正是由于这种痛苦的压力，迫使笔者下定决心谢绝各种会议、论坛、讲座，谢绝各种采访、笔谈和案件论证，谢绝各种朋友聚会和风景名胜地度假、避暑等种种诱惑，利用2016年的这个暑假，做了这两件大事。现在，假期即将结束，牙已换，书稿马上交付出版，心中无限欣慰。尽管此两件事质量如何，还有待时间检验。

笔者能在这个暑假做成这两件事，除了自己的决心以外，还因为有人极力促我、助我做这两件事。在此两件事情完成之际,我应该对他(她)们表示衷心的感谢。首先我要感谢的人应该是我的夫人陈晓燕女士,是她一直催促我把书写好,特别要写好自己的书,希望我不要去做那么多主编。我这么多年确实做各种著作、教材的主编太多了,有主动的,有被动的。做主编虽然也会自己动手写一部分稿,但大部分是别人写,自己看别人写的稿子、改别人写的稿子。我为此花费了大量的时间和精力,使自己20年前、30年前写的书现在还放在书架上,没有时间和精力去修改、补充、完善它们,令它们过时和老化。夫人的劝说,促我完成了本书修订和准备下一步继续完成我的其他早期著作的修订。另外,在做换牙手术这件大事上,夫人也是出了大力的,每次去医院手术,尽管她作为大银行高管,工作无比繁忙,但仍抽时间接送我,陪我度过手术和术后那段难捱的时光。

其次我要感谢北京大学出版社白丽丽编辑,是她一直督促我修改再版本书。在我的原书稿在电脑中不慎丢失的情况下,她又和她的同事将原书重新扫描输入电脑,给我发来原书稿的电子版,使我能在原书稿的基础上继续改稿,节约了我很多时间。另外,我此前主编或撰写的好几本书(如《法治思维与新行政法》《行政法与行政诉讼法》等)也是她和她的同事担任责任编辑的,是她和她的同事的认真和细致的编辑工作给我的书添彩增色不少。过去我没有找着适当的机会感谢她们,现在利用本书再版之际,特向她们说一声"谢谢"。

最后我要感谢的是首都经济贸易大学法学院的尹少成博士和国家法官学院的李晓果博士。他们俩都是行政法学界的晚辈、后起之秀。是他们主动帮我校对书稿,整理书稿的中英文目录,帮我纠正了书稿中多处文字和用语的错误。另外,他们作为宪法和行政法专业的博士,成为笔者拙作的首读读者,也让笔者感到欣慰。

《行政诉讼法》第三版,相对于第二版,作了大幅度的修改。因为自第二版出版到现在已有近10年时间,行政诉讼法的理论和实践有了很大的发展,加之2014年第十二届全国人大常委会第十一次会议审议通过的新《行政诉讼法》对1989年《行政诉讼法》进行了全面修改,随后最高人民法院又出台了新的行政诉讼法司法解释。笔者必须根据这10年行政诉讼法理论和实践的发展和新《行政诉讼法》、新司法解释对拙作第二版进行从文字概念(如改

“具体行政行为”为“行政行为”,改“行政合同”为“行政协议”等)到内容(如行政诉讼受案范围、管辖、诉讼程序、判决、裁定等)的全面修订、改造。在某种意义上说,本书第三版几乎等于是一本新书。

当然,《行政诉讼法》第三版实质上不是一本新书,说它是“新书”只是从某种意义(修改幅度大的意义)上说的。第三版仍然继承了第一版和第二版中的许多内容,如关于行政诉讼法原理、原则和理念的阐释,关于我国《行政诉讼法》的制定和之后在实践中发展、演进的历史沿革的叙述,关于《行政诉讼法》制定、修改过程的介绍与历史背景的分析,关于学界和实务界对行政诉讼法立法设计各种制度、规范乃至具体条文表述的不同方案的争论、博弈情况等。这些内容是本书区别于其他行政诉讼法著作的重要特色,是本书能够存在20多年和还能继续存在下去的生存基因。本书之所以能有这些内容,是因为笔者参与了《行政诉讼法(试拟稿)》的起草和之后正式立法、修改的整个过程,了解《行政诉讼法》设计的各种制度、规范的立法背景和之后发展变化的历史原因。对于这些内容,笔者所基于的是本人亲历的第一手材料。年轻学者朋友们即使再有学术才华,其著述也可以写这些内容,但所基于的只能是第二手材料。

前已述及,《行政诉讼法》第三版是笔者根据第十二届全国人大常委会第十一次会议审议通过的现行《行政诉讼法》和最高人民法院发布的新司法解释修改和撰写的。但是,这并不意味着我对现行《行政诉讼法》和司法解释的每一项规定都认可,都认为它们是立法者在各种立法方案中选择的最优方案。实际上,笔者对现行《行政诉讼法》中的某些规定是有异议的,这些异议笔者在立法过程中就曾向立法机关提出过,但没有被采纳(当然,笔者有许多其他建议被立法机关采纳)。撰写本书时,我将这些异议和关于今后进一步修改《行政诉讼法》相关制度、规范的建议的部分内容置于书中有关章节之中。所以,本书是“实然”(现行法律的实际规定)与“应然”(笔者认为法律应该如何规定)的结合,当然,是以阐释“实然”为主,适当探讨“应然”。

《行政诉讼法》第三版的写作还涉及笔者对若干特殊问题的处理。为方便读者阅读本书,需要在序言中对这些处理作一点说明:

一是如何处理已修改的现行法律和原法律的称谓问题。本书主要涉及《行政诉讼法》、《国家赔偿法》和《立法法》三部法律。本书在使用时,一般用现行法律的名称,如《行政诉讼法》、《国家赔偿法》和《立法法》表述现行法,用现行法律的名称在前面加“原”表述修改前的法律,如原《行政诉讼法》、原《国家赔偿法》和原《立法法》,如相应法律有过两次或两次以上的修改,本书使用较修改前的法律更前的法律规定时,则明确表述所引用的法律条文出自哪个法律版本,如1995年全国人大常委会通过的《国家赔偿法》、1991年全国人大通过的《民事诉讼法》等。另外,在某些场合,为了比较现行法律规定与原法律规定的区别时,会在相应法律名称前分别加“现行”(或者“新”)和“原”表述,如“现行《行政诉讼法》”(或者“新《行政诉讼法》”)和“原《行政诉讼法》”。本书中凡使用《行政诉讼法》、《国家赔偿法》和《立法法》表述的,均是指现行《行政诉讼法》、《国家赔偿法》和《立法法》。作为个别例外,在第一章中使用了“新《行政诉讼法》”的表述,以专门论述其制度和内容的创新,在其他章节个别处使用了“现行《行政诉讼法》”的表述,以对比原《行政诉讼法》的相应规定。

二是如何处理最高人民法院两个司法解释的称谓问题。两个司法解释的关系不同于《行政诉讼法》两个版本(原《行政诉讼法》和现行《行政诉讼法》)的关系。后者是现行法取代原法,新法施行,旧法即废止;前者则是两者并存,两个司法解释现在均有效,只是前一个司法解释中个别规定与后一个司法解释不一致的无效。故本书使用这两个司法解释时,分别用“《行政诉讼法司法解释》(1999年)”和“《行政诉讼法司法解释》(2015年)”表述,以对二者加以区别。

三是本书在引用法律(《行政诉讼法》《国家赔偿法》《立法法》《民事诉讼法》)的有关条文时,有的是原文引用,有的是加以整理、归纳后使用。为了区别这两种用法,笔者在引注中对前一种用法使用“见”的表述,如“见《行政诉讼法》第5条”;对后一种用法使用“参见”的表述,如“参见《国家赔偿法》第30条”等。

四是本书在每章起始处引用一位或两位名人语录,作为该章写作的理念指导。这些语录有的与该章内容密切相关,有的与该章内容的关系不是那么直接而只是间接和指导性的。这些名人大多是著名行政法学专家,如龚祥瑞、王名扬、罗豪才等;有的是大法官,如周强、江必新等;还有的是外国著名学者,如威廉·韦德、奥托·迈耶等。

五是本书在后面设了7个附录：最高人民法院发布的行政诉讼典型案例、《行政诉讼法》条文、行政诉讼法修正案（草案）说明、最高人民法院关于行政诉讼法的两个司法解释、最高人民法院关于行政诉讼证据问题的规定以及《国家赔偿法》条文。本书的这些附录主要是为作为法律实务工作者的读者（如法官、检察官、律师等）设置的。他们从事相应法律义务，在参考本书理论论述的同时，查阅这些附录中的法律规定原文、司法解释和相应案例，会对相应法律问题有更全面、更准确、更深入的理解。

在即将结束本版序言的时候，笔者还是如同在撰写第一版、第二版序言时一样，衷心希望读者能对本书中必然和可能存在的各种错误、疏漏提出批评指正。

姜明安

2016年8月20日

于北京海淀区八里庄

# 第二版序言

本书由北京大学出版社1993年出版第一版，后来北京大学出版社在1996年、2001年又换了两个版本，共印刷了11次，这次新版在形式上应该说是第四版了。但是，第二、三次换版毕竟只换了书的封面和版式，内容并没有进行任何修改，所以不是实质的改版。因此，这次新版仍只能称"第二版"。

在本书第一版的"前言"中，笔者曾向读者坦言：该书只是个讲义整理稿，体系很不完整，内容很不完善，错误和不妥之处在所难免，并承诺在以后的再版中予以纠正。现在，当笔者写这个"第二版序言"的时候，离那个"承诺"之时已经整整14年了。如果说，当时称该书"错误和不妥之处仍会存在"只是一种推测、判断和略表谦虚之辞的话；那么，在今天，在《行政诉讼法》已在中国大地上实施了17个年头，大量的判例、司法解释以及不断出版和发表的新的论著、论文已经将当年的行政诉讼法学理论、学说推到了一个全新阶段的时候，该书的"错误和不妥之处仍会存在"就不只是一种推测、判断和略表谦虚之辞，而是真真切切、实实在在的了。而且"错误和不妥之处"已经不只是停留在"仍会存在"的程度，而是达到近于"随处可见，俯拾皆是"的程度了。这真是使笔者汗颜。

那么，笔者的这本书是不是已经完全变成了一盆"脏水"，应该干脆利落地倒掉了事呢？我想，那倒不至于，因为这盆"脏水"里还是有可爱的"小孩"的。不然，出版社为什么将之反复印刷了11次呢？为什么不断能有这么多读者喜欢"她"呢？尽管喜欢她的人同时也有很多不喜欢她之处：不喜欢她的"脏"，不喜欢她躺在一盆"脏水"里。显然，这全是笔者的错，是笔者的懒，是笔者的不作为（14年未对该书作任何修改）造成的。笔者早就应该将这个澡盆里的脏水倒掉，给读者呈现一个干净的"小孩"。

今天笔者终于腾出时间来,或者更确切地说,笔者压下了一些别的事情,抵制住了外面世界的重重诱惑(各种会议、讲座、论坛和案件论证等),开始孤独地坐在书房里来做这件“给小孩洗澡”的工作。此项工作大概包括这么几件事:第一,根据《最高人民法院关于执行〈中华人民共和国行政诉讼法〉若干问题的解释》和《最高人民法院关于行政诉讼证据若干问题的规定》以及本书第一版出版后最高人民法院发布的其他大量的司法解释、批复,修改或补充本书原版中的有关内容。第二,根据《国家赔偿法》和有关司法解释,重写“行政赔偿诉讼”一章,因为笔者撰写本书原版时,《国家赔偿法》尚未正式制定,相应司法解释更未出台。第三,根据这十多年来的各级人民法院审理的大量行政诉讼案件实例,研究我国行政诉讼实践中出现的各种法律或与法律有关的问题,并就其中的某些问题发表自己的若干拙见。尽管《行政诉讼法》目前尚未修改,笔者在这一版本中所依据的基本法律仍然是本人在第一版写作时所依据的同一部《行政诉讼法》,但该法的整个实施环境、背景以及在其实施中所呈现的各种问题与14年前笔者写作本书第一版时已大不相同了,《行政诉讼法》的许多条文已经到了应该修改,甚至是必须修改的时候了。因此,笔者现在的这个修改版在阐述“实然”问题的同时,不能不附带研究某些“应然”的问题,发表一点实定法释义之外的拙见。第四,借鉴和参考学界近年来行政诉讼法研究的前沿成果,对原版中一些过时的,乃至“错误和不妥”的理论观点加以必要的和适当的修正和更新。当然笔者在做这种“修正和更新”的工作时,注意坚持和遵循下述两项原则:其一,“修正和更新”是在原版的基础上“修正和更新”,而不是完全推倒重来,不是写一部新书。因此,新版相对于原版,大的体系结构基本不动,内容和观点只要没有重要“错误和不妥”的,基本不动,写作体例和规范也基本不动。其二,坚持以现行《行政诉讼法》和相应司法解释为基本依据,对今后可能的修改和发展趋势及学术界的不同见解,虽适当予以介绍,但尽可能不混淆“应然”和“实然”的界限。虽然《行政诉讼法》很快就要修改了,然而毕竟现在还没有修改,本书不想过多涉及或预测可能修改的内容。新《行政诉讼法》的阐释工作只能等到《行政诉讼法(修正案)》为全国人大正式通过以后,笔者对本书再作修改时做,即此事只能寄希望于本书第三版了。

此外,本书第二版相较第一版,书名去掉了一个“学”字,由“行政诉讼法学”变成了“行政诉讼法”。之所以作此修改，理由有四：其一，笔者自感本书“学”味不够；其二，法学，特别是应用法学，与自然科学的“学”（Science）有重要区别，共用一个“学”字，历来学界有争议；其三，在国外和我国台湾地区，学者的法学著作很少，或几乎没有人用“学”（Science）的，我读的行政法著作书名几乎都叫 *Administrative Law*，没有叫 *Science of Administrative Law* 的；其四，法学著作，特别是行政诉讼法和行政法著作不加“学”似乎更“顺眼”些，而且，不加“学”并不妨碍作者施“学”味于自己的著作之中。

本书的修改和再版，首先，要感谢法律出版社法学学术出版分社的茅院生社长和刘彦沣编辑，没有他们的多次督促和“好言相劝”，我是静不下心来做这件多少年前早就该做而一直没有做的工作的。其次，我要感谢北京大学出版社和北京大学出版社为这本书作出了诸多贡献的杨立范副总编、李霞主任和其他编辑，没有他们的辛勤工作和热心推介，这本书是不可能在 14 年印刷 11 次之多的。实际上，本书出再版，北京大学出版社也多次与我谈过。我最后决定在法律出版社出，还真有点对不住北京大学出版社，在此我要对北京大学出版社表示歉意。此外，我还要感谢中国人民大学出版社法律出版事业部的郭燕红主任和杜宇峰女士，她们也多次策划过我的这本书和其他旧作在中国人民大学出版社再版。正是由于法律出版社、北京大学出版社和中国人民大学出版社多位编辑的关心和帮助，促成笔者完成了本书的修改再版和准备在未来几年继续对本人 20 世纪的旧作进行改造、重构和再版。最后，我当然还要特别感谢我的“上帝”——本书和我的其他著作的读者群，没有你们的支持和厚爱，我不可能在我大学毕业后的这二十多年里一次又一次地享受自己的劳动被社会认可的快乐。

最后，在这个序言结束之前，笔者还要再重复一下本人在第一版前言中最后所作的那个坦言、希望和承诺：尽管我做了努力，“但是限于笔者的水平，错误和不妥之处仍会存在。对此，愿读者们不吝指教，以使笔者能在以后再版（第三版）中予以纠正”。

姜明安

2006 年 12 月 15 日

于北京海淀区八里庄

# 第一版前言

本书是笔者近年来在北京大学法律系以及最高人民法院与北京大学合办的高级法官培训中心讲授行政诉讼法课程的讲义整理稿。

之所以将这个讲义稿整理出版,目的有三:

其一,是为适应行政诉讼法学教学的需要。在北京大学,行政诉讼法的教学始于20世纪80年代初期。当时虽未开设独立的行政诉讼法学课程,但在行政法学课程中,行政诉讼是重点讲授的内容之一。至20世纪80年代末90年代初,随着行政诉讼制度在我国的正式建立和社会对这方面人才、知识需求的增长,北京大学开始将行政诉讼法学作为一门独立课程在本科生和研究生中开设,并且是作为法律系学生的必修课开设。本课程开设已四年,但至今尚没有出版正式教科书,这给教师上课和学生学习、考试都带来很多不便。所以,本讲义虽尚有缺陷,亦只能先整理出版,在使用过程中去逐步加以完善。

其二,是为适应《行政诉讼法》实施的需要。行政诉讼法在实施过程中,无论是作为原告的公民、法人和其他组织,或是作为被告的行政机关以及法律、法规授权的组织,还是作为审理行政案件的法院审判人员或作为行政诉讼代理人的律师,都可能遇到种种不甚明了或疑惑不解的法律问题。对于这些问题,本书虽不能给各方面读者提供完全满意的答案,但笔者作为行政诉讼法试拟稿草拟小组的成员之一和北京大学讲授该法的教员,在本书中提出的观点、意见、看法,对读者解决所遇到的某些法律问题也许有一定启发或参考作用。笔者将本书交付出版,至少是希望能或多或少有这种作用。

其三,本书是笔者近几年来研究行政诉讼法所获部分成果的一个集结。虽然其中的某些研究结论、某些观点不一定正确,不一定能为理论界和实践部门的同人所认同,但是不同观点的公开讨论、不同意见的公开争论,正是繁荣我国学术研究,尤其是法学研究所必需的。

本书与其他同类教材比较,有下述特点:第一,本书着重研究行政诉讼区别于民事诉讼和其他一般诉讼的特殊性原理、原则、制度、具体规范及其理论。凡是行政诉讼与民事诉讼和其他一般诉讼具有共性的原理、原则、制度、具体规范及其理论,本书均略写或不写。第二,本书不追求体系和内容的完整性,而是有重点地探讨《行政诉讼法》所涉重大的理论问题和《行政诉讼法》在实施中的有关疑难问题。对于《行政诉讼法》所涉一般常识性规则、知识,本书则予以略述。第三,本书介绍了《行政诉讼法》立法过程中有关不同观点、不同主张的争论,也介绍了行政审判实践中遇到的一些新的问题、新的矛盾以及人们在解决这些新问题、新矛盾时提出的有关建议、主张,这些对于较深入地学习和理解行政诉讼法的原理、原则和具体规范可能是有帮助的。

笔者在为北京大学法律系学生和高级法官班学员讲授本书初稿时,曾与学生、学员们进行过许多课堂和课下讨论。从学生、学员们的讨论发言中,我得到过很多启示,以至于帮助我纠正了原讲义中某些不当甚至错误的观点、理论。在本书出版之际,我要对我的学生、学员朋友们说一句:谢谢!

虽然这本书陆陆续续写了两三年,其内容给不同对象的学生们讲授过许多次。但是限于笔者的水平,错误和不妥之处仍会存在。对此,愿读者们不吝指教,以使笔者能在以后再版中予以纠正。

本书是笔者用电脑写出的第一本书,很高兴自己向“现代化”又迈出了一小步,特把这种愉快的心情告诉读者。

姜明安

1992 年 12 月 15 日

于北京海淀区厂洼

# 目　　录

# CONTENTS

第一章

# 我国行政诉讼制度的创建和发展

制定行政诉讼法，是刑事诉讼法、民事诉讼法（试行）制定之后，我国社会主义法制建设的一件大事，也是我国社会主义民主政治建设的一个重要步骤。宪法规定，公民“对于任何国家机关和国家工作人员的违法失职行为，有向有关国家机关提出申诉、控告或者检举的权利”，“由于国家机关和国家工作人员侵犯公民权利而受到损失的人，有依照法律规定取得赔偿的权利”。行政诉讼法的制定，对于贯彻执行宪法和党的十三大报告提出的保障公民合法权益的原则，对于维护和促进行政机关依法行使行政职权，改进和提高行政工作，都有重要的积极意义。对于治理经济环境、整顿经济秩序和廉政建设也有积极的促进作用。①

——王汉斌

## 第一节　我国行政诉讼制度创建的过程

中国行政诉讼制度是在20世纪80年代末90年代初建立起来的。1989

① 全国人大常委会副委员长、法制工作委员会主任王汉斌1989年3月28日在第七届全国人民代表大会第二次会议上所作《关于〈中华人民共和国行政诉讼法（草案）〉的说明》。

年《中华人民共和国行政诉讼法》(以下简称《行政诉讼法》)在第七届全国人民代表大会第二次会议的通过和一年之后在全国的正式实施,标志着中国行政诉讼制度的正式建立,但中国行政诉讼制度并不是在20世纪80年代末90年代初突然出现的,它的产生经过了十年多的酝酿、产生过程,这个过程可以分为四个阶段:

### 一、第一阶段:理论准备阶段(1978—1982年)

1978年年底,中国共产党召开十一届三中全会。中共十一届三中全会是我国历史的一个重要转折点,在加强我国的社会主义民主和法治方面作出了伟大贡献。《中共十一届三中全会公报》指出:"宪法规定的公民权利,必须坚决保障,任何人不得侵犯","为了保障人民民主,必须加强社会主义法制,使民主制度化、法律化,使这种制度和法律具有稳定性、连续性和极大的权威,做到有法可依,有法必依,执法必严,违法必究……要保证人民在自己的法律面前人人平等,不允许任何人有超于法律之上的特权"。[①] 正是在中共十一届三中全会的这种法治精神的鼓舞下,法学界开始研究行政法,探讨在中国建立行政诉讼制度的必要性和可能性。这个时期在报刊发表的有关行政法和行政诉讼的论文有二十多篇,如夏书章教授在《人民日报》发表的《从宪法修改草案看行政立法的任务》《机构改革与行政法》,[②]张尚鷟在《政治与法律》上发表的《加强行政法学研究之我见》,[③]刘海年、常兆儒在《人民日报》发表的《健全和严格执行行政法》,[④]陈春龙在《光明日报》发表的《必须厉行和健全行政法规》,[⑤]笔者在《中国法制报》发表的《加强行政立法为四化服务》,[⑥]周鲲在《法学论丛》上发表的《亟需制定行政诉讼法规》等。[⑦] 这些文章除讨论加强和完

---

① 参见中共中央文献研究室:《三中全会以来重要文献选编》(上),人民出版社1982年版,第10~14页。

② 夏书章:《从宪法修改草案看行政立法的任务》,载《人民日报》1982年6月29日;夏书章:《机构改革与行政法》,载《人民日报》1982年3月15日。

③ 张尚鷟:《加强行政法学研究之我见》,载《政治与法律》1982年第3期。

④ 刘海年、常兆儒:《健全和严格执行行政法》,载《人民日报》1979年4月10日。

⑤ 陈春龙:《必须厉行和健全行政法规》,载《光明日报》1980年8月28日。

⑥ 姜明安:《加强行政立法为四化服务》,载《中国法制报》1982年8月6日。

⑦ 周鲲:《亟需制定行政诉讼法规》,载《法学论丛》1981年第1辑。

善我国行政立法、行政执法外，亦开始讨论在我国建立行政诉讼制度的问题。例如，张尚鷟在文章中提出："过去，我们曾经颁布过一些关于保障公民合法权益的具体行政法规，但极不完备，以致在实际生活中常常出现投告无门，或者由于管理机关的职责不清，互相推诿，而使公民的控告、申诉长期不得解决，他们的合法权益得不到切实的保障。"[①]为此，应该建立和完善行政救济制度。周鲲在文章中指出："对国家机关、企业、事业单位及其工作人员的违法处分和不处分，以致公民的权利和利益受到侵害，向国家行政机关提出申诉、再申诉，仍得不到公平合理解决时，应允许通过诉讼形式，请求法院审判，使受侵害的权利和利益得到应有的法律保障，这就是法学上习惯所称的行政诉讼。"[②]笔者在文章中直接提出了建立行政诉讼的制度和制定行政诉讼法的问题，提出应通过行政诉讼立法"规定行政诉讼的范围和种类；审理行政案件的机关；公民申诉、控告、检举国家机关及其工作人员失职行为的程序；审理申诉、控告、检举的期限；行政损害赔偿的范围、种类；对行政案件裁决的执行等"。[③]

为了在我国加强行政法制建设，建立行政诉讼制度，学术界认识到必须借鉴外国的经验，因为直到 20 世纪 70 年代末 80 年代初，行政法在我国几乎还是空白，行政诉讼则完全不存在。而外国这方面的制度已运作几十年、上百年（法国行政法和行政诉讼更是有近 200 年的历史），我们虽然不能照搬外国的制度，但对外国的制度必须加以研究，借鉴其能为我所用的东西。为此，行政法学者在探讨中国行政法制建设的途径时，亦着手介绍外国的行政法和行政诉讼制度的情况。这个时期，北大法律学系率先在本科和研究生中开设外国行政法和行政诉讼的课程，一些学者开始翻译或编著有关外国行政法和行政诉讼的书籍或资料。例如，龚祥瑞、罗豪才、吴撷英所著的《西方国家的司法制度》一书就详细介绍了法国的行政法院、英国的行政裁判所和美国的独立规制机构的行政裁判制度。一些报刊也陆续发表了有关介绍外国行政法和行政诉讼制度的文章。例如，《国外法学》发表了王礼明、周新铭写的《国外行政

---

① 转引自姜明安编：《行政法文选》，北京大学法律学系 1984 年教学参考用书，第 16 页。
② 转引自姜明安编：《行政法文选》，北京大学法律学系 1984 年教学参考用书，第 129 页。
③ 转引自姜明安编：《行政法文选》，北京大学法律学系 1984 年教学参考用书，第 48 页。

法学研究中的几个问题》、[①]姜明安翻译的《保加利亚社会主义行政法的特征、渊源和范围》,[②]《西南政法学院学报》发表了乃宽所写的《外国行政法和行政诉讼制度简介》,[③]《政治与法律》发表了吴之英翻译的《国际行政法展望》,[④]等等。

1978—1982 年在我国行政诉讼发展史上是一个重要的阶段,是为建立行政诉讼制度造舆论,作理论准备的阶段。尽管在这个阶段从事行政法教学研究,为行政诉讼制度在中国的诞生奔走呼号的人并不多(仅几十个学者),但由于他们的主张反映了现代社会发展的趋势,因此最终能在中国社会得以实现。

**二、第二阶段:司法试验阶段(1982—1986 年)**

1982 年 3 月,第五届全国人大常委会第二十二次会议通过了《中华人民共和国民事诉讼法(试行)》(以下简称《民事诉讼法(试行)》)。该法第 3 条第 2 款的规定标志着我国行政诉讼制度进入了司法实验阶段:"法律规定由人民法院审理的行政案件,适用本法规定。"这一规定意味着:(1)人民法院受理和审理行政案件将逐步成为正式的、常态化的法律制度;(2)人民法院受理和审理的行政案件通过具体法律规定(不是所有的行政案件都能进入法院,也不是由一个专门的法律将可进入法院的行政案件作统一的、概括式的规定);(3)人民法院审理行政案件的程序适用民事诉讼法。据此,可以认为,从《民事诉讼法(试行)》施行之日起,我国行政诉讼制度即已初步建立,因为法律确定行政案件由法院审理这一点已构成了行政诉讼的实质。当然由于《民事诉讼法(试行)》规定人民法院受理行政案件的范围仅限于法律规定,而当时乃至其后两三年时间里规定人民法院审理行政案件的法律还很少,因此 1982 年以后人民法院开始的行政审判尚只是我国行政诉讼制度的试验阶

---

① 王礼明、周新铭:《国外行政法学研究中的几个问题》,载《国外法学》1982 年第 5 期。

② [保加利亚]斯泰诺夫、A. 安格洛夫:《保加利亚社会主义行政法的特征、渊源和范围》,姜明安译,载《国外法学》1982 年第 5 期。

③ 乃宽:《外国行政法和行政诉讼制度简介》,载《西南政法学院学报》1981 年第 1 期。

④ 吴之英编译自《美国国际法学报》(1981 年 10 月号)的部分内容,载《政治与法律》1982 年第 2 期。

段，并非已是完全正式的、常态化的制度运作。

1980年至1986年的法律、法规规定由人民法院审理的行政案件主要有下述八类：

(1)相对人不服食品卫生监督机构行政处罚或卫生行政部门损害赔偿处理决定的案件；①

(2)相对人不服土地管理机关经济制裁决定的案件；②

(3)相对人不服林业主管部门罚款决定的案件；③

(4)相对人不服工商行政管理部门罚款决定或责令赔偿决定的案件；④

(5)发明专利申请人不服专利复审委员会驳回复审请求决定或有关当事人不服专利复审委员会宣告发明专利权无效或维持发明专利权决定的案件；⑤

(6)纳税人或扣缴义务人不服税务机关有关税务争议复议决定的案件；⑥

(7)相对人不服卫生行政部门的药品行政处罚决定或损害赔偿处理决定的案件；⑦

(8)相对人不服海洋环境主管机关行政处罚决定的案件。⑧

上述八类案件大多是经济管理领域的行政案件，在法院行政审判庭建立之前，这些案件大多是由经济审判庭审理的。到1986年9月，第六届全国人大常委会第十七次会议通过《治安管理处罚条例》，行政诉讼进入社会治安管理领域。治安行政案件由经济审判庭审理自然有困难，理论上也说不通。于是一些地方法院开始设立行政审判庭，⑨从而使我国行政诉讼制度的试验进入一个新的发展阶段。

---

① 参见《中华人民共和国食品卫生法（试行）》（1983年）第38、40条。

② 参见《中华人民共和国国家建设征用土地条例》（1982年）第25条。

③ 参见《中华人民共和国森林法》（1984年）第39条。

④ 参见《中华人民共和国商标法》第36、39条。

⑤ 参见《中华人民共和国专利法》（1984年）第43、49条。

⑥ 参见《中华人民共和国个人所得税法》（1980年）第13条；《中华人民共和国中外合资经营企业所得税法》（1983年）第15条；《中华人民共和国外国企业所得税法》（1981年）第16条。

⑦ 参见《中华人民共和国药品管理法》（1984年）第55、56条。

⑧ 参见《中华人民共和国海洋倾废管理条例》（1985年）第22条。

⑨ 全国第一个基层人民法院行政审判庭——湖南省汨罗县（现在的汨罗市）人民法院行政审判庭——建立于1986年，据说是由当时的中共汨罗县委决定建立的，尽管这种决定是违法越权的，但却是违法地做了一件推动中国法治发展的好事。全国第一个中级人民法院行政审判庭是同年湖北省武汉市中级人民法院建立的行政审判庭（建立时间稍晚于湖南省汨罗县人民法院行政审判庭）。

## 三、第三阶段:《行政诉讼法》立法研究和起草试拟稿阶段(1986—1988年)

1986年,中国法学界在《中华人民共和国民法通则》通过以后讨论如何进一步加强和完善我国法制建设时,许多人提出要尽快制定我国行政法和行政诉讼法的基本法,认为刑法、民法、行政法、刑事诉讼法、民事诉讼法、行政诉讼法是国家的基本法。在我国已经制定了《刑法》、《刑事诉讼法》、《民法通则》和《民事诉讼法(试行)》的条件下,进一步完善法制的最重要的任务就是尽快将行政法、行政诉讼法的立法提上议事日程。[①] 这年7月,《光明日报》和《中国法制报》(现在的《法治日报》)先后发表了龚祥瑞、齐一飞、姜明安合作撰写的文章《尽快制定作为国家基本法的行政法》《加强我国社会主义行政法制建设》,建议加快我国行政法和行政诉讼法的立法。[②] 与此同时,六届全国人大法律委员会顾问陶希晋同志召集北京部分法学界人士座谈行政法立法问题。在他的建议和推动下,1986年10月成立了由北京大学、中国人民大学、中国政法大学、中国社科院法学所的行政法学者和全国人大常委会法工委、国务院法制局、最高人民法院行政审判庭的从事法律实际事务的专家共14人组成的中国行政立法研究组。这个立法研究组的基本任务是直接研究行政法和行政诉讼法立法的有关问题,起草有关行政法和行政诉讼法的试拟稿,作为立法建议向正式法律起草机关提交。[③]

行政立法研究组成立以后,曾试图起草一个法典式的"行政法通则"或"行政法纲要",既包括基本的行政实体法,又包括行政程序法和行政诉讼法。行政立法研究组为此工作了4个月,草拟了10多份不同模式、不同构架的稿子,但终因工程巨大、条件不备、没有经验,未能草拟出一份实际可行并被小组多数成员接受的稿子,故不得不改弦易辙:暂且放下起草大而全的法典,首先

---

① 《刑法》和《刑事诉讼法》是第五届人民代表大会第二次会议于1979年制定的。

② 前文载于1986年7月11日的《光明日报》,后文载于1986年7月23日的《中国法制报》。

③ 行政立法研究组成立于1986年,主要由行政法学者、专家组成(本书作者是该研究组成员之一)。该研究组成立的宗旨是研究中国行政法制发展的方向、目标及发展途径,为健全、完善中国行政法制向决策部门提出具体运作方案;其工作的主要方式是草拟各种重要的行政法试拟稿,提交立法机关正式起草和立法。该研究组成立之后先后草拟了《行政诉讼法》《国家赔偿法》《行政处罚法》《立法法》《行政许可法》《行政强制法》等法律试拟稿,目前行政立法研究组虽然已经停止运作,但其部分成员仍在草拟《行政程序法》等法律草案。

搞最迫切需要、条件比较成熟、具有实际可行性的单行法律。小组经过研究,并与全国人大常委会法工委协商后,决定先草拟《行政诉讼法》。这样,《中华人民共和国行政诉讼法(试拟稿)》(以下简称《行政诉讼法(试拟稿)》)的草拟工作就于1987年2月正式开始了。

《行政诉讼法(试拟稿)》草拟过程中,小组成员曾多次到中央政府部门、法院、地方政府调查研究,多次举行座谈会、研讨会、征求意见会,听取各方面学者专家及实际部门和社会人士的意见,还曾多次组团去美、英、法、德、日等国考察。到1988年8月,试拟稿数易其稿后,行政立法研究组经过反复研究讨论,终于确定和通过最终定稿。在最终定稿的绝大多数条款上,行政立法研究组成员均达成了共识,但在少数条款上,小组成员最终并未完全达成共识,故在最后提交全国人大常委会法工委进入正式立法程序的稿子上仍保留了两种甚至三种不同的方案。尽管如此,该试拟稿毕竟为行政诉讼法正式起草奠定了坚实的基础。

### 四、第四阶段:《行政诉讼法》正式起草至正式实施阶段(1988—1990年)

1988年8月,行政立法研究组将《行政诉讼法(试拟稿)》提交全国人大常委会法工委,法工委即在试拟稿的基础上开始正式起草工作。首先,法工委对试拟稿稍加修改,作为征求意见稿发送各级法院、检察院、中央有关部门、各地方和法律专家、高校法律院系、研究单位广泛征求意见,然后经过研究修改,将草案提请第七届全国人大常委会第四次会议审议。会后,全国人大常委会将草案在《人民日报》上全文公布,提交全国人民讨论和征求意见,与此同时,全国人大法律委员会、内务司法委员会和常委会法制工作委员会联合召开了有法院、检察院、国务院和有关部门、民主党派和人民团体负责人以及法律专家参加的4次座谈会征求意见,并召开了有部分省市人大常委会、各级法院、检察院、国务院有关部门和法律专家80多人参加的专门会议,对草案逐条进行修改,然后由法工委进行补充修改,提交第七届人大常委会第六次会议审议,第七届人大常委会第六次会议决定将草案提交第七届全国人大第二次会议做最后审议通过,第七届全国人大第二次会议经过审议于1989年4月4日通过,并决定自1990年10月1日起正式施行。第七届人大第二次会议最后通过的《行政诉讼法》为11章75条,除总则、附则外,其他各章分别是:受案范围、管辖、诉讼参加人、证据、起诉和受理、审理和判决、执行、侵权赔偿责任和涉外行政诉讼。

《行政诉讼法》的通过和正式施行,标志着我国行政诉讼制度已由实验阶段转入正式的、全面的运作阶段。

关于《行政诉讼法》的立法过程,《法制早报》记者邱春艳在2006年11月5日采写的一篇纪念行政立法研究组成立20周年的长篇通讯中作了比较全面和客观的描述,现将该通讯的有关内容摘录如下,作为对当年那一法治大事的记忆保存:

1986年,在《民法通则》颁布的庆祝会上,老一辈法学家、当时的全国人大法律委员会顾问陶希晋先生提出了著名的“新六法”主张:“我们废除了国民党的‘六法全书’,但我们不能没有自己的法律体系。我觉得我们应该建立一个‘新六法’。现在看来,民法、民事诉讼法、刑法、刑事诉讼法都有了,缺的就是行政法和行政诉讼法了。”

时任全国人大法工委主任的王汉斌在会上说:陶老的意见很重要,值得考虑,这个事就请陶老来抓。会后,陶希晋就倡导成立一个行政立法研究组,并向彭真等全国人大常委会的领导汇报这件事,获得同意。

1986年10月4日,全国人大常委会法制工作委员会行政立法研究组在人民大会堂成立。研究组正式成员有14人,主要来自高等院校、科研机构和实际部门。组长江平,副组长罗豪才、应松年,其余成员为朱维究、姜明安、肖峋、高帆、费宗祎、张耀宗、方彦、张焕光、王向明、皮纯协和郭阳。陶希晋、龚祥瑞等担任顾问,陶希晋的秘书高志新担任研究组秘书。

当时确定的行政立法研究组主要任务是:“研究现在的社会实际,为重要的行政法提供毛坯。”在1986年10月25日编的《行政立法研究动态》第1期中,明确了小组的工作计划,争取在明年(1987年)六七月能提出行政基本法的初步框架。即1987年1月底前提出框架初稿,4月前调查研究,6月征求意见。当时,陶希晋认为可以参照《民法通则》,制定《行政法通则》或者《行政法大纲》。他提出,“民事法律关系要比行政法律关系复杂得多,民法都可以制定一部民法典,那么为什么我们不能制定一部统一的行政法典呢?非不能也,是不为也!拿破仑能够制定民法典,我们也可以制定一部行政法典!”

最后行政立法研究组将制定《行政法通则》确定为“当务之急和首要任

务”。为了尽早制定出大纲，小组进行了细致的分工。“研究组成员按行政法大纲各部分内容分量，每一至二人负责一个部分。各部分根据情况，再吸收组外若干人参加。”行政立法研究组起草了多份草案，送给陶老审核。但是，拥有丰富立法经验的陶老将草案一一否决，他认为：“立法最重要的是要弄清楚这部法律所要解决的是哪些问题，抓准了问题才有写条文的可能，条文必须在问题的基础上进行考虑。”

1986 年年底，陶老的支气管炎病发，手术后无法说话，行政立法研究组失去了一位指导者。此后，研究组试图借鉴奥地利、德国的经验，尤其是参照德国威敦比克邦行政法典草案，勾勒出中国行政法典的框架，但是最终因“社会条件和立法技术均不成熟而没有拿出各方都满意的草案”。

原计划在 1987 年 1 月就提出大纲初稿，但直到 1987 年 4 月这个初稿都还无影踪。至此，美丽的《行政法大纲》之梦宣告破灭。但行政立法研究组的成员并未否定之前的工作。组长江平认为，“在试图制定大纲时，我们做了充分的调研和思考，为以后制定其他行政法积累了宝贵的经验和各种资源”。

研究组的秘书高志新至今还保留着 20 年前编印的各种资料。在他向记者展示这些宝贵的资料时，记者特意作了记录。从小组成立的 1986 年 10 月到 11 月短短的 1 个月内，《行政立法研究资料》编印了 10 期，也就是说至少平均每 3 天就编印了 1 期，记者还从编印日期上发现，有时候甚至是每天 1 期。而《行政立法研究参考资料》从 1987 年 1 月至 1989 年 1 月编印了 9 期，先后组织翻译了美国、苏联、日本、英国等国的 26 部法律和一些法律的介绍。如今，本来就不太清晰的油印字经过尘封二十多年后变得更加模糊，纸张也早已发黄，然而，“它的价值却随着尘封的历史而愈显珍贵，因为它向人们展示的是这些行政法学者对法律的崇尚，对法制的向往”。

就在《行政法大纲》的起草步履艰难的时候，传出消息要修改《民事诉讼法（试行）》。20 世纪 80 年代初，我国在起草《民事诉讼法（试行）》时，曾经讨论过我国能否借鉴国外经验制定一部《行政诉讼法》的问题。当时立法组在彭真的领导下，起草了专门规定行政诉讼的一章，但彭真认为我国并无行政诉讼的经验，于是将该章删去，仅保留了第 3 条第 2 款，即“法律规定由人民法院审理的行政案件，适用本法规定”。

就是这一句简短的话，为行政诉讼的发展开了一个窗口。1987 年，国内准备对《民事诉讼法(试行)》进行修改,其中就涉及当时《试行稿》里的第3条第2款。在这一年的一次立法研究组会议上,组长江平提出了一个对行政法影响深远的意见:“从法律发展的规律来看,一般都是先有程序法,后有实体法。民法就是这样,先有民事诉讼法,而后才有《民法通则》。既然《民事诉讼法(试行)》的第3条第2款要作修改,我们何不先制定一部《行政诉讼法》,再搞《行政法》?”这个意见得到一致赞同。法工委的顾昂然和王汉斌也同意了。不过,对于《行政诉讼法》究竟将成为《民事诉讼法》里的一章,还是一部独立的法律,行政立法研究组成员都没把握。顾昂然当时的态度是“看发展得怎么样吧”。

于是研究组从1987年2月开始起草《行政诉讼法》草案。

对于《行政诉讼法》这样一部法律,起草前有人反对;起草时更有诸多异议;颁布后有人批评指责。行政诉讼必然会涉及民告官。第一次提出这个概念,多少有些“惊世骇俗”。据高志新回忆,当时提出“民告官”概念后征求意见时,很多行政部门反对。不少人给中央写信,有一个省就有几百名大小官员联名写信给中央,他们甚至质问:“如果有民告官,那我们官员还怎么开展工作?”当时陶老的态度是:立法要保护老百姓的利益。中央最终表示要依法行政,没有支持这些“联名告状”的人。

关于行政诉讼的受案范围也是一个争论较多的问题。行政立法研究组成员们对受案范围也并无把握,因此首先进行列举规定,把行政处罚、行政强制和行政许可等概括入内,然后根据妇联、军队等实际部门提出的意见,将“申请行政机关履行保护人身权、财产权的法定职责,行政机关拒绝履行或者不予答复的”以及“认为行政机关没有依法发给抚恤金的”也规定为可诉案件……考虑到今后的发展,为了避免修改,进一步规定了“其他法律规定的可诉行政案件,人民法院应当受理”。最终的结果是对可受理的行政诉讼作了一个正面列举,一共8条,对不可受理的也作了一个排除规定,包括“国防、外交等国家行为”等4条。

1988年8月,行政立法研究组完成《行政诉讼法(试拟稿)》的起草,提交全国人大法工委。这是一部注定了备受关注的法律。关注的不只是从事与法律相关工作的人,更多的是普通民众。1989年3月,自《行政诉讼法》(草案)公布以后的两个月内,法工委共收到中央有关部门、各地人民法院、人民检察院的意见书130份,公民直接寄送法工委的意见书300多份。法工委根据各方面的意见,对草案作了多处修改、补充。之后法工委召开了6次会议对草案进行审议、修改。

1989年4月4日,备受瞩目的《行政诉讼法》在七届全国人大第二次会议上通过,自1990年10月1日起施行。“行政诉讼法的通过,宣告了中国几千年来民告官无法可依的历史一去不复返了。”组长江平如此评价《行政诉讼法》的意义。高志新则举了一个例子来说明它的意义:“过去公安局抓错了人,被放回来后你还得感谢公安机关。现在你不用感谢公安机关,还可以去法院告它。这确实是亘古未有的事,开创了民告官法律化的先河。这是行政立法的一个最大的贡献。”“这个时刻是值得我们记忆的。《行政诉讼法》的通过,无论是对行政法的实践,还是对行政法学的建设,都有非常重大的意义”。

现在回过头看,《行政诉讼法》的诞生对于中国民主与法治发展的影响是不可估量的。然而这又是一部受人批评最多的法律。这部民告官的法律,以及后来颁布的与之配套的《国家赔偿法》,成为多年来受到批评最多的法律之一。《行政诉讼法》受到的最猛烈的抨击是限定受案范围,将抽象行政行为排除在行政诉讼受案范围之外,致使很多权利受到国家侵害的公民或法人求告无门。对此,应松年教授曾说,“在不了解情况的人看来,《行政诉讼法》问题很多,缺陷不少。然而,在当时的历史条件下,有那样的受案范围本身已经不容易,不能脱离社会发展的实际。考虑到那时候国家经济能力有限,赔偿数额不能太高,重要的是先把制度建立起来,国家侵犯了老百姓的权利,造成损失的要赔偿”。①

## 第二节 我国行政诉讼制度建立晚的原因

从中华人民共和国成立到20世纪80年代初,我国一直没有建立行政诉讼制度,这是为什么?考察新中国发展史,这应该有着广泛和深刻的历史原因,其中较重要的有三项。

---

① 邱春艳:《鲜为人知的行政立法研究组》,载《法制早报》2006年10月30日。

## 一、经济原因

行政诉讼制度作为一项法律制度,属于上层建筑的范畴,植根于一定的经济基础之中。一国经济发展到一定阶段,商品交换和市场的演进使社会经济关系日益复杂,人们相互依赖的程度和相互冲突的概率比商品交换和市场不发达的社会大为增长,不同地区、组织、团体、企业、个人之间在资源、环境、能源、交通、物价、薪酬等各个方面,在经济向前发展的每一个阶段上都会产生日益广泛、深刻的利益冲突。为此,政府的职能加强,政府对社会经济生活进行干预、规制,通过制定行政法规、规章,采取行政措施,如审批、许可、确认、检查、对违法违章行为进行制裁等,裁决社会经济生活中发生的各种争议,以调节社会矛盾,保证社会经济生活能遵循一定的秩序发展。但是在这个过程中,政府和被管理、被干预、被规制的组织、个人又不可避免地会产生大量的矛盾和冲突,由于这种矛盾和冲突,政府是当事人之一,不适宜由政府自己处理、裁决,故行政诉讼制度(通过法院解决行政争议的制度)产生了。行政诉讼制度正是建立在商品交换和市场经济发展所产生的人们不同利益的冲突,管理者政府与被管理者个人和组织的利益冲突的基础之上。[①]

中华人民共和国成立以后,由于当时国际国内的历史原因和之后日益发展的"左"的指导思想,一直坚持严格集中统一的计划经济体制,将商品交换、市场经济等同于资本主义,反对发展商品交换和市场经济。企业吃国家的"大锅饭",职工吃企业的"大锅饭",党政不分、政企不分。企业和其他各种组织没有独立自主的权利,公民也都依附于各种单位,而各种单位又以各种形式依附于政府。政府、个人、单位都是一家人,政府是家长,所有企业、事业单位、社会组织、团体、公民个人都是家庭的成员,家长可以随时向家庭成员发号施令,家庭成员必须服从家长。在这种关系下自然不可能产生行政诉讼制度。行政诉讼法律关系是行政机关和行政相对人双方作为独立权利义务主体发生

---

① 各国行政诉讼制度的产生均有其政治、经济和文化的特殊原因,这可以从本书有关章节分析欧洲大陆和英美国家行政诉讼制度产生的历史原因中得到印证。可是,各国政治、经济、文化无论有何特殊性,但促成行政诉讼制度生成和发展的终极原因还都是经济和经济体制的演进和改革。没有商品交换和市场经济的形成和发展,仅有其他条件的出现,任何国家均不可能产生现代成熟的行政诉讼制度。

权益冲突前提下,寻求法院裁决而产生的关系。没有独立的主体身份和平等的法律地位,就不会形成行政争议法律关系和在此基础上的诉讼行政法律关系,就不可能有行政诉讼制度。

此外,行政争议与民事争议一样,也同样是一种权益争议,即权利和利益的争议。作为权利之争,其基础是法律地位平等。没有平等地位,处于依附关系、从属关系的双方是谈不上权利之争的。作为利益之争,其基础是主体双方有各自的利益。如果一方有利益,一方无利益,即无产生争议的缘由。在计划经济体制下,当时劳动者每年的收入仅几百元,甚至几十元钱,刚够吃饭,甚至不够吃饭。除了维持自己和家人基本生活的住房(在城市,居民的住房大多也是公家的)、衣服和劳动工具外,几乎没有任何私有财产,如私人住宅、汽车、商店、企业等;也没有虽非自己所有,但可为自己私人使用、收益的土地、池塘、森林、矿场等。人们都是"无产者",几乎什么生产资料也没有,政府也就不可能从人们手里拿走什么、侵占什么、剥夺什么,从而也就没有什么权益之争。在一个人民穷、政府也穷、国家也穷的国度里,显然不可能产生太大的行政诉讼需求。在那种情况下,人民如果不满意政府,到法院告状有什么用?如果他们实在忍无可忍,也只能是选择向政府申诉、抗议,乃至引发群体性事件。相反,人民如果有了私产,他们的私产就有可能被政府侵犯,人们这才需要行政诉讼,希望法院为自己主持公道,维护自己的权益。在这种情况下,人们一般不会轻易选择与政府对抗、闹事,因为对抗、闹事,不仅难于维护自己的合法权益,甚至连自己没被侵犯的财产权益也可遭受损失。对自己财产的考虑、牵挂和保护,使其特别愿意选择行政诉讼这个依法解决行政争议的途径。国民财产保障与社会稳定具有极为密切的关系,世界各国的治乱历史完全证明了这个逻辑。①

---

① 在经济发达和国民比较富裕的国家,社会一般比较稳定,较少出现社会动乱、骚乱、暴乱,而在经济不发达、国民生活贫穷的国家,往往多出现动乱、骚乱、军事政变或群众暴动等。这不是因为经济发达国家的政府与国民之间不存在矛盾和利益冲突,而是因为国民有较多的私产,他们有求社会安定、求稳定的强烈愿望,这种愿望即转化成通过法律途径(行政诉讼)解决其与政府矛盾、冲突的极大的需求。

## 二、政治原因

行政诉讼制度与现代民主、法治有着极为密切的联系,它既是现代民主、法治的产物,且一经产生,又成为现代民主、法治的构成要素,并对现代民主、法治具有进一步的促进和推动作用。现代民主、法治分为两种类型:社会主义的民主、法治和资本主义的民主、法治。无论哪种类型的民主、法治,都要求有相应的行政诉讼制度与之相适应。资本主义的民主、法治虽然是少数人的民主、法治,但它也不同于个人或少数人的专制,政府必须服从法律,从属于法律;政府违反法律,侵犯公民个人或组织的合法权益,被侵权人可以诉诸法院,请求法院审查政府行为的合法性,撤销政府违法实施的行政行为。在专制制度下,政府严格守法和公民向法院控告政府的违法行为是不可能的,即使其所守、所违的"法"代表的是统治阶级的意志和利益。社会主义的民主、法治是代表广大人民意志和利益的民主、法治,政府和政府工作人员是人民的公仆,必须严格遵守法律,依法办事。政府和政府工作人员违反法律,损害公民的合法权益,公民自然应该能诉诸法院,请求法院撤销违法行为,保护其合法权益,追究违法者的违法责任。所以,从对社会主义民主法治的本质分析中,必然能够推导出行政诉讼制度产生和存在的必然性。

但是自中华人民共和国成立以来一直到 20 世纪 80 年代初,为什么一直没有建立行政诉讼制度呢?原因之一就是很长一个时期内,执政党及其领导人没有对民主和法治予以足够的重视,没有充分发展我国社会主义民主和法治,使我国的社会主义民主和法治不完善;政府行为主要不是以法律为依据,而是以党的政策、领导人的指示为依据。对政府执行政策进行监督自然不是法院的职能,而是其上级机关和党的组织的职能。公民与政府发生争议,当然是听政府的。即使政府行为于法于政策都不相符,也只是应由其上级政府和党委纠正的事,法院不能加以干预。事实上法院也干预不了,因为在法制不健全的情况下,法院处理行政争议无法可依。就是有法可依,在民主没有受到高度重视、代表人民意志和利益的法没有成为公民和政府一切行为的基本准则的条件下,法院也不可能依据法律裁决政府和公民之间的争议。可见,社会的民主、法治不完善,行政诉讼制度不可能产生。

自中华人民共和国成立以来一直到 20 世纪 80 年代初一直没有建立行政

诉讼制度的另一个政治上的原因是在国家管理体制上没有建立适当的分权制度，在法律上没有建立人权保障机制。我国在政体上实行人民代表大会制度，人大制度本不应排除国家机关之间的适度分权或分工以及对全体国民的人权保护。但在计划经济体制下，高度的集权运作机制不仅不承认行政执法权与司法权的适当分离，同时在实际上也不承认人民代表大会对其他国家机关的最高决策权和监督权。① 在这种体制下，阶级斗争就是一切，人权、公民的权利和自由均可以舍弃。因为在名义上，分权和人权姓"资"，是资产阶级的专利，妨碍全体国人步调一致地进行"无产阶级专政下的继续革命"（这种"革命"实质上是一种背离革命初心的异化的"革命"。革命的本来目的和宗旨，即"初心"，应该是全心全意为人民谋利益）。然而，否定防止滥用权力的分权制度和维护公民权利、自由的人权保障制度，自然就不可能有行政诉讼制度，因为行政诉讼制度是建立在司法权与行政权适当分离，司法权对行政权进行监督、制约，承认公民享有非政府能随意限制、处置的人权，政府侵犯公民人权要承担法律责任的政治、法律制度的基础之上。没有分权和人权保障的政治、法律环境，就不能建立行政诉讼制度。

### 三、国民观念上的原因

"民告官"是建立在一种对于公民和政府关系的新的观念的基础上。这种新观念认为，公民和政府的关系与公民和公民的关系、公民和其他社会组织、团体的关系一样，同样是一种具有权利、义务内容的法律关系。政府作为管理者，法律赋予其可以行使的种种权力，同时也规定其必须履行的种种职责；公民个人或组织作为被管理者，法律规定其应履行的种种义务，同时也赋予其相应的种种权利。公民个人或组织不履行义务或滥用权利，政府可以依法制裁；政府不履行职责或滥用权力，公民、组织可以诉诸法院，请求法院责令其履行职责或撤销其滥用权力的行为。但是，传统观念是不容许"民告官"的，无论是中国的传统观念，还是西方的传统观念，都认为官绝对高于民，民不可以告官。在西方国家，"国王不能为非"（国王不可能犯错误）和"主权豁免"原则（作为主权者的政府对其行为不承担任何法律责任）在很长的一个时

① 那时人大甚至连会都很少开，20世纪六七十年代，全国人大往往好几年开一次会。

期内曾经都是阻碍其行政诉讼制度和国家赔偿制度建立和发展的障碍。有些国家直到20世纪40年代末才消除这个障碍。[①]

我国封建社会延续两千多年,封建专制思想对中国传统文化有着深刻的影响,并构成中国旧文化的组成部分。孙中山领导的旧民主主义革命推翻了封建王朝,中国共产党领导的新民主主义革命推翻了帝国主义、封建主义、官僚资本主义对中国的统治。但是,在政治上推翻封建王朝和"三座大山"的统治并不等于清除了封建旧文化对国民思想的影响。消除封建旧文化对国民思想的影响是需要长时期的艰苦耐心细致的民主法治教育和潜移默化的观念转化,以及通过经济、政治体制改革和现代化、民主化进程反作用于人们的思想、理念,方能加以解决。但是自中华人民共和国成立以后,忽视了这一艰巨复杂的任务,以致封建的思想文化没有能得到比较彻底的清除,在很多方面还影响着国民的观念意识。"民不告官"就是封建思想意识的反映:官是管老百姓的,老百姓只能服从"官"的统治,老百姓与老百姓发生争议、纠纷,可以诉诸官府,要求官府裁决。但老百姓对官府不服,即使有再大的冤屈,也不能告官府。官的行为即使出格、违法,有官上面的官,乃至国王、皇帝管着。官对于老百姓却永远是对的,是威严不可侵犯的。[②] 在社会主义条件下,这种封建思想往往以漂亮的外表掩盖着:人民政府是为人民服务的,永远代表的是人民利益,人民政府不可能侵犯人民利益。因此,人民只能热爱和拥护人民政府,不可能有人民告人民政府的道理。这种"道理"在表面上是无可非议的,但是正是这种"道理"掩盖着潜藏在我们国民意识中轻视法治的观念,成为在我国建立行政诉讼制度的思想理论障碍。[③]

---

① 美国直到1946年才制定《联邦侵权求偿法》,放弃主权豁免原则;英国则直到1947年才制定《王权诉讼法》,承认政府侵权责任。

② "官"和"官府"既有联系,又有区别。在专制制度下,老百姓对"官"和"官府"一般都是不能告的。但是,对"官"却不是绝对不能告,在某些特定情形下,也可能发生老百姓告"官"的案件,如"杨乃武与小白菜"告"官"案,而对于"官府",则是绝对不能告的。当然,即使有"杨乃武与小白菜"一类告"官"的案件,这也只是个别的、偶然的事件,而不可能是制度化的"民告官"之诉,制度化的"民告官"之诉在专制制度之下是绝对不可能产生和存在的。

③ 对于这种观念,我们将在后面有关章节中论述行政诉讼的理论基础中进一步分析它的错误和错误根源。

## 第三节　《行政诉讼法》立法过程中争论的若干问题

在民主体制下，法律通常是反复讨论、争论、辩论的产物。有些时候，各方争执不下，法律的某些条款甚至只能是双方或多方相互妥协的产物。相应条款最后被立法确立的方案只是多数人认可的，通常为较优选择的方案，而不可能是最优方案，更不可能是绝对好的、只有利而无弊的方案。未被立法确立的方案虽然是被多数人否定的方案，但却不一定是最不好的或绝对不好的、只有弊而无利的方案。相应方案之所以被立法最终确立，往往是各方利益博弈的结果。被立法最终确立的方案与未被立法最终确立的方案比较，可能前者利稍大于后者，弊稍少于后者，或者利弊相当，只是因为条件、时机或某种其他因素的缘故，立法者最终选择了前者而未能选择后者。鉴于此，我们在对立法机关最终通过的《行政诉讼法》的相关规定进行阐释前，先介绍一下立法过程中提出的不同方案，以及人们对这些不同方案的争论，可能会更有利于我们理解和掌握现行法律规定的内容及实质，更有利于我们学好《行政诉讼法》。

《行政诉讼法》立法过程中争论的问题是非常广泛的，几乎整个法律的每一条、每一款都有过不同方案、不同表述的争论，我们这里仅选择介绍人们对其中若干较重要的问题的争论情况。

### 一、立法目的

关于《行政诉讼法》的立法目的，立法过程中主要有两种倾向性意见：第一种意见认为，《行政诉讼法》的立法目的主要是监督行政机关依法行政，保护行政相对人的合法权益免受行政机关违法行政行为的侵犯，为受到违法行政行为侵犯的行政相对人提供法律救济；第二种意见认为，《行政诉讼法》的立法目的主要是通过司法有效解决行政争议，为维护行政管理，保护行政机关依法和有效行政提供法律手段和途径。持第一种意见者的理由主要有三：其一，行政诉讼本身是民主、法治的产物，监督行政机关依法行政和保护公民合法权益的需要是行政诉讼制度建立和存在的根据。《行政诉讼法》的立法目的自然应与行政诉讼的性质和基本功能相适应。其二，维护行政管理，提高行政效率无须通过行政诉讼途径实现。如要实现此目的，应制定的不应是《行政诉讼法》,而应是各种行政管理法,通过各种行政管理法扩大行政机关的各种强制性权力和手段去消除行政管理的障碍,保证行政管理的顺利进行。其三,当时行政管理的现实是,行政权滥用和公民权益受到侵犯是主要问题、主要倾向;而行政管理因缺乏强制手段而效率低下的情形虽然也存在,但却不是主要矛盾。持第二种意见的主要理由有二:其一,中国当时最主要的任务是发展经济,而发展经济最需要的是效率、速度,一切立法的目的都应服从这个中心任务;其二,行政争议的发生妨碍了行政管理的顺利进行,从而妨碍了经济建设的发展速度、效率,而某些行政争议较适于通过司法程序解决,通过行政诉讼程序解决这些争议可能较其他途径解决更有权威,更有效。因此,通过《行政诉讼法》的立法确立司法解决行政争议的目的主要是为了更权威,更有效地解决行政争议,保证行政管理的顺利进行,避免行政争议久拖不决影响行政效率,其他目的都只能是第二位的。

立法目的决定整个法律的性质、内容,决定法律每一具体条款的写法。如果《行政诉讼法》的立法目的确定为主要是监督行政机关依法行政和保护相对人合法权益,那么,立法者在草拟有关行政诉讼受案范围、管辖、当事人资格、举证责任、审理形式、审理依据等方面的具体规则时,均会有与之相适应的设计。例如,受案范围会尽可能扩大,使更多的行政行为(如部分抽象行政行为、某些涉及政治权利的行政行为、某些内部行政行等)能接受司法监督,使更多的行政相对人能进入法院寻求司法救济;管辖会尽可能更方便当事人(如原告对受诉法院能有适当的选择);法律对原告、第三人资格会有更宽泛的要求(如允许有行为能力,但因某种原因而不能自己行使诉权的当事人由其近亲属提起诉讼、允许部分公益诉讼等);举证责任会更多地向被告倾斜;等等。反之,如果《行政诉讼法》的立法目的确定为主要是保障行政管理,提高行政效率,那么,立法者草拟各种具体法律规则时则会有与之相反的设计。

最后,立法者主要采用了第一种意见,但也吸收了第二种意见中的合理成分。法律条文对立法目的的表达是:"为保证人民法院正确、及时审理行政案件,保护公民、法人和其他组织的合法权益,维护和监督行政机关依法行使行政职权。"①

---

① 参见《行政诉讼法》(1989 年)第 1 条。

## 二、调整范围

在《行政诉讼法(试拟稿)》草拟的初期,对于《行政诉讼法》调整的范围主要有两种不同意见:一种意见主张,《行政诉讼法》应调整行政争议解决的全过程,既调整人民法院裁决行政争议的行政审判活动,也调整行政机关裁决行政争议的行政复议活动。另一种意见主张,《行政诉讼法》只调整人民法院裁决行政争议的活动,不调整行政机关裁决行政争议的活动。这两种意见的分歧在于二者对行政诉讼概念的不同理解:第一种意见认为,行政诉讼指当事人之外的第三者裁决行政争议的活动。这个当事人之外的第三者既可以是法院,也可以是非当事人的行政机关(如作为当事人行政机关的上级行政机关或具有某种独立性的特定行政机关)。"诉讼"不一定必然与法院相联系。在古代,行政官,特别是地方行政官,往往兼任法官,古代的诉讼主要指他们裁决争议的活动。在现代,行政诉讼起始于法国,而法国行政法院一直隶属于行政系统。在英美,实质的"行政诉讼"是指"司法审查"(Judicial Review),而字面上的"行政诉讼"(Administrative Proceedings)指的是行政部门的行政裁判所(如英国的 Administrative Tribunals)或行政法官(如美国的 Administrative Law Judges)或其他专门机构、人员裁决行政争议或其他争议的活动,苏联的"行政诉讼"也指的是法院外裁决行政争议的活动。因此,行政争议的裁决权属于哪一国家机关并不影响行政诉讼的性质。至于法律将行政争议的裁决权授予哪一国家机关则是立法者权衡利弊的问题。在中国,行政争议的裁决应包括行政复议和行政审判两个阶段,故行政诉讼法应调整这两个相互联系的阶段。第二种意见认为,诉讼只能指法院裁决争议的活动,行政诉讼只能指法院裁决行政争议的活动。法院外裁决行政争议的活动不能称"行政诉讼",而只能和行政诉讼一道并称"行政争讼"。[①] 因此,《行政诉讼法》不调整行政机关裁决行政争议的活动,而只调整法院裁决行政争议的活动。

由于目前我国国人一般不接受"法院外诉讼"的概念,故立法者最后采用

---

① 吴庚:《行政争讼法》,台北,三民书局 1999 年版;另参见林纪东:《行政法》,台北,三民书局 1990 年版。他们均将"诉愿"(行政复议)和行政诉讼统称为"行政争讼",将"诉愿法"(行政复议法)和行政诉讼法统称为"行政争讼法"。

了第二种意见。《行政诉讼法》只调整人民法院裁决行政争议的活动。行政复议在《行政诉讼法》制定以后再另行立法调整。[①]

### 三、基本模式

我国行政诉讼制度采用何种基本模式,这是《行政诉讼法》正式起草前首先要解决的问题。这个问题在行政法学术界早有争论。在行政立法研究组成立以前,学者们就提出了各种不同的方案。其中主要的方案有三:其一,采用欧洲大陆模式,即行政法院模式;其二,采用英美模式,即行政裁判所或行政法官加普通法院司法审查的模式;其三,吸收上述两种模式之长,创立具有中国特色的模式,即在普通法院内设行政审判庭的模式。行政法院模式主张者的主要理由是:(1)行政法院审理行政案件相对于普通法院具有权威性,有利于保证各种具有重大性、涉及高层次行政机关、高级别行政官员的行政案件的审理;(2)行政法院审理行政案件相对于设于行政系统的行政裁判所具有独立性,有利于处理案件公正,防止行政干预;(3)行政法院审理行政案件相对于普通法院和设于行政系统的行政裁判所具有统一性,有利于对行政案件审理、判决标准的一致。英美模式主张者的主要理由是:(1)行政裁判所和行政法官分别主管各项专门行政案件,具有专业性,有利于处理案件的准确、迅速;(2)行政裁判所和行政法官依行政管理系统设立,对各系统、部门的行政管理政策、环境比较熟悉,处理案件具有灵活性,有利于保障行政管理目的、意图的实现;(3)行政裁判接受普通法院的司法审查,法院原则上只审查法律问题,这既有利于法制的统一,又有利于防止司法过分地干预行政,保证行政职能的有效行使。行政审判庭模式主张者的主要理由是:(1)行政法院模式虽好,但中国目前人力、物力、财力条件均不具备;(2)行政裁判所和行政法官依行政管理系统设立,过分分散,不利于法制的统一,且在中国目前的条件下,它还可能受行政的过分干预;(3)普通民事法院进行司法审查因缺乏专业性难以适应行政案件的特殊性,不利于行政管理,单纯的法律审查又不利于保护行

---

① 参见《行政诉讼法》第1条。关于行政复议,立法机关在行政诉讼法之外另行立法调整,是分两步完成的:第一步,国务院于1990年12月制定行政法规《行政复议条例》;第二步,第九届全国人大常委会第九次会议于1999年4月制定和通过《行政复议法》,该法于1999年10月1日起施行。

政相对人的合法权益;(4)在普通法院内设置行政审判庭可避免上述两种模式之弊,收获上述两种模式之利,且符合中国国情,具有最大可能性。

最后,立法者采纳了第三种主张。[①] 在某种意义上也可说是以立法确认和固定了第三种主张,因为在立法前,许多地方已在人民法院内实际设立了行政审判庭,早已开始受理行政案件。[②]

## 四、受案范围

《行政诉讼法》确定多大的受案范围和以何种方式确定受案范围,这是《行政诉讼法》立法中争论最多的问题之一。关于确定方式,有的主张采用概括式,即对可为人民法院受理的行政案件予以概括性的规定:通过立法划出一条原则性的界限,相对人对界内的行政行为均可提起行政诉讼;有的主张采用列举式,即对可为人民法院受理的行政案件的种类予以一一列举,相对人只能对法律具体列举的行政行为提起行政诉讼;有的主张采用概括加排除式,即先概括性地规定出一个大的范围,然后再对这个范围内的某些不能和不宜由法院受理的行政案件予以具体排除,排除剩余者即为受案范围(此种方式亦可称"负面清单式");还有的主张列举加排除式,即法律一方面列举人民法院可受理的具体行政案件种类,另一方面排除法院受理某些具体行政案件种类,未列举未排除者留给具体法律、法规去规定。这些不同的确定方式反映了人们对规定受案范围大小的不同倾向,主张概括式和"负面清单式"者一般倾向于

---

① 参见《行政诉讼法》(1989 年)第 3 条。

② 如汨罗县人民法院、武汉市中级人民法院等于 1986 年即设立了行政审判庭。关于汨罗县法院在 20 世纪 80 年代设立行政审判庭的情况,2019 年 3 月 18 日最高人民法院网站上有一篇作者为李艳、韩爽撰写的《聆听中国大陆第一个行政审判庭的故事》的文章,详细介绍了其背景:20 世纪 80 年代,还没有谁会想象自己能够站在法庭上去和行政机关"讲理",更想不到这些管理机关在法律面前向自己认错并纠正错误。汨罗县走出这一步,是由于 1986 年的一件诉讼案。那年 8 月,县药材公司因不服县卫生局对其销售假劣药的处罚而提起诉讼,汨罗县法院经济审判庭受理此案。县卫生局应诉时提出了本案"似乎不是经济案件"的疑问。院务会上,院长毛凤章指出,这是一起"民告官"案件。此后不久,毛凤章参加最高人民法院组织的全国基层法院院长培训,学到了外国的行政审判制度。他打电话回汨罗县法院说这是一个行政案件。后来,这起案件按照民事诉讼程序开庭审理,主审该案的审判长是时任汨罗县法院经济审判庭庭长周自觉。庭审当天,省地县三级领导及旁听群众挤满了审判庭大厅。之后,毛院长主持召开党组会,提出设立行政庭,并向汨罗县委打报告,不到 20 天,县委批复就下来了。1986 年 10 月 11 日,中国大陆第一个行政审判庭在汨罗县人民法院正式成立,时任刑二庭庭长的杨霞保担任第一任行政审判庭庭长。此后,各地人民法院陆续建立了行政审判庭。中国行政审判的大门由此叩开。

行政诉讼应尽量扩大受案范围,主张列举式列举加排除式通常是倾向于限制行政诉讼的受案范围。

倾向规定行政诉讼较大受案范围的人认为,行政诉讼的立法目的主要是监督行政机关依法行政,保护相对人的合法权益,因此,凡是相对人认为行政行为违法和侵犯其合法权益者,都应赋予其提起行政诉讼的诉权。倾向规定较小受案范围的人认为,行政诉讼范围过大会影响行政管理的顺利进行,影响行政效率,而且行政案件如无限制地允许进入法院,法院也承受不了。最后,立法者通过反复权衡,吸收了两种意见的合理因素,去除了它们各自的偏颇之处,采用了既概括,①又列举,②另加排除③的方式,确定了较大的同时又是当时切实可行的,并且尚可为之后具体法律法规不断补充的受案范围。

对于行政诉讼的具体受案范围,人们争议较多的是行政诉讼的排除事项,即抽象行政行为是否应一律排除;内部行政行为是否应一律排除;涉及公民非人身权、财产权(如政治权利、受教育权、劳动权等)的行政行为是否应一律排除等。关于这些行政行为应列入或排除在行政诉讼受案范围内的理由,即列入或排除此两种方案选择的各自利弊,我们在后面"受案范围"一章中还要详细讨论,故这里从略。至于立法者的最后选择,对于抽象行政行为和内部行政行为,立法者最终选择了一律排除;而对于涉及公民非人身权、财产权(如政治权利、受教育权、劳动权等)的行政行为,立法者则没有选择明确的一律排除,而是选择了模糊性排除,即《行政诉讼法》只明确规定涉及行政相对人人身权、财产权的具体行政行为作为行政诉讼受案范围,而对涉及公民非人身权、财产权(如政治权利、受教育权、劳动权等)的行政行为,《行政诉讼法》既未列入,也未排除人民法院的行政诉讼受案范围。④

---

① 参见《行政诉讼法》第 2 条。

② 参见《行政诉讼法》第 12 条。

③ 参见《行政诉讼法》第 13 条。

④ 在实践中,法官通过灵活解释法律,事实上;已将涉及公民非人身权、财产权(如政治权利、受教育权利等)的行政行为部分纳入行政诉讼受案范围。如相应行政行为属于行政处罚、行政强制措施、行政许可等,法官即可不考虑该行为涉及公民何种权利(是人身权、财产权还是政治权利、受教育权利等),而直接依《行政诉讼法》第 12 条列举的 12 项规定予以受理。

## 五、原告资格

关于原告资格问题，立法过程中未对之进行直接争论。原告资格问题的争论是通过原告范围的争论反映出来的。关于原告范围，一种意见主张以作为行政相对人的公民、法人和其他组织为限，另一种意见则主张，除相对人以外，检察机关、社会团体和行政机关也可以作为原告提起行政诉讼。其理由是：某些违法行政行为不损害具体相对人的权益，但损害国家和社会公益，此种行为应由检察院或某些公益组织（如环境保护组织）作为原告起诉；[①]另有一些违法行政行为虽损害具体相对人权益，但相对人因害怕打击报复或受到威胁等，不敢起诉，在此种情况下，检察院或相对人所在的社会组织（如妇联、个体劳动者协会等）应可作为原告起诉。至于主张行政机关（指作为行政主体，而非作为被管理的相对人时的行政机关）作原告，其理由是：行政相对人违法不履行义务，行政机关在无法定强制手段时，应允许其作为原告向法院起诉相对人。这实际涉及行政诉讼原告资格的问题。第一种意见主张的原告资格是与具体行政行为有利害关系，且为直接行政相对人（主观诉讼）；第二种意见主张的原告资格则非常广泛，即凡认为某种行政行为违法，并希望通过法院司法监督纠正违法行政行为和追究相应行政主体行政责任的个人、机关、组织均具有原告资格（客观诉讼）。

最后，立法没有采纳第二种意见，而是采纳了第一种意见。[②] 因为多数人认为：第一，检察机关、社会组织等团体与具体行政行为没有利害关系，作为原告起诉后，其难以承担诉讼后果，相应行政行为的实际行政相对人又不愿意承担其他机关、组织为其起诉却败诉的后果；第二，法律没有必要赋予行政机关原告资格：在相对人行为违法或不履行义务时，行政机关有权自己对之予以制裁或依法实施强制执行措施，在其依法无权实施某些强制执行措施时，其也可申请人民法院强制执行；第三，原告资格过宽，会扩大行政诉讼的范围，超过法院实际的承受力。[③]

---

① 这涉及公益行政诉讼及公益行政诉讼的原告资格问题。对此，可参见姜明安：《行政诉讼中的检察监督与行政公益诉讼》，载《法学杂志》2006 年第 2 期。

② 参见《行政诉讼法》（1989 年）第 2 条。

③ 参见姜明安、刘凤鸣：《行政诉讼立法的若干问题研究》，载《法律学习与研究》1988 年第 4 辑。

## 六、审理依据

在《行政诉讼法》确立人民法院审理行政案件依据时争论最大的问题是,规章能否作为人民法院审理行政案件的依据,主张者和反对者均有有力的论据。主张者的论据是:(1)法院办案以法为依据,在现代,法包括规章,特别是行政法,规章占有重要的地位;(2)具体行政行为多依据规章而为,法院不以规章为依据,就无法审理行政案件;法院如不受理依据规章而实施的具体行政行为,就会使大量具体行政行为脱离司法监督,使这些具体行政行为侵犯的相对人的合法权益得不到保护和救济;(3)法院如果受理依规章实施的具体行政行为,审理时又不以之为依据,认定这些行为无法律根据而加以撤销,行政管理就无法进行。反对者的论据是:(1)法院办案应以法为依据,规章不是法,而是抽象行政行为;[①](2)行政诉讼是法院对行政机关实施司法监督,法院审查行政行为的合法性如果以行政机关制定的规章为依据就无法实施监督;(3)当时规章尚无统一的制定标准程序和统一的监督机制,内容和体系均呈现混乱状态,上下左右相互矛盾,冲突者甚多,法院无法依据。

两种意见相持不下,争论贯穿整个立法过程。最后双方只能达成妥协,互相吸取对方意见的合理成分,确定规章既不完全作为依据,也不完全排除其作为依据,而是“参照”适用。即“对符合法律、行政法规规定的规章,法院要参照审理,对不符合或不完全符合法律、行政法规原则精神的规章,法院可以有灵活处理的余地”。[②]

## 七、司法审查

建立行政诉讼制度,即等于承认司法审查。但对于司法审查的概念要不要在《行政诉讼法》中确立以及司法审查的范围应规定多宽,在立法过程中却存在争论。有人认为,司法审查的概念有三权分立的味道,反映西方资本主义国家的体制,我们不能使用。有人则不同意这种意见,认为司法审查反映的是

① 因当时尚未制定《立法法》,后来的《立法法》已将规章纳入“法”的范围。

② 参见王汉斌:《关于〈中华人民共和国行政诉讼法〉(草案)的说明》,在第七届人大第二次会议上的讲话。

国家机关相互之间的分工和相互之间一定的制约,行政诉讼就是法院通过对具体行政行为的审查,实现司法对行政的一定监督和制约,这种监督和制约与资本主义国家三权分立制度有着本质的不同。最后多数人同意第二种意见,立法以明确的语言规定:"人民法院审理行政案件,对具体行政行为是否合法进行审查。"①

至于司法审查的范围,立法明确规定的是限于具体行政行为,但立法过程中有人主张不应仅限于具体行政行为,而应包括抽象行政行为,甚至应包括作为"行政立法行为"的抽象行政行为(如行政法规、规章等),人民法院在审查具体行政行为时,当事人对作为具体行政行为据以作出的依据的抽象行政行为的合法性发生争议时,人民法院应有审查和评价的权力。对于违法的行政法规、规章和其他规范性文件,人民法院虽然无权宣布其无效或予以撤销,但在行政审判中,可以不予适用,而改以合法的更高层次的法律文件作为判决的依据。在《行政诉讼法(试拟稿)》中,曾有"规章与行政法规相抵触,适用行政法规;行政法规与法律相抵触,适用法律"的规定。这就暗含着赋予人民法院审查和评价行政法规和规章合法性的权力。后来,正式立法删去了这一规定,说明立法机关不准备授予人民法院以此种司法审查权。《行政诉讼法》正式立法在关于法律适用的规定中,对规章使用了"参照"一词,即仍暗含着赋予法院对规章的一定的审查权的意思。②

### 八、复议前置

《行政诉讼法》是否将行政复议作为行政诉讼的必经前置程序,立法中有三种不同意见:其一,行政复议作为行政诉讼的必经前置程序;其二,行政诉讼前是否先行复议,由原告自行选择;其三,行政复议是否作为行政诉讼的必经前置程序,由具体法律法规规定,《行政诉讼法》不作统一规定。持第一种意

① 参见《行政诉讼法》(1989年)第5条。

② 参见姜明安、刘凤明:《行政诉讼立法的若干问题研究》,载《法律学习与研究》1988年第4辑。另外,2000年3月15日第九届全国人大第三次会议通过的《立法法》规定了宪法、法律、行政法规、地方性法规、自治条例、单行条例,以及规章的法律效力位阶:宪法具有最高的法律效力,一切法律、行政法规、地方性法规、自治条例、单行条例,规章都不得同宪法相抵触;法律的效力高于行政法规、地方性法规、规章;行政法规的效力高于地方性法规、规章;地方性法规的效力高于本级和下级地方政府规章;等等。这样,法院在行政诉讼中适用规章时就不能不对规章与上位法是否冲突、抵触进行审查。

见的理由是:(1)复议前置有利于迅速、准确地处理争议,因为上级行政机关比法院熟悉行政管理的情况;(2)复议前置有利于上级行政机关对下级行政机关的监督;(3)复议前置有利于行政机关自己纠正错误;(4)复议前置,或穷尽行政救济后再起诉,也是外国行政诉讼或司法审查的较通行的原则。持第二种意见的理由是:(1)复议前置不利于保护相对人权益,因为上级行政机关往往袒护自己的下属;(2)如果复议机关明显无诚意纠正自己下属的错误和对受害相对人进行救济,复议就会毫无意义地耗费相对人的时间和经费,甚至因时间拖延给相对人造成不可弥补的损害;(3)国外穷尽行政救济原则也有例外,在一定的条件下,法院可以不适用这一原则。持第三种意见的理由是:行政案件的情况千差万别,不好统一规定,不如由具体法律法规分别规定。

最后,立法者主要采纳了第二种意见,但吸收了第一种和第三种意见的合理因素,即一般情况下是否先行复议由原告选择,但具体法律法规可以规定复议前置原则。①

## 九、举证责任

关于行政诉讼中的举证责任,立法过程中也曾提出三种方案:其一,由被告负举证责任;其二,实行与民事诉讼相同的举证原则:谁主张,谁举证;其三,由被告负主要举证责任。第一种方案的主要理由是:(1)行政诉讼是审查被告具体行政行为的合法性,证明其行为合法当然是被告的责任,被告证明不了其行为的合法,法院自然就可推定其行为违法;(2)被告作出具体行政行为必须收集和运用证据,证据掌握在被告手里,原告无法举证;(3)如果让原告承担举证责任,不利于行政诉讼主要目的(监督行政机关依法行政,保护相对人合法权益)的实现。第二种方案的主要理由是:(1)行政诉讼是解决行政争议,争议双方要使自己的主张成立,就应该提供证据,没有证据法院就无法判断争议双方谁是谁非;(2)证据并非仅存在于行政机关一方,被告作出具体行政行为应有证据,原告认为相应行为违法,侵犯自己的合法权益,同样应有证据;(3)提供证据既是双方当事人的权利,也是双方当事人的义务,任何一方当事人不履行义务,都要承担可能败诉的后果。第三种方案是第一、二种方案

---

① 参见《行政诉讼法》(1989年)第37条。

的妥协物。

最后，立法者基本上采用了第一种方案，但文字表达上是“被告对作出的具体行政行为负有举证责任”，而不是“被告在行政诉讼中负有举证责任”。[①] 因为在行政诉讼中，被告如果提供了具体行政行为合法的证据，原告仍然认为相应行为违法，或认为行政机关提供的证据是虚假的、伪造的，或认为具体行政行为造成了对自己的损害比行政机关认可的损害更大，要求行政机关提供更多的赔偿，他就应该提供相应的证据。原告提不出证据，同样也要承担败诉的后果。

## 十、司法变更

在行政诉讼中，人民法院能否判决变更行政机关的具体行政行为？立法过程中对此有反对者，有主张者。反对者认为：(1)如何作出具体行政行为是法律法规授予行政机关的权限，法院变更具体行政行为实际就是代替行政机关行使行政权，是司法权侵越行政权；(2)行政机关作出具体行政行为不仅要依据法律，而且要在法律的范围内考虑政策，法院如果可对法律范围内的行政行为加以变更，会影响行政管理政策的统一性、连续性；(3)法院缺乏行政管理的专门知识、专门技术、专门经验，其对行政行为适当性的判断的能力通常不及行政机关。因此，由法院依其判断对行政行为加以变更可能导致将适当变成不当，将不当变成更不当。主张者则认为：(1)赋予人民法院以变更权，有利于保护相对人的合法权益。因为行政机关虽然对行政管理具有经验，但有些行政机关工作人员不是凭经验，而是恶意实施某种行为。对此种行为，法院有时不能撤销，即使可以撤销，也难以指望行政机关自己加以纠正。在这种情况下，法院维持和撤销都难以对相对人合法权益予以适当的救济。(2)有些行政行为虽然在法律范围内，但显失公正，极不合理，法院如果不能变更，不利于实现行政诉讼的目的。(3)赋予人民法院以变更权，有利于避免重复诉讼，对于某些违法或不当的具体行政行为，法院在撤销后责令行政机关重新作出具体行政行为，行政机关有可能有意或无意重新作出新的违法、不当行为，原告将再次诉诸法院，导致重复诉讼。(4)对于行政机关违法或不当处

---

① 参见《行政诉讼法》(1989 年)第 32 条。

理相对人违法行为的行政处罚或行政强制措施,如果法院没有变更权,只能撤销,有些行政机关可能意气用事,干脆对相对人的违法行为放任不管,不再重新依法加以处理,从而放纵了相对人的违法,不利于维护行政管理秩序。

最后,立法者确定,人民法院在行政诉讼中享有对被诉具体行政行为的非常有限的司法变更权,即将法院的司法变更权仅仅限定于一个很小的范围内,即仅适用于显失公正的行政处罚。①

## 十一、公开审判

行政诉讼是否实行公开审判,立法过程中有三种不同主张:其一,行政诉讼应实行书面审理,不开庭;其二,行政诉讼应与刑事诉讼、民事诉讼一样,也实行公开审判制度;其三,行政诉讼应有条件地实行公开审判,即是否公开审判,取决于案件难易程度,事实是否清楚,是否经过复议等;疑难案件,事实不清楚的案件,未经过复议的案件,公开审判;其他案件书面审理或不公开开庭审理。第一种主张者的理由是:(1)行政诉讼主要是解决法律问题,解决法律问题无须开庭和公开审理;(2)公开审理耗时过多,不利于保证行政效率;(3)外国行政诉讼制度开始建立之时,多实行书面审理。第二种主张者的理由是:(1)公开审判有利于保障当事人双方的合法权益;(2)公开审判有利于对行政机关及其工作人员实行监督;(3)公开审判有利于促进人民法院提高审判质量;(4)公开审判有利于对社会进行法制教育。第三种主张者的理由则是第一、二种主张理由的折中。

最后,立法者采纳了第二种主张,规定"人民法院公开审理行政案件",只有涉及国家秘密、个人隐私和法律另有规定的除外。②

## 十二、调解

人民法院审理行政案件,是否适用调解,立法中有两种不同意见。第一种意见主张适用调解,认为:(1)调解有利于人民法院向当事人双方宣传国家的

---

① 参见《行政诉讼法》(1989 年)第 54 条。2014 年修改后的《行政诉讼法》将法院的变更权扩大到"行政处罚明显不当,或者其他行政行为涉及对款项的确定、认定确有错误的"两种情形(见现行《行政诉讼法》第 77 条)。

② 参见《行政诉讼法》(1989 年)第 45 条。

法律政策;(2)调解有利于从思想上解决双方当事人的问题,从而能较快和较有效地解决双方当事人的争议,有利于案结事了;(3)调解有利于化解矛盾,促进双方当事人之间的事后团结。第二种意见反对适用调解,认为:(1)行政诉讼是人民法院审查具体行政行为的合法性问题,行政行为是否合法没有调解的余地;(2)调解以双方当事人能自行处分自己的实体权益为前提,但行政机关是代表国家、以国家名义实施其行为的,行政机关不能自行任意处分自己的实体权益,从而行政争议缺乏调解的基础;(3)行政争议由于发生在不平等的双方当事人之间,如对双方调解,行政机关在调解中可能利用其权力力压对方当事人使其屈服,也可能通过牺牲国家、社会利益来与对方当事人达成协议,以避免对簿公堂中对方当事人指控自己的违法行为而可能"丢面子"和对其不利;(4)不适用调解,不排除法院在公开审理前或公开审理中向当事人双方宣传法律政策,从而也不排除法院允许原告在认识其指控不当后撤诉和允许被告在认识其行为违法不当后改变原具体行政行为以及原告同意后撤诉。

最后,立法者采纳了第二种意见,在后来正式通过的法律中明确规定:"人民法院审理行政案件,不适用调解。"①

## 十三、检察监督

人民检察院是国家的法律监督机关,对行政诉讼当然应实行法律监督。这一点在《行政诉讼法》立法中是不存在争议的,立法中存在争议的问题是检察监督的对象、范围、方式。关于监督对象和范围,有人提出行政诉讼中检察监督的对象是人民法院,检察院监督法院依法审判,保证行政诉讼目的的实现;有人提出监督对象除了法院以外,还应包括行政机关,因为行政机关在行政诉讼中是否正确行使诉权对于行政诉讼目的的实现有着特别重要的意义;还有人提出行政诉讼中检察监督的对象包括法院和双方当事人,因为行政诉讼不同于民事诉讼,不仅涉及公民个人或组织的权利,而且涉及国家和社会公

---

① 参见《行政诉讼法》(1989 年)第 50 条。但 2014 年修改后的《行政诉讼法》(第 60 条)规定了有限的调解范围:对于行政赔偿、行政补偿以及行政机关行使法律、法规规定的自由裁量权的案件,法院可适用调解。

益,因此检察院要对法院和所有诉讼当事人的诉讼行为进行监督。对此,立法者主要采用了第三种意见,规定人民检察院对整个行政诉讼实行法律监督,[①]而不是如同原《民事诉讼法》规定的,仅对民事审判活动实行监督,[②]当然在行政诉讼中,人民法院处于主导地位,从而检察监督的重点是人民法院及其审判活动,而非当事人的诉讼行为。

关于检察监督的方式,立法过程中曾提出各种不同方案:有人主张法律不明确规定具体监督方式,由检察机关根据需要和可能自行决定;有人主张应以法律加以限制性规定,对行政审判的监督方式目前宜仅限于依审判监督程序提起抗诉,因为采取其他检察监督方式的条件当时尚不成熟;有人则主张应规定多种检察监督方式,以保证对整个行政诉讼活动合法进行的监督,即除了依审判监督程序提起抗诉外,还应规定检察院可以公诉人的身份提起诉讼(公益诉讼),以法律监督机关的身份出庭参与诉讼,依上诉途径提起抗诉等其他监督方式。后来立法者考虑到当时采用这些监督方式尚无把握,且存在一些当时难以解决的问题,故决定在法律中暂不规定这些方式,而采用在部分地区先行实验的办法,待实验取得经验后再通过以后修改法律加以补充。

## 十四、执行

《行政诉讼法》立法中关于判决、裁定执行的争论主要涉及两个问题:其一,对于不自动履行人民法院判决、裁定的行政机关,《行政诉讼法》应否规定强制执行措施;其二,如《行政诉讼法》应规定对行政机关的强制执行措施,能否规定与相对人同样的强制措施。

对于第一个问题,有肯定说和否定说两种观点。肯定说的理由是:(1)当事人在行政诉讼中法律地位平等,既然对于原告公民、法人和其他组织规定了不履行人民法院判决、裁定的强制执行措施,对被告行政机关当然就同样应规定强制执行措施;(2)行政诉讼的目的是监督行政机关依法行政,保护相对人的合法权益,人民法院既然通过司法审查对具体行政行为是否合法作出了判

---

① 参见《行政诉讼法》(1989年)第10条。

② 参见《民事诉讼法》(2007年)第14条。但2012年修改后的《民事诉讼法》(第14条)亦规定,检察监督的客体是民事诉讼而非仅及于民事审判。

决,行政机关自然应加以履行,如果行政机关可以拒绝履行,法院不能对它采取任何强制措施,行政诉讼目的就无法实现,行政诉讼就会失去存在的意义。否定说的理由是:(1)行政机关作为国家机关是代表国家,以国家的名义执行国家公务,对其采取强制执行措施会损害社会公益;(2)行政机关的财产、办公设施都是执行公务所随时需要的,法院不应和不能对其采取强制执行措施,如强行对之查封、扣押,无疑会损害国家、社会公益。

对于第二个问题,同样有肯定说、否定说两种观点,肯定说基于当事人地位平等的原则,否定说则基于执行公务的需要。

最后,立法者对第一个问题采纳了肯定说的观点,对第二个问题采纳了否定说的观点。即对于拒绝履行法院行政判决、裁定的行政机关,法律规定可对其采取强制执行措施,但法律规定对其采取的强制执行措施不同于法律规定对公民、法人和其他组织采取的强制执行措施,仅限于划拨、罚款和司法建议等项措施,而不适用查封、扣押、冻结、拍卖等。①

上述14个问题只是《行政诉讼法》立法过程中人们争议较多较大的诸多问题中的若干主要问题,立法过程中不同学者、不同专家以及不同机关、不同团体,人们争论的问题自然远不限于这些。②

## 第四节 行政诉讼法的第一次修正(2014年)

行政诉讼法自1989年第七届全国人大第二次会议通过,1990年10月1日实施以来,至今已30多年。30多年来,全国各级人民法院受理和审结各类行政案件300多万件,在中华人民共和国的历史上正式建立起了通过常态化的司法诉讼程序解决行政争议,监督政府和政府官员依法行政,保护公民、法人和其他组织合法权益,为受到国家公权力行为侵犯的公民、法人和其他组织提供法律救济的制度。

在中国这块有着2000多年封建专制历史的土地上建立起"民告官"制度

---

① 参见《行政诉讼法》(1989年)第65~66条。

② 参见姜明安、刘凤鸣:《行政诉讼立法的若干问题研究》,载《法律学习与研究》1988年第3、4辑。

并使之常态化运行,将中国由人治时代逐步推进到法治时代,致使中国在各个方面发生了很多重大的和根本的变化。

首先,行政诉讼法实施30年,促使我国国人的观念发生了重大转变。国人观念的转变是多方面的。例如,在中华人民共和国成立后很长一个时期内,绝大多数国人一直认为,“人民政府是天然为人民服务的,是天然为人民谋利益、谋幸福的。人民政府不可能侵犯、损害人民的权益”。经过30年的“民告官”的制度运行,大多数国人开始认识到:“人民政府也是可能犯错的,也是可能侵犯人民权益的”。又如,长期以来,国人大多有“民不与官斗,鸡蛋碰不过石头”的观念。经过30年的“民告官”制度运行,大多数国人提高了认识:“公民权益被政府侵犯,就应该向法庭告政府,而且只要告的有理,也可以告赢政府。”再如,过去,国人大多认为,“人民政府是不能成为侵权主体的,即使侵权,公民也是不能通过诉讼去追究人民政府的侵权赔偿责任的”。经过30年的“民告官”制度运行,大多数国人已经认识到:“人民政府是完全可能成为侵权主体的,公民权益被政府侵犯,应该而且可以依法要求政府承担侵权赔偿责任。”

其次,行政诉讼法实施30年,推动政府的治理方式发生了重大转变。这主要表现在四个方面:一是行政机关及其工作人员从单纯依上级指示、命令、红头文件办事逐步向依法行政转变。虽然行政机关的纪律要求下级服从上级,但这要以上级的指示、命令、红头文件合法为前提。如果上级的指示、命令、红头文件违法,则其行为被相对人诉于法庭时即会败诉。二是行政管理方式从以前主要以单方性、强制性为特征向更注重参与性、互动性的善治转变。因为行政行为违反法律规定的参与、互动程序亦可能被相对人诉于法庭而败诉。三是行政执法从主要采用规制手段向更注重采用行政指导、行政契约及其他软法手段等方式转变。因为行政审判对依硬法方式实施的行政行为审查相对较严,对依软法方式实施的行政行为审查相对较宽,对行政指导行为甚至不予审查。四是行政活动从主要注重快捷、注重效率向更注重正当法律程序,注重相对人权益保障转变,因为“民告官”对行政行为的基本审查标准是合法性而不是其效率和快捷性。

最后,行政诉讼法实施30年,促使执政党的政策目标更为亲民、为民,更重视法治。虽然行政诉讼的被告是行政机关而不是执政党的组织和机关,但我国行政机关是受执政党领导的,行政机关的政策导向是由执政党把握的。因此,行政诉讼对行政机关依法行政的监督必然也间接影响执政党的政策目标。这种影响主要表现在三个方面:一是推动执政党从改革开放初期主要追求 GDP 增长,追求经济发展和物质文明到之后逐步向同时追求公平正义,追求社会文明和政治文明转变,党的政策中开始更多地关注人权和民生,关注公民、法人和其他组织合法权益的保护。二是推动执政党从 20 世纪中后期主要依政策治国到 21 世纪逐步向依法治国、依法行政、依法执政,建设法治国家、法治政府、法治社会的目标转变。三是推动执政党从现代化建设起步时主要追求秩序和稳定到小康社会建设全面启动后向更多追求社会文明、生态文明,更加注重多元化化解社会矛盾、建设官民和谐、社会和谐、人与自然和谐的社会目标转变。

《行政诉讼法》从 1989 年全国人大通过,1990 年正式实施到现在 30 多年来,该法和该法所确立的“民告官”制度,对推进中国依法行政、依法治国和保障人权,保障改革开放,促进中国民主政治建设和社会主义市场经济建设起了极其重要的作用,功不可没。但是这一制度由于在建立之时受各种条件的限制,其本身存在诸多缺陷和不足,加上时代的发展进步,特别是在我国进入建设中国特色社会主义新时代以后,该法原设计的制度有些已经不适应现实的需要了。鉴于此,2014 年第十二届全国人大常委会第十一次会议对已经运作了 25 年的《行政诉讼法》进行大修,着重解决“民告官”在实践中的各种问题,特别是立案难、审理难和执行难的“三难”问题。

《行政诉讼法》经 2014 年大修后,相对于原《行政诉讼法》,有一系列制度创新,从而解决了“民告官”在实践中的诸多问题。这些制度创新和所解决的问题主要表现在下述八个方面:

### 一、改立案审查制为登记制,解决行政诉讼立案难的问题

2014 年《行政诉讼法》大修的第一项重要修改是改立案审查制为登记制,解决行政诉讼立案难的问题。这项修改为什么如此重要?因为立案是整个诉讼的入门程序,案立不了,当事人进不了法院的门,诉讼就不能开始,一切诉求都无从谈起。此前,我国行政诉讼一直实行立案审查制,许多案件,法庭尚未进行实质审查,就被法院“把门人”(立案官员)挡在门外,进入不了诉讼

程序。对此,当事人很伤心,很无奈。他们的权益被行政机关侵犯,满怀希望来法院讨个"说法",但是他们还没有见到审理案件的法官,连说话、倾诉的机会都没给,更不要说"讨说法",就让他们走人。而现在,修改后的《行政诉讼法》确立的立案登记制为当事人进入行政诉讼之门提供了很大的方便,大大降低了入门的"门槛",增加了对法院"把门人"(立案官员)的约束:对符合法定起诉条件的起诉人,他们只能登记立案;对当场不能判定是否符合法定起诉条件的,也要先接收其起诉状,并出具收到日期的书面凭证,并在7日内决定是否立案。"把门人"不能自行提高立案门槛,不能为难起诉人,不能将符合法定起诉条件的起诉人拒之门外。否则,当事人可以向上级人民法院投诉,上级人民法院将责令他们改正并依法处分他们。①

根据中央全面深化改革领导小组审议通过的《关于人民法院推行立案登记制改革的意见》,立案登记制不仅适用于行政诉讼,也适用于民事诉讼、自诉刑事诉讼等。但是,相对于其他诉讼,立案登记制对于行政诉讼有着特殊重要的意义。

首先,行政诉讼是"民告官"的诉讼,双方当事人在实体法律关系中处于不平等的地位,作为行政主体的行政机关或法律、法规授权的组织在行政管理过程中,较易于利用其管理权力、管理手段侵犯作为行政相对人的公民、法人和其他组织的权益。这些被侵权的行政相对人虽然也可以从其他途径获得救济,但行政诉讼是其可能获得的救济中最有效的救济。如果行政诉讼的这扇门向他们关闭,他们就很可能难于获得实际有效的救济。②

其次,在司法体制改革尚难在短期内取得长足进展,跨行政区域法院尚难在短期内普遍设置的情况下,地方行政权对法院的影响不可能一下子完全排除。从而法院负责行政诉讼立案的"把门人"不可能在修订后的《行政诉讼法》一实施就完全不考虑地方当局的任何"关切"(这种"关切"往往通过院长、庭长转致)。如果法院仍采立案审查制,"把门人"很难完全不响应这种"关切"。现行《行政诉讼法》将立案审查制改为立案登记制,"把门人"要不

---

① 参见现行《行政诉讼法》第51条。

② 参见姜明安主编:《行政法与行政诉讼法》,北京大学出版社、高等教育出版社2015年版,第25~26页。

响应这种“关切”就容易多了，就比较好向地方政府交代和解释，比较好向转致这种“关切”的院长、庭长交代和解释：“对不起，我不能不登记，不能不立案。我不登记，不立案，当事人要告我，我要受处分呀。”

最后，行政诉讼案往往不仅涉及起诉人的个人权益，而且涉及社会公共利益，行政行为的合法性本身就是一种公共利益。如果不改变立案审查制，维持立案高门槛，将本应由法院受理，符合行政诉讼起诉条件的行政案件拒之法院门外，排除对相应行政行为的司法审查，就可能妨碍行政诉讼监督行政机关依法行政，促进法治政府建设功能的发挥，就可能影响推进依法治国，建设法治国家的大局和全局。很显然，现行《行政诉讼法》将立案审查制改立案登记制，降低行政诉讼的入门“门槛”，尽量扩大了行政诉讼的受案范围，将尽可能多的行政争议纳入法治方式解决的渠道，加大对行政机关依法行政的监督力度，其意义将远远超出诉讼本身。

为保证立案登记制真正发挥其预设的和应有的作用。各级各地法院通过多项措施予以落实：其一，通过司法解释，进一步明确立案登记的前提条件，即现行《行政诉讼法》第 49 条规定的各项起诉条件。例如，最高人民法院即通过司法解释明确“具体的诉讼请求”有：请求判决撤销或者变更行政行为；请求判决行政机关履行法定职责或者给付义务；请求判决确认行政行为违法；请求判决确认行政行为无效；请求判决行政机关予以赔偿或者补偿；请求解决行政协议争议；请求一并审查规章以下规范性文件；请求一并解决相关民事争议等。[①] 只有通过司法解释明确了法律规定的各项起诉条件的内涵和外延，法院负责立案登记的人员才能高效地为起诉人办理登记立案事项。其二，对法院负责立案登记的人员进行适当培训，使之熟练掌握登记立案的程序和相关要求。根据现行《行政诉讼法》和有关司法解释，这些程序和要求主要包括：(1)对当事人依法提起的诉讼，先一律接受其起诉状，能当场判断符合起诉条件的，应当场登记立案。(2)当场不能判断是否符合起诉条件的，应在接收起诉状后出具注明收到日期的书面凭证，并在 7 日内决定是否立案；7 日内仍不能作出判断的，应当先予立案。(3)起诉状内容或者材料欠缺的，应一次性全面告知当事人需要补正的内容、补充的材料及期限。当事人在指定期限内补

① 参见《最高人民法院关于适用〈中华人民共和国行政诉讼法〉的解释》第 68 条。

正并符合起诉条件的,应当予以登记立案。(4)对当事人提起的诉讼,能当场判断其不符合起诉条件的,或者当场不能判断,在7日内能判断其不符合起诉条件的,或者起诉状内容或者材料欠缺,告知当事人补正而其拒绝补正或者补正仍不符合起诉条件的,均应作出不予立案的裁定。而且裁定书应载明不予立案的理由。(5)对已经立案的起诉,之后发现有不符合法定起诉条件或无正当理由超过起诉期限等法定情形起诉的,应作出驳回起诉的裁定。法院负责立案登记的人员对这些登记立案的程序和相关要求应在上岗履职前全面了解和熟练把握。否则不能批准其上岗履职。其三,明确对违法滥诉行为的应对和制裁措施,保证行政诉讼立案登记制的正常运作。行政诉讼实行立案登记制的目的是保护公民、法人和其他组织合法诉权,而不允许当事人或非当事人利用这一制度进行违法滥诉。对于现行《行政诉讼法》施行后当事人之间可能的恶意串通,或者非当事人冒充他人提起诉讼,企图通过行政诉讼侵害国家、社会公共利益或他人合法权益的行为,或者当事人或非当事人故意提起虚假诉讼、恶意诉讼或无理缠讼的行为,法院可依法采取相应的制裁措施,包括驳回起诉、罚款、拘留等,构成犯罪的还应依法追究其刑事责任。

## 二、案件可跨行政区域管辖,解决行政诉讼干预多、审理难的问题

经2014年修订的《行政诉讼法》第18条第2款规定,“经最高人民法院批准,高级人民法院可以根据审判工作的实际情况,确定若干人民法院跨行政区域管辖行政案件”。这一规定虽然使用了“可以”和“若干”两个非强制性和非普遍性要求的词汇,表明这一制度目前尚具一定探索性质。但是,其创新意义亦不可小视。1989年《行政诉讼法》实施20多年来,所遇到的最大困难和障碍即是外部干预:法院完全按行政区域设置,法院人财物均受地方控制,其审判权的行使不可能不受到地方当局或多或少的影响,从而使人民法院对行政案件独立、公正审判目标的实现不能不打折扣。

正是鉴于行政审判的这一困境,2014年修订的《行政诉讼法》确定了行政案件可跨行政区域管辖的制度创新。《行政诉讼法》作出的这一新规定加上最高人民法院展开的巡回法庭的实践预示着今后一个长时期司法体制改革的

方向:司法逐步去地方化。[1]

当然,目前展开的司法去地方化探索和实验所推进的改革力度还是非常有限的:高级人民法院确定跨行政区域管辖行政案件的法院仍是按行政区域设置的法院而非跨行政区域的法院。2015 年上海市设置的第三中级人民法院和北京市设置的第四中级人民法院,与原第一、第二中级人民法院并没有重大区别,它们虽管辖全市范围内的行政案件,但只管辖以区县人民政府作为被告的行政案件和其他重大、复杂的行政案件,而并不管辖区县人民政府工作部门作为被告的一般行政案件,而区县人民政府作为被告的行政案件毕竟是少量的,大量的行政案件是区县人民政府工作部门作为被告的案件。至于最高人民法院巡回法庭,它们也只管辖属于最高人民法院管辖的行政案件而不管辖现在属于高级人民法院管辖的行政案件。这些行政案件在巡回法庭审理不一定比在北京最高人民法院本部审理更独立,更公正和更能去地方化。尽管如此,但有了这种制度设置,其对行政审判去地方化还是会起到一定的作用:上海的第三中级人民法院、北京的第四中级人民法院今后可以逐步扩大受理全市各区政府部门作为被告的行政案件的范围,[2]最高人民法院巡回法庭也可以逐步扩大受理其巡回区域各省自治区行政案件的范围。因为“重大、复杂”是不确定的法律用语,在上海、北京的第三、第四中级人民法院、最高人民法院第一、第二巡回法庭和今后更多这样的跨区域法院、巡回法庭有能力受理和审判更多行政案件的条件下,自然会对“重大、复杂”做更宽泛一些的解释,以受理更多的原来由下级法院管辖的可能受到当地地方当局干预的行政案件,以实现去地方化和防止地方干预这一改革的初衷。至于省、自治区高级人民法院确定一定县级人民法院、一定市中级人民法院管辖其他县、市的行政案件,其去地方化和防止地方干预的力度可能会比上海、北京增设第三、第四中级人民法院的力度更大些。因为上海、北京的第一、第二中级人民法院过去

---

① 参见《最高人民法院关于巡回法庭审理案件若干问题的规定》。

② 例如,上海市高级人民法院即在 2016 年 6 月 15 日发布公告,指定由上海铁路运输法院集中管辖静安、虹口、普陀、长宁等 4 家区法院所有的一审行政案件,包括区政府和区政府部门的案件。自 2016 年 7 月 1 日起,长宁等 4 家区法院的一审行政案件由上铁法院管辖,其他区(县)法院的一审行政案件则仍按原管辖规定执行;当事人对上铁法院作出的一审行政裁判不服的,上诉于上海三中院;当事人认为上铁法院已经发生法律效力的行政裁判确有错误的,向上海三中院申请再审。

就是跨行政区域设置的(若干区设置一个),而一般地方中级人民法院则一直是按行政区域设置的(一市、一地区、一自治州对应设置一个中级人民法院)。

由此可见,2014年修订的《行政诉讼法》确定的行政案件跨行政区域管辖的这一制度创新有利于排除地方干预,保障公正审判,从而有利于更好地保护公民、法人和其他组织的合法权益不受违法行政行为侵犯。

为使这一制度创新的探索更有成效,最高人民法院和各地法院在现行《行政诉讼法》施行过程中将进一步加大推进这一制度探索和实施的力度。例如,地方可在由现行体制法院管辖跨行政区域行政案件的基础上,探索和实验直接设置跨行政区域的行政法院:在若干个县、区设一个基层行政法院;在若干个市设一个中级行政法院。当事人不服中级行政法院的裁判,可不经省、自治区、直辖市高级人民法院而直接向最高人民法院巡回法庭上诉。最高人民法院则可在全国按地区(大区)设置多个巡回法庭,直接受理巡回区域的(而非仅全国性的)重大、复杂一审行政案件和当事人不服巡回区域中级行政法院裁判的二审行政案件和申诉再审案件。如果这种探索和实验获得成功,地方当局对行政诉讼的干预就可以更大限度地减少乃至基本消除。

### 三、扩大受案范围,进一步拓宽行政解纷的法治渠道

2014年修订的《行政诉讼法》相对1989年《行政诉讼法》的另一重要修改是通过多种途径扩大行政诉讼的受案范围,让更多的行政行为接受司法监督,让公民、法人和其他组织能对更多的行政侵权行为提起行政诉讼。2014年修订的《行政诉讼法》在这方面的制度创新主要是通过以下四个途径实现的:

其一,将1989年《行政诉讼法》确定的诉讼客体"具体行政行为"改为"行政行为"。行政行为的范围显然大于具体行政行为。尽管现行《行政诉讼法》仍然排除公民、法人和其他组织对行政法规、规章或者行政机关制定、发布的具有普遍约束力的决定、命令("抽象行政行为")提起行政诉讼,长期以来,行政法学界一直将行政机关针对特定人或就特定事作出的行政行为称为"具体行政行为",而将行政机关制定、发布行政法规、规章和其他具有普遍约束力的决定、命令的行政行为称为"抽象行政行为"。1989年《行政诉讼法》明确规定只有"具体行政行为"具有可诉性,"抽象行政行为"则不具有可诉性。但新《行政诉讼法》所作这一改变("具体行政行为"改"行政行为")透露出来的

立法意向无疑将影响和引导法官的受案倾向：尽量减缩排除范围，扩大受理范围。另外，2014 年修订的《行政诉讼法》增加规定作为受案范围的行政协议行为既不属于抽象行政行为，也不属于严格的具体行政行为。

其二，2014 年修订的《行政诉讼法》新增 4 项行政行为为列举的可诉行政行为：（1）确认土地、矿藏、水流、森林、山岭、草原、荒地、滩涂、海域等自然资源所有权或使用权的行为；（2）征收、征用或对征收、征用的补偿行为；（3）滥用行政权力排除或限制竞争的行为；（4）涉及特许经营协议、土地房屋征收补偿协议等行政协议的行为。虽然这些行为都涉及公民、法人和其他组织的"财产权"，依原《行政诉讼法》也在受案范围之内，但原《行政诉讼法》因为没有明确列举，行政相对人实际起诉还是会发生困难，法院大多是不予受理的。2014 年修订的《行政诉讼法》将之明确列举，即排除了相对人对这些行为起诉的障碍，法院也就没有理由再拒绝受理了。

其三，2014 年修订的《行政诉讼法》扩充了 1989 年《行政诉讼法》7 项列举行为中 6 项行为的内容：（1）在行政处罚行为中增加了暂扣证照、没收违法所得、警告三项内容。（2）在行政强制行为中增加了行政强制执行的内容。（3）在涉经营自主权的行为中增加了涉农村土地承包经营权和农村土地经营权两项内容。（4）在行政许可行为中增加了"有关行政许可的其他决定"的内容；1989 年《行政诉讼法》中只规定对行政机关决定拒绝行政相对人许可申请或对相对人申请不予答复的行为为受案范围，现行《行政诉讼法》增加了"有关行政许可的其他决定"，即意味着行政相对人对行政机关准予、变更、延续、撤销、撤回、注销许可等各种行政许可行为均可起诉。（5）在行政给付行为中增加了支付最低生活保障和社会保障待遇的内容；1989 年《行政诉讼法》对行政给付仅规定了一项可诉的内容，即支付抚恤金，现行《行政诉讼法》将目前适用范围最广泛的两项行政给付纳入了列举受案范围，对保障给付对象权益有重要意义。（6）在要求履行义务行为中明确列举了集资、摊派费用等行为内容。当然，上述对行政诉讼受案范围的扩充并非完全实质性的扩充，而只是对 1989 年《行政诉讼法》规定的受案范围的进一步明确。因为 1989 年《行政诉讼法》列举相应行政行为时一般都加了一个"等"字，"等"即可包含这些扩充的行政行为。但是，2014 年修订的《行政诉讼法》将之明确列举并非没有意义，它有利于消除法院在受案、立案中对"等"的争议：是"等内"还是"等外”,防止某些法官以“等”属“等内”为由排除对这些扩充的行为的受理,以保障行政相对人对这些行政行为诉权的顺利实现。在过去的行政诉讼实践中,许多法官只认列举,不认“等”。对于“等”外的警告、涉土地承包经营权和土地经营权行为、支付最低生活保障和社会保障待遇行为通常不予受理。

其四,2014 年修订的《行政诉讼法》将 1989 年《行政诉讼法》规定的受案范围兜底条款“侵犯其他人身权、财产权”的行为改为“侵犯其他人身权、财产权等合法权益”的行为。这是对 1989 年《行政诉讼法》规定的受案范围的最重大的实质扩充。“合法权益”的范围显然大于人身权、财产权的范围。合法权益既包括人身权、财产权,也包括受教育权、劳动权,甚至包括政治权利,远比“人身权、财产权”范围广泛。当然,2014 年修订的《行政诉讼法》将公民行政诉讼诉权扩大到涉“合法权益”行为如此广泛的范围,并非公民从 2015 年 5 月 1 日起即能对所有涉及自身“合法权益”的行政行为均能提起行政诉讼。这恐怕暂时还做不到,还得有一个过程。在 2015 年 5 月 1 日新法实施以后,法院在受案范围的轻重缓急上会有一个排序:先重点受理列举的行政行为,之后才是涉“其他人身权、财产权”的行政行为,再之后才是涉“其他合法权益”的行政行为。但不管怎样,法院行政诉讼的门是开得比过去大很多了,这对人权保障无疑是一个重大进步。

在 2014 年修订的《行政诉讼法》实施以后,行政诉讼制度创新无疑应进一步推进。在受案范围方面,立法机关今后应逐步将可诉行政行为的确定方式从列举式转变为概括式或“负面清单”式。1989 年《行政诉讼法》和 2014 年修订的《行政诉讼法》虽然在列举之后均有概括性的“兜底条款”,但这个“兜底条款”在实践中通常是备而不用的。如果我们下决心哪一天全面启用“兜底条款”,那我们就没有必要做现在这种挂一漏万地列举了。今后,行政诉讼受案范围的确定完全可以采用“负面清单”的方式,即《行政诉讼法》只列举排除司法审查的行政行为,凡是未列入“负面清单”的行政行为,当事人均可向法院提起行政诉讼。而且,“负面清单”列举的排除范围不宜太宽泛,例如,不宜将规章和规章以下的规范性文件不加区分地全部排除出受案范围,对于不经过具体行政行为即可能侵犯公民、法人或者其他组织合法权益并造成损害的抽象行政行为(规章和规章以下的规范性文件),应允许被侵权人根据“成熟原则”起诉。所谓“成熟原则”,是行政法确定行政相对人不服行政行为,向法院请求司法审查时机界限的规则:行政行为(无论是具体行政行为,还是抽象行政行为)只有实际侵犯行政相对人权益,或者即将导致行政相对人权益损害时(时机成熟),相对人才能向法院提起行政诉讼,请求司法救济。同时,行政行为(无论是具体行政行为,还是抽象行政行为)只要实际侵犯行政相对人权益,或者即将导致行政相对人权益损害时,相对人即可向法院提起行政诉讼,请求司法救济,法院不能以规章和规章以下的规范性文件尚未进入具体实施为由拒绝受理。

## 四、放宽当事人资格限制,让行政相对人有更多参与行政诉讼的机会

行政诉讼中影响行政相对人诉权的一个重要因素是法律对行政诉讼原告和第三人资格的限制。为加大对行政相对人诉权的保障,扩大以行政诉讼方式解决行政争议的法治途径,2014 年修订的《行政诉讼法》通过以下两个方面的制度变革放宽了对原告和第三人的资格限制:

其一,2014 年修订的《行政诉讼法》规定,有权作为原告提起行政诉讼的是"行政行为的相对人以及其他与行政行为有利害关系的公民、法人或者其他组织"。[①] 而"行政行为"包括行政机关和行政机关工作人员以及法律、法规、规章授权的组织作出的行政行为。[②] 1989 年《行政诉讼法》规定原告仅为"认为行政机关和行政机关工作人员的行政行为侵犯其合法权益"而依法起诉的公民、法人或者其他组织。[③] 所谓"认为具体行政行为侵犯其合法权益的公民、法人或者其他组织",可从宽解释,也可从窄解释。从宽解释则包括行政机关和行政机关工作人员以及法律、法规、规章授权的组织作出的行政行为的相对人以及其他与行政行为有利害关系的公民、法人或者其他组织;从窄解释则仅包括行政机关和行政机关工作人员的行政行为的相对人(直接相对人),而不包括其他与行政行为有利害关系的公民、法人或者其他组织(间接相对人)。在实践中,许多法官往往从窄解释。因此,其合法权益受到行政机

---

① 行政相对人包括直接相对人和间接相对人。这里的"行政行为的相对人"指直接相对人,这里的"其他与行政行为有利害关系的公民、法人或者其他组织"即"间接相对人"。参见姜明安主编:《行政法与行政诉讼法》,北京大学出版社、高等教育出版社 2019 年版,第 133～134 页。

② 参见现行《行政诉讼法》第 2 条第 2 款。

③ 参见现行《行政诉讼法》第 2 条和第 24 条。

关侵犯的其他非行政行为直接相对人的公民、法人或者其他组织就实际失去了诉权。2014 年修法,明确了这部分间接相对人的原告资格,从而保障了他们的诉权。

其二,2014 年修订的《行政诉讼法》将原《行政诉讼法》规定的第三人条件:“同提起诉讼的具体行政行为有利害关系”[①]修改为“同被诉行政行为有利害关系但没有提起诉讼,或者同案件处理结果有利害关系”。[②] 这一修改即扩大了第三人的范围,使不仅同被诉行为有利害关系的相对人,而且同案件处理结果有利害关系的相对人都可以以第三人的身份参加到诉讼中来,维护自己的合法权益。过去因行政诉讼损害了或可能损害自己权益的非本案当事人只能通过信访或其他非司法途径寻求救济,实际上难于真正获得救济。例如,甲乙两人争一土地使用权,行政机关裁决属于甲。乙不服,诉至法院,法院通过行政诉讼,无论将该土地使用权最终判给甲或乙,都会损害真正拥有该土地使用权的丙的权益。在这种情况下,如果不允许丙在诉讼过程中参加进来,一旦法院做出终审判决,丙要通过信访或其他非司法途径要回其土地使用权即使不是完全不可能,但也是非常困难的。

由此可见,2014 年修订的《行政诉讼法》通过规则修订和制度变革在一定程度上放宽了对行政诉讼原告和第三人资格的限制。当然,这种放宽还是要受到 2014 年修订的《行政诉讼法》第 49 条关于行政诉讼起诉条件(如须“有具体的诉讼请求和事实根据”等)和对这些条件的司法解释的制约。

### 五、增加复议机关被告责任和被诉行政机关负责人出庭应诉责任,解决行政相对人“告官见官难”的问题

在 2014 年修订的《行政诉讼法》的诸多制度创新中,其中一项重要制度创新是增加复议机关做被告的责任和被诉行政机关负责人出庭应诉的责任。

关于复议机关的被告责任,2014 年修订的《行政诉讼法》第 26 条第 2 款规定,“经复议的案件,复议机关决定维持原行政行为的,作出原行政行为的行政机关和复议机关是共同被告;复议机关改变原行政行为的,复议机关是被

---

① 参见《行政诉讼法》(1989 年)第 27 条。

② 参见现行《行政诉讼法》第 29 条。

告”。而1989年《行政诉讼法》规定，经复议的案件，复议机关决定维持原具体行政行为的，作出原具体行政行为的行政机关是被告；复议机关改变原行政行为的，复议机关是被告。[①] 1989年《行政诉讼法》的规定导致许多复议机关为规避做被告而充当原行政行为的“维持会”：行政相对人向其申请复议后，其不论相应行政行为是否合法，是否侵犯相对人的合法权益，一律维持了事，使相对人不仅不能通过复议使自己被侵犯的权益获得救济，反而无谓耗费了许多时间和精力。本来行政复议有较行政诉讼经济、快捷和专业性的多种优势，但那种制度设计使其优势变为了劣势。很显然，2014年修订的《行政诉讼法》对原制度设计的变革将激化行政复议的活力，保障复议能真正发挥其应有的功能和作用。[②]

关于被诉行政机关负责人出庭应诉的责任，2014年《行政诉讼法》对此专门增加一项规定，“被诉行政机关负责人应当出庭应诉。不能出庭的，应当委托行政机关相应的工作人员出庭”。[③] 这一规定不仅对于监督行政机关依法行政具有重要意义，对于保障作为原告的行政相对人的合法权益也有重要意义。[④]《行政诉讼法》（1989年）实施20多年，平均每年审案近10万起，但很少有行政机关负责人出庭应诉的，绝大多数的情况是“告官不见官”。由于行政机关负责人不出庭，他们不了解相对人合法权益被侵犯的实际情况，原告即使胜诉，往往也很难获得实际有效的救济。而且行政机关也难于吸取违法侵权的教训，在以后类似的行政行为中可能重蹈覆辙，仍然继续违法侵权。尽管

---

① 参见《行政诉讼法》（1989年）第25条第2款。

② 复议机关维持原行政行为需要与原行为机关共同做被告的这一修改目前在实践中也导致了诸多问题，如显著增加了其工作量，使之疲于应付大量诉讼，其未参与原行政行为的作出，却要与原行为机关同样承担举证责任等。因此，现在许多实务机关的工作人员和部分学者都反对这一修改，主张恢复原《行政诉讼法》的规定。

③ 参见现行《行政诉讼法》第3条第3款。

④ 据2016年4月11日《法制日报》报道：贵州省人民政府副省长陈鸣明和所有当事人一样，出示身份证件进入贵阳市中级人民法院，作为行政机关负责人出庭参与诉讼。这是全国省级政府负责人出庭应诉的首例。庭审结束后，陈鸣明接受采访时说，作为行政诉讼制度重要组成部分的行政首长出庭应诉，对于推进法治政府建设意义重大。但在实践中，有的行政机关领导干部怕当被告，怕丢脸面，怕败诉，不愿应诉，不敢应诉，在诉讼中只委托一般工作人员应付了事。陈鸣明强调，行政管理负责人要增强依法行政观念，提高依法行政的能力和水平，特别要有依法行政的自信和依法纠错的勇气。“我们要以此次庭审为契机，努力实现全省行政首长出庭应诉制度化、规范化、常态化。”参见《法制日报》2016年4月12日，第3版。

2014 年修订的《行政诉讼法》从实际可能性出发,没有规定应当出庭应诉的"负责人"必须是正职行政首长,也没有规定每个行政案件的审理,行政机关的负责人都必须出庭,但 2014 年修订的《行政诉讼法》的这一规定相对于 1989 年《行政诉讼法》,对于行政诉讼监督行政机关依法行政,保障公民、法人和其他组织合法权益功能和作用的实际发挥,无疑将提供更有力的保障。

**六、改进诉讼程序,解决起诉时限过短,不利于行政相对人诉权行使的问题**

2014 年修订的《行政诉讼法》在诉讼程序制度方面对 1989 年《行政诉讼法》进行了以下三个方面的改革和完善:

其一,2014 年修订的《行政诉讼法》将 1989 年《行政诉讼法》规定的 3 个月起诉时限延长到 6 个月。起诉时限自原告知道或者应当知道被告作出行政行为之日起算,如果原告不知道被告作出的行政行为,在行政行为作出后 5 年内仍可起诉,如行为涉及不动产,在行政行为作出后 20 年内仍可起诉。[①] 这一修改对于行政相对人维权是很有意义的。由于许多行政相对人对法律规定的起诉时限不甚熟悉,加上其他一些主客观原因,很容易错过原《行政诉讼法》规定的 3 个月时限,从而丧失请求司法救济的机会。2014 年修订的《行政诉讼法》的这一修改,将大大减少乃至消除这种在实践中不时发生的遗憾。

其二,2014 年修订的《行政诉讼法》新设了行政审判的简易程序。1989 年《行政诉讼法》没有规定行政审判简易程序,所有行政案件都走普通程序。一个罚款几十元的案子,也要合议庭审理,经过一审、二审,甚至再审。这种程序设计过分耗费司法资源,也不利于保护当事人的合法权益。因此,修订后的《行政诉讼法》规定,法院审理被诉行政行为是依法当场作出的、或涉案款为 2000 元以下的,或案件内容为申请政府信息公开的,或者双方当事人均同意适用简易程序的案件,由审判员一人独任审理,并应当自立案之日起 45 日内审结。[②]

其三,2014 年修订的《行政诉讼法》将 1989 年《行政诉讼法》规定的行政审判不适用调解的规定修改为可有限适用调解,即法院审理行政赔偿、补偿和

---

① 参见《行政诉讼法》第 46 条。

② 参见《行政诉讼法》第 82、83 条。

行政行为涉自由裁量权的案件,可以在双方自愿、合法和不损害国家利益、社会公共利益和他人合法权益原则的基础上进行调解。[①] 行政诉讼虽然不同于民事诉讼,行政机关对于诉讼客体没有完全的处分权,从而不能完全适用调解,但有限调解显然是可行的,且对于尊重当事人自治,保护其合法权益,特别是对于实现《行政诉讼法》第1条规定的"解决行政争议"的诉讼目的,是有用和有益的。

**七、扩大司法审查强度,增加裁判形式,让行政诉讼救济手段更多,监督力度更大**

2014年修订的《行政诉讼法》主要在两个途径扩大了法院对行政行为司法审查的强度。第一种途径是规定当事人在起诉时,可一并请求对行政行为所依据的规章以下的规范性文件进行审查。法院经审查,认为该规范性文件不合法的,不作为认定行政行为合法的依据,并向制定机关提出处理建议。[②] 而原《行政诉讼法》是不允许法院在行政诉讼中审查规范性文件的。人民法院审理行政案件,只对具体行政行为(而不对具体行政行为所依据的抽象行政行为)是否合法进行审查。[③] 尽管在实践中,法院审理行政案件,在事实上不仅要对规章以下的规范性文件进行审查,对规章也要进行有限度的审查,以确定是否"参照",但当事人对此并无审查请求权。修订后的《行政诉讼法》将对规章以下的规范性文件审查的请求权直接赋予公民、法人和其他组织,无疑加大了法院在行政审判中对行政行为的审查强度。

当然,2014年修订的《行政诉讼法》在扩大法院对抽象行政行为司法审查的范围和强度方面,做得还是不够和不充分的。修订后的《行政诉讼法》虽规定法院可审查规范性文件,但设定了两个限制:一是只能"附带审查"而不能独立审查;二是只能审查规章以下的规范性文件而不能审查规章。而根据现代法治的要求和行政诉讼的宗旨,法院在行政审判中对规范性文件不仅应附带审查,而且应独立审查,应允许当事人直接对规范性文件提起诉讼;不仅应审查规章以下规范性文件,而且应审查规章和行政法规。因为在我国,宪法和

---

① 参见《行政诉讼法》第60条。

② 参见《行政诉讼法》第53、64条。

③ 参见《行政诉讼法》(1989年)第5条。

法律是行政行为的最高依据,行政行为即使符合行政法规和规章,如果行政法规和规章违反宪法和法律,法院仍然不能认定被诉行政行为合法有效。法院在行政诉讼中虽然不能直接认定行政法规、规章违法和撤销违法的行政法规、规章,而应提请人大常委会审查、认定违法和撤销(行政法规应提请全国人大常委会审查、认定违法和撤销)。但法院在具体案件审理中不能完全不审查行政法规、规章的合法性。法院不能闭着眼睛适用法规和规章,而不管所适用的法规、规章是合法还是违法。

2014 年修订的《行政诉讼法》增加司法审查强度的第二个途径是通过扩大撤销判决的适用情形,适当展开对行政行为合理性的审查。1989 年《行政诉讼法》规定撤销判决限于适用有五种情形的行政行为:主要证据不足、适用法律法规错误、违反法定程序、超越职权和滥用职权。这五种情形涉及的均是合法性而基本不涉及合理性。[①] 修订后的《行政诉讼法》新增"明显不当"情形,[②]即将撤销性审查的触角伸向了行政行为的合理性。在以往的行政审判实践中,法官限于撤销判决的五种法定情形,只能撤销违法的行政行为,对于行政机关在法定范围和法定幅度内实施的行政行为,即使再不合理,对相对人再不公正,法院也不能判决撤销。当然,也有某些法律素质特别高、正义感特别强的法官,对于明显不当的行政行为,会将之归入"滥用职权"的情形予以撤销。但是"滥用职权"对被告的刺激性太大,人们往往会将之与执法者的主观恶性联系在一起,法院一旦认定行政机关"滥用职权",可能导致相应执法者和相关负责人被问责,故绝大多数法官"下不了手",不敢轻易启用"滥用职权"条款。现在,修订后的《行政诉讼法》在撤销判决的情形中增加"明显不当"的情形,法官对于加大对行政行为合理性的审查强度就不会再有过多的顾虑了。

另外,2014 年修订的《行政诉讼法》还通过补充多种判决和裁定形式,增加了行政诉讼的救济手段和增强了对被诉行政机关的监督力度。修订后的《行政诉讼法》新增的判决形式包括:驳回诉讼请求判决、给付判决、确认判决(包括确认违法和确认无效)、赔偿判决(含责令采取补救措施)、行政协议判

---

① 参见《行政诉讼法》(1989 年)第 54 条。
② 参见《行政诉讼法》第 70 条。

决(包括判决继续履行、责令采取补救措施和予以赔偿、补偿)。[①] 这些判决形式对为被行政侵权的当事人提供更多、更有效的救济是非常重要的。没有这些判决形式,法院在行政审判中面对许多行政侵权行为就难以下判,即使想给予当事人救济,也苦于没有法定救济形式、手段而无能为力。例如,对于行政机关在行政执法行为中实施了殴打、虐待等暴力行为,如无确认违法的判决形式,按1989年《行政诉讼法》规定的四种判决形式——维持判决、撤销判决、变更判决和履行判决——均无法下判。当然,在以往的行政审判实践中,法院也并非完全没有给予当事人救济,法官往往会根据最高人民法院的有关司法解释给予当事人相应的救济。2014年修订的《行政诉讼法》将有关司法解释上升为法律规定,对保障当事人合法权益显然更为有利。

除新增判决形式外,新《行政诉讼法》还新增了对于当事人有重要救济意义的裁定形式:"先予执行":法院对起诉行政机关没有依法支付抚恤金、低保、工伤、医疗社保的案件,权利义务关系明确,不先予执行将严重影响原告生活的,可裁定先予执行。[②] 很显然,这种裁定形式加大了对作为弱势群体的原告的救济力度。

### 八、增加行政裁判的执行方式,解决行政裁判执行难的问题

法院作出的行政判决、裁定,能否得到有效执行,既关系到行政诉讼目的、宗旨能否有效实现,公民、法人、其他组织被侵犯的合法权益能否通过行政诉讼得到有效救济,行政主体的违法行政能否通过行政审判得到有效监督和纠正;也关系到人民法院能否通过其行政审判活动真正树立司法权威,能否让人民群众真正信任法院,信任司法,从而真正愿意选择司法途径解决行政争议和纠纷。

在1989年《行政诉讼法》施行20多年的实践中,行政诉讼在全国各地一直不同程度地存在"三难"问题,即行政案件起诉难、审理难,行政裁判执行难。2014年修订的《行政诉讼法》为了解决"三难"中的"执行难"问题,专门

---

① 参见《行政诉讼法》第69、73~78条。
② 参见《行政诉讼法》第57条。

增加了对行政机关拒绝履行法院裁判三项强制执行措施:[①]

其一,对行政机关负责人按日处50元至100元罚款。1989年《行政诉讼法》规定罚款是仅针对行政机关的,行政机关对每日50元至100元甚至更大数额的罚款大多满不在乎,故强制执行力度很小。修订后的《行政诉讼法》将罚款改为针对行政机关负责人,其强制执行力度无疑将比原《行政诉讼法》的规定要大得多。

其二,将行政机关拒绝履行的情况予以公告。这一措施可能要比罚款的强制力度更大,因为公告会影响行政机关及其负责人的声誉,从而可能影响行政机关相关责任人员和相应负责人的职务升迁,他们对此不能不予以认真对待。

其三,对拒不履行法院判决、裁定、调解书,社会影响恶劣的行政机关,可拘留其直接负责的主管人员和其他直接责任人员。这一措施的强制力度则可能比公告更大。当然,这一措施因为涉及被执行人的人身自由,影响被执行机关的工作,其适用必须非常慎重。修订后的《行政诉讼法》新增这一措施,更注重的是其威慑力而不是其实际适用:行政机关相关责任人和负责人慑于此种措施的厉害,会迫于自我心理压力而自觉、主动地去履行法院的相应裁判。

行政审判的权威和公信力除了通过其裁判的有效执行而保障外,通过检察监督保障行政裁判的合法性和正确性也是重要途径之一。对于行政审判的检察监督,1989年《行政诉讼法》只规定了检察抗诉一种形式:人民检察院对人民法院已经发生法律效力的判决、裁定,发现违反法律、法规规定的,有权按照审判监督程序提出抗诉。[②] 为了加大监督力度,修订后的《行政诉讼法》增加了一种"检察建议"的新监督形式:地方各级人民检察院对同级人民法院已经发生法律效力的判决、裁定,发现有法定违法情形(修订后的2014年《行政诉讼法》第91条规定的情形)的。或者发现调解书损害国家利益、社会公共利益的,可以向同级人民法院提出检察建议,并报上级人民检察院备案。另外,各级人民检察院对审判监督程序以外的其他审判程序中审判人员的违法行为,也有权向同级人民法院提出检察建议。[③] 对这种新的检察监督形式,目

---

① 参见《行政诉讼法》第96条。

② 参见《行政诉讼法》(1989年)第64条。

③ 参见《行政诉讼法》第93条。

前人们虽还存在一定的不同认识。但如果运用适当,对保障行政审判的公正、合法,从而维护司法权威,应该是可以发挥较好的作用的。

## 第五节 行政诉讼法的第二次修正(2017年)

2017年6月27日,第十二届全国人大常委会第二十八次会议对《行政诉讼法》做了第二次修正。这次修正只是一次小修,仅将2014年修订的《行政诉讼法》第25条增加1款,作为第4款:人民检察院在履行职责中发现生态环境和资源保护、食品药品安全、国有财产保护、国有土地使用权出让等领域负有监督管理职责的行政机关违法行使职权或者不作为,致使国家利益或者社会公共利益受到侵害的,应当向行政机关提出检察建议,督促其依法履行职责。行政机关不依法履行职责的,人民检察院依法向人民法院提起诉讼。

2017年全国人大常委会对《行政诉讼法》的修订虽然只是一次小修,但是这次修订在我国行政诉讼法的发展史上却有着不同寻常的重要意义,因为它确立了我国行政诉讼的一项全新的重要制度——行政公益诉讼制度。关于这项制度的运作和法律适用,最高人民法院和最高人民检察院于2018年2月23日联合发布了《最高人民法院、最高人民检察院关于检察公益诉讼案件适用法律若干问题的解释》。该解释规定的公益诉讼既包括行政公益诉讼,也包括民事公益诉讼。其中涉及行政公益诉讼的主要内容我们拟在本书第十三章详细介绍和阐释,本处从略。

**本章参考书目**

1. 罗豪才主编:《行政审判问题研究》,北京大学出版社1990年版,“前言”。

2. 柴发邦主编:《当代行政诉讼基本问题》,中国人民公安大学出版社1989年版,第2章。

3. 姜明安:《行政法与行政诉讼》,中国卓越出版公司1990年版,第4章。

4. 胡建淼主编:《行政诉讼法教程》,杭州大学出版社1990年版,第1章。

5. 马怀德主编:《司法改革与行政诉讼制度的完善》,中国政法大学出版社2004年版,上篇第1~2章。

6. 薛刚凌主编:《法治国家与行政诉讼》,人民出版社2015年版,第1章。

# 第二章 行政诉讼法学原理概述

行政法是关于控制政府权力的法。无论如何,这是行政法的核心。

行政法的首要目标是保障政府在法律范围内运作,以保护公民不受政府滥用权力的侵害。①

——[英]威廉·韦德

行政审判的概念是从民事审判的概念而来的,它与民事审判的概念相对立,表示的是另一类机关的活动,即不同于普通法院而属于行政序列的机关。但行政审判的概念同时又意味着其活动种类与民事审判的一致性。

行政审判也可以只服务于客观法律,即要维护的法律秩序;以及间接地服务于通过法律秩序而受到保护的权利,但这些权利并不必要具有主体权利的外部形式。只要行政审判是以某种方式作出裁判并有义务确定具体情况下的权利义务关系也就足够了。②

——[德]奥托·迈耶

## 第一节 行政诉讼的概念

根据我国现行《行政诉讼法》的规定,行政诉讼是指作为行政相对人的公

---

① H. W. R. Wade, *Administrative Law*, Oxford, p. 4-5.

② [德]奥托·迈耶:《德国行政法》,刘飞译,商务印书馆 2002 年版,第 135~136 页。

民、法人或者其他组织认为作为行政主体的行政机关或法律、法规、规章授权的组织所实施的行政行为侵犯其合法权益,依法向人民法院起诉,人民法院依法对被诉行政行为的合法性进行审查,并依法作出裁判的活动。[①]

这个定义反映了我国现行行政诉讼的下述基本特征:

## 一、行政诉讼的原告是作为行政相对人的公民、法人或者其他组织

行政诉讼是因行政实体法律关系双方当事人之间的争议引起的。行政实体法律关系双方当事人一方是行政主体——行政机关或法律、法规、规章授权的组织,另一方是行政相对人——公民、法人或者其他组织。在行政法律关系中,行政主体和行政相对人处于不平等的地位,行政主体有权对行政相对人发布行政命令,采取行政强制措施和实施行政制裁,因此,在行政主体认为行政相对人行为违法,不履行法定义务时,其无须向法院起诉,要求法院评判、裁决和强制相对人履行。即使法律未赋予某些行政机关以某些法律强制手段,它们作出行政行为后相对人不执行,也只需申请人民法院强制执行,而无须请求法院对相对人行为的合法性进行审查和作出裁决。故行政主体在行政诉讼中没有作原告的必要。[②] 而行政相对人在行政法律关系中处于被管理的地位,他们必须服从行政主体的命令,履行行政主体实施的行政行为加于他们的义务,否则就可能要受到行政主体的制裁。正是在这种情况下,法律赋予他们以行政诉讼的起诉权,在他们认为行政主体实施的行政行为违法,侵犯其合法权益时,可以请求法院评判、裁决。他们也只有在法院先行评判、裁决,确认相

---

① 这个定义只是根据我国现行《行政诉讼法》(以下各章,凡使用《行政诉讼法》,均指现行《行政诉讼法》,即1989年第七届全国人大第二次会议通过,经2014年和2017年两次修订的《行政诉讼法》。如使用1989年《行政诉讼法》,均特别标明"原《行政诉讼法》")的规定作出的。世界各国的法律制度不同,行政诉讼的原告不一定仅限于公民、法人和其他组织;被告不一定仅限于行政机关和法律、法规、规章授权的组织;被诉行为不一定仅限于行政行为;司法审查范围不一定仅限于行政行为的合法性。就我国的情况而言,行政诉讼制度也不是固定不变的,随着民主政治和法治的发展,行政诉讼的主体、被诉行政行为的范围和司法审查的"度"都将发生变化。因此,这个定义随着《行政诉讼法》的修改也将适当修改。例如,2017年修订的《行政诉讼法》即已经确立了行政公益诉讼制度。行政公益诉讼可以认为是广义的行政诉讼(客观诉讼),其原告(公益诉讼起诉人)是人民检察院。但本书的定义仍限于狭义的行政诉讼(主观诉讼)。

② 如果今后《行政诉讼法》赋予行政机关(而不是像现在这样,仅仅赋予检察机关)提起行政公益诉讼的权力,那么,行政机关也可成为广义行政诉讼(客观诉讼)的原告(公益诉讼起诉人)。

应行政行为违法和撤销该行政行为后,才能拒绝履行相应行政行为违法加于他们的义务。①

在民事实体法律关系中,情况就不是这样。双方当事人法律地位平等,即使是行政机关,在认为对方当事人不履行民事义务,侵犯自己的合法的民事权益时,也不能自己直接对对方当事人采取强制措施或实施处罚,而只能请求人民法院先行评判、裁决,要求法院判决对方当事人实际履行义务或承担违约金或损害赔偿金等。因此,在民事诉讼中,民事实体法律关系双方当事人都可在诉讼法律关系中作原告。

在行政诉讼中,行政机关和法律、法规、规章授权的组织不能作原告,是指他们在行政实体法律关系中处于行政主体地位之时的情形。如果他们在行政实体法律关系中不是处于此种地位,而是处于被其他行政主体管理的地位,即处于行政相对人的地位,那么,他们在行政诉讼中是完全可以作原告的。可见在行政诉讼中可以作原告的行政相对人不仅包括公民、企事业组织、社会团体,而且包括处于被管理地位时的行政机关、其他国家机关及公职人员。

### 二、行政诉讼的被告是作为行政主体的行政机关或法律、法规、规章授权的组织

在行政诉讼中,被告只能作为行政主体的行政机关或法律、法规、规章授权的组织。这有三层意思:第一,由于在行政实体法律关系中,行政主体拥有对行政相对人自行采取行政强制和行政制裁手段的权力,故在其认为相对人行为违法,不履行义务时,无须诉诸法院,请求法院裁判和制裁相对人,因此,行政主体在行政诉讼中无须作原告,既然行政主体不可能作原告,行政相对人就不可能作被告。第二,行政机关和法律、法规、规章授权的组织实施的行政行为有两种情况:一种是通过行政决定、命令,以行政主体的名义实施的;另一种是行政机关和法律、法规授权组织的工作人员或行政机关委托的组织、个人在没有行政主体决定、命令的情况下自己实施的。对于行政相对人权利义务发生影响的行政行为,无论属于上述哪一种情况,相对人提起诉讼都只能

---

① 在德国等一些西方国家,行政行为如果明显、重大违法,即构成无效。对于无效的行政行为,行政相对人无须先经过行政诉讼,即可直接抵制,径行拒绝履行相应行政行为加于他们的义务。参见《联邦德国行政程序法》第43、44条。

以作为行政主体的行政机关或法律、法规、规章授权的组织为被告,而不能以公务员或行政机关委托的组织、个人为被告。因为在行政法律关系中,公务员或被委托的组织、个人的职务行为均视为行政主体的行为,作为法律关系一方的当事人,是行政主体,而不是公务员或被委托的组织、个人。第三,行政机关或法律、法规、规章授权的组织只有在行政实体法律关系中处于行政主体地位,即代表国家行使行政职权时与行政相对人发生争议,才能成为行政诉讼的被告。行政机关或法律、法规、规章授权的组织在行政实体法律关系中处于被管理地位与处于行政主体地位的行政机关或法律、法规授权的组织发生争议时,其不能作被告,而只能依法作为行政相对人,要么服从其他行政主体的管理,要么作为原告依法提起行政诉讼。

### 三、行政诉讼的主管机关是人民法院

行政诉讼的主管机关是人民法院,这是行政诉讼区别于行政复议的基本特征。行政诉讼虽然和行政复议一样,同是解决行政争议的制度,但属于解决行政争议的两个不同阶段。虽然两者并不完全衔接,提起行政诉讼未必都要先经过行政复议,经过行政复议后也未必都能再提起行政诉讼,但就多数情况来说,行政复议和行政诉讼通常是解决一个行政争议的两个相互衔接的阶段。之所以要将二者加以区别,不统称行政诉讼,不统一由《行政诉讼法》调整,就是因为二者的主管机关不同,适用的程序不同。行政复议由行政机关主管,适用的是具有一定司法性的行政程序,[①]行政诉讼由人民法院主管,完全适用司法程序。

在人民法院,直接审理行政案件的是行政审判庭。《行政诉讼法》第 4 条第 2 款规定,人民法院设行政审判庭,审理行政案件。因此,行政审判活动是在人民法院行政审判庭进行的。但是为什么行政诉讼的主管机关不是行政审判庭,而是人民法院呢？这是因为:其一,根据我国司法体制,审判庭只是各级人民法院的审判机构,不是一级独立的审判机关;其二,各级人民法院均设有审判委员会,审判委员会的任务之一是讨论决定重大、疑难、复杂的案件,[②]当

① 我国《行政复议法》规定的程序即是具有一定司法性的行政程序,而非纯行政程序。

② 参见《人民法院组织法》第 36~39 条。

然包括讨论重大、疑难的行政案件。审判庭必须执行经审判委员会讨论确定的关于相应重大、疑难案件的处理意见。行政审判庭设于人民法院之内,作为人民法院审理行政案件的专门机构,这是我国行政诉讼制度既区别于大陆法系国家又区别于英美法系国家的重要标志。[①]

## 四、行政诉讼的内容是解决行政争议

行政诉讼的内容是解决行政争议,这是行政诉讼区别于民事诉讼和刑事诉讼的基本特征。所谓"行政争议"是指行政法律关系双方当事人之间的争议,通常是指行政相对人和行政主体之间的外部行政争议,行政主体相互之间的和行政主体与其构成单位或工作人员之间的内部行政争议在我国现行制度下不通过行政诉讼途径解决,不属行政诉讼的范畴。

行政争议的存在是行政诉讼的前提,没有行政相对人对行政主体行政行为的不服和向人民法院提起起诉,就不可能发生行政诉讼。行政诉讼的整个过程都是围绕解决行政争议进行的。从原告起诉,被告应诉,人民法院开庭审理,到人民法院作出判决、裁定,以及对判决、裁定的执行,即是行政争议进入法院和法院解决争议的过程。

行政争议的起因是被告作出被行政相对人异议的行政行为,行政争议的产生是始于行政相对人提出行政行为违法和侵犯其合法权益的指控,行政争议的解决是人民法院审查和确认相应行政行为是否合法:对于合法的行政行为,即使原告认为该行为造成了对他的权益的不利影响,人民法院也将驳回原告的起诉或诉讼请求;只有对于违法的行政行为,且侵犯原告的合法权益,人民法院才予以撤销或确认违法,给予原告以相应的救济。民事诉讼的情况即不是这样:民事争议的起因可以是双方当事人任一方的行为或某种法律事实;法院解决民事争议通常要审查原被告双方的行为,或双方争议的某种法律事实,而不是仅审查被告的行为,更不是仅限于审查被告行为的合法性。

---

① 我国人民法院审判委员会的制度正在改革之中,改革的趋势是最大限度地尊重合议庭和法官对案件的裁判,尽量减少对具体案件的审议、决定,以保障"让审理者裁决,让裁决者负责"。但在今后一个较长的时期内,法院审判委员会将会仍然存在,并仍会保留一定适度的"讨论决定重大、疑难、复杂的案件"的权限。

## 第二节　行政诉讼的性质

行政诉讼作为传统的三大基本诉讼制度(刑事诉讼、民事诉讼、行政诉讼)之一,①自然首先属于诉讼的范畴,具有诉讼的性质和特征。但是行政诉讼又不仅仅属于诉讼范畴,它同时是行政法制监督和行政法律救济机制的环节,具有行政法制监督和行政法律救济的性质和特征。行政诉讼应该认为是一身兼具三重身份特征的制度:解决行政争议的诉讼制度、对行政行为进行司法审查的行政法制监督制度、对合法权益受到侵犯的行政相对人进行救济的行政法律救济制度。

### 一、行政诉讼是解决行政争议的诉讼制度

行政诉讼制度首先是一种诉讼制度,是其内容为解决行政争议的诉讼制度。就解决行政争议而言,除了行政诉讼制度以外,还有调解制度、②和解制度、协调制度、申诉制度和行政复议制度等。行政诉讼只是整个解决行政争议机制的一个环节。

行政调解作为解决行政争议的制度,是争议双方在当事人之外的第三方行政机关的主导下,相互摆事实、讲道理,对照有关法律、法规和政策,分清各自的是非曲直,在此基础上双方互谅互让,通过签订协议解决相互的争议。行政调解没有严格的法律程序,调解达不成协议或达成协议后一方或双方反悔,均可再诉诸其他途径重新解决争议。

和解制度是争议双方在没有第三方主导的情况下,相互协商,互谅互让,通过签订和解协议解决相互争议的制度。和解通常是争议发生后,争议双方为及时解决争议,节约解决争议的成本,维护双方的关系而主动采取的解纷措施。有时,和解也在行政复议、行政诉讼过程中进行。争议双方如在行政复议、行政诉讼过程中达成和解协议,则由行政复议申请人撤回申请,由行政诉

---

① 现代诉讼除了刑事、民事、行政三大诉讼外,还有宪法诉讼和其他特别诉讼,如国家赔偿诉讼、社会诉讼等。

② 调解制度包括行政调解、人民调解(民间调解)和司法调解。

讼原告撤诉而终结争议。

协调制度类似于调解制度,是争议双方之外的第三方行政机关或法院对争议当事人摆事实、讲道理,宣讲有关法律、法规和政策,说明争议涉及的是非曲直,使双方相互谅解,最终达成解决争议的协议。协调制度是行政诉讼法修改前一些行政机关和法院因原《行政诉讼法》规定行政诉讼不适用调解的制度环境下,为解决某些疑难、复杂,且法律规定不甚明确的行政争议案件而自行创制和逐步发展完善的一项制度。

申诉制度作为解决行政争议的制度,是行政相对人通过信访或其他途径,向有关国家机关反映情况,要求解决其与相应行政主体之间的争议。申诉处理一般没有严格的法律程序要求,受理申诉信访的国家机关并非完全自己解决争议,在很多情况下是将案件转送有关主管机关解决,受理和处理申诉的机关解决争议除了依据有关法律、法规外,政策考虑在此种解决争议的程序中占有很重要的地位。①

行政复议作为解决行政争议的制度,是行政相对人不服行政主体作出的行政行为,②在法定时限内向本级人民政府或上一级主管部门或者其他法定行政机关提出申请,请求加以审查和作出裁决。行政复议适用《行政复议法》和有关法律、法规规定的法定程序,其严格性不及行政诉讼程序,但严于一般行政行为的程序,行政复议的裁决通常是非终局的,相对人不服,尚可提起行政诉讼。③

行政诉讼与所有其他解决行政争议的制度比较,其程序最为严格、地位最为超脱、裁决最为权威,因此,它是整个解决行政争议机制中一个极为重要的环节。

## 二、行政诉讼是人民法院对行政行为进行司法审查的行政法制监督制度

行政诉讼的主要内容是解决行政争议,而解决行政争议是通过对行政行

---

① 参见《信访条例》第 2、6、21、31、32 条。

② 根据《行政复议法》第 7 条的规定,行政相对人认为具体行政行为所依据的规章以下的规定不合法,在对具体行政行为申请行政复议时,可以一并向行政复议机关申请复议,复议机关应对之一并复议。

③ 参见《行政复议法》第 2、5、12~15 条。

为的司法审查进行的。司法审查是人民法院对行政机关依法行政实施的监督,属于行政法制监督的一种制度。整个行政法制监督机制包括权力机关的监督、监察机关的监督、检察机关的监督、人民法院的监督、审计监督,以及社会舆论监督。

权力机关监督的主要特征是:(1)监督主要针对行政法规、规章等行政立法行为、政策行为和其他抽象行政行为,而行政诉讼监督主要限于行政行为(原《行政诉讼法》规定的具体行政行为)。(2)监督主要采取主动形式,如审议政府工作报告,审议和批准预算、决算及国民经济和社会发展计划,执法检查,提出质询和询问,审查行政法规、规章和其他规范性文件,代表视察,组织专门问题的调查等;①而行政诉讼则是应相对人的起诉而进行的,不告不理。(3)监督结果可以直接导致对公职人员的撤职、罢免;而行政诉讼只能对具体行政行为是否合法和是否撤销作出判决,而不能直接追究违法公职人员的法律责任。②

监察机关监督的主要特征是:(1)监察监督主要针对公职人员的违法违纪行为进行,重点是反腐败,而行政诉讼监督的重点是监督行政机关依法行政;(2)监察监督主要采取主动监督方式,而行政诉讼监督是“不告不理”,不过监察监督也通过受理举报、控告、检举的方式开展;(3)监察监督的职责包括监督、调查和处置,③而行政诉讼主要通过法院在法庭上听取当事人的陈述、辩论和作出裁判对行政行为的合法性进行监督,一般不去法庭外开展调查。

---

① 在权力机关的监督中,各级人大常委会的监督具有重要地位和作用。2006年8月27日第十届全国人大常委会第二十三次会议通过的《各级人民代表大会常务委员会监督法》对人大常委会的监督方式和监督程序作了比较详细的规定。该法的制定和实施无疑将进一步促进我国法律监督机制的发展和完善。

② 人民法院在行政诉讼中不能直接追究行政机关的主管人员、直接责任人员的法律责任,但可将有关材料移送监察机关、该行政机关或者其上一级行政机关;认为有犯罪行为的,应当将有关材料移送公安机关、检察机关(参见《行政诉讼法》第66条)。

③ 《监察法》第11条规定,监察委员会依法履行监督、调查、处置职责:(1)对公职人员开展廉政教育,对其依法履职、秉公用权、廉洁从政从业以及道德操守情况进行监督检查;(2)对涉嫌贪污贿赂、滥用职权、玩忽职守、权力寻租、利益输送、徇私舞弊以及浪费国家资财等职务违法和职务犯罪进行调查;(3)对违法的公职人员依法作出政务处分决定;对履行职责不力、失职失责的领导人员进行问责;对涉嫌职务犯罪的,将调查结果移送人民检察院依法审查、提起公诉;向监察对象所在单位提出监察建议。

检察机关监督的主要特征是:(1)检察监督主要是针对国家工作人员的犯罪行为,而行政诉讼监督针对的是行政机关而不是工作人员,是行政机关的违法行为而不是工作人员的犯罪行为;[①](2)检察监督可通过受理当事人申诉和其他人举报、控告、检举的方式进行,也可主动进行(特别是行政公益诉讼),行政诉讼则采取“不告不理”的被动形式;(3)检察监督结果主要是追究违法犯罪公职人员的刑事责任,而行政诉讼的监督结果是撤销违法的行政行为,对合法权益被侵犯的行政相对人予以救济(检察机关提起行政公益诉讼的结果也可是通过法院判决撤销违法的行政行为,或责令不作为的行政机关依法履行法定职责)。

审计机关监督的主要特征是:(1)监督是在行政系统内部进行,审计机关和被监督的对象都是行政机关,而行政诉讼监督属于外部监督,内部监督不及外部监督超脱和独立性强;(2)审计监督主要针对行政机关的财政行为;(3)审计监督主要采取主动监督方式。

社会舆论监督的主要特征是:(1)监督不直接产生法律效力,不能对监督对象直接采取具有强制执行力的法律措施,其监督结果可以成为采取其他监督手段的依据和信息资料来源;(2)监督可以产生广泛社会舆论效应,通过舆论对被监督者的行为产生影响。

可见,行政诉讼监督是整个行政法制监督机制的重要一环,但它不能取代其他监督环节,其他监督环节当然也不能取代行政诉讼监督,行政诉讼监督在整个法律监督机制中具有重要的地位,发挥着极为重要的作用。

### 三、行政诉讼是对合法权益受到侵犯的行政相对人进行救济的行政法律救济制度

行政诉讼兼具三重性质,具有三种基本功能:解决争议、监督行政和救济相对人。在此三重性质、三种功能中,救济无疑是其最根本的性质和最主要的功能。行政相对人提起行政诉讼,其最根本、最直接的动因是对行政主体实施的违法侵犯自己权益的行政行为不服,其最根本、最直接的目的是确认行政主

---

① 这一特征现在略有变化,中共十八届四中全会《中共中央关于全面推进依法治国若干重大问题的决定》要求,今后检察机关在履行职责中发现行政机关违法行使职权或者不行使职权的行为也应进行监督,应该督促行政机关纠正,并应探索建立检察机关提起公益诉讼的制度。

体对自己作出的违法侵犯其权益的行政行为违法和请求法院撤销行政主体对自己作出的违法侵犯其权益的行政行为,责令行政主体赔偿自己因其违法侵权行为所遭受的损失,即为自己提供法律救济。毫无疑问,行政诉讼首先是为向相对人提供救济设计的。行政诉讼首先是一种行政法律救济制度。当然,我们说行政诉讼是一种行政法律救济制度,并不意味着行政法律救济仅限于行政诉讼一种途径,行政诉讼制度只是整个行政法律救济机制中的一个环节,整个行政法律救济机制除行政诉讼外,还包括声明异议、申诉、控告、检举、行政复议、请愿等多种途径。

申诉、复议已如前述。声明异议是指行政相对人不服行政机关作出的行政决定或其他行政行为,认为此种决定或行为侵犯其合法权益,向该行为机关提出异议,要求其自行撤销或改变相应行为,停止对相对人权益的侵犯和恢复相对人已被侵犯的权益。声明异议在许多国家是一项法定的救济手段,①但我国法律对之没有明确统一的规定,只是凭行政惯例实行。

控告、检举与申诉一样,大多是通过信访途径进行。对申诉、控告、检举目前我国尚无统一的法律调整,但许多单行法律法规规定了相对人寻求这一救济的条件、程序,特别是国务院 2005 年制定的《信访条例》对行政相对人通过信访途径进行申诉、控告、检举以及接受信访的机构依法、及时、公正处理信访中涉及的行政侵权行为和为信访人提供救济规定了具体、详细的程序规则。②

请愿是指行政相对人为了维护本身权益或国家、社会公益,个别或集体(通常采取集体的形式)向行政机关(或议会和其他国家机关)表示某种意愿(如要求制定或修改某项法律、政策,采取或停止某项行政措施,提供损害救济,罢免公职人员等)的行为。③ 请愿不同于行政申诉和行政复议:请愿可由

---

① 参见[日]室井力主编:《日本现代行政法》,吴微译,中国政法大学出版社 1995 年版,第 215~224 页。

② 《信访条例》于 2005 年 1 月国务院第 76 次常务会议通过,自 2005 年 5 月 1 日起施行。现在有关部门正在启动制定《信访法》的程序。

③ 如《日本国宪法》第 16 条规定:"任何人均有为取得损害救济、罢免公务员、制定、废除或修改法律、命令、规则及为其他事项而进行和平请愿之权利。任何人均不因曾进行此种请愿而受到差别待遇。"我国台湾地区"请愿法"规定,"人民对国家政策、公共利益及其权益之维护,得向职权所属之民意机关或主管行政机关请愿。各机关处理请愿案件时,得通知请愿人或请愿人所推代表前来,以备答询","各机关处理请愿案件,应将其结果通知请愿人,如请愿事项非其职掌,应将所当投递之机关通知请愿人"。

某一个或几个相对人个别为之,更多的是由多个相对人集体为之,而申诉、行政复议通常只能由相对人个别为之;请愿可针对一定具体行政行为,也可针对抽象的政策行为,而申诉、行政复议通常只能针对具体行为;请愿可提出与自身权益有关的要求,也可提出与社会公益有关的要求,申诉、行政复议通常只提出与自身权益有关的要求;请愿既可表示对行政机关过去某种事项的不满,同时也可提出对行政机关未来行为的某种要求、某种意愿,而申诉、行政复议通常只表示对行政机关过去作出的某一决定或行为的不满,要求予以纠正和赔偿损失。我国法律对请愿未作规定,尽管在实践中不时也有人民群众自发静坐请愿的情形发生,但此种救济今后是否在我国确定为一种正式法律救济途径,尚待以后立法加以明确。

总之,行政救济途径在民主、法治国家通常都是多种多样的,行政诉讼只是其中的一种途径,但这种途径由于采用严格的司法程序,法律化、制度化程度最高,因此在整个行政法律救济机制中具有最重要的地位。

## 第三节　中国行政诉讼制度创建的社会基础

一国行政诉讼制度的创建必须有其社会基础(包括经济、政治、文化和国民法律素质)。不同国家创建行政诉讼制度的社会基础既有共性,亦有区别。研究一个国家行政诉讼的社会基础,即要从理论上回答根据该国的国情,为什么要建立(必要性和必然性)和为什么能建立(可能性)行政诉讼制度的问题。我们研究中国行政诉讼制度的社会基础,即要从理论上说明在中国在20世纪后期为什么要建立和为什么能建立行政诉讼制度的问题,即在中国建立行政诉讼制度的必要性、必然性和可能性的问题。

### 一、20世纪后期中国建立行政诉讼制度的必要性

在中国20世纪后期为什么要建立行政诉讼制度?行政诉讼制度作为一种上层建筑,它的产生、发展、演变不能首先从上层建筑本身去寻找原因,而应该首先从经济基础的发展变化中去寻找原因。据此,我们可以循序探讨下述事实。

(1)现代社会经济的发展导致了加强行政权的需要。在西方国家,早期

资本主义的发展强调自由竞争，反对政府干预。资产阶级政治家提出"政府管事越少越好"。[①] 但是到了20世纪20、30年代以后，政府越来越庞大，政府管的事越来越多，从公民的衣食住行到整个社会经济生活，政府无不加以干预。[②] 为什么会有这种变化呢？其原因在于现代社会的发展。在18、19世纪，资本主义经济尚不发达，社会关系较现在松散，社会矛盾较现在缓和，故不需要政府广泛深入的干预。20世纪以后就逐渐不一样了，资本主义经济迅速发展，社会关系较前大为复杂，各种社会矛盾纷纷出现且日益呈激化趋势，环境问题、交通问题、能源问题、通货膨胀问题、失业问题、贫富差别、种族冲突问题，等等，对于随着社会经济的发展而产生的日益增多的社会矛盾和社会问题，如果没有强有力的政府广泛调节和深入干预，整个社会就会陷入瘫痪、崩溃，人们就无法在一起共同生活，甚至会自己毁灭自己（如人类对生态环境的破坏）。可见，行政权加强扩大的需要正是伴随着现代社会经济的发展而产生的。尽管行政权扩张大有人为因素的作用，但人为因素对于行政权扩张的世界趋势却不是决定性的。

我国和苏联、东欧社会主义国家的情况不同于西方国家，行政权一开始就很强大，政府几乎是无所不管，无所不干预，整个国家就像一个家庭，政府是家长，家长对于家庭实行全面计划，对家庭成员实行全方位管理。这种管理体制曾经严重地窒息了社会主义国家广大人民的积极性、创造性，束缚了社会生产力的发展。到20世纪七八十年代，社会主义国家开始改革。就我国而言，改革始于20世纪70年代末，改革的一项重要内容是扩大公民的民主自由，扩大企业和各种公民组织的自主权，减少行政干预，精简政府机构。可见，在我国，减少行政干预，限制政府权力正是发展国家社会经济的需要。但这是不是说，在我国的现在和将来，政府管事越少越好，行政干预越少越好呢？当然不是。过去政府管事管多了，干预多了，是政府管了其不该管的事，干预了不该干预的事。事实上，也有许多该管的事政府没有管或没有管好，如生态、环境、能源、交通、公共安全、公共服务等。改革开放后精简政府机构，减少行政干

---

① 此种现象可参见[英]威廉·韦德：《行政法》，徐炳等译，中国大百科全书出版社1997年版，第一章关于"行政国家"的论述。

② 此种观点可参见[美]赫伯特·J. 斯托林：《反联邦党人赞成什么——宪法反对者的政治思想》，汪庆华译，北京大学出版社2006年版。

预,也只是减少和限制不必要的政府规制,而不是取消管理和规制,有些管理和规制甚至还需要加强,例如,对社会经济活动的宏观调控,随着社会经济的发展,政府管理和规制还可能要增加一些新的领域。[①] 尽管精简政府机构,减少行政干预,是我们要长期坚定不移坚持的国策。[②] 但是在我国的现在和将来,政府规模不可能很小,政府人员不可能很少,行政权不可能很弱。虽然行政权的扩张有行政机关自我膨胀的主观原因,但也社会发展的客观需求,服务型政府也需要政府有相应的规模、职能、权力和责任。

(2)行政权加强一方面给社会带来秩序,给公民提供安全和福利;另一方面不可避免地会导致或多或少的权力滥用和不当行使,给公民的权利、自由带来威胁。行政权加强之所以必然导致一定的权力滥用和不当行使,这既有客观方面的原因,也有主观方面的原因。从客观方面讲,行政权加强,行政机关管理的事越来越多,越来越复杂,而管理条件、管理技术、管理设备的发展不可能总是随时能适应新的管理的需要,从而错误和偏差即不可避免。从主观方面讲,行政权加强,政府工作人员需要量越来越大,某些品质恶劣的人或素质不高的人进入政府机构的可能性也会增加,即使是品质好的人和素质高的人,由于其在政府中工作,各种势力、派别和意识形态会自觉或不自觉地对之施加影响,其思想品质也可能发生变化,从而导致滥用权力。更重要的是,权力本身即可能腐蚀人。孟德斯鸠指出,"一切有权力的人都容易滥用权力,这是万古不易的一条经验"。[③] 权力之所以容易被滥用,除了上面述及的原因以外,就权力行使者个人来说,其生活在社会中,有一般人之情感和喜厌好恶。而权力这个东西有使人服从,使人畏惧,给权力行使者带来金钱、美色、利益,带来几乎一切所欲之物的魔力,在各种精神和物质的引诱面前,权力行使者就有可能腐化,就有可能滥用权力。

可见,社会经济发展需要加强行政权,没有行政权对社会和经济生活的调

---

① 国务院2004年发布的《全面推进依法行政实施纲要》指出,各级政府和政府部门应"在继续加强经济调节和市场监管职能的同时,完善政府的社会管理和公共服务职能。建立健全各种预警和应急机制,提高政府应对突发事件和风险的能力,妥善处理各种突发事件,维持正常的社会秩序,保护国家、集体和个人利益不受侵犯;完善劳动、就业和社会保障制度;强化公共服务职能和公共服务意识,简化公共服务程序,降低公共服务成本,逐步建立统一、公开、公平、公正的现代公共服务体制"。

② 参见[美]史蒂芬·布雷耶:《规制及其改革》,李洪雷等译,北京大学出版社2008年版。

③ [法]孟德斯鸠:《论法的精神》(上册),张雁深译,商务印书馆1997年版,第154页。

节、干预、控制，人们就无法在现代社会中共同生活、生存；但是行政权的扩张又必然给人们的权利和自由带来威胁，因为权力的扩张有滥用和腐化的趋势。从而，对权力的规范和控制是必须的。

(3)行政权需要制约，行政诉讼是防止行政权滥用，制约行政权机制的必不可少的环节。如前所述，在现代社会，行政权加强是不可避免的，而行政权加强又不可避免地导致滥用或不当行使，给公民权利、自由带来威胁。为了消除这种威胁，防止行政权的滥用或不当行使，就必须建立对行政权完善的监督机制。根据世界很多国家的经验，对行政权的监督制约机制通常包括议会监督（除议会的法律监督和工作监督外，许多国家还设置专门的议会监察专员、议会行政监督专员等）[①]、专门监察监督和审计监督、社会舆论监督以及司法监督，[②]其中司法监督在整个制约机制中占有最重要的地位。因为司法监督与其他监督比较，具有经常性、普遍性、程序严格性、公正性，能直接产生法律效果，对行政权滥用能起到最广泛、最及时、最有效的制约作用。

在中国，行政权历来是相当强大的，行政干预从来是极为广泛的，但是监督制约机制却一直很不完善，特别是长期以来缺乏有效的司法控制，从而导致过严重的权力滥用。[③] 而在20世纪后期改革开放的条件下，要加强和完善对行政权的监督、制约和控制，建立行政诉讼制度的必要性即是显然的。

## 二、20世纪后期中国建立行政诉讼制度的必然性

中国在20世纪80年代开始建立行政诉讼制度，这并不是偶然的事件，有其历史的必然性，这种必然性表现在：

(1)社会主义国家生产关系与生产力的矛盾的发展必然导致改革，首先是经济体制改革。根据马克思主义关于生产关系与生产力关系的理论，社会主义国家初级阶段生产力不发达的状况要求相应的生产关系与之适应。而社

---

① 参见[瑞典]本特·维斯兰德尔：《瑞典的议会监察专员》，程洁译，清华大学出版社2001年版。

② 龚祥瑞：《比较宪法与行政法》，法律出版社2003年版，第213~223、483~504页。

③ 20世纪60年代中期开始，持续时间长达10年的"文化大革命"是权力滥用的典型例子；21世纪发生的"孙志刚事件""嘉禾事件"和一系列违法强制征收农民土地、拆迁市民房屋事件是权力滥用的最新版例子。

会主义各国在其早期建立的生产关系都往往脱离和超越社会主义初级阶段生产力的发展现实,从而逐步演变为生产力发展的桎梏。最后摆在社会主义国家面前的就只有两条道路:一条道路是坚持原生产关系,不作任何变动,一步一步走向民穷国弱,最后人民忍无可忍,起而推翻脱离人民群众的腐败政权而自己寻找新的道路。东欧社会主义国家就是走的这条道路。另一条道路则是改革,当然改革有两种改革:一种是彻底改掉社会主义生产关系,选择走与社会主义完全不同性质的道路;另一种改革则是改革现行社会主义生产关系中不适应生产力发展的部分,但仍然保持社会主义的基本制度,使相应生产关系不仅与社会主义初级阶段的生产力的发展相适应,而且保证社会制度在推动生产力发展的同时促进人民生活的共同富裕。我国和越南等社会主义国家就是走的这条道路。

(2)对于改革的必然性,无产阶级革命导师虽然没有像我们今天这样能从实际生活中深刻地感受到,但是他们已从理论上推导出了相关逻辑。恩格斯曾指出:“所谓‘社会主义’,不是一种一成不变的东西,而应当和其他社会制度一样,把它看成是经常变化和改革的社会。”[①]列宁说:“今后在发展生产力和文化方面,我们每前进和提高一步,都必定同时改善和改造我们的苏维埃制度;而我们在经济和文化方面,水平还很低,有待于改造的东西还很多,如果因此而‘惶惑’起来,那就荒谬绝顶了(甚至比荒谬更坏)。”[②]因此社会主义国家要生存,要发展,就必须改革,改革是现代历史发展的潮流,是不可逆转的。

经济体制的改革必然导致政治体制的改革。从理论上说,上层建筑必须适应经济基础的发展,经济基础由于生产关系的改革发生了变化(虽然不是本质的变化,但形式和某些内容均发生了重大的变化),上层建筑就不能不作某些相应的改革。

从实践上看,由于经济体制改革,多种所有制形式的发展,各种利益机制的形成,公民、法人和其他组织的权利观念较前大为加强,他们要求国家的法律、法规和政策更多、更实际、更真实地反映他们的利益和意志,从而有了更强烈的对民主、政治参与的需求,政治体制改革即已不可避免。

---

① 参见《马克思恩格斯全集》(第37卷),人民出版社1972年版,第443页。

② 参见《列宁选集》(第4卷),人民出版社1972年版,第577页。

事实上，自20世纪70年代末80年代初以来，我国政治体制改革随着经济体制改革的全面推进和深入发展，已经取得了重大进展。这主要体现在下述五个方面：其一，公民通过各种途径、各种形式（如建立NGO、NPO、参与立法、决策、执法的听证会、网络讨论等）越来越广泛地参与国家政治生活；其二，人大和人大常委会决定国家重大事项和监督“一府两院”的权力变得越来越真实，国家权力机关越来越名副其实，从而越来越告别“橡皮图章”时代；其三，政府通过传统媒体、现代互联网以及向人大和人大常委会报告工作等方式，逐步实行透明度越来越高的政务公开；其四，民主党派获得了越来越多的议政、参政的机会；其五，人民的权利、自由得到了法律越来越切实的保障，而且随着公民私产的增加，其维权意识越来越强烈。

政治体制改革的内容必然包含行政法治，行政诉讼制度则既是行政法治的要素，又是行政法治的保障。政治体制改革的重要内容是加强民主和法治，使公民权利有充分的保障。这就必然要求尽量减少政府行为的随意性，特别是限制行政机关滥用职权，而减少政府行为的随意性，限制行政机关滥用职权的基本保障机制是建立行政法治，实现依法行政。对于行政法治和依法行政来说，最基本、最重要的条件之一是要有行政法和保障行政法实施、追究违反行政法责任的行政诉讼制度。

中国经济体制和政治体制改革的发展史充分证明，行政诉讼制度完全是中国改革的必然产物：人民作为整体是国家的主人，作为个体他们在有了属于自己所有，或非由自己所有、但为自己支配的财产（用益物权）后，即成为独立于政府的主体，在政府和政府部门的行为侵犯他们的利益时，他们必然要求通过某种救济机制为其提供救济。在国家缺少相应救济机制时，他们必然要运用其整体作为国家主人的地位，通过其代表机关创立起相应救济机制。人民作为整体与作为个体的统一，公共利益与私人利益的统一，正是行政诉讼制度建立的必然逻辑。

### 三、20世纪后期中国建立行政诉讼制度的可能性

行政诉讼制度最早产生于西方资本主义国家，并随着西方资本主义国家社会经济和资本主义民主政治的发展而发展。社会主义国家能否引入这一制度？这一制度在社会主义国家建立和存在是否可能？这同样是行政诉讼制度

创建所要回答的前提问题。

(1)行政诉讼制度作为一种解决行政争议的制度,它与解决民事争议的民事诉讼制度一样,是一种管理国家的技术性制度,既可为资本主义国家所用,同样也可为社会主义国家所用。在为不同国家所用时,即赋予了相应国家的阶级性质。这类制度不同于多党制、三权分立、私有制等基本政治经济制度,其不具有那样强烈的政治性,与意识形态没有那样密切的联系。

社会主义与资本主义虽然有着本质区别,但二者也有着一定的联系和具有某种共性。例如,二者都实行不同程度的社会化大生产,都可实行市场经济,国家对社会经济活动都必须实行不同程度的干预,行政权都不同程度地随着社会经济的发展不断加强等,从而二者在国家管理方面也不能不具有某些基本相同或相似的制度。在社会主义国家和资本主义国家,行政管理机关与行政相对人都不可避免地会存在某种矛盾和冲突(尽管其性质不完全相同),因此作为解决这种矛盾、冲突手段之一的行政诉讼制度,既可为资本主义国家所用,也可为社会主义国家所用。

(2)社会主义国家不实行三权分立,但国家机关相互之间也不能不有一定的制约和监督,特别是对行政机关的监督和制约。这是因为:其一,社会主义国家机关虽然是由人民代表机关产生的,应该代表人民的利益,为人民服务,但是社会主义国家机关的工作人员并不都是人民选举产生的,即使是由人民选举产生的,其一旦掌握权力和行使权力,其同样会受到权力的腐蚀,会有违法侵犯相对人的权益的可能,从而有产生"官""民"矛盾的可能。其二,人们认识世界的能力总是有限的,在一定的场合、一定的条件下人们对客观事物的认识发生错误总是难免的,政府机关及其工作人员即使有为人民服务的主观愿望,其行为也有可能损害人民的利益,从而有产生"官""民"纠纷的可能。其三,国家机关相互制约和监督是纠正其错误的有效途径。纠正国家机关的错误可以有各种途径,例如,本机关系统的上下层级监督,行政相对人的批评建议等,但本机关系统的上下层级监督因为存在相互利益关系,监督的效果会大打折扣,在某些时候,下级机关的违法行为可能经过上级机关的明示同意或默示准许的,此时更不能指望通过层级监督纠正。至于行政相对人的批评建议,由于它不能直接产生法律效果,其效力更有限,接受批评建议的机关如不想纠正自己的错误,它完全可以当成"耳旁风",如果相应批评过分"刺耳"的话,它还可能对批评者打击报复。因此,在国家机关纠错机制中,唯有以国家权力为后盾的国家机关对国家机关的监督才是最有效的。其四,行政权是一种最直接最广泛最经常影响公民权益的权力,从而也是存在滥用最大可能性的权力。因此,行政权的行使比其他国家权力的行使更需要监督和制约。①

(3)在社会主义国家,人民作为整体的当家作主的权利与个别公民权益受到侵害请求国家救济的权利是一致的。这是因为:其一,在社会主义国家,人民是国家的主人,国家的一切权力属于人民。其二,人民行使国家权力是通过选举自己的代表,组成人民代表机关实现的。其三,具体的国家管理是由人民代表机关产生的各种国家机关实现的。其四,以此为基础,人民作为整体是国家的主人,一切国家机关都要服从他的意志,对他负责,受他监督。但是构成人民整体的公民个人,则要服从国家管理。国家机关在违法行使其权力时,公民的人身权、财产权和其他各种权利都可能受到侵犯。其五,作为整体的人民当家做主的权利是通过革命取得的,如果丧失,也只有通过革命才能夺回;但作为公民个人的人身权、财产权等具体权利,则是由具体法律、法规赋予的,如果被侵犯,他们只能和只应请求国家机关予以救济。社会主义国家是人民自己的国家,它理应赋予公民比资本主义国家更多更切实的权利,为公民提供比资本主义国家更多更有效的保障和更多更有效的救济途径。因此,行政诉讼作为公民权益的有效救济手段,就自然是社会主义的题中应有之义了。中国在 20 世纪 80 年代改革开放以前,由于经济、政治、文化的运作受“左”的路线和观念影响,社会主义在一定程度出现了异化,从而不具备创建行政诉讼制度的社会基础。而改革开放以后,这种社会基础逐步形成和日益完善,行政诉讼制度的创建就具有了完全的可能性了。

## 第四节　行政诉讼法学的研究对象与研究方法

### 一、行政诉讼法学的研究对象

行政诉讼法学是研究行政诉讼的原理、原则,研究行政诉讼法律规范及行

① 参见姜明安主编:《行政法与行政诉讼法》,北京大学出版社、高等教育出版社 2015 年版,第 7~27 页。

政诉讼法律关系的行政法学分支学科。行政诉讼的原理、原则的研究范围主要包括行政诉讼的概念,行政诉讼的性质,行政诉讼的特征,行政诉讼制度创建的历史基础、社会基础,行政诉讼的功能、作用,行政诉讼的基本原则和一般原则等。

行政诉讼法律规范主要指《行政诉讼法》确立的规范。《行政诉讼法》是行政诉讼法的核心和主干。[①] 除《行政诉讼法》以外,行政诉讼法规范还包括各种行政实体法、行政程序法以及其他法律,如《民事诉讼法》和有关司法解释[②]中可调整行政诉讼活动的有关法律规范。

行政诉讼法学研究行政诉讼法律关系,主要研究行政诉讼法律关系的主体、客体和法律关系的内容,研究行政诉讼法律规范怎样适用于行政诉讼法律关系,行政诉讼法律规范在适用于行政诉讼法律关系中如何体现行政诉讼的原理、原则。

行政诉讼原理、原则研究主要属于理论性研究,人们通过此种研究把握行政诉讼这一社会现象的内在本质和外在特征,以便认识它;行政诉讼法律规范和行政诉讼法律关系研究主要属于应用性研究,人们通过此种研究把握行政诉讼这一法律制度的结构和操作规程,以便运用它。行政诉讼原理、原则研究和行政诉讼法律规范研究主要属于静态研究,人们通过此种研究,从相对静止中认识和把握行政诉讼;行政诉讼法律关系研究主要属于动态研究,人们通过此种研究,从事物的运动中认识和把握行政诉讼。

## 二、行政诉讼法学的地位

关于行政诉讼法学的地位,学术界有两种不同观点:有人认为,行政诉讼法学是一门独立于刑事诉讼法学、民事诉讼法学的法学学科,从而属于三大诉

---

① 本书中使用某一特定法律一般用书名号,如《中华人民共和国行政诉讼法》《中华人民共和国民事诉讼法》,通常简称《行政诉讼法》《民事诉讼法》,而泛指某一法律部门或某一类法律则不用书名号,如行政诉讼法、民事诉讼法等。

② 行政诉讼法最主要的司法解释是最高人民法院 2018 年 2 月 6 日公布的《关于适用〈中华人民共和国行政诉讼法〉的解释》(共 163 条)。

讼法学之一。[①] 由于刑事诉讼法学、民事诉讼法学是与行政法学并列的法学学科，因此，行政诉讼法学与行政法学亦是平行的法学学科。有人不同意这种观点，认为行政诉讼法与行政法的关系不完全同于刑事诉讼法与刑法、民事诉讼法与民法的关系。刑事诉讼法与刑法、民事诉讼法与民法都是并列的法律部门，但行政诉讼法却不是与行政法并列的法律部门。行政诉讼法在实质上应认为是行政法的一个组成部分，从而行政诉讼法学在实质上也只应作为行政法学的一个组成部分。[②] 笔者和部分行政法学者亦持此种观点。

行政诉讼法学是行政法学的分支学科，不是与行政法学并行的法学分支学科。从总体上说，行政诉讼法学应认为是行政法学的一部分。广义的行政法学包括行政法学总论、行政法学分论、行政诉讼法学、比较行政法学。狭义的行政法学仅指行政法学总论，但总论中通常也包含行政诉讼法学的内容。

行政诉讼法与行政法是密不可分的，它们之间的关系不完全同于民事诉讼法与民法、刑事诉讼法与刑法的关系。第一，行政法是调整行政主体与行政相对人的行政关系，规范行政权行使的法律部门，行政诉讼法是调整行政相对人因不服行政主体行政行为而向人民法院提起诉讼的行政诉讼关系，司法审查对行政权的监督是规范行政权行使的法律得以正确执行的保障。因此，行政诉讼法是行政法的一部分。第二，行政诉讼法调整的行政诉讼制度与行政法调整的行政司法（行政复议和行政裁决等）制度是紧密相联系的，行政诉讼往往以行政复议、行政裁决等行政司法程序为前置程序。行政司法程序和行政诉讼程序通常是解决一个行政案件的前后两个阶段，二者紧密衔接和相互联系。第三，行政诉讼既是解决行政争议、处理行政纠纷的一种手段、一个途径，同时又是对行政行为实施司法监督（行政法制监督的组成部分）和对行政

---

① 皮纯协和胡建淼教授认为，行政诉讼法学是一门独立于刑事诉讼法学、民事诉讼法学的法律学科，此种地位在我国已被确立。参见皮纯协、胡建淼主编：《中外行政诉讼词典》，东方出版社 1989 年版，第 26 页。林莉红教授认为，行政诉讼法学是诉讼法学的一个分支。诉讼法学本身是一个比较成熟的学科。对于诉讼法学的基本问题，行政诉讼法学不必过多地加以研究，行政诉讼法学应集中精力研究本分支学科的特有问题，以使之走向成熟和发展。参见林莉红：《行政诉讼法学》，武汉大学出版社 1999 年版，第 28 页。

② 杨海坤教授认为，行政诉讼法是行政法不可分割的重要组成部分，把行政诉讼法和行政法处于平起平坐的地位，或者把行政法教学内容完全环绕行政诉讼法要求来安排是不适当的。因为行政法与行政诉讼法的关系不完全同于刑法与刑事诉讼法、民法与民事诉讼法之间的关系。参见杨海坤：《中国行政法基本理论》，南京大学出版社 1992 年版，第 562～566 页。

相对人提供法律救济的一种手段、一个途径。对行政行为的司法监督与对行政行为的监察监督、审计监督等同为对行政权的监督机制,统称“行政法制监督”;通过司法程序提供的司法救济与行政复议、申诉、控告等提供的救济,同为对行政相对人的法律救济机制,统称“行政法律救济”。第四,作为行政实体法的法律文件,同时载有行政诉讼法的规范,如行政相对人不服某种行政行为可提起行政诉讼的诉权、起诉条件、起诉时限等。作为行政诉讼法的法律文件亦往往同时载有行政实体法的规范,如《行政诉讼法》第 12、13 条规定的对行政行为司法审查的范围,第 56 条规定的行政行为停止执行的条件,第 70~75 条规定的行为合法性的标准等都可认为同时是行政实体法的内容。

行政诉讼法与行政法有着密不可分的关系,行政诉讼法实质上是行政法的一部分,但是行政诉讼法相对于行政法的其他部分来说,确实也有着相对的独立性:行政诉讼关系与行政实体关系在主体、客体、内容等各个方面均有较大的差异,特别是《行政诉讼法》作为一部独立的法律文件颁布,行政诉讼制度作为一项独立的法律制度开始在我国运行,行政诉讼法更具有了独立的外在形式。为了专门研究行政诉讼法这一相对独立部门的法律规范及其适用过程中发生的大量的理论问题和实践问题,以保证行政诉讼的顺利进行,进一步发展和完善我国行政诉讼制度,有必要将行政诉讼法作为行政法的独立分支部门研究,建立独立行政诉讼法学。过去笔者不主张在行政法学课程之外再开设独立的行政诉讼法学课程,在行政法学之外再建立行政诉讼法学分支学科,认为“行政诉讼法的内容过于单薄,不适于为此建立一门单独的学科和设立一门单独的课程”①。现在看来,这种认识是不妥当的。行政诉讼法学作为一门独立的分支学科(行政法学的分支学科),所要研究的问题不是少而是很多,作为一门单独的课程,不是没有讲授的内容,而是有着非常广泛的内容。当然,行政诉讼法学对于行政法学的独立性只是相对的。无论如何,它仍然从属于行政法学,属于行政法学的分支学科,其普遍原理、基本原则均源于行政法学。关于行政诉讼法学的地位,行政诉讼法学与行政法学的关系的这种观

---

① 姜明安:《行政法与行政诉讼》,中国卓越出版公司 1990 年版,第 13 页。

点,笔者现在仍然认为是正确的。①

## 三、学习行政诉讼法学的方法

研究任何一门学科,都必须遵循正确的方法。既要遵循科学研究的共同方法,也要遵循研究特定科学(如自然科学、社会科学等)、特定学科(如政治学、经济学、法学等)、特定分支学科(如法学中的刑法学、民法学、行政法学等)的特定方法。行政诉讼法学作为行政法学的分支学科,还要遵循有别于行政法学其他分支学科的特别方法。

我们在这里不讨论行政诉讼法学的一般研究方法,仅讨论学好行政诉讼法学这门课程要注意的特别方法:

(1)学习行政诉讼法学,要与学习行政法学的其他分支学科相结合。

学习行政诉讼法学,首先要学好行政法学总论。因为行政法学总论研究的是行政法的一般原理、原则,这些原理、原则对行政法学各个分支学科均具有指导作用。不学好行政法学总论,就不可能正确认识和了解行政诉讼法的性质、目的,行政诉讼制度的功能、作用,行政权与司法权的关系,对行政行为司法监督的宪法基础和理论根据以及对行政行为司法审查的范围、标准,对行政相对人救济的方式、途径等;就不能把握行政诉讼的理论渊源、实质。离开行政法学总论学习行政诉讼法学是学不好行政诉讼法学的,孤立地学习行政诉讼法学只能掌握行政诉讼的一般“操作规程”——行政案件起诉、受理、审判的具体规则,而不能从理论的高度上把握行政诉讼。

学习行政诉讼法学,除了要学好行政法学总论之外,还要结合学习行政法学分论。行政法学分论不同于行政法学总论,它不是研究行政法的一般原理、原则,而是研究各个部门行政法的特殊原理、原则,而行政诉讼法在总的理论基础方面从属于行政法总论,但在具体规范的实施方面,在应用其规范处理和裁决涉及各个部门的行政争议案件方面则离不开行政法分论,离不开各个部

---

① 在20世纪90年代前期,随着《行政诉讼法》的制定、施行,大多高校法律院系都开始单独开设“行政诉讼法”课程,将“行政诉讼法”课程与“行政法”课程分开。但到20世纪90年代后期,各高校法律院系由于开设课程越来越多,学生疲于上课而无自学时间,故开始减少和压缩课程,特别是减少和压缩必修课。从而大学法律院系又将“行政诉讼法”课程与“行政法”课程合并,开设“行政法与行政诉讼法”课程。但在宪法与行政法专业研究生中,各高校法律院系一般仍单独开设行政诉讼法课程。

门的行政实体法。如果不懂行政法分论,不懂各个部门的行政实体法,则不能解决实际的具体行政案件,不能进行实际的行政诉讼操作。因此要真正学好行政诉讼法,并运用行政诉讼法解决实际行政案件,还必须学习行政法分论,掌握部门行政法及其原理、原则。①

(2)学习行政诉讼法学,要与学习其他相关学科相结合。

行政诉讼法仅从调整诉讼关系的角度讲可以认为是整个诉讼法的一部分。诉讼法除了行政诉讼法外,还有民事诉讼法、刑事诉讼法。行政诉讼法因为具有调整行政权行使的司法监督职能,从而与民事诉讼法、刑事诉讼法有着重要区别,在很大程度上它属于行政法的组成部分。但是行政诉讼法毕竟调整诉讼关系,对行政权的司法监督是通过诉讼活动实现的,因此行政诉讼法也与一般诉讼法有着许多共性的特征,特别是与民事诉讼法有着许多共性的特征。行政诉讼,在英美法系国家,就在普通法院进行,适用的诉讼程序规则是与民事诉讼程序规则基本相同的规则,即经过变通的民事诉讼程序规则或附加特别规则的民事诉讼程序规则。② 在欧洲大陆法系国家,行政诉讼虽然在专设的行政法院进行,但行政法院也越来越接近于普通法院,在诉讼程序规则上也吸收或借用了许多民事诉讼程序规则。在我国,行政诉讼是从民事诉讼中分离出来的,在《行政诉讼法》实施以前,行政诉讼适用的就是民事诉讼程序规则,就是现在有了专门的《行政诉讼法》,人民法院审理行政案件仍然要补充适用《民事诉讼法》。③ 而且,行政诉讼法作为一个独立法律部门,它的许

---

① 20世纪90年代,笔者和罗豪才教授、应松年教授等与司法部法学教材编辑部合作,曾组织编写了一套由中国人事出版社出版的部门行政法(行政法学分论)教材,共出版了10多种,其中包括《公安行政法》(江波、湛中乐主编)、《工商行政法》(王学政、袁曙宏主编)、《税务行政法》(熊文钊、李华著)、《土地行政法》(张小华、吉罗洪主编)、《审计行政法》(魏礼江、王常松主编)、《交通行政法》(沈开举、王建元等主编)、《统计行政法》(翟立功、金国坤等主编)、《环境行政法》(胡宝林、湛中乐主编)、《民政行政法》(曾祥平、胡建淼主编)、《海关行政法》(袁建国、叶必丰等主编)等。

② 在英美法系国家,行政诉讼(称"对行政行为的司法审查")虽在普通法院进行,适用的诉讼程序规则虽然与民事诉讼程序规则基本相同,但亦有区别,有变通。如不由陪审团审理、同时适用特别法,如美国适用联邦和各州的《行政程序法》(联邦和各州的《行政程序法》一般都有专章规定司法审查),英国适用《王权诉讼法》等。

③ 《行政诉讼法》第101条规定,人民法院审理行政案件,关于期间、送达、财产保全、开庭审理、调解、中止诉讼、终结诉讼、简易程序、执行等,以及人民检察院对行政案件受理、审理、裁判、执行的监督,本法没有规定的,适用《中华人民共和国民事诉讼》的相关规定。《最高人民法院关于执行〈中华人民共和国行政诉讼法〉若干问题的解释》[以下简称《行政诉讼法司法解释》(2000年)]第97条也曾规定,人民法院审理行政案件,除依照行政诉讼法和本解释外,可以参照民事诉讼的有关规定。

多规范也是从民事诉讼法中借用过来或经过某些变通借用过来的。因此，研究行政诉讼法不能不同时研究民事诉讼法，学习行政诉讼法学不能不结合学习民事诉讼法学。民事诉讼法学产生远比行政诉讼法学早，其理论要比行政诉讼法学成熟。学习行政诉讼法学的同时，结合学习民事诉讼法学，有利于更全面更深入地加深对行政诉讼的理论认识。

行政诉讼法学与宪法学也有着密切的关系。行政诉讼制度是民主宪政制度的产物，在专制制度下是不可能产生行政诉讼制度的，所以研究行政诉讼制度，必须研究民主宪政制度。通过对宪政史和我国宪法确立的民主政治制度、经济制度、文化制度诸项制度的研究，去探讨和认识行政诉讼制度的政治基础、经济基础、文化基础，行政诉讼在整个国家制度中的地位和它对国家政治经济文化的作用。宪法学是行政法学的基础理论，自然也是行政诉讼法学的基础理论，学习行政诉讼法学必须学习宪法学。

此外，学习行政诉讼法学还应学习行政管理学，了解国家行政管理方面的有关知识。因为行政诉讼是打行政官司，处理发生在行政管理领域里的争议，学习行政诉讼法学的学生，无论是想今后做行政法官，还是行政诉讼律师、公职律师，或者是做政府法律顾问、公务员，都应该对行政管理领域的情况，行政管理的有关政策、技术、知识有所了解。即使是想今后从事专职研究、教学，而不从事实际行政执法、司法工作的，也应学习行政管理学，因为行政诉讼法的有关规范也是以行政管理学的理论为基础的，掌握了行政管理学的理论有助于更好地理解行政诉讼法的法律规范。

（3）学习行政诉讼法学要注重对实际行政案例的分析、研究。

行政法学相对于法学史来说，属于应用法学。行政法学总论相对于行政法学其他分支学科来说，有点理论法学的味道，但行政诉讼法学相对于行政法学总论，则无疑属于应用法学。

学习应用法学不同于学习理论法学，应更注重实践，注重理论联系实际，注重对实际案例的分析和研究。行政诉讼法在某种意义上来说，是当事人及其代理律师或其他代理人打行政官司的规则，是行政法官处理行政争议、进行行政审判的“操作规程”。对这种规则、规程及其理论的掌握，通过实际案例分析、研究、学习，可能比单纯阅读教科书和听课堂讲授效果更好。笔者曾经在一本案例集的前言和附录中说过：“案例分析不同于法学教科书或专著,它是对法律原理、法律条文的实际的具体的阐释,可以认为是'形象思维'作品(如果说教科书、专著是'抽象思维'作品的话),人们从这种形象思维作品中,更易于获得清楚明了的启示帮助。"[①]应用法学的教学不同于法学史论的教学,应特别注重理论联系实际。"因为应用法学教学,不仅要使学生了解法律对各种相应问题是怎么规定的,为什么要那样规定,而且要使学生能够运用法律规则去解决各种复杂的社会问题。法律的条文是有限的,社会生活却是无限的,如何准确地运用有限的法律条文去解决无限的应由法律解决的相应实际社会问题,这是学习应用法学的学生必须培养的一种能力——将法律条文、法学理论运用于实际社会生活的能力(或称适用法律的能力)。法科学生的这种能力显然不是仅靠教员传授几条、几十条法学原理、法学原则所能获得的,他们必须同时通过对大量实际案例的亲自分析、解剖、研究、探讨,逐步地培养、逐步地获得这种能力"。[②] 据此,法律院系的师生在使用本教科书时,应同时选用一两本好的行政诉讼案例教材作为指定的教学参考书。

**本章参考书目**

1. 罗豪才、应松年主编:《行政诉讼法学》,中国政法大学出版社 1990 年版,第 1 章。

2. 吴庚:《行政争讼法论》,台北,三民书局 1999 年版,第 1~2 章。

3. 姜明安主编:《行政法与行政诉讼法》,北京大学出版社、高等教育出版社 2015 年版,第 23 章。

4. 江必新、梁凤云:《行政诉讼理论与实务》,北京大学出版社 2009 年版,第 1 章。

5. 朱维究主编:《行政诉讼法原理》,中国政法大学出版社 1988 年版,第 1 章。

---

① 参见姜明安等主编:《行政案例精析》,中国人民公安大学出版社 1991 年版,前言第 5 页。关于行政诉讼案例教学用书,笔者曾经先后独立或与他人合作主编《行政诉讼案例评析》(中国民主法制出版社 1993 年版)、《行政诉讼与行政执法的法律适用》(人民法院出版社 1995 年版)、《政府法制案例分析》(中共中央党校出版社 2005 年版)、《行政法与行政诉讼法教学案例》(北京大学出版社 2006 年版)等。

② 参见姜明安等主编:《行政案例精析》,中国人民公安大学出版社 1991 年版,第 393 页。

6. 张树义、方彦主编:《中国行政法学》,中国政法大学出版社 1989 年版,第 13 章。

7. H. W. R. Wade, *Aministrative Law*, Oxford, 1988.

8. [德]奥托·迈耶:《德国行政法》,刘飞译,商务印书馆 2002 年版,第 13 章。

9. [英]彼得·莱兰、戈登·安东尼:《英国行政法教科书》,杨伟东译,北京大学出版社 2007 年版,第 1 章。

# 第三章

# 外国行政诉讼制度的两种主要模式

法国行政法存在时间较早，逐渐发展，达到今天的形式，对欧洲大陆其他国家都曾发生影响，可以作为大陆行政法系代表。[①]

美国独立以后，英国法律不能再为美国法律援引作为法律根据，然而这不等于说英国法律对美国法律不再发生影响……英国法在美国法律体系中，留下了不可磨灭的痕迹，决定了美国法律体系的基本特征。[②]

——王名扬

总体来说，行政诉讼制度是现代民主和宪政的产物，在封建专制制度下，不可能产生对政府权力进行制约和监督的行政诉讼制度。但是同是在现代民主和宪政制度下，世界各国行政诉讼制度的产生也有先有后，并且有着各不相同的模式，不同模式的行政诉讼制度在其形式、内容上有着很大区别。这是因为，行政诉讼制度不仅取决于基本政体，同时也受各该国具体政治制度、经济制度、文化观念和民族传统的影响。

下面我们研究世界上两种主要模式（行政法院模式和普通法院模式）的行政诉讼制度的起源和现状。

① 参见王名扬：《比较行政法》，北京大学出版社 2006 年版，“著者的话”。

② 参见王名扬：《美国行政法》，中国法制出版社 1994 年版，第 4 页。

## 第一节　欧洲大陆行政法院模式的行政诉讼制度

欧洲大陆行政法院模式的行政诉讼制度的典型国家是法国，法国也是欧洲大陆乃至世界最早建立行政诉讼制度的国家。所以我们研究欧洲大陆模式的行政诉讼制度，自然应以法国为例。

### 一、法国行政法院的建立、发展与改革

有人认为，法国的 Conseil d'État（最高行政法院）[①]可以溯源于封建时代的“王室咨议会”。这种说法虽然不能说错，但必须加以适当解释和分析，否则容易导致误解。诚然，二者在职能上有某些相似的地方，都具有提供咨询和一定的裁决争议的职能（王室咨议会只是到了末期才具有后一个职能），但是二者在性质上是完全不同的：王室咨议会是封建国王的一个咨询机构，而 Conseil d'État 是法兰西共和国（期间有过帝国复辟）的一个行使行政司法权的，对于行政机关具有相当独立性的机构（尽管它也同时具有向政府提供咨询的职能）。Conseil d'État 成立于法国大革命时期，是法国大革命的产物。法国大革命资产阶级夺取政权以后，司法权曾一度仍然掌握在封建时代的那些旧法官的手中。这些旧法官把持着的“Parlements of Ancien Régime”（皇家法院），他们利用手中的审判权，阻碍和破坏革命政府政策的实行和各种革命措施的实现，他们任意宣布革命政府的革命政策和措施“违法”“无效”，以阻碍改革的进行，维护封建制度的特权。对此，资产阶级非常恼火，决心清除这一障碍。于是国民议会于 1790 年 8 月通过一项法律，规定“司法权必须与行政权分立。法官既不得以任何方式干预行政机关的活动，违者撤职，也不得因其职务行使的原因，将行政官员传唤到庭，违者以渎职罪论”，从而剥夺了普

① 对法国的 Conseil d'État，学界有不同的译法：龚祥瑞先生将之翻译成“国政院”或“国家行政法院”（参见龚祥瑞、罗豪才、吴撷英：《西方国家的司法制度》，北京大学出版社 1980 年版；龚祥瑞：《比较宪法与行政法》，法律出版社 1985 年版）；王名扬先生将之翻译成“国家参事院”或“最高行政法院”（参见王名扬：《法国行政法》，中国政法大学出版社 1989 年版）。

通法院的行政司法权,使普通法院的法官再也不能任意干预行政和阻碍改革。①

在剥夺了普通法院的行政司法权后,行政案件便由行政机关自己处理。国民议会于 1796 年 9 月通过另一项专门法律,规定在任何情况下,普通法院不得管辖要求撤销行政机关作出的行政行为的案件,这类案件应向国家行政机关首脑(同时为国家元首)提出。但是行政案件的数量很多,国家元首根本处理不过来,这样就要求有一个专门机关来协助国家元首处理这些案件。此外,随着经济社会的发展,国家行政事务增多,从而政府要经常起草发布有关的行政法规和行政命令,为使这些法规和命令尽量地做到严密、适当、合法,不至于在执行中引起争议,导致行政纠纷,亦需要有一个专门机关对这些法规和命令进行事先的审查和斟酌。正是在这种情况下,拿破仑在他担任第一执政的时候,设立了 Conseil d'État(该院最初成立时共有成员 29 人)。Conseil d'État 具有两方面的职能:一是就法案、规章、命令和其他方面的问题向政府提供咨询;二是审理行政争议,提出处理行政争议的意见和建议。对于行政争议作出最后裁决仍然是第一执政的权限。不过,在一般情况下,第一执政(以后的皇帝、国王或总统)总是根据 Conseil d'État 的意见和建议,而不是违反它的意见和建议作出裁决的。

Conseil d'État 在它建立后一个很长的时期内,一直没有对于行政争议的最后裁决权。因此,它还不能算一个独立的名副其实的行政法院。Conseil d'État 正式作为一个独立的名副其实的行政法院是 1872 年以后的事情。1872 年 5 月 24 日,法兰西第三共和国的国民议会通过一项法律,规定 Conseil d'État 有权裁决所有关于要求宣告各级行政机关的违法行为无效的请求,即授予它以正式的司法权。此后它便可以独立地作出有约束力的裁决,从而成为审理行政案件的名副其实的法院——行政法院。

1872 年以后,法国行政法院又进行了几次较重要的改革,使其制度更趋于完善和更适于形势发展的需要,这些改革包括:

1889 年,废除部长裁决前置程序。1889 年以前,当事人不服行政机关的

---

① 参见龚祥瑞:《比较宪法与行政法》,法律出版社 1985 年版,第 336~338 页;王名扬:《法国行政法》,中国政法大学出版社 1989 年版,第 532~535 页。

决定，必须先经相应部长裁决，然后才能向行政法院起诉。1889 年以后，当事人不服行政决定，可直接向行政法院起诉，无须部长先行裁决。

1953 年，确定最高行政法院除受理重大一审行政案件外，主要为上诉审法院；地方行政法院为一般行政案件的初审法院。1953 年以前，地方行政法院仅管理特定行政案件，而最高行政法院管理一般行政案件。

1987 年，设立上诉行政法院。当事人不服地方行政法院的判决，1987 年以前只能向最高行政法院上诉。1987 年以后，除某些特定案件（如关于行政决定意义和合法性的解释案件，行政条例的越权案件，省、市议会的选举案件）仍然保留向最高行政法院上诉外，均向上诉行政法院上诉。上诉行政法院共有五个，分设于全国各地的几个大城市。①

## 二、法国行政法院的组织与法官

法国最高行政法院包括负责行政和负责诉讼的两大系统。行政系统设有四个厅，分别是内务厅、公共工程厅、财政厅和社会事务厅。它们的职责主要是审议政府交付它们审议的有关的法律案和法令案，对之提出建议和意见。行政系统还设有一个报告和研究委员会，1985 年改称“报告和研究室”。诉讼系统即裁判庭，裁判庭由 1 位庭长、3 位副庭长、数位行政法官和若干审查官和助理办案员组成，下设 10 个审案组。②

最高行政法院各厅以及裁判庭各审案组的工作都是相互联系、分工合作地进行的。对于政府交付的法律案和法令案，最高行政法院先分发有关行政厅审议，提出意见，然后召开全院会议（裁利庭的法官也同样参加）讨论，确定正式的建议（如属一般法令案，可无须全院会议讨论）；对于受理的行政案件，最高行政法院先交付裁判庭一个审案组审理，提出意见，如该案属于一般案件，则在原小组审理和提出的意见的基础上，再由两至三个审案组联合作出裁决；如该案属比较重大的案件，则由裁判庭全庭会议，并有各行政厅代表（各厅派行政法官两名为代表）参加，联合作出裁决；如属最重大案件，则由全

---

① 王名扬：《法国行政法》，中国政法大学出版社 1989 年版，第 535~537 页。

② 关于法国最高行政法院及以下法国行政诉讼情况介绍的资料来源主要是皮埃尔·孟戴斯-弗朗斯大学（法国格勒诺布尔第二大学）名誉教授，古斯塔夫·佩泽尔先生所著《法国行政法》的中译本。参见［法］古斯塔夫·佩泽尔：《法国行政法》，廖坤明、周洁译，国家行政学院出版社 2002 年版。

院会议(会议由最高行政法院副院长主持,各厅厅长以及具体办案人员参加)作出裁决。

最高行政法院院长由总理兼任,司法部长为副院长,最高行政法院院长职位纯粹是形式上的,实际职权由副院长行使。最高行政法院的成员包括以下几个类别:二级助理办案员,均为法国国立行政学院的毕业生;一级助理办案员,从二级助理办案员选出;审查官,从助理办案员选出3/4,1/4选自具有10年以上的工作经验的高级政府官员;普通职行政法官,从审查官中选出2/3,1/3是从高级政府官员中选出;特别职行政法官,选自省长或各部高级官吏、将军、教授、工会领袖等各界人物(行政法官均要求必须是年满40岁的法国公民)。

最高行政法院的这种构成保证这个机构的成员既有渊博的法律知识,又有丰富的实践经验,特别是行政经验。最高行政法院为了将行政经验和法律知识结合起来,以便能有效地处理行政案件,还实行下列制度:一是所有的审查官、助理办案员和一部分行政法官,都是同时担任裁判庭和一个行政厅的工作,使每一个成员同时具有两方面的经验和知识。二是最高行政法院的成员可应邀到院外工作一段时间(一年到数年),例如,他们常被交换去担任省长或中央政府部门的职务,有时被交换去担任那些摆脱了殖民统治的新建立的法语国家或者是同法国有特殊关系的国家(如哥伦比亚、阿富汗)的法律顾问。院外任职期满后,或者任职虽未期满但愿意提前回院,他们可重新回院内任职。三是最高行政法院的成员参加政府各种咨询委员会或决策委员会的工作。这些委员会通常由代表有关部门的利益的官员以及有关私人利益的人员组成。最高行政法院成员在这些委员会中通常担任主席,因为他们被认为具有独立性和具有全面的行政经验。"独立性"使他们能够成为各种不同利益之间的公断人,"全面的行政经验"使他们有能力解决各种疑难复杂问题。

在法律上,最高行政法院成员的职业保障并不是很大的。总统可以任命他们(在内阁会议上作出此种命令),也可以随时免去他们的职务而无须具有某种特殊的理由。此外,最高行政法院成员的提升,在法律上亦由政府决定。这样,政府似乎能够对最高行政法院任意施加影响,最高行政法院似乎无独立可言。但是,事实上政府要通过免职和提升的手段影响最高行政法院,是较为困难和必须担当一定的风险的。这种困难和风险自然不是来自法律,而是来自传统。最高行政法院自建立到现在一个半世纪多以来，法国的执政、皇帝、国王、总统换了好几十个，但是撤免最高行政法院行政法官职务的事几乎没有发生过，据说仅仅有过一次（除了第二次世界大战后因通敌行为所采取的措施外）。这样，哪一个总统要打破这个传统，企图通过免职来要挟最高行政法院服从他的意志，就不得不考虑可能导致的政治风险。至于提升，最高行政法院历来的传统是根据年资而不是根据政治上或学识水平上或能力上的条件。政府通过此种途径影响最高行政法院的可能性亦是很困难的，因为改变此种传统同样要冒政治风险。

## 三、法国行政诉讼的种类

法国行政法院在传统上受理下述四种形式的行政诉讼案件：①

（一）“申请撤销”之诉（Le Contentieux de l'annulation ）

“申请撤销”之诉主要适用于违法、越权的行为或行政决定。行政法院经过审查确认被诉行政行为或行政决定违法、越权，即予撤销。撤销之诉不判决变更、责令重新作出行为或责令赔偿。

（二）“申请适用‘完全管辖权’”之诉（Le Contentieux de pleine juridiction）

“申请适用‘完全管辖权’”之诉，指当事人提起诉讼，不仅是要求撤销行政机关的行为或决定，而且要求对这种行为或决定造成的损害判给赔偿金或判予其他救济，如变更行政决定、确认当事人权利、预防可能对之的侵害等。

（三）“申请解释”之诉（Le Contentieux de 1' interprétation）

“申请解释”之诉，指普通法院、行政机关或公民个人在诉讼过程中对某种行政行为或行政决定的含义发生疑问或争议的时候，请求行政法院对此种

---

① 法国行政诉讼除了这种传统的分类以外，新的分类还有主观诉讼和客观诉讼之分。这种分类建立在形成诉讼的法律地位的性质的基础之上。“主观诉讼是指起诉人请求法官解决一个主观的法律问题，即请求法官查证某个文件或某项行为是否给其主观法律地位带来损害”。主观诉讼主要包括契约或准契约诉讼以及赔偿诉讼（解释性诉讼有时是主观的，有时是客观的，其区分依所解释的文件的性质而定）。“客观诉讼是指起诉人请求法官解决一个客观法律问题即请求法官查证一项法律规则是否被违反或是否对普遍的而非个人的权利造成损害”。客观诉讼主要包括撤销之诉、合法性审查之诉、（大部分）请求复核之诉、税务诉讼和选举诉讼。客观诉讼相对于主观诉讼具有更大的开放性，在客观诉讼中，法院裁决的既判力是绝对的。此外，法国行政诉讼的分类有时仅分为越权之诉和完全管辖权之诉。因为这两种诉讼是最主要、最常见的诉讼。参见［法］古斯塔夫·佩泽尔：《法国行政法》，廖坤明、周洁译，国家行政学院出版社 2002 年版，第 287~289 页。

含义予以解释。行政法院对此种请求,只能审查和解释行政行为或决定的意义或合法性,而不能撤销相应行为或决定,不能判决行政主体承担赔偿责任。

(四)"刑事处罚"之诉(Le Contentieux de la répression)

行政法院的刑事审判权,仅限于法律规定的某几类案件,如有关航道、机场、港口等犯罪案件。在1926年以前,有关公路交通的犯罪案件也由行政法院管辖。

在实践中,行政法院受理的行政诉讼案件主要是前两种形式,后两种形式的案件是比较少的。在"申请撤销"之诉中,越权之诉占有最重要的地位,适用范围最广,它不需要法律的明文规定,甚至当法律排除"一切申诉"时,相对人仍然可以提起越权之诉。此外,行政法院通过越权之诉作出撤销行政行为的裁决具有普遍的效力,而在"完全管辖权"之诉中,行政法院作出的裁决仅适用于诉讼当事人。

对于行政法院和普通法院的管辖划分,在一般情况下是清楚的,即行政法院管辖行政案件,普通法院管辖刑民事案件。但有时也发生两类案件难以区分的情况:对于某一案件,行政法院认为是刑民事案件,应由普通法院管辖,普通法院则认为是行政案件,应由行政法院管辖,结果两家都不管;或者行政法院认为是行政案件,应由它来管辖,而普通法院则认为是刑民事案件,应由它来管辖,结果两家都争着管。

为了解决行政法院和普通法院的这一管辖冲突,法国专门设立了一个"权限争议法庭"(Tribunal des Conflits)来裁决两套法院系统之间发生的争议。"权限争议法庭"由来自最高普通法院和最高行政法院同样数量的若干名法官组成,司法部长任法庭主席。在对冲突裁决表决时,司法部长一般不投票,但当两种意见相持不下,票数相等时,他可投决定性的一票。

行政法院司法审查的对象是行政行为和行政决定,对于议会通过的法律,行政法院无权进行审查。行政法院的司法审查是应利害关系人的请求进行的,行政法院不能主动进行审查。根据法律,任何个人或任何团体,对于影响自己利益的任何行政决定或行为,如果认为其违法或超越了行政权限,均可请求行政法院进行审查,予以撤销。行政法院在接到请求审查的诉状后,要将诉状所指控的内容通知有关行政部门,并要求该行政部门作出答辩。如果该部门不作答辩,行政法院可以传唤其到庭予以说明,甚至可以根据自己的推定，判决原告主张正当。如果该行政部门作出了答辩，行政法院即结合原告的诉状和行政部门的答辩，对被指控的行政行为或决定进行审查。

## 四、法国行政诉讼的审查标准

法国行政法院对行政行为或决定进行司法审查，主要标准有四项：是否无权限（Incompetence），英国行政法通常称为"越权"（Ultra vires）；形式上的瑕疵（Vice de forme）；滥用权力（Détournent de pouvoir）；违法（Violation de la loi）。

### （一）无权限

"无权限"指行政机关作出的行为或决定是它无权作出的。这包括两种情况：一是行政机关本身无此权限；二是权限被不适当的机关行使。在第一种情况下，可能是行政机关超越了其地域管辖范围，即根据法律，某行政机关本来只对 A 地域范围有管辖权，但是它的行为和决定却涉及了 B 地域范围；此外，也可能是行政机关超越了权限的时间范围，即根据法律，某行政机关只能在某种期限内行使某种权力，但它在过了此种期限后仍然行使此种权力。"无权限"还可能是由于行政决定的内容越权所引起。例如，某行政机关所决定的问题属于立法或司法的范围，或者应属于另外的行政机关管辖。第二种情况的"无权限"，多由"不适当的再授权"所引起。例如，根据法律，某种权限只能由某种行政机关行使，如果该行政机关将之委托其他机关行使，即为"不适当的再授权"，或者该权限虽可转授，但被授权的机关在法律上是无权行使此种权限的，这种情况亦为"不适当的授权"。

### （二）形式上的瑕疵

"形式上的瑕疵"指行政决定或行政为违反了程序上或形式上的要求。行政决定或行政行为违反程序或形式上的要求，并不必然导致所为行为或决定的无效。如果所违反的程序或形式要求是不重要的、轻微的，如决定遗漏注明日期，可责成行政机关自行纠正即可。只有违反了重要的实质性的程序要求，例如法律规定某一行为或决定应由某一机关批准而未经批准，或要求事先征求某一方面的意见而未予征求，方导致所为行为和决定的无效。

### （三）滥用权力

"滥用权力"指行政机关违反所授权力的目的而行使权力。例如，某新任市长出于过去的某种仇隙或厌恶而解雇某公务员的职务;某当局有意使某人遭受物质上的损失而强制征收其不动产等。法国行政法院曾撤销一项公立学校的行政决定,理由是该决定纯粹是为了个人利益——为了任命某人为学校总监——而作出的。

(四)违法

"违法"指违反宪法规则和立法机关通过的法律以及违反行政法规。此外,违反司法裁决也被认为是违法。违法必然导致所为行为和决定的无效,为行政法院所撤销。法国行政法对于被撤销的行政行为和决定,一般以"曾未有过这种行为或决定,自始即不具有效力"看待。不过,这一规则在司法裁决的适用上并不是那么严格的。就赔偿来说,请求者不一定能得到他在解雇期间的全部薪水。如果请求者在离任期间被另行雇佣而又有收益,那么这种收益就要在计算补偿时予以考虑,减少补偿额。此外,请求者如果回到他原来的工作岗位上有困难,完全可以分配另外的相当工作。

对于行政法院经过司法审查作出的撤销决定,行政机关必须执行。但是行政法院的决定也发生过不能执行的情况。例如,有这样一个案例:一个请求者对某学校 1947 年的入学考试的有效性提起异议,行政法院在 1949 年宣布被指控的考试无效。行政法院的这个裁决如果严格执行的话,那就意味着那些已升入该校并在该校已学习了两年和通过了相应的考试的学生均将失去作为该校学生的资格,他们将不得不离开该校。对此,立法机关通过了一项专门的决议,使这种情况得以避免。

向行政法院提起司法审查的请求,法律规定了一定的时限要求:这种请求必须自被指控的决定公布或通知原告之日起两个月内提出。如果行政机关的决定不是明示的决定,期限则从行政机关拒绝原告请求之日起算。行政机关 4 个月内不答复原告的请求,法律即推定行政机关拒绝原告的请求。像这种情况,原告自向行政机关提出请求之日起 4 个月后,6 个月内可向行政法院提起司法审查请求。

## 五、法国行政诉讼的程序

(一)法国行政诉讼程序的特点

法国行政诉讼程序的特点有以下五点:

其一,诉讼主要采取书面审理形式。当事人起诉应向法院提交一份完整的表述其要求的书面诉状。口头辩论相对罕见,即使进行口头辩论,律师也仅仅就书面诉状的内容展开。

其二,在非书面审理程序中采用审问式。非书面审理程序由法官主持,起诉人没有主动权。法官通过审问式可减轻起诉人的举证责任(在越权之诉中尤其如此),可要求行政机关提供实施行政行为的法律根据和事实依据。

其三,某些诉讼可免除律师代理要求。在越权之诉、养老金诉讼与选举诉讼中尤可免除律师代理。在最高行政法院的诉讼中,当事人只能由具有正式资格的“最高行政法院和最高法院的律师”代理。

其四,行政诉讼不停止被诉行政行为的执行。[①]

其五,行政诉讼实行低收费。1994 年的财政法规定收费 100 法郎,律师费原则上由请律师的当事人一方支付,但 1991 年的法律规定,法官可判处败诉方支付另一方有关费用。

(二)起诉

作为诉讼当事人的原告应为具有诉讼权利能力,且被诉行政行为涉及其个人利益相对人;被告为地方行政机关和国家。地方行政机关由国会正式授权的行政执行机构——省长、市长、议会议长——代表;国家由相应部长(有时为省长)代表。原告起诉应提交诉状。

被诉行政行为应为行政机关已经正式作出的行政决定,[②]包括口头决定。对于相对人的请求,行政机关 4 个月内不予答复,视为“默示的拒绝行政决定”,相对人可对之起诉。

起诉时效原则上为 2 个月,除非法律有例外的规定(如涉及公共工程的诉讼,法律规定不受此时效限制)。起诉时效自被诉行政行为以公告或通知形式告知相对人之日起算。如行政机关未将被诉行政行为公告或通知相对

---

① 这与德国的规则不同,德国行政诉讼实行被诉行政行为停止执行的原则,即在一般情况下,行政相对人提起诉讼,行政行为即停止执行,除非有法律规定的例外,方可不停止执行被诉行政行为。不过法国最高行政法院近年来在实践中对起诉不停止执行的规则有所松动,确定了若干例外,如立即执行被诉行政行为会给相对人带来难以弥补的损害后果,法院可要求行政机关延缓执行。此可参见[法]古斯塔夫·佩泽尔:《法国行政法》,廖坤明、周洁译,国家行政学院出版社 2002 年版,第 276~279 页。

② 涉及公共工程的诉讼除外。

人,相对人起诉将不受时效限制。①

(三)审理和判决

行政法院对于受理的行政案件,先交付裁判庭一个审案组进行预审。在预审中,法官可进行鉴定、调查、勘验和实地检查。然后案件进入正式审理:由报告人简述案情,提出判决草案;律师对之进行口头评论;政府特派员依据法律提出结论性意见。最高行政法院、行政上诉法院和行政法庭的开庭审理除少数例外,都公开进行。案件经审理以后,由合议庭进行合议(政府特派员参加合议但不参加表决)和作出判决。

行政法院在作出终局裁决前,根据案件的实际情况和当事人的紧急需要,可作出先行给付的决定或采取其他紧急处理措施。

当事人对判决不服,可在判决作出后2个月内提起上诉。原审原告在上诉中不能提出一审中没有提出过的新请求和新理由,但原审被告在上诉中不受此限制。上诉法院审理上诉案件可对案件进行全面审理,但最高行政法院审理上诉案件(称"复核")主要限于法律问题、对事实的歪曲和法律定性的问题。最高行政法院对上诉案件审理后,可发回原审法院重审,也可交其他同类法院审理,还可径行作出终审判决。②

法国的行政法院和行政诉讼制度从建立到现在,已经有两百多年的历史了。在这期间,法国的历史曾发生了很大的动荡和变动,但行政法院一直存在,并得到了发展(尽管发展的道路有曲折),这是为什么呢？这是因为这一制度适应现代社会经济的发展。在行政权力扩大的条件下,它能平衡公民权与行政权的冲突,对稳定社会关系起着重要的作用。对此,最高行政法院法官莫里斯·拉朗热在一篇文章中曾经写道:"以上所述能否得出如下结论,认为法国的行政法院不过是一个历史的偶然事物呢？当然不是。这个制度是有客观的理由支持的。要证明这个观点,可以看看欧洲和欧洲之外的许多国家都以它为借鉴建立了自己国家的类似机构:如荷兰的行政法院,它仍然是拿破仑为荷兰王国所创立的那一个;卢森堡的行政法院,按照法国的模式建立于

---

① 关于法国起诉时效的具体详细规则,可参见[法]古斯塔夫·佩泽尔:《法国行政法》,廖坤明、周洁译,国家行政学院出版社2002年版,第274~276页。

② 关于法国行政诉讼的审理、判决和上诉的具体详细,可参见[法]古斯塔夫·佩泽尔:《法国行政法》,廖坤明、周洁译,国家行政学院出版社2002年版,第276~286页。

1863年；意大利的行政法院，是意大利独立之初建立的，尽管遭到强烈的反对，在1889年也成立了一个裁判所；西班牙的行政法院，比利时的行政法院，经过了几次尝试后，终于在1946年建立起来，还有土耳其的、埃及的、叙利亚的行政法院等。所有这些国家，都吸收了法国的模式：一个机关，既有作为政府顾问的咨询职能，也有司法职能，至少能审理要求废止违法行政行为的控告。所以我们必须相信，根据这种观点，这样一种制度是必要的。行政法院所发挥的卓越作用真正是法国独创的。在这个国家里，政府经常变动，宪法也并不持久而来回更改，行政法院却是主要的稳定因素。它所赖以建立的原则，越过成文的宪法，构成一个真实的不成文的宪法。这个宪法，尽管未被意识到，但为法国人所喜爱。虽然新的观念发展了，但它还维持着一定的传统规则。在这个多次发生革命的国家里，行政法院以演进的方式发挥作用，它做事既谨慎，又有效，有时也被急风暴雨所颠覆，但很快又得到恢复，就这样保持着国家的永久性和民族的连续性。”①

## 第二节　英美模式的行政诉讼制度

英美模式行政诉讼制度的典型国家自然是英美。本书以美国为例，介绍这一模式行政诉讼制度的起源和现状。当然美国和英国的制度有着很多区别，甚至有着某些重要的区别；美英和其他英美法国家的制度也有着很多区别。但是，这里不是专门研究外国行政法或比较行政法，不是探讨世界各国的具体行政诉讼制度的异同。探讨世界各国具体行政诉讼制度及其异同是外国行政诉讼法教程或比较行政诉讼法学教程的任务。这里介绍美国行政诉讼制度，仅仅只是将它作为一个例子，使读者通过它了解英美法系行政诉讼制度模式的最一般情况。

### 一、美国行政诉讼的概念

美国行政诉讼的概念不同于欧洲大陆行政诉讼的概念。在美国法律文件

① ［法］莫里斯·拉朗热：《法国最高行政法院》，载美国《图莱法学杂志》1968年第1期，转引自《环球法律评论》1980年第1期。

和法学文献中,“行政诉讼”概念寓于“行政程序”(Administrative Proceedings)之中。“行政程序”指行政机构就涉及相对人权益的有关问题,依行政程序法或其他有关法律规定的程序作出决定(裁决)的活动,包括行政机构在制定规章中就有关争议事实作出裁决的活动。① 美国法律用语中与大陆“行政诉讼”一词含义相近的词是“司法审查”(Judicial Review)。“司法审查”也规定在美国联邦《行政程序法》(Administrative Procedure Act,APA)中。② 司法审查是指普通法院应行政相对人的申请,审查行政机构行为的合法性,并作出相应裁决的活动。美国《联邦行政程序法》第702条规定,“司法审查”是指因行政行为而致使其法定权利受到不法侵害的人,或受到有关法律规定之行政行为的不利影响或损害的人以合众国为被告,诉诸法院,要求法院予以审查和给予救济。法院经审查,可以作出处罚合众国的判决,但任何强制性的、禁止性的判决必须指定相应联邦官员或其工作继任者个人负责执行。③

因此,我们讲到美国行政诉讼,可能指两种不同的事物:一是指行政机构进行的行政裁判活动;二是指法院进行的司法审查活动。这里研究“美国行政诉讼”,究竟赋予美国行政诉讼以哪种含义呢?是指美国的行政裁判,还是指美国的司法审查?根据本书的内容,自然是指后者,指与大陆法系行政诉讼相对应的美国司法审查。然而,如前所述,美国司法审查并不同于大陆法系的行政诉讼。美国没有大陆法系的行政法院,也没有相应于我国人民法院行政审判庭的专门行政审判机构,而且美国的司法审查与行政裁判有着极密切的联系,司法审查是建立在广泛、完善的行政裁判制度的基础之上。美国行政机构内设有专司行政裁判职能的类似于法院法官的行政法官(Administrative Law Judge,ALJ),美国行政裁判适用的是类似于法院司法程序的准司法程序(Quasi-judicial procedure),美国的行政案件或与行政管理有关的案件,绝大多数都经过行政机构的行政裁判,即“行政司法”。本书同时称“行政裁判”为

---

① 美国《联邦行政程序法》(Administrative Procedure Act)第551条第12项规定“行政程序”包括行政机构制定规章、核发许可证和制作裁决的活动。另参见《美国法理学》(American Jurisprudence)(第2卷),第142~149页;《布莱克法律词典》(节略本),1983年版,第22~23页等。

② 美国《联邦行政程序法》(Administrative Procedure Act),第七章司法审查,第701~706条。

③ 参见《美国法典》编译委员会编译:《美国法典·宪法行政法卷》,中国社会科学出版社1993年版,第360~376页;See Bryan A. Garner(editor in chief), Black's Law Dictionary(eighth edition), Thomson West, 2004, p. 1267。

“行政司法”。在某种意义上，行政裁判可以认为是美国行政诉讼的初审程序，行政裁判机构可以认为是美国行政诉讼的初审法院。因此，对美国行政诉讼不能完全以大陆法系的模式来理解，不能离开美国的行政裁判来谈美国行政诉讼。即使我们可以将美国行政诉讼仅仅理解为司法审查，但我们在研究美国行政诉讼时，也绝不能完全撇开行政裁判而仅研究司法审查。

## 二、美国司法审查制度的建立和发展

美国司法审查制度可以溯源至其建国初期，美国联邦的司法审查始于1803年最高法院的“马伯里诉麦迪逊案”（Marbury v. Madison）判例。在那个判例里，美国联邦最高法院宣布国会1789年颁布的一项法律无效，开创了美国联邦最高法院审查国会法律的先例。但该案确定的司法审查并不等同于作为行政诉讼制度的司法审查——对行政行为的司法审查。美国法院虽然一直可以通过传统的特权令状或私法救济手段审查行政行为，但真正从制定法上确立司法审查制度则是20世纪以后的事情。1946年的美国《联邦行政程序法》和1950年的《司法审查法》对健全和完善司法审查制度起了最重要的作用。直到20世纪以前，美国尚没有真正的行政诉讼制度。美国行政诉讼制度是随着独立规制机构的出现、行政法官制度的产生、法院对行政行为和行政裁决的司法审查的加强和制度化而逐步产生和逐步完善的。

美国早期的法律制度深受英国普通法（Common Law）的影响，由于主权豁免原则（Sovereign Immunity）的限制，政府不能作为被告。行政相对人对政府行为不服，不能控告政府。政府及其公务员的行为造成了对行政相对人的损害，相对人不能向法院起诉，要求政府进行损害赔偿。只有在公务员恶意侵犯相对人权益，造成相对人严重损失的情况下，相对人才能对公务员个人提起诉讼，要求公务员个人承担侵权赔偿责任。这种制度在当时就已经暴露出了它的弊端：既不利于保障行政相对人的合法权益，又不利于监督政府依法行政，还不利于鼓励公务员积极执行公务促进行政管理。但这种制度在当时并没有引起很大的社会不满和导致普遍的社会批评，改革的呼声并不很强烈。因为当时的行政权相对来说并不是很强大，政府对社会经济和行政相对人活动的干预并不太多，政府的职能主要限于保障国家安全、维持社会秩序和收税等。政府与行政相对人发生关系的领域并不广泛。

到19世纪后期,由于资本主义经济的迅速发展,社会关系较前大为复杂,各种社会问题、社会矛盾大量出现。为了调节各种新出现的社会关系,解决各种新出现的社会矛盾和社会问题,政府开始对社会经济活动和相对人的相应行为进行广泛的干预,从而政府职能较前大为增加,行政权大为扩张。与此相适应,行政机构也比过去大为膨胀起来,特别是新出现了一种被人们称为"第四政府部分"或"第四权力"的"独立规制机构"(Independent Regulatory Agencies)。

美国是实行三权分立的典型国家。国家权力分为立法、行政、司法三权,宪法将这三权分授国会、总统、法院三个政府部门行使,三权互相分立、互相平衡、互相制约。但这种新出现的独立规制机构既不从属于国会,也不从属于法院,也不完全从属于总统。它不仅行使行政执行权,而且行使制定规章的准立法权和裁决纠纷的准司法权。如果把它视为行政部门的一部分的话,那么行政部门则是一个权力大为膨胀了的政府部门。如果要保持三个部门的平衡,其他两个部门就不能不对它进行更多、更强有力的制约。正因如此,作为对行政权制约的形式之一的司法审查的加强和制度化就是无疑义的了。①

美国行政权的加强和独立规制机构的出现是其资本主义社会经济发展的必然。因为资本主义社会经济发展导致的大量社会问题,如垄断、通货膨胀、失业、环境污染等以及伴随着资本主义生产、贸易、分配、消费而产生的各种社会矛盾,如联邦与州的矛盾、州与州的矛盾、政府与企业的矛盾、企业与企业的矛盾、生产者与消费者的矛盾、资本家与工人的矛盾等,必须有行政权予以干预、调节,否则社会就会陷入混乱,正常的经济秩序和社会秩序就无法维持。美国第一个干预社会经济活动的独立规制机构是1887年建立的州际商业委员会(Interstate Commerce Commission)。它的主要职能是管理州际铁路运输,调整运输价格,反对垄断和不合理竞争。它有权为此制定有关这方面的行政规章和裁决有关这方面的争议、纠纷。继州际商业委员会之后,美国在19世纪末至20世纪中期,又建立了一系列具有混合权力的独立规制机构,如联邦贸易委员会、联邦通讯委员会、联邦储备署、债券与交易委员会、劳工关系理事会、国家宇航局、退伍军人管理局、田纳西流域管理局等。到20世纪70年

---

① 美国宪政学者一般认为,政府部门权力的平衡制约是民主、自由的保障。

代,这些独立规制机构有了更大规模的发展。如消费者安全管理委员会、环境保护局、核能管理委员会、职业安全委员会、联邦选举委员会、运输安全理事会、邮资管理委员会、农业信贷管理局、国际开发署、国际交流署等。这些机构都是在20世纪70年代新建或改建的。

行政机构的膨胀和行政权的扩张引起了社会的广泛不安和人们的普遍担忧,从而要求对行政权加以制约的呼声越来越高。人们开始设计对行政权加以制约的各种方案,制约的形式主要有两种:一是行政程序制约;二是司法制约,即司法审查。这两种制约形式是相互联系的。行政程序制约是司法制约的前提条件,司法制约是行政程序制约的保障。

早在20世纪30年代,就有人提出了制定标准行政程序法的主张,国会并为此专门成立了一个专门委员会,进行法案的准备工作。1940年,国会通过了"洛根法案"。该法要求联邦行政机构采用标准行政程序,要求法院对联邦行政机构遵守标准行政程序实施监督,即加强对行政行为的司法审查。但这一法案被罗斯福总统否决了。尽管如此,行政程序委员会的工作并没有中断,1941年该委员会在经过长时间调查研究后提出了一个报告。在此基础上,国会经过长时间的激烈辩论,终于在1946年通过了美国《联邦行政程序法》。

对行政行为司法审查的主要障碍是主权豁免原则。根据主权豁免原则,政府侵权行为的受害者不能以政府作为被告对政府提起诉讼和要求政府进行损害赔偿。在这种情况下,法院对行政行为的制约和监督是很受限制的。当然就是在那时,一定的司法监督还是存在的。法院可以通过普通法的令状,如调卷令(Certiorari)、禁止令(Prohibition)、执行令(Mandamus)、人身保护状(Habeas Corpus)等,对行政行为进行审查,撤销违法的行政行为。但是普通法令状的适用不仅程序烦琐、适用困难,而且适用范围极为有限,从而越来越不适应现实要求加强对行政权制约和监督的需要。随着民主和法制理论的新发展,人们开始逐步抛弃主权豁免原则。1946年的美国《联邦行政程序法》明确规定:"因行政行为致使其法定权利受到侵害的人,或受到有关法律规定之行政行为的不利影响或损害的人,均有权诉诸司法审查……法院不得以此诉讼是以美利坚合众国为被告为理由,也不得以合众国是不可替代的当事人为理由不予受理或拒绝予以救济。"同年,美国国会又通过《联邦侵权赔偿法》。该法明确规定,凡联邦政府之任何人员于其职权范围之内因过失、不法行为或不作为,致人民财产上之损害或损失,或人身上之伤害或死亡,受害人均可以以美国政府为被告,向联邦法院起诉,请求损害赔偿。这些规定即在法律上基本否定了主权豁免原则,从而在很大程度上扫除了行政诉讼的障碍。当然,1946 年《联邦侵权赔偿法》仍然包括了大量的例外,因此在实际上仍一定程度地保留了主权豁免原则。20 世纪 60 年代以后,法律逐步取消了《联邦侵权赔偿法》规定的大部分例外,从而使美国行政诉讼基本上摆脱了主权豁免原则的限制,大大地扩大了美国司法审查的范围。

### 三、美国对行政行为司法审查的主要标准

美国法院对行政行为的司法审查,主要标准有下述六项:[①]

(一)是否专断、反复无常、滥用自由裁量权或有其他违法行为(arbitraiy, capricious, an abuse of discretion, or otherwise not in accordance with law)

所谓"专断"(arbitrary),是指行政机关实施行政行为考虑了不相关的因素或未考虑相关的因素,事实不清,证据不足。所谓反复无常(capricious),是指行政机关实施行政行为违反诚信和信赖保护原则,变化无常,使行政相对人对行政行为失去预期,无所适从。所谓"滥用自由裁量权"(an abuse of discretion),是指行政机关行使自由裁量权目的不当,以权谋私,打击报复,或违反适当注意义务,违反比例原则,任意行为等。

美国《联邦行政程序法》原本规定行政机关的自由裁量权的行为排除司法审查,但考虑到行政自由裁量权有被滥用的风险,故将滥用自由裁量权作为司法审查的标准之一。即法院一般不审查行政行为的合理性问题,但如果这种合理性问题(不合理)达到了"滥用"(包括专断、反复无常、目的不当等)的程度,则应予以干预。所谓"其他违法"(otherwise not in accordance with law),是指除上述违法行为外,其他违反法律明示规定或违反法律原理、原则、精神的情形。例如,税法规定了某种产品税的税率,税务机关超过税法规定的税率征税,即为"违反法律明示规定";税务机关虽然按照税法规定的税率征税,但纳税人具有某种可酌情减缴或免缴、缓缴的特定情形,而税务机关

---

① 参见美国《联邦程序法》(Administrative Procedure Act)第 7 章司法审查,第 706 条。

不予考虑,即为“违反法律的原理、原则和精神”。

(二)是否与宪法规定的权利、权力、特许权或豁免权相抵触(contrary to constitutional right,power,privilege,or immunity)

美国《联邦行政程序法》第 706 条规定,行政行为如与宪法规定的权利、权力、特许权或豁免权相抵触,则应宣布其为非法,予以撤销。所谓“权利”(right),是指公民固有的,组成国家、政府等公共体后仍保留的权利,如生命、自由、财产等权利;所谓“权力”(power),指宪法赋予国家机关管理国家事务的权力;所谓“特许权”(privilege),是指公民通过政府授予或许可而行使的权利,如救济金、养老金、失业、伤残保险等;所谓“豁免权”(immunity),是指公民因特定情形豁免履行某种法定义务或豁免某种法律责任的权利,如免除纳税的义务、免服兵役的义务、免除行政或刑事责任等。

(三)是否超越法定管辖、职权或限制,或者缺少法定权利(in excess of statutory jurisdiction, authority, or limitations, or short of statutory right)

超越法定管辖、职权、限制和缺少法定权利可以统称“越权”,尽管这四种情形亦有区别。所谓“超越法定管辖”(in excess of statutory jurisdiction),指行政机关实施行政行为超越其级别或地域管辖范围;所谓“超越职权”(in excess of authority),指行政机关实施行政行为超越其权限,包括事务管辖和管理手段的范围;所谓“超越限制”(in excess of limitation),指行政机关实施行政行为没有遵守法律规定的条件、方式或程度的限制;所谓“缺少法定权利”(short of statutory right),是指行政机关无权实施某种行政行为,相应事项完全不在行政职权范围之内,此不同于“超越法定管辖”“超越职权”,其行为虽然不在行为机关职权范围之内,但还在其他行政机关职权范围之内。

越权无效是行政法的基本原则之一。美国联邦最高法院曾在一个案例中指出:“如果国会通过一项法律,授权行政机关从事某种政府活动,这些行政机关的权力应以所授之权为限。”如果行政机关能够超越法律权限、任意行事,就会导致专制,造成对人民权利的威胁。因此,对于行政机关的越权行为,法院必须加以干预。司法审查必须以是否越权作为一个标准。有这样一个案例:一个市政卫生局官员杀死了一个农场主的一匹染有鼻疽病的马,但该农场主向法院起诉,提出他的马没有患鼻疽病,请求赔偿。法院以卫生局官员行为越权为根据满足了原告的请求。法院指出,法律授权卫生局官员杀死病马,而没有授权他们杀死他们认为有病的马,杀死非确实有病的马即是越权。[①]

(四)是否遵循法定程序(without observance of procedure required by law)

根据美国《宪法》的要求,行政机关实施行政行为,如涉及公民的生命、自由、财产等权利,应遵循"正当法律程序"(Due process of law)。"正当法律程序"包括法律明确规定的程序(procedure required by law)和法律虽未明确规定,但依"自然正义"(Natural justice)而应遵循的程序。行政机关实施行政行为违反法律未明确规定而依"自然正义"原则应遵循的程序,则构成"专断"或"滥用自由裁量权"。行政机关实施行政行为是否违反法律明确规定的程序即属于法院司法审查的本项标准。本标准所指法律(law)通常指广义的法律,包括规章(rules)。即行政行为即使违反规章规定的程序,亦构成撤销的条件。

(五)是否没有实质证据支持(unsupported by substantial evidence in a case subject to section 556 and 557 of this title or otherwise reviewed on the record of an agency hearing provided by statute)

根据美国《联邦行政程序法》规定的此项审查标准,行政机关实施的行政行为,如果属于该法第556条和第557条调整的事项,或者法律要求依行政听证案卷审查的事项,若无实质证据支持,应予以撤销。所谓"实质证据"(substantial evidence),相当于我国诉讼法学中的"主要证据"或"可定案证据",即支持相应行政行为作出的基本证据,如行政机关作出拒绝行政相对人某项许可申请的决定,其"实质证据"应是法律文件或行政机关关于相应许可的条件和相对人不具备此种条件的证据。

(六)是否没有事实根据(unwarranted by the facts to the extent that the facts are subject to trial de novo by the reviewing court)

美国司法审查一般只审查法律问题而不审查事实问题,但是也并非对事实完全不闻不问。如果行政行为完全没有事实根据,或者事实不清,以致需要法院对之重新审理,在这种情况下,法院可据此撤销相应行政行为。

---

① 参见《美国联邦最高法院判例汇编》(第32卷),第288、309页。

## 四、英美行政诉讼的特点

美国对行政行为的司法审查制度体现了英美法系国家行政诉讼制度的最一般特点。这些特点可大致归纳为下述几项：

(1)不设专门主管行政诉讼的专门司法机构,行政案件的审判职能由审理刑民事案件的普通法院统一行使。英美既没有欧洲大陆式的专门行政法院,也没有我国式的专门行政审判庭,行政案件由普通法院统一审理。

(2)没有单独的行政诉讼法典。法院审理行政案件,适用统一的民事诉讼规则和某些特别法规定的专门规则,如行政程序法、司法审查法、侵权赔偿法等法律规定的管辖规则及程序规则。

(3)行政诉讼主要采取司法审查形式。法院审理行政案件主要是对行政部门或行政裁判所通过行政裁判作出的行政决定的审查。因此,司法审查与行政裁判有着极其密切的联系。在某种意义上可以认为行政裁判和司法审查一样,同是构成行政诉讼的一部分。

(4)行政诉讼的范围是由各种制定法和普通法确定的。在英美,作为相对人提起行政诉讼和法院受理行政案件的根据,既可以是各种制定法法律法规,也可以是普通法的各种令状,还可以是宪法。对于法律明确排除司法审查的行政行为和法律授权行政机关自由裁量的行政行为,相对人不能向法院提起行政诉讼,除非行政机关有越权和滥用权力的情况。

(5)行政赔偿基本适用民事赔偿的规则,但其范围窄于民事赔偿的范围。在英美,现在主权豁免原则虽已废除,但仍有影响。相对人提起行政赔偿之诉没有统一的法律根据。美国《联邦侵权赔偿法》和英国《王权诉讼法》均只适用于某些行政领域。除此之外,相对人还可以根据各种特别法提起行政赔偿之诉。在没有明确的制定法法律根据的情况下,在美国对于某些行政侵权行为,相对人甚至可以直接援引宪法提起行政侵权之诉。

## 本章参考书目

1. 龚祥瑞:《比较宪法与行政法》,法律出版社 1995 年版。
2. 王名扬:《法国行政法》,中国政法大学出版社 1989 年版。
3. 王名扬:《英国行政法》,中国政法大学出版社 1989 年版。

4. 王名扬:《美国行政法》,中国法制出版社 1995 年版。

5. [荷]勒内·J. G. H. 西尔登、弗里茨·斯特罗因克:《欧美比较行政法》,伏创宇、刘国乾、李国兴译,中国人民大学出版社 2013 年版。

6. 姜明安主编:《外国行政法教程》,法律出版社 1993 年版。

# 第四章
# 行政诉讼的基本原则

法国行政法以几大原则为基础，这几大原则显示了它的旨趣和独特性。[①]

——[法]让·里韦罗

人们花费了相当长的时间来寻找一种能够控制和监督行政官员的行为，从而能够更好地保护公众利益的新而有效的方法。自 20 世纪 30 年代以来，司法机关已经开始主动审查行政行为和监督行政权的滥用。[②]

——[美]肯尼思·F. 沃伦

本章和本章以后各章，我们开始逐一讨论现行《行政诉讼法》规定的我国行政诉讼各项基本原则、制度和具体规则，探讨这些基本原则、制度、具体规则的含义、渊源、理论根据和实际运作中应把握的有关问题。

## 第一节　行政诉讼基本原则的概念

行政诉讼基本原则是指贯穿于行政诉讼活动整个过程或主要过程，调整行政诉讼关系，指导和规范行政诉讼法律关系主体诉讼行为的重要规则。

第一，行政诉讼基本原则不同于《行政诉讼法》的具体规则。《行政诉讼

① [法]让·里韦罗、让·瓦利纳：《法国行政法》，鲁仁译，商务印书馆 2008 年版，第 24 页。

② [美]肯尼思·F. 沃伦：《政治体制中的行政法》，王丛虎等译，中国人民大学出版社 2005 年版，第 10 页。

法》的具体规则是仅调整行政诉讼某一具体过程、某一具体诉讼法律关系或行政诉讼法律关系主体某一诉讼行为的规则,而行政诉讼基本原则是调整行政诉讼整体法律关系,指导和规范行政诉讼主体整个诉讼行为或者主要诉讼行为的重要规则。所谓“重要规则”,是指这些规则的确定和适用,对于保证行政诉讼正确地进行,实现行政诉讼的目的和宗旨具有重要的作用。例如,独立审判、公开审判等原则能够排除有关行政机关、社会团体和个人对人民法院审理裁决行政争议案件的干预,保证审判的公正。这一点对于行政诉讼监督行政主体依法行政,保护行政相对人合法权益目的的实现,其重要作用是显而易见的。又如,人民法院审理行政案件,对行政行为是否合法进行审查的原则,对于明确人民法院司法审查的范围和界限,防止司法权侵越行政权,保障各不同国家权力的合理分工和有效运作是非常重要的。再如,当事人在行政诉讼中有权进行辩论等原则对于保证双方当事人充分陈述意见,提出证据,使人民法院能对行政争议作出全面准确的评价是非常重要的。与行政诉讼的基本原则相比较,《行政诉讼法》具体规则虽然也是为保证行政诉讼正确进行,实现行政诉讼目的服务的,但是其作用的重要性显然不及行政诉讼的基本原则。

第二,各国行政诉讼法对行政诉讼基本原则的确定不是绝对的,它取决于立法者的意志。在所有行政诉讼法律规范中,将哪些规范确定为行政诉讼基本原则,哪些规范确定为一般具体法律规则,这是由立法者决定的。至于立法者怎样决定,则取决于法律环境(包括国家政治制度、经济制度、民族文化、传统习惯等)对立法者的影响和立法者对法律环境的认识和判断。例如,我国由于几千年封建专制的影响,法律和法院的权威一直不及政府和政府官员的权威;法院行使审判权往往受到政府和政府官员的干预和影响。考虑到这一点和为了在我国真正有效确立行政法治,立法者特别把保障人民法院独立审判作为行政诉讼的基本原则。又如,我国是一个多民族国家,少数民族在国家经济建设和社会生活中有着重要作用。因此,坚持民族平等,加强民族团结,具有极其重要的意义。考虑到这一点,立法者把各民族公民享有使用本民族语言文字进行诉讼也作为行政诉讼的基本原则。再如,检察机关对审判活动的监督已经在我国刑事诉讼、民事诉讼中形成和确定为重要的司法制度。考虑到这些制度在行政诉讼中同样具有重要意义,故立法者同样把它们确定为行政诉讼的基本原则。①

我国行政诉讼基本原则集中规定在现行《行政诉讼法》总则之中。根据我国立法的惯例，法律体系结构一般包括总则、正文和附则。总则最重要的任务就是规定立法目的、立法根据、立法调整对象和适用范围，以及法律的基本原则。法律的基本原则之所以如同立法目的一样在法律总则中规定，是因为法律基本原则如同立法目的一样，是贯穿于法律运作整个过程，规范行政诉讼活动主要过程和主要诉讼行为的准则，而不是仅仅规范行政诉讼活动某一个过程，某一项诉讼行为的具体规则。

我国现行《行政诉讼法》总则共 11 条，除第 1 条规定立法目的和立法根据，第 7 条和第 9 条规定行政诉讼重要制度（行政审判的合议、回避、公开审判和两审终审 4 项制度）、规则（行政诉讼中各民族公民享有使用本民族语言文字进行诉讼的规则）外，其他 8 条均可认为是行政诉讼的基本原则。② 本来我们本章仅分条逐项讨论这 8 项基本原则，但是考虑到《行政诉讼法》总则是一个整体，行政诉讼的立法目的和基本制度中同样体现行政诉讼的基本原则，而且，基本原则与重要制度、重要规则区分也只是相对而非绝对的，故本章将《行政诉讼法》总则中确立和体现的行政诉讼基本原则进行统一抽象、概括、论述和阐释。

---

① 笔者在《行政法与行政诉讼法》一书中，将法的规范依其对社会关系调整的确定性程度，分为规则、原则和基本原则三类。规则对社会关系的调整最为确定，规范最为具体；原则对社会关系的调整弹性相对较大，规范较抽象；基本原则对社会关系的调整弹性则更大，规范更抽象。从调整范围来说，规则调整的范围较窄，通常只涉及某种具体的事务；原则调整的范围较广，可适用于较广泛的事务；基本原则调整的范围最广，可适用于一定领域的整个社会关系。从规范的对象来说，规则直接调整和规范社会关系；规则本身受原则规范，原则又受基本原则规范；基本原则首先通过原则，再通过规则调整和规范社会关系［参见姜明安主编：《行政法与行政诉讼法》（第 7 版），北京大学出版社、高等教育出版社 2019 年版，第 67 页］。而本书研究的行政诉讼法规范，仅将规范分为具体规则和基本原则两类。因此，这里阐释的“行政诉讼基本原则”，有些仅仅只是一般原则，而非严格意义上的基本原则。因为立法者将之放在《行政诉讼法》总则中规定，故这里一并讨论和阐释。

② 就一般意义而言，法的基本原则是指指导和规范相应法律部门的立法、执法、法律争议处理以及指导、规范相应法律关系主体法律行为的基础性规范，它贯穿于相应法律部门的具体法律规范之中，同时又高于法的具体规范，是相应法律部门的灵魂，体现法的基本价值观念。法的基本原则通常首先以一种观念、一种法理思想存在于立法者和国民的法律意识中；然后由学者、法官加以概括、归纳，在其学术著作或法律文书中予以表述和阐释；再以后，立法者将之以成文法加以固定，体现为具体的法律条文。此种具有法的基本原则位阶的法律条文通常规定在法律的总则中，以统率和指导整部法各个章节的具体规则。参见姜明安主编：《行政法与行政诉讼法》（第 7 版），北京大学出版社、高等教育出版社 2019 年版，第 67~68 页。

## 第二节 行政诉讼基本原则的内容

我们将《行政诉讼法》总则确立和体现的我国行政诉讼基本原则抽象和概括为下述十项。

### 一、解纷、救济和监督功能整体发挥原则

《行政诉讼法》总则第 1 条既是规定行政诉讼的立法目的:保证人民法院公正、及时审理行政案件、解决行政争议;保护公民、法人和其他组织的合法权益;监督行政机关依法行使职权;也是确立行政诉讼的基本功能:解纷(解决行政争议)、救济(保护公民、法人和其他组织的合法权益)、监督(监督行政机关依法行使职权);同时也体现了行政诉讼的一项重要基本原则:解纷、救济和监督功能整体发挥原则。

行政诉讼的这一基本原则要求,在行政诉讼的整体运作中,特别是在行政审判中,应全面发挥行政诉讼的整体功能:既要注重解纷,尽量平息争议,做到案结事了;也要注重,或者说更要注重救济,使行政相对人被侵犯的权益获得补救、恢复;还要注重监督,纠正违法行政行为,促进依法行政。在这三项功能中,救济处于中心的地位,是最重要的。在绝大多数情况下,解纷、监督功能的发挥与救济目的的实现是一致的:争议平息了,行政违法行为纠正和追责了,相对人也就获得了相应的救济。但是,在某些情况下,解纷、监督功能的发挥与救济目的的实现也会发生冲突。例如,法院如果过分强调解纷,可能劝说相对人对违法行为“忍”为上,甚至劝其撤诉;法院如果过分强调监督和纠正行政违法,可能损害相对人或第三人的信赖保护利益,原告提起行政诉讼,不仅不能获得所欲获得的救济,可能还会因纠正行政机关的违法行为失去原已善意获得的利益。在这种情况下,法院必须以行政诉讼的救济功能去平衡行政诉讼的解纷、监督功能。当然,我们在强调行政诉讼的救济功能时,也不能忽视行政诉讼的解纷、监督功能。而应该在最大限度发挥行政诉讼救济功能的前提下,尽可能充分地去发挥行政诉讼的解纷、监督功能,尽可能使行政诉讼的三种功能得以兼顾。

## 二、保护行政相对人诉权原则

《行政诉讼法》总则第 2 条既是规定行政诉讼法的适用对象、范围，同时与《行政诉讼法》总则第 3 条一起，共同构成对行政相对人诉权保护的原则。这项原则包括四项内容：

其一，作为行政相对人（包括直接相对人和间接相对人）的公民、法人或者其他组织享有行政诉讼的诉权：其认为行政机关和行政机关工作人员以及法律、法规、规章授权的组织作出的行政行为侵犯其合法权益，有权依法提起行政诉讼。当然这里的“行政机关工作人员”不是行政主体，不能成为行政诉讼的被告。行政行为的主体和行政诉讼的被告只能是行政机关和法律、法规、规章授权的组织。“行政机关工作人员”只是行政行为的实施者。行政行为的实施者除了行政机关工作人员以外，还包括法律、法规、规章授权组织的工作人员，行政机关委托的组织，以及行政机关委托组织的工作人员。

其二，人民法院应当保障作为行政相对人的公民、法人或者其他组织的起诉权利。行政相对人的起诉权利是其诉权的要素之一，而且是最重要的要素。起诉权利得不到保障，整个诉权无从谈起。而人民法院保障行政相对人起诉权利的基本途径就是依法受理应当受理的行政案件。所谓“应当受理的行政案件”，就是行政相对人提起的符合《行政诉讼法》规定的起诉条件的案件。

其三，行政机关及其工作人员不得干预、阻碍人民法院受理行政案件。行政相对人的诉权需要人民法院保障，但人民法院能否保障不仅取决于人民法院本身，还取决于法院司法的环境。如果法院的司法环境不好，行政机关或其工作人员对法院司法横加干预，法院想保障也保障不了。因此，《行政诉讼法》进一步规定，行政机关及其工作人员不得干预、阻碍人民法院受理行政案件，以保障立案登记制改革目标的实现。

其四，在行政审判中，被诉行政机关负责人应当出庭应诉。不能出庭的，应当委托行政机关相应工作人员出庭。《行政诉讼法》的这一规定虽然主要具有监督意义，但与保护行政相对人诉权也有重要意义。因为行政机关负责人出庭，有利于其了解、认识其所在机关和所属工作人员行为是否存在违法侵权，以及违法侵权的严重性，从而主动纠正违法侵权行为或根据人民法院的裁判纠正违法侵权行为。行政机关的负责人不出庭，只是委托行政机关工作人员或律师出庭,有时就难于实现行政相对人的合法诉求,甚至人民法院的裁判有时都有可能难于有效执行。因此,《行政诉讼法》作出被诉行政机关负责人在行政审判中应当出庭应诉的规定也是对行政相对人诉权的保障措施之一。

关于行政机关负责人出庭应诉,2018 年发布的《最高人民法院关于适用〈中华人民共和国行政诉讼法〉的解释》①专门确立了以下规则:

(1)行政诉讼出庭应诉的行政机关负责人,可以是行政机关的正职或副职负责人,也可以是其他参与分管的负责人。行政机关负责人出庭应诉的,可以另行委托 1~2 名诉讼代理人。行政机关负责人不能出庭的,应当委托行政机关相应的工作人员出庭,不得仅委托律师出庭。

(2)涉及重大公共利益、社会高度关注或者可能引发群体性事件等案件以及人民法院书面建议行政机关负责人出庭的案件,被诉行政机关负责人应当出庭。

(3)被诉行政机关负责人出庭应诉的,应当在当事人及其诉讼代理人基本情况、案件由来部分予以列明。

(4)行政机关负责人有正当理由不能出庭应诉的,应当向人民法院提交情况说明,并加盖行政机关印章或者由该机关主要负责人签字认可。行政机关拒绝说明理由的,不发生阻止案件审理的效果,人民法院可以向监察机关、上一级行政机关提出司法建议。

(5)《行政诉讼法》第 3 条第 3 款规定的"行政机关相应的工作人员",包括该行政机关具有国家行政编制身份的工作人员以及其他依法履行公职的人员。被诉行政行为是地方人民政府作出的,地方人民政府法制工作机构的工作人员,以及被诉行政行为具体承办机关工作人员,可以视为被诉人民政府相应的工作人员。

(6)行政机关负责人出庭应诉的,应当向人民法院提交能够证明该行政机关负责人职务的材料。行政机关委托相应的工作人员出庭应诉的,应当向人民法院提交加盖行政机关印章的授权委托书,并载明工作人员的姓名、职务和代理权限。

---

① 本书对该司法解释,以下均简称《行政诉讼法司法解释》(2018 年)。

(7)行政机关负责人和行政机关相应的工作人员均不出庭,仅委托律师出庭的或者人民法院书面建议行政机关负责人出庭应诉,行政机关负责人不出庭应诉的,人民法院应当记录在案和在裁判文书中载明,并可以建议有关机关依法作出处理。①

## 三、人民法院独立行使审判权原则

《行政诉讼法》第 4 条规定:"人民法院依法对行政案件独立行使审判权,不受行政机关、社会团体和个人的干涉。"

人民法院独立行使审判权不仅是行政诉讼的基本原则,也是民事诉讼、刑事诉讼的基本原则。但是独立审判原则在行政诉讼中有着特别重要的意义,这是因为在行政诉讼中,作为当事人一方的被告是国家行政机关。国家行政机关与人民法院一样,同是国家机关,且中国在传统上是行政权优于司法权,行政机关在事实上拥有许多可能影响人民法院行使审判权的手段。而行政诉讼所要解决的是行政机关与行政相对人之间的争议,是要裁决行政行为的合法性和决定是否撤销或变更行政机关所实施的行政行为。对此,人民法院如果不能独立地进行审判,行政机关可以干预人民法院行使行政审判权,行政诉讼就会变得毫无意义,在某种意义上甚至可能变成一场骗局。

人民法院独立行使审判权不仅指人民法院在行政诉讼中不受行政机关干预,同时也指不受社会团体和个人的干预,但主要是指不受行政机关的干预。人民法院独立行使审判权要接受党的领导,人民法院进行审判活动要接受权力机关和检察机关的监督。但是无论是党的领导,还是权力机关的监督,都不能直接干预法院对具体案件的处理,特别是党委、人民代表大会或人大常委会中的任何个人,更不能直接干预法院办案,否则即是对人民法院独立审判原则的违背和破坏。② 党对审判工作的领导主要是政策和组织的领导,权力机关

① 参见《行政诉讼法司法解释》(2018 年)第 128~132 条。

② 中共中央早在 20 世纪 80 年代就曾发文,要求各级党委不得干预人民法院对具体案件的审判。但是,在实践中,个别地方党委和党的政法委员会至今还有通过"指示""协调"等形式和途径干预法院具体案件审判的,有时甚至因为这种干预导致冤假错案。因此,在中国共产党法定为我国执政党的我国政治体制下,各级党委和党的政法委必须自律,严格遵守不干预人民法院独立审判的基本原则,以保障司法权威和司法公正。

对司法的监督主要是对司法机关依法司法、公正司法的宏观监督,党和权力机关均不能对法院审判具体案件进行直接干预。至于检察机关的监督,则只能根据《中华人民共和国人民检察院组织法》(以下简称《人民检察院组织法》)和《行政诉讼法》规定的特定程序进行。

应该指出,人民法院在行政诉讼中独立行使审判权如同在民事诉讼、刑事诉讼中独立行使审判权一样,这种独立审判的权力属于人民法院,而不是属于审判员个人或者合议庭。审判员和合议庭是代表人民法院,以人民法院的名义进行审判,法院审判委员会就重大、疑难、复杂的案件作出的有关决定,合议庭和法官必须执行。当然,为了保证"让审理者裁判,裁判者负责"的司法原则最大限度地实现,现行审判委员会必须改革,必须尽量少干预个案。另外,人民法院独立行使审判权必须"依法",即按照有关诉讼法和实体法的规定独立审理案件,而不能脱离法律的规定"独立"进行任何审判活动。

### 四、以事实为根据,以法律为准绳原则

《行政诉讼法》第 5 条规定:"人民法院审理行政案件,以事实为根据,以法律为准绳。"这项基本原则虽然也是其他诉讼的基本原则,但它作为行政诉讼的基本原则,有着它特殊的意义和特殊的重要性。因为人民法院审理行政案件,主要是对行政行为的合法性进行审查。合法性审查似乎只是审查法律适用是否正确,但确定法律适用的正确性只能以事实为根据。不首先查明和弄清行政行为据以作出的事实,就无从确定行政行为是否合法。人民法院审理行政案件,以事实为根据的"事实"是指经过法庭审理和认定的,有确凿证据证明的事实。这种"事实"既是客观的,因为它是通过确凿证据证明的事实;同时它又非完全现实中的"客观",而只是法律上的"客观",因为任何"确凿证据"都不可能完全重现已经成为"过去时"的事实,更不要说任何"确凿证据"的"确凿"度并非是完全相同的,不同的案件对证据的"确凿"度有不同的要求。[①] 人民法院对于作为被告的行政机关在实施具体行政行为中经过调

---

① 不同的诉讼、不同的案件对证据的"确凿"度有不同的要求,这是降低司法成本、提高司法效率的需要,是保障司法公正和效率平衡的需要。如果任何案件都要求有百分之百的"确凿"度证据支持,不要说事实上不可能,就是可能,也要以大量牺牲效率为代价。因此,民事诉讼的某些案件,有时仅要求以"优势证据"证明相应事实即可;行政诉讼案件,仅要求有"主要证据"支持即可。

查、收集、勘验，鉴定等方式而认定的事实，一般不能直接以之为“根据”，而必须将这些事实及其证据提交法庭，经过法庭辩论和审查，然后由法庭加以认定后才能作为审理的“根据”。当然，这不意味着法院审理行政案件时，要将行政机关认定的事实及其证据全部推翻而重新加以调查、收集、勘验和鉴定。对于行政机关认定的事实及其证据，法院应尽可能予以尊重。法庭审查时，只要确认行政机关在收集证据和认定事实的过程中没有违法和滥用权力的情形，对行政机关认定的事实及其证据就应予以采用，而不应耗时费力地去重新调查、勘验或鉴定。

人民法院审理行政案件以法律为准绳的“法律”，是指全国人民代表大会或全国人民代表大会常务委员会制定的法律。人民法院审理行政案件，不仅依据法律，而且依据行政法规、地方性法规、自治条例和单行条例，参照国务院部委的规章和地方人民政府的规章。但是行政法规、地方性法规、部委规章、地方政府规章等，如果同法律相抵触怎么办呢？人民法院依什么来裁决行政争议呢？因此必须确定以法律为准绳。法律是全国人民代表大会和全国人民代表大会常务委员会制定的，反映、体现全体人民意志和利益的人们的行为准则。行政法规、地方性法规和行政规章都必须符合法律。法规、规章如果与法律相抵触，人民法院只能依据法律、适用法律，否则就会导致法制的混乱。对此，《中华人民共和国立法法》（以下简称《立法法》）明确规定了法律适用的下述规则：（1）法律的效力高于行政法规、地方性法规、规章；（2）行政法规的效力高于地方性法规、规章；（3）地方性法规的效力高于本级和下级地方政府规章；（4）省、自治区的人民政府制定的规章的效力高于本行政区域内的设区的市、自治州的人民政府制定的规章；（5）自治条例和单行条例依法对法律、行政法规、地方性法规作变通规定的，在本自治地方适用自治条例和单行条例的规定；（6）经济特区法规根据授权对法律、行政法规、地方性法规作变通规定的，在本经济特区适用经济特区法规的规定；（7）部门规章相互间、部门规章与地方政府规章相互间具有同等效力，在各自的权限范围内实施。[①]

当然，在行政诉讼乃至在其他任何诉讼中，“以法律为准绳”的原则都不是绝对的。有两种情形，法院审判案件不可能绝对以法律为准绳：一是法律违

---

① 参见《立法法》第88~91条。

宪,人民法院应将其认为违宪的法律报请宪法监督机关审查;[1]二是法律严重不合理,如果直接适用,将造成国家、社会公益或公民、法人、其他组织合法权益的重大损害,人民法院应通过司法解释,选择适用其他较为适当的法律,或暂缓适用,建议立法机关废止或修改相应法律。但是,无论哪种情形,根据我国的体制,人民法院都无权自己直接认定某一法律违宪,撤销某一法律或确认某一法律无效。对于行政法规、规章和其他规范性文件,我国法院目前也无司法审查权,不能直接认定某一行政法规、规章或其他规范性文件违法并撤销它们,而只有选择适用权,即选择适用合宪、合法的法律、法规、规章和其他规范性文件,而不适用违宪、违法的法律、法规、规章和其他规范性文件。但对于违法的规范性文件,人民法院在认定其违法后应向该规范性文件制定机关提出处理建议。[2]

## 五、行政行为合法性审查原则

《行政诉讼法》第 6 条规定:"人民法院审理行政案件,对行政行为是否合法进行审查。"行政诉讼这一基本原则包括两项内容:其一,人民法院在行政诉讼中只审查行政行为,而不审查行政法规、规章这些作为行政行为依据的法源,更不能审查法律;其二,人民法院在行政诉讼中只审查行政行为的合法性,而不审查行政行为的合理性。

《行政诉讼法》(1989 年)对这一原则的规定是:"人民法院审理行政案件,对具体行政行为是否合法进行审查。"[3]行政行为包括具体行政行为和抽象行政行为。现行《行政诉讼法》将"具体行政行为"改为"行政行为",是不是意味着,现在人民法院审理行政案件,对所有行政行为的合法性进行审查呢?当然不是,因为现行《行政诉讼法》虽然在第 6 条规定人民法院审理行政案件,对行政行为是否合法进行审查,但现行《行政诉讼法》紧接着在第 13 条排除了人民法院对行政相对人不服行政法规、规章和行政机关发布的具有普

---

① 《立法法》第 87 条规定,"宪法具有最高的法律效力,一切法律、行政法规、地方性法规、自治条例和单行条例、规章都不得同宪法相抵触"。《立法法》第 99~101 条规定了行政法规、地方性法规、自治条例和单行条例违宪审查的机构和程序。

② 参见《行政诉讼法》第 64 条。

③ 参见《行政诉讼法》(1989 年)第 5 条。

遍约束力的决定、命令,即抽象行政行为类案件的受理。抽象行政行为进不了行政诉讼受案范围,自然就谈不上人民法院对其合法性的审查。根据《立法法》的规定,行政法规、规章属于“法”的范畴,至于作为抽象行政行为的规范性文件,现行《行政诉讼法》对其审查以另外一种方式开了一个小口子,即行政相对人在提起具体行政行为的诉讼时可对作为抽象行政行为的规范性文件提起附带诉讼,人民法院对作为抽象行政行为的规范性文件进行附带审查。现行《行政诉讼法》规定,公民、法人或者其他组织认为行政行为所依据的国务院部门和地方人民政府及其部门的规范性文件不合法,在对行政行为提起诉讼时,可以一并请求对该规范性文件进行审查。人民法院在审理行政案件中,经审查认为相应规范性文件不合法,不作为认定行政行为合法的根据,并向制定机关提出处理建议。①

尽管现行《行政诉讼法》对抽象行政行为的审查开了一个口子,但这个口子很小。现在人民法院审理行政案件,主要或基本上仍是对具体行政行为合法性的审查。人民法院在行政诉讼中为什么主要或基本上只审查具体行政行为而不审查抽象行政行为,其理由主要有三:(1)根据我国现行宪法和组织法确定的体制,对抽象行政行为的审查监督权主要属于国家权力机关和行政机关系统本身,人民法院对绝大多数抽象行政行为不具有审查监督权;(2)抽象行政行为大多涉及政策问题,而政策问题不宜由法院判断、裁决;(3)抽象行政行为涉及不特定的多数人,有时甚至涉及一个或几个地区的所有人乃至全体国民,其争议通过诉讼途径解决有其困难和不方便之处。

人民法院在行政诉讼中对行政行为进行审查是指对行政行为的合法性作出有法律效力的评价、确认,从而决定是否确认相应行政行为违法或撤销相应行政行为,使该行政行为继续或停止存在,继续或停止对社会、对相对人发生拘束力。此种“审查”不是指对被诉行政行为作一般的评价、判断。如果“审查”是指一般的评价、判断,那么它就不仅及于具体行政行为,而且必然也及于抽象行政行为。因为具体行政行为通常是依据抽象行政行为进行的,法院要审查具体行政行为的合法性就不可避免地要审查抽象行政行为的合法性。但是,这种对抽象行政行为的“审查”不是作出有法律效力的评价、确认,不能

① 参见《行政诉讼法》第53条和第64条。

决定行政法规、规章一类抽象行政行为的命运:法院即使认定相应抽象行政行为违法,也不能撤销相应抽象行政行为或宣布其无效,使该行为停止存在,停止对社会、对相对人发生拘束力。法院经过此种"审查",如认为相应抽象行政行为违法,只能在具体案件审理中不适用它们,或者提请有权机关对之进行有法律效力的审查和作出有法律效力的评价、确认与相应处理。

《行政诉讼法》的这一原则还规定人民法院在行政诉讼中只审查行政行为的合法性。这意味着人民法院一般不审查被诉行政行为的合理性、适当性。这是为什么呢:确立这一原则的主要理由有二:(1)根据我国现行宪法,人民法院依法行使审判权,行政机关依法行使行政权。裁定行政行为是否合法的争议属于审判权的范围;确定行政行为在法律范围内如何进行更为适当、更为合理,是行政权的范围。行政机关不能代替人民法院对行政行为的合法性作出终局评价,侵越司法权;人民法院也不能代替行政机关对应如何实施行政行为方为适当作出评价,侵越行政权。(2)人民法院长期进行审判活动,与法律打交道,对适用法律最有经验,对法律问题最能作出正确评价。而行政机关长期进行行政活动,对行政管理最为熟悉和最具有行政管理专门知识,对在法律范围内如何实施行政行为更为适当、更为合理、更为有效、更有经验。因此,合法性问题应交由人民法院解决,适当性问题应留给行政机关解决。如果不是这样,由行政机关解决合法性问题,就会导致行政专横、法治被践踏;而由人民法院解决适当性问题,就会导致管理瘫痪,行政无效率。

人民法院在行政诉讼中审查行政行为的合法性包括审查行政行为的主体是否合法,即行为主体有无行政主体资格,有无法定权限;行为对象是否合法,即行为是否针对的是法定相对人;内容是否合法,即行为是否适用法律、法规正确,是否有确凿证据支持;程序是否合法,即行为是否符合法定形式、步骤和方式以及行为目的、手段是否合法,而不仅仅是审查行政行为的内容是否符合法律、法规的某一条款的规定。行政行为目的违法可能构成"滥用职权"或"明显不当","滥用职权"或"明显不当"往往不是因为行政行为违反法律、法规的某一明确的具体规定,而是违反法律的目的、精神、原则。[①] 在这里,合法

---

① 关于"滥用职权"和"明显不当"的含义和二者的区别,可参见本书第十一章"行政诉讼的判决、裁定和决定"。

性、合理性问题交织在一起。不合法的行为通常都是不合理的，不合理达到一定程度亦可构成不合法。但是一般的不合理、不适当不构成不合法。对于一般的不合理、不适当的问题，人民法院不予干预（但法院可通过"司法建议"的形式建议行政机关自行纠正），而只有当这种不合理、不适当达到"滥用权力""明显不当"，即构成违法的情况下，人民法院才应加以干预。

### 六、行政案件公开审判原则

《行政诉讼法》第 7 条规定："人民法院审理行政案件，依法实行合议、回避、公开审判和两审终审制度。"在这条规定中，公开审判可以认为是行政诉讼的基本原则。合议、回避、两审终审只是行政诉讼的基本制度或一般制度。①

合议在现行行政诉讼中之所以不再是基本原则，因为现行《行政诉讼法》规定了行政诉讼的简易程序：人民法院审理部分第一审行政案件，认为事实清楚、权利义务关系明确、争议不大的，可以适用简易程序。适用简易程序审理的行政案件，由审判员一人独任审判。② 目前法律规定适用简易程序的行政案件包括：（1）被诉行政行为是依法当场作出的；（2）案件涉及款额 2000 元以下的；（3）属于政府信息公开案件的；（4）当事人各方都同意适用简易程序的。为了提高行政审判效率，今后人民法院，特别是基层人民法院还会进一步扩大适用简易程序，由法官独任审判的案件的范围。现行《行政诉讼法》之所以在总则条款中规定合议制度，即人民法院在审理行政案件的一审普通程序中，由审判员组成合议庭，或者由审判员、陪审员组成合议庭进行审判。③ 因为行政案件涉及对于国家行政机关行为合法性的评价、裁判，故必须特别慎重。合议庭由三人以上的单数组成，评议案件实行少数服从多数的原则。评议中的不同意见可以保留，并如实记入笔录。在行政诉讼中实行合议原则，对于案件的正确处理显然具有较重要的意义。当然，人民法院审理行政案件要求特别慎重是必要的，但慎重并非要求"一律实行合议制"对于事实清楚、权利义务关

---

① 在诉讼法教科书中，学者们一般将"合议、回避、公开审判和两审终审"称为诉讼的"基本制度"，这种定位基本是正确的。本书将"公开审判"归入"基本原则"，是从诉讼法立法和执法中体现的指导思想和法治精神而言说的，这种"指导思想和法治精神"可概括为"公开、公平、公正"。

② 参见《行政诉讼法》第 82～83 条。

③ 参见《行政诉讼法》第 68 条。

系明确、争议不大的简单的行政案件,实行合议制反而不符合公正与效率统一的原则。[①]

行政诉讼实行回避制度与民事诉讼、刑事诉讼一样,是基于保障当事人诉讼权利,保证案件公正处理的需要。但是在行政诉讼中确定这一基本制度更具有重要性。因为行政诉讼是"民告官"的诉讼,作为原告的行政相对人在行政实体法律关系中处于被管理者的地位,其提起诉讼,即使有理,有时也会信心不足。如果审判人员再与被告有某种可能影响公正审判的关系,更会顾虑重重,对取得公正的诉讼结果完全失去信心。至于被告,赋予其申请回避的权力,有利于保障国家和社会公益,因为审判人员如果与原告有某种利害关系,也有可能以牺牲国家和社会公益为代价来满足原告不合理的诉讼要求,赋予被告以申请回避权,就可以防止和避免此种情况。此外,行政诉讼实行回避制度对于保护与案件有利害关系的第三人的利益也是有意义的。

两审终审制与合议、回避制度一样,同样不应是行政诉讼的基本原则,而只是行政诉讼的一项制度。人民法院审理行政案件实行两审终审制,即当事人对人民法院作出的第一审判决、裁定不服,尚可以在法定期限内向上一级人民法院提起上诉,上一级人民法院必须对案件再次进行审理和作出终审判决。有人对《行政诉讼法》确定这一制度曾经提出异议,认为行政诉讼涉及行政机关行使行政管理职能,要求程序简捷迅速,以保障行政效率,且行政案件在进入人民法院前,大多已经过一道行政复议程序,故行政诉讼不应规定为二审终审,应以一审终审为适当。后来大多数立法者否定了这一意见,认为为了保障行政案件的办案质量,更切实地保障当事人,特别是行政相对人的合法权益,还是应确立两审终审原则。在现行《行政诉讼法(草案)》讨论过程中,有人提出对于某些重大、疑难行政案件,应实行三审终审制,以解决实践中当事人反复申诉,法院再审启动不规范导致的不公正问题。但立法者最后没有采纳这一意见,仍然确立了两审终审制度。

与合议、回避、两审终审制度不同,公开审判应确立为行政诉讼的基本原则。《行政诉讼法》规定,人民法院审理行政案件,除涉及国家秘密、个人隐私

---

① 《行政诉讼法》(1989年)"一律依法实行合议制"的规定已被现行《行政诉讼法》修改。

和法律另有规定者外，一律公开进行。[①] 行政案件公开审理，对于保障公正、防止行政干预和司法腐败，保护行政相对人的合法权益有着特别重要的意义。因为行政案件的一方当事人是行政机关，而行政机关和人民法院同为国家机关。行政案件如果不公开审理，法院往往难以抵制行政机关或其他方面施加的影响或压力，使案件难以得到公正的处理。而案件一旦公开审理，案情及案件的是非曲直即为社会所了解。这样，行政机关或其他方面就难以对法院施加影响，法院也能借助舆论的力量来抵制行政机关或其他方面的不适当的影响。而且即使法院有意偏袒行政机关，它也难以这样做；否则，行政机关和法院都要冒受舆论谴责以至受权力机关、检察机关通过法律监督程序追究其相应责任的风险。此外，由于种种原因，我国自20世纪后期起，一些地方法院开始滋长起司法腐败和司法地方保护主义的现象，对于这种现象，必须从制度上加以综合治理，而综合治理的最重要的措施之一即是进一步加强和推进公开审判原则的切实、有效实施。[②]

《行政诉讼法》（1989年）起草时曾有人提出，根据行政诉讼的特点，其对效率有特别的要求，人民法院对行政案件的审理应实行书面审理。这种意见是不适当的。他们只看到了行政案件涉及行政管理，因而要求审理程序简捷迅速，以利于提高行政效率的一面，而忽视了行政案件的当事人是行政机关和行政相对人，行政机关在行政实体关系中享有种种行政权力和管理手段，相对人却处于相对被动的地位，因而要求诉讼程序上要特别注重保障相对人权益的一面。立法者正是从上述两个方面以及防止司法腐败和司法地方保护主义、保障审判公正的考虑，将公开审判原则确定为行政诉讼的基本原则。

## 七、当事人法律地位平等原则

《行政诉讼法》第8条规定："当事人在行政诉讼中的法律地位平等。"当事人法律地位平等意味着双方当事人在诉讼中有平等的诉讼权利和义务。原被告平等地在法庭上争论是非曲直，平等地接受法庭审理，服从法院判决，执

---

① 参见《行政诉讼法》第54条。

② 关于公开原则在行政法中的意义、地位和作用，可参见姜明安主编：《行政法与行政诉讼法》，北京大学出版社、高等教育出版社2019年版，第79~81页。

行法院的判决。当事人双方谁也不能要求对方服从自己的单方意志,在法庭上谁都要服从法庭的指挥,谁也不能高居于法庭之上或对法庭施加压力和不适当的影响。当事人违反法庭秩序、妨碍诉讼活动进行,无论是行政机关还是行政相对人,同样都要受到法庭制裁。

当事人在行政诉讼中的平等地位是相对于在行政实体法律关系中的不平等地位而言的。在行政实体法律关系中,行政机关代表国家行使行政权力,可以对行政相对人发布行政命令,采取行政措施,实施行政强制,行政相对人具有服从行政管理的义务,双方当事人的地位是不平等的。而在行政诉讼法律关系中,行政相对人则是认为自己的合法权益在实体法律关系中受到行政机关违法行为的侵害,诉诸法院解决其与行政机关争议的一方当事人,其自然要求在法庭上能平等地与行政机关辩论、对质,以求法庭能公正地予以评判、裁决。如果诉讼过程中作为原告的行政相对人与作为被告的行政机关地位仍不能平等,行政相对人就会对案件能否获得真正的公正结果产生疑问,对行政诉讼失去信心,行政诉讼制度就不可能发挥它应有的功能和作用。

当然,这里的"平等"只是指诉讼地位的平等,而不是指诉讼权利、义务的完全对应和完全相同。在行政诉讼中,双方当事人的权利、义务并不完全对应和相同。例如,起诉权只有作为原告的行政相对人享有,行政机关不享有行政诉讼的起诉权,而且作为被告的行政机关也不享有民事诉讼中被告所享有的反诉权。又如,作为被告的行政机关对于所实施的具体行政行为负有举证责任,而作为原告的行政相对人却不负有与被告同样的举证责任。再如,双方当事人如不自觉执行法院的行政判决,裁定,人民法院对之采取的强制措施也很不一样,等等。行政诉讼中当事人的诉讼权利义务的这种不对应是由行政诉讼法律关系的特殊性所决定的。这种不对应的存在正是当事人诉讼法律地位平等的保障。

### 八、各民族公民使用本民族语言文字进行诉讼的原则

《行政诉讼法》第9条规定:"各民族公民都有用本民族语言、文字进行行政诉讼的权利";"在少数民族聚居或者多民族共同居住的地区,人民法院应当用当地民族通用的语言、文字进行审理和发布法律文书";"人民法院应当对不通晓当地民族通用的语言、文字的诉讼参与人提供翻译"。《行政诉讼

法》确立这一基本原则的意义主要有三:其一,贯彻宪法的民族平等原则,保护各民族公民,特别是少数民族公民在行政诉讼中的平等诉讼权利,进而保护他们的相应实体权利。其二,保证行政诉讼的顺利进行和行政诉讼目的的实现。法律允许各民族公民使用本民族语言、文字进行诉讼有利于当事人陈述案情,提供证据和进行辩论,从而有利于法院全面了解案情,对案件作出正确的判决。其三,为行政诉讼其他基本原则的实现提供保障。没有这一原则,行政诉讼公开审判的原则、当事人法律地位平等的原则、辩论原则等就难以实现。

### 九、辩论原则

《行政诉讼法》第 10 条规定:“当事人在行政诉讼中有权进行辩论。”根据这一原则,在行政诉讼中,当事人有权就案涉相关事实的有无,证据的真伪,案情的是非曲直,适用法律、法规的适当与否等展开相互辩论。当事人进行辩论是人民法院查明事实真相、准确裁决行政争议的基础;是当事人充分陈述自己的意见,说明自己的观点、理由、根据,驳斥对方的意见、观点,证明对方理由的虚假、不准确成分,以使案件真相得以显示和使法院能依据准确的事实作出正确的判决,从而维护各自合法权益的保障。确立当事人的辩论权对于行政相对人一方尤其重要。因为行政相对人是由于自己认为其合法权益在行政管理过程中受到行政机关侵犯而提起行政诉讼的,其起诉的目的即在于请求人民法院撤销或变更行政机关所做出的行政行为,或者确认行政机关所做出的行政行为违法或无效。为此,他(她)必须要求行政机关当面说明其作出相应行为的理由、根据,并与之对质,反驳行政机关为其行为提出的不适当的根据、理由。否则,违法、不当行政行为的根据、理由即难以推翻,相应行政行为就难以被撤销、改变或确认违法、无效,行政相对人被侵犯(如果确实被侵犯的话)的权益就难以得到救济。当然,辩论权对于行政机关来说也是重要的。行政机关同样需要为自己合法、适当的行政行为辩护,维护其行政权的合法行使。

### 十、检察监督原则

《行政诉讼法》第 11 条规定:“人民检察院有权对行政诉讼实行法律监督。”行政诉讼的这一基本原则是根据《宪法》和《人民检察院组织法》《人民法院组织法》的相关规定确立的。[①] 为贯彻《行政诉讼法》的这一基本原则,《行政诉讼法》在其具体条文中又规定:“最高人民检察院对各级人民法院已经发生法律效力的判决、裁定,上级人民检察院对下级人民法院已经发生法律效力的判决、裁定,发现有本法第九十一条规定情形之一,或者发现调解书损害国家利益、社会公共利益的,应当提出抗诉。”“地方各级人民检察院对同级人民法院已经发生法律效力的判决、裁定,发现有本法第九十一条规定情形之一,或者发现调解书损害国家利益、社会公共利益的,可以向同级人民法院提出检察建议,并报上级人民检察院备案;也可以提请上级人民检察院向同级人民法院提出抗诉。”“各级人民检察院对审判监督程序以外的其他审判程序中审判人员的违法行为,有权向同级人民法院提出检察建议”。[②]

《行政诉讼法》将检察机关对行政诉讼实行法律监督确定为一项基本原则有着重要的意义:一方面它为人民法院合法行使审判权提供了一种制约和监督,从而为行政案件的正确处理、判决提供了进一步的保障;另一方面它为纠正可能出现的冤假错案提供了一种途径,从而为保障行政相对人的合法权益以及国家和社会公益提供了更完善的机制。

检察机关对行政诉讼实行法律监督,可以有多种形式,如提起诉讼,支持起诉,出庭监督,依上诉程序提起抗诉,依审判监督程序提起抗诉等。但《行政诉讼法》(1989年)只规定了依审判监督程序提起抗诉的形式。这是因为当时我国行政诉讼制度刚建立,检察机关对行政诉讼的监督尚无经验,各种监督形式只能逐步出台,检察监督制度只能随着行政诉讼制度的完善而逐步完善。在原《行政诉讼法》修改前,很多学者已经提出了加强和完善检察监督的建议。[③]

---

① 《宪法》第134条规定,人民检察院是国家的法律监督机关;《人民检察院组织法》第20条规定,人民检察院对整个诉讼活动,对法院的判决、裁定等生效法律文书的执行工作等实行法律监督;《人民法院组织法》第38条规定,人民法院审判委员会举行会议时,同级人民检察院检察长或者检察长委托的副检察长可以列席。

② 参见现行《行政诉讼法》第93条。

③ 在有关学者草拟的《行政诉讼法》修改建议稿中,已将检察机关提起行政公益诉讼予以规定和加以条文化:“人民检察院认为行政行为侵害国家利益或社会公共利益的,可以向作出行政行为的行政机关提出要求予以纠正的法律意见或建议,行政机关应当在一个月内予以纠正或予以书面答复。逾期未按要求纠正、不纠正或不予答复的,人民检察院可以提起公益行政诉讼”;“自然人、法人或其他组织认为行政行为侵害国家利益或社会公共利益的,可以申请人民检察院提起公益行政诉讼。人民检察院在两个月内不提起诉讼的,自然人、法人或其他组织可以以自己的名义提起公益行政诉讼”。参见马怀德主编:《司法改革与行政诉讼制度的完善》,中国政法大学出版社2004年版,第513页。

2014 年修订的《行政诉讼法》增加了地方各级人民检察院对同级人民法院已经发生法律效力的违法、不当判决、裁定，可以向同级人民法院提出检察建议的监督形式，应该说是相对《行政诉讼法》(1989 年)的一个大的进步。

2018 年经第十三届全国人大第一次会议修订的现行宪法和同年第十三届全国人大第六次会议修订的《人民检察院组织法》，以及经 2017 年第十二届全国人大第二十八次会议修订的《行政诉讼法》明确规定了新时代检察机关的国家法律监督机关性质、检察机关对行政诉讼实行监督的职权、方式以及行政诉讼检察监督的范围。

《宪法》第 134 条规定，中华人民共和国人民检察院是国家的法律监督机关。所谓"法律监督"，是指监督主体依法律实施的，对监督对象行使职权、职责的活动、行为所涉法律层面问题的监督。法律监督既区别于监督主体依层级隶属关系对监督对象实施的工作监督(如上级行政机关对下级行政机关的监督、各级人民政府对所属工作部门的监督)；也区别于监督主体依政治体制机制对监督对象实施的政治、政策监督(如人大对一府一委两院的监督)。行政诉讼活动属于法律性质的活动，行政诉讼主体(人民法院、被告、原告)实施的诉讼行为属于法律行为。人民检察院对行政诉讼活动，包括对行政诉讼主体实施的各种诉讼行为(起诉、受理、审理、裁判、执行)进行的监督均属于法律监督，其行使与之相应的职权、职责和采取相应的措施是宪法确定其作为国家法律监督机关的性质所决定的。

《人民检察院组织法》第 20 条规定了检察机关的 7 项具体职权和 1 项概括性职权("法律规定的其他职权")，其中第 5 项"对诉讼活动实行法律监督"和第 6 项"对判决、裁定等生效法律文书的执行工作实行法律监督"都同行政诉讼检察监督有关。"对诉讼活动实行法律监督"当然包括对行政诉讼活动的法律监督；"对判决、裁定等生效法律文书的执行工作实行法律监督"当然包括对行政判决、裁定等生效法律文书执行的监督。判决、裁定等生效法律文书的执行是诉讼活动的必然延伸，行政诉讼监察监督自然应包括对行政判决、裁定等生效法律文书执行的监督。

《行政诉讼法》第 11、91、93 条则更具体、更明确规定了行政诉讼检察监督的基本原则、行政诉讼检察监督的条件、范围和行政诉讼检察监督的方式。

根据《宪法》、《人民检察院组织法》和《行政诉讼法》的规定，行政诉讼检

察监督的范围可以概括为以下五项:

(一)对行政诉讼起诉、受理的监督

起诉、受理是行政诉讼活动的第一个环节。检察机关对行政诉讼活动的法律监督是全过程、全方位的。因此,行政诉讼检察监督的第一项监督即是对行政诉讼起诉、受理环节的监督。根据《行政诉讼法》第 91 条和第 93 条的规定,公民、法人或者其他组织向人民法院提起诉讼,人民法院作出确有错误的不予立案或者驳回起诉的终局裁定,不管这种裁定是人民法院因受被告或其他行政机关、社会组织或个人(特别是领导干部)干预作出的,还是人民法院错误适用法律或法官对法律错误理解作出的,人民检察院都可以向人民法院提出抗诉或者检察建议,以纠正此种错误裁定,保护公民、法人和其他组织的行政诉权。

(二)对行政审判活动的监督

行政审判是行政诉讼活动中最重要的环节。这个环节如果出现行政机关、社会团体或个人违法干预或人民法院违反法定诉讼程序等情形,诉讼结果显然就难以保障公正。因此,检察机关对行政审判的监督是整个行政诉讼检察监督的最重要环节。《人民检察院组织法》第 47 条第 2 款要求,对于领导干部等干预司法活动、插手具体案件处理,或者人民检察院内部人员过问案件情况的,办案人员应当全面如实记录并报告;有违法违纪情形的,由有关机关根据情节轻重追究行为人的责任。这一条款适用于所有审判活动,但特别适用行政审判活动。另外,根据《行政诉讼法》第 91 条第 1 款第 5 项的规定,检察机关要对行政审判的诉讼程序进行监督,对人民法院违反法律规定的诉讼程序作出的可能影响公正的终局裁判,人民检察院可以向人民法院提出抗诉或者检察建议,以启动再审,纠正裁判中可能的错误。

(三)对生效行政判决、裁定和调解书的监督

人民检察院对人民法院生效行政判决、裁定和调解书的监督是行政诉讼检察监督中最常见,最具法律效力的监督类型。根据《行政诉讼法》第 93 条的规定,最高人民检察院对各级人民法院已经发生法律效力的判决、裁定,上级人民检察院对下级人民法院已经发生法律效力的判决、裁定,发现有《行政诉讼法》第 91 条规定情形之一(如主要证据不足、未经质证或者系伪造;适用法律、法规确有错误;遗漏诉讼请求;有新的证据,足以推翻原判决、裁定

等),或者发现调解书损害国家利益、社会公共利益的,应当提出抗诉。地方各级人民检察院对同级人民法院已经发生法律效力的判决、裁定,发现有《行政诉讼法》第91条规定情形之一,或者发现调解书损害国家利益、社会公共利益的,可以向同级人民法院提出检察建议,并报上级人民检察院备案;也可以提请上级人民检察院向同级人民法院提出抗诉。

(四)对行政判决、裁定等生效法律文书的执行的监督

《人民检察院组织法》第20条规定的检察机关的职权之一即是对判决、裁定等生效法律文书的执行工作实行法律监督。《行政诉讼法》及其司法解释虽然没有专门规定对行政判决、裁定等生效法律文书执行的检察监督,但是根据行政法理论及实践,最高人民法院和最高人民检察院《关于民事执行活动法律监督若干问题的规定》应可以适用行政判决、裁定等生效法律文书执行的检察监督。根据该规定,具有下列情形之一的执行案件,人民检察院应当依职权进行监督:(1)损害国家利益或者社会公共利益的;(2)执行人员在执行时有贪污受贿、徇私舞弊、枉法执行等违法行为、司法机关已经立案的;(3)造成重大社会影响的;(4)需要跟进监督的。此外人民检察院认为人民法院在执行活动中可能存在怠于履行职责情形的,亦属于检察监督的范围。人民检察院对行政判决、裁定等生效法律文书执行的监督主要采取检察建议的形式。

(五)对行政审判人员在审判程序中的违法行为的监督

对行政审判人员在审判程序中违法行为的监督也属于广义的行政诉讼检察监督的范畴。《行政诉讼法》第93条第3款规定,各级人民检察院对审判监督程序以外的其他审判程序中审判人员的违法行为,有权向同级人民法院提出检察建议。另外,根据《行政诉讼法》第91条第8项和第93条第1、2款的规定,检察机关发现行政审判人员在案件审理时有贪污受贿、徇私舞弊、枉法裁判的情形,应对相应终局裁判提出抗诉,启动法院再审。并且,依据《监察法》第34条,检察机关对在监督中发现行政审判人员涉嫌贪污贿赂、失职渎职等职务违法或者职务犯罪的问题线索,应移送监察机关,由监察机关依法调查处置。

## 第三节　行政诉讼基本原则的宗旨

行政诉讼基本原则的宗旨是指立法将行政诉讼法的某些重要规范确定为基本原则的主要目的。《行政诉讼法》将上述各项规范确定为行政诉讼的基本原则,其主要目的在于保障行政诉讼的公正、准确、平等、效率。因此,公正、准确、平等、效率四项目标即构成行政诉讼基本原则的宗旨。

### 一、公正

法院与法官应该是公正的象征。人们发生争议,产生纠纷,诉诸法院,即在于相信法院、法官能公正地解决他们之间的争议,公正地处理他们之间的纠纷。人们如果对法院、法官的公正失去信心,一切司法和诉讼活动即失去了基础。行政诉讼由于是以国家行政机关为一方当事人的诉讼,法院和法官的公正对于作为另一方当事人的公民、法人和其他组织来说就显得更为重要。在中国,许多国民由于受旧的传统观念的影响,本来就怕“官”,很少有人敢告“官”。不是到了非告不可的地步,大部分的“民”是能忍则忍,而不愿去告“官”的。如果法院、法官再不公正,偏向于“官”,“民”就更不敢上法院去告“官”了。

正是基于上述考虑,《行政诉讼法》确定了各项以保障公正为主要目的的基本原则,如人民法院独立行使审判权原则、公开审判原则、保护行政相对人诉权原则、辩论原则、检察监督原则等。人民法院独立审判有利于排除行政机关和其他方面的不适当影响和干涉;公开审判有利于增加透明度和取得舆论监督的配合;保护行政相对人诉权为相对人提供了公正的基础;辩论提供了充分展示案情,显示事实真相的机会;检察监督则提供了纠正审判中可能已形成的不公正的途径,等等。

### 二、准确

人民法院在当事人的参与下进行行政诉讼活动,其目的即在于对案件的是非曲直作出准确的评价,对当事人之间的争议和纠纷作出准确的裁判。准确和公正既有区别,也有联系。二者的区别在于:准确的主要指标是客观性,追求事实清楚,证据确凿;而公正的主要指标是无偏私,同样情况,同样对待,不同情况,不同对待。二者的联系在于:公正是准确的前提(当然不是唯一的前提),准确是公正的结果(当然仅有公正,而没有其他条件不一定能达致准确的结果);没有公正不可能有准确,没有准确自然也谈不上公正。所以准确与公正一样,同是行政诉讼基本原则的宗旨。大多数行政诉讼基本原则均体现了准确的要求,如以事实为根据,以法律为准绳原则,辩论原则,检察机关监督原则。以事实为根据,以法律为准绳,可以避免主观性,片面性,先入为主和前后不一,反复无常;辩论可以揭露虚假的证据和事实,驳斥错误的论证和证据;检察机关监督可以尽量避免和纠正可能出现的错误,等等。

### 三、平等

行政诉讼基本原则除了保障诉讼公正、准确的目的以外,保障当事人诉讼法律地位平等也是其宗旨之一。在民事诉讼中,平等原则较易于实现。而在行政诉讼中,由于当事人一方为行政机关,另一方为行政相对人,故保障其诉讼法律地位平等有着较大的困难。例如,在行政诉讼实践中,有些法院为了维护和张扬行政机关的权威,在法庭上和作为被告的行政机关联手审原告。在行政管理过程中,原告可能确实实施了某些违法行为,但是,行政诉讼的基本任务应是审查被告行政行为的合法性,法院和作为被告的行政机关联手审原告就把行政诉讼的性质根本改变了。而此种现象的产生主要就是因为行政诉讼中双方地位的不平等。正是基于这种情况,《行政诉讼法》确定了以保障当事人诉讼法律地位平等为宗旨的各项基本原则,如辩论原则,以事实为根据,以法律为准绳原则,审查行政行为合法性原则,使用本民族语言文字进行诉讼原则等。这些原则的确定虽然不是以保障平等为唯一目的,但显然都含有保障平等的立法意图,都是与保障平等的宗旨密切联系的。

### 四、效率

保障行政诉讼的效率和通过保障行政诉讼的效率而保障行政管理的效率也是行政诉讼基本原则的宗旨之一。行政诉讼由于涉及行政管理,故要求在保障公正、准确的前提下尽量简捷、迅速,不至于妨碍国家行政管理职能的正常行使和损害社会公共利益。《行政诉讼法》在确定行政诉讼基本原则时,显然应兼顾这一宗旨,事实上,行政诉讼基本原则也体现了这一宗旨。例如,解纷、救济和监督功能整体发挥原则的重要意义之一就是要保障公正和效率的统一。行政诉讼虽然要注重救济和监督,但绝不可忽视解纷,而解纷是与效率紧密联系在一起的。又如,合法性审查原则使人民法院审查行政案件时,摆脱了对行政行为适当性和合理性的审查,从而既可以避免法院对行政机关行使行政权的不当干预,也可以避免法院因缺乏行政管理经验和行政专门知识而勉强审理可能造成的尴尬和困难处境。合法性审查原则无疑有利于法院顺利审理案件和行政机关有效实施管理。在实现行政诉讼基本原则效率宗旨方面,除了解纷、救济和监督功能整体发挥原则与合法性审查原则具有重要作用外,行政诉讼法规定的各种时效制度、期限制度以及两审终审制度等无疑亦起着实际的保障作用。

**本章参考书目**

1. 罗豪才主编:《中国司法审查制度》,北京大学出版社 1993 年版,第 1~2 章。

2. 江必新:《行政诉讼法疑难问题探讨》,北京师范学院出版社 1991 年版,第 4 章。

3. 杨海坤、章志远:《中国行政法基本理论研究》,北京大学出版社 2004 年版,第 4 章。

4. 于安主编:《行政诉讼法通论》,重庆出版社 1989 年版,第 2 章。

5. 薛刚凌主编:《行政诉讼法学》,华文出版社 1998 年版,第 3 章。

6. 陈清秀:《行政诉讼法》,翰芦图书出版有限公司 1999 年版,第 2 章。

7. H. W. R. Wade, *Aministrative Law*, Oxford, 1988.

8. De Smith, Woolf & Jowell, *Principles of Judicial Review*, Sweet & Maxwell.

# 第五章 行政诉讼法律关系与行政诉讼参加人

行政法以行政为规律之对象，而行政则在法之支配下，积极实现宪法所定之国家目的。①

行政应如何受到法之拘束，尚取决于行政救济制度之设计，其所牵涉的问题包括诉讼审级、诉讼管道、诉讼类型、法院组织、诉讼程序以及司法审查密度（包括法院是否或如何对不确定法律概念之适用或裁量之行使予以审查）。在此涉及行政权与司法权之分际，以及行政国家或司法国家之辩，容有一定之争论。②

——翁岳生

## 第一节 行政诉讼法律关系的概念

行政诉讼法律关系是指人民法院与行政诉讼当事人、其他参加人、参与人之间以及行政诉讼当事人、其他参加人、参与人之间为解决行政争议，进行行政诉讼，根据行政诉讼法律规范而发生的各种关系。

首先，行政诉讼法律关系是指所有行政诉讼法律关系主体之间发生的关系，而非仅指人民法院与当事人之间的关系。行政诉讼法律关系的主体包括

① 翁岳生：《法治国家之行政法与司法》，月旦出版社股份有限公司1994年版，第269页。

② 翁岳生：《行政法》（上册），中国法制出版社2009年版，第18~19页。

人民法院、行政诉讼当事人、行政诉讼其他参加人、参与人。因此行政诉讼当事人相互之间,行政诉讼当事人与行政诉讼其他参加人、参与人之间在行政诉讼过程中发生的与解决相应行政争议有关的关系也是行政诉讼法律关系,也都属于行政诉讼法调整的范围。①

其次,行政诉讼法律关系是指行政诉讼法律关系主体依据行政诉讼法律规范而发生的关系。在行政诉讼过程中,行政诉讼法律关系主体非依行政诉讼法律规范发生的关系不属行政诉讼法律关系。例如,行政诉讼原、被告之间在行政诉讼过程中根据行政实体法律规范而发生的关系。这种关系即使与行政诉讼有关,但也并非行政诉讼法律关系,而属于行政实体法律关系。

最后,行政诉讼法律关系是指行政诉讼法律关系主体为解决行政争议,进行行政诉讼而发生的关系。在行政诉讼过程中,行政诉讼法律关系主体非为解行政争议也可能发生某些关系,例如,行政诉讼原、被告与行政诉讼第三人之间因某种民事权利、义务而发生争议以及为解决此种争议而发生的关系即不是行政诉讼法律关系,而是民事关系或民事诉讼法律关系。此种关系如果与行政诉讼法律关系相关联,可以构成行政诉讼附带民事诉讼法律关系,即成为一种混合的法律关系,而不是单一的行政诉讼法律关系或民事诉讼法律关系。

行政诉讼法律关系主要在下述主体间发生:

(1)人民法院—原告;人民法院—被告;人民法院—第三人。

(2)原告—被告;原告—第三人;被告—第三人。

(3)当事人(原告、被告、第三人)—诉讼代理人、证人、鉴定人、勘验人、翻译人员。

(4)人民法院—诉讼代理人、证人、鉴定人、勘验人、翻译人员。

(5)人民法院—人民检察院。

行政诉讼法律关系相对于行政实体法律关系具有如下特征:

### (一)行政诉讼法律关系在整体上是一种以人民法院为主导的三方关系

行政诉讼法律关系至少必须有三方主体—人民法院、原告和被告—参

---

① 例如,在行政诉讼过程中原告与被告就是否停止被诉行政行为的执行而发生的关系,第三人因其支持或反对原、被告诉讼主张而与原、被告发生的关系,原被告因鉴定、勘验事项而与鉴定人、勘验人发生的关系等均属行政诉讼法调整,从而均属于行政诉讼法律关系的范畴。

加。[1] 只有原、被告,没有法院,有争讼而无法院处理,构不成诉讼;有法院和侵权行政机关而无原告,法院不告不理,构不成诉讼;有法院和原告而无被告,原告被侵权而不知侵权者为何人,法院无法裁判,同样构不成诉讼。在行政诉讼法律关系三方主体中,人民法院始终处于主导地位。原被告之争,人民法院是否受理,是否裁决,如何裁决,主动权均在人民法院。在整个诉讼过程中,原、被告以及所有诉讼参加人、参与人均须服从人民法院,受人民法院指挥。

行政实体法律关系与此迥异,它是一种以行政机关为主导的双方主体——行政机关与行政相对人——之间的关系,[2]无论是行政机关向行政相对人发布命令、实施监督、采取强制措施,还是相对人向行政机关申领许可证、抚恤金、申请获取有关信息资料等,行政机关都处于主导地位,相对人对行政机关的管理有依法服从的义务。在行政管理关系中,人民法院有时也会处于行政相对人的地位,如法院建房申请规划部门批准、人员进出境接受海关检查、在环境卫生方面受环卫部门监督等。在这些关系中,行政机关处于主导地位,人民法院不具有司法机关性质,要受行政机关管理,这显然不同于行政诉讼法律关系:人民法院处于主导地位,行政机关要接受人民法院指挥。

(二)行政诉讼法律关系中,原被告双方当事人地位平等

在行政诉讼中,原、被告双方当事人权利义务虽然不完全对应,但在法律地位上是平等的。这主要表现在:(1)原告享有起诉权,被告享有答辩权,双方均有同等的权利和同样的机会向法院陈述案情和提供证据;(2)双方均有权出席法庭辩论,反驳对方的论证论据;(3)双方都同样要服从法院指挥,其诉讼行为同样受法院约束;(4)双方都同样要服从法院判决、裁定,任何一方都不能将自己的意志强加于对方。

---

① 行政诉讼法律关系有整体关系和局部关系之分。整体的行政诉讼法律关系必须至少有法院和原、被告三方主体(往往涉及的不止三方,而是多方主体,如第三人、证人、诉讼代理人等)参加,而局部的行政诉讼法律关系则通常发生在两方主体之间,如原告和被告、法院和一方当事人等。

② 本书中使用"行政机关"这一概念,如未加特别说明,通常指作为行使行政职权的行政主体的行政机关,并包括作为行政主体的法律、法规、规章授权的组织。法律、法规、规章授权的组织在作为行政主体实施行政行为时,本书亦视其为"行政机关"。行政机关、法律、法规、规章授权的组织在作为民事主体实施民事行为或作为行政相对人处于被管理地位时,本书视其为"法人或其他组织"。

在行政实体法律关系中,行政机关与行政相对人的法律地位就完全不是这样:行政机关享有行政管理权,行政相对人对行政机关的管理具有服从的义务。相对人对行政机关的管理行为即使有异议,也必须先服从,然后再通过有关法律途径寻求救济。相对人不服从行政机关的管理,行政机关有依法对之采取强制措施或行政制裁的权力。①

(三)行政诉讼法律关系的客体是行政机关的行政行为

行政诉讼法律关系是因行政争议而产生的,争议的实质是行政机关的行政行为是否合法。法院审理行政案件,审查的是行政行为的合法性。所有行政诉讼法律关系主体为此而开展的一切诉讼活动都是为了判断、证明和最后确定被诉行政行为是否合法。

行政实体法律关系的客体较行政诉讼法律关系的客体却要复杂得多,其有时为物,有时为行为,有时为精神财富。且其物、行为、精神财富,有时在行政机关一方,有时在行政相对人一方,有时由甲方转入乙方,有时由乙方转入甲方。例如税收关系、土地征用关系、申领许可证关系、申领抚恤金关系等等,其客体均互不相同。而行政诉讼法律关系的客体只是行政机关的行政行为。

(四)行政诉讼法律关系的内容是各诉讼法律关系主体的诉讼上的权利、义务

行政诉讼法律关系是由各诉讼法律关系主体行使各种诉讼权利,履行各种诉讼义务构成的。虽然诉讼当事人行使诉讼权利、履行诉讼义务是为实现行政实体上的权利义务服务的,但当事人实体上的权利义务并非行政诉讼法律关系的内容本身。而且行政诉讼法律关系的内容并不仅由当事人行使诉讼权利、履行诉讼义务构成,还包含人民法院行使行政裁判职权,其他诉讼参加人、参与人行使诉讼权利、履行诉讼义务。这些诉讼法律关系主体参加诉讼并无实体上的权利义务,并非为了实现本身实体上的权利义务而与其他主体形成诉讼法律关系。

行政实体法律关系的参加人都是法律关系的当事人,都具有实体上的权

① 当然,这种权力要受到法律的制约。行政机关对于违反行政义务的相对人,首先要说服教育,只有在通过说服教育仍不能使相对人履行义务时,行政机关最后才能采取强制措施。

利、义务,行政法律关系主体实体上的权利义务构成行政实体法律关系的内容。虽然在行政诉讼过程中,行政诉讼法律关系有时会与行政实体法律关系交叉、重合,但二者的内容不同,正是此种内容不同可以使它们相互区分。法律关系主体权利义务的不同性质即是区分不同法律关系的标准。

行政诉讼法律关系相对于民事诉讼法律关系,亦有其不同的特点:①在行政诉讼法律关系的主体中,原、被告双方当事人是特定的,即原告只能是行政相对人,被告只能是作为行政主体的行政机关或法律、法规授权的组织。而在民事诉讼法律关系中,原被告双方当事人没有此种特定性,任何公民、组织(包括国家机关)都既可以作原告,又可以作被告。

行政诉讼法律关系的客体是行政机关的行政行为,而民事诉讼法律关系的客体是双方当事人所争议的物、精神财富或行为。此种物、精神财富在诉讼前可能为任何一方当事人所占有,此种行为在诉讼前可能为任何当事人一方所为。很显然,它们不同于行政诉讼法律关系客体,恒定为行政机关的行政行为。

作为行政诉讼法律关系内容的诉讼权利、义务也不完全同于民事诉讼法律关系中的权利、义务。在行政诉讼法律关系中,当事人双方法律地位平等,权利义务却不完全对应,如原告有起诉权,被告没有反诉权;原告对具体行政行为的违法不负举证责任,被告却要对具体行政行为的合法负举证责任等。而在民事诉讼法律关系中,当事人双方不仅法律地位平等,权利、义务也完全对应。

## 第二节　行政诉讼法律关系的主体

行政诉讼法律关系主要有三方主体:人民法院、原告和被告。围绕这三方主体而参加行政诉讼法律关系的还有第三人、诉讼代理人、证人、鉴定人、勘验人、翻译人员乃至法律监督机关等。第三人是与被诉行政行为有利害关系的

① 我们之所以研究行政诉讼法律关系与民事诉讼法律关系(而非刑事诉讼法律关系)的区别与不同点,是因为行政诉讼法律关系与民事诉讼法律关系有太多的联系与相同点。在英美法系国家,行政诉讼与民事诉讼同在普通法院进行,二者的区分更小。

人,与原被告一道构成行政案件的当事人。诉讼代理人从属于当事人,他们在实体关系中不具有独立主体的地位,但是在诉讼关系中享有相对独立的诉讼权利、义务,属于诉讼法律关系的主体。证人、鉴定人、勘验人、翻译人员从属于人民法院主体一方,是为协助人民法院查明案件事实,解决行政争议而参加行政诉讼的。在诉讼中,他们也享有一定的诉讼权利,承担一定的诉讼义务,也是诉讼法律关系的主体。但是他们与被诉行政行为没有利害关系,在实体法律关系中,不享有权利和承担义务。在有关诉讼法学的著作中,一些学者将原告、被告、第三人、诉讼代理人统称为"诉讼参加人",将证人、勘验人、鉴定人、翻译人员等统称为"诉讼参与人"。也有一些学者,将人民法院以外的所有诉讼法律关系主体统称为"诉讼参与人"。行政诉讼法律关系主体的范围可以如图1至图3所示。

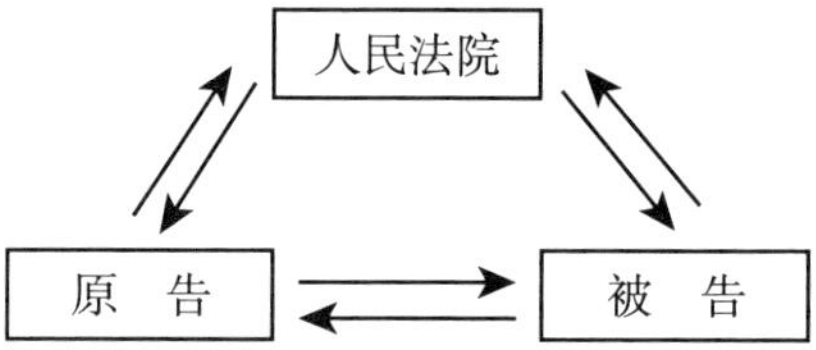


**图1 基本主体**

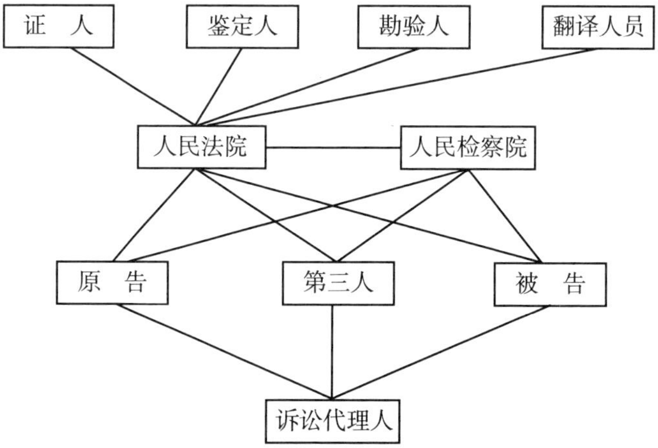


**图2 全部主体**

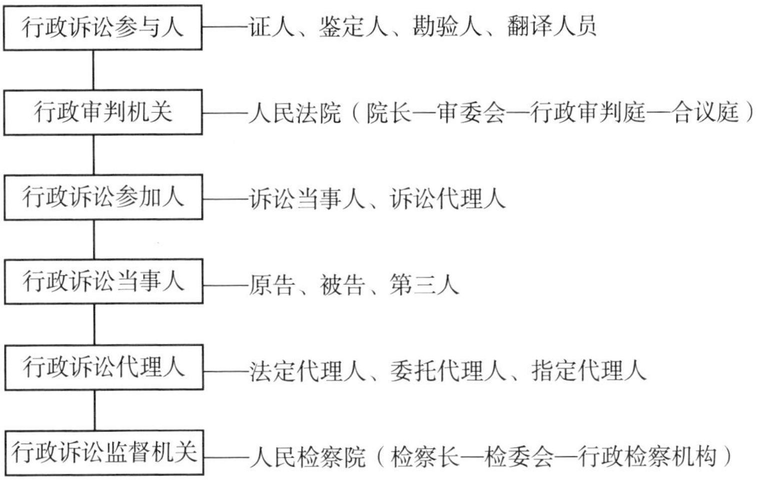


**图 3　主体类别**

## 第三节　行政诉讼法律关系的发生、变更和消灭

### 一、行政诉讼法律关系的发生

行政诉讼法律关系因行政相对人向人民法院提起行政诉讼和人民法院的受理立案而发生。行政相对人的起诉和人民法院的受理立案行为是导致行政诉讼法律关系发生的法律事实。行政诉讼法律关系不可能直接因行政机关的行为或行政相对人的其他行为(如向其他国家机关的申诉、控告、检举行为)而发生,也不可能因某种事件的发生而发生。行政相对人提起行政诉讼,引起行政诉讼法律关系的发生,必须具有原告的资格,符合法定起诉条件,而且必须向人民法院递交起诉状。起诉状应当记明下列事项:原告的姓名、性别、年龄、民族、职业、工作单位、住所、联系方式,法人或者其他组织的名称、住所和法定代表人或者主要负责人的姓名、职务、联系方式;被告行政机关的名称、住所和法定代表人或者主要负责人的姓名、职务、联系方式;诉讼请求和所根据的事实与理由;证据和证据来源,证人姓名和住所。①

① 现行《行政诉讼法》对起诉状应当记明下列事项没有规定,此适用《民事诉讼法》,参见《民事诉讼法》第 121 条。

人民法院接到起诉状后,应对起诉状进行审查,经审查如认为符合下述起诉条件,应在7日内登记立案受理:

(1)原告是认为被诉行政行为侵犯其合法权益的公民、法人或者其他组织;

(2)有明确的被告;

(3)有具体的诉讼请求和事实根据;

(4)属于人民法院受案范围和受诉人民法院管辖。①

人民法院经审查认为不符合上述起诉条件,则应当在7日内作出不予受理的裁定。

可见,行政相对人的起诉行为作为行政诉讼法律关系发生的前提,不能直接导致行政诉讼法律关系的发生,相对人的起诉只有在经人民法院审查立案受理后才能引起行政诉讼法律关系,所以,行政相对人的起诉行为是和人民法院的立案受理行为共同构成行政诉讼法律关系发生的法律事实。

## 二、行政诉讼法律关系的变更

行政诉讼法律关系可能因诉讼主体的变更而变更,也可能因诉讼内容的变更而变更。

### (一)行政诉讼主体的变更

行政诉讼主体变更的情形包括:

(1)作为原告的公民死亡或丧失行为能力,改由其法定继承人或法定代理人继续进行诉讼;

(2)作为原告的法人、其他组织终止,改由承受其权利的法人或其他组织继续进行诉讼;

(3)作为被告的行政机关被撤销,改由继续行使其职权的行政机关继续进行诉讼;

(4)人民法院在第一审程序中,征得原告同意后,追加或者变更被告;②

---

① 参见《行政诉讼法》第49条。

② 《行政诉讼法司法解释》(2018年)第26条规定,原告所起诉的被告不适格,人民法院应当告知原告变更被告;原告不同意变更的,裁定驳回起诉。应当追加被告而原告不同意追加的,人民法院应当通知其以第三人的身份参加诉讼,但行政复议机关作共同被告的除外(本书以下所称《行政诉讼法司法解释》均指最高人民法院2018年发布的《关于适用〈中华人民共和国行政诉讼法〉的解释》)。

(5)行政诉讼过程中,与被诉行政行为有利害关系或者同案件处理结果有利害关系的公民、法人或其他组织申请作为第三人或者人民法院通知其作为第三人参加诉讼。

(二)行政诉讼内容的变更

行政诉讼内容变更的情形包括:

(1)诉讼客体变更。诉讼客体变更指诉讼过程中被诉行政行为的变更。被告在人民法院一审宣告判决或裁定前可以改变被诉行政行为,这种改变可以导致三种结果:其一,原告同意并申请撤诉,法院亦准许其撤诉,从而导致诉讼终结。其二,原告或者第三人不同意,对改变后的行政行为不服并提起诉讼,人民法院就改变后的行政行为进行审理。其三,被告改变原行政行为,原告不撤诉,人民法院经审查认为原行政行为违法的,应作出确认其违法的判决;认为原行政行为合法的,应当判决驳回原告的诉讼请求。

(2)诉讼请求变更。诉讼请求变更指原告在诉讼过程中补充或部分变更自己在起诉时提出的诉讼请求以及第三人在诉讼过程中提出与本案有关的诉讼请求。

(3)诉讼理由变更。诉讼理由变更通常是指原告在诉讼过程中部分改变自己在起诉时提出的支持其诉讼请求的事实和法律根据,同时也包括人民法院在审理过程中,发现了当事人在起诉和答辩时未提出的新的事实和证据。

## 三、行政诉讼法律关系的消灭

行政诉讼法律关系可以因下述法律事实出现而消灭:

(1)人民法院对案件判决或裁定前,原告申请撤诉,并为人民法院准许;

(2)人民法院对案件作出判决或裁定前,被告改变其所作的被诉行政行为,原告同意并申请撤诉,且为人民法院所准许;

(3)作为原告的公民死亡,无近亲属继续进行诉讼或其近亲属放弃诉权,人民法院裁定终结诉讼;

(4)作为原告的法人或其他组织终止后,无权利义务承受人继续进行诉讼,人民法院裁定终结诉讼;

(5)作为原告的公民丧失诉讼行为能力,无法定代理人代其诉讼,人民法院裁定终结诉讼;

(6)在案件审理过程中,原告无正当理由,经法院两次合法传唤拒不到庭,视为其申请撤诉,法院裁定予以准许(如法院不予准许,则诉讼继续进行,人民法院作缺席判决);

(7)案件审理完毕,人民法院对案件作出终局判决、裁定(包括作出驳回起诉的裁定和驳回诉讼请求的判决)。

## 第四节 行政审判机关——人民法院

在行政诉讼法律关系中,人民法院是最重要的主体。在整个行政诉讼过程中,人民法院均起主导作用,所有诉讼参加人、参与人的诉讼活动都在人民法院的指导下进行,人民法院享有的行政审判权和对行政审判权的行使,决定着行政诉讼法律关系的发生、进行和终结。人民法院行政审判庭是法院分管行政审判的业务机构,行政案件一般都由行政审判庭审理(有一定例外)。[①] 行政审判庭审理行政案件,一般组成合议庭进行(也有一定例外)。[②] 合议庭是具体行政案件的审判组织。在行政诉讼法律关系中,与诉讼当事人和其他诉讼法律关系主体直接打交道的是合议庭,合议庭代表人民法院直接行使行政审判权。但是合议庭不是行政诉讼法律关系的主体,行政审判庭也不是行政诉讼法律关系的主体,合议庭所实施的所有诉讼行为都是行政审判庭的行为,行政审判庭的行为则都应认为是人民法院的行为。只有人民法院,才是与行政诉讼当事人和其他诉讼法律关系主体相对应的以自己名义行使诉讼权利(职权)、承担诉讼义务(职责)的主体,具有行政诉讼法律关系主体的资格。行政审判庭及其合议庭只能以人民法院的名义行使审判权,代表人民法院与其他诉讼法律关系主体发生诉讼法律关系。

正因为合议庭不是行政诉讼法律关系的主体,所以合议庭审理行政案件,要接受人民法院的指导和监督,接受法院审判委员会的指导和监督。合议

---

① 虽然《行政诉讼法》第 4 条第 2 款规定,人民法院设行政审判庭,审理行政案件,但是全国各地在司法改革中,有的地方设立知识产权法院或知识产权审判庭,审理知识产权方面的行政案件;有的地方设立生态和环境保护审判庭,审理生态和环境保护方面的行政案件。

② 参见《行政诉讼法》第 82~84 条规定,适用简易程序审理的行政案件,由审判员一人独任审判。

庭承办重大、疑难、复杂的行政案件，可通过院长提请审判委员会讨论决定，审判委员会也可经院长提议，讨论决定合议庭审理的重大、疑难、复杂的行政案件。合议庭审判的案件，其裁判即使已发生法律效力，如果发现确有错误，审判委员会有权作出再审决定。有关审判问题，一经审判委员会讨论作出决定，合议庭必须遵照执行。[①] 根据《行政诉讼法》的规定，审理行政案件的合议庭由审判员组成，或者由审判员、陪审员组成。合议庭的成员，应当是三人以上的单数，合议庭评议案件，讨论和决定问题，实行少数服从多数的原则，以多数意见为合议庭的决定，少数意见允许保留，并如实记入笔录。[②] 合议庭依少数服从多数作出的决定，只要未被审判委员会加以否定或改变，即应视为人民法院对相应问题的决定。因为在行政诉讼法律关系中，由合议庭代表人民法院行使诉讼权利，履行诉讼义务。

在行政诉讼法律关系中，人民法院主要享有下述权利（职权）：[③]

（一）受理权

人民法院对于原告的起诉，有权依法决定受理，也有权依法不予受理和依法驳回已经受理的原告不符合起诉条件的起诉。对于人民法院依法不予受理的行政案件，原告的起诉不能导致行政诉讼法律关系的发生。

（二）收集证据权

在行政诉讼中，人民法院有权要求当事人提供或者补充证据，有权向有关行政机关以及其他组织、公民调取证据。

（三）审理权

人民法院依法享有对行政案件的审理权，通过开庭审理，听取双方当事人的陈述、辩论，听取证人的证词，要求鉴定人、勘验人提供鉴定、勘验笔录，对双方争议的是非曲直作出评价和判断。

---

① 人民法院审判委员会的制度正在进行改革，为了贯彻“让审理者裁判，让裁判者负责”的原则，合议庭的裁判将得到最大的尊重，审判委员会不会轻易改变合议庭的决定。

② 合议庭评议案件以多数意见为合议庭的决定，少数意见如实记入笔录，但通常不载入正式判决、裁定书。目前有的地方进行司法改革，将合议庭少数意见载入正式判决、裁定书，但此种做法尚未为最高人民法院确认和普遍推广。

③ 作为诉讼法律关系的一方主体，人民法院享有的下述职权可以认为是与当事人权利相对应的“权利”；而作为国家审判机关，人民法院享有的下述职权可以认为是属于国家司法权范畴的“权力”。

(四)指挥诉讼权

人民法院有权指挥整个诉讼活动的进行,从受理原告起诉,要求被告提供答辩状,决定开庭日期,决定是否停止被诉行政行为的执行到组织和主持庭审,维持庭审秩序,保障判决、裁定的执行等。

(五)判决、裁定、决定权

人民法院对行政案件经过审理后,有权依法作出判决:维持、撤销或变更被诉行政行为,确认被诉行政行为违法或无效,或者判决被告履行其应履行的法定职责等。另外,在行政诉讼中,人民法院还有权就有关问题作出裁定和决定。例如,对是否停止被诉行政行为的执行作出裁定,对审判人员是否回避作出决定,等等。

(六)排除诉讼障碍权

人民法院对于具有下述行为的诉讼参加人、参与人或其他人,有权根据情节予以训诫,责令具结悔过或处一万元以下的罚款、十五日以下的拘留;对构成犯罪的依法追究刑事责任,以排除诉讼障碍:(1)有义务协助调查、执行的人,对人民法院的协助调查决定、执行通知书,无故推脱、拒绝或妨碍调查、执行的;(2)伪造、隐藏、毁灭证据或者提供虚假证明材料,妨碍人民法院审理案件的;(3)指使、贿买、胁迫他人作伪证或者威胁、阻止证人作证的;(4)隐藏、转移、变卖、毁损已被查封、扣押、冻结的财产的;(5)以欺骗、胁迫等非法手段使原告撤诉的;(6)以暴力、威胁或者其他方法阻碍人民法院工作人员执行职务,或者以哄闹、冲击法庭等方法扰乱人民法院工作秩序的;(7)对人民法院审判人员或者其他工作人员、诉讼参与人、协助调查和执行的人员恐吓、侮辱、诽谤、诬陷、殴打、围攻或者打击报复的。①

(七)强制执行权

人民法院对拒不履行已经发生法律效力的判决、裁定的当事人,有权依法采取强制措施,强制当事人履行。②

---

① 参见《行政诉讼法》第59条。

② 参见《行政诉讼法》第94~96条。此外,《行政诉讼法》第97条还规定,公民、法人或者其他组织对行政行为在法定期限内不提起诉讼又不履行的,行政机关可以申请人民法院强制执行,或者依法强制执行。不过,人民法院享有的这种强制执行权不属于其在诉讼法律关系中的权利,因为原告未起诉即不能启动诉讼法律关系。

(八)收取诉讼费权

人民法院受理和审理行政案件,有权依法收取诉讼费。当事人诉讼费用的负担,由人民法院确定。[①]

在行政诉讼法律关系中,人民法院的主要义务(责任)是依法正确行使行政审判权,保证行政诉讼当事人和其他诉讼法律关系主体诉讼权利、义务的实现,对行政争议作出及时、准确、公正的裁判,以实现行政诉讼的目的。

## 第五节　行政诉讼参加人

行政诉讼参加人主要指作为行政诉讼当事人的原告、被告和第三人,也包括当事人的诉讼代理人。

### 一、原告

(一)行政诉讼原告的条件

行政诉讼的原告是指依照《行政诉讼法》向人民法院提起行政诉讼的行政相对人以及其他与行政行为有利害关系的公民、法人或者其他组织。[②] "依照《行政诉讼法》"主要是指依照《行政诉讼法》第 49 条的规定,而第 49 条的内容则涉及《行政诉讼法》总则第 2 条与第二章至第六章及相关司法解释的规定。根据《行政诉讼法》和司法解释的有关规定,作为行政诉讼原告的主要条件包括:

(1)在行政法律关系中,处于行政相对人的地位或者与相应行政行为有利害关系。所谓"行政相对人",是指在行政管理法律关系中与行政主体相对应的另一方当事人,即行政主体行政行为影响其权益的个人、法人或其

① 现行《行政诉讼法》没有直接对行政诉讼收费作出规定。对此,可参照现行《民事诉讼法》第 118 条的规定以及 1989 年 6 月 29 日最高人民法院审判委员会第 411 次会议通过的《人民法院诉讼收费办法》和 1999 年 6 月 19 日最高人民法院审判委员会第 1070 次会议通过的《人民法院诉讼收费办法补充规定》等司法解释。此外,国务院于 2006 年 12 月 8 日发布了《诉讼费用交纳办法》,该办法自 2007 年 4 月 10 日起施行。

② 参见《行政诉讼法》第 25 条。

他组织。[1] 行政相对人不仅指行政行为的直接对象(直接相对人),如行政处罚的被处罚人、许可证的申请人等,也包括其权益受行政行为影响的其他人(间接相对人),如行政机关免除或减轻实施违法行为的人的处罚,使其权益被违法者侵害的人的利益受到影响,行政机关批准某公民建房,给另一公民住宅的采光造成不利影响或侵犯另一公民住房宅基地使用权。《行政诉讼法》第25条所指"其他与行政行为有利害关系的公民、法人或者其他组织"[2]即为间接相对人。行政相对人不仅指公民、法人和一般社会组织,也包括处于被管理地位时的国家机关,如因违章建筑受到政府规划部门处罚时的国家机关。行政相对人还不仅指中国公民、法人和其他组织,也包括在中国境内的外国人、无国籍人、外国法人和其他组织。

在行政法律关系中处于行政主体地位的行政机关或法律法规授权的组织不具有行政诉讼原告的资格,不能提起行政诉讼。

(2)认为被诉行政行为侵犯其合法权益。行政法律关系中的公民、法人和其他组织转化成行政诉讼法律关系中的原告的前提条件是其在具体法律关系中处于与行政主体相对一方当事人的地位,即行政相对人的地位,但公民、法人或其他组织转化成行政诉讼原告仅有这一条件还不够,还必须有其他条件。这其他条件之一即是认为被诉行政行为侵犯其合法权益,即公民、法人或其他组织要提起行政诉讼,不仅须是被诉行政行为针对他或影响他的权益,而且须是其认为被诉行政行为侵犯其合法权益或对其合法权益造成不利影响(造成不利影响实际上也应认为是一种侵犯)。其仅认为被诉行政行为针对他,但未侵犯其合法权益或造成其合法权益的不利影响,而只是侵犯他人、社会或国家的利益,则其不能具有行政诉讼原告资格。

(3)有明确的被告。原告是相对于被告而言,并以被告的存在为其存在的条件,这就如同被告是相对于原告而言,并以原告存在为其存在条件一样。

---

① 关于"行政相对人"的概念,可参见姜明安主编:《行政法与行政诉讼法》(第6版),北京大学出版社、高等教育出版社2015年版,第8章"行政相对人",第135~142页。

② 《行政诉讼法司法解释》(2018年)第12条释明,"与行政行为有利害关系"包括六种情形:(1)被诉的行政行为涉及相邻权或者公平竞争权的;(2)在行政复议等行政程序中被追加为第三人的;(3)要求行政机关依法追加加害人法律责任的;(4)撤销或者变更行政行为涉及其合法权益的;(5)为维护自身合法权益向行政机关投诉,具有处理投诉职责的行政机关作出或者未作出处理的;(6)其他与行政行为有利害关系的情形。

前已述及，行政诉讼法律关系是以人民法院、原告、被告为三方基本主体的法律关系，三方主体缺少一方，行政诉讼法律关系即不能存在，所以原告提起行政诉讼，欲启动行政诉讼法律关系，必须以提出明确的被告为条件。没有明确的被告，不知争议的对方当事人是谁，法院无法确定将起诉状的副本发送给谁，让谁答辩、应诉，从而无法评判是非，裁决争议。很显然，公民、法人或其他组织要提起行政诉讼，成为行政诉讼的原告，必须提出明确的被告。

(4)有具体的诉讼请求和事实根据。与前述条件相适应，行政相对人要作为原告向人民法院起诉，同时还必须提出具体的诉讼请求和事实根据，即起诉人必须向法院表明其起诉的直接目的是什么，是要求撤销被诉行政行为，还是要求改变被诉行政行为，或者是要求确认被诉行政行为违法或无效；是要求被告履行某种法定职责、还是要求被告赔偿被诉行政行为或不作为造成的损失，并且起诉人还须向法院说明，提出这些要求的根据是什么。如果起诉人既不表明自己起诉的具体诉讼请求，也不说明起诉的事实根据，法院对相应案件将无从审理，诉讼将无从进行，因此，法律对这样的起诉人不赋予原告的资格。

(5)所诉行政行为属于人民法院的受案范围。行政诉讼法律关系的客体是行政行为，但不是所有行政行为都是行政诉讼法律关系的客体。作为行政诉讼法律关系客体的仅为《行政诉讼法》第二章规定的受案范围所限定的行政行为。[①] 起诉人要提起行政诉讼，启动行政诉讼法律关系，必须具备行政诉讼法律关系的客体。起诉人对法律排除作为行政诉讼法律关系客体或法律目前尚未列入行政诉讼法律关系客体的行政行为提起诉讼，法院自然不会受理，从而不能导致行政诉讼法律关系的发生，起诉人从而也就不可能取得行政诉讼原告的资格。

《行政诉讼法》第 49 条规定的起诉人所诉行政行为应属受诉人民法院管辖，是起诉人起诉的条件，而非起诉人获得原告资格的条件。起诉人所诉行政行为只要属于人民法院受案范围，即使诉错法院也不影响其原告资格的成立；只要法院告知其相应案件的正确管辖后，其可再向有管辖权的法院起诉，受理案件的法院也可将受理的案件移送有管辖权的法院。

---

① 《行政诉讼法》第二章第 12 条规定了 12 类可诉性行政行为，该法第 13 条规定了 4 类不可诉行为，即排除司法审查的行政行为。对此，可参见本书第六章“行政诉讼的受案范围”。

(6)起诉符合法定期限和其他法定条件。行政诉讼法规定了公民、法人或其他组织直接向法院起诉的期限和经复议后再向法院起诉的期限,[①]起诉人只有在此期限内起诉,才能启动行政诉讼法律关系,取得行政诉讼原告资格。否则,除非有法定例外情形,不能导致行政诉讼法律关系的发生和取得行政诉讼原告的资格。此外,法律、法规有时规定起诉人提起行政诉讼必须先经行政复议,以行政复议作为行政诉讼的前置程序,对此,起诉人必须满足此种条件,否则其起诉会为法院所拒绝,不能取得行政诉讼原告的资格。

(二)行政诉讼原告的范围

根据《行政诉讼法》和相关司法解释的规定,能够取得行政诉讼原告资格,引起行政诉讼法律关系发生的个人、组织主要包括以下 12 种情形(各情形有部分交叉):

(1)作为被诉行政行为直接对象的公民、法人或其他组织;

(2)合法权益受到不利影响被诉行政行为的间接相对人;

(3)因被诉行政行为撤销、变更而致使其合法权益受到不利影响的相对人;

(4)不服行政复议决定的复议申请人;

(5)不服行政复议决定的复议第三人;

(6)与行政复议决定有利害关系的其他相对人;

(7)合法权益因行政不作为而受到不利影响的相对人;

(8)不服行政处罚或行政处理决定的受到相应处罚、处理的相对人侵害的人;

(9)相邻权因具体行政行为受到侵害的人;

(10)竞争权因具体行政行为受到侵害的人;

(11)具有原告资格的公民死亡后其近亲属;[②]

---

① 公民、法人或其他组织直接向法院起诉的一般期限是自知道或者应当知道作出行政行为之日起 6 个月;经复议后再向法院起诉的期限是 15 日;对不作为的起诉期限是自其向行政机关提出申请后 2 个月后计算时效。因不动产提起诉讼的案件自行为作出之日起超过 20 年,其他案件自行为作出之日起超过 5 年的,人民法院不予受理。参见《行政诉讼法》第 45~47 条。

② 根据《行政诉讼法司法解释》(2018 年)第 14 条的规定,"近亲属"包括配偶、父母、子女、兄弟姐妹、祖父母、外祖父母、孙子女、外孙子女和其他具有扶养、赡养关系的亲属。《行政诉讼法司法解释》该条还规定,公民因被限制人身自由而不能提起诉讼的,其近亲属可以依其口头或者书面委托以该公民的名义提起诉讼。不过这种情形下起诉的近亲属不具有原告资格,而只是诉讼代理人。

(12)具有原告资格的法人或其他组织终止后其权利承受者。

除了以上12种情形的个人、组织可以取得行政诉讼原告资格外,下述8种情形下的个人、组织亦可以取得行政诉讼原告资格:①

(1)同一具体行政行为所指向的若干相对人(共同原告);

(2)合伙企业(以核准登记的字号为原告;未依法登记领取营业执照的个人合伙的全体合伙人为共同原告;全体合伙人可以推选代表人,被推选的代表人,应当由全体合伙人出具推选书);

(3)个体工商户(以营业执照上登记的经营者为原告,有字号的,以营业执照上登记的字号为原告,并应当注明该字号经营者的基本信息);

(4)股份制企业的股东大会、股东会、董事会等(认为行政机关的行政行为侵犯企业经营自主权的,可以企业名义提起诉讼);

(5)联营企业、中外合资或者合作企业的联营、合资、合作各方(认为联营、合资、合作企业权益或者自己一方权益受到行政行为侵害的,可以自己的名义提起诉讼);

(6)被行政机关注销、撤销、合并、强令兼并、出售、分立或改变企业隶属关系的非国有企业或其法定代表人;

(7)事业单位、社会团体、基金会、社会服务机构等非营利法人的出资人、设立人(认为行政行为损害法人合法权益的,可以自己的名义提起诉讼);

(8)业主委员会或业主(对于行政机关作出的涉及业主共有利益的行政行为,可以自己的名义提起诉讼。业主委员会不起诉的,专有部分占建筑物总面积过半数或者占总户数过半数的业主可以提起诉讼)。

以上20种情形下的个人、组织(其中可能有部分重合、交叉)依法可以取得行政诉讼原告的资格,他们如果处在具体行政法律关系中,与被诉行政行为有了利害关系,可以成为实际行政诉讼法律关系中的原告。当然,“可以”不等于“必然”,他们要实际成为行政诉讼原告,还必须具备前述行政诉讼原告的6个条件。

---

① 这些个人、组织可能同时属于上述可能取得原告资格的人的范围,但是他们由于处在不同的情形下,其原告资格难以确定,从而必须通过法律特别规定(《行政诉讼法》第12、27条)及司法解释[《行政诉讼法司法解释》(1999年)第14~18条]予以明确。

(三)行政诉讼原告的诉讼权利义务

在行政诉讼法律关系中,原告主要享有下述诉讼权利:

1. 起诉权

原告有权提起行政诉讼,启动行政诉讼法律关系。当然,行政诉讼法律关系的实际发起还须取决于人民法院对起诉的受理,但没有原告的起诉,则行政诉讼法律关系不能发生。

2. 委托诉讼代理人权

在行政诉讼中,原告或原告的法定代理人有权委托律师、基层法律服务工作者、当事人的近亲属或者工作人员、当事人所在社区、单位以及有关社会团体推荐的公民,代理其参加诉讼和实施有关诉讼行为。

3. 提供证据和申请保全证据权

原告在起诉时和诉讼过程中,均有权向人民法院提供证据,以支持自己的诉讼请求。在认为某种证据有可能丧失或难以取得的情况下,有权申请人民法院采取保全措施以保全证据。

4. 申请停止被诉行政行为执行权

行政诉讼期间,被诉行政行为原则上不停止执行,但原告有权申请停止被诉行政行为的执行。当然,原告申请不必然导致被诉行政行为的停止执行。只有人民法院认为该被诉行政行为的执行会造成难以弥补的损失,并且停止执行不损害社会公共利益,方裁定停止执行。

5. 申请回避权

在行政诉讼中,原告如认为审判人员或书记员、翻译人员、鉴定人、勘验人与本案有利害关系或者其他关系可能影响公正审判,有权申请相应人员回避。

6. 辩论权

行政诉讼的原告与民事诉讼的原告一样,在整个诉讼过程(包括一审、二审和再审)中有权辩论。

7. 补充、变更诉讼请求权

原告在人民法院宣告判决或裁定前,有权申请增加诉讼请求(如原提出撤销被诉行政行为请求,后补充要求赔偿因该被诉行政行为给其造成的损失)或变更诉讼请求(如原提出撤销行政处罚的请求,后改变为要求变更该行政处罚)。

8. 撤诉权

原告在人民法院宣告判决和裁定前,有权主动申请撤诉,或者在被告改变被诉行政行为后同意其改变而撤诉。

9. 申请保全财产和申请先予执行权

原告在行政诉讼过程中如认为可能因被告或第三人的行为或者其他原因使其后的判决不能执行或难以执行时,有权向人民法院申请财产保全。原告在控告行政机关没有依法支付其抚恤金、最低生活保障金和工伤、医疗社会保险金等案件中,有权在法院判决尚未作出前,申请人民法院裁定行政机关先予执行。

10. 申请查阅补正庭审笔录权

原告在开庭审理后,有权申请查阅庭审笔录,如发现错误或遗漏,有权申请补正。

11. 上诉权

原告对人民法院作出的第一审判决或裁定不服,有权依法向上一级人民法院提起上诉,请求再次进行审理,依法作出终审判决。

12. 申请强制执行权

人民法院作出的判决、裁定发生法律效力后,如被告拒绝履行,原告有权申请人民法院依法强制执行。

13. 申请再审权

原告认为已经发生法律效力的判决、裁定确有错误,具有《行政诉讼法》第 91 条规定的情形之一,可以向上一级人民法院申请再审,但判决、裁定不停止执行。

在行政诉讼法律关系中,原告的主要义务是依法行使诉权,遵守诉讼规则,服从法院指挥,自觉履行人民法院作出的发生法律效力的判决、裁定。

## 二、被告

行政诉讼的被告是指作出被原告起诉的依法属于人民法院受案范围的行政行为的行政机关或法律、法规、规章授权的组织。[①]

---

① 参见《行政诉讼法》第 26 条。

(一)行政诉讼被告的条件

1. 在行政法律关系中,处于行政主体的地位

所谓“行政主体”是指依法对外享有行政职权,能够以自己的名义作出影响行政相对人权利、义务的行政行为并承担法律责任的行政机关或法律、法规、规章授权的组织。行政主体首先是指行政机关,但行政机关并非任何时候都处于行政主体的地位。行政机关非对外行使行政职权而是进行内部管理的时候不具有行政主体的地位;行政机关非参与行政关系实施行政行为,而是参与民事关系实施民事行为时不具有行政主体的地位;行政机关非依法以自己名义作出行政行为和由自己承担法律责任,而是受其他行政机关委托,以其他行政机关的名义作出行政行为时不具有相应行政主体的地位;行政机关在具体的行政法律关系中,不处于行政主体地位时即不能成为相应行政诉讼的被告。

行政主体除了主要由行政机关充任外,法律、法规、规章授权的组织在实施行政行为时也属于行政主体。但法律、法规、规章授权的组织作为行政主体的机会要比行政机关少得多,因为法律、法规、规章授权的组织的基本职能并非行使行政职权,实施行政行为,它们在多数情况下是执行公益组织或其他社会组织的职能。根据法律、法规、规章授权行使行政职能并非它的本职活动,它们只有在依法律、法规、规章授权实施的行政行为被诉时,才能成为行政诉讼的被告。

2. 被诉行政行为依法属于人民法院的受案范围

原告起诉和法院受理是以被诉行政行为具有可诉性,能受司法审查为前提条件的,如果起诉人所诉行为不属于人民法院的受案范围,是法律排除司法审查的,那么人民法院既不会受理也不会通知被诉人应诉,行政诉讼从而不会进行,这样,起诉人就不可能转化成行政诉讼的原告,被诉人也不可能转化成行政诉讼的被告。由此可见,被告适格的另一条件是被诉行政行为具有可诉性,属于人民法院的受案范围。

3. 符合有关法律法规或司法解释的特别规定

一般来说,行政机关或法律、法规、规章授权的组织在被公民、法人或其他组织起诉后,只要符合上述两个基本条件,就转化成了行政诉讼的被告。但是对于某些特殊情况,如行政机关的各种派出机构作出行政行为,行政机关与非行政机关的组织共同作出行政行为,行政机关作出被诉行政行为后被撤销,复

议机关收到复议申请后不作复议决定，等等，法律法规或司法解释对这些情况下的被告会作出某些特别规定。凡是法律、法规或司法解释对被告有特殊规定的，起诉人起诉时所诉被告必须符合这些特别规定，否则，法院可以以被告不适格为由不受理起诉人的起诉。

（二）行政诉讼被告的范围

根据《行政诉讼法》及最高人民法院《行政诉讼法司法解释》的有关规定，行政诉讼的被告可以包括下述15种情形：

（1）原告不经复议直接起诉，作出了被诉行政行为的行政机关；①

（2）原告经复议后起诉，复议机关作出维持原行政行为决定情形下的原作出行政行为的行政机关和作出维持原行政行为复议决定的复议机关（作出原行政行为的行政机关和复议机关做共同被告；复议机关作出维持原行政行为决定，包括复议机关驳回复议申请或者复议请求的情形）；②

① 参见《行政诉讼法》第26条第1款。

② 参见《行政诉讼法》第26条第2款。关于复议机关与行为机关作共同被告的问题，《行政诉讼法司法解释》（2018年）专门确立了下述4项规则：（1）《行政诉讼法》第26条第2款规定的“复议机关决定维持原行政行为”，包括复议机关驳回复议申请或者复议请求的情形，但以复议申请不符合受理条件为由驳回的除外。（2）复议机关决定维持原行政行为的，作出原行政行为的行政机关和复议机关是共同被告。原告只起诉作出原行政行为的行政机关或者复议机关的，人民法院应当告知原告追加被告。原告不同意追加的，人民法院应当将另一机关列为共同被告。行政复议决定既有维持原行政行为内容，又有改变原行政行为内容或者不予受理申请内容的，作出原行政行为的行政机关和复议机关为共同被告。复议机关作共同被告的案件，以作出原行政行为的行政机关确定案件的级别管辖。（3）复议机关决定维持原行政行为的，人民法院应当在审查原行政行为合法性的同时，一并审查复议决定的合法性。作出原行政行为的行政机关和复议机关对原行政行为合法性共同承担举证责任，可以由其中一个机关实施举证行为。复议机关对复议决定的合法性承担举证责任。复议机关作共同被告的案件，复议机关在复议程序中依法收集和补充的证据，可以作为人民法院认定复议决定和原行政行为合法的依据。（4）人民法院对原行政行为作出判决的同时，应当对复议决定一并作出相应判决。人民法院依职权追加作出原行政行为的行政机关或者复议机关为共同被告的，对原行政行为或者复议决定可以作出相应判决。人民法院判决撤销原行政行为和复议决定的，可以判决作出原行政行为的行政机关重新作出行政行为。人民法院判决作出原行政行为的行政机关履行法定职责或者给付义务的，应当同时判决撤销复议决定。原行政行为合法、复议决定违法的，人民法院可以判决撤销复议决定或者确认复议决定违法，同时判决驳回原告针对原行政行为的诉讼请求。原行政行为被撤销、确认违法或者无效，给原告造成损失的，应当由作出原行政行为的行政机关承担赔偿责任；因复议决定加重损害的，由复议机关对加重部分承担赔偿责任。原行政行为不符合复议或者诉讼受案范围等受理条件，复议机关作出维持决定的，人民法院应当裁定一并驳回对原行政行为和复议决定的起诉[参见《行政诉讼法司法解释》（2018年）第133~136条]。

(3)原告经复议后起诉,作出改变原行政行为的复议决定的复议机关;①

(4)原告先申请复议,复议机关在法定期间内未作出复议决定,原告选择起诉不作为的复议机关,复议机关是被告;②

(5)原告先申请复议,复议机关在法定期间内未作出复议决定,原告选择起诉作出原行政行为的行政机关,作出原行政行为的行政机关是被告;③

(6)作出被诉行政行为的法律、法规、规章授权的组织;④

(7)作出被诉行政行为的法律、法规、规章授权的行政机关的内设机构、派出机构或者其他组织;⑤

(8)没有法律、法规、规章授权,授权,其内设机构、派出机构或者其他组织行使行政职权,作出行政行为的行政机关;⑥

(9)委托非行政机关的组织作出被诉行政行为的行政机关;⑦

(10)组建并赋予行政管理职能的不具有独立承担法律责任能力的机构以自己名义作出被诉行政行为的行政机关;⑧

(11)作出被诉行政行为的行政机关被撤销,继续行使其职权的行政机关;⑨

---

① "复议机关改变原行政行为",是指复议机关改变原行政行为的处理结果。复议机关改变原行政行为所认定的主要事实和证据、改变原行政行为所适用的规范依据,但未改变原行政行为处理结果的,视为复议机关维持原行政行为。复议机关确认原行政行为无效,属于改变原行政行为。复议机关确认原行政行为违法,属于改变原行政行为,但复议机关以违反法定程序为由确认原行政行为违法的除外[参见《行政诉讼法司法解释》(2018年)第22条]。

② 参见《行政诉讼法》第26条第3款。

③ 参见《行政诉讼法》第26条第3款。

④ 1989年《行政诉讼法》规定可以作为行政诉讼被告的主体是行政机关和法律、法规授权的组织。后来,最高人民法院司法解释将"法律、法规授权的组织"扩大到"法律、法规、规章授权的组织"。参见《行政诉讼法司法解释》(1999年)第20条。现行《行政诉讼法》第2条已经确立了这一内涵的扩大。

⑤ 行政机关的内设机构或者派出机构本不是行政主体,不能成为行政诉讼的被告。但是,当法律、法规、规章授权它们行使某种行政职权时,它们即在行使相应行政职权的特定条件下成为行政主体,在此种情形下(即使超越法定授权范围),也只有在此种情形下,它们可以成为行政诉讼的被告。行政机关的内设机构、派出机构,或者临时组建行使某种行政职能但不具有独立承担法律责任能力的机构,其以自己名义作出被诉行政行为,当事人不服提起诉讼的,应当以相应行政机关为被告。

⑥ 参见《行政诉讼法司法解释》(2018年)第20条第3款。

⑦ 参见《行政诉讼法》第26条第5款。

⑧ 《行政诉讼法司法解释》(2018年)第20条第1款规定,行政机关组建并赋予行政处理职能但不具有独立承担法律责任的机构,以自己的名义作出行政行为,当事人不服提起诉讼的,应当以组建该机构的行政机关为被告。

⑨ 参见《行政诉讼法》第26条第6款。

（12）与非行政机关共同作出具体行政行为的行政机关；[①]

（13）作出经上级行政机关批准作出的被诉行政行为，被告为在对外发生法律效力的文书上署名的机关；[②]

（14）不依法履行法定职责（不作为）的行政机关或被授权的组织；[③]

（15）两个以上行政机关作出同一被诉行政行为的共同行为机关（共同被告）。[④]

行政诉讼被告除了上述 15 种情形外，还有下述 5 种特殊情形的被告：

（1）当事人对由国务院、省级人民政府批准设立的开发区管理机构作出的行政行为不服提起诉讼的，以该开发区管理机构为被告；对由国务院、省级人民政府批准设立的开发区管理机构所属职能部门作出的行政行为不服提起诉讼的，以其职能部门为被告；对其他开发区管理机构所属职能部门作出的行政行为不服提起诉讼的，以开发区管理机构为被告；开发区管理机构没有行政主体资格的，以设立该机构的地方人民政府为被告。[⑤]

（2）行政机关被撤销或者职权变更，没有继续行使其职权的行政机关的，以其所属的人民政府为被告；实行垂直领导的，以垂直领导的上一级行政机关为被告。[⑥]

（3）当事人对村民委员会或者居民委员会依据法律、法规、规章的授权履行行政管理职责的行为不服提起诉讼的，以村民委员会或者居民委员会为被告；当事人对村民委员会、居民委员会受行政机关委托作出的行为不服提起诉讼的，以委托的行政机关为被告。[⑦]

（4）当事人对高等学校等事业单位以及律师协会、注册会计师协会等行业协会依据法律、法规、规章的授权实施的行政行为不服提起诉讼的，以该事

---

① 导致这类被告的情形是：相对人对行政机关与非行政机关的组织共同署名作出的处理决定不服，向法院起诉。在这种情形下，非行政机关的组织不能作被告，但非行政机关的组织的行为侵犯相对人合法权益需要进行赔偿的，法院可通知其作为第三人参加。

② 参见《行政诉讼法司法解释》（2018 年）第 19 条。

③ 参见《行政诉讼法》第 47 条。

④ 参见《行政诉讼法》第 26 条第 4 款。

⑤ 参见《行政诉讼法司法解释》（2018 年）第 21 条。

⑥ 参见《行政诉讼法司法解释》（2018 年）第 23 条。

⑦ 参见《行政诉讼法司法解释》（2018 年）第 24 条。

业单位、行业协会为被告;当事人对高等学校等事业单位以及律师协会、注册会计师协会等行业协会受行政机关委托作出的行为不服提起诉讼的,以委托的行政机关为被告。[①]

(5)市、县级人民政府确定的房屋征收部门组织实施房屋征收与补偿工作过程中作出行政行为,被征收人不服提起诉讼的,以房屋征收部门为被告;征收实施单位受房屋征收部门委托,在委托范围内从事的行为,被征收人不服提起诉讼的,应当以房屋征收部门为被告。[②]

以上20种情形的行政机关、法律、法规、规章授权的组织在实施了被诉行政行为,行政相对人(直接相对人或间接相对人)向人民法院对之提起诉讼后,它们即成为行政诉讼的适格被告。

(三)行政诉讼被告的诉讼权利、义务

在行政诉讼法律关系中,被告享有与原告基本相同的诉讼权利,但也有某些诉讼权利仅原告享有而被告不享有,还有某些诉讼权利则原告不享有而为被告特有。

行政诉讼原、被告均享有的诉讼权利主要有下述9项:

(1)委托诉讼代理人权;

(2)提供证据和申请保全证据权;

(3)申请回避权;

(4)辩论权;

(5)申请保全财产权;

(6)上诉权;

(7)申请查阅和补正庭审笔录权;

(8)申请强制执行权;

(9)申请再审权。

仅原告享有而被告不享有的诉讼权利主要有下述5项:

(1)起诉权;

(2)申请停止被诉具体行政行为执行权;

---

① 参见《行政诉讼法司法解释》(2018年)第24条。

② 参见《行政诉讼法司法解释》(2018年)第25条。

(3)申请补充或变更诉讼请求权;

(4)撤诉权;

(5)申请先予执行权。

原告不享有而为被告特有的诉讼权利主要有三项:

1. 在诉讼过程中执行原行政行为或自行决定停止执行原行政行为权

行政诉讼期间,被诉行政行为原则上不停止执行,因此,被告在诉讼过程中有权执行原行政行为。同时,根据《行政诉讼法》的规定,被告认为被诉行政行为需要停止执行的,也有权自行决定停止被诉行政行为的执行。①

2. 在一审裁判作出前改变原行政行为权

被告在人民法院宣告一审判决或裁定前,有权改变原作出的行政行为。但此种改变应书面通知人民法院。原告或第三人对改变后的行为不服提起诉讼的,人民法院应当就改变后的行政行为进行审理。被告改变原行政行为,原告不撤诉,要求确认原行政行为违法,人民法院经审查认为原行政行为违法的,应作出确认其违法的判决;认为原行政行为合法的,应当判决驳回原告的诉讼请求。②

3. 强制执行人民法院判决、裁定权

被告对于原告拒绝履行人民法院已经发生法律效力的判决、裁定,不仅可以申请人民法院强制执行,而且自己有权依法强制执行。

被告在行政诉讼法律关系中,也具有与原告基本相同的义务,但也有下述特有义务:

(1)被诉行政机关负责人出庭应诉的义务(不能出庭的,应当委托行政机关相应的工作人员出庭)③;

(2)原告起诉后向法庭提供作出被诉行政行为的证据和所依据的规范性文件的义务。被告不提供作出被诉行政行为的证据或者无正当理由逾期提

① 被告认为被诉行政行为需要停止执行的理由可能是相应行政行为没有必要立即执行,待法院作出判决或裁定后执行更为有利和适当,或者相应行政行为的执行会造成难以弥补的损失,而停止执行又不至于损害社会公共利益等。

② 参见《行政诉讼法》第74条第2款第2项。另外,原告起诉被告不作为,在诉讼中被告作出行政行为,原告不撤诉的,人民法院经审查认为不作为违法的,应作出确认其违法的判决;认为行政机关的行为不构成不作为的,应当判决驳回原告的诉讼请求。

③ 参见《行政诉讼法》第3条第3款。

供,法庭视其为没有证据。但是被诉行政行为涉及第三人合法权益,第三人提供证据的除外;①

(3)根据法院裁定,在行政诉讼过程中,停止被诉行政行为执行的义务;

(4)在相对人起诉要求支付其抚恤金、最低生活保障金和工伤、医疗社会保险金等案件中,根据法院裁定,先行给付的义务等。

## 三、第三人

### (一)行政诉讼第三人的条件

行政诉讼第三人是指同被诉行政行为有利害关系但没有提起诉讼,或者同案件处理结果有利害关系的公民、法人或其他组织。

行政诉讼第三人应具备如下条件:

(1)同被诉行政行为有利害关系或者同案件处理结果有利害关系。所谓"有利害关系",是指"有法律上的权利义务关系",包括被诉行政行为使其获得某种权利,减少某种义务,或者使其丧失某种权利,增加某种义务,或者使其权益导致某种其他不利影响。公民、法人或者其他组织如果与被诉行政行为没有这种法律上的权利义务关系,而只是在行政行为发生时其曾到过现场,亲眼见过或亲耳听到过行政行为发生的事实(可成为案件证人),或者其与作出行政行为的政府工作人员或行政行为所针对的相对人有亲属关系、朋友关系或其他关系,均不具有行政诉讼第三人的资格。"有利害关系"一般指"有实际利害关系",即被诉行政行为是其权利义务发生变化的实际原因。如果公民、法人或其他组织权利义务的变化的实际原因是其他事物,而其他事物曾受到过被诉行政行为某种非常间接的影响或与被诉行政行为有某种非常间接的联系,这种关系即不足以使相应个人、组织具有行政诉讼第三人的资格。

"与被诉行政行为有利害关系"的人通常同时"与案件处理结果有利害关系",但是"与案件处理结果有利害关系的人"不一定都"与被诉行政行为有利害关系"。原《行政诉讼法》规定,仅与案件处理结果有利害关系而不与被诉行政行为有利害关系的个人、组织不具有行政诉讼第三人的资格。而2014年修正的《行政诉讼法》对此作了改变:"与被诉行政行为有利害关系"的人和

---

① 参见《行政诉讼法》第34条。

"与案件处理结果有利害关系"的人均可具有行政诉讼第三人的资格。

(2)在行政法律关系中一般处于行政相对人的地位。这一要求意味着,作为行政主体的行政机关一般不能作为第三人参加诉讼,不具有行政诉讼第三人的资格。但行政机关或其他国家机关如果处于被管理地位时,即可在行政诉讼中享有第三人的资格。有人主张,作为行政主体的行政机关,在一定的行政诉讼法律关系中,也应赋予其第三人的资格,这样有利于行政诉讼目的的实现。例如,指示作出被诉行政行为的行政机关,批准被诉行政行为实施的行政机关,被越权的行政机关,作出被诉行政行为前置行为或辅助行为的行政机关,就同一事项作出与被诉行政行为相冲突的行政行为的行政机关等,根据行政诉讼的需要,应可作为行政诉讼第三人参加行政诉讼。这种主张应该说是有道理的。因此,对《行政诉讼法》第 29 条中"公民、法人或者其他组织"的界定不应完全限定为"行政相对人"。在某些特定情况下,作为行政主体的行政机关也可视为《行政诉讼法》第 29 条中的"其他组织"。[①]

(3)经本人申请或人民法院通知参加诉讼。第三人不同于原告,只有本人起诉,才可获得原告资格。具有第三人资格的人,本人不申请,人民法院通知其参加诉讼也是其成为实际诉讼第三人的条件。第三人也不同于被告,只有被原告所诉,被人民法院通知应诉的人才可取得被告资格。具有第三人资格的人,法院未通知其参加诉讼,自己主动申请,法院同意其参加诉讼,其亦可成为实际诉讼第三人。但是,具有第三人资格的人,如果自己不申请参加诉讼,人民法院也未通知其参加诉讼,其即不能成为实际诉讼的第三人和取得行政诉讼第三人的实际资格。

(二)行政诉讼第三人的范围

《行政诉讼法》及其司法解释均未对行政诉讼第三人的范围作出明确界定。在实践中,作为行政诉讼第三人的个人、组织大致包括以下 10 种情形:

1. 行政处罚的被处罚人

这又包括两种具体情形:其一,行政机关就同一违法事实处罚了两个以上共同违法的人,其中一部分被处罚人对处罚不服,向法院起诉,另一部分人可作为第三人参加诉讼;其二,行政机关对违法行为人科处行政处罚后,被处罚

---

① 参见《行政诉讼法》第 29 条。

人未起诉,其权益被被处罚人侵犯的受害人起诉,在这种情况下,被处罚人可作为第三人参加诉讼。

2. 其权益被行政处罚被处罚人侵犯的受害人

这类第三人适用的情形是:行政机关对违法行为人科处行政处罚后,被处罚人不服向法院起诉,在这种情况下,其权益被行政处罚被处罚人侵犯的受害人可作为第三人参加诉讼。

3. 行政行为的直接相对人

除了被处罚人以外,其他行政行为的直接相对人也可作为行政诉讼第三人。这类第三人适用的情况是:行政机关作出某种行政行为(如行政许可、行政确认、行政征收、征用等),该行为的直接相对人未起诉,其权益受到相应行政行为不利影响的人(间接相对人,如公平竞争权人、相邻权人等)对行为不服,提起诉讼,在这种情况下,相应行政行为的直接相对人可作为第三人参加诉讼。

4. 行政行为涉及或影响其权益的人(间接相对人)

这类第三人适用的情形是:行政机关作出某种行政行为,既涉及或影响直接相对人权益,又涉及或影响非直接相对人的其他人(如公平竞争权人、相邻权人等)的权益。相应行政行为的直接相对人对之不服,向法院起诉,在这种情况下,相应行政行为涉及或影响权益的其他人可以作为第三人参加诉讼。

5. 行政裁决的一方当事人

这类第三人适用的情形是:行政机关依职权裁决双方当事人之间有关所有权、使用权归属争议或有关赔偿、补偿争议,一方当事人不服,向法院提起行政诉讼,在这种情况下,另一方当事人可以作为第三人参加诉讼。[①]

6. 行政裁决影响其权益的非当事人

这类第三人适用的情形是:行政机关依职权裁决双方当事人之间有关所有权、使用权归属争议或有关赔偿、补偿争议,其裁决不仅影响双方当事人的权益,而且影响非当事人的其他个人、组织的权益。在这种情况下,如果裁决

---

① 《行政诉讼法司法解释》(2018 年)第 30 条第 1 款规定,“行政机关的同一行政行为涉及两个以上利害关系人,其中一部分利害关系人对行政行为不服提起诉讼,人民法院应当通知没有起诉的其他利害关系人作为第三人参加诉讼”。这一规定可适用于上述 5 种情形的每一种情形。

一方当事人不服，向法院提起行政诉讼，其权益受到行政裁决影响的非裁决当事人的其他个人、组织可以作为第三人参加诉讼。

7. 与行政机关共同作出行政行为的非行政机关组织

这类第三人适用的情形是：行政机关与非行政机关共同署名作出某种被诉行政行为，相对人不服，向法院提起行政诉讼。非行政机关因为不具有行政主体资格，不能作被告，只能由行政机关一方作被告。在这种情况下，如其共同作出的被诉行政行为造成相对人人身或财产损害，需要进行赔偿，且非行政机关组织一方对之负有责任或可能负有责任，人民法院可通知其作为行政诉讼第三人参加诉讼。

8. 应当作为被告追加而原告不同意追加的行政机关或法律、法规授权的组织

根据《行政诉讼法司法解释》（2018 年）第 26 条第 2 款的规定，在行政诉讼中，原告起诉的被告如果不适格，人民法院应告知原告变更被告；原告不同意变更的，人民法院裁定驳回起诉。原告的起诉如果遗漏被告，人民法院应告知原告追加被告；原告不同意追加的，人民法院应通知其以第三人的身份参加诉讼，但行政复议机关作共同被告的除外。

9. 与被诉行政行为没有利害关系但与案件处理结果有利害关系的公民、法人或者其他组织

《行政诉讼法》规定，与被诉行政行为没有利害关系但与案件处理结果有利害关系人也可具有第三人的资格。这一规定是很有意义的。例如，已离婚夫妻双方因房产登记证发生争议，一方提起行政诉讼，双方原子女与被诉行政行为——行政机关颁发房产登记证行为——没有利害关系，但显然与案件处理结果——无论法院是否确认行政机关颁发房产登记证行为违法，双方原子女均与案件处理结果有利害关系。在这种情况下，双方原子女可以取得"第三人"的资格。

10. 应当作为共同诉讼当事人的原告追加而其不愿意参加诉讼，但又不放弃实体权利的当事人

《行政诉讼法司法解释》（2018 年）第 28 条规定，人民法院追加共同诉讼的当事人时，应当通知其他当事人。应当追加的原告，已明确表示放弃实体权利的，可不予追加；既不愿意参加诉讼，又不放弃实体权利的，应追加为第三人，其不参加诉讼，不能阻碍人民法院对案件的审理和裁判。

(三)行政诉讼第三人的权利义务

在行政诉讼法律关系中,第三人具有当事人的地位。在行政实体法律关系中,具有行政相对人身份的第三人除不行使起诉权和不具有撤诉权外,享有与原告基本相同的诉讼权利义务。而在行政实体法律关系中具有行政主体身份或与行政主体具有相同地位的社会组织的第三人则享有与被告基本相同的诉讼权利义务。

就第三人的权利来说,无论是对在行政实体法律关系中具有行政相对人身份的第三人,还是对在行政实体法律关系中具有行政主体身份或与行政主体具有相同地位的社会组织的第三人,其较为重要的权利是在诉讼过程中,有权提出与本案有关的诉讼请求,对人民法院的一审判决不服,有权提出上诉等。

《行政诉讼法司法解释》(2018 年)第 30 条第 2 款规定,与行政案件处理结果有利害关系的第三人,可以申请参加诉讼,或者由人民法院通知其参加诉讼。人民法院判决其承担义务或者减损其权益的第三人,有权提出上诉或者申请再审。《行政诉讼法司法解释》(2018 年)第 30 条第 3 款规定,第三人(不论何种情形的第三人)因不能归责于本人的事由未参加诉讼,但有证据证明发生法律效力的判决、裁定、调解书损害其合法权益的,可以依照《行政诉讼法》第 90 条的规定,自知道或者应当知道其合法权益受到损害之日起 6 个月内,向上一级人民法院申请再审。

## 四、诉讼代理人

行政诉讼代理人是指代理行政诉讼当事人实施行政诉讼行为的人。行政诉讼代理人依诉讼代理权来源的不同可以分为法定代理人和委托代理人。[①]

---

① 传统的民事诉讼法教科书和行政诉讼法教科书曾将诉讼代理人分为法定代理人、委托代理人和指定代理人三类。1982 年第五届全国人大常委会第二十二次会议通过的《民事诉讼法(试行)》亦曾将法定代理人分为法定代理人、委托代理人和指定代理人三类(参见该法第五章第二节)。所谓指定代理人,指是人民法院指定代理无诉讼行为能力的人进行诉讼的人。指定代理人一般发生在作为原告的公民无诉讼行为能力,并且无法定代理人代为诉讼或法定代理人不能行使代理权的情况下,人民法院为了使诉讼得以顺利进行,不得不依法指定代理人代为诉讼。被指定代理诉讼的人可以是律师,当事人所在单位的人或其他公民。指定代理人的地位不完全同于法定代理人,他们只能对人民法院指定的特定案件行使代理权,只能有条件地处分被代理人的实体权利,处分前通常要经人民法院同意。不过现行《民事诉讼法》和现行《行政诉讼法》均未规定“指定代理人”,而仅规定法定代理人互相推诿代理责任的,由人民法院指定其中一人代为诉讼。故本书研究诉讼代理人,仅对之作法定代理人和委托代理人的分类。

(一)法定代理人

法定代理人是依法代理未成年人、精神病人等无诉讼行为能力的人进行诉讼的人。享有法定代理权的人通常是被代理人的配偶、父母、子女或其他近亲属,有时可为被代理人的其他监护人。法定代理人互相推诿代理责任的,由人民法院指定其中一人代为诉讼。

在行政诉讼中,法定代理人的地位基本上同于被代理人,法定代理人有权处分被代理人的实体权利,其依法实施的诉讼行为无须被代理人认可而视为被代理人的行为。

法定代理人不同于法人、其他组织或行政机关的法定代表人,前者代理的是限制行为能力或无行为能力的自然人,后者代表的是既有权利能力、又有行为能力的法人、其他组织或行政机关。法定代表人是相应企业、组织、机关的主要负责人(没有主要负责人时则为实际上的负责人),在各种法律关系中,他们均代表相应企业、组织、机关实施法律行为。相应企业、组织、机关的一切法律行为也只能由其法定代表人行使(而法定代理人的被代理人的行为能力恢复后可自己行使权利,自己实施法律行为)。在行政诉讼中,法定代表人代表(而不是代理)相应企业、组织、机关行使当事人的权利,履行当事人的义务,其诉讼行为(包括他们委托代理人所为的诉讼行为)的结果均归属于他们所代表的企业、组织、机关。在诉讼进行中,作为原告的法人或其他组织和作为被告的行政机关的主要负责人被更换,导致参加诉讼的法定代表人也要更换时,应向人民法院提出新的法定代表人的身份证明书,继续参加诉讼。原法定代表人已进行的诉讼活动对于继续参加诉讼的新法定代表人具有约束力。

(二)委托代理人

委托代理人是当事人或法定代理人委托代为诉讼的人。委托代理人可以是律师、基层法律服务工作者、当事人的近亲属或者工作人员、当事人所在社区、单位以及有关社会团体推荐的公民。根据《行政诉讼法司法解释》(2018年)第32条的规定,与当事人有合法劳动人事关系的职工,可以当事人工作人员的名义作为诉讼代理人。以当事人的工作人员身份参加诉讼活动,应当提交以下证据之一加以证明:(1)缴纳社会保险记录凭证;(2)领取工资凭证;(3)其他能够证明其为当事人工作人员身份的证据。根据《行政诉讼法司法法解释》(2018 年)第 33 条的规定,有关社会团体推荐公民担任诉讼代理人的,应当符合下列条件:(1)社会团体属于依法登记设立或者依法免予登记设立的非营利性法人组织;(2)被代理人属于该社会团体的成员,或者当事人一方住所地位于该社会团体的活动地域;(3)代理事务属于该社会团体章程载明的业务范围;(4)被推荐的公民是该社会团体的负责人或者与该社会团体有合法劳动人事关系的工作人员。另外,专利代理人经中华全国专利代理人协会推荐,可以在专利行政案件中担任诉讼代理人。

委托代理人的诉讼代理权限于被代理人授权范围之内,其只能在被代理人授权范围内处分被代理人的权利。

当事人委托诉讼代理人,应向人民法院提交由委托人签名或者盖名或者盖章的授权委托书。委托书应载明委托事项和具体权限。公民在特殊情况下无法书面委托的,也可以由他人代书,并由自己捺印等方式确认,人民法院应当核实并记录在卷;被诉行政机关或者其他有义务协助的机关拒绝人民法院向被限制人身自由的公民核实的,视为委托成立。当事人解除或者变更委托的,应书面报告人民法院。社会团体接受委托时,该社会团体的法定代表人为委托诉讼代理人。社会团体的法定代表人征得委托人的同意,可以指定该团体的成员或者聘请律师作为诉讼代理人。所有诉讼代理人,无论是法定代理人,还是指定代理人、委托代理人,都是以被代理人的名义进行诉讼活动,而不是以自己的名义进行诉讼活动,他们在代理权限范围内所实施的一切诉讼行为,其法律后果均归属于被代理人。

诉讼代理人在代理被代理人进行行政诉讼时,即代其行使当事人的诉讼权利、义务。根据《行政诉讼法》和《律师法》的规定,代理诉讼的律师,可以依照规定查阅、复制本案有关材料,可以向有关组织和公民调查、收集与本案有关的证据,但对涉及国家秘密、商业秘密和个人隐私的材料应依法保密。其他诉讼代理人也可按照规定查阅、复制本案除涉及国家秘密、商业秘密和个人隐私以外的其他庭审材料。

## 五、行政诉讼参与人

广义的诉讼参与人包括诉讼参加人。但狭义的诉讼参与人仅指证人、鉴定人、勘验人、翻译人员等与案件本身无利害关系的人。他们参与行政诉讼只是为了帮助人民法院查明案件事实真相,以便对案件作出正确的判决。在行政诉讼中,他们的权利在于实事求是地提供证言、证物、鉴定笔录、勘验笔录以及提供翻译服务等。他们的基本义务是服从人民法院的指挥,准确地和实事求是地提供服务,不徇私舞弊、不作伪证等。

## 本章参考书目

1. 柴发邦主编:《行政诉讼法教程》,中国人民公安大学出版社 1990 年版,第 4 章。

2. 江必新:《行政诉讼法疑难问题探讨》,北京师范学院出版社 1991 年版,第 3 章。

3. 姜明安:《行政法与行政诉讼法》,北京大学出版社、高等教育出版社 2015 年版,第 26 章。

4. 莫于川主编:《行政法与行政诉讼法》,中国人民大学出版社 2012 年版,第 15 章。

5. 林莉红:《行政诉讼法学》,武汉大学出版社 1999 年版,第 3 章。

6. [日]盐野宏:《行政救济法》,杨建顺译,北京大学出版社 2008 年版,第 2 章。

# 第六章 行政诉讼的受案范围

行政诉讼受案范围是《行政诉讼法》最为重要的内容，具有极为重要的法律意义（它标志着法院审查行政行为的可得性、行政相对人在何种范围或对哪些事项可诉诸人民法院，也意味着对当事人资格的确定，并制约着诉讼管辖、证据、程序以及判决等规定）。[①]

——江必新

在现行制度，其为行政诉讼目的之事由，概可为诉类之目的而审理之事由，故自审理之事项言，则诉愿[②]与行政诉讼，并无鸿沟之界也。

然为行政诉讼目的之事件，其种类与范围岂全相同乎，曰，是又不然。在独立行政裁判所为适当审理之事件，与在普通行政厅为适当审理之事件，其种类范围自相异也。[③]

——［日］美浓部达吉

## 第一节 行政诉讼受案范围概述

行政诉讼受案范围，是指人民法院受理行政案件、裁判行政争议的范

① 江必新、梁凤云：《行政诉讼法理论与实务》，北京大学出版社 2009 年版，第 120~121 页。

② 日本的"诉愿"，相当于中国的"行政复议"。

③ ［日］美浓部达吉：《行政裁判法》，邓定人译，中国政法大学出版社 2005 年版，第 29、32 页。

围,亦即人民法院对行政行为进行司法审查,对行政机关依法行使行政权进行司法监督的范围。对行政相对人来说,行政诉讼受案范围也就是其对行政行为不服向法院提起诉讼,请求法院保护其合法权益和提供救济的范围。对行政机关来说,行政诉讼受案范围,则是其实施的行政行为接受司法审查,接受相对人通过诉讼途径的监督和接受司法监督的范围。

行政诉讼不同于民事诉讼和刑事诉讼,其诉讼范围的确定有着特殊重要的意义。因而在行政诉讼法学中,对行政诉讼受案范围的研究也有着特殊的重要性。

## 一、《行政诉讼法》专章规定行政诉讼受案范围的原因和意义

《民事诉讼法》和《刑事诉讼法》都没有专门规定法院的受案范围,而《行政诉讼法》却以专章规定法院对行政案件的受案范围。这是为什么呢?其主要原因有下述三个方面:

### (一)行政诉讼涉及国家行政权与司法权的关系,行政行为的性质决定了它不可能无限制地接受司法审查

根据国家职权分工制约的原理,行政权的行使要接受司法权的一定监督和制约。因此,公民、法人或其他组织对行政机关的绝大部分行政行为不服,认为其违法,侵犯他们的合法权益,可以向法院起诉,请求法院审查和裁判。但是司法权对行政权的监督、制约,不能是无限的。行政行为不同于民事行为或公民、法人或其他组织的其他行为,它涉及国家和社会公益,有些行政行为特别需要保密,通过司法程序有可能泄密,给国家和人民的利益造成重大,甚至是无可挽回的损失;有些行政行为特别紧急,需要迅速处理,进入司法程序有可能贻误时机,导致严重后果;有些行政行为具有极强的政治性,需要适应一定时期一定地区形势的变化,此种行为的争议,进入司法程序后,法院不可能找到明确的法律标准衡量和评判,如果由法院以司法裁量取代行政裁量来解决,这就不仅会使国家职权分工造成混乱,而且可能导致许多重大国际、国内问题的不当或错误处置,给国家利益造成重大损失,因为法院不熟悉各种微妙的国际关系问题和各种复杂的国内政策问题,自由裁量失去了政治、政策和策略考虑就可能使法律赋予的裁量权异化,偏离立法目的。

行政行为既要接受司法监督,又不能无限制地接受司法监督,这就必须划

出一条明确的界限,确定哪些行为可受司法审查,哪些行为不受司法审查。否则,原告起诉和法院受理行政案件都会无所适从,这就是《行政诉讼法》明确规定受案范围的最主要的原因。民事诉讼和刑事诉讼不涉及两种国家权力的关系,不存在上述问题,故不需要在诉讼法中专门规定受案范围。尽管民事诉讼和刑事诉讼实际上也存在受案范围的问题。

(二)行政诉讼是整个行政法制监督机制的一个环节,必须和其他行政法制监督制度有明确的分工

行政法制监督机制包括权力机关的监督、监察机关的监督、人民法院的监督、人民检察院的监督、审计机关的监督、人民群众和舆论机关的监督,等等。每一种监督均有其特有的监督职能和监督范围,如权力机关的监督主要是对行政机关行政立法行为和其他抽象行政行为的监督,监察机关的监督主要是对公职人员贪污、腐败行为的监督,检察机关的监督主要是对公职人员失职、渎职犯罪行为和对特定违法行政行为(通过启动行政公益诉讼的方式等)的监督,等等。行政诉讼作为行政法制监督整体机制中的一个环节,它主要是对行政机关一定范围的行政行为合法性的监督。[①] 为了将人民法院的司法监督和其他监督制度区分开来,不侵越其他监督制度的职能,也不遗漏行使其本身应有的监督职能,即有必要通过立法明确确立人民法院以行政诉讼方式实现的对行政行为监督的范围,亦即行政诉讼的受案范围。

此外,行政诉讼虽然是一种行政法制监督制度,但其最根本的性质是救济,是为行政相对人提供法律救济的制度。因此,有些行政行为,无论是具体行政行为,还是抽象行政行为;如果与行政相对人没有法律上的权利义务关系,就不适宜,也没有必要纳入行政诉讼的受案范围。这也就是说,行政诉讼实施的监督只涉及与行政法救济相关的行政行为,非行政法救济范围的行政行为,则不是行政诉讼方式实施的法制监督的对象。为此,《行政诉讼法》亦

---

① 行政诉讼作为一种行政法制监督制度,它并不排除对抽象行政行为的监督,但主要功能是对行政机关具体行政行为合法性的监督。我国 1989 年《行政诉讼法》几乎完全排除对抽象行政行为的监督(排除其作为行政诉讼的受案范围)显然是不妥的,2014 年修订的《行政诉讼法》将部分抽象行政行为纳入法院司法审查附带审的范围,可实施有限的监督。当然这还不够,还需要进一步扩大,使抽象行政行为具有直接可诉性。但是,抽象行政行为受司法审查的范围无论如何扩大,都肯定不会如同具体行政行为的可诉性一样大。在国外,无论是英美模式,还是欧洲大陆模式,抽象行政行为受司法审查的范围和“度”均要小于具体行政行为。

有必要通过确定受案范围划分行政诉讼方式实施的法制监督和其他方式实施的法制监督的界限。

(三)行政诉讼是行政法上的救济制度之一,其救济范围必须和行政法上的其他救济制度有明确的分界

在我国,公民、法人和其他组织的合法权益受到行政机关及其工作人员违法或不当行为侵犯后,行政法为之设置了各种救济途径。如向实施行政侵权行为的机关申诉,要求其改正;向实施行政侵权行为的机关的上级机关(所属政府或上级主管部门)申请复议,要求撤销或改变相应行为;向有关国家机关申诉、控告、检举,要求提供救济和追究违法者的责任等。行政诉讼是行政法设置的救济途径之一,它不应该也不可能取代其他所有救济途径,它必须和其他救济途径有所分工、有所衔接,才能构成有效运转的救济机制。我国行政法上的救济机制是比较复杂的:对一个行政行为有些既可以申诉,又可以申请复议,还可以提起行政诉讼;有些则只能走一个或两个救济途径;有些救济途径必须依顺序进行,走了这个途径才能进入那个途径;有些则无限制,相对人可选择先进入哪个途径。为了理顺这些关系,使申请救济的相对人和提供救济的国家机关都明确各种救济的条件、范围,故有必要通过立法加以明确的界定,作为规范行政诉讼救济途径的《行政诉讼法》,对其救济范围,即行政诉讼受案范围予以专门规定就是理所当然的了。

以上各点,即是《行政诉讼法》专章规定行政诉讼受案范围的原因,从另一个角度看,也可以认为是《行政诉讼法》作此规定的意义。首先,《行政诉讼法》作此规定,有利于正确处理司法权与行政权的关系,使行政诉讼既能有效地起到监督行政机关依法行政的作用,又防止对行政权的有效行使造成不适当的干扰,损害行政效率;其次,《行政诉讼法》作此规定,有利于适当划分行政诉讼与其他行政法制监督制度的监督范围,既有利于充分发挥行政诉讼的行政法制监督职能,又不至以行政诉讼取代其他监督制度的作用;最后,《行政诉讼法》作此规定,有利于理顺我国各种行政救济途径的相互关系,使之相互配合,相互协调,形成有序、有效运转的行政法救济机制。

## 二、确定行政诉讼受案范围的主要依据和标准

前已述及,《行政诉讼法》立法明确规定行政诉讼范围是必要的,有着重

要的意义。但是立法者怎么来确定这个范围呢,以什么作为依据和标准来对行政行为加以划分,将其中绝大部分划入行政诉讼的受案范围,将其另一部分排除出人民法院行政审判的受案范围呢?当然,世界上不存在统一的绝对的这种依据和标准。否则,世界各国行政诉讼的受案范围就不会各不相同,会相互存在那么大的差别。但是,各国确定行政诉讼的受案范围也不是没有相对一致和某些基本相同的依据和标准的。否则,各国行政诉讼就不存在共性,就不能统称为"行政诉讼"了。然而,各国确定行政诉讼的受案范围的依据和标准无论是相同还是相异,无论有多少相同之处或相异之处,但依据和标准总是有的。因为任何立法者均不可能任意地将某些行政行为划入受案范围和任意地将另一些行政行为排除出这个范围。

那么,就我国来说,《行政诉讼法》确定受案范围的主要依据和标准是什么呢?我国立法者是以什么依据和标准确定行政诉讼的受案范围的呢?

分析我国《行政诉讼法》立法的目的和立法背景资料,可以认为,我国确定行政诉讼受案范围的主要依据和标准有下述四项:

### (一)保护公民、法人和其他组织合法权益与维护国家、社会公共利益的平衡

行政诉讼的宗旨之一就是保护作为行政相对人的公民、法人和其他组织的合法权益,为受到违法行政行为侵犯的公民、法人和其他组织提供法律救济。很显然,确定行政诉讼受案范围必须从这一宗旨出发。然而,确定行政诉讼受案范围又不能只考虑这一个因素,尽管这是一个最重要的因素。但如果只考虑这一个因素,那么行政行为只要公民认为违法和侵犯其权益,均可被诉,行政行为的可诉性即是无限的。然而,行政行为如果不加区分地均可被诉,均确定为受案范围,有时就可能损害国家和社会公共利益。公民、法人和其他组织的个人利益、局部利益,如果是合法的,它们一般应该与国家、社会公共利益是一致的,从而在它们被行政行为侵犯时,法院应为之提供救济。保护公民、法人和其他组织的合法权益与维护国家、社会公共利益在绝大多数情况下也应该是一致的,不相抵触的。但是在某些时候,某些条件下,如行政行为具有某种特别紧急性、政治性、保密性等,允许公民、法人和其他组织对相应行为起诉,由法院对之进行公开的司法审查,就可能不利于保护国家、社会公共利益,甚至损害国家、社会公共利益。在这种情况下,为维护国家社会公共利

益,立法者不得不将某些行政行为排除在行政诉讼受案范围之外,而对行政相对人采取其他途径进行救济。至于具体哪些行政行为应列入受案范围,哪些行政行为应从受案范围中排除,应综合考虑对公民、法人和其他组织合法权益的保护以及对国家、社会公共利益的维护,努力求得二者的平衡。在无损于国家、社会公共利益的前提条件下,应尽可能扩大行政诉讼的受案范围。至于在某些情况下,为维护国家、社会公共利益,限制对某些行政行为提起行政诉讼,不仅是对公民、法人和其他组织整体利益的维护,也是对作为行政相对人个人、组织根本利益的维护。另外,对于不能起诉的行政行为,行政相对人虽不能通过行政诉讼获得救济,但可通过其他途径获得救济。当然,行政诉讼提供的救济有时可能要比其他途径提供的救济更可靠些,更及时些。但是对救济范围进行限制是公民、法人和其他组织作为国家共同体的成员为了共同体的利益而必须付出的代价。

(二)法律问题与政策问题的适当区分

在现代法治国家,行政机关实施任何行为都应该有法律根据,依法行政。同时,行政行为因为是政府实施的行为,又不能不考虑政策,任何行政行为都具有一定的政策因素。这样一来,行政行为就既有法律因素,又有政策因素,从而其争议既可能涉及法律问题,又可能涉及政策问题。那么,依据法律问题和政策问题的标准怎么能对行政行为加以区分,使之一部分列入受案范围,一部分不列入受案范围呢?此中的道理在于,行政行为虽然都具有法律和政策因素,既依据法律,又源于政策考虑,但是不同的行政行为,这二者的因素是不一样的。例如,行政执法行为通常严格依法(法律、法规、规章等)进行,较少直接考虑政策因素;而行政立法行为则不同,行政机关制定某一规范性文件除了要求不与法律和上一层级行政法律规范相抵触外,主要是考虑政策。行政执法行为的自由裁量度较小;行政立法行为的自由裁量度则大得多,所谓自由裁量,主要是依政策裁量。由此可见,行政执法行为的法律因素大于行政立法行为,而后者的政策因素则大于前者,由于法院主要是解决法律问题的,不适于由它来解决政策问题。故此行政诉讼立法可以以法律和政策问题作为一个标准,将主要涉及法律问题的行政行为列入受案范围,而将主要涉及政策问题的行政行为排除受案范围。[①]

(三)法律争议与技术争议的适当区分

在有些行政案件中,法律争议与技术争议是相伴而行的,既有法律争议,又有技术争议,有时技术性争议是法律争议的前提;但是也有一些行政案子,则仅有法律争议而无技术性争议,或仅有技术性争议而无法律争议;或虽有法律争议,但技术性争议是主要的,解决了技术性争议,法律争议就迎刃而解。对法律争议与技术争议的适当区分可以作为确定行政诉讼受案范围的一个依据或标准的理由是,法院解决法律争议有优势,行政机关因为具有行政专门知识、专门经验、专门技能和相应技术手段、设备、条件等,解决技术性争议有优势,故行政诉讼立法应将只涉及或主要涉及法律争议的行政案件列入行政诉讼受案范围,而将只涉及或主要涉及技术性争议的案件排除出行政诉讼受案范围,或者在列入行政诉讼受案范围时附以行政复议前置条件。当然《行政诉讼法》很难具体列举出哪些行政案件只涉及或主要涉及法律争议,哪些行政案件只涉及或主要涉及技术性争议,这只能在制定具体法律时确定。如具体立法时认为某一问题技术性特别强,不宜由法院解决,可个别规定该问题由行政机关最终解决,或通过行政复议先行解决。[②]

(四)目的性与可能性兼顾

行政诉讼立法确定行政诉讼的受案范围首先应以行政诉讼的目的出发,受案范围的确定应有利于行政诉讼目的的实现,这是毫无疑义的。但是考虑目的不能不同时考虑可能性,即考虑目的实现的条件。立法把受案范围规定得很大,但因条件不具备而行不通,目的反而不能实现,在制度初创时范围适当确定小一点,行之有效,目的的实现虽然不能达到理想化的境界,但毕竟可以一定程度地、尽可能地实现。那么,制度初创时可能影响行政诉讼受案范围的因素有哪些呢? 这可能是多方面的,如法官的素质、法官进行行政审判的

---

① 当然,这种划分不是绝对的,行政执法行为也有政策因素,行政立法行为也有法律因素。因此,具体行政行为不一定都应该接受司法审查,抽象行政行为也不应该都排除司法审查。尽管现行《行政诉讼法》做了全部排除的规定,但今后《行政诉讼法》修改很可能将部分抽象行政行为有限纳入司法审查的范围。

② 《行政诉讼法》第 13 条规定,某些行政行为的争议,法律可以确定由行政机关最终裁决。这对利用行政专门知识、专门经验、专门技能和相应技术手段、设备、条件等解决非涉法律或较少涉及法律争议的行政案件提供了可能性和保障。

知识与经验、法院开展行政审判的设备与条件等，此外，行政机关的执法水平、法律意识，公民的法律知识、法治观念、现行政治、经济体制，等等，都是制度初创时确定行政诉讼受案范围应考虑的因素。当然，这些因素和条件不是绝对的、不变的，人们通过努力，可以逐步减少不利因素和条件，增加有利因素和条件。因此，行政诉讼受案范围也可以随之逐步扩大，但是在一定的时期、一定的条件下，行政诉讼的受案范围不可能无限制扩大。

### 三、确定行政诉讼受案范围的方法

世界各国确定行政诉讼受案范围的方法主要有两种：一是通过立法确定；二是通过判例个案确定。①

立法确定又分两种方式：一是通过统一的行政诉讼法典（或行政程序法典）确定；二是通过单行法个别确定。统一法典确定主要采用概括式和列举式两种形式。概括式是指法律确定一个基本的受案条件，概括规定行政诉讼的受案范围。② 列举式是指法律具体列举法院受理行政案件的种类，即可诉性行政行为的种类。列举式有时既列举法院受理行政行为的种类，又列举排除法院受理的行政行为的种类，即同时列举可诉性和不可诉性行政行为的种类。③ 单行法确定则不存在统一的概括式，而只能是具体列举式或一定领域

---

① 就一般情形而言，欧洲大陆国家实行成文法制度，其行政诉讼受案范围通常由立法确定，海洋法国家实行判例法制度，其行政诉讼受案范围一般通过判例个案确定。但此并不尽然，作为大陆法系国家的法国，其并未制定《行政诉讼法》，其受案范围实际是由行政法院和解决行政法院和普通法院管辖争议的争议法庭的判例确定的；而作为海洋法的美国，其司法审查受案范围则是由成文法典《美国联邦行政程序法》确定的。

② 例如，美国《联邦行政程序法》（1946 年）第 704 条规定，法律规定可以司法审查的行政行为和在法院得不到其他合适救济的终局行政行为应接受司法审查。就对终局行政行为免除司法审查而言，那些不应直接受司法审查的预备性、程序性或中间性的行政行为或裁决也应成为审查的对象。该法第 702 条规定，因行政行为而使其法定权利受到侵害的人，或者受到有关法律规定范围之内的行政行为的不利影响或损害的人，均有权要求司法审查。如果向合众国法院提起诉讼的目的是要获得非金钱赔偿性的救济，而且其控告的行为是某行政机关或者其官员或雇员以职务身份或在合法权力名义下的作为或不作为，那么法院则不得以此诉讼指向的是合众国或者合众国是必不可少的当事人为理由而不予受理或驳回救济的请求。在此类诉讼中，合众国可以作为被告方，法院也可以作出针对合众国的判决或命令。但是，任何强制性或禁止性命令都应指明具体负责执行此命令的联邦官员或雇员（注明姓名和职务）或者其继任者。

③ 例如，南斯拉夫《行政诉讼法》（1976 年）第 6~8 条分别对行政相对人可以提起行政诉讼的情形予以了规定，第 9 条又对行政相对人不能提起行政诉讼的情形予以了规定。

一定范围的概括式,即规定某一领域或某一范围内的行政行为只要具备某种条件均可为行政诉讼的客体。个别立法对行政行为可诉性(能否作为行政诉讼范围)的规定有时采肯定式的规定,即规定相对人对之不服可以起诉;有时则采用否定式规定,即明确规定某种行政行为为终局行政行为,或经复议后为终局行政行为。

个案确定也分两种方式:一是相应管辖法院根据一般法理作出判例确定(如英美);二是在案件性质不清时提交专门争议法院裁决确定(如法国)。两种方式都会形成判例,许多判例的汇集则可以形成一些原则、标准,这些原则和标准则确定了这些国家行政诉讼的受案范围。当然采用个案确定方式的国家有时也会以立法明确规定某些受案范围。这样,判例与立法互相补充,共同确定各种行政行为的可诉性。

我国行政诉讼的受案范围是采用立法确定的方式:既有《行政诉讼法》的统一确定,又有单行法的个别补充确定。《行政诉讼法》对受案范围既有概括性的一般规定(第 2 条),又有列举式的具体规定(第二章)。列举式规定既采肯定式(第 12 条),又采否定式,即排除式(第 13 条)。从形式上看,我国行政诉讼的受案范围规定得是明确的。但是实际情况却不是这样,许多行政行为是否属于行政诉讼受案范围往往存在争议。因此,笔者一直主张,行政诉讼受案范围应该采取“负面清单”,而非肯定式列举(“正面清单”)+否定式列举(“负面清单”)的方式。所谓“负面清单”方式,即行政诉讼法对拟排除行政诉讼受案的事项作出明确具体列举。凡是行政机关实施的行政行为,除明确列入“负面清单”的事项,行政相对人和利害关系人均可提起诉讼。

现行《行政诉讼法》规定的肯定式列举(“正面清单”)+否定式列举(“负面清单”)的方式。一个重要弊端是大大限缩了行政诉讼的受案范围,使许多本应纳入行政诉讼受案范围的行政案件被排除在受案范围之外,使许多社会矛盾不能通过法律途径(行政复议和行政诉讼途径)依法、及时和有效化解。这种弊端主要表现在下述五个方面:其一,其采用的正面列举方式导致对许多应复议进入受案范围的行政行为的遗漏。例如,《行政诉讼法》第 12 条第 1 项对行政处罚行为仅列举行政拘留、暂扣或者吊扣许可证和执照、责令停产停业、没收违法所得、没收非法财物、罚款、警告等 7 种形式。但其他数十种行政处罚行为或性质不完全明确但类似行政处罚的行为未能列入,如训诫、通报批评、关闭、取缔、限制或剥夺从业资格等，使相对人对行政机关实施的这些行政处罚行为或类似行政处罚的不利行政行为得不到有效的法律救济。又如，《行政诉讼法》第 12 条第 2 项对行政强制行为仅列举限制人身自由、对财产的查封、扣押、冻结等 4 种行政强制措施，但对数十种行政强制执行行为和其他行政强制措施或性质不完全明确但类似行政强制措施的行为未能列入，如划拨存款、拍卖财产、强制拆迁、强制隔离、强制检疫、强制收缴财产等，使行政相对人对行政机关实施的这些行政强制行为或类似行政强制的不利行政行为得不到有效的法律救济。除行政处罚和行政强制外，现行行政诉讼法正面列举的其他 11 种行政行为（如行政许可、行政确认、行政给付等）同样存在大量遗漏（尽管每个行为列举后面有个"等"字兜底，但在实践中"等"字往往被做"等内"处理）。其二，现行行政诉讼法规定的范围仅限于具体行政行为，但许多行政行为是否属于具体行政行为界限不明。如行政规划行为、行政命令禁令行为、会议纪要等。这些性质和界限不明或者尚未模式化的行政行为大多被排除在行政诉讼受案范围之外。其三，现行行政诉讼法规定对规范性文件的审查仅限于相对人在对行政行为起诉时一并请求审查，①但某些规范性文件（抽象行政行为）往往不经过具体行政行为就会对公民、法人和其他组织权益直接导致损害。例如规范性文件改变某种商品的标准，导致该商品无人购买，行政相对人对这些行为往往难于寻求法律救济。相对人损害虽已经造成，但无法直接申请复议和提起诉讼。其四，现行行政诉讼法规定对不作为行为的复议范围只限于涉及人身权、财产权保护的事项，②但有些不作为事项虽不涉及人身权财产权保护，但对相对人和社会的危害极大。如学生家长要求行政机关制止商贩在学校周围设摊出售暴力、色情书籍和电子产品，以避免对其在相应学校上学的孩子的精神毒害，行政机关对此要求不作为，公民若对之申请复议或提起诉讼，复议机关和法院就会以此种不作为非涉人身权、财产权而拒绝受理。其五，现行行政诉讼法列举规定受案范围虽最后设有"兜底条款"（涉合法权益行为），③似乎包括公民的民主、政治权利。但现时涉民主、政

---

① 参见《行政诉讼法》第 53 条。
② 参见《行政诉讼法》第 12 条第 6 项。
③ 参见《行政诉讼法》第 12 条第 12 项。

治权利的许多行为是不可能全部纳入复议和诉讼范围的。行政诉讼法不对涉民主、政治权利行为加以区分,即会使使所有涉民主、政治权利行为均被排除出复议、诉讼的范围。如许多地方村委会主任被乡镇政府撤职,当事人申请复议、提起诉讼均不被受理(北京房山区几年前就有这种案例)。如行政诉讼法对之加以区分,明确排除某些涉民主、政治权利行为,就可能让一部分未排除的涉民主、政治权利行为(如撤销村委会主任职务行为)进入复议和诉讼范围。

鉴于现行行政诉讼法和行政复议法对复议范围规定的上述问题,笔者曾在立法机关就《行政复议法》修改征求意见时建议行政法对复议范围的规定时采用“负面清单”方式,即行政复议法对拟排除复议的事项作出明确具体列举。凡是行政机关实施的行政行为,除明确列入“负面清单”事项,相对人和利害关系人均可申请复议。此建议显然同样适用于今后《行政诉讼法》对受案范围规定的修改。①

当然,《行政诉讼法》即使以“负面清单”规定受案范围,其范围的明确性也只能是相对的,实际中仍会有着大量的不明确或不甚明确的界限,更不要说人们对法律规定还会有不同的理解和解释。因此,作为立法的补充,行政诉讼的判例对于明确行政诉讼受案范围具有重要意义,无论是否赋予行政诉讼判例以“判例法”的地位,其对于解决实践中可能出现的受案范围疑难问题是具有重要作用的。特别是最高人民法院经审判委员会讨论认定的案例,它在解

---

① 笔者对《行政复议法》第6条关于行政复议范围的规定的修改建议是:公民、法人或者其他组织认为行政机关实施的行政行为侵犯其合法权益,可以依照本法申请行政复议。但下述行为不属于行政复议的范围,公民、法人或者其他组织对这些行为不服,应遵循其他法律、法规规定的途径寻求救济:(1)涉及国防、外交事务的行为;(2)行政机关制定、发布行政法规、规章或者制定、发布不直接影响公民、法人和其他组织合法权益的规范性文件的行为;(3)行政机关或者其他国家机关对公职人员作出政务处分或其他人事处理决定的行为,但作出辞退和开除公职处分决定的行为除外;(4)公安、国家安全机关依照刑事诉讼法的明确授权实施的刑事强制、侦查行为;(5)行政调解和仲裁行为;(6)行政指导行为或者对公民、法人、其他组织权利、义务不产生实际影响的其他行为;(7)行政机关针对信访事项作出的登记、受理、交办、转送、复查、复核意见的行为;(8)行政机关实施的不产生外部法律效果或者尚未产生外部法律效果,复议时机不成熟的行政性行为;(9)行政机关为作出行政行为而实施的准备、论证、研究、层报、咨询的过程性行为;(10)行政机关根据人民法院判决、协助执行通知书实施的执行行为,但行政机关扩大执行范围或者采取违法方式实施的行为除外;(11)上级行政机关基于内部层级监督关系对下级行政机关实施的听取报告、审查、检查、督促履责行为;(12)法律和行政法规明确排除行政复议的行政行为,载《法治日报》2020年7月31日,第5版。

决行政诉讼受案范围有关争议问题方面的作用更不可忽视。

## 四、行政诉讼受案基本标准

《行政诉讼法》第2条规定："公民、法人或者其他组织认为行政机关和行政机关工作人员的行政行为侵犯其合法权益，有权依照本法向人民法院提起诉讼。""前款所称行政行为，包括法律、法规、规章授权的组织。"这一规定主要确定了行政诉讼受案范围的三条基本标准。

(一)作为行政诉讼受案范围的被诉行为，必须是行政行为

这一标准意味着行政法规、规章和行政机关制定、发布的具有普遍约束力的决定、命令不能作为行政诉讼的受案范围。实际上，这里的行政行为基本上仍然是《行政诉讼法》(1989年)规定的"具体行政行为"的范围，尽管2014年修订的《行政诉讼法》第12条加了行政协议一项，但行政协议并非严格意义的行政行为。因此，目前行政诉讼的受案范围仍然是具体行政行为(或者是具体行政行为加行政协议)。那么，怎么界定具体行政行为和抽象行政行为，它们二者区分的标准是什么呢？《最高人民法院行政诉讼法司法解释(试行)》曾规定[①]："具体行政行为是指国家行政机关和行政机关工作人员、法律法规授权的组织、行政机关委托的组织或者个人在行政管理活动中行使行政职权，针对特定的公民、法人或者其他组织，就特定的具体事项，作出的有关该公民、法人或其他组织权利义务的单方行为。"这一解释虽然因过窄地界定了具体行政行为，从而不适当限制了行政诉讼的范围而被最高人民法院后来的正式解释(正式解释取消了对"具体行政行为"定义的条款)所取代，但其概括出的若干具体行政行为区别于抽象行政行为的特征在学术上仍然是有参考价值的：(1)具体行政行为针对的对象是特定行政相对人，抽象行政行为针对的对象是不特定的相对人；(2)具体行政行为处理的是特定的具体事项，抽象行政行为处理的是一般事项，虽然抽象行政行为针对的问题有可能是单一的、具体的，但该问题涉及的范围却具有普遍性；(3)具体行政行为的实施者是一般

---

① 《最高人民法院行政诉讼法司法解释(试行)》是1991年5月29日最高人民法院审判委员会第499次会议通过的《关于贯彻执行〈中华人民共和国行政诉讼法〉若干问题的意见(试行)》的简称。

行政机关、行政机关工作人员、法律法规授权的组织、行政机关委托的组织或者个人,抽象行政行为的实施者通常只能是依法享有相应权限的行政机关,例如,只有国务院才能制定行政法规,只有国务院部委、直属机构和省级、设区的市级政府才能制定规章;(4)具体行政行为是单方行为,具体行政行为的这一特征不是用来与抽象行政行为相区别的,而是相对行政协议(行政合同)行为而言的,行政协议行为是双方行为。

最高人民法院1999年11月24日发布的《行政诉讼法司法解释》取消了原试行解释中“具体行政行为”的定义,但对作为“抽象行政行为”的“具有普遍约束力的决定、命令”作了一个解释:“是指行政机关针对不特定对象发布的能反复适用的行政规范性文件。”这实质上从反面确定了“具体行政行为”的两条标准:对象的特定性和内容适用的一次性。

以上原试行解释直接确定的“具体行政行为”的4项特征和1999年解释通过解释“抽象行政行为”间接界定“具体行政行为”的两条标准中,最重要特征和标准的是作为具体行政行为对象的相对人的特定性和作为具体行政行为内容的处理事项的特定性。至于什么是“特定相对人”或“特定人”,学者们亦有不同的解释。有人认为,特定人是指有名有姓的个人、组织;有人认为,特定人可以是一定范围、一定领域的个人、组织;有人认为,特定人是指可数的个人、组织。什么是“特定处理事项”或“特定事”,学者们也有不同解释。有人认为,特定事是指一次性事项,即相应行为只能一次适用不能多次适用;有人认为,特定事是指已发生的过去性事件,即相应行为不是针对尚未发生的不确定事;有人认为,特定事是指发生在特定人身上的事,即特定事取决于特定人,那么,反过来也可以认为,特定人是指特定事所涉及的人,如果这样,特定人、特定事两项标准只要取其一即可,有其一必有其二。以上对“特定人”“特定事”的解释很难说哪个是完全正确的,哪个是完全错误的,应该说都有一定的道理,但又都不很全面。在实践中,具体行政行为与抽象行政行为的区分大多数是明确的,如制定行政法规、规章的行为无疑是抽象行政行为,科处行政处罚、发放许可证的行为无疑是具体行政行为。问题是有一些行政行为(如会议纪要、通告、决议等),其对象的特定性不明显,将其划为具体行政行为或抽象行政行为取决于“特定”一词的深入解释。在这种时候,法官实际上是有一定的裁量权的，法官应该运用他的法治观念和法律意识综合考虑上述各种解释，选择其自认为最适当的解释，将相应行为的对象解释为是“特定的”或“不特定的”从而确定相应行为为“具体”行为或“抽象”行为，决定受理或不受理。

在现实社会中，许多事物的区分很难找到一条绝对的界限，往往有着灰色的边缘。例如，我们前面讲到的法律问题与政策问题、法律争议与事实争议、合法性与适当性，现在讲到的具体行政行为与抽象行政行为、特定性与不特定性，后面要讲到的国家行为与非国家行为、内部行为与外部行为，等等，都不存在一条绝对的界限。作为法官，首先要掌握区分不同性质事物的基本标准，不能准确地将不同事物加以区分，就是一个糊涂法官，实质上没有资格当法官；同时又不能把区分的基本标准绝对化，对某些边缘性事物一定要运用其自认为绝对的标准加以区分，当这样的绝对标准区分不了相应事物时，即不敢再设想其他标准，以至于束手无策，如果这样，他就是一个机器人法官，实际上也没有资格当法官。一个真正有头脑的法官，一是要依法律条文办事，二是在没有法律条文或者相应法律条文含义不明确，不能直接加以适用解决相应问题时，能运用自己的法律意识、法治观念来解释或处理有关问题。在依法律条文办事时，也应该以自己的法律意识、法治观念加以指导，在不偏离法律条文的前提下，尽可能把事情办得更符合立法目的。例如，在判断具体行政行为与抽象行政行为的标准上，为了更好地实现《行政诉讼法》保护行政相对人合法权益、监督行政机关依法行政的目的，就应在不违反一般法理和无害于社会公益的前提下，对具体行政行为适当从宽解释，尽可能使较多的行政行为纳入行政诉讼的受案范围。

（二）作为行政诉讼受案范围的行政行为，必须是《行政诉讼法》规定可向法院起诉的行政行为

行政行为是可作为行政诉讼受案范围的行为，但不是所有行政行为都可进入受案范围。所以，《行政诉讼法》第 2 条除了规定确定行政行为的基本标准外，又规定了受案范围的另一标准，即“依照本法”具有可诉性的标准。依照“本法”就是依照《行政诉讼法》，具有可诉性就是《行政诉讼法》规定相应行政行为可向人民法院起诉。这一标准的具体内容见于《行政诉讼法》第二

章第12、13条和《行政诉讼法司法解释》(2018)第1条的规定。我们后面将详细阐释,故这里先不赘述。

(三)行政相对人"认为"具有可诉性的行政行为侵犯其合法权益

这一基本标准有三项要素:其一,行政相对人"认为"相应行政行为侵犯其本人权益而非他人权益;其二,行政相对人"认为"相应行政行为侵犯其"合法权益"而非撤销或剥夺其非法利益;其三,行政相对人"认为"相应行政行为侵犯其合法权益而非其必须先行证实相应行为实际侵犯其合法权益。

作为行政诉讼受案范围的行政行为必须符合上述三个标准:是行政行为(不是行政法规、规章、规范性文件等抽象行政行为);是《行政诉讼法》规定可以起诉的行政行为;是行政相对人认为侵犯了其合法权益的行政行为。此三项标准如不同时具备,相应行政行为就不能作为行政诉讼案件被起诉,就不能进入行政诉讼受案范围。

## 第二节 《行政诉讼法》规定的受案范围

《行政诉讼法》第2、12、13条和《行政诉讼法司法解释》(2018)第1条确定了我国行政诉讼的受案范围:《行政诉讼法》第2条概括性地规定了行政诉讼受案的基本标准;第12条规定了受案的肯定性(可诉性行政行为)范围;第13条规定受案的否定性(不可诉行政行为)范围;《行政诉讼法司法解释》(2018)第1条根据《行政诉讼法》的立法目的、基本原则和精神对行政诉讼受案范围进行了解释性界定;综合研究上述5项法律和司法解释规定,即可把握我国行政诉讼的整个受案范围。

《行政诉讼法》规定的行政诉讼具体受案范围可分为三类:第一类是《行政诉讼法》第12条第1~11项列举规定的11种行政行为(包括行政协议);第二类是第12条第12项概括性规定的涉及人身权、财产权等合法权益的行政行为;第三类是第12条最后一款规定的其他法律、法规确定为受案范围的行政行为。

## 一、《行政诉讼法》列举规定的作为受案范围的 11 种行政行为

《行政诉讼法》列举规定的 11 种行政行为分别是：行政处罚行为；行政强制行为；行政许可行为；行政确认行为；行政征收征用行为；行政机关拒绝履行保护人身权、财产权等合法权益的法定职责或者不予答复的行为；行政相对人认为行政机关侵犯其法定经营自主权或者农村土地承包经营权、农村土地经营权的行为；行政相对人认为行政机关滥用行政权力排除或者限制竞争的行为；行政相对人认为行政机关违法要求履行义务的行为；行政给付行为；行政协议行为。下面我们分别对这 11 种行政行为作为行政诉讼受案范围在实践中提出的有关问题加以分析。

（一）行政处罚行为

行政处罚是指行政机关在行政管理过程中，对违反行政管理秩序的行政相对人依法在财产、行为资格、人身自由或者声誉方面给予惩戒的行为。[①] 现行《行政处罚法》第 8 条规定，行政处罚包括下述 7 种类别：（1）警告；（2）罚款；（3）没收违法所得、没收非法财物；（4）责令停产停业；（5）暂扣或者吊销许可证、暂扣或者吊销执照；（6）行政拘留；（7）法律、行政法规规定的其他行

---

① 现行《行政处罚法》没有对行政处罚下定义，这应该说是它的一个较大的缺陷。《行政处罚法》作为调整整个行政处罚领域的基本法，未对行政处罚的内涵和外延作明确的界定，显然不利于整个行政处罚领域法制的统一。2020 年全国人大常委会启动对《行政处罚法》的修改，拟为“行政处罚”下一个定义，修订草案是这样表述的：“行政处罚是指行政机关在行政管理过程中，对违反行政管理秩序的公民、法人或者其他组织，以依法减损权利或者增加义务的方式予以惩戒的行为。”但是，这个表述有三个缺陷：第一，将行政处罚的内涵确定为“减损权利或者增加义务”，这不能使行政处罚与行政强制、行政命令（禁令）、行政监管行为的内涵相区别。因为行政强制、行政命令（禁令）、行政监管行为同样会对行政相对人减损权利或者增加义务。第二，有的行政处罚（如行政拘留、警告等）对行政相对人的影响不是简单的减损权利或者增加义务，而更多地体现为惩戒。第三，它的外延很不清晰。不像《行政强制法》将“行政强制”的外延确定为行政强制措施和行政强制执行。为此，笔者建议将这一表述修改为“行政处罚是指行政机关在行政管理过程中，对违反行政管理秩序的行政相对人依法在财产、行为资格、人身自由或者声誉方面给予惩戒的行为”。这一表述似可较全面地反映行政处罚的内涵（惩戒）和外延（财产罚、行为资格罚、人身自由罚和声誉罚），并将行政处罚与其他行政行为区别开来。

政处罚。①

《行政诉讼法》第 12 条第 1 项规定的行政处罚行为包括行政拘留、暂扣或者吊销许可证和执照、责令停产停业、没收违法所得、没收非法财物、罚款、警告等。

在行政诉讼实践中,对行政处罚作为受案范围提出的最主要的问题是:作为行政诉讼受案范围的行政处罚行为是仅指《行政诉讼法》第 12 条第 1 项列举的上述 6 种形式,还是包括所有行政处罚?我们认为,作为行政诉讼受案范

① 行政处罚的范围和种类应体现和反映行政处罚这一概念的内涵和外延,不应把不属于行政处罚范畴的其他行政行为收入其中,也不应将属于行政处罚范畴的行政行为排除在外,即种类的设定对各种行政处罚的形式应包容和周延。很多学者认为,现行《行政处罚法》规定的处罚种类对行政处罚的形式不包容、不周延,遗漏了很多应属于行政处罚范畴的行为,如责令拆除违法建筑、责令补种树苗、取消或限制从业资格、公布失信黑名单等。2020 年全国人大常委会初步拟定的修订草案根据各方面的意见,对之做了修订。新修订的处罚种类设为六类:(1)警告、通报批评;(2)罚款、没收违法所得、没收非法财物;(3)暂扣许可证件、降低资质等级、吊销许可证件、不得申请行政许可;(4)责令停产停业、限制开展经营活动、限制从业、责令停止行为、责令作出行为;(5)行政拘留;(6)法律、行政法规规定的其他行政处罚。笔者认为,这一修订存在三个问题:其一,其没有准确把握行政处罚的内涵,混淆了行政处罚行为与某些行政命令行为(如责令停止行为、责令作出行为)、行政监管与行政强制行为(如不得申请行政许可、暂扣许可证件)的区别。其二,试图将各种对相对人产生不利影响的行政行为(如某些学者提出的公布失信黑名单行为、责令补种树苗行为、责令纠正违法行为等)均列入行政处罚的范围,以加强对行政权行使的制约和对相对人的救济。但是,问题在于,对相对人产生不利影响的行政行为的规范,对行政权行使的制约和对相对人的救济不是《行政处罚法》一部法律所能和所应完成的使命,这个使命主要是应由统一的行政程序法典来完成的。为此,我们需要做的是应促使立法机关尽快制定统一的行政程序法典,而不是将所有不利行政行为都纳入行政处罚,让《行政处罚法》来完成《行政程序法》的使命。其三,没有严格区分行政处罚的种类与形式。行政处罚的种类基本应为四类,即财产罚、行为资格罚、人身自由罚和声誉罚,尽管我们可以以一定处罚的主要形式代表相应处罚种类,但不应将某些具体的处罚形式与处罚种类混同。为了克服修订草案关于行政处罚种类规定的上述问题,笔者将行政处罚种类调整为下述四类加一个兜底条款:(1)罚款、没收违法所得、没收非法财物;(2)吊销许可证照、取消或者限制生产、经营、从业的资格、资质;(3)行政拘留;(4)警告、通报批评;(5)法律、法规规定的其他行政处罚。这样调整的理由有五:其一,行政处罚依其类型(财产罚、行为资格罚、人身自由罚和声誉罚)列举相应主要形式,并将最常用的行政处罚形式(罚款、没收)置前,这样更加科学,更有逻辑性;其二,体现行政处罚种类应逐步缩减和具有包容性的趋势(目前我国刑罚主刑仅有五个种类);其三,将某些不具有行政处罚性质的行政行为(如责令拆除违法建筑具有行政强制性质、责令停止违法行为或责令补种树苗具有行政监管和行政命令性质)从行政处罚种类和形式中去除;其四,鉴于目前许多不利行政行为得不到行政复议、行政诉讼救济是因为现行行政复议法、行政诉讼法规定复议范围、诉讼范围的方式不妥,建议通过修改复议法(现正在修改)将规定复议范围的方式改为“负面清单”的方式(笔者已经向有关机关提出了此建议),上述不利行政行为即使不纳入行政处罚范畴,亦可获得复议、诉讼救济;其五,“取消或者限制生产、经营、从业的资格、资质”这一行为资格罚的包容性很大,可包括:吊销许可证件、降低资质等级、责令停产停业、限制开展生产经营活动、限制从业等具体处罚形式。姜明安:《精雕细刻,打造良法——修改〈行政处罚法〉的十条建议》,载《中国法律评论》2020 年第 5 期。

围的行政处罚行为应包括所有行政处罚。其理由在于:第一,《行政诉讼法》第12条第1项在列举了6种行政处罚形式后,紧接着用了一个“等”字,这个“等”即指《行政处罚法》第8条第7项规定的“法律、行政法规规定的其他行政处罚”,[①]如《环境保护法》和《大气污染防治法》规定的“责令停业、关闭”等。[②] 因此,“等”应认为概括了所有行政处罚行为。第二,行政诉讼最重要的目的就是为行政相对人提供法律救济,而行政处罚是最易于造成对相对人权益损害的行政行为,因此它不应排除司法审查。第三,行政处罚不可能构成《行政诉讼法》第13条规定的排除作为行政诉讼受案范围的国家行为、抽象行为、内部行为。行政处罚虽然可以由法律规定为终局行政行为,但随着我国民主、法治的发展,法律排除司法救济,将行政行为确定为终局行政行为的情形会越来越少,将行政处罚行为确定为终局行政行为的情形则将会更为少见。第四,《行政诉讼法》第12条第12项将其他侵犯人身权、财产权等合法权益的行政行为列为行政诉讼受案范围,而行政处罚毫无疑问是涉及行政相对人人身权、财产权的;因此,即使《行政诉讼法》第12条第1项仅指6种列举的行政处罚,那么其他行政处罚也为《行政诉讼法》第12条第12项所包括。有人认为,对于警告、小额罚款一类行政处罚不应列入受案范围,否则,会使法院行政案件堆积,难以承受。这种担忧自然是不必要的:有多少人愿意打官司,特别是打行政官司,告政府机关,不要说打行政官司要费时花钱,就是不要钱不耽误时间,很多人想到行政机关手中权力的厉害性,也往往退避三舍。《行政诉讼法》实施20多年来的现实是:许多行政相对人对严重侵权的行政处罚尚不愿提起行政诉讼,通常是忍了算了或寻求其他能得到部分救济的途径,而为警告、小额罚款一类行政处罚而打官司的则更是少有人为。但是,我们如果取消行政相对人对这类行政行为的诉权,则他们中若有人为了维护法制的权威,或为了公共利益而提起行政诉讼时,[③]将使他们处于因缺乏法律根据而无

---

① 在《行政诉讼法》(1989年)实施后6年,八届全国人大第四次会议通过了《行政处罚法》。该法第8条规定的行政处罚种类包括一兜底项:“法律、行政法规规定的其他行政处罚。”

② 参见《环境保护法》第60条和《大气污染防治法》第102条。

③ 关于行政公益诉讼,可参见黄锡生、林玉成:《构建环境公益行政诉讼制度的设想》,载《行政法学研究》2005年第3期;姜明安:《行政诉讼中的检察监督与行政公益诉讼》,载《法学杂志》2006年第2期。

奈的境遇。因此,对于行政处罚,无论是什么行政处罚,我们没有必要去限制行政相对人的诉权。

(二)行政强制行为

行政强制包括行政机关实施行政强制措施行为和实施行政强制执行行为。根据《行政强制法》的规定,“行政强制措施,是指行政机关在行政管理过程中,为制止违法行为,防止证据损毁、避免危害发生、控制危险扩大等情形,依法对公民的人身自由实施暂时性限制,或者对公民、法人或者其他组织的财物实施暂时性控制的行为。行政强制执行,是指行政机关或者行政机关申请人民法院,对不履行行政决定的公民、法人或者其他组织,依法强制发行义务的行为”。①

《行政强制法》第 9 条规定,行政强制措施有下述 5 种类别:(1)限制公民人身自由;(2)查封场所、设施或者财物;(3)扣押财物;(4)冻结存款、汇款;(5)其他行政强制措施。

《行政强制法》第 12 条规定,行政强制执行有下述 6 种形式:(1)加处罚款或者滞纳金;(2)划拨存款、汇款;(3)拍卖或者依法处理查封、扣押的场所、设施或者财物;(4)排除妨碍、恢复原状;(5)代履行;(6)其他强制执行方式。

《行政诉讼法》第 12 条第 2 项规定的行政强制行为包括限制公民人身自由、对财产的查封、扣押、冻结等。

对行政强制作为行政诉讼受案范围,在实践中提出的主要问题有三:一是行政强制与行政处罚如何区分;二是对行政强制执行行为是否可提起行政诉讼?三是对行政强制的各种类别和形式是否都可作为行政诉讼受案范围?关于第一个问题,我们认为,行政强制措施与行政处罚行为的区别有三:其一,二者适用的对象有所不同。行政强制措施一般适用于具有某种义务而不自觉予以履行的行政相对人;而行政处罚适用于实施了某种行政违法行为(“违反行政管理秩序的行为”)的人。其二,二者适用的时间不同,行政强制措施通常适用于行政相对人应该行为而尚未行为之时或相对人不应为某种行为但却正在为某种行为之时,而行政处罚通常适用于相对人已实施了某种行政违法行为之后。其三,二者的目的不同,行政强制措施的目的是为制止违法行为,防

① 参见《行政强制法》第 2 条。

止证据损毁、避免危害发生、控制危险扩大等情形,依法对公民的人身自由实施暂时性限制,或者对公民、法人或者其他组织的财物实施暂时性控制,强制义务人履行义务,保证行政管理目标的实现,而行政处罚的目的则是制裁行政违法行为以维护行政管理秩序。关于第二个问题,我们认为,行政强制执行行为,如加处罚款或者滞纳金、划拨存款、汇款、拍卖或者依法处理查封、扣押的场所、设施或者财物、排除妨碍、恢复原状、代履行等是一种与赋予行政相对人义务的行政决定有密切联系,同时又具有相对独立性的行为。对之提起行政诉讼,其应是行政相对人认为是行政强制执行本身违法侵权方可,如行政相对人不是认为行政强制执行本身违法,而是认为行政强制执行行为所执行的行政决定(赋予行政相对人相应义务的行政决定)违法,则不能以行政强制执行为诉讼客体,而只能以原行政行为(行政决定)为客体提起行政诉讼。否则,行政相对人可能规避《行政诉讼法》关于诉讼时效的规定。关于第三个问题,我们认为,作为行政诉讼受案范围的行政强制不限于《行政诉讼法》第 12 条第 2 项所列举的限制公民人身自由、对财产的查封、扣押、冻结的行政强制行为,而是包括所有行政强制行为,其理由同于行政处罚作为行政诉讼受案范围应包括所有行政处罚行为的理由。

(三)行政许可行为

行政许可是指“行政机关根据公民、法人或者其他组织的申请,经依法审查,准予其从事特定活动的行为”。①

《行政诉讼法》第 12 条第 3 项规定,公民、法人或者其他组织申请行政许可,行政机关拒绝或者在法定期限内不予答复,或者行政相对人对行政机关作出的有关行政许可的其他决定不服,均可提起行政诉讼。

行政许可行为作为行政诉讼的受案范围,实践中提出的主要问题有三:一是行政许可的证照范围如何把握?二是行政机关颁发行政许可证照行为作为受案范围应具备什么条件?三是行政机关作出的有关行政许可的其他决定是哪些决定?除了行政机关拒绝颁发证照和不予答复的不作为性质的行为外,行政机关哪些其他行政许可决定可诉?关于第一个问题,我们认为,作为行政许可行为形式的许可证、执照是行政机关应相对人申请,赋予其从事某种

---

① 参见《行政许可法》第 2 条。

职业、进行某种活动、作出某种行为的权利能力或法律资格的凭证。[①] 许可证和执照没有实质的区别,实践中,许可证通常多由有关主管机关颁发,赋予相对人作出某种行为进行某种活动的权利能力,执照多由专门执法机关(如市场监管机关、公安机关等)颁发,赋予相对人从事某种职业的法律资格。广义的许可证可以是各种证照的概括,包括护照、通行证、特种刀具购买证、匕首佩带证、驾驶证等。结婚证是否属前述许可证?似乎有所区别。前述许可证主要涉及财产权益,结婚证主要涉及人身权,而且结婚证主要是对婚姻法律关系的一种登记和证明行为,不完全具有许可批准的性质。行政相对人对行政机关拒发此颁发结婚证的行为,如果认为自己符合结婚法定条件,能否向法院起诉寻求救济呢?我们认为,从广义上解释许可证,依此起诉也是可以的。如果不能以许可证行为起诉,则以侵犯其他人身权为据亦可纳入受案范围。关于第二个问题,依据《行政诉讼法》第 12 条第 3 项的规定,行政许可行为作为受案范围应具备下述三个条件:第一,行政相对人已向行政机关提出了取得相应证照的申请,履行了法定的申请手续;第二,行政相对人认为自己符合取得相应证照的条件;第三,行政机关拒绝颁发或不予答复。"拒绝颁发"指行政机关书面或口头明确表示不给相对人颁发,"不予答复"指行政机关在法定期限内或在无法定期限情况下超出合理期限不对是否颁发证照向相对人作出任何表示。对拒绝颁发的行为,相对人自收到拒绝颁发通知之日起即可起诉;对不予答复的行为,相对人则应自法定颁发期限届满之日起或超出合理颁发期限(此期限可由法院根据一般行政惯例确定,一般为自申请之日起两个月)之日起提起诉讼。关于第三个问题:"行政机关作出的有关行政许可的其他决定"究竟包括哪些决定?我们认为,"其他决定"包括行政机关就行政许可作出的变更、撤回、注销、延续等决定,但不包括吊销和撤销行政许可的决定。因为吊销和撤销行政许可的决定虽然同样可诉,但诉由是"行政处罚"而非"行政许可"。另外,行政许可行为可诉不仅限于不作为,而且包括作为。2003 年十届全国人大常委会第四次会议通过《行政许可法》即突破了原《行政诉讼法》的

① 2003 年 8 月 27 日第十届全国人大常委会第四次会议通过《中华人民共和国行政许可法》。该法第 2 条明确了行政许可的含义和性质。

限制,[①]将行政许可行为的可诉范围扩大到行政许可作为行为。该法第 7 条规定:"公民、法人或者其他组织对行政机关实施行政许可,享有陈述权、申辩权;有权依法申请行政复议或者提起行政诉讼。"这意味着,行政许可的行政相对人,特别是行政许可的间接相对人,如公平竞争人和其他利害关系人,对行政机关违法颁发证照的作为性质的行为亦可提起行政诉讼。

(四)行政确认行为

行政确认,是指行政机关对行政相对人的法律地位、法律关系或者有关法律事实进行甄别,给予确定、认可、证明并予以宣告的行政行为。[②]

《行政诉讼法》第 12 条第 4 项规定作为行政诉讼受案范围的确认行为主要是涉及行政机关确认行政相对人自然资源所有权或使用权的行为:公民、法人或者其他组织"对行政机关作出的关于确认土地、矿藏、水流、森林、山岭、草原、荒地、滩涂、海域等自然资源所有权或使用权的决定不服的",可以提起行政诉讼。

《行政诉讼法》(1989 年)对行政诉讼受案范围的规定没有列举涉自然资源所有权、使用权的行政确认行为,但那并不意味当时行政相对人对此种行政确认行政行为不可提起行政诉讼。根据《行政诉讼法》(1989 年)第 11 条第 8 项关于涉"其他人身权、财产权"行为可诉的规定,行政相对人在现行《行政诉讼法》施行之前,行政相对人对涉自然资源所有权、使用权的行政确认行为也可以起诉。只是有了现行《行政诉讼法》第 12 条第 4 项的规定,行政诉讼的这一受案范围更为明确了。

(五)行政征收征用行为

行政征收征用行为,是指行政机关依法定条件、法定程序和法定补偿标准对公民、法人或者其他组织的财产予以征收征用,以实现某种公共利益的行为。我国现行《宪法》第 13 条第 3 款规定,"国家为了公共利益的需要,可以依照法律规定对公民的私有财产实行征收或者征用并给予补偿"。可见,一项合宪合法的行政征收征用必须满足三项基本条件:一是出于公共利益的需

---

① 《行政诉讼法》(1989 年)第 11 条第 4 项将可诉行政许可行为仅限于行政相对人"认为符合法定条件申请行政机关颁发许可证和执照,行政机关拒绝颁发或者不予答复"的行为。

② 参见姜明安主编:《行政法与行政诉讼法》(第 6 版),北京大学出版社、高等教育出版社 2015 年版,第 243 页。

要,政府纯粹出于商业利益或其他非公共利益的需要,不得启动行政征收征用。二是必须遵循法定程序,如《国有土地上房屋征收与补偿条例》规定的征求社会公众意见、科学论证、必要时举行听证会、经政府常务会议讨论决定、及时公告等程序。① 三是依法定标准补偿,如《国有土地上房屋征收与补偿条例》规定的补偿包括:(1)被征收房屋价值的补偿;(2)因征收房屋造成的搬迁、临时安置的补偿;(3)因征收房屋造成的停产停业损失的补偿。② 行政机关进行其他动产或不动产的征收征用,同样要遵守相应法律、法规或者规章规定的补偿标准。行政机关进行征收征用如果没有满足上述三项基本条件,即构成违法征收征用,行政相对人可对之提起行政诉讼。

《行政诉讼法》第12条第5项规定的作为行政诉讼受案范围的行政行为即是"征收征用决定及其补偿决定"。这也就是说,行政相对人对征收征用决定不服,可以提起行政诉讼;对补偿决定不服,也可以提起行政诉讼;对两者均不服,还可以同时对之提起行政诉讼。

(六)行政机关拒绝履行保护人身权、财产权等合法权益的法定职责或者不予答复的行为

《行政诉讼法》第12条第6项规定,行政相对人申请行政机关履行保护人身权、财产权等合法权益的法定职责,行政机关拒绝履行或者不予答复的,行政相对人可对之提起行政诉讼。实践中对这类行为作为行政诉讼受案范围提出的主要问题有二种:一是行政相对人对这类行为提起诉讼的条件,二是对这类行为起诉的原告资格。对于第一个问题,根据《行政诉讼法》第12条第6项的规定,行政相对人起诉这类行为应具备以下四个条件:其一,相对人人身权、财产权正受到或已受到或即将受到实际的(非想象的)侵害;其二,行政相对人已向行政机关提出了排除侵害,保护其人身权、财产权的请求;③其三,被申请机关具有相应的法定职责;其四,行政机关拒绝履行或不予答复。对于第二个问题,情况比较复杂。在这类案件中,具有原告资格的人是

① 参见《国有土地上房屋征收与补偿条例》第8~16条。

② 参见《国有土地上房屋征收与补偿条例》第17条。

③ 《行政诉讼法》第38条规定,在起诉被告不履行法定职责的案件中,原告应当提供其向被告提出申请的证据。但有下列情形之一的除外:(一)被告应当依职权主动履行法定职责的;(二)原告因正当理由不能提供证据的。

受害人,受害人在权利受侵害过程中往往无法亲自起诉,甚至无法向外界作出要求起诉的意思表示,例如,被限制人身自由的公民和被拐卖的妇女、儿童往往不能亲自去向行政机关申请解救,向行政机关申请解救的通常是其近亲属。[①] 在这种情况下,如果被申请行政机关拒绝采取解救行为或不予答复,由谁起诉?根据有关法律规定,申请人并不具有原告资格,具有原告资格的人只能是受害人,而受害人又无法起诉。对此,有三种处理意见:第一,不能起诉,只能通过其他途径获取救济;第二,赋予申请人原告资格;第三,允许申请人以法定代理人的身份起诉,原告仍确定为受害人。我们认为,第三种意见较为可取。因为根据民法原理,原告在无行为能力或限制行为能力时,其近亲属可以以法定代理人的身份起诉和进行一切诉讼行为。在妇女、儿童被拐卖的情况下,儿童属于无行为能力或限制行为能力的人,妇女如属精神病人或未满18周岁,亦属无行为能力或限制行为能力。被拐卖妇女多数情况下虽属18周岁以上精神正常人,具有行为能力,但其人身自由被限制,实际无法进行诉讼行为或委托他人代其进行诉讼行为。因此,可暂时视其为无行为能力,允许其近亲属以法定代理人的身份代其起诉和进行诉讼行为,以保护这类被害人的合法权益和为之提供救济。为从法律上较好地解决这一问题,最高人民法院新修订的《行政诉讼法司法解释》(2018年)第14条第2款规定,公民因被限制人身自由而不能提起诉讼的,其近亲属可以依其口头或者书面委托以该公民的名义提起诉讼。近亲属起诉时无法与被限制人身自由的公民取得联系,近亲属可以先行起诉,并在诉讼中补充提交委托证明。

---

① 对此,《行政诉讼法司法解释》(1999年)第11条规定,公民因被限制人身自由而不能提起诉讼的,其近亲属可以依其口头或者书面委托以该公民的名义提起诉讼。但这一规定并不能完全解决问题。曾有两个这样的案例:其一,一位母亲有一儿子被公安机关收容审查后丢失,其请求公安机关寻找未果,其向法院起诉,要求归还儿子和赔偿损失,但法院认为其不仅不具备原告资格,而且也不具备法定代理人的条件。因为,行政相对人的近亲属要取得相对人(本案中即母亲被丢失的儿子)的原告资格,其条件是相对人已经死亡。在行政相对人生死不明的情况下,则需要在4年以后由其近亲属先申请法院宣告相对人死亡,然后其近亲属才能取得原告资格。而如果行政相对人的近亲属要作为相对人的法定代理人起诉,其条件是相对人为未成年人或无行为能力。其二,有一女研究生被人拐卖给他人为妻,其父请求公安机关解救,公安机关不作为,其父向法院起诉,要求法院责令公安机关救人,但法院以前案同样的理由认为其不仅不具备原告资格,而且也不具备法定代理人的条件,不受理其父的起诉。

(七)行政相对人认为行政机关侵犯其法定经营自主权或者农村土地承包经营权、农村土地经营权的行为

《行政诉讼法》(1989年)第11条第3项仅规定了行政相对人认为行政机关侵犯其法定经营自主权的行为,现行《行政诉讼法》第12条第7项增加了侵犯农村土地承包经营权和农村土地经营权的行为作为行政诉讼受案范围。

行政相对人认为侵犯其法定经营自主权的行为。在行政诉讼实践中,其作为行政诉讼受案范围提出的主要问题有三:一是侵犯法经营自主权的行为如何界定,即什么是侵犯经营自主权的行为?二是行政相对人的经营自主权,究竟包括哪些范围?三是行政相对人对非行政机关的组织侵犯经营自主权的行为能否起诉?对于第一个问题,我们认为,侵犯经营自主权是指行政机关非法干预、截留、限制或取消法律、法规、规章赋予行政相对人在生产经营活动中处理其所属人、财、物以及决定产、供、销等方面的权利,特别是其对财产享有的占有、使用和依法处分的权利。对于《行政诉讼法》第12条第7项中使用的“经营自主权”应认为包括法律、法规,乃至规章赋予行政相对人的权利。第二个问题又可分为两个问题:第一,经营自主权的主体包括哪些范围;第二,这些主体享有哪些经营自主权。关于经营自主权主体的范围,应该说小于行政相对人的范围,它只是行政相对人中的一部分,即行政相对人中从事生产、经营的企业、组织、个人,包括国有企事业组织、集体企事业组织、三资企业、私人企业、个体劳动者、农村集体经济组织、农民以及其他从事生产经营的组织、个人。[①] 行政相对人如果不从事生产、经营活动,不能成为享有经营自主权的主体。至于相应主体享有哪些经营自主权,则取决于有关法律、法规、规章的规定,例如,《全民所有制工业企业转换经营机制条例》曾赋予国营企业下述14项经营自主权:生产经营决策权、产品劳务定价权、产品销售权、物资采购权、进出口权、投资决策权、留用资金支配权、资产处置权、联营兼并权、

---

① 行政机关与国有企业和其他经济组织的关系可能包括两种情况:一种是行政主体与行政相对人的关系,另一种是国家财产所有者代表(出资人)与经营者的关系。后一种关系具有民事性质,既非完全的行政关系,亦非完全的民事关系。对因后一种关系引发的争议,是否能提起行政诉讼,目前学界和实务界尚未达成共识。《行政诉讼法司法解释》(2018年)倾向于排除将此类争议纳入行政诉讼的范围,该解释第16条第3款规定:“非国有企业被行政机关注销、撤销、合并、强令兼并、出售、分立或者改变企业隶属关系的,该企业或者其法定代表人可以提起诉讼。”这里明确限定“非国有企业”,显然排除了“国有企业”。

劳动用工权、人事管理权、工资奖金分配权、内部机构设置权、拒绝摊派权。规定国有企业经营自主权的法律、法规还有《全民所有制工业企业法》等法律、法规,而对集体企业、农村集体经济组织、农民、个体劳动者等的经营自主权均有相应的法律、法规规定。法院在审查这类案件时,应查看有关法律、法规或规章的相应规定。当然,对于这个问题,现在更应该从另一个角度考察:行政机关对企业做出任何行政行为,都必须有法律根据,凡是法律没有授权行政机关干预的事项,都是企业自主权的范围。不管企业自主权有没有法律根据,只要行政机关干预没有法律根据,其行为就构成"侵犯经营自主权"。对于第三个问题,我们认为,对非行政机关的其他组织(包括党组织、村民委员会、居民委员会等自治组织、社会团体等)侵犯行政相对人经营自主权的行为,在大多数情况下,行政相对人不能提起行政诉讼,而只能通过其他途径(如民事诉讼)获得救济,因为非行政机关的其他组织不具有行政主体的地位,从而不具有行政诉讼被告的资格条件。[①] 但如果它们以法律、法规、规章授权组织的身份侵犯相对人经营自主权,相对人是可以对之提起行政诉讼的。

至于现行《行政诉讼法》第 12 条第 7 项增加的侵犯农村土地承包经营权和农村土地经营权的行为作为行政诉讼受案范围,其原理也基本同于上述侵犯企业经营自主权作为行政诉讼受案范围的原理。只是农村土地承包经营权的权利范围和农村土地经营权的权利范围有所不同,前者只有集体经济组织成员享有,既包括土地使用权(甚至具有一定的所有权性质),也包括经营权;后者可为非集体经济组织成员(甚至城市市民)享有,其对土地的权利仅限经营权。但无论是前者的农村土地承包经营权,还是后者的纯农村土地经营权,只要行政相对人认为被行政机关侵犯,均可向人民法院提起行政诉讼。

(八)行政相对人认为行政机关滥用行政权力排除或者限制竞争的行为

行政诉讼受案范围的这一事项——"认为行政机关滥用行政权力排除或者限制竞争的行为"——是 2014 年修订的《行政诉讼法》增加的,《行政诉讼法》(1989 年)并未规定这一事项。2014 年修订的《行政诉讼法》之所以增加

---

① 对非行政主体的组织侵越行政主体的职权,行使本应由行政主体行使的职权,侵犯行政相对人的法定经营自主权的行为,今后可考虑直接纳入行政诉讼的受案范围。法院可以将相应组织视为"疑似行政主体",将其行为视为"疑似行政行为"加以审查,然后作出"确认违法"或"无效",并责令其承担侵权责任的判决。

这一事项为行政诉讼受案范围,是为了保障和推进社会主义市场经济的良性发展:市场经济是与公平竞争紧密联系在一起的,没有公平竞争,就没有市场经济。而行政机关滥用行政权力排除或者限制竞争会从根本上破坏市场经济的秩序,同时损害社会公平正义。因此,现行《行政诉讼法》将此纳入行政诉讼的受案范围具有重要意义。

(九)行政相对人认为行政机关违法要求履行义务的行为

《行政诉讼法》第 12 条第 9 项规定的属于行政诉讼受案范围的行政行为是行政相对人"认为行政机关违法集资、摊派费用或者违法要求履行其他义务的行为"。

实践中对行政相对人认为行政机关违法要求其履行义务的行为作为行政诉讼受案范围提出的主要问题是:如何解释违法要求相对人履行义务,其范围如何界定?学者们对之解释有宽有窄,范围不一。现行《行政诉讼法》仅列举了"违法集资和摊派费用"两项,但还使用了一个"其他"的概括性用语。我们认为,"其他"包括三种情形:其一,违法要求相对人履行作出某种行为的非法定义务,如违法要求从事某种劳务、违法要求参加某种活动等;其二,违法要求相对人履行不作出某种行为的非法定义务,如违法要求企业不进行某项投资,不销售某种产品,违法要求个人不进行某种活动、不购买某种商品等;其三,违反法律、法规规定的条件、程序、标准、数额、时限等要求相对人履行某种法定义务,如不按照法定条件、超越法定标准收费等。

(十)行政给付行为

行政给付包括供给行政、社会保障行政和资助行政。其中社会保障行政是指行政主体为保障人民生活达到一定水准而进行的给付活动,包括公共扶助、社会保险、公共卫生和社会福利。[①]

行政给付行为作为行政诉讼受案范围在实践中提出的主要问题是:如何界定行政给付的范围?相对人对这类行政行为提起行政诉讼应具备什么条件?现行《行政诉讼法》第 12 条第 10 项仅列举了支付抚恤金、最低生活保障

① 参见姜明安主编:《行政法与行政诉讼法》,北京大学出版社、高等教育出版社 2015 年版,第 233 页。

待遇和社会保障待遇3项,[①]没有规定"其他",没有兜底条款。因此,此项的行政给付在字面上仅指上述3项。那么,其他行政相对人对其他行政给付行为是不是不可以提起行政诉讼呢?我们认为并非如此,行政相对人对行政机关其他不依法实施的行政给付行为(如农村社会救济、城镇社会救济、社会福利金、自然灾害救济金等),可以根据《行政诉讼法》第12条第12项确定的总的兜底条款"侵犯其他人身权、财产权等合法权益"提起行政诉讼。

关于行政给付中的"抚恤金",根据我国有关法律规定,是指军人、国家机关工作人员、参战民兵、民工等因公牺牲或伤残后,国家为死者家属或伤残者设立的一项基金,用以补助他们的生活和有关费用。抚恤金的范围、种类、标准均由有关法律、法规和规章规定,如《革命烈士家属抚恤优待条例》《军人抚恤优待条例》《伤残抚恤管理办法》等。抚恤金通常由民政部门或其他有关部门发放。行政相对人对抚恤金发放行为不服提起行政诉讼应具备下述条件:第一,行政相对人具有领取抚恤金的法定条件;第二,行政相对人已要求行政机关依法发给,但行政机关未依法满足其要求;第三,行政相对人认为行政机关没有依法发给,"没有依法发给"可以解释为没有依法律、法规、规章规定的条件、标准、数额、时限和程序发给。

（十一）行政协议行为

行政协议即行政合同,是指行政机关为了实现行政管理或者公共服务目标,与公民、法人或者其他组织协商订立的具有行政法上权利义务内容的协议。[②]

行政协议不是严格意义的行政行为。因为行政行为一般具有单方性,而行政协议是双方行为。但现行《行政诉讼法》以"行政行为"作为行政诉讼受案范围,故实际已将之归入广义的行政行为。

《行政诉讼法》第12条第11项将"政府特许经营协议"和"土地房屋征收补偿协议"等协议纳入了行政诉讼可诉性行政行为之列,从而,行政协议(尽管该项规定没有明确使用"行政协议"的表述)已经属于行政诉讼的受案范

---

① 1999年第九届全国人大常委会第九次会议制定《行政复议法》时,已将"两保"明确列入行政复议的受案范围,2014年修订的《行政诉讼法》则明确将之列入行政诉讼的受案范围。

② 该定义引自《最高人民法院关于审理行政协议案件若干问题的规定》第1条。

围。由于行政协议诉讼的特殊性,我们将在后面设专章(第十三章)单独论述,故这里从略。

## 二、《行政诉讼法》规定作为受案范围的行政机关侵犯其他人身权、财产权等合法权益的行政行为①

《行政诉讼法》第 12 条第 12 项的规定是关于行政诉讼受案范围的一种概括式规定。所谓“概括式规定”,是相对于前面 11 项具体列举规定而言,其不对行为的具体种类作出规定,而只是限定行为的性质,凡是具有某种性质的行政行为,一律可作为行政诉讼的受案范围,以免具体列举导致的不可避免的遗漏。《行政诉讼法》(1989 年)所作的概括式规定所确定的行为性质是行政相对人“认为侵犯其人身权、财产权的”的具体行政行为,②对这种具体行政行为,有几点需要说明:第一,原《行政诉讼法》第 11 条第 1~7 项规定的具体行政行为主要涉及的也是相对人的人身权、财产权,故该条第 8 项用“侵犯其他人身权、财产权的行为”,即除前 7 项行为以外的侵犯相对人人身权、财产权的行为。第二,这里使用“侵犯其他人身权、财产权的行为”,并不意味着《行政诉讼法》(1989 年)第 11 条第 1~7 项行为所涉及的只是人身权、财产权,也不意味着前述七项行为如涉及相对人人身权、财产权以外的权益,如政治权、劳动权、文化权、受教育权等,均不能起诉,均不属行政诉讼受案范围。前述七项具体行政行为,无论涉及相对人什么权益,均是可诉的,均为行政诉讼受案范围。而前述七项行为以外的具体行政行为,则只有涉及人身权、财产权时方可起诉,才属于行政诉讼的受案范围。第三,侵犯人身权、财产权的具体行政行为虽是一种概括性的规定,但仍然要受到《行政诉讼法》(1989 年)第 12 条的限制,即这种具体行政行为如属国家行为性质或法律规定为终局行政行为

---

① 上面我们阐释的是《行政诉讼法》第 12 条具体列举的作为行政诉讼受案范围的 11 种行政行为。下面我们阐释的第 12、13 种行为不是与上述行为并列的,而是《行政诉讼法》第 12 条的概括性(兜底条款)条款和补充性条款(其他法律法规补充规定的行政诉讼受案范围)。

② 这里的“人身权”包括生命权、身体权、健康权、姓名权、肖像权、名誉权、荣誉权、隐私权、婚姻自主权等权利(法人、非法人组织享有名称权、名誉权和荣誉权);这里的“财产权”包括物权(所有权、用益物权和担保物权)、债权(因合同、民事侵权、无因管理、不当得利等形成的债权)、知识产权(其中专利权、商标权、版权等智力成果权既包括财产权的内容,也包括有人身权的内容)、继承权,以及股权和其他投资性权利等(参见《民法典》第 109~132 条)。

的,仍不得被起诉,不能进入行政诉讼的受案范围。

2014 年修订的现行《行政诉讼法》第 12 条第 12 项大大扩充了(至少是在字面上大大扩充了)《行政诉讼法》(1989 年)第 11 条第 8 项所作“概括式规定”的内涵和外延。就内涵而言,《行政诉讼法》规定的是其他“具体行政行为”,现行《行政诉讼法》规定的是其他“行政行为”。就外延而言,《行政诉讼法》(1989 年)规定的是其他涉及“人身权、财产权”的行为,现行《行政诉讼法》规定的是其他涉及“人身权、财产权等合法权益”的行为。从现行《行政诉讼法》第 12 条第 12 项规定的文字看,我国行政诉讼的范围似乎覆盖一切行政行为。但事实上并非如此。首先,现行《行政诉讼法》规定的其他“行政行为”并不大于《行政诉讼法》(1989 年)规定的其他“具体行政行为”,因为现行《行政诉讼法》第 13 条排除了行政法规、规章或者行政机关制定、发布的具有普遍约束力的决定、命令等抽象行政行为作为行政诉讼的受案范围;其次,现行《行政诉讼法》规定的其他涉及“人身权、财产权等合法权益”的行为比《行政诉讼法》(1989 年)规定的其他涉及“人身权、财产权”的行为也未实际扩大太大的范围,因为,行政相对人要对涉及现行《行政诉讼法》第 12 条第 1~11 项具体列举的行政行为以外的其他涉及“人身权、财产权等合法权益”(如劳动权、受教育权、政治权利等)的行为提起行政诉讼,还有赖于《行政诉讼法》以外的其他法律法规的规定。在目前的情况下,行政相对人并非能对所有侵犯其合法权益的行政行为提起诉讼。当然,人民法院根据《行政诉讼法》的立法目的、司法环境和特定行政案件的具体情况,也完全可以直接适用《行政诉讼法》第 12 条第 12 项的概括性条款,受理某些正面作用大,负面作用小的其他涉及“人身权、财产权等合法权益”(如劳动权、受教育权、政治权利等)的案件。而不应完全消极地等待其他法律、法规的出台。

### 三、《行政诉讼法》规定作为受案范围的法律、法规规定可以提起诉讼的其他行政案件

《行政诉讼法》第 12 条最后一款规定:“除前款规定外,人民法院受理法律、法规规定可以提起诉讼的其他行政案件。”我们对这一规定可作以下说明:第一,《行政诉讼法》列举规定的受案范围较为有限。第 12 条第 1~11 项列举规定的行政行为只是行政行为的一部分,大量涉及行政相对人人身权、财

产权等合法权益——如劳动权、受教育权、正当法律程序权、政治权利等——的行政行为尚在列举的受案范围之外。第二,《行政诉讼法》第 12 条第 12 项虽然将行政相对人认为行政机关侵犯其他人身权、财产权等合法权益的所有行政行为概括性列入行政诉讼受案范围,但这只是一个表述发展目标和发展趋势的条款,现在并不具有完全的现实性(如果具有完全现实性,前 11 项列举就全然没有必要了)。第三,在《行政诉讼法》第 12 条前 11 项规定的受案范围之外的行政行为,如果其他法律、法规规定可以提起行政诉讼的,行政相对人可以依其他法律、法规提起行政诉讼。第四,《行政诉讼法》(1989 年)和现行《行政诉讼法》实施之前均有法律、法规规定行政相对人对有关行政行为不服可以提起行政诉讼的,这些依原法律、法规规定为可诉性的行政行为,无论现在是否为《行政诉讼法》规定的列举受案范围所包括,相对人都仍可依原法律、法规提起行政诉讼。第五,随着民主、法治的发展,行政诉讼的受案范围将逐步扩大,从而新的法律、法规会不断将《行政诉讼法》第 12 条前 11 项规定的受案范围之外的行政行为确定为可诉性行政行为,从而行政相对人可依新的法律、法规提起行政诉讼。[①] 第六,规定排除某一行政行为作为行政诉讼受案范围的只能是法律,规定将某一行政行为纳入行政诉讼受案范围的则可以是法律、法规(包括行政法规和地方性法规)。规章则既不能将某一行政行为列入行政诉讼的受案范围,更不能排除任何行政行为进入行政诉讼受案范围。

根据以上分析,行政诉讼的具体受案范围(肯定性范围)如下:

(1)《行政诉讼法》第 12 条第 1 款第 1~11 项列举规定的 11 种行政行为,包括行政协议;

(2)《行政诉讼法》第 12 条第 1 款第 12 项概括性规定的涉及人身权、财产权等合法权益的行政行为;

(3)《行政诉讼法》第 12 条第 2 款规定的其他法律、法规确定为受案范围的行政行为。

---

① 例如,根据《行政许可法》,行政相对人对行政机关违法颁发许可证照的行为可提起行政诉讼,而《行政诉讼法》(1989 年)规定行政相对人只能对行政机关拒绝颁发许可证照或不予答复的行为提起行政诉讼。

## 第三节　《行政诉讼法》排除受案的范围

《行政诉讼法》第 12 条从正面规定了行政诉讼的受案范围，即哪些行政行为可接受司法审查，相对人受到哪些行政行为的侵害可获得法院通过司法程序提供的救济，第 13 条则是从反面规定了行政诉讼的受案范围，即排除受案的范围，确定哪些行政行为不具有可诉性，行政相对人不能请求法院通过司法审查为其提供救济。

《行政诉讼法》明确排除作为行政诉讼案件受理的行政行为有下述四类：国家行为、抽象行政行为、内部行政行为、终局行政行为。下面我们分别研究一下它们的范围和排除它们接受司法审查的根据。

### 一、国家行为

国家行为又称“政治行为”“统治行为”“政府行为”，是指涉及重大国家利益，具有很强政治性的行为。《行政诉讼法司法解释》(2018)第 2 条第 1 款对“国家行为”的解释，是指国务院、中央军事委员会、国防部、外交部等根据宪法和法律的授权，以国家的名义实施的有关国防和外交事务的行为以及经宪法和法律授权的国家机关宣布紧急状态等行为。国家行为可能为国家元首所为，可能为国家权力机关所为，也可能为国家行政机关所为。国家元首和国家权力机关的行为本来就不是行政诉讼的范围，故没有以立法专门排除的必要。因此，这里排除的国家行为，自然是指行政机关所为的国家行为。行政机关所为的各种行为中，哪些是国家行为，哪些是非国家行为，无论是从法律上，还是从学理上，都不存在一种绝对的标准。通常的标准是：直接以国家名义实施，涉及国家主权或重大国家利益，政治性很强等。但各国对这些标准的解释有宽有窄，从而包括的范围亦有大有小。我国《行政诉讼法》在第 13 条第 1 项中仅列举了两项：国防行为和外交行为。国防行为主要指宣战、宣布战争状态、调动军队、设立军事禁区等，外交行为主要指与外国建交、断交、签订条约、公约、协定等。应当指出，国家行为主要包括国防行为和外交行为，但又不限于国防行为和外交行为。《行政诉讼法》第 13 条第 1 项在列举了国防、外交行为后使用了一个“等”字，意即国家行为除国防、外交行为以外，还包括其他行为,如宣布紧急状态等。至于究竟哪些其他行为属国家行为,哪些不属,法院可根据具体案情,视其行为是否以国家名义作出,是否涉及国家主权或重大国家利益,是否有很强的政治性加以确定。另外,应当注意的是,国防行为和外交行为是指有关国家机关以国家名义在国防、外交领域作出的涉及国家主权和重大国家利益的行为,而不是指行政机关在国防、外交领域实施的所有行为。如行政机关征集兵役、组织民兵军事训练、发放外交护照、批准出国考察、访问、确定旅游目的地等,就通常不作为"国家行为"对待,行政相对人对之不服,可允许其依法提起行政诉讼。

国家行为排除司法审查的主要理由有:其一,国家行为具有紧急性,诉诸法院可能造成时间耽搁,丧失重要时机,导致国家利益的重大损失。其二,国家行为需要保密,而司法程序要求公开,法院审理国家行为即可能造成泄密,导致国家利益的重损失。其三,国家行为往往处于政治和策略上的考虑,而非单纯依据法律所为。虽然国家行为也要依法进行,但在紧急情况下可以突破某些法律界限,对此种突破,应事后报国家权力机关追认。对此,司法机关事前、事中都不宜加以干预。其四,国家行为影响的往往不是某一个或某几个行政相对人的利益,而是一定地区、一定领域、一定行业多数相对人或全体相对人的利益;虽然有时也仅影响特定相对人的利益,但此可以事后通过其他途径(如国家补偿等)予以救济,而不宜寻求事前、事后的司法审查。

## 二、抽象行政行为

抽象行政行为包括两类:第一类是行政立法行为,包括行政机关制定行政法规和规章的行为。第二类是一般抽象行政行为,指行政机关制定、发布具有普遍约束力的决定、命令的行为。第一类抽象行政行为比较明确,比较好把握。行政法规即指国务院以条例、规定、办法等形式发布的规范性文件,规章指国务院各部、委、行、署和具有行政管理职能的直属机构以及省、自治区、直辖市人民政府和"设区的市"的人民政府根据法律和国务院的行政法规、决定、命令以及地方性法规发布的规范性文件。[①] 第二类抽象行政行为则不是

① 国务院的部、委、行、署的"行",指中国人民银行,"署"指审计署,这里"较大的市"指省、自治区人民政府所在地的市、经济特区所在地的市和经国务院批准的较大的市。参见《立法法》第72、80条。

很明确,实践中有时难于把握。“决定”“命令”可以是抽象行政行为,也可以是具体行政行为,区别二者关键看其是否具有“普遍约束力”,而“普遍”则是一个不完全确定的用语,多大范围为“普遍”,多少相对人为“普遍”,法官有时需要根据个案的具体情况来确定某一决定、命令是否具有普遍约束力,从而确定该案是否为法院受理。《行政诉讼法司法解释》(2018 年)第 2 条第 2 款对“普遍性”有一个大致明确,但需进一步解释的解释,即不特定性和可反复适用性。关于“特定性与不特定性”,前文已经述及;至于“可反复适用性”,是指相应决定、命令非解决某一具体问题,从而不是一次性有效,而是可作为之后解决某一类问题,反复适用的根据。

《行政诉讼法》排除抽象行政行为作为行政诉讼受案范围的主要理由是:其一,抽象行政行为具有较多政策性成分,具有较多自由裁量因素,不适于法院审查;其二,抽象行政行为涉及不特定相对人的利益,原告人数难于确定或太多,不便于诉讼,即使可通过集团诉讼选派代表解决原告人数过多的问题,之后执行对相对人救济的判决、裁定也会有很多困难;其三,我国现行体制中已有对抽象行政行为的监督机制,虽然不完善,但可通过立法予以完善,如果以司法监督取而代之或增加司法监督的环节,既不符合我国现行宪法所确定的政体,又非我们现在的法院所能完全胜任。

当然,《行政诉讼法》排除抽象行政行为作为行政诉讼受案范围,只是确定行政相对人不能单独以抽象行政行为作为诉讼客体,不能直接对抽象行政行为提起行政诉讼,而并非不允许行政相对人在提起对具体行政行为的诉讼中,同时提起对据以作出具体行政行为的抽象行政行为合法性的异议。在行政诉讼中,法院虽然不能以抽象行政行为作司法审查的直接对象;但是,如果行政相对人在起诉具体行政行为时提起对抽象行政行为的异议,它就应该审查,而且应该首先审查抽象行政行为的合法性,因为抽象行政行为的合法是具体行政行为合法的前提。法院虽然不能自行和直接宣布违法的抽象行政行为无效和撤销它们,但可在审查具体行政行为时不适用它们而直接适用法律或高层次的合法抽象行政行为,以此为行政相对人提供救济。而且,法院还可建议有权机关对违法抽象行政行为加以撤销。绝大多数抽象行政行为,如果要对相对人权益直接产生影响,通常要在具体行政行为中加以适用,即通过具体行政行为影响相对人的权益。因此,抽象行政行为不作为司法审查的直接对象和行政诉讼的受案范围,它在法院审查具体行政行为中仍可得到一定的司法监督。有些国家的法律规定,法院可直接受理对抽象行政行为提起异议的诉讼,其理由之一是,违法的抽象行政行为应在造成相对人损害之前予以确认和撤销,而不应等到在具体行政行为中已导致相对人实际损害后才采取救济措施。这自然是有道理的,但我国目前对行政相对人的事前救济一般不通过司法途径进行,司法途径通常只提供事后或事中救济,事前救济一般通过其他法定途径进行。

我国现行《行政诉讼法》虽然排除行政相对人直接对抽象行政行为提起诉讼,但开放了行政相对人对部分抽象行政行为的“附带诉”和人民法院对部分抽象行政行为的“附带审”。2014 年修订后的《行政诉讼法》第 53 条规定,“公民、法人或者其他组织认为行政行为所依据的国务院部门和地方人民政府及其部门制定的规范性文件不合法,在对行政行为提起诉讼时,可以一并请求对该规范性文件进行审查”。第 64 条规定,“人民法院在审理行政案件中,经审查认为本法第五十三条规定的规范性文件不合法的,不作为认定行政行为合法的依据,并向制定机关提出处理建议”。

### 三、内部行政行为

内部行政行为,是指政机关对其所属机构及其工作人员所实施的不直接涉及行政相对人权益的组织、指挥、协调、监督等行为。内部行政行为分为两类:第一类是工作性质的,如上级机关对下级机关或行政首长对所属机构人员工作上的指示、命令、批准、批复等以及行政机关的内部工作安排、计划、制度等;第二类是人事性质的,是指行政机关对工作人员的奖惩、任免、考核、调动、工资、福利待遇等。第一类内部行政行为由于不涉及具体相对人的权益,行政机关之外的公民、法人或其他组织与之无直接利害关系,故没有必要将之列入行政诉讼受案范围。《行政诉讼法》第 13 条虽然没有对这类行为作出明确的排除,但其显然属排除之列。因为对这类行为起诉不利于行政机关的内部管理和运作,各国行政诉讼法通常不将之列入行政诉讼的受案范围。第二类内部行政行为则不同,它直接涉及国家公务员的权益。[①] 公务员在其实施行政行为时,它完全是代表行政机关而行为,是行政机关的化身,而在行政机关对其实施监督、任免、考核、调动、决定工资、福利待遇等行为时,它是作为行政机关的相对一方,与行政机关发生法律关系。这类法律关系介于第一类内部行政法律关系与外部行政法律关系之间,甚至更多的接近于外部行政法律关系,如行政机关辞退、开除公务员,给其人身权、财产权导致的影响几乎与行政机关吊销外部相对人从事某种职业、工作的许可证、执照相同。因此,有些国家允许公务员对行政机关实施的奖惩、任免、考核、工资、福利待遇等这类内部行政行为提起行政诉讼。

我国《行政诉讼法》第 13 条第 3 项排除了这类内部行政行为作为行政诉讼的受案范围,其理由主要有三:其一,我国行政系统内部已设有对这类行为的救济机制,如各级政府均设有受理申诉、控告、检举的机构,包括监察机构和各种信访机构。《监察法》和《公职人员政务处分法》还专门规定了公务员不服政务处分的复审、复核制度等。其二,有利于保障行政机关及其首长对工作人员的监督,保证行政首长负责制的实现。其三,这类内部行政争议更多地涉及行政政策问题、行政内部纪律和内部制度问题,不便于法院处理,而行政机关自行处理这类争议有利于保证行政管理的效率。不过,对于这类内部行政行为,《行政诉讼法》第 13 条第 3 项仅列举了奖惩、任免两项,这类内部行政行为自然不止这两项,其他均以"等"字概括。就所列举的两项而言,在实践中,可能引起行政争议的主要是这两项中的惩、免,公务员对奖和任提起异议的情况实际是很少发生的。

至于内部行政行为和外部行政行为的区分,就像抽象行政行为和具体行政行为的区分,不存在绝对的界限一样。在实践中,有一些行为明显属于外部行政行为,有一些行为明显属于内部行政行为,不会发生混淆、争议。但有一些行为,可能既具有内部行政行为的某些特征,又具有外部行政行为的某些特征。在这种情况下,法官就应该根据个案的具体情况,并运用自己的法律意识,对相应行为作出符合《行政诉讼法》立法目的的定性判断。例如,行政机

---

① 《行政诉讼法司法解释》(2018 年)第 2 条第 3 款规定,"对行政机关工作人员的奖惩、任免等决定",是指行政机关作出的涉及该行政机关公务员权利义务的决定。

关的某些通知、批复、会议纪要等,形式上虽然具有"内部性",但实质上对行政相对人的权利义务作出了处理。对于这种"内部行为外部化"的行为,人民法院应视之为外部行为,对受到此种行为侵害的行政相对人给予法律救济。[①]又如,对于公务员的开除处分,其身份已从内部转移到外部,其在失去公务员身份的同时,也失去了劳动就业的职位。对于这种特殊的内部行为,如人民法院能将之视为外部行为对待,给被开除的公务员以司法审查救济的机会,显然更符合《行政诉讼法》的立法目的。

### 四、终局行政行为

终局行政行为,是指法律规定由行政机关最终裁决的行政行为。终局行政行为不同于国家行为、抽象行政行为、内部行政行为,其范围是不确定的,它随着法律规定的变化而变化。它不存在明确的实质标准,而只有明确的形式标准,那就是"法律"规定。[②] 这里的"法律",是指全国人民代表大会和全国人大常委会制定的严格意义上的法律,不包括法规、规章、司法解释等广义上的法。凡是法律规定由行政机关最终裁决的行政行为,无论该行为处于何种

---

① 关于"内部行为外部化",可参见[日]盐野宏:《行政法总论》,杨建顺译,北京大学出版社2008年版,第64~70页。

② 从总的趋势看,法律排除司法审查的行政行为,即终局行政行为的范围会越来越小。在20世纪90年代,行政相对人对商标评审委员会裁决商标争议(相对人不服商标局驳回商标申请和不予公告的行为不服而申请的行为,商标评审委员会裁决)的行为、专利复审委员会裁决专利争议(相对人不服专利复审委员会作出的关于实用新型和外观设计的复审请求的决定)的行为等均不能提起行政诉讼。中国加入WTO后,《商标法》和《专利法》修改,这些排除都已废止。目前,终局行政行为主要是指《行政复议法》第14条和第30条规定的行为以及《公民出境入境管理法》第15条和《外国人入境出境管理法》第29条规定的行为。《行政复议法》第14条规定:"对国务院部门或者省、自治区、直辖市人民政府的具体行政行为不服的,向作出该具体行政行为的国务院部门或者省、自治区、直辖市人民政府申请行政复议。对行政复议决定不服的,可以向人民法院提起行政诉讼;也可以向国务院申请裁决,国务院依照本法的规定作出最终裁决。"《行政复议法》第30条规定:"公民、法人或者其他组织认为行政机关的具体行政行为侵犯其已经依法取得的土地、矿藏、水流、森林、山岭、草原、荒地、滩涂、海域等自然资源的所有权或者使用权的,应当先申请行政复议,对行政复议决定不服的,可以依法向人民法院提起行政诉讼。根据国务院或者省、自治区、直辖市人民政府对行政区划的勘定、调整或者征用土地的决定,省、自治区、直辖市人民政府确认土地、矿藏、水流、森林、山岭、草原、荒地、滩涂、海域等自然资源的所有权或者使用权的行政复议决定为最终裁决。"《公民出境入境管理法》第15条和《外国人入境出境管理法》第29条规定,受公安机关拘留或者罚款处罚的人对处罚不服的,在接到通知之日起15日内,可以向上一级行政机关提出申诉,也可以直接向人民法院起诉。如果选择向上一级行政机关提出申诉的,上一级行政机关作出的裁决是终局裁决,不得再向人民法院起诉。

阶段(行为阶段、复议阶段、复核阶段),无论该行为在何时发生法律效力(行为终结即发生法律效力或经过复议、复核方发生法律效力),相对人都不能对之向法院提起行政诉讼,法院都不能受理此种行政争议案件。

《行政诉讼法》之所以作出这一排除规定,主要是基于行政管理的复杂性:有些行政行为具有很强的技术因素,需要运用非常专门的知识、技术、经验,不适于法院审查;有些行政行为在一定的时期、一定形势下可受司法审查,在一定时期、一定条件下又具有特殊紧急性或政治性,不宜由法院审查;有些行政行为,《行政诉讼法》第 12 条虽明确规定为行政诉讼的受案范围,但在某些领域,由于涉及某些特殊政策,不宜接受司法审查。为保证行政权与司法权的正确关系,保证国家利益与公民权益的协调,《行政诉讼法》将行政诉讼受案范围的限制权留给最高国家权力机关,国家最高权力机关可以根据各个时期各个行政管理领域的不同情况和特殊需要,运用具体法律灵活地、慎重地调整行政诉讼的受案范围。

## 第四节　《行政诉讼法司法解释》(2018 年)对受案范围的界定

《行政诉讼法司法解释》(2018 年)对《行政诉讼法》第 12、13 条规定的受案范围予以了明确和具体化,并根据《行政诉讼法》的立法目的、原则和精神,对行政诉讼的受案范围予以了适当的拓展。[①]《行政诉讼法司法解释》(2018 年)对行政诉讼肯定性受案范围采用了概括式界定而没有采用列举方式进行具体规定,而仅对行政诉讼排除性受案范围采用了明确列举的方式予以规定,即完全运用"负面清单"的方式规定行政诉讼受案范围。

### 一、《行政诉讼法司法解释》(2018 年)概括性确定的受案范围

《行政诉讼法司法解释》(2018 年)第 1 条第 1 款规定,"公民、法人或者其他组织对行政机关及其工作人员的行政行为不服,依法提起诉讼的,属于人民法院行政诉讼的受案范围"。这一规定确立了作为行政诉讼受案范围的行为,即可诉性行为的三项一般特征或要件:

---

① 这种拓展符合现行行政诉讼法的目的、原则和精神,并非违法和与现行行政诉讼法相抵触。

其一,作为行政诉讼受案范围的行为,即可诉性行为必须是行政行为。这一要件似乎改变了《行政诉讼法》(1989 年)确定的“具体行政行为”的要件,大大扩充了行政诉讼的范围。但事实上并非如此,因为现行《行政诉讼法》第 13 条规定的排除受案范围的事项中明确排除了抽象政行为(行政法规、规章和行政机关发布的具有普遍约束力的决定、命令)的可诉性。从而,这里的“行政行为”仍等同于“具体行政行为”。只是现行《行政诉讼法》和《行政诉讼法司法解释》(2018 年)使用“行政行为”更符合逻辑:行政行为减去抽象行政行为即为具体行政行为;而《行政诉讼法》(1989 年)在概括式规定中确定的是具体行政行为,在排除式规定中再去排除抽象行政行为,显然不合逻辑,具体行政行为怎么减去抽象行政行为呢(原《行政诉讼法》第 11 条既然规定只有具体行政行为可诉,那第 12 条再规定排除抽象政行为——行政法规、规章和行政机关发布的具有普遍约束力的决定、命令——作为行政诉讼受案范围就完全没有必要了)?

其二,作为行政诉讼受案范围的行为,即可诉性行为必须是行政机关及其工作人员作出的行政行为。《行政诉讼法司法解释》(2018 年)在这里确定的行为主体与现行《行政诉讼法》确定的可诉性行为主体实际是一致的:现行《行政诉讼法》(第 2 条)确定的可诉性行为主体是“行政机关和行政机关工作人员,以及用法律、法规、规章授权的组织”。似乎后者的范围要大于前者,但二者的范围实际是一致的。因为《行政诉讼法司法解释》(2018 年)使用的“行政机关”即包括法律、法规、规章授权的组织。

其三,作为行政诉讼受案范围的行为,即可诉性行为必须是法律未排除其作为行政诉讼受案范围的行为。这也就是说,可诉性行为与不可诉性行为是一个统一体,前者是受后者制约的,可诉性行为减去不可诉性行为才是真正的受案范围。

比较《行政诉讼法司法解释》(2018 年)与现行《行政诉讼法》对可诉性行为的规定方式,二者有所区别:前者采用概括式,后者采用列举式。列举式只能是有限列举,在列举之外必然还留有一个或大或小的空间地带,而概括式则将这个空间地带纳入其可诉性疆域。当然,《行政诉讼法司法解释》(2018 年)第 1 条第 2 款相较于现行《行政诉讼法》第 13 条,排除事项的范围扩大了。但整体比较,《行政诉讼法司法解释》(2018 年)实际上还是拓展了现行

《行政诉讼法》规定的行政诉讼受案范围。因为《行政诉讼法司法解释》(2018年)第1条第2款规定的"负面列举清单"事项范围(共10项)即使再大,也会小于整个行政行为减去《行政诉讼法》第12条"正面列举清单"事项(共11项)和第13条"排除事项"(共4项)后留下的广泛空间。

## 二、《行政诉讼法司法解释》(2018年)列举排除的受案范围("负面清单")

《行政诉讼法司法解释》(2018年)列举排除作为行政诉讼受案范围的行政主体的行为共有下述10项:①

### (一)公安、国家安全等机关依照《刑事诉讼法》的明确授权实施的行为

这类行为主要包括《刑事诉讼法》第一编第六章规定的刑事强制措施:拘传、取保候审、监视居住、拘留、逮捕和《刑事诉讼法》第二编第二章规定的刑事侦查行为:勘验、检查、搜查、扣押物证、书证、鉴定、通缉。这类行为的主体只能是公安机关、国家安全机关等,实施这类行为的条件必须是有《刑事诉讼法》的明确授权。《行政诉讼法司法解释》(2018年)之所以排除这类行为作为行政诉讼受案范围,是因为根据国家机关职权分工,这类行为属于检察机关实施检察监督的范围。如果公安、国家安全等机关实施这类行为违法、侵权,被侵权人可以请求检察机关监督和救济,而不能通过行政诉讼途径寻求救济。

### (二)调解行为以及法律规定的仲裁行为

调解、仲裁行为不一定是由行政机关所为。如相应行为非为行政机关所为,就不是行政行为,从而也就用不着排除即不属于人民法院行政诉讼的受案范围。这里的排除自然是行政机关实施的调解、仲裁行为。之所以要排除是因为:其一,调解、仲裁通常处理的是双方当事人之间的民事争议,行政机关并不为当事人双方设定行政法上的权利、义务;其二,调解不具有强制力,一方当事人对调解协议事后反悔,其随时可再向法院起诉对方当事人;其三,仲裁决定虽然不同于调解协议,其一经作出和送达即发生法律效力,但当事人在收到仲裁决定后的一定期限内亦可再向法院起诉。当然,行政仲裁如果是单方面

① 实际排除的行为应为九项,因为第一项行为实际包括四项行为:国家行为、抽象行为、内部行为和终局行为。

的和强制性的,非双方当事人的自愿选择,这种行政仲裁应视为行政裁决,是一种行政行为,即不应排除其作为行政诉讼受案范围,应接受司法审查。

(三)行政指导行为

行政指导不具有强制力,行政相对人可以遵循指导实施相应行为,也完全可以不遵循指导而依自己的意愿行为。因此,行政相对人不能将自己选择听从指导而产生了对己的不利后果归责于行政机关,对行政机关的指导行为提起诉讼。当然,在实践中,某些行政机关如果打着"行政指导"的旗号,实际强制行政相对人作出或不作出某种行为,侵犯相对人的合法权益。行政相对人对于行政机关名为指导,实为强制或有实际强制力的行为,其自然可以对之提起行政诉讼,人民法院不能拒绝受理此种异化了的行政指导行为。

(四)驳回当事人对行政行为提起申诉的重复处理行为

这一排除的目的在于维护诉讼时效的严肃性和法院裁判的权威性。如果没有这种排除,行政相对人就可能无视诉讼时效,在无正当理由超过诉讼时效,本不能再向法院起诉的情况下,转而通过信访申诉程序后再向法院提起诉讼,以规避诉讼时效制度;或者当事人在法院已对其案件作出有法律效力裁判后无视法院裁判的既判力,继而通过信访申诉程序后再向法院就原行政争议提起诉讼。当然,行政相对人也不是绝对不能就信访申诉提起诉讼的,如果行政机关对信访申诉不作为或就相对人的信访申诉事项作出影响相对人权利义务的新的行政行为,行政相对人自然是可以就此提起行政诉讼的。

(五)行政机关作出的不产生外部法律效力的行为

行政诉讼主要是一种主观诉讼,如果行政行为不影响外部行政相对人的权益,而仅仅只是行政机关的内部行为,如机构调整、人员配置、工作安排和指示、上级对下级请示的答复或批复,内部会议议事、文件签批等,任何公民、法人或者其他组织不能对之提起诉讼。但是,这些内部行为如果直接影响外部相对人的权益,产生了"内部行为外部化"的效果,权益受到内部行为直接影响的行政相对人是可以对之提起行政诉讼的。

(六)行政机关为作出行政行为而实施的准备、论证、研究、层报、咨询等过程性行为

过程性行为因尚未对相对人的权益产生实际影响,行政机关尚未对相应事项作出最后决定,行政决定尚在酝酿拟议中,议案随时都可能变化或终

止，相对人自然不应就此提起诉讼。在英美等西方国家，司法审查需遵循“成熟”原则。过程性行为被认为是不“成熟”的，不能构成司法审查的客体，法院不受理相对人对不“成熟”行政行为的司法审查请求。

（七）行政机关根据人民法院的生效裁判、协助执行通知书作出的执行行为，但行政机关扩大执行范围或者采取违法方式实施的除外

执行行为通常被认为是事实行为而非法律行为，从而是不受司法审查，不能成为可诉性行为的。行政机关执行行政决定尚且如此（相对人只能对行政决定提起诉讼，而不能对执行行政决定的行为提起诉讼），其执行人民法院的生效裁判就更应如此。因为行政机关依法院协助执行通知书所执行的内容——法院的生效裁判——是法院依司法程序作出的，当事人如认为相应案件具有现行《行政诉讼法》第91条规定的8种情形之一，对之不服，只能依司法程序申请法院启动再审，而不能对行政机关的执行行为提起诉讼。至于行政机关扩大执行范围或者采取违法方式实施执行行为，其行为内容已是行政机关的意志而不是法院的意志，属于一种新的行政行为，自然具有可诉性了。

（八）上级行政机关基于内部层级监督关系对下级行政机关作出的听取报告、执法检查、督促履责等行为

行政机关这种情形的行为同于上述第五种情形的行为（行政机关作出的不产生外部法律效力的行为），其具有不可诉性和排除受案范围的理由同于前述。

（九）行政机关针对信访事项作出的登记、受理、交办、转送、复查、复核意见等行为

行政机关这种情形的行为基本同于上述第六种情形的行为（行政机关为作出信访复查、复核行为而实施的准备性、过程性行为）和上述第四种情形的行为（处理信访人对行政行为提起申诉的重复处理行为），其具有不可诉性和排除受案范围的理由同于前述。

（十）对公民、法人或者其他组织权利义务不产生实际影响的行为

行政行为是行政机关对行政相对人作出的产生行政法律效果，即实际影响行政相对人权利义务的行为。对公民、法人或者其他组织权利义务不产生实际影响的行为不具有行政行为的基本要素，从而不是行政行为，不具有行政诉讼的可诉性，自然不属于人民法院行政诉讼的受案范围。

## 本章参考书目

1. 罗豪才、应松年主编:《行政诉讼法学》,中国政法大学出版社 1990 年版,第 4 章。

2. 应松年主编、马怀德副主编:《行政行为法》,人民出版社 1993 年版,第 1 章。

3. 姜明安主编:《行政法与行政诉讼法》,北京大学出版社、高等教育出版社 2019 年版,第 24 章。

4. 方世荣等编著:《行政诉讼法学》,清华大学出版社 2006 年版,第 3 章。

5. [日]小早川光郎:《行政诉讼的构造分析》,王天华译,中国政法大学出版社 2014 年版,第 1 章。

# 第七章 行政诉讼的管辖

行政审判是国家的一种职能，行使这种职能的机关是行政法院。法国的行政法院数目繁多，除普通行政法院外，还有专门的行政法院或法庭……前者管辖的行政争议范围广泛，后者只就某类特殊行政争议有管辖权。[①]

——王名扬

行政诉讼的管辖涉及多种因素。它不仅涉及人民法院之间的关系，而且涉及诉讼当事人的利益，涉及法律、法规的适用等。这些复杂的因素，在确定管辖时，必须予以充分考虑。

由于行政诉讼的管辖涉及多种因素，必须遵循一定的基本要求（案件性质与法院体系相适应性；法院负担的均衡性及审理某些具体案件的可能性；便于原告诉讼；有利于人民法院行使审判权；原则性与灵活性相结合），才能建立正确、合理的管辖。[②]

——江必新

## 第一节 行政诉讼管辖概述

行政诉讼的管辖，是指人民法院之间受理第一审行政案件的分工。上下

① 王名扬：《法国行政法》，中国政法大学出版社1989年版，第575~578页。

② 江必新、梁凤云：《行政诉讼理论与实务》，北京大学出版社2009年版，第305~306页。

级人民法院之间受理第一审行政案件的分工称“级别管辖”;同级人民法院之间受理第一审行政案件的分工称“地域管辖”;不同类别人民法院(如军事法院、海事法院、铁路法院、森林法院等)之间受理第一审行政案件的分工称“事物管辖”。[①] 事物管辖在实践中比较明确,故行政诉讼法学研究“管辖”,主要是研究级别管辖和地域管辖。

行政诉讼管辖确定所遵循的基本原则是:

(一)便于当事人参加诉讼,特别是便于作为原告的行政相对人参加诉讼

无论是立法规定行政诉讼管辖制度,还是行政审判过程中确定具体行政案件的管辖,都应该坚持便于当事人参加诉讼,特别是便于作为原告的行政相对人参加诉讼的原则。例如,在级别管辖中,确定第一审行政案件一般由基层人民法院管辖的规则;在地域管辖中,确定对限制人身自由的行政强制措施不服提起的诉讼,既可由被告所在地人民法院管辖,也可由原告所在地人民法院管辖的规则,均出于贯彻这一原则的考虑。

(二)有利于人民法院对案件的审理、判决和执行

行政诉讼管辖确定,还应当体现有利于人民法院对案件的审理、判决和执行的原则。例如在级别管辖中,确定由中级人民法院管辖下述 4 种案件:(1)对国务院部门或者县级以上人民政府所作的行政行为提起诉讼的案件;(2)海关处理的案件;(3)本辖区内重大、复杂的案件;(4)其他法律规定由中级人民法院管辖的案件。在地域管辖中,确定对因不动产提起的行政诉讼,由不动产所在地人民法院管辖的规则,均出于贯彻这一原则的考虑。

(三)有利于保障行政诉讼的公正、准确

行政诉讼的重要价值即在于维护和保障公正、准确,因此,行政诉讼管辖的确定必须有利于保障行政诉讼的公正、准确。例如,在级别管辖中,规定中级人民法院、高级人民法院、最高人民法院均有权受理本辖区内(最高人民法院为全国范围内)重大、复杂的第一审行政案件;在地域管辖中,确定对相对

---

① 《行政诉讼法司法解释》(2018 年)第 3 条规定,各级人民法院行政审判庭审理行政案件和审查行政机关申请执行其行政行为的案件。专门人民法院、人民法庭不审理行政案件,也不审查和执行其行政行为的案件。铁路运输法院等专门人民法院审理行政案件,应当执行《行政诉讼法》第 18 条第 2 款的规定(经最高人民法院批准,高级人民法院可以根据审判工作的实际情况,确定若干人民法院跨行政区域管辖行政案件)。

人不服复议机关复议决定的案件，规定既可以由最初作出行政行为的行政机关所在地人民法院管辖，也可以由复议机关所在地人民法院管辖，原告可以选择二者之一的人民法院起诉的规则，即体现了这一原则。

（四）有利于人民法院之间工作量的合理分担

行政诉讼管辖的确定除了考虑上述规则外，还应兼顾各级各类人民法院工作量的合理分担。例如，在级别管辖中，分别规定各级别人民法院对不同性质、不同种类第一审行政案件的管辖，即避免了某一级别人民法院太忙、负担过重，某一级别人民法院太闲、负担过轻的现象；在地域管辖中，规定由被告行为机关所在地人民法院管辖作为一般原则，也有利于保障行政案件在不同人民法院之间的分配。当然，作为中央国家机关部委集中的北京，依此原则管辖的行政案件会比其他地区会多些。

## 第二节　行政诉讼体制与管辖制度的改革

我国现行《行政诉讼法》规定的我国行政诉讼体制模式是：人民法院设行政审判庭，审理行政案件。[①] 这种模式既不同于英美法系由普通法院对行政行为进行司法审查的模式，也不同于大陆法系专设行政法院审理行政案件的模式。

普通法院模式和行政法院模式各有利弊。一般认为，普通法院模式之利有三种：其一，独立性强：至少在形式上不像法国行政法院，从属于行政体系；其二，强调官民平等：对官民争议与普通民事争议适用基本同样的规则审理和裁判；其三，有利于降低司法成本：没有两套法院系统，可减少开支，减少管辖争议（包括积极争议和消极争议，积极争议是指普通法院和行政法院都主张管辖，消极争议是指普通法院和行政法院都推诿管辖）的麻烦。普通法院模式之弊有二种：其一，专业性弱：行政争议多涉及专业性问题，普通法院法官缺少解决相关问题的专业知识、专门技能和专门经验；其二，不利于保护相对人合法权益：行政争议双方在实体法律关系中法律地位不平等，诉讼规则的设定如果完全与民事诉讼规则一样（如举证责任规则等），就可能对相对人产生实

① 参见《行政诉讼法》第4条第2款。

质不利。而行政法院模式则有四利:其一,专业性强:行政法院是审理行政案件的专门法院,故其法官具有解决行政争议的专业知识、专门技能和专门经验;其二,行政法院适用专门的行政诉讼程序规则,有利于相对人权益保护和行政管理效率两种价值的兼顾与平衡;其三,有利于发现行政管理过程中的瑕疵和不当行为,通过行政审判推进善治良政;其四,救济途径更为多样化,如赔偿、补偿、责令行政主体履行职责、为相对人作出一定行为或禁止其作出一定行为,等等。行政法院模式亦有三弊:其一,易产生管辖争议(特别是民行交叉的案件),可能给当事人导致不便;其二,行政法院在形式上不及普通法院独立性强;其三,两套法院系统,司法成本较大。

我国在建立行政诉讼制度时,学界和实务界均曾展开过采用两种模式中何种模式之争。但最后的立法既没有完全采用英美普通法院模式,也没有完全采用欧洲大陆的行政法院模式,而是创立了一种介于二者和兼顾二者特征的在普通法院设立专门行政审判庭的模式。创立这种新型模式的初衷是想收上述两种模式之利,而避上述两种模式之弊。但到目前,我国这种行政诉讼体制模式已经运作20多年了,实际效果却并不尽如人意。这是为什么呢?是制度设计本身存在问题,还是制度运作外部条件存在问题,如政治体制、司法体制、行政管理体制存在问题?恐怕两种因素都存在。

我国目前行政审判实践存在的最大问题,或最大问题之一是行政审判独立性差,受干预太多,以至于当初行政诉讼制度建立时确立的目的(保护行政相对人合法权益和监督行政机关依法行使职权)在很大程度上没有能够完全实现。笔者认为,此中的原因,应该既有体制设计本身的问题,也有体制运作的环境和条件问题。而且体制运作的环境、条件问题可能是更根本的原因。如何创造行政诉讼制度良性运作的环境,避免地方当局对行政审判的干预,以保障行政审判的独立、公正?科学设计行政诉讼体制无疑是重要的,但更重要的恐怕还是要进一步推进政治体制改革、司法体制改革和行政管理体制改革,保证各级党委、政法委在宪法和法律范围内活动,保证各级政府依法行政;将各级党委及其政法委、各级政府的权力都关进制度的笼子里,从而保证各级人民法院能够根据宪法和组织法独立行使审判权。笔者曾在原《行政诉讼法》的修改过程中,提出恢复“五四宪法”中关于人民法院独立行使审判权表述的主张:“人民法院独立进行审判,只服从法律”。为此,应将原《行政诉讼法》第3条和现行《行政诉讼法》第4条的规定："人民法院依法对行政案件独立行使审判权，不受行政机关、社会团体和个人的干涉"修改为"人民法院依法对行政案件独立行使审判权，只服从法律"。因为现在法院受到的干预不是只是来自行政机关、社会团体和个人，很多情况下还来自其他方面，如地方党委、政法委、地方人大常委会主任会议等。如果我们的法律只排除行政机关、社会团体和个人的干涉，而为其他方面的干预仍留下口子，那即使行政审判体制改变了，地方干预的问题仍不能完全解决。

现行《行政诉讼法》虽然没有完全采纳笔者的建议，但还是在这方面做了很大的改进。根据中共十八届三中全会的决定，探索建立与行政区划适当分离的司法管辖制度，以保证法院不因人、财、物受制于地方当局而难于依法独立行使审判权以及中共十八届四中全会的决定，完善司法管理体制和司法权力运行机制，规范司法行为，现行《行政诉讼法》在探索建立与行政区划适当分离的司法管辖制度方面做了一定的尝试，规定"经最高人民法院批准，高级人民法院可以根据审判工作的实际情况，确定若干人民法院跨行政区域管辖行政案件"。[①] 这一规定对于打破地方当局对行政诉讼的干预，保障人民法院独立行使行政审判权无疑具有重要的作用。但这种作用仍然是较为有限的。因为，第一，这种由高级人民法院确定的跨行政区域管辖不是普遍性的，范围有限。有的省、直辖市、自治区高级人民法院确定的跨行政区域管辖法院较多，有的确定很少。第二，这种跨行政区域管辖有的并非管辖全部行政案件，而只是管辖特定行政案件。例如，北京市第四中级人民法院和上海市第三中级人民法院都是跨行政区域管辖行政案件，但它们均只管辖由区县人民政府为被告的行政案件，而无论辖区县人民政府工作部门为被告的行政案件。显然，区县人民政府工作部门为被告的行政案件要比区县人民政府为被告的行政案件多得多。第三，即使扩大跨行政区域管辖的范围，或各法院之间相互交叉管辖，但由于被告行政机关之间、法院之间的往来频繁、相互联系较多，有可能使这种机制的作用随着时间的流逝而逐步流失。

在修改原《行政诉讼法》过程中，笔者和其他一些学者曾提出我国行政诉讼可实行专门行政法院体制（不同于法国等欧洲国家完全独立于普通法院的

---

① 参见《行政诉讼法》第18条第2款。

行政法院体制),即在最高人民法院之下设置作为专门人民法院的地方行政法院,地方行政法院不按行政区域设置,几个区县设一个基层行政法院;几个地市设一个中级行政法院;几个省、自治区、直辖市设一个高级行政法院(或为最高人民法院的分院);最高人民法院为实际的最高行政法院。高级行政法院的法官由全国人大常委会任命;初、中级行政法院的法官由省、自治区、直辖市的人大常委会任命;各级行政法院的经费均由国家预算和省级预算单列。这个方案的优势在于:第一,行政法院不从属于所在地方,人、财、物基本脱离地方控制,可较大程度摆脱地方当局干预;第二,整个系统仍在人民法院体系内,性质上属于专门人民法院,故无须修改现行宪法和组织法;第三,可为今后的整个司法体制改革探路。如果此次行政法院脱离行政区划运作顺利,转型成功,今后,我们整个人民法院的体制即可实现中共十八届三中全会决定所要求的,全面建立起与行政区划分离的司法管辖制度。

当然,在目前的条件下,实行专门行政法院体制会存在诸多困难,且成本较大。据此,笔者曾经提出可行性较大的"提级管辖"方案,即改变目前第一审行政案件一般由基层人民法院管辖为由中级人民法院管辖:基层人民法院不设行政审判庭,不审理行政案件。[①] 笔者多年来一直倡导这种方案。笔者之所以青睐这一方案,其缘由有四:第一,区县级人民法院审理涉及所在区县级政府及其部门(如公安、财政、国土、教育等部门)的案件特别难于摆脱地方干预,难于公正;第二,中级人民法院管辖第一审行政案件,可减少一个审级,一审可摆脱县级地方干预,二审直接到省高级人民法院,可摆脱地、市级干预(这是现行《行政诉讼法》设计的"确定若干基层人民法院跨行政区域管辖行政案件"的方案做不到的);第三,基层人民法院行政案件太少(每个基层人民法院每年受案约30件,平均每月不到3件),既不利于节约司法资源,也不利于审判人员积累行政审判经验;第四,基层人民法院行政案件太少,一些行政法官无活干而被借调去其他审判庭办案,甚至去搞非诉执行,如强制征收、强制拆迁等,这使行政相对人对民告官诉讼失去信任和信心。当然,实行中级

---

① 参见姜明安:《行政诉讼法修改中的六大难题》,载《法制日报》2011年11月30日,第7版;姜明安:《行政诉讼法修改应注意的重点问题》,载《检察日报》2012年2月23日,第3版;姜明安:《如何修法"民告官"》,载《中国改革》2012年第4期。

人民法院管辖第一审行政案件的方案,有人会担心这可能给诉讼当事人带来不便。其实,这种担心是完全不必要的,因为今后中级法院集中管辖一审行政案件,可设置多个巡回审判庭。而巡回审判庭受案、审案并非一定在大中城市,而是主要在区县基层人民法院,甚至可在原告所在的乡、镇、村,这可能更便于当事人诉讼。

考察目前全国各地行政案件管辖制度的改革实践,大致有五种模式:

其一,相对集中管辖。即由高级人民法院确定若干人民法院(主要是基层人民法院)相对集中管辖行政案件,如某市有 8 个基层法院,现确定其中 2 个法院管辖行政案件,其他 6 个法院不再管辖行政案件,2 个法院对所在行政区域内的案件又交叉管辖。这样做的问题是,集中管辖的法院人力、财力、物力压力太大,除非法院人财物省级统管,由高级人民法院统一调配,但这一改革尚需时日。

其二,提级管辖。即将基层人民法院管辖的行政案件全部提级到中级人民法院管辖。这样做的好处笔者前已述及,但问题是大范围推广法律根据不足,另外,某些基层人民法院长期以来受理行政案件较多,具有行政审判的丰富经验。"一刀切"取消基层人民法院对行政案件的管辖也许不妥。

其三,异地交叉管辖。即甲行政区域内的行政案件由乙行政区域的法院管辖,乙行政区域内的行政案件由甲行政区域的法院管辖。这种管辖改革十多年前就在浙江省台州市实施过,开始效果很好,但后来因其他改革未能配合跟上,效果即不如前。浙江台州的这种改革后来在全国许多地方也实行过,现在还有一些地方坚持这样做。

其四,特定案件提级管辖。这种模式与第二种模式的区别是:仅将基层人民法院管辖的特定行政案件(如涉及区县人民政府为被告的案件),而非全部行政案件提级到中级人民法院管辖。例如,北京市第四中级人民法院和上海市第三中级人民法院都是采用这种模式。这种模式的缺点是改革不彻底,效果有限,大量的以区县政府工作部门(如公安、市场监管、税务、城管、规划、自然资源、环境保护等)为被告的案件仍在原行政区域的法院管辖,难于摆脱干预。

其五,巡回法庭管辖。2014 年 12 月 2 日中央全面深化改革领导小组第七次全体会议审议通过了《最高人民法院设立巡回法庭试点方案》,根据该方案,最高人民法院设立第一、第二巡回法庭。第一巡回法庭设在广东省深圳市,巡回区为广东、广西、海南三省区。第二巡回法庭设在辽宁省沈阳市,巡回区为辽宁、吉林、黑龙江三省区。2016 年 11 月 1 日,中央深改组第二十九次会议同意最高人民法院在深圳、沈阳设立第一、第二巡回法庭的基础上,在重庆市、西安市、南京市、郑州市增设第三至第六巡回法庭。新设巡回法庭庭长均由最高人民法院副院长兼任,副庭长从最高人民法院现任庭局职干部中选派。巡回法庭的人、财、物仍由最高法院统一管理,即从最高法院选派到地方巡回法庭的人员,依旧保留最高法院的编制、工资计算方式等。在审级上,最高法院设立的巡回法庭,相当于最高法院的派出机构,在审级上等同于最高法院。巡回法庭的判决效力等同于最高法院的判决,均为终审判决。

设立巡回法庭是中国司法制度的一个创新。依据《人民法院组织法》,中国现行四级法院体系中,每一级法院都可以进行巡回审判,但长期以来这并未作为一项制度来实施。最高人民法院通过建立巡回法庭制度,设立相对稳定的巡回法庭机构,实现重大行政案件、跨区域民商事案件就地审理,方便当事人开展诉讼活动,保护当事人合法权益,维护司法公正。巡回法庭的作用,是方便当事人诉讼,减轻最高法院办案压力,同时也有利于避免案件审理中可能存在的地方保护主义。在司法实践中,一些重大行政案件或跨区域案件放在某一方当事人所在地法院审理,法院有可能受到各种关系影响,不利于公正判决。由最高法院巡回法庭来审理这些案件,一方面避免地方保护主义干扰,保证案件审判更加公平公正;另一方面也有利于最高法院本部更好地行使对中国各地法院的监督指导职能。但是,巡回法庭主要受理应由最高人民法院管辖的行政案件。由于最高人民法院管辖的行政案件非常有限,这一改革对于破除行政审判的外部干预的作用较为有限。过去,这些行政案件在最高人民法院所在地北京审判,现在在巡回法庭所在地审判,不能说在地方进行行政审判就一定比在北京进行行政审判受到的干预要小。但是,最高人民法院巡回法庭设立以后,可以逐步扩大行政案件的受案范围,今后可以更多地审理现行法律规定由中高级人民法院审理的部分行政案件。如果这样,这一改革的意义就非常重大,有利于实现行政案件的全国跨行政区域管辖。

## 第三节 行政诉讼的级别管辖

### 一、行政诉讼级别管辖的一般规则

《行政诉讼法》第14~17条规定了我国行政诉讼级别管辖的一般规则：

(1)第一审行政案件一般由基层人民法院管辖。

(2)中级人民法院管辖特定第一审行政案件，即《行政诉讼法》第15条规定的四类案件：其一，对国务院部门或者县级以上人民政府所作的行政行为提起诉讼的案件；其二，海关处理的案件；其三，本辖区内重大、复杂的案件；其四，其他法律规定由中级人民法院管辖的案件。

(3)高级人民法院管辖本辖区内重大、复杂的第一审行政案件。

(4)最高人民法院管辖全国范围内重大、复杂的第一审行政案件。

确定第一审行政案件一般由基层人民法院管辖的规则主要是出于便利相对人进行行政诉讼和有利于行政案件的迅速审理和结案的考虑。但是基层人民法院管辖第一审行政案件也有不少弊端：一是易受地方当局干预，法院难于独立审判，除非基层法院相互之间交叉易地管辖范围；二是许多地方基层法院受理行政案件少，不利于充分利用司法资源(一个行政审判庭至少设3个法官，有的一个月还办理不到3件行政案件)；三是基层法院办理行政案件少，法官难于积累行政审判经验。所以，多年来一些地方展开了行政诉讼提级管辖的改革探索。

至于《行政诉讼法》第15条规定的特定行政案件由中级人民法院管辖，其理由是各不相同的：对国务院部门和省、自治区、直辖市以及设区的市级人民政府所作的行政行为提起诉讼的案件因被告行政级别高，涉及的政策问题和技术问题都较为复杂，如果由基层人民法院审理可能会面临很多困难；至于对县级人民政府所作的行政行为提起诉讼的案件由基层人民法院管辖(原《行政诉讼法》的规定)改由中级人民法院管辖，主要是出于防止地方行政干预的考虑，以保证行政审判的独立性；海关处理的案件由中级人民法院管辖的理由在于作为行政主体的海关的特殊性：海关不是地方政府的工作部门，其实行的是垂直领导体制，其所处理的案件专业性也需要由审判业务、人力、物力条件较强的法院审理,故法律规定由中级人民法院管辖。

至于重大、复杂的行政案件,根据重大、复杂的程度,分别规定由中级、高级或最高人民法院管辖,这主要是为了便利人民法院的审理和判决的执行。如果由基层人民法院审理全省或全国范围内重大、复杂的案件,其人力、物力条件显然是不胜任的,在收集证据、传唤证人以及执行判决方面也会发生许多难以克服的困难。何谓"重大、复杂的案件"?《行政诉讼法司法解释》(2018年)第5条规定,有下列3种情形之一的案件,属于"本辖区内重大、复杂的案件":其一,社会影响重大的共同诉讼案件;其二,涉外或者涉及香港特别行政区、澳门特别行政区、台湾地区的案件;其三,其他重大、复杂案件。

## 二、行政诉讼级别管辖一般规则的例外

对于行政诉讼的级别管辖,《行政诉讼法》除了规定上述一般规则外,同时也规定在某些情况下可以作某些变动。如上级人民法院有权审判下级人民法院管辖的第一审行政案件;下级人民法院对其管辖的第一审行政案件,认为需要由上级人民法院审理或者指定管辖的,可以报请上级人民法院决定。①

根据《行政诉讼法司法解释》(2018年)第6条规定,当事人以案件重大复杂为由,认为有管辖权的基层人民法院不宜行使管辖权或者根据《行政诉讼法》第52条的规定,向中级人民法院起诉,中级人民法院应当根据不同情况在7日内分别作出以下处理:(1)决定自行审理;(2)指定本辖区其他基层人民法院管辖;(3)书面告知当事人向有管辖权的基层人民法院起诉。根据《行政诉讼法司法解释》(2018年)第7条规定,基层人民法院对其管辖的第一审行政案件,认为需要由中级人民法院审理或者指定管辖的,可以报请中级人民法院决定。中级人民法院应当根据不同情况在7日内分别作出以下处理:(1)决定自行审理;(2)指定本辖区其他基层人民法院管辖;(3)决定由报请的人民法院审理。

---

① 参见《行政诉讼法》第24条。

## 第四节 行政诉讼的地域管辖

### 一、行政诉讼级别管辖的一般规则

《行政诉讼法》第 18~20 条规定了我国行政诉讼地域管辖的一般规则：①

（1）普通行政案件由最初作出行政行为的行政机关所在地人民法院管辖，即由被告所在地人民法院管辖。

（2）经复议的行政案件，既可以由最初作出行政行为的行政机关所在地人民法院管辖，也可以由复议机关所在地人民法院管辖。

在实践中，经复议的行政案件管辖还有四种情况：第一种情况是复议机关在法定期间内未作出复议决定；第二种情况是复议机关驳回复议申请或者驳回复议请求；第三种情况是复议机关在受理行政相对人提起的复议申请后作出维持原行政行为的复议决定；第四种情况是复议机关在受理行政相对人提起的复议申请后作出改变原行政行为的复议决定。

在第一种情况下，相对人如不服，向法院起诉应以谁为被告，由哪个法院受理？《行政诉讼法》第 26 条规定，复议机关在法定期间内未作出复议决定，公民、法人或者其他组织既可以起诉原行政行为，也可以起诉复议机关不作为。起诉原行政行为的，作出原行政行为的行政机关是被告，案件自然由被告所在地法院管辖；起诉复议机关不作为的。复议机关是被告。案件则既可以由最初作出行政行为的行政机关所在地人民法院管辖，也可以由复议机关所在地人民法院管辖。

在第二种情况下，相对人不服复议机关作出的驳回复议申请或者驳回复议请求，相当于复议机关作出维持原行政行为的决定（但复议机关以复议申请不符合受理条件为由作出驳回复议申请的决定除外），从而这种情况的被

① 行政诉讼立案后，受诉人民法院的管辖权不受当事人住所地改变、追加被告等事实和法律状态变更的影响［参见《行政诉讼法司法解释》（2018 年）第 4 条］。

告和案件管辖同于第三种情况。[①]

在第三种情况下,根据《行政诉讼法》第 26 条第 2 款的规定,经复议的案件,复议机关决定维持原行政行为的,作出原行政行为的行政机关和复议机关是共同被告。原告只起诉作出原行政行为的行政机关或者复议机关的,人民法院应当告知原告追加被告。原告不同意追加的,人民法院应当将另一机关列为共同被告。这样一来,相应行政案件的管辖就由当事人选择,既可选择作出原行政行为的行政机关所在地人民法院管辖,也可选择复议机关所在地人民法院管辖。

在第四种情况下,根据《行政诉讼法》第 26 条第 2 款的规定,复议机关改变原行政行为的,复议机关是被告。虽然此种行政案件的被告只是复议机关,但案件的管辖仍然既可是复议机关所在地的人民法院,也可是作出原行政行为的行政机关所在地的人民法院。

## 二、行政诉讼地域管辖一般规则的例外

对于地域管辖,《行政诉讼法》除了规定上述一般规则外,同时规定了某些特别案件的例外管辖规则。

### (一)对限制人身自由的行政强制措施不服提起的诉讼,由被告所在地或者原告所在地人民法院管辖[②]

这一规则不仅适用于限制人身自由的行政强制措施,而且也应适用于限制人身自由的行政处罚行为,如行政拘留和过去实行多年现已废除的劳动教养和收容教养。[③] 因为确定这一规则的立法目的在于对公民人身自由提供特

---

① 《行政诉讼法司法解释》(1999 年)第 22 条规定,复议机关在法定期间内不作复议决定,当事人对原具体行政行为不服提起诉讼的,应以作出原具体行政行为的行政机关为被告,当事人对复议机关不作为不服提起诉讼的,应当以复议机关为被告。至于管辖,原告以作出原具体行政行为的行政机关为被告起诉的,自然应由作出原具体行政行为的行政机关所在地人民法院管辖。而原告以复议机关为被告起诉的,则应由复议机关所在地人民法院管辖。对于复议机关拒绝受理相对人提起的复议申请,相对人起诉,被告和管辖的确定,《行政诉讼法司法解释》(2018 年)虽然没有规定,但可参照复议机关在法定期间内不作复议决定的情形处理。

② 参见《行政诉讼法》第 19 条。

③ 2013 年 12 月 28 日,第十二届全国人大常委会第六次会议通过了《关于废止有关劳动教养法律规定的决定》,在我国存在 56 年的劳教制度退出历史舞台。被废止的两个文件,即 1957 年 8 月全国人大常委会批准的《国务院关于劳动教养问题的决定》、1979 年全国人大常委会批准的《国务院关于劳动教养的补充规定》——此前,这两份文件是我国劳动教养制度的基本依据。

别的保护。既然限制人身自由的行政处罚与限制人身自由的行政强制措施,其内容都是限制行政相对人人身自由的,那么在管辖规则上应该提供同样的保护。2018 年修正后的《行政诉讼法司法解释》第 8 条第 2 款已明确规定,对行政机关基于同一事实,既采取限制公民人身自由的行政强制措施,又采取其他行政强制措施或者行政处罚不服的,由被告所在地或者原告所在地人民法院管辖。至于何谓"原告所在地",由于实践中人们在理解上存在差异而多发生争议,故《行政诉讼法司法解释》(2018 年)第 8 条亦明确规定,"原告所在地"包括原告的户籍所在地、经常居住地和被限制人身自由地。

此外,实践中有时还存在行政机关基于同一事实既对公民人身自由实施限制又对财产实施行政处罚或者采取行政强制措施的情形。对于此种情形,《行政诉讼法》没有明确规定适用何种管辖规则。根据上述《行政诉讼法司法解释》(2018 年)的精神,在这种情形下,被限制人身自由的公民、被扣押或者没收财产的公民、法人或者其他组织对上述行为均不服的,既可以向被告所在地人民法院提起诉讼,也可以向原告所在地人民法院提起诉讼,受诉人民法院可一并管辖。

(二)因不动产提起的行政诉讼由不动产所在地人民法院管辖①

《行政诉讼法》规定行政案件一般由被告所在地人民法院管辖,主要是为了便于证据的收集和案件的审理;规定对限制人身自由的行政强制措施不服提起的行政诉讼,既可由被告所在地人民法院管辖,又可由原告所在地人民法院管辖,主要是为了便利相对人诉讼和有利于保障相对人的权利;规定因不动产提起的行政诉讼由不动产所在地人民法院管辖,主要是为了便利案件审结后判决的执行。

为了明确"因不动产提起的行政诉讼"管辖的特殊规则,《行政诉讼法司法解释》(2018 年)第 9 条规定,"因不动产提起的行政诉讼"是指因行政行为导致不动产特权变动而提起的诉讼。不动产已登记的,以不动产登记簿记载的所在地为不动产所在地;不动产未登记的,以不动产实际所在地为不动产所在地。

(三)异地交叉审判的管辖制度

关于行政诉讼的地域管辖,过去由于严格实行被告所在地管辖原则,导致

---

① 参见《行政诉讼法》第 20 条。

有的法院,特别是基层法院,对涉及同级政府及政府部门的行政案件不敢受理或受理后不敢公正审理和判决的情形。对此,一些地方法院在十多年前创设了异地交叉审判的管辖制度。[①] 这种管辖改革,后来受到了越来越多的学者

---

① 浙江省台州市中级人民法院从2002年7月起,依法对被告是县级政府的行政案件和重大集团诉讼行政案件实行异地交叉审判,即由中级人民法院直接受理此类案件,依法指定给被告所在地外的其他基层法院审判。陈崇冠、马英杰撰写的调研报告对其具体做法和效果进行了介绍。异地交叉审判的具体操作步骤是:(1)对于被告为县级政府的行政案件和10人以上的集团行政诉讼案件,由原告直接向中级人民法院起诉,或者由基层人民法院移送中级人民法院管辖。(2)中级人民法院审查后认为符合立案条件的,作出立案受理并确定由被告所在地之外某基层法院审判的裁定。(3)接受案件移交的法院,按照立案程序立案后进行审判。(4)通常采取就近原则和随机指定异地法院原则,以方便原告和防止滋生新的干扰。异地交叉审判的效果表现在:(1)原告的诉权和实体权利得到较为充分的保证。以前,基层法院不敢受理的案件的当事人投诉无门,现在通过实行异地交叉审判,保护了其本应享有的诉权。例如,温岭市法院由于办公楼和审判大楼正在进行建设,需要当地政府支持。对一起诉该市政府的案件,温岭市法院的立案工作难以开展,影响了原告诉权的实现。实行异地交叉审判后,中级人民法院予以立案受理;并指定台州市路桥区法院审判,最终使本案得以公正处理。同时,实行异地交叉审判后,当事人对法院偏袒政府的顾虑明显减少,在他们心目中,实行异地交叉审判的行政案件会公正得多。(2)有效减缓了基层法院审理案件的压力,起到了为基层法院排忧解难的作用。在台州市路桥区法院和温岭法院行政审判法官座谈会上,路桥法院行政庭庭长彭妙富说:“异地交叉审判能较好地保护原告的诉权,消除原告顾虑,弱势方反映很好,没有听到埋怨,他们主要怕的是地方政府的干预;也能引起被诉政府的重视;我们也能从压力案中解脱出来,在审判外地行政案件时没有顾虑,在制度上确保了案件的公正审判。这是当前排除地方政府干扰的最好方式。”法官汪华富认为:“异地交叉审判的成效,就是原告放心,被告重视,法官敢判。现在,法院真正做到了公正司法,社会效果反倒越来越好。”温岭市法院行政庭庭长王达云认为:“以前法官在办案中往往里外不是人,既要面临来自院长、副院长的压力,又要面临政府的压力,弄不好还背一个‘不支持当地政府工作大局’的恶名。异地交叉审判后,我们才能做到将维护公民的合法权益放在首位。”(3)政府受到有力的司法监督,推进了其依法行政的进程。没有实行异地交叉审判时,政府可以干预案件的进程、结果。实行异地交叉审判后,其行政干预行为受到有效的遏制,审判程序不再被视为可有可无的装饰品;诉讼的胜败也使政府不得不认真对待。公正的审判强化了政府依法行政的意识,使其作出行政行为的自律性和守法性不断增强。在台州市政府法制办召开的5个县市政府法制办主任座谈会上,台州市政府法制办副主任陈文通认为:“实行异地交叉审判,首先使群众对法院的信任度增加了,这是当今司法权威的补救良方。其次促进行政机关依法行政,因为法院‘不好讲话了’,政府必须要做得更规范一点,更准确一点,政府领导、部门领导和法制办都会更加重视依法行政。”温岭市政府法制办主任柯友芳认为:“应当从政治文明建设的高度来看待异地交叉审判。推行这一制度后,法院能够做到依法公正审判,政府法制办的权威也就能够得以提高,政府更加重视依法行政,行政执法水平有了很明显的提高。在温岭市政府处分了3名违法行政的直接责任人员,并由他们赔偿6万多元后,在温岭引起极大的震动。异地交叉审判对当地的法治环境建设有巨大的推进作用。”2003年9月,台州市人大代表对台州市中级法院行政审判工作进行视察。在详细了解异地交叉审判情况及取得的成效后,代表们给予了高度的评价。在向市人大主任会议提交的视察报告中指出:“台州市中级法院的行政审判工作,既维护了法律的尊严,又维持了政府的形象,改善了政府与人民群众的关系。其推行的异地交叉审判,是积极可行的,建议适用的范围再适当扩大一点,如对某个行政局当被告,也可异地交叉审判,树立法院公平、公正形象。”市人大主任会议听取汇报后,在会议纪要中充分肯定了台州市中级法院行政审判工作探索出的好经验,同时要求“上级法院应当对下级法院不敢立、不敢审、不敢判现象应予以纠正”,并责成政府对行政首长出庭问题加以研究和落实。

和实务界的重视。此改革前已述及，它应可作为“被告所在地管辖”原则的另一项例外规则。

## 第五节　避免管辖冲突的规则

管辖冲突，是指两个以上人民法院对于同一个行政案件都认为应属自己管辖或者都认为不属自己管辖而产生的冲突。为了避免此种冲突和因此种冲突而影响行政案件的正常审理，行政诉讼法规定了下述规则：

（1）两个以上人民法院都有管辖权的案件，原告可以选择其中一个人民法院提起诉讼。原告向两个以上有管辖权的人民法院提起诉讼的，由最先立案的人民法院管辖。①

（2）人民法院发现受理的案件不属于本院管辖的，应当移送有管辖权的人民法院，受移送的人民法院应当受理。受移送的人民法院认为受移送的案件按照规定不属于本院管辖的，应当报请上级人民法院指定管辖，不得再自行移送。②

（3）有管辖权的人民法院由于特殊原因不能行使管辖权的，由上级人民法院指定管辖。③

（4）人民法院对管辖权发生争议，由争议双方协商解决。协商不成的，报它们的共同上级人民法院指定管辖。④

（5）人民法院受理案件后，被告提出管辖异议的，应当在收到起诉状副本之日起十五日内提出。对当事人提出的管辖异议，人民法院应当进行审查。异议成立的，裁定将案件移送有管辖权的人民法院；异议不成立的，裁定驳回。人民法院对管辖异议审查后确定有管辖权的，不因当事人增加或者变更诉讼请求等改变管辖，但违反级别管辖、专属管辖规定的除外。

对于管辖异议，如有下列情形之一的，人民法院不予审查：（1）人民法院发回重审或者按第一审程序再审的案件，当事人提出管辖异议的；（2）当事人

① 参见《行政诉讼法》第 21 条。

② 参见《行政诉讼法》第 22 条。

③ 参见《行政诉讼法》第 23 条第 1 款。

④ 参见《行政诉讼法》第 23 条第 2 款。

在第一审程序中未按照法律规定的期限和形式提出管辖异议,在第二审程序中提出的。[①]

避免管辖冲突规则对于保障当事人的诉讼权利,特别是保障行政管理相对人在其合法权益受到侵犯时能得到人民法院的及时和有效救济具有重要的意义。

**本章参考书目**

1. 罗豪才、应松年主编:《行政诉讼法学》,中国政法大学出版社 1990 年版,第 5 章。

2. 姜明安主编:《行政法与行政诉讼法》,北京大学出版社、高等教育出版社 2019 年版,第 25 章。

3. 方世荣等编著:《行政诉讼法学》,清华大学出版社 2006 年版,第 4 章。

4. 莫于川:《行政法与行政诉讼法》,中国人民大学出版社 2012 年版,第 15 章。

5. 陈清秀:《行政诉讼法》,翰芦图书出版有限公司 1999 年版,第 4 章。

---

① 参见《行政诉讼法司法解释》(2018)第 10~11 条。

# 第八章
# 行政诉讼的证据规则

在现代诉讼中，证据的重要意义与证据裁判原则是密切联系的。证据裁判原则，也称证据裁判主义，是指对于案件争议事实的认定，应当依据证据。它有以下三方面的要求：首先，裁判认定的案件事实必须以证据为依据；其次，裁判所依据的证据是具有证据能力的证据；最后，作为综合裁判所依据的证据，必须达到法律规定的证明标准。

证据运用的规范化、程序化和制度化，需要通过证据法来加以体现和保障，从而更好地指导司法实践，满足诉讼需要，这也是法治文明与进步的要求。①

——陈光中

## 第一节　行政诉讼证据的概念、特征与种类

### 一、行政诉讼证据的概念

行政诉讼的证据，是指行政诉讼法律关系主体用以证明被诉行政行为是否合法、是否侵犯相对人合法权益以及其他有关案情的事实材料。

行政诉讼证据作为证据有着一般诉讼证据的有关特征，即证明的主体是

① 陈光中主编：《刑事诉讼法》，北京大学出版社、高等教育出版社2002年版，第154～155页。

诉讼法律关系的主体、证明的客体是诉讼的客体、证明的内容是案件中事实的真实情况、证明的手段是与证明客体相关联的各种事实材料。巫宇甦主编的《证据学》对证据所下的定义是:“证据是人民法院、人民检察院和公安机关用来证明案件真实情况的一切事实,是正确处理刑事案件和民事案件的根据。”[①]张子培主编的《刑事诉讼法教程》对刑事诉讼证据所下的定义是:“刑事证据是公安机关、人民检察院和人民法院在侦查、起诉、审判过程中,用以证明犯罪事实和犯罪人的事实材料。”[②]柴发邦主编的《民事诉讼法学》对民事诉讼证据所下的定义是:“凡是能够证明案件真实的客观事实,都是法律规定用以查明案件事实的手段。”这种手段就是民事诉讼的证据。[③] 所有这些定义表明,各种诉讼证据,作为证据,都是诉讼法律关系主体用以证明某种案件事实的手段,这是证据的共性。

对于诉讼证据的共性,人们对其具体内容的看法并不完全一致。笔者认为:其一,诉讼证据证明的主体(证据的运用者)应包括所有诉讼法律关系的主体,即应包括诉讼当事人及其代理人。一些学者主张诉讼证据证明主体仅包括法院、检察院和公安机关似乎是不适当的。其二,诉讼证据是“用以证明”某种案件事实的手段。“用以证明”不等于“能够证明”,在人民法院通过法庭审理、辩论、质证和确认以前,证据只是诉讼当事人或其他诉讼参加人、参与人用来证明案件事实的手段,它本身的真实性尚有待审查确认。有的学者认为,证据是“能够证明”案件事实的手段,在确认案件事实材料“能够证明”案件真实情况以前,不能称“证据”,这种观点似乎与实践不相吻合。其三,证据的客观性是指证据是证明主体收集或提供的客观事实材料,而非证明主体对有关案件事实的推理判断。至于证明主体收集、提供的事实材料是否真实,尚有待法庭审查确认。证据的关联性、合法性是指证据外在形式的关联性、合法性,即案件事实材料如果在外在形式上明显与案件无关,明显是违法取得的,法院开始即可拒绝作为证据接受,否则,即应先予接受。至于某种事实材料是否确实与案件相关,是否确实合法,则要待法庭审查确认,审查确认

---

① 巫宇甦主编:《证据学》,群众出版社 1983 年版,第 1 页。

② 张子培主编:《刑事诉讼法教程》,群众出版社 1986 年版,第 174 页。

③ 柴发邦主编:《民事诉讼法学》,法律出版社 1987 年版,第 205 页。

之前仍然是证据,审查确认以后则是定案证据。定案证据则不仅要求外在形式,而且要求实质内容的客观性、关联性、合法性。但有的学者认为,证据的客观性、关联性、合法性是其固有特征,不主张对诉讼中的证据和定案证据加以区分。

## 二、行政诉讼证据的特征

行政诉讼证据作为证据,有着与一般证据相同的共性,但作为特种诉讼的证据,又有着它独有的特征。这种特征既有内容上的,又有形式上的,但主要是内容上的。

行政诉讼证据区别于其他诉讼证据,最重要的特征是其证明的内容不同。它所要证明的主要是被诉行政行为是否合法和是否侵犯相对人的合法权益。① 因为行政诉讼所要解决的核心问题是要审查和确认被诉行政行为是否合法,是否侵犯相对人的合法权益。从而被告要尽可能提供一切有关的事实材料,证明其所作出的被诉行政行为是合法的;原告要尽可能提供一切有关的事实材料,证明被告所作出的被诉行政行为是违法并侵犯了其合法权益的;人民法院则要尽可能运用原被告提供的一切有关事实材料,以及通过鉴定、勘验和收集有关的事实材料,来审查、判断和确认被诉行政行为的合法性,审查、判断和确认相应行为是否侵犯原告或第三人的合法权益。所有这些与被诉行政行为合法性有关的事实材料都是行政诉讼的证据。而民事诉讼证据和刑事诉讼证据证明的内容显然不同。民事诉讼证据所要证明的是双方当事人在民事法律关系中的某种行为或事实,刑事诉讼证据所要证明的是被告是否实施了某种犯罪或犯罪事实的情况。

行政诉讼证据不仅在内容上完全不同于其他诉讼证据,而且在形式上也不完全同于其他诉讼证据。其主要特征有三:

### (一)行政诉讼证据主要由被告提供

行政诉讼的主要任务是审查被诉行政行为的合法性,而被诉行政行为是

---

① 行政诉讼证据的主要功能和作用是证明被诉行政行为是否合法和是否侵犯相对人的合法权益。这里说的是"主要功能和作用"而非唯一功能和作用,因为行政诉讼中其他有关案情事实,如行政相对人在行政管理过程中是否违法,其权益受到的侵犯是否与行政行为有因果关系,以及其权益受到损害的程度等,也需要证据证明。证明这些案情事实,也是行政诉讼证据的功能和作用之一。

由被告行政机关作出的,故只有被告行政机关掌握着作出被诉行政行为的最基本、最主要的证据。这一特点即决定着行政诉讼的证据只能主要由被告提供。

(二)行政诉讼证据主要源于行政程序案卷

行政诉讼不同于其他诉讼,案件进入法院前通常都经过行政程序和行政复议程序。行政机关作出被诉行政行为和进行行政复议都要以证据作为根据,行政行为和行政复议终结都要将所有有关的事实材料及其证据归入案卷。相对人提起行政诉讼后,行政机关应将整个案卷提交人民法院,行政程序案卷是人民法院审理行政案件的主要证据来源。在某些西方国家,法院进行司法审查,仅限于对行政案卷的审查,法院拒绝接受当事人在行政案卷以外提供的任何证据。我国虽然不采用严格的"案卷主义",但法律同样限制被告在行政诉讼过程中自行收集证据,反对先裁决后取证。对于原告,法律上虽无限制,但在法理上也应要求其尽量在行政程序中提供证据,而反对其在行政诉讼程序中故意不拿出证据而在行政诉讼中再"后发制人"的做法。因此,行政诉讼证据应主要从行政程序案卷中取得,行政程序案卷应成为行政诉讼证据的主要来源。这种情况在民事诉讼、刑事诉讼中是不存在或基本不存在的。

(三)文书证据,特别是规范性文件或非规范性文件证据在行政诉讼中占有主要地位

行政诉讼由于是对被诉行政行为合法性的审查,而被诉行政行为除了依据法律、法规、规章外,还大量地依据各种规范性文件和非规范性文件,如决定、命令、决议、指令、指示、批复、报告等。在审查被诉行政行为的合法性时,这些规范性文件或非规范性文件往往起着重要的证据作用。规范性文件或非规范性文件在民事诉讼和刑事诉讼中有时也会起证据作用,但其地位远不及行政诉讼。

### 三、行政诉讼证据的种类

《行政诉讼法》第 33 条规定,行政诉讼证据包括下述八种形式:

(一)书证

书证是指以文字、符号、图案等形式记载的,能够表达人的思想或行为的,能证明案件事实的物品。书证的特征在于,它所记载的内容或所表达的思

想,可供他人认识和了解;而且,它的内容必须反映一定的案件事实,能够据以查明案件的真实情况。

书证根据不同的标准,主要可以做以下四种分类:其一,根据书证是否为国家机关等行使职权所制作的,其可分为公文书证与非公文书证;其二,根据书证的制作方式,其可分为原本、正本、副本和节录本;其三,根据书证的形式,其可分为一般书证与特定书证(前者法律无特定形式要求,后者法律规定了某种特定形式,如法律规定必须经过公证、认证的授权委托书);其四,根据书证的不同内容,其可分为处分书证与报告书证(前者以发生、变更或消灭一定法律关系为目的,如合同文书、遗嘱书等;后者不以产生一定法律后果为目的,如账簿、日记等)。[①]

(二)物证

物证,是指以其物质属性、外部特征、存在状况、空间方位等来证明案件事实的物品和痕迹。物证的形式是多种多样的。如行政执法人员执法时扣押的物品、行政相对人实施违法行为时使用的工具、行政机关进行行政处罚时没收被处罚人的非法财物等。物证根据其存在状态,分为实物物证、痕迹物证和微量物物证。实物物证如违法物品、违章建筑、毛发、血迹等;痕迹物证如指印、轮胎印痕、牙齿印等;微量物物证如违章车辆撞上正常行驶的车辆后遗留的微量的漆皮、卫生行政机关认定食品中存在的微量的不符合人体健康标准的物质等。[②]

(三)视听资料

视听资料是指载有能够证明有关案件事实的内容的录音带、录像带、电影胶片、电子计算机的磁盘等,以其所载的音响、活动影像和图形以及电子计算机所存储的资料等来证明案件事实的证据。[③]

(四)电子数据

电子数据是指以电子形式存在的,用作证据使用的一切材料及其派生物。其既包括反映法律关系产生、变更或消灭的电子信息正文本身,也包括反映电

---

① 参见巫宇甦主编:《证据学》,群众出版社1983年版,第163~174页。

② 参见江必新、梁凤云:《行政诉讼法理论与实务》,北京大学出版社2009年版,第470~471页。

③ 参见巫宇甦主编:《证据学》,群众出版社1983年版,第203页。

子信息生成、存储、传递、修改、增删等过程的电子记录,还包括电子信息所处的硬件和软件环境。具体形式包括电子邮件、电子数据交换、网上聊天记录、网络博客、手机短信、电子签名、域名、电子公告牌记录、电子资金划拨记录、网页文件等。[①]

(五)证人证言

证人证言,是指证人就其所了解的情况,向行政机关、司法机关等国家机关所作的陈述。证人证言的内容,包括对查清案件真相有意义的一切事实。法律只要求证人陈述这些事实,而不要求他对这些事实作出判断。与案件无关的事实,或者是证人的估计、猜测等,不能作为证言的内容。证人陈述的情况,可以是亲自听到的或看到的,也可以是别人听到或看到而转告他的。证人对别人转告的情况,必须说明来源,说不出来源,或者道听途说的消息,不能作为证言。[②]

(六)当事人陈述

当事人陈述是指原告、被告、第三人就其所经历的案件事实,向行政机关、司法机关等国家机关所作的叙述和陈词。在司法实践中,当事人陈述的内容往往不仅是对于案件事实的认识和对于行政主体行为合法性的认识,还包括其对于行政主体行为合法性进行处理的意见、各种程序上的申请以及表达证据采用的意见等。[③]

(七)鉴定意见

鉴定意见是指行政机关、司法机关等国家机关指派或聘请有某种专门知识的人对案件中某些专门性问题进行鉴别和判断后所作出的结论性意见。其一,鉴定意见要求鉴定人不仅说明根据鉴定材料所观察到的事实,而且还必须在分析研究这些事实的基础上提出鉴别和判断的结论。其二,鉴定意见只能就应予查明的案件事实中的专门性问题作出鉴别和判断,而不应就法律问题发表意见和作出结论。鉴定意见有各种类别,主要有法医学鉴定意见、司法精神病鉴定意见、书法鉴定意见、痕迹鉴定意见、化学鉴定意见、会计鉴定意见、

---

① 参见巫宇甦主编:《证据学》,群众出版社 1989 年版,第 204 页。

② 参见巫宇甦主编:《证据学》,群众出版社 1989 年版,第 188~200 页。

③ 参见江必新、梁凤云:《行政诉讼法理论与实务》,北京大学出版社 2009 年版,第 475 页。

技术鉴定意见等。①

（八）勘验笔录、现场笔录

勘验笔录，是指人民法院对有关案件事实的场所、物品进行就地检验、勘查、检查、测量和分析所作的书面记录。勘验笔录是对客观事实的反映，一般能证明案件的真实情况，是诉讼中的一种独立证据。现场笔录是行政执法人员在行政程序中对有关行政执法活动现场情况所作的书面记录。例如，司机酒后开车，民警对于违章情况所作的笔录。在行政诉讼中，被告行政机关向人民法院提供的现场笔录，应当载明时间、地点和事件等内容，并由执法人员和当事人签名。当事人拒绝签名或者不能签名的，应当注明原因。有其他人在场的，可由其他人签名。②

人民法院审理行政案件，对以上证据，均必须经过查证属实，才能作为案件定案的根据。

## 第二节　行政诉讼的举证责任和证据提供规则

### 一、行政诉讼的举证责任规则

根据《行政诉讼法》和《行政诉讼法司法解释》（2018 年）以及《最高人民法院关于行政诉讼证据若干问题的规定》，③行政诉讼的举证责任规则可以归纳为以下 8 项：

（1）被告对作出的被诉行政行为负有举证责任。原告起诉后，被告应当在收到起诉状副本之日起 10 日内，提供据以作出被诉行政行为的全部证据和所依据的规范性文件。被告不提供或者无正当理由逾期提供证据的，视为被诉行政行为没有相应的证据（但是，被诉行政行为涉及第三人合法权益，第三人提供证据的除外）。④ 被告因不可抗力或者客观上不能控制的其他正当事

① 参见巫宇甦主编：《证据学》，群众出版社 1989 年版，第 181 页。

② 参见江必新、梁凤云：《行政诉讼法理论与实务》，北京大学出版社 2009 年版，第 477～478 页。

③ 《最高人民法院关于行政诉讼证据若干问题的规定》（以下简称《行政诉讼证据规则司法解释》）。

④ 参见《行政诉讼法》第 34 条。

由,不能在规定的期限内提供证据的,经人民法院准许,可以延期提供。被告申请延期提供的,应当在收到起诉状副本之日起15日内以书面方式向人民法院提出。人民法院准许延期提供的,被告应当在正当事由消除后15日内提供证据。逾期提供的,视为被诉行政行为没有相应的证据。但原告或者第三人在诉讼过程中提出了在行政处理程序中没有提出的理由或者证据的,经人民法院准许,被告可以补充证据。①

(2)在诉讼过程中,被告及其诉讼代理人不得自行向原告、第三人和证人收集证据。②

(3)公民、法人或者其他组织向人民法院起诉时,应当提供其符合起诉条件的相应的证据材料。在起诉被告不作为的案件中,原告应当提供其在行政程序中曾经提出申请的证据材料。但有下列两种情形的除外:其一,被告应当依职权主动履行法定职责的;其二,原告因被告受理申请的登记制度不完备等正当事由不能提供相关证据材料并能够作出合理说明的。对于原告的起诉,如果被告认为其超过法定期限,则由被告承担举证责任。③

(4)在行政赔偿、补偿诉讼中,原告应当对被诉行政行为造成损害的事实提供证据。但如果因被告的原因导致原告无法就损害情况举证的,应当由被告就该损害情况承担举证责任。对于各方主张损失的价值无法认定的,应当由负有举证责任的一方当事人申请鉴定,但法律、法规、规章规定行政机关在作出行政行为时依法应当评估或者鉴定的除外;负有举证责任的当事人拒绝申请鉴定的,由其承担不利的法律后果。当事人的损失因客观原因无法鉴定的,人民法院应当结合当事人的主张和在案证据,遵循法官职业道德,运用逻辑推理和生活经验、生活常识等,酌情确定赔偿数额。④

(5)原告可以提供证明被诉行政行为违法的证据。原告提供的证据不成立的,不免除被告对被诉行政行为合法性的举证责任。⑤

---

① 参见《行政诉讼法》第36条、《行政诉讼法司法解释》(2018年)第34条和《行政诉讼证据规则司法解释》第1条。

② 参见《行政诉讼法》第35条。

③ 参见《行政诉讼证据规则司法解释》第4条。

④ 参见《行政诉讼证据规则司法解释》第5条、《行政诉讼法司法解释》(2018年)第47条。

⑤ 参见《行政诉讼证据规则司法解释》第6条。

(6)原告或者第三人应当在开庭审理前或者人民法院指定的交换证据清单之日提供证据。因正当事由申请延期提供证据的,经人民法院准许,可以在法庭调查中提供。逾期提供证据的,人民法院应当责令其说明理由;拒不说明理由或者理由不成立的,视为放弃举证权利。原告或者第三人在第一审程序中无正当事由未提供而在第二审程序中提供的证据,人民法院不予接纳。[①]

(7)当事人申请延长举证期限,应当在举证期限届满前向人民法院提出书面申请。申请理由成立的,人民法院应当准许,适当延长举证期限,并通知其他当事人。申请理由不成立的,人民法院不予准许,并通知申请人。[②]

(8)人民法院向当事人送达受理案件通知书或者应诉通知书时,应当告知其举证范围、举证期限和逾期提供证据的法律后果,并告知因正当事由不能按期提供证据时应当提出延期提供证据的申请。人民法院有权要求当事人提供或者补充证据。对当事人无争议,但涉及国家利益、公共利益或者他人合法权益的事实,人民法院可以责令当事人提供或者补充有关证据。[③]

在以上举证责任规则中,被告对作出被诉行政行为负举证责任是最重要的规则。这一证据规则是行政诉讼特有的,民事诉讼不存在这一规则。因为行政诉讼是对被诉行政行为合法性的审查,而被诉行政行为是由被告行政机关作出的,被告的行政行为应该在有主要证据的基础上作出,没有主要证据即实施被诉行政行为,其行为即违法。所以,人民法院审查被诉行政行为是否合法,必须审查被诉行政行为是否有主要证据,而此种证据,毫无疑问应由被告提供,同时也只有被告才能提供。

关于被告对作出被诉行政行为负举证责任的规则,有几个易于混淆的问题必须加以说明:

第一,被告对作出的被诉行政行为负举证责任不等于被告在行政诉讼中对一切事实负举证责任。诚然,行政诉讼的客体是被诉行政行为,行政诉讼的基本任务是审查和确认被诉行政行为的合法性,从这点上说,证明被诉行政行为合法和提供被诉行政行为合法的证据的责任只能由作为被告的行政机关承

---

① 参见《行政诉讼法司法解释》(2018年)第35条。

② 参见《行政诉讼法司法解释》(2018年)第36条。

③ 参见《行政诉讼法》第39条,《行政诉讼法司法解释》(2018年)第37条和《行政诉讼证据规则司法解释》第8、9条。

担。然而,在行政诉讼过程中,原告有时会提出被诉行政行为违法和侵犯其合法权益的某些指控,例如,原告指控行政机关滥用职权或不作为,侵犯其人身权、财产权等。行政机关如对此加以否认,这时,原告就负有举证责任。相对人如提不出相应证据,就要承担败诉的后果。

第二,被告对作出的被诉行政行为负举证责任并不与被告享有提供证据的权利相矛盾。被告提供证据的权利是被告为了反驳原告的指控,维护其被诉行政行为的有效成立而向法院主动提供证据的法律上的可能性,法院有接受被告证据的义务。被告的举证责任是被告在行政诉讼中向法院提供证据证明其被诉行政行为合法的法律上的责任,法院在被告提供的证据不足以证明被诉行政行为合法的情况下,有权责成其进一步提供证据,如被告不能提供或拒绝提供,就要承担败诉的后果。

第三,被告对作出的被诉行政行为负举证责任不同于原告和其他诉讼参加人、参与人或其他人提供证据的义务。根据我国法律规定,凡是掌握与案件有关的证据的个人、组织,无论是当事人,还是其他诉讼参加人、参与人或其他人,在诉讼过程中均有义务向人民法院提供证据。但是此种提供证据的义务不同于举证责任。具有提供证据义务的人不一定与案件有利害关系,他们握有证据不提供,加以隐藏或毁灭所要承担的法律责任是接受训诫、罚款或具结悔过,或受到刑罚处罚。而承担举证责任的人,不能提供或拒绝提供证据证明自己主张的合法性、适当性,则是要承担败诉的后果。承担举证责任的人必然负有提供证据的义务,负有提供证据义务的人却不一定负有举证责任。

第四,被告对作出的被诉行政行为负有举证责任是“谁主张,谁举证”的一般举证责任原则在行政诉讼中的特殊体现。举证责任的一般原则是“谁主张,谁举证”,行政诉讼的举证责任规则并不与这一规则冲突,因为行政诉讼主要是审查被诉行政行为的合法性而不是审查原告行为的合法性。但是,无论是被诉行政行为的合法性,还是原告行为的违法都是被告的主张,被告之所以要给予原告行政处罚,对原告采取强制措施,或拒发原告许可证、执照等,通常是认为原告行为违法或不合法,为此它就必须提供证据证明原告行为违法或不合法。它不能证明,法院就推定原告行为合法,原告无须为自己的行为合法举证。在证明原告行为违法或不合法以后,还不等于被告就证明了被诉行政行为合法,被告还要进一步提出被诉行政行为合法的证据,被告如不能提供主要证据证明自己的行为合法,法院就推定被告的行为违法,原告无须为被告的行为违法举证。只有被告已提供了充分确凿的证据证明了自己的行为合法以后,原告还主张被告行为违法,例如,其再提出被告滥用职权或不作为,侵犯了其合法权益,这时才应由原告负举证责任。原告不能证明自己的主张,即要承担败诉的后果。所有这些,都并不违反“谁主张,谁举证”的原则,而恰恰是“谁主张,谁举证”原则的特殊体现。

## 二、行政诉讼证据提供规则

行政诉讼证据提供规则是指行政诉讼当事人、参加人、参与人或其他人主动或应人民法院要求向法院提供证明案件情况的有关事实材料,包括书证、物证、视听资料、电子数据、证人证言、当事人陈述、鉴定意见、勘验笔录、现场笔录等的规则。

第一,行政诉讼当事人(原告、被告、第三人)均享有向人民法院主动提供证据的权利。这一规则,《行政诉讼法》没有明确规定,但《民事诉讼法》第49条规定的当事人的这一权利完全适用于行政诉讼。[①] 行政诉讼当事人享有提供证据的权利是其他诉讼权利的保障,特别是实现其辩论权利的基础。无论是原告、第三人,还是被告,如果不能主动向法院提供证据,在行政诉讼中就会处于与对方当事人极不平等的地位。当事人一方在诉讼中如果只能听凭对方发起攻击,而不能以证据反击对方,这当然是很不合理的。另外,法院也只有允许和鼓励双方当事人积极主动地提供证据,才有利于自己迅速地查明案情,判断是非,确认被诉行政行为的合法性。诚然,行政诉讼证据主要源于被告方的行政程序案卷,但行政程序案卷不可能完全不遗漏证据或不包含某些虚假证据(这可能出于故意,也可能出于过失)。因此,保障原告和第三人在诉讼中向法院提供证据的权利有重要的意义。

第二,知道案件情况、掌握案件有关证据材料的非被告行政机关和非原告的个人、组织有作证和提供证据的义务。行政诉讼由于其主要任务是审查被告行政机关行政行为的合法性,而实施被诉行政行为的行政机关总是与其上

---

① 《民事诉讼法》第49条规定,当事人有权收集、提供证据;而《行政诉讼法》第37条规定,原告可以提供证据。后者显然不如前者明确。

下左右的行政机关有着密切的联系,这些行政机关通常了解具体行政行为作出的有关情况,掌握着这样或那样能证明被诉行政行为合法性的有关文件、材料。因此,要求这些行政机关作证和提供证据对于查明案件事实,确定被诉行政行为的合法性有着特别重要的意义。而且,行政机关与人民法院一样,作为国家机关,为了协助法院实现其国家审判职能,履行作证和提供证据的义务是义不容辞的。至于了解案情和掌握案件有关证据的其他个人和组织,根据有关法律的规定,同样有出庭作证和向法院提供证据的义务。知情人拒绝作证和提供证据或者伪造、隐藏、毁灭证据的,均要承担法律责任,其他人指使、贿买、胁迫他人作伪证或者威胁、阻止证人作证的,同样要承担法律责任。

此外,法定鉴定部门或由人民法院指定的鉴定部门有应人民法院要求,对有关专门问题进行鉴定和向人民法院提供鉴定结论的义务。这一规则与民、刑事诉讼证据规则是基本相同的,其根据也基本相同。无论是刑事案件、民事案件,还是经济案件,都有可能遇到某些专门性问题,需要具有专门技术人员和专门技术设备的机构对之进行鉴定,提供鉴定意见,否则,法院无从对案件事实的性质作出判断和认定。法定鉴定机构负有承担法院交给的鉴定任务,为之提供鉴定意见的法定义务,这是毋庸置疑的;其他非法定鉴定机构,受法院的委托,也有义务对相应问题进行鉴定,提供鉴定意见。这就像一般公民和组织有向法院作证和提供证据的义务一样。任何公民、组织机构既然享有国家为之提供司法保护的权利,就有义务协助国家司法机关行使司法职能,保证诉讼活动的顺利进行。

诚然,行政诉讼证据这一规则的运用与民事诉讼也有一定区别。行政诉讼因为在诉讼前通常都经过行政程序,在行政程序中,有关专门问题通常都经行政机关或经行政机关委托有关专门鉴定机构进行过鉴定,鉴定意见已附于行政案卷之中,对于行政案卷中所附的鉴定意见,人民法院经审理只要没有发现行政机关在鉴定过程中有违法舞弊情形,只要原告没有对鉴定意见提出有根据的异议,通常应予采纳,而不应再耗时费力花钱去重新鉴定。只有在有证据证明行政机关在鉴定过程中违法使假,鉴定意见的真实性、准确性受到有根据的怀疑时,人民法院才应对行政案卷中已有鉴定意见的专门性问题重新鉴定。

根据《行政诉讼法》、《行政诉讼法司法解释》(2018 年)和《行政诉讼证据

规则司法解释》的规定，行政诉讼提供证据的规则可以归纳为以下 10 项：①

（1）当事人向人民法院提供书证的，除法律、法规、司法解释和规章对书证的制作形式有另外的规定外，应当符合下列 4 项要求：其一，提供书证的原件，原本、正本和副本均属于书证的原件。提供原件确有困难的，可以提供与原件核对无误的复印件、照片、节录本。其二，提供由有关部门保管的书证原件的复制件、影印件或者抄录件的，应当注明出处，经该部门核对无异后加盖其印章。其三，提供报表、图纸、会计账册、专业技术资料、科技文献等书证的，应当附有说明材料。其四，被告提供的被诉行政行为所依据的询问、陈述、谈话类笔录，应当有行政执法人员、被询问人、陈述人、谈话人签名或者盖章。

（2）当事人向人民法院提供物证的，应当符合下列两项要求：其一，提供原物。提供原物确有困难的，可以提供与原物核对无误的复制件或者证明该物证的照片、录像等其他证据。其二，原物为数量较多的种类物的，提供其中的一部分。

（3）当事人向人民法院提供计算机数据或者录音、录像等视听资料的，应当符合下列三项要求：其一，提供有关资料的原始载体。提供原始载体确有困难的，可以提供复制件。其二，注明制作方法、制作时间、制作人和证明对象等。其三，声音资料应当附有该声音内容的文字记录。

（4）当事人向人民法院提供证人证言的，应当符合下列四项要求：其一，写明证人的姓名、年龄、性别、职业、住址等基本情况；其二，有证人的签名，不能签名的，应当以盖章等方式证明；其三，注明出具日期；其四，附有居民身份证复印件等证明证人身份的文件。

（5）被告向人民法院提供的在行政程序中采用的鉴定意见，应当载明委托人和委托鉴定的事项、向鉴定部门提交的相关材料、鉴定的依据和使用的科学技术手段、鉴定部门和鉴定人鉴定资格的说明，并应有鉴定人的签名和鉴定部门的盖章。通过分析获得的鉴定意见，应当说明分析过程。

（6）被告向人民法院提供的现场笔录，除法律、法规和规章对现场笔录的制作形式有另外的规定外，应当载明时间、地点和事件等内容，并由执法人员

---

① 参见《行政诉讼证据规则司法解释》第 10~21 条。

和当事人签名。当事人拒绝签名或者不能签名的,应当注明原因。有其他人在现场的,可由其他人签名。

(7)当事人向人民法院提供的在中华人民共和国领域外形成的证据,应当说明来源,经所在国公证机关证明,并经中华人民共和国驻该国使领馆认证,或者履行中华人民共和国与证据所在国订立的有关条约中规定的证明手续。当事人提供的在中华人民共和国香港特别行政区、澳门特别行政区和台湾地区内形成的证据,应当具有按照有关规定办理的证明手续。

(8)当事人向人民法院提供外文书证或者外国语视听资料的,应当附有由具有翻译资质的机构翻译的或者其他翻译准确的中文译本,由翻译机构盖章或者翻译人员签名。

(9)人民法院对当事人无争议,但涉及国家利益、公共利益或者他人合法权益的事实,可以责令当事人提供或者补充有关证据。证据涉及国家秘密、商业秘密或者个人隐私的,提供人应当作出明确标注,并向法庭说明,法庭予以审查确认。

(10)当事人应当对其提交的证据材料分类编号,对证据材料的来源、证明对象和内容作简要说明,签名或者盖章,注明提交日期。人民法院收到当事人提交的证据材料,应当出具收据,注明证据的名称、份数、页数、件数、种类等以及收到的时间,由经办人员签名或者盖章。对于案情比较复杂或者证据数量较多的案件,人民法院可以组织当事人在开庭前向对方出示或者交换证据,并将交换证据的情况记录在卷。当事人在庭前证据交换过程中没有争议并记录在卷的证据,经审判人员在庭审中说明后,可以作为认定案件事实的依据。

## 第三节　行政诉讼调取和保全证据规则

### 一、行政诉讼调取证据规则

行政诉讼调取证据规则,是指人民法院从了解案情、握有证据的有关行政机关、组织、行政诉讼当事人或其他人处取得证据的规则,也包括人民法院通过作为被告的行政机关向其他人调取证据的规则。这些规则可以归纳为以下

十二项:[①]

(1)行政诉讼过程中,人民法院有权要求当事人提供或补充证据。我国行政诉讼证据规则不实行绝对案卷主义,人民法院取得证据的主要来源虽然也应该是行政程序案卷,但却不限于行政程序案卷,在行政诉讼过程中,人民法院仍然可以要求当事人提供或补充证据。这一规则的理由有四种:其一,原告在行政程序中向被告提供的证据,被告可能由于故意或过失未归入案卷;其二,原告在行政程序中可能由于某种客观原因,未能取得某种证据或由于某种原因,没有机会或不可能向行政机关提供;其三,被告可能在行政程序后因疏忽或故意,遗漏证人提供的某些证据,未将之收入行政程序案卷;其四,被告在编制案卷和向人民法院提交案卷时,某种证据未在被告那里而存于他人处。根据我国行政诉讼"以事实为根据,以法律为准绳"的基本原则,在行政诉讼中,人民法院不应只是被动地接受当事人提供的证据,凭当事人提供的证据作出判决,而应在审理过程中依法主动要求当事人提供或补充遗漏提交的证据。

(2)在行政诉讼过程中,人民法院有权向有关行政机关以及其他组织、公民调取证据。人民法院在行政诉讼中不仅有权要求当事人提供或者补充证据,而且有权自己向有关行政机关以及其他组织、公民调取证据。确定这一规则的理由有三种:其一,行政机关作出某种被诉行政行为,常常根据其上级机关的某种决定、决议、指令、指示或者下级机关的某种汇报、报告、请示或者其他行政机关信函、电话中提供的某种材料、事实、数据,而这些证据材料有可能未收入行政程序案卷,仍存在于相应行政机关处;其二,原告以外的其他组织、公民可能掌握案件的某种证据,但行政机关在作出被诉行政行为时,可能因工作疏忽或故意未予以收集;其三,其他组织、公民也可能在行政程序中拒绝向行政机关提供某种证据。而所有这些证据对于确认被诉行政行为的合法性都是极为重要的,所以人民法院在行政诉讼中应予以调取。但是,行政诉讼不同于民事诉讼或刑事诉讼,人民法院自己收集证据应有所限制:人民法院在行政诉讼过程中收集调取的证据,如果是用以证明被诉行政行为合法的,这种证据应是被告在作出被诉行政行为时已考虑和采用过的。如果被告在作出被诉行政行为时根本没有考虑和采用过该证据,其行为是在没有证据或主要证据不

---

① 参见《行政诉讼法》第40、41条和《行政诉讼证据规则司法解释》第22~26条。

足的情况下作出的,其行为已构成违法,人民法院如在事后再收集调取相应证据证明其行为合法,那就违背了行政诉讼的目的。至于证明被告被诉行政行为违法的证据,只要不是原告在行政程序中故意隐瞒的,无论被告在行政程序中是否已考虑和采用过,人民法院均可以并且应该收集和调取。因为这种证据如被告在行政程序中已考虑和采用过,正是审查和评判被诉行政行为违法的依据;如被告在行政程序中未考虑和采用,无论其是故意还是疏忽,均证明被诉行政行为主要证据不足,从而证明被诉行政行为是不合法的,故法院在被告未收集提供的情况下,应主动调取。

(3)被告及其代理人在诉讼过程中不得自行向原告、第三人和证人收集证据。《行政诉讼法》确定这一证据规则的理由有三种:其一,先取证,后作出行政行为,是被诉行政行为合法的前提,如果被告是在事先没有取得证据的条件下作出被诉行政行为的,其行政行为已构成违法。在行政诉讼过程中再收集证据,即使其收集的证据是真实的和有证明力的,也不能使原违法的行为合法。法律不允许被告及其代理人以事后收集的证据来证明原主要证据不足的被诉行政行为合法,以规避对其违法行为承担法律责任。其二,在行政管理中被告享有种种权力,能采取各种强制手段,如允许其在行政诉讼过程中自行向原告、第三人和证人收集证据,被告有可能利用其行政权力和强制手段,对原告、第三人和证人进行威逼利诱,制造出假证据,或诱使原告、第三人和证人提供假证词,以在行政诉讼中掩盖其被诉行政行为的违法情形。其三,如果被告在作出被诉行政行为时考虑或使用过的某种证据不存在于被告处,被告在应诉时无法提供,可以请求人民法院收集或征得人民法院同意后而加以收集,被告及其代理人没有自行收集的必要。

(4)根据《行政诉讼证据规则司法解释》的规定,人民法院只有在下述两种情形下,有权向有关行政机关以及其他组织、公民调取证据:其一,涉及国家利益、公共利益或者他人合法权益的事实认定的情形;其二,涉及依职权追加当事人、中止诉讼、终结诉讼、回避等程序性事项的情形。

(5)对于某些证据材料,原告或者第三人不能自行收集但能够提供确切线索的,可以申请人民法院调取。这些证据材料有三种:其一,由国家有关部门保存而须由人民法院调取的证据材料;其二,涉及国家秘密、商业秘密、个人隐私的证据材料;其三,确因客观原因不能自行收集的其他证据材料。但人民法院不得为证明被诉行政行为的合法性,调取被告在作出行政行为时未考虑和收集的证据。

(6)当事人申请人民法院调取证据的,应当在举证期限内提交调取证据申请书。调取证据申请书应当写明下列内容:①证据持有人的姓名或者名称、住址等基本情况;②拟调取证据的内容;③申请调取证据的原因及其要证明的案件事实。

(7)人民法院对当事人调取证据的申请,经审查符合调取证据条件的,应当及时决定调取;不符合调取证据条件的,应当向当事人或者其诉讼代理人送达通知书,说明不准许调取的理由。当事人及其诉讼代理人可以在收到通知书之日起3日内向受理申请的人民法院书面申请复议一次。人民法院应当在收到复议申请之日起5日内作出答复。人民法院根据当事人申请,经调取未能取得相应证据的,应当告知申请人并说明原因。

(8)人民法院需要调取的证据在异地的,可以书面委托证据所在地人民法院调取。受托人民法院应当在收到委托书后,按照委托要求及时完成调取证据工作,送交委托人民法院。受托人民法院不能完成委托内容的,应当告知委托人民法院并说明原因。

(9)原告或者第三人有证据或者有正当理由表明被告据以认定案件事实的鉴定意见可能有错误,在举证期限内书面申请重新鉴定的,人民法院应予准许。当事人对人民法院委托的鉴定部门作出的鉴定意见有异议申请重新鉴定,提出证据证明存在下列四种情形之一的,人民法院应予准许:其一,鉴定部门或者鉴定人不具有相应的鉴定资格的;其二,鉴定程序严重违法的;其三,鉴定意见明显依据不足的;其四,经过质证不能作为证据使用的其他情形。人民法院对有缺陷的鉴定意见,可以通过补充鉴定、重新质证或者补充质证等方式解决。

(10)对需要鉴定的事项负有举证责任的当事人,在举证期限内无正当理由不提出鉴定申请、不预交鉴定费用或者拒不提供相关材料,致使对案件争议的事实无法通过鉴定意见予以认定的,应当对该事实承担举证不能的法律后果。

(11)人民法院对委托或者指定的鉴定部门出具的鉴定书,应当审查是否具有下列内容:①鉴定的内容;②鉴定时提交的相关材料;③鉴定的依据和使用的科学技术手段;④鉴定的过程;⑤明确的鉴定结论;⑥鉴定部门和鉴定人鉴定资格的说明;⑦鉴定人及鉴定部门签名盖章。对于内容欠缺或者鉴定结论不明确的鉴定书,人民法院可以要求鉴定部门予以说明、补充鉴定或者重新鉴定。

(12)人民法院可以依当事人申请或者依职权勘验现场。勘验现场时,勘验人必须出示人民法院的证件,并邀请当地基层组织或者当事人所在单位派人参加。当事人或其成年亲属应当到场,拒不到场的,不影响勘验的进行,但应当在勘验笔录中说明情况。勘验现场,审判人员应当制作勘验笔录,记载勘验的时间、地点、勘验人、在场人、勘验的经过和结果,由勘验人、当事人、在场人签名。勘验现场时绘制的现场图,应当注明绘制的时间、方位、绘制人姓名和身份等内容。当事人对勘验结论有异议的,可以在举证期限内申请重新勘验,是否准许由人民法院决定。

## 二、行政诉讼保全证据规则

行政诉讼证据保全规则指行政诉讼过程中在证据可能灭失或以后难以取得的情况下,人民法院应诉讼参加人的申请或主动采取某种保护措施的规则。根据《行政诉讼法》和《行政诉讼证据规则司法解释》的规定,行政诉讼证据保全规则可以归纳为以下 4 项:[①]

(1)在证据可能灭失或者以后难以取得的情况下,诉讼参加人有权向人民法院申请保全证据。这一规则包括下述内容:①申请的条件是证据可能灭失或以后难以取得。所谓"可能灭失"指证据可能变质、腐坏、毁灭、消失,证人可能死亡,案件现场可能发生变化等情形;所谓"以后难以取得",指证据以后虽不致灭失,但如不及时取得,以后取得将非常困难,甚至成为不可能,如证据将被人带出国、出境,将使用于某种生产工艺中、将为某新建筑物所覆盖、将被人转移、隐藏等情形。②申请人是诉讼参加人,包括原告、被告、第三人、诉讼代理人。所有诉讼参加人在具备申请条件时均有权申请。③实施保全措施的条件是具备申请条件的诉讼参加人提出申请和人民法院作出准许保全申请的决定。申请人申请应有申请书,说明所申请保全的证据的内容及所存处所以及申请保全的理由。人民法院如决定准许申请,保全措施则立即开始实

① 参见《行政诉讼法》第 42 条和《行政诉讼证据规则司法解释》第 27、28 条。

施,如不准许,诉讼保全申请即被否认,保全措施不能实行。

(2)在证据可能灭失或者以后难以取得的情况下,人民法院可主动采取保全措施。人民法院主动采取保全措施的条件基本同于诉讼参加人申请证据保全的条件,即必须是在证据可能灭失或以后难以取得的情况下才能采取,但人民法院主动采取保全措施应持更慎重的态度。在一般情况下,诉讼参加人不申请,人民法院不宜主动采取措施,而应提示和等待诉讼参加人提出申请后再决定采取措施,只有在较紧急的情况下,人民法院认为某种证据是行政诉讼的主要证据,且时间上不允许等待诉讼参加人提出申请,否则该证据将会立即灭失或以后难以取得,人民法院才应立即主动采取保全措施。对此,《行政诉讼法》虽然没有作出明确的规定,但在实践中为了避免争议,更好地维护法院公正形象,法院在主动采取证据保全措施方面通常要比应申请而采取证据保全措施更慎重些,条件掌握更严格些。

(3)当事人申请保全证据的,应当在举证期限届满前以书面形式提出,并说明证据的名称和地点、保全的内容和范围、申请保全的理由等事项。当事人申请保全证据的,人民法院可以要求其提供相应的担保。如果法律、司法解释规定诉前保全证据的,法院应依照其规定办理。

(4)人民法院保全证据,可以根据具体情况,采取查封、扣押、拍照、录音、录像、复制、鉴定、勘验、制作询问笔录等保全措施。人民法院保全证据时,可以要求当事人或者其诉讼代理人到场。

## 第四节　行政诉讼证据的对质、辨认和核实规则

根据《行政诉讼法》、《行政诉讼法司法解释》(2018 年)和《行政诉讼证据规则司法解释》的规定,行政诉讼证据的对质、辨认和核实规则可以归纳为以下 17 项:[①]

(1)所有证据均应当在法庭上出示,并经庭审质证。未经庭审质证的证据,不能作为定案的依据。当事人在庭前证据交换过程中没有争议并记录在

---

① 参见《行政诉讼法》第 43 条、《行政诉讼法司法解释》(2018)第 41 条和《行政诉讼证据规则司法解释》第 35~52 条。

卷的证据,经审判人员在庭审中说明后,可以作为认定案件事实的依据。诉讼证据不同于一般证据,它是要对当事人之间争议的问题予以证明,法院要据之对当事人之间的争议作出裁决的事实材料。对此种事实材料,必须与当事人双方见面,在法庭上出示,并经双方当事人辩论质证,法院才能确定其真伪,决定是否采用和作为定案证据。如果法院片面接受和采用一方当事人提供的证据,或对自己调取的证据不向双方当事人出示,不将其从各种来源所取得的证据交双方当事人辩论、质证,法院就不能最大限度地保证证据的真实性、可靠性,从而不可能最大限度地保证其所作裁判的正确性、公正性,当事人对法院的裁判就难以信服,公众就会对法院的公正形象产生怀疑。因此,证据必须经法庭出示和当事人质证的规则是非常重要的。

(2)被告经合法传唤,无正当理由拒不到庭而需要依法缺席判决的,被告提供的证据不能作为定案的依据,但当事人在庭前交换证据中没有争议的证据除外。

(3)有下列情形之一,原告或者第三人要求相关执法人员出庭说明的,人民法院可以准许:①对现场笔录的合法性或者真实性有异议的;②对扣押财产的品种或者数量有异议的;③对检验的物品取样或者保管有异议的;④对行政执法人员身份的合法性有异议的;⑤需要出庭说明的其他情形。

(4)涉及国家秘密、商业秘密和个人隐私或者法律规定的其他应当保密的证据,不得在开庭时公开质证。这一规则是各民主、法治国家的通例。法院对涉及国家秘密的证据保密是国家利益的需要,否则,将可能危及国家安全或损害国家声誉或国家其他重大利益。法院对涉及商业秘密的证据保密是保障公民和有关经济组织的经济权利,保障社会经济秩序和社会生产、交换活动正常进行的需要。法院对涉及个人隐私的证据保密是保障公民基本人权,尊重公民人格和荣誉的需要。对于有些案件,为了准确地查明事实、辨明是非,法院必须向当事人出示某种需要向社会保密的证据,让当事人对之加以辩论质证。如果此种出示不会危害国家、社会和当事人个人利益,法院可以在不公开开庭时出示相应证据。无论如何,法院不应在公开开庭时出示涉及国家秘密、商业秘密和个人隐私的证据。

(5)当事人申请人民法院调取的证据,由申请调取证据的当事人在庭审中出示,并由当事人质证。人民法院依职权调取的证据,由法庭出示,并可就调取该证据的情况进行说明，听取当事人意见。

(6)当事人应当围绕证据的关联性、合法性和真实性，针对证据有无证明效力以及证明效力大小进行质证。经法庭准许，当事人及其代理人可以就证据问题相互发问，也可以向证人、鉴定人或者勘验人发问。当事人及其代理人相互发问，或者向证人、鉴定人、勘验人发问时，发问的内容应当与案件事实有关联，不得采用引诱、威胁、侮辱等语言或者方式。

(7)对书证、物证和视听资料进行质证时，当事人应当出示证据的原件或者原物。但有下列两种情况之一的除外：其一，出示原件或者原物确有困难并经法庭准许可以出示复制件或者复制品的；其二，原件或者原物已不存在，可以出示证明复制件、复制品与原件、原物一致的其他证据。视听资料应当当庭播放或者显示，并由当事人进行质证。

(8)凡是知道案件事实的人，都有出庭作证的义务。① 有下列 5 种情形之一的，经人民法院准许，当事人可以提交书面证言：其一，当事人在行政程序或者庭前证据交换中对证人证言无异议的；其二，证人因年迈体弱或者行动不便无法出庭的；其三，证人因路途遥远、交通不便无法出庭的；其四，证人因自然灾害等不可抗力或者其他意外事件无法出庭的；其五，证人因其他特殊原因确实无法出庭的。

(9)不能正确表达意志的人不能作证。根据当事人申请，人民法院可以就证人能否正确表达意志进行审查或者交由有关部门鉴定，必要时，人民法院也可以依职权交由有关部门鉴定。

(10)当事人申请证人出庭作证的，应当在举证期限届满前提出，并经人民法院许可。人民法院准许证人出庭作证的，应当在开庭审理前通知证人出庭作证。当事人在庭审过程中要求证人出庭作证的，法庭可以根据审理案件的具体情况，决定是否准许以及是否延期审理。

(11)证人出庭作证时，应当出示证明其身份的证件。法庭应当告知其诚实作证的法律义务和作伪证的法律责任。出庭作证的证人不得旁听案件的审

---

① 《行政诉讼法司法解释》(2018 年)第 40 条规定，人民法院在证人出庭作证前应当告知其如实作证的义务以及作伪证的法律后果。证人因履行出庭作证义务而支出的交通、住宿、就餐等必要费用以及误工损失，由败诉一方当事人承担。

理。法庭询问证人时,其他证人不得在场,但组织证人对质的除外。

(12)证人应当陈述其亲历的具体事实。证人根据其经历所作的判断、推测或者评论,不能作为定案的依据。

(13)当事人要求鉴定人出庭接受询问的,鉴定人应当出庭。鉴定人因正当事由不能出庭的,经法庭准许,可以不出庭,由当事人对其书面鉴定结论进行质证。对于出庭接受询问的鉴定人,法庭应当核实其身份、与当事人及案件的关系,并告知鉴定人如实说明鉴定情况的法律义务和故意作虚假说明的法律责任。

(14)对被诉行政行为涉及的专门性问题,当事人可以向法庭申请由专业人员出庭进行说明,法庭也可以通知专业人员出庭说明,必要时,法庭可以组织专业人员进行对质。当事人对出庭的专业人员是否具备相应专业知识、学历、资历等专业资格等有异议的,可以进行询问,由法庭决定其是否可以作为专业人员出庭。专业人员可以对鉴定人进行询问。

(15)法庭在质证过程中,对与案件没有关联的证据材料,应予排除并说明理由。法庭在质证过程中,准许当事人补充证据的,对补充的证据仍应进行质证。法庭对经过庭审质证的证据,除确有必要外,一般不再进行质证。

(16)在第二审程序中,对当事人依法提供的新的证据,法庭应当进行质证;当事人对第一审认定的证据仍有争议的,法庭也应当进行质证。

(17)按照审判监督程序审理的案件,对当事人依法提供的新的证据,法庭应当进行质证;因原判决、裁定认定事实的证据不足而提起再审所涉及的主要证据,法庭也应当进行质证。所谓"新的证据",是指以下情形的证据:①在一审程序中应当准予延期提供而未获准许的证据;②当事人在一审程序中依法申请调取而未获准许或者未取得,人民法院在第二审程序中调取的证据;③原告或者第三人提供的在举证期限届满后发现的证据。

## 第五节 行政诉讼证据的审核、认定规则

行政诉讼证据审核、认定规则指人民法院对通过各种来源、途径获取的证据进行审查,确定其证明效力和在裁判中加以采用,作为相应案件定案证据的规则。根据《行政诉讼法》、《行政诉讼法司法解释》(2018 年)和《行政诉讼证

据规则司法解释》的有关规定，行政诉讼证据审核、认定规则可以归纳为以下18项：[①]

（1）人民法院裁判行政案件，应当以证明案件事实的证据为依据。法庭应当对经过庭审质证的证据和无须质证的证据进行逐一审查和对全部证据综合审查，遵循法官职业道德，运用逻辑推理和生活经验，进行全面、客观和公正的分析判断，确定证据材料与案件事实之间的证明关系，排除不具有关联性的证据材料，准确认定案件事实。

这一证据规则与西方国家的"自由心证"规则既有区别，也有某些相通、相似之处。2003年，北京某报登载一则"上海法官首次采用'自由心证'判案"的报道，有记者就此采访笔者，笔者对之谈了三点看法：

其一，上海法官首次采用"自由心证审案"的说法是不准确的。因为，第一，我国诉讼法和最高人民法院的司法解释都没有明确规定我国法官审理案件在对证据的判断、认定和运用上适用"自由心证"制度。关于法院审理民事、行政案件的证据规则，《中华人民共和国民事诉讼法》(1991年)总则有关条款和第六章(第63~74条)以及最高人民法院《行政诉讼证据规则司法解释》作了比较详细、具体的规定。例如，《民事诉讼法》(1991年)第7条明确规定："人民法院审理民事案件，必须以事实为根据，以法律为准绳。"第63条规定"证据必须查证属实，才能作为认定事实的根据"。第67~73条则对经过公证的法律行为、法律事实、文书以及一般书证、物证、视听资料、电子数据、证人证言、当事人陈述、鉴定意见、勘验笔录等证据分别规定了不同的要求和不同的证明效力。《行政诉讼证据规则司法解释》第53条规定人民法院裁判行政案件，应当以证据证明的案件事实为依据。第55~73条则具体确定了法院审核和认定证据的标准、规则。对于这些法定证据规则和其他法律、司法解释确定的证据规则，任何法官显然都无权以"自由心证"规则取代。第二，我国诉讼法和最高人民法院的司法解释虽然没有明确规定我国法官审理案件在对证据的判断、认定和运用上可适用"自由心证"制度，但法律和司法解释的具体规定已实际赋予法官在审理案件时除适用法定证据规则外，可补充适用

---

① 参见《行政诉讼法》第43条、《行政诉讼法司法解释》(2018)第42~46条和《行政诉讼证据规则司法解释》第53~73条。

“自由心证”制度。例如,《民事诉讼法》(1991 年)第 65 条(现行《民事诉讼法》第 67 条)规定人民法院对有关单位和个人提出的证明文书,应当辨别真伪,审查确定其效力。第 69、71 条(现行《民事诉讼法》第 71、75 条)规定,人民法院对视听资料和当事人的陈述,均应当结合本案的其他证据,审查确定能否作为认定事实的根据。《行政诉讼证据规则司法解释》第 54 条更是直接规定了近乎“自由心证”的规则(只是没有使用“自由心证”的用语而已):“法庭应当对经过庭审质证的证据和无需质证的证据进行逐一审查和对全部证据综合审查,遵循法官职业道德,运用逻辑推理和生活经验,进行全面、客观和公正的分析判断,确定证据材料与案件事实之间的证明关系,排除不具有关联性的证据材料,准确认定案件事实。”在实践中,我国法官审理民事、行政案件,一直是以一定程度的“自由心证”规则作为法定证据规则的补充规则适用的,“自由心证”规则绝非上海法官“首次使用”。

其二,本案法官亦非完全依靠“自由心证”定案。因为,第一,法官首先依法定证据规则对原被告提交的证据的真实性、合法性进行了审查;第二,法官继而在庭审中依法定程序组织双方当事人对证据的真实性、合法性和证明力进行了辩论和质证;第三,法官还依法进行了若干调查和证据收集工作(如对出具审计报告的会计事务所、被告公司的财务人员、作为本案第三人的某酒业公司的调查等)。正是在认真执行和适用法定证据规则的基础上,本案法官方运用“自由心证”,对全案证据进行综合分析、判断,并最终对案件事实进行认定和作出判决。离开了法定证据规则,离开了“以事实为根据,以法律为准绳”的法律原则,法官的“自由心证”只能是唯心主义的,不可能得出客观、公正的结论。为了保证“自由心证”的客观、公正,法官进行“自由心证”必须遵循正确的规则,而且这种规则必须和其他法定证据规则一样,同样以法律加以规定,从而使“自由心证”规则也成为一种法定规则(当然是一种原则性的法律规则)。就本案而言,应该说,法官在遵循法定证据规则的同时,较好地运用了“自由心证”规则。例如,法官在审查本案原告证据时,综合考虑了原告与被告不通过任何金融机构进行如此巨大的现金交易不符合现代商业交易习惯,不符合常理;原告在家存放如此巨款和骑自行车携带如此巨款不符合一般人的行事规则;原告对巨款来源、交付此款时的包装、现款叠放形状等都说不清楚亦不符合常理,等等。如此多的疑点使原告证据的证明力在法官内心大打折扣。在这种情况下,法官根据有关证据规则:"双方当事人对同一事实举出相反的证据,但都没有足够的依据否定对方的证据的,人民法院应当结合案件的情况,判断一方提供证据的证明力是否明显大于另一方提供证据的证明力,并对证明力较大的证据予以确认。"很显然,法官判断双方当事人各自提供证据的证明力大小的过程,即是"自由心证"的过程。而这种"自由心证"是完全根据法定规则进行的。

其三,依法进行"自由心证",对法官正确审核、认定案件证据,从而对当事人争议作出公正判决具有重要意义。因为,第一,具体案件的事实及其证据的情况是非常复杂的,法律和司法解释不可能对证据在所有情形下的真实性、合法性和证明力都作出明确的规定,这就必然会给法官留下广泛的自由裁量、"自由心证"的余地;第二,即使法律和司法解释规定了详尽的法定证据规则,对这些规则如何适用于具体案件事实,如何对涉及全案的所有证据进行整体判断,如何对双方当事人提供的整个证据的证明力大小进行比较和认定,仍然需要法官对之进行"自由心证"。没有"自由心证",法官机械地按法定证据规则办案,他要么根本无法确定双方当事人提供的证据的真实性和证明力大小,从而无法分清是非,无法作出裁判;要么就是滥用司法权,瞎裁乱判。因此,法官在审理民事、行政案件或其他案件中,不存在完全适用或完全不适用"自由心证"规则的问题,而只存在多大程度上适用"自由心证"规则的问题。一个法官,在办案过程中,在审核、判断和认定证据及其证明力的过程中,无疑应充分发挥其主观能动性,在遵循法定证据规则的前提下,积极和有效地运用"自由心证",使其裁判最大限度地接近正义。当然,这需要法官具有很高的素质:法律的、道德的、人文的、科学的,乃至艺术的素质。①

(2)人民法院对证据的审查包括对证据合法性的审查和对证据真实性的审查两个方面。证据合法性审查主要包括以下内容:①证据是否符合法定形式;②证据的取得是否符合法律、法规、司法解释和规章的要求;③是否有影响证据效力的其他违法情形。证据真实性审查主要包括以下内容:①证据形成的原因;②发现证据时的客观环境;③证据是否为原件、原物,复制件、复制品与原件、原物是否相符;④提供证据的人或者证人与当事人是否具有利害关

① 姜明安:《证据规则法定与自由心证》,载《北京青年报》2003年2月16日,第1版。

系;⑤影响证据真实性的其他因素。人民法院对证据合法性和证据真实性审查尤应注重以下四个方面:一是注重审查证据的来源。不同来源的证据其可靠性、证明力存在差别,从而对其审查的强度、审查的内容、审查的方法也应有所不同。因此,在对证据进行其他方面的审查之前,首先应审查证据的来源。二是注重审查证据的内容。对证据内容的审查除了合法性和真实性外,还包括对证据关联性、证明力的审查。证据真实性审查在于辨别相应证据的真伪,去伪存真;证据关联性审查在于确定相应证据是否与本案有关,能否对相应具体行政行为是否合法予以证明;证据证明力审查在于确定相应证据是属于直接证据还是间接证据,是属于主要证据还是次要证据,其所具证明效力如何。三是注重审查取得证据的方法。根据法治的要求,只有合法取得的证据才能为法院采用,作为定案的证据,非法获取的证据法院应拒绝接受、采用,不能作为立案证据。为此,法院审查证据必须审查证据取得的方法。在很多情况下,法院对证据取得方法的审查还会有助于法院对证据真实性的审查,虽然非法或不适当的方法所取得的证据不一定是不真实的,但是许多不真实的证据确实是以非法或不适当的方法获取或制造的。当然,这里应当指出,证据不管是否真实,只要是非法取得的,均不能作为定案证据,因为法律不能使任何个人、组织从违法行为中获益。四是注重审查各种证据相互之间的关系。作为一案定案依据的各种证据,它们之间应该相互联系、相互协调一致,组成环环相扣的一个链条,从而对相应行政行为的合法性作出合乎逻辑的令人信服的证明。为此,法院必须对各种证据之间的关系加以审查,如果发现相互矛盾、相互冲突处,就应该进一步查明问题的症结所在,如果发现其中存在虚假证据,就应该加以剔除,保证整个证据的真实性和协调一致。①

(3)根据证据合法性的要求,下列证据材料不能作为定案依据:①严重违反法定程序收集的证据材料;②以偷拍、偷录、窃听等手段获取的侵害他人合法权益的证据材料;③以利诱、欺诈、胁迫、暴力等不正当手段获取的证据材料;④当事人无正当事由超出举证期限提供的证据材料;⑤在中华人民共和国领域以外或者在中华人民共和国香港特别行政区、澳门特别行政区和台湾地

---

① 《行政诉讼法司法解释》(2018年)第42条规定,能够反映案件真实情况、与待证事实相关联、来源和形式符合法律规定的证据,应当作为认定案件事实的根据。

区形成的未办理法定证明手续的证据材料；⑥当事人无正当理由拒不提供原件、原物，又无其他证据印证，且对方当事人不予认可的证据的复制件或者复制品；⑦被当事人或者他人进行技术处理而无法辨明真伪的证据材料；⑧不能正确表达意志的证人提供的证言；⑨不具备合法性和真实性的其他证据材料。此外，以违反法律禁止性规定或者侵犯他人合法权益的方法取得的证据，不能作为认定案件事实的依据。被告在行政程序中依照法定程序要求原告提供证据，原告依法应当提供而拒不提供，在诉讼程序中提供的证据，人民法院一般也不予采纳。[①]

(4)根据证据合法性的要求，下列证据不能作为认定被诉行政行为合法的依据：①被告及其诉讼代理人在作出被诉行政行为后或者在诉讼程序中自行收集的证据；②被告在行政程序中非法剥夺公民、法人或者其他组织依法享有的陈述、申辩或者听证权利所采用的证据；③原告或者第三人在诉讼程序中提供的、被告在行政程序中未作为被诉行政行为依据的证据。此外，复议机关在复议程序中收集和补充的证据，或者作出原行政行为的行政机关在复议程序中未向复议机关提交的证据，不能作为人民法院认定被诉行政行为合法的依据。

(5)对被告在行政程序中采纳的鉴定意见，原告或者第三人提出证据证明有下列情形之一的，人民法院不予采纳：①鉴定人不具备鉴定资格；②鉴定程序严重违法；③鉴定结论错误、不明确或者内容不完整。

(6)证明同一事实的数个证据，其证明效力一般可以按照下列情形分别认定：①国家机关以及其他职能部门依职权制作的公文文书优于其他书证；②鉴定意见、现场笔录、勘验笔录、档案材料以及经过公证或者登记的书证优于其他书证、视听资料和证人证言；③原件、原物优于复制件、复制品；④法定鉴定部门的鉴定意见优于其他鉴定部门的鉴定意见；⑤法庭主持勘验所制作的勘验笔录优于其他部门主持勘验所制作的勘验笔录；⑥原始证据优于传来证据；⑦其他证人证言优于与当事人有亲属关系或者其他密切关系的证人提

---

① 《行政诉讼法司法解释》(2018年)第43条规定，有下列情形之一的证据，属于“以非法手段取得的证据”：(1)严重违反法定程序收集的证据材料；(2)以违反法律强制性规定获取且侵害他人合法权益的证据材料；(3)以利诱、欺诈、胁迫、暴力等手段获取的证据材料。

供的对该当事人有利的证言;⑧出庭作证的证人证言优于未出庭作证的证人证言;⑨数个种类不同、内容一致的证据优于一个孤立的证据。

(7)以有形载体固定或者显示的电子数据交换、电子邮件以及其他数据资料,其制作情况和真实性经对方当事人确认,或者以公证等其他有效方式予以证明的,与原件具有同等的证明效力。人民法院对经过公证程序证明的法律行为、法律事实和文书,一般应当作为证明相应待证事实的证据,除非有相反的证据足以推翻公证证明。公证的证明效力高于一般证据的证明效力,在诉讼过程中,人民法院对于经过公证程序证明的法律行为、法律事实和文书,通常可直接引用为证明相应待证事实的证据,而无须重新加以审查、鉴定或审核。当然在诉讼中公证证据也需要在法庭上出示。当事人如能提出相反证据足以推翻公证证据,相应公证证据则不得为法院采用作为定案证据。

(8)在庭审中一方当事人或者其代理人在代理权限范围内对另一方当事人陈述的案件事实明确表示认可的,人民法院可以对该事实予以认定。但有相反证据足以推翻的除外。

(9)在行政赔偿诉讼中,人民法院主持调解时当事人为达成调解协议而对案件事实的认可,不得在其后的诉讼中作为对其不利的证据。

(10)在不受外力影响的情况下,一方当事人提供的证据,对方当事人明确表示认可的,可以认定该证据的证明效力;对方当事人予以否认,但不能提供充分的证据进行反驳的,可以综合全案情况审查认定该证据的证明效力。[①]

(11)下列事实法庭可以直接认定:①众所周知的事实;②自然规律及定理;③按照法律规定推定的事实;④已经依法证明的事实;⑤根据日常生活经验法则推定的事实。但其中①、③、④、⑤项,当事人有相反证据足以推翻的除外。

(12)原告或者第三人确有证据证明被告持有的证据对原告或者第三人有利的,可以在开庭审理前书面申请人民法院责令行政机关提交。其申请理

---

① 《行政诉讼法司法解释》(2018年)第44条规定,人民法院认为有必要的,可以要求当事人本人或者行政机关执法人员到庭,就案件有关事实接受询问。在询问之前,可以要求其签署保证书。保证书应当载明据实陈述、如有虚假陈述愿意接受处罚等内容。当事人或者行政机关执法人员应当在保证书上签名或者捺印。负有举证责任的当事人拒绝到庭、拒绝接受询问或者拒绝签署保证书,待证事实又欠缺其他证据加以佐证的,人民法院对其主张的事实不予认定。

由成立的,人民法院应当责令行政机关提交,因提交证据所产生的费用,由申请人预付。行政机关无正当理由拒不提交的,人民法院可以推定原告或者第三人基于该证据主张的事实成立。

(13)持有证据的当事人以妨碍对方当事人使用为目的,毁灭有关证据或者实施其他致使证据不能使用行为的,人民法院可以推定对方当事人基于该证据主张的事实成立,并可依照《行政诉讼法》第 59 条规定处理。

(14)生效的人民法院裁判文书或者仲裁机构裁决文书确认的事实,可以作为定案依据。但是如果发现裁判文书或者裁决文书认定的事实有重大问题的,应当中止诉讼,通过法定程序予以纠正后恢复诉讼。

(15)被告有证据证明其在行政程序中依照法定程序要求原告或者第三人提供证据,原告或者第三人依法应当提供而没有提供,在诉讼程序中提供的证据,人民法院一般不予采纳。

(16)下列证据不能单独作为定案依据:①未成年人所作的与其年龄和智力状况不相适应的证言;②与一方当事人有亲属关系或者其他密切关系的证人所作的对该当事人有利的证言,或者与一方当事人有不利关系的证人所作的对该当事人不利的证言;③应当出庭作证而无正当理由不出庭作证的证人证言;④难以识别是否经过修改的视听资料;⑤无法与原件、原物核对的复制件或者复制品;⑥经一方当事人或者他人改动,对方当事人不予认可的证据材料;⑦其他不能单独作为定案依据的证据材料。

(17)庭审中经过质证的证据,能够当庭认定的,应当当庭认定;不能当庭认定的,应当在合议庭合议时认定。人民法院应当在裁判文书中阐明证据是否采纳的理由。

(18)法庭发现当庭认定的证据有误,可以按照下列方式纠正:①庭审结束前发现错误的,应当重新进行认定;②庭审结束后宣判前发现错误的,在裁判文书中予以更正并说明理由,也可以再次开庭予以认定;③有新的证据材料可能推翻已认定的证据的,应当再次开庭予以认定。

**本章参考书目**

1. 巫宇甦主编:《证据学》,群众出版社 1983 年版,第 4~14 章。

2. 罗豪才、应松年主编:《行政诉讼法学》,中国政法大学出版社 1990 年版,第7章。

3. 柴发邦主编:《民事诉讼法学》,法律出版社1987年版,第13章。

4. 马怀德主编:《司法改革与行政诉讼制度的完善》,中国政法大学出版社2004年版,下篇第3章。

5. 蔡小雪:《行政诉讼证据规则及运用》,人民法院出版社2006年版,第1~6章。

6. 方世荣、徐银华、丁丽红编著:《行政诉讼法学》,清华大学出版社2006年版,第6章。

# 第九章 行政诉讼的程序

审判程序和法两者之间的联系如此密切,就像植物的外形和植物的联系,动物的外形和血肉的联系一样。审判程序和法应该具有同样的精神,因为审判程序只是法律的生命形式,因而也是法律的内部生命的表现。①

——[德]卡尔·马克思

关键的是有一个决定什么结果是正义的独立标准,和一种保证达到这一结果的程序……审判程序是为探求和确定这方面的真实情况设计的,但看来不可能把法规设计得使它们总是达到正确的结果。审判理论考察哪一些程序和证据规则能最好地达到与法的其他目的相一致的这一目的。②

——[美]约翰·罗尔斯

## 第一节 行政诉讼程序概述

### 一、行政诉讼程序的概念

行政诉讼程序,是指行政诉讼原告起诉、被告应诉,人民法院审查被诉行政行为合法性并作出裁判的过程、顺序、步骤和方式,是行政诉讼的时间和空

① 《马克思恩格斯全集》(第1卷),人民出版社2002年版,第178页。

② [美]约翰·罗尔斯:《正义论》,何怀宏等译,中国社会科学出版社1988年版,第81页。

间表现形式。

就时间表现形式而言,行政诉讼程序是指从原告起诉、被告应诉到法院一审、二审,裁判以及对裁判的执行的整个过程、顺序、步骤、时限。

就空间表现形式而言,行政诉讼程序是指行政诉讼在其进行和展开的过程中所采取的各种方式,所展现的各种形态,如开庭、公开审判、发送传票、审判人员回避、辩论、法庭调查、合议庭评议、裁决、宣判等。

行政诉讼的时间表现形式与空间表现形式是不可分的:一定的过程、顺序、步骤必然以一定的方式进行,一定的方式、形态必须在一定的过程、顺序、步骤中实现、展示。所以研究行政诉讼的程序,必须将行政诉讼的过程、顺序、步骤和方式、形态统一研究,而不能将二者截然分开。

## 二、行政诉讼程序的特征

行政诉讼程序与一般诉讼程序相比,具有下述特征:

### (一)行政诉讼一般实行合议制,独任审判只适应于人民法院认为事实清楚、权利义务关系明确,争议不大的案件

《行政诉讼法》第68条规定:"人民法院审理行政案件,由审判员组成合议庭,或者由审判员、陪审员组成合议庭。"原《行政诉讼法》对行政诉讼合议制没有规定任何例外。但现行《行政诉讼法》规定了简易程序的例外。[①]

《刑事诉讼法》和《民事诉讼法》对合议制均有例外规定。《刑事诉讼法》第183条第1款规定:"基层人民法院、中级人民法院审判第一审案件,应当由审判员三人或由审判员和人民陪审员共三人组成合议庭进行,但是基层人民法院适用简易程序、速裁程序的案件可以由审判员一人独任审判。"可见,刑事诉讼中的自诉案件和其他轻微刑事案件适用独任审判。《民事诉讼法》第39条第1、2款规定:"人民法院审理第一审民事案件,由审判员、陪审员共同组成合议庭或者由审判员组成合议庭","适用简易程序审理的民事案件,由

① 1989年《行政诉讼法》修改前,很多学者即建议修改原《行政诉讼法》第46条的规定,增加"独任审判制"的规定:适用简易程序的案件,由审判员1人独任审判。提出此种建议的学者认为,从行政诉讼法施行多年的经验看,缺少独任审判制的简易程序,影响了行政诉讼的效率。而且,从国外立法经验看,大多数都规定了行政诉讼的简易程序。参见马怀德主编:《司法改革与行政诉讼制度的完善》,中国政法大学出版社2004年版,第303页。

审判员一人独任审判”。

这样看来,现行行政诉讼法的规定在合议制这一点上,行政诉讼与刑事诉讼、民事诉讼似乎没有什么区别。但实际上,行政诉讼与民事诉讼比较,前者适用合议制的案件范围要比后者大,适用独任审判制的案件范围要比后者小。而行政诉讼与刑事诉讼比较,前者适用合议制的案件范围要比后者小,适用独任审判制的案件范围要比后者大。

(二)行政诉讼一般不适用调解

原《行政诉讼法》第 50 条明确规定:“人民法院审理行政案件,不适用调解。”而现行《行政诉讼法》第 60 条第 1 款规定,“人民法院审理行政案件,不适用调解。但是,行政赔偿、补偿以及行政机关行使法律、法规规定的自由裁量权的案件可以调解”。现行《行政诉讼法》为行政诉讼的调解开了一个口子。与行政诉讼不同,在民事诉讼中,调解是民事诉讼的基本原则,法院审理民事案件,通常都先行调解,法院可以以调解协议结案。只有当事人不愿意调解或在调解不成时,才以判决结案。《民事诉讼法》总则第 9 条规定,“人民法院审理民事案件,应当根据自愿和合法的原则进行调解;调解不成的,应当及时判决”。在刑事诉讼中,人民法院对大部分自诉案件,也可以进行调解,自诉人在宣告判决前,可以同被告人自行和解或撤回自诉。①

对于原《行政诉讼法》关于行政诉讼不适用调解的规定,许多学者和实务工作者不断提出异议。② 他们认为,随着人们对行政权力性质认识的深入,那种主张行政机关绝对不能处分行政权力的观点越来越站不住脚了。法律赋予行政机关的行政权力有两类:一类是羁束性权力,行政机关没有自由处分的余地;另一类是裁量性权力,行政机关在法律许可的范围内可以自由处分。从解决争议的诉讼目的看,正是由于存在行政裁量权力,所以法律禁止调解几乎是不可能的,而且实践中几乎绝大多数行政案件都不同程度地存在调解与和解。

在讨论对原《行政诉讼法》的修改时,笔者曾撰文提出,行政诉讼不适用调解这一规定与行政诉讼的性质不适应,不利于行政诉讼制度功能、作用的有

① 参见《刑事诉讼法》第 212 条。

② 参见马怀德主编:《司法改革与行政诉讼制度的完善》,中国政法大学出版社 2004 年版,第 325~326 页。

效发挥。因为行政诉讼除了对行政机关违法行政的监督功能和对行政相对人的救济功能外,行政诉讼毕竟仍然是一种诉讼,诉讼的一项基本功能即是解决争议。要实质性解决争议,真正达到案结事了的目的,有些案件适用调解可能比判决效果要好得多。从表面上看,行政诉讼是对被诉行政行为合法性的审查,合法性审查似乎没有调解的余地。但是,如果我们对各种行政行为的内容进行具体分析,会发现大量行政行为具有或多或少的行政裁量因素,从而给行政诉讼留下了或多或少的调解余地。行政机关对国家和社公共利益自然没有自由任意处分的权力,但法律对许多行政事项,往往授予行政机关以裁量处置权。对于法律授权行政裁量范围的事项,行政机关当然可以与行政相对人协商处理,法院当然可以居中协调,使相应行政争议最终达成双方都满意的结果。行政诉讼一律禁止调解,既不利于双方争议的及时有效解决,案结事了,也不利于双方当事人事后相互谅解,构建和谐官民关系。[①]

鉴于此,尽管原《行政诉讼法》规定法院审理行政案件不能调解,但各级人民法院多年以来在行政审判中仍积极采取"协调"(形式上不是调解,实质上仍是调解)的方式解决行政争议,即法官在庭审前或庭审中做行政争议双方当事人的工作,说服行政机关改变过于严厉的行政行为,行政相对人认可这种改变而撤诉,或者说服行政相对人服从行政机关的行政行为,不对之提起异议,主动撤诉。法院通过原告撤诉而不是通过调解书结案。这种以协调和解取代调解的方式使不少行政案件的处理取得了案结事了的较好效果。2007年,最高人民法院召开的第五次全国行政审判工作会议肯定了这种作法,在全国推广协调和解解决行政争议的经验。法院当时之所以发明这种"协调和解",原因即因为原《行政诉讼法》规定法院审理行政案件,不适用调解。如果法院称"调解",可能有违法之嫌。当时,笔者即曾在《法制日报》上发文,认为法院这样做只是权宜之计,并不完全合适。法院如果认为行政诉讼确有调解的必要,应该建议全国人大常委会修改行政诉讼法,通过法律确立调解制度,而不应采取规避法律的方式,用"协调和解"(实际为调解,只是不以调解书结案)取代"调解"。法院这样做虽然是"善意"和"良性"的。但这种"善意"和"良性"有违法治原则,至少有违"形式法治"的原则。笔者当时提出,为

① 参见姜明安:《行政诉讼法修改的若干问题》,载《法学》2014年第3期。

了保障行政审判中"形式法治"和"实质法治"的统一以及社会效果和法律效果的统一,应该下决心修改原《行政诉讼法》第50条,变"人民法院审理行政案件,不适用调解"为"人民法院审理行政案件,可适用调解,可调解的行政案件的范围和调解程序由最高人民法院以司法解释的方式确定"。[①]

现行《行政诉讼法》对调解做出的规定是比较适当的:"人民法院审理行政案件,不适用调解。但是,行政赔偿、补偿以及行政机关行使法律、法规规定的自由裁量权的案件可以调解。"当然,行政诉讼不同于民事诉讼。行政诉讼不仅涉及当事人利益,而且涉及国家和社会公益,如果一味强调协调或调解,就有可能牺牲国家和社会公益,牺牲法治。前几年,有的地方就有这个偏向,将"协调率"作为考核行政审判的一项指标,导致一些法官忽视行政诉讼的根本目的:保护公民、法人和其他组织的合法权益,监督行政机关依法行政,而是以协调为办案中心。法官今天忙着劝说行政机关给行政相对人让步,说不让步会如何如何影响社会稳定;明天忙着劝说行政相对人撤诉,说不撤诉会如何如何对你相对人不利,你相对人今后不是仍然要受他行政机关管理吗?法院这样协调,就把协调搞变味了,搞异化了。因此,笔者虽然主张行政诉讼废除调解禁区,但也反对在行政诉讼中无限制实行调解、协调。调解、协调只能有限地适用于审理被诉行政行为的案件。即只能有条件适用于有行政裁量空间的行政案件(如行政给付案件、行政征收案件、行政处罚案件、行政强制措施和行政执行案件等),所谓"有条件适用"的条件有三:一是法律法规必须赋予了行政机关处理相应事项一定的裁量空间,羁束行政行为的案件不适用调解或协调;二是当事人自愿,调解或协调不能强制;三是要合法,法官不能超越法律法规的明确规定进行调解或协调,法律法规对相应事项没有作出明确规定的,调解或协调不能违反法律法规的基本原则和精神。正因如此,现行《行政诉讼法》在赋予人民法院有限的调解权后,紧接着规定,"调解应当遵循自愿、合法原则,不得损害国家利益、社会公共利益和他人合法权益"。[②]

---

① 姜明安:《协调和解:还需完善法律依据》,载《法制日报》2007年4月4日,第3版。
② 《行政诉讼法》第60条第2款。

(三)在行政诉讼中,人民法院对撤诉实行比民事诉讼和刑事诉讼中自诉案件的撤诉更为严格的控制

根据《行政诉讼法》及最高人民法院相应司法解释,行政诉讼原告在诉讼中无论是主动撤诉,还是在被告改变被诉行政行为后同意撤诉,是否准许均须经人民法院裁定。原告经法院两次合法传唤无正当理由拒不到庭的,或者未经法庭许可中途退庭的,可按撤诉处理。[①] 民事诉讼的撤诉虽也要经法院裁定,但审查不及对行政诉讼撤诉的审查严格。

总体而言,行政诉讼程序较民事诉讼程序严格。其理由在于:其一,行政诉讼是人民法院对行政机关行政行为的审查,涉及的不仅是当事人的个人或单位利益,而且涉及国家社会公益;因此,需要采取特别慎重的态度,故在程序上应有较严格的限制。其二,行政诉讼的原告在行政实体法律关系中处于与被告不平等的地位,被告享有对原告施加影响或压力的种种手段。为在诉讼程序中保障双方地位平等,特别是保护原告的合法权益,也有必要在程序上作较为严格的设计。

(四)行政诉讼程序的时效较民事诉讼程序中的时效为短

现行《行政诉讼法》规定,除法律另有规定的外,公民、法人或其他组织直接向人民法院起诉的,应当自知道或者应当知道作出行政行为之日起 6 个月内提出(原《行政诉讼法》规定的时效仅为 3 个月);公民法人或其他组织申请复议的,其不服复议决定或复议机关逾期不作决定,应在收到复议决定书之日起或复议期满之日起 15 日内向人民法院起诉。[②] 而《民事诉讼法》对原告起诉期限未作具体规定,原《民法通则》规定民事诉讼的普通诉讼时效为 2 年;特殊诉讼中,身体受到伤害要求赔偿的诉讼,对出售质量不合格商品未声明的行为的诉讼,对延付或拒付租金行为的诉讼,对寄存财物丢失或损毁事项的诉讼,诉讼时效均为 1 年。[③] 现行《中华人民共和国民法典》(以下简称《民法典》)第 188 条规定,向人民法院请求保护民事权利的诉讼时效期间为 3 年。法律另有规定的,依照其规定。[④] 其均比行政诉讼诉讼时效长。

---

① 参见《行政诉讼法》第 58、62 条。

② 参见《行政诉讼法》第 45、46 条。

③ 参见原《民法通则》第 135、136 条。

④ 参见《民法典》第 188 条第 1 款。

另外,原《行政诉讼法》规定的行政审判时限也较《民事诉讼法》规定的民事审判时限为短。原《行政诉讼法》规定,人民法院应在立案之日起3个月内作出第一审判决。有特殊情况需要延长的,由高级人民法院批准。[①] 人民法院审理上诉案件,应当在收到上诉状之日起2个月内作出终审判决。有特殊情况需要延长的,由高级人民法院批准,高级人民法院审理上诉案件需要延长的,由最高人民法院批准。[②] 而《民事诉讼法》规定,人民法院适用普通程序审理的案件,应当在立案之日起6个月内审结。有特殊情况需要延长的,由本院院长批准,可以延长6个月;还需要延长的,报请上级人民法院批准;只有适用简易程序审理的案件一审时限才是3个月。[③] 人民法院审理上诉案件,应当在第二审立案之日起3个月内审结,有特殊情况需要延长的,由本院院长批准。[④] 不过现行《行政诉讼法》对原《行政诉讼法》规定的审理时限进行了修改,采用了《民事诉讼法》规定的基本相同的时限,只是行政诉讼简易程序的时限(45日)仍较民事诉讼简易程序的时限(3个月)为短。[⑤]

行政诉讼时效较民事诉讼时效短的理由在于:行政诉讼涉及国家行政管理,行政管理的效率关系到国家利益、社会利益和公民个人的长远利益,而行政诉讼的时效长短与行政管理的效率有直接关系。因此,行政诉讼在保证公正、准确、有效保护当事人合法权益的前提下,应尽可能迅速、及时进行,以保证行政管理的顺利进行,不致过分影响行政管理的效率。

(五)行政诉讼程序较一般诉讼程序更注重庭审

行政诉讼与民事诉讼、刑事诉讼相比,在整个程序中更注重庭审,对被诉行政行为的审查、评判主要是通过庭审进行的。法院在庭审前虽然也要对案卷进行审查,向有关行政机关以及其他组织、公民调取证据,要求当事人提供或者补充证据,但这些庭审外的程序在整个行政诉讼程序中的地位远不及相应程序在民事诉讼中、乃至刑事诉讼中的地位重要,而行政诉讼中庭审的地位则相对重要得多。

---

① 参见《行政诉讼法》(1989年)第57条。

② 参见《行政诉讼法》(1989年)第60条。

③ 参见《民事诉讼法》第149、161条。

④ 参见《民事诉讼法》第176条。

⑤ 参见《行政诉讼法》第81、83、88条。

行政诉讼程序中庭审的地位相对重要的原因在于:其一,行政诉讼是人民法院对被诉行政行为合法性的审查,而被诉行政行为通常都是经过行政程序作出的,有些被诉行政行为在进入法院前已经过复议程序,我国人民法院审理行政案件虽不像某些西方国家一样,仅限于行政程序案卷审查,但也应以行政程序案卷审查为主。其二,在行政诉讼中被告对作出的行政行为负举证责任。在庭审中,被告对作出的行政行为举不出证据,法院可径行判决其败诉,而无须法院在法庭外主动收集证据证明被诉行政行为是否合法。如果行政机关在作出被诉行政行为时没有考虑和采用过某种证据,即使法院在诉讼中能收集到某种证据证明被诉行政行为"合法",但因行政机关事实上没有以之为根据,已导致了被诉行政行为违法,故法院再加收集已无意义。其三,行政案件中许多需要经鉴定、检验、勘验的事实问题,通常都已经由行政机关或行政机关委托法定机构鉴定、检验、勘验过,法院无须也不应该任意将其结论推翻而重新鉴定、检验、勘验,故法院对行政案件的审理,其重心可以而且应该放在庭审上。

(六)行政诉讼程序中,当事人双方程序上的权利义务并不完全对应

行政诉讼程序这一特征主要是相对于民事诉讼程序当事人权利义务对应的情形而言。在民事诉讼中,双方当事人的法律地位不仅完全平等,而且诉讼权利义务也完全对应。在行政诉讼中,双方当事人法律地位虽然平等,但程序上的权利义务并不完全对应。例如,原告有起诉权,被告无反诉权;原告起诉,被告对被诉行政行为的合法负有举证责任,原告对所诉行政行为违法却不负举证责任,虽然原告如掌握有关证据,有向法院提供证据的义务。

行政诉讼程序具有这一特征的原因是:行政诉讼当事人在实体法律关系中处于不平等的地位,为了消除这一不平等地位对诉讼关系可能产生的影响,保证行政诉讼的顺利进行和行政诉讼目的的实现,法律上有必要对双方当事人程序上的权利义务作出上述不完全对应的规定,以保证双方当事人实质法律地位的真正平等,保护行政相对人合法实体权利的实现。

行政诉讼程序是行政诉讼法学研究的重要课题,行政诉讼程序研究之所以重要,是因为行政诉讼程序本身的重要。这种重要性主要表现在:其一,适当的程序是人民法院正确及时审理行政案件的保证。如果没有公开审判、辩论、对质等程序,行政审判的正确性、公正性就难以有保障;如果没有起诉时

效、一审时限、二审时限等程序规定,行政审判的及时性和效率就难以有保障。其二,适当的程序是实现行政诉讼目的,保护行政相对人的合法权益和监督行政机关依法行使行政职权的保证。程序规则是为实体权利的实现服务的。实体权利也只有通过适当的程序才能实现。好的程序规则能促进实体权利的实现,不适当的程序规则则可能妨碍实体权利的实现,甚至损害当事人的实体权利。其三,公正的法律程序是现代民主、文明的标志,现代民主、文明与专制、独裁的重要区别之一是有无公正的法律程序。公正的法律程序是随着现代民主、文明的发展而发展的:首先是依法独立行使司法职权,接着是司法程序愈益体现公开、公正、公平的精神,最后是行政程序法律化,融司法精神于其中。作为对具体行政行为实体和程序合法性进行审查的行政诉讼,其程序与现代民主、文明的关系乃是显而易见的了。①

## 第二节　起诉和受理

### 一、起诉条件

根据《行政诉讼法》第 49 条的规定,任何个人、组织向人民法院提起行政诉讼,均应符合下列条件:

*(一)原告是符合《行政诉讼法》第 25 条规定的公民、法人或者其他组织*

这一条款规定的是原告资格,而原告资格是由《行政诉讼法》第 25 条规定的。《行政诉讼法》第 25 条规定,原告有 4 种情形:(1)行政行为的相对人,即行政行为的直接对象(直接相对人);(2)与行政行为有利害关系的公民、法人或者其他组织,即行政行为的间接对象(间接相对人);(3)有权提起诉讼的公民死亡后,其近亲属;(4)有权提起诉讼的法人或者其他组织终止后,承受其权利的法人或者其他组织。这 4 类个人、组织均被赋予行政诉讼原告资格。第一、二类原告的资格条件要求:其是公民、法人或其他组织,不是行政主体;第三、四类原告的资格条件要求:其是认为自己或自己已死亡的近亲

① 关于程序对于司法的价值和作用,可参见陈瑞华:《刑事审判原理论》,北京大学出版社 1997 年版,第二章“刑事审判程序之价值”,第 22~119 页。

属,或者自己所承受其权利的法人或者其他组织的合法权益被侵犯的人,不是认为他人利益或一般社会公益被侵犯而对之鸣不平的;所有4类原告的资格条件均要求:其合法权益被行政行为侵犯,与行政行为有利害关系,而非合法权益被其他非行政行为侵犯,与行政行为无利害关系。在司法实践中,起诉人不符合原告资格的常有下述情况:(1)起诉人不是合法权益被侵犯人本人,合法权益被侵犯人本人活着并未起诉,而是其他人起诉;(2)起诉人既非被侵犯人的法定代理人,也未受被侵犯人的委托,即以被侵犯人的名义或以自己的名义起诉;(3)起诉人受到的侵害不是直接来自行政行为而是源于行政法规、规章或其他行政规范性文件;(4)其所认为受到的"侵害"明显是一定范围内所有公民、组织均应承担的义务,而非行政主体非法加予其的特定的义务;(5)起诉人受到的侵害来自行政机关或行政机关工作人员的非行政行为,其应提起民事诉讼或由司法机关提起刑事诉讼,而不应提起行政诉讼。

人民法院对于不具有原告资格的起诉人提起的行政诉讼,应告知其改由合法权益受侵犯人本人提起诉讼,或裁定不予受理,并告知其提起民事诉讼或向公安、检察机关提出控告,或建议其请求通过其他救济途径解决。

(二)有明确的被告

行政诉讼起诉的这一条件包含两个要素:第一,起诉人在起诉状中明确列出了被告名称、地址、法定代表人或主要负责人的姓名、职务;第二,所列被告为适格被告。司法实践中,起诉人的起诉在这一条件上常出现的问题是:(1)被告不适格,不符合法律规定的被告条件和范围;①(2)被告确定错误,起诉人应起诉甲行政机关却起诉了乙行政机关;(3)被告不明确,起诉状中未明确列出被告行政机关的名称、地址、法定代表人或主要负责人的姓名、职务;(4)被告遗漏,起诉人对于共同被告未列全,起诉状中有遗漏。

人民法院对于起诉人起诉中出现的上述问题,属于第一种情况的,应裁定不予受理;属于第二种情况的,应告知起诉人变更被告,起诉人如不同意变更,则裁定驳回起诉;②属于第三种情况的,应告知起诉人对起诉状加以补充,明确列出被告行政机关的名称、地址、法定代表人或主要负责人的姓名、职

---

① 关于被告的条件和范围,本书第五章有详细阐述。

② 参见《行政诉讼法司法解释》(2018年)第26条第1款。

务；但原告提供被告的名称等信息足以使被告与其他行政机关相区别的，可以认定为《行政诉讼法》第 49 条第 2 项规定的“有明确的被告”。起诉状列写被告信息不足以认定明确的被告的，人民法院可以告知原告补正；原告补正后仍不能确定明确的被告的，人民法院裁定不予立案。[①] 属于第四种情况的，应告知起诉人追加被告，起诉人不同意追加的，人民法院应当通知其以第三人的身份参加诉讼（但行政复议机关作共同被告的除外）。[②]

（三）有具体的诉讼请求和事实根据

根据《行政诉讼法司法解释》（2018 年）第 68 条的规定，“有具体的诉讼请求”是指：（1）请求判决撤销或者变更行政行为；（2）请求判决行政机关履行特定法定职责或者给付义务；（3）请求判决确认行政行为违法；（4）请求判决确认行政行为无效；（5）请求判决行政机关予以赔偿或者补偿；（6）请求解决行政协议争议；（7）请求一并审查规章以下规范性文件；（8）请求一并解决相关民事争议；（9）其他诉讼请求。另外，当事人单独或者一并提起行政赔偿、补偿诉讼的，应当有具体的赔偿、补偿事项以及数额；请求一并审查规章以下规范性文件的，应当提供明确的文件名称或者审查对象请求一并解决相关民事争议的，应当有具体的民事诉讼请求。

行政诉讼起诉的这一条件主要包括两项内容：第一，起诉状中提出了具体的诉讼请求，如撤销、变更行政行为，确认行政行为违法或无效，责成被告在一定期限内履行特定法定职责、赔偿所受损失等；第二，起诉状提出了支持其请求的事实根据、理由。对此，《行政诉讼法司法解释》（2018 年）第 54 条规定，公民、法人或者其他组织提起诉讼时应当提交以下起诉材料：（1）原告的身份证明材料以及有效联系方式；（2）被诉行政行为或者不作为存在的材料；（3）原告与被诉行政行为具有利害关系的材料；（4）人民法院认为需要提交的其他材料。由法定代理人或者委托代理人代为起诉的，还应当在起诉状中写明或者在口头起诉时向人民法院说明法定代理人或者委托代理人的基本情况，并提交法定代理人或者委托代理人的身份证明和代理权限证明等材料。

在司法实践中，起诉人的起诉在这一条件上常出现的问题是：（1）起诉状

---

① 参见《行政诉讼法司法解释》（2018 年）第 67 条。

② 参见《行政诉讼法司法解释》（2018 年）第 26 条第 2 款。

仅对被告提出种种指控,未提出任何诉讼请求或诉讼请求不明确、不具体;(2)起诉状仅提出了诉讼请求,而未列出支持其请求的任何事实根据或提交的事实材料过于简单,不清楚明了。人民法院对于起诉人起诉中的上述问题,应告之起诉人对起诉状加以修改、补充,起诉人拒不修改、补充的,可裁定不予受理。但人民法院对于起诉人在起诉状中列举的事实和提交的材料不应苛求,只应以起诉人自己掌握的材料、证据为限。即使起诉状中提供的材料、证据不够全面,起诉理由不够充分,法院也不应裁定不予受理,而只能在通过法庭审理后再确定是否满足原告的诉讼请求。

(四)属于人民法院受案范围和受诉人民法院管辖

行政诉讼起诉的这一条件也包括两项内容:第一,起诉人所指控的行为是《行政诉讼法》第 12 条或《行政诉讼法司法解释》(2018 年)第 1 条第 1 款规定作为行政诉讼受案范围的行为,而不是《行政诉讼法》第 13 条和《行政诉讼法司法解释》(2018 年)第 1 条第 2 款排除作为行政诉讼受案范围的行为;第二,相应行政案件属于受诉人民法院管辖,而非属于其他人民法院管辖。在司法实践中,人民法院对于起诉人所指控行为属《行政诉讼法》第 13 条和《行政诉讼法司法解释》(2018 年)第 1 条第 2 款列举的行为,应裁定不予受理;对起诉人所指控的行为既非属《行政诉讼法》第 13 条和《行政诉讼法司法解释》(2018 年)第 1 条第 2 款列举行为的范围,又非属行政诉讼法第 12 条列举的行为的范围,则须确定是否属于《行政诉讼法》第 12 条第 1 款第 12 项和《行政诉讼法司法解释》第 1 条第 1 款概括性规定作为行政诉讼受案范围的行为,如属此范围,应裁量酌定受理,否则,则应裁定不予受理;对于起诉人提起的行政案件非属本法院管辖的,应告知起诉人向有管辖权的法院起诉。

当事人就行政争议提起行政诉讼,除了应符合上述四项条件外,还不得就同一行政争议事项,重复提起诉讼。《行政诉讼法司法解释》(2018 年)第 106 条规定,当事人就已经提起诉讼的事项在诉讼过程中或者裁判生效后再次起诉,同时具有下列情形的,构成重复起诉:(1)后诉与前诉的当事人相同;(2)后诉与前诉的诉讼标的相同;(3)后诉与前诉的诉讼请求相同,或者后诉的诉讼请求被前诉裁判所包含。

## 二、起诉时效

关于起诉时效,《行政诉讼法》和《行政诉讼法司法解释》(2018年)规定了两种情况。

(一)直接起诉时效

"直接起诉"是指行政相对人不服行政行为,直接向人民法院提起行政诉讼,而不经过行政复议的程序。直接起诉的时效是6个月(法律另有规定的除外)。时效计算方法是自相对人知道或者应当知道作出被诉行政行为之日起算。所谓"知道或者应当知道",包括行政机关以书面或口头形式通知、告知相对人,以文书形式送达相对人;也包括相对人未得到行政机关任何通知、告知、送达,而实际知道相应行为的作出。行政机关作出被诉行政行为时,没有制作或没有送达法律文书,行政相对人对被诉行政行为不服,向人民法院起诉时,只要能证实被诉行政行为存在并符合其他起诉条件的,人民法院应予以受理。①

行政机关作出被诉行政行为时,未告知行政相对人的诉权或起诉期限,致使当事人逾期向人民法院起诉的,其起诉期限从相对人知道或者应当知道诉权或者起诉期限之日起计算,但从知道或者应当知道被诉行政行为内容之日起最长不得超过1年。②

行政相对人不知道行政机关被诉行政行为作出的,其起诉期限从知道或者应当知道被诉行政行为作出之日起计算。但对涉及不动产的行政行为的案件自行政行为作出之日起超过20年,其他案件自行政行为作出之日起超过5年提起诉讼的,人民法院不予受理。③

公民法人或者其他组织申请行政机关履行保护其人身权、财产权等合法权益的法定职责,行政机关不作为的,除法律、法规另有规定的以外,其起诉时限为2个月。即行政机关在接到申请之日起两个月内不履行的,公民法人或者其他组织方可以在行政机关履行法定职责期限届满之日起6个月内向人民

---

① 参见《行政诉讼法》第46条第1款。

② 参见《行政诉讼法司法解释》(2018年)第64条第1款。

③ 参见《行政诉讼法》第46条第2款和《行政诉讼法司法解释》(2018年)第65条。

法提起诉讼。但是,公民法人或者其他组织在紧急情况下请求行政机关履行保护其人身权、财产权等合法权益的法定职责,行政机关不履行的,公民法人或者其他组织可以不受此时限限制。①

公民法人或者其他组织因不可抗力或者其他不属于起诉人自身的原因超过起诉期限的,被耽误的时间不计算在起诉期间内。因人身自由受到限制而不能提起诉讼的,被限制人身自由的时间不计算在起诉期间内。公民法人或者其他组织因因其他特殊情况耽误起诉期限的,在障碍消除 10 日内可以申请处长期限,是否准许由人民法院决定。②

前述所谓“不可抗力”,是指战争、地震、重大水灾等造成交通中断或其他的事由。所谓“其他特殊情况”,指行政相对人突然发病、受伤、人身自由受到限制、受到威胁等,使相对人不能在法定期限内到法院起诉的各种情况。相对人遇到上述不可抗力或其他特殊情况,耽误了法定期限的申请。法院对其申请加以审查,对上述情况加以确认后,方可决定同意其申请,受理其起诉。

(二)经过复议的案件的起诉时效

行政相对人对被诉行政行为不服向行政复议机关申请复议的,复议机关应在收到复议申请书之日起 2 个月内作出复议决定(法律、法规另有规定者除外)。申请人不服复议决定,除法律另有规定的以外,应在收到复议决定书之日起 15 日内向人民法院起诉。复议机关逾期不作决定的,申请人可在复议期满之日起 15 日内向人民法院起诉。③

复议机关作出复议决定未告知行政相对人诉权或起诉期限,致使当事人逾期向人民法院起诉的,其起诉期限从相对人知道或者应当知道诉权或者起诉期限之日起计算,但从知道或者应当知道被诉行政行为作出之日起最长不得超过 2 年。④

法律、法规规定行政复议前置的,行政相对人不先申请复议而直接起诉的,人民法院不予受理。但是,如果复议机关拒绝受理复议申请或在法定期限

① 参见《行政诉讼法》第 47 条和《行政诉讼法司法解释》(2018 年)第 66 条。

② 参见《行政诉讼法》第 48 条和《行政诉讼法司法解释》(1999 年)第 43 条。

③ 参见《行政诉讼法》第 45 条。

④ 参见《行政诉讼法司法解释》(2018 年)第 64 条第 2 款。

内不作出复议决定,相对人依法向人民法院提起诉讼,人民法院应当依法立案。①

法律、法规未规定行政复议为提起行政诉讼必经程序,公民、法人或者其他组织既提起诉讼又申请行政复议的,由先立案的机关管辖;同时立案的,由公民、法人或者其他组织选择。公民、法人或者其他组织已经申请行政复议,在法定复议期间内又向人民法院提起诉讼的,人民法院裁定不予立案。

法律、法规未规定行政复议为提起行政诉讼必经程序,公民、法人或者其他组织向复议机关申请行政复议后,又经复议机关同意撤回复议申请,在法定起诉期限内对原行政行为提起诉讼的,人民法院应当依法立案。

公民、法人或者其他组织向复议机关申请行政复议后,复议机关作出维持决定的,应当以复议机关和原行为机关为共同被告,并以复议决定送达时间确定起诉期限。②

### 三、人民法院对起诉的受理与审查

人民法院自 2015 年 5 月 1 日起,实行立案登记制。行政诉讼立案登记制主要包括下述内容:

(1)人民法院收到当事人的起诉状后,对起诉状应当当场进行审查。法院审查原告的起诉状,应组织合议庭进行。其主要审查起诉人起诉是否具备法定起诉条件、法定起诉时限,同时也审查起诉状是否符合要求等。

(2)人民法院经对诉状进行审查,能够判断符合起诉条件的,应当当场登记立案;当场不能判断是否符合起诉条件的,应当在接收起诉状后 7 日内决定是否立案;7 日内仍不能作出判断的,应当先予立案。人民法院经审查,认为当事人起诉状内容或者材料欠缺的,应当给予指导和释明,并一次性全面告知当事人需要补正的内容、补充的材料及期限。不得未经指导和释明即以起诉不符合条件为由不接收起诉状。当事人在指定期限内补正并符合起诉条件的,人民法院应当登记立案。当事人拒绝补正或者经补正仍不符合起诉条件的,人民法院退回诉状并记录在册;当事人坚持起诉的,裁定不予立案,并载明

---

① 参见《行政诉讼法司法解释》(2018 年)第 56 条。

② 参见《行政诉讼法司法解释》(2018 年)第 57~59 条。

不予立案的理由。①

(3)人民法院对对当场不能判定起诉人起诉是否符合起诉条件的,应当先接收起诉状,出具注明收到日期的书面凭证,对于不符合法定起诉条件、不符合法定起诉时限的起诉,作出不予立案的裁定书,应当载明不予立案的理由。原告对裁定不服的可以提起上诉。

(4)对于人民法院不接收起诉状,接收起诉状后不出具书面凭证,以及不一次性告知当事人需要补正的起诉状内容的,当事人可以向上级人民法院投诉,上级人民法院应当责令改正,并对直接负责的主管人员和其他直接责任人员依法给予处分。

(5)人民法院既不立案,又不作出不予立案的裁定的,当事人可以向上一级人民法院起诉。上一级人民法院认为符合起诉条件的,应当立案、审理,也可以指定其他下级人民法院立案、审理。②

《行政诉讼法》之所以对立案登记制作出上述如此详细周密的规定,目的即在于解决以往行政诉讼实践中久治不愈的行政相对人告状难、立案难的问题:行政相对人起诉,一些法院以种种理由不受理,不接收起诉状,有的甚至连起诉状看都不看,就让你离开,你离开前请他给你一个不予受理的裁定,他断然拒绝,让你无从再向上一级法院上诉,完全断了你司法救济的路。这样一来,让起诉人心中充满无奈感和痛苦感,使司法的公信力和权威在人民群众心目中大为降低。2014 年修订的《行政诉讼法》确立的立案登记制应该说较好地解决了这个老大难问题。

在人民法院受理行政相对人的起诉后,还可能遇到原告撤诉的问题。人民法院裁定准许原告撤诉后,原告以同一事实和理由重新起诉的,人民法院不予立案。但准予撤诉的裁定确有错误,原告申请再审的,人民法院应当通过审判监督程序撤销原准予撤诉的裁定,重新对案件进行审理。

---

① 立案登记制不是废除审查,对起诉人的任何起诉状都照单全收,一律立案。立案登记制只是取消立案阶段对案件的实质性审查,解决法院在立案阶段以种种似是而非的理由把起诉人挡在门外,导致人民群众告状难、立案难的问题。但是我们也不能从一个极端走向另一个极端:连必要的形式审查也予以废除,鼓励起诉人滥诉,导致重要的司法资源浪费[参见《行政诉讼法司法解释》(2018 年)第 53、55 条]。

② 行政诉讼立案登记制的上述内容参见《行政诉讼法》第 51、52 条。

原告或者上诉人未按规定的期限预交案件受理费，又不提出缓交、减交、免交申请，或者提出申请未获批准的，按自动撤诉处理。在按撤诉处理后，原告或者上诉人在法定期限内再次起诉或者上诉，并依法解决诉讼费预交问题的，人民法院应予立案。

人民法院判决撤销行政机关的行政行为后，公民、法人或者其他组织对行政机关重新作出的行政行为不服向人民法院起诉的，人民法院应当依法立案。

行政机关作出行政行为时，没有制作或者没有送达法律文书，公民、法人或者其他组织只要能证明行政行为存在，并在法定期限内起诉的，人民法院应当依法立案。①

根据《行政诉讼法司法解释》(2018年)的规定，原告提起诉讼，已经立案的，有下列情形之一的，人民法院应当裁定驳回起诉：(1)不符合《行政诉讼法》第49条规定的；(2)超过法定期限且无正当理由的；(3)错列被告且拒绝变更的；(4)未按照法律规定由法定代理人、指定代理人、代表人为诉讼行为的；(5)未按照法律、法规规定先向行政机关申请复议的；(6)重复起诉的；(7)撤回起诉后无正当理由再行起诉的；(8)行政行为对其合法权益明显不产生实际影响的；(9)诉讼标的已为生效裁判或者调解书所羁束的；(10)不符合其他法定起诉条件的情形。

对于上述所列情形可以补正或者更正的，人民法院应当指定期间责令当事人补正或者更正；在指定期间已经补正或者更正的，应当依法审理。人民法院经过阅卷、调查或者询问当事人，认为不需要开庭审理的，可以径行裁定驳回起诉。②

另外，人民法院将原告的起诉状副本送达被告后，原告不能再提出新的诉讼请求。除非有正当理由，其再提出新的诉讼请求的，人民法院不予准许。③

---

① 参见《行政诉讼法司法解释》(2018年)第60~63条。

② 参见《行政诉讼法司法解释》(2018年)第69条。

③ 参见《行政诉讼法司法解释》(2018年)第70条。

## 第三节 第一审普通程序[①]

### 一、一审形式

行政诉讼一审的一般形式是:开庭审理,公开审判,实行合议制。

开庭审理是相对于书面审理而言的,行政诉讼一审一律开庭审理,没有例外。这不同于行政诉讼二审,二审对于经过阅卷、调查和询问当事人,对没有提出新的事实、证据或者理由,合议庭认为不需要开庭审理的,可以不开庭审理。[②]

公开审判是相对于秘密审判而言的,根据《行政诉讼法》第 54 条的规定,行政诉讼一审二审均实行公开审判:"人民法院公开审理行政案件,但涉及国家秘密、个人隐私和法律另有规定的除外。涉及商业秘密的案件,当事人申请不公开审理的,可以不公开审理。"对于不公开审理的案件,也应公开宣判。[③]

合议制是相对于独任制而言,根据《行政诉讼法》第 68 条的规定,人民法院审理行政案件,由审判员组成合议庭,或者由审判员、陪审员组成合议庭。合议庭的成员,应当是 3 人以上的单数。但是,下一节我们要讨论的人民法院依简易程序审理第一审行政案件,则由审判员 1 人独任审理。[④]

### 二、一审步骤

行政诉讼一审主要包括下述步骤:

(一)发送起诉状、答辩状副本

人民法院自立案之日起 5 日内将起诉状副本发送被告。被告应在收到起

---

① 第一审程序包括第一审普通程序和第一审简易程序。本书提及"一审程序"均指第一审普通程序;如果论及简易程序,必会加以说明。本节专门讨论第一审普通程序,下节(第四节)专门讨论简易程序。

② 参见《行政诉讼法》第 86 条;1989 年《行政诉讼法》第 59 条规定,人民法院对上诉案件,认为事实清楚的,可以实行书面审理。

③ 参见《行政诉讼法》第 80 条。

④ 参见《行政诉讼法》第 83 条。

诉状副本之日起15日内向人民法院提交作出行政行为的证据和所依据的规范性文件,并提出答辩状(被告不提出答辩状,不影响法院审理)。法院应在收到答辩状之日起5日内,将答辩状副本发送原告。[①]

(二)传唤当事人和通知诉讼参与人

人民法院对适用普通程序审理的案件,应当在开庭3日前用传票传唤当事人。对证人、鉴定人、勘验人、翻译人员,则应当用通知书通知其到庭。当事人或者其他诉讼参与人在外地的,应当留有必要的在途时间。人民法院在遇有下列情形之一时,可以决定对案件延期开庭审理:(1)应当到庭的当事人和其他诉讼参与人有正当理由没有到庭的;(2)当事人临时提出回避申请且无法及时作出决定的;(3)需要通知新的证人到庭,调取新的证据,重新鉴定、勘验,或者需要补充调查的;(4)其他应当延期的情形。[②]

(三)法庭调查和法庭辩论

行政诉讼的法庭调查顺序可参照《民事诉讼法》第138条的规定进行:(1)当事人陈述;(2)告知证人的权利义务,证人作证,宣读未到庭的证人证言;(3)出示书证、物证、视听资料和电子数据;(4)宣读鉴定意见;(5)宣读勘验笔录。

法庭辩论可参照《民事诉讼法》第141条的规定进行:(1)原告及其诉讼代理人发言;(2)被告及其诉讼代理人答辩;(3)第三人及其诉讼代理人发言或者答辩;(4)互相辩论。法庭辩论终结,由审判长按照原告、被告、第三人的先后顺序征询各方最后意见。

(四)合议庭评议,作出判决或裁定

合议庭评议由审判长主持,实行少数服从多数的原则。评议中有不同意见的,应如实记入笔录,但判决或裁定依据合议庭多数成员的意见作出。

(五)宣判

人民法院对公开审理和不公开审理的案件,一律公开宣告判决。宣判可以当庭进行,也可以定期进行。当庭宣判的,应在10日内发送判决书。定期宣判的,应在宣判后立即发给判决书。宣告判决时,必须告知当事人上诉权

① 参见《行政诉讼法》第67条。

② 参见《行政诉讼法司法解释》(2018年)第71~72条。

利、上诉期限和上诉的人民法院。[①]

## 三、一审程序中要处理的有关问题

人民法院在一审程序中要处理种种问题。下述问题是一审程序中最经常遇到和最经常要处理的问题,当然也不是每个行政案件的一审程序中都会出现和需要处理所有这些问题,有些问题可能在某类案件中出现,有些问题可能在另外一类案件中出现。就整个一审程序而言,下述十个问题是较常出现和法院要在一审过程中加以处理的问题。

### (一)决定是否对两个或两个以上行政行为合并审理

根据《行政诉讼法》第27条和《行政诉讼法司法解释》(2018年)第73条的规定,有下列情形之一的,人民法院可以决定对两个或两个以上行政行为合并审理:(1)两个以上行政机关分别对同一事实作出行政行为,公民、法人或者其他组织不服向同一人民法院起诉的;(2)行政机关就同一事实对若干公民、法人或者其他组织分别作出行政行为,公民、法人或者其他组织不服分别向同一人民法院起诉的;(3)在诉讼过程中,被告对原告作出新的行政行为,原告不服向同一人民法院起诉的;(4)人民法院认为可以合并审理的其他情形。

### (二)裁定是否停止被诉行政行为的执行

在行政诉讼中,被诉行政行为不停止执行是原则,停止执行是例外。根据《行政诉讼法》第56条的规定,只有具有下述四种情形之一的,才可停止被诉行政行为的执行:(1)被告认为需要停止执行的;(2)原告或者利害关系人申请停止执行,人民法院认为该行政行为的执行会造成难以弥补的损失,并且停止执行不损害国家利益、社会公共利益的;(3)人民法院认为该行政行为的执行会给国家利益、社会公共利益造成重大损害的;(4)法律、法规规定停止执行的。[②]

上述四种情况,第一种情况一般不需要法院作出裁定或其他何种行为,被告认为需要停止执行,则由其自行停止执行即可。第四种情况通常也不需要

---

① 参见《行政诉讼法》第80条。

② 参见《行政诉讼法》第56条。

法院作出裁定或其他何种行为,法律、法规规定停止执行:被告应自动停止执行。当然,如果其不自动停止执行,法院可应原告申请或自行裁定停止执行。对于第二、三种情况,人民法院必须作出裁定。对于第二种情况,无论是准许或不准许原告的申请,均应作出裁定:法院准许原告的申请,裁定停止被诉行政行为的执行,否则,就应裁定驳回原告停止执行的申请。法院裁定停止被诉行政行为的执行必须符合两个条件:第一,法院认为被诉行政行为的执行会造成难以弥补的损失;第二,停止执行不损害国家利益、社会公共利益。对于第二种情况,人民法院认为被诉行政行为的执行会给国家利益、社会公共利益造成重大损害的,自然应裁定停止执行。

当事人对人民法院或者停止执行或者不停止执行的裁定不服的,可以申请复议一次。

(三)决定审判人员或其他有关人员是否回避

为了保证行政审判的公正,《行政诉讼法》和《行政诉讼法司法解释》(2018年)的有关条款规定了回避制度。[①] 回避制度的内容如下:(1)申请人。有权申请回避的人是诉讼当事人以及具有应回避事由的审判人员或其他有关人员(书记员、翻译人员、鉴定人、勘验人)。(2)被申请人。被申请回避的对象可以是审判人员,包括参加合议庭审判的院长、庭长,也可以是其他有关人员,包括书记员、翻译人员、鉴定人、勘验人。(3)回避条件。审判人员或其他有关人员只有与本案有利害关系或其他可能影响公正审判的其他关系时,才能被申请回避或自己主动申请回避。所谓"有利害关系",一般是指本人或其近亲属是本案的当事人;所谓"有其他关系",其范围很广泛,包括与当事人是同学、同事、邻居,当事人曾经或现在仍然是其下属、上司、恩人、仇人等。有这些关系尚不足以构成回避的理由,而必须是这些关系可能影响案件公正审判的,才能构成回避的理由。(4)回避程序。回避应先由当事人或具有应回避事由的审判人员或其他有关人员提出申请,再经法院有权人员审查决定,方可实行。当事人申请回避,应当说明理由,在案件开始审理时提出。回避事由在案件开始审理后知道的,应当在法庭辩论终结前提出。审判人员的回避由院长审查决定;其他有关人员的回避由审判长审查决定;院长担任审判长时的回

① 参见《行政诉讼法》第55条和《行政诉讼法司法解释》(2018年)第47条。

避,由审判委员会审查决定。被申请回避的人员,在人民法院作出是否回避的决定前,应当暂停参与本案的工作,但案件需要采取紧急措施的除外。法院对当事人提出的回避申请,应当在 3 日内以口头或者书面形式作出决定。对当事人提出的明显不属于法定回避事由的申请,法庭可以依法当庭驳回。申请人对驳回回避申请决定不服的,可以向作出决定的人民法院申请复议一次。复议期间,被申请回避的人员不停止参与本案的工作。对申请人的复议申请,人民法院应当在 3 日内作出复议决定,并通知复议申请人。

(四)裁定准许或不准许撤诉

在行政诉讼一审程序中,撤诉包括三种情形:(1)原告主动申请撤诉;[①](2)被告改变其所作出的行政行为,原告同意并申请撤诉;[②](3)经人民法院两次合法传唤,原告无正当理由拒不到庭,人民法院按照撤诉处理。[③] 此三种撤诉中的前两种撤诉,应经人民法院审查,获得人民法院准许,人民法院无论是否准许,都应作出裁定。人民法院对于第二种情形的撤诉,其审查应严于第一种情形,因为第二种情形的撤诉,被告规避法律的可能性较大,他们可能以牺牲国家社会利益换得原告的撤诉,也可能通过压制、威胁、欺骗原告,对被诉行政行为作无关痛痒的改动,来迫使或诱使原告撤诉。对于第一种情形的撤诉,法院应审查原告撤诉是否确实出于自愿,还是受到被告或者其他方面的压力被迫而为。如遇后一种情况,法院应裁定不准予撤诉,并帮助原告排除压力。

关于第二种情形的撤诉,《行政诉讼法司法解释》(2018 年)补充规定,被告在一审期间改变被诉行政行为的,应当书面告知人民法院。原告或者第三人对改变后的行政行为不服提起诉讼的,人民法院应当就改变后的行政行为进行审理。被告改变原违法行政行为,原告仍要求确认原行政行为违法的,人民法院应当依法作出确认判决。原告起诉被告不作为,在诉讼中被告作出行政行为,原告不撤诉的,人民法院应当就不作为依法作出确认判决。[④]

关于第三种情形的撤诉,《行政诉讼法司法解释》(2018 年)补充规定,原

---

① 参见《行政诉讼法》第 62 条。
② 参见《行政诉讼法》第 62 条。
③ 参见《行政诉讼法》第 58 条。
④ 参见《行政诉讼法司法解释》(2018 年)第 81 条。

告或者上诉人申请撤诉,人民法院裁定不予准许的,原告或者上诉人经传票传唤无正当理由拒不到庭,或者未经法庭许可中途退庭的,人民法院可以缺席判决。第三人经传票传唤无正当理由拒不到庭,或者未经法庭许可中途退庭的,不发生阻止案件审理的效果。

至于被告经传票传唤无正当理由拒不到庭,或者未经法庭许可中途退庭的,人民法院可以按期开庭或者继续开庭审理,对到庭的当事人诉讼请求、双方的诉辩理由以及已经提交的证据及其他诉讼材料进行审理后,依法缺席判决。①

此外,在庭审中,原告或者上诉人如果明确拒绝陈述或者以其他方式拒绝陈述,导致庭审无法进行,经法庭释明法律后果后仍不陈述意见的,法庭可视其为放弃陈述权利,由其承担不利的法律后果。

当事人申请撤诉或者依法可以按撤诉处理的案件,当事人有违反法律的行为需要依法处理的,人民法院可以不准许撤诉或者不按撤诉处理。

法庭辩论终结后原告申请撤诉,人民法院可以准许,但涉及国家利益和社会公共利益的除外。②

(五)排除诉讼障碍

在行政诉讼进行过程中,诉讼参加人、参与人或其他人实施的妨碍诉讼正常进行的行为称为"诉讼障碍"。其范围包括《行政诉讼法》第59条所列举的7种行为:(1)有义务协助调查、执行的人,对人民法院的协助调查、执行通知书,无故推拖、拒绝或者妨碍调查、执行的;(2)伪造、隐藏、毁灭证据或者提供虚假证明材料,妨碍人民法院审理案件的;(3)指使、贿买、胁迫他人作伪证或者威胁、阻止证人作证的;(4)隐藏、转移、变卖、毁损已被查封、扣押、冻结的财产的;(5)以欺骗、胁迫等非法手段使原告抗诉的;(6)以暴力、威胁或者其他方法阻碍人民法院工作人员执行职务,或者以哄闹、冲击法庭等方法扰乱人民法院工作秩序的;(7)对人民法院审判人员或者其他工作人员、诉讼参与人、协助调查和执行的人员恐吓、侮辱、诽谤、诬陷、殴打、围攻或者打击报复的。

根据《行政诉讼法》的规定,"诉讼障碍"排除方法包括:依据行为人情节

① 参见《行政诉讼法》第58条。
② 参见《行政诉讼法司法解释》(2018年)第79、80条。

轻重,对行为人予以训诫、责令具结悔过或者处1万元以下的罚款、15日以下拘留;构成犯罪的,依法追究刑事责任。[①]

人民法院对有上述制造“诉讼障碍”的行为之一的单位,可以对其主要负责人或者直接责任人员罚款、拘留;构成犯罪的,依法追究刑事责任。

人民法院对制造“诉讼障碍”的行为罚款、拘留,须经人民法院院长批准,当事人不服的,可以向上一级人民法院申请复议一次。复议期间不停止执行。

当事人之间恶意串通,企图通过诉讼等方式侵害国家利益、社会公共利益或者他人合法权益的行为不属《行政诉讼法》第59条规定的“诉讼障碍”行为。对于有这种行为的当事人,人民法院应当裁定驳回其起诉或者判决驳回其请求,并根据情节轻重予以罚款、拘留;构成犯罪的,依法追究刑事责任。[②]

(六)向有关机关移送有关案件材料

人民法院在审理行政案件中,认为行政机关的主管人员,直接责任人员违法违纪的,应当将有关材料移送监察机关、该行政机关或者其上一级行政机关;认为有犯罪行为的,应当将有关材料移送公安、检察机关。[③]

人民法院在审理行政案件过程中,发现当事人的行为构成犯罪,应当追究刑事责任的,如果对刑事责任的追究不影响本案审理的,应继续审理,并应及时将有关犯罪材料移送有关国家机关;如果对刑事责任的追究影响本案审理的,应中止诉讼,将有关犯罪材料移送有关国家机关处理,在有关机关作出最终处理后,再恢复诉讼。

(七)裁定财产保全

人民法院对于因一方当事人的行为或者其他原因,可能使行政行为或者人民法院生效裁判不能或者难以执行的案件,根据对方当事人的申请,可以裁定对其财产进行保全、责令其作出一定行为或者禁止其作出一定行为;当事人没有提出申请的,人民法院在必要时也可以裁定采取上述保全措施。人民法

---

① 罚款、拘留可以单独适用,也可以合并适用。对同一妨害行政诉讼行为的罚款、拘留不得连续适用。发生新的妨害行政诉讼行为的,人民法院可以重新予以罚款、拘留[参见《行政诉讼法司法解释》(2018年)第83条]。

② 参见《行政诉讼法司法解释》(2018年)第82条。

③ 参见《行政诉讼法》第66条。

院采取保全措施,可以责令申请人提供担保;申请人不提供担保的,裁定驳回申请。

人民法院接受财产保全申请后,对情况紧急的,必须在 48 小时内作出裁定;裁定采取保全措施的,应当立即开始执行。当事人对保全的裁定不服的,可以申请复议;复议期间不停止裁定的执行。

有关利害关系人因情况紧急,不立即申请保全将会使其合法权益受到难以弥补的损害的,可以在提起诉讼前向被保全财产所在地、被申请人住所地或者对案件有管辖权的人民法院申请采取保全措施。申请人应当提供担保,不提供担保的,裁定驳回申请。人民法院接受申请后,必须在 48 小时内作出裁定;裁定采取保全措施的,应当立即开始执行。申请人在人民法院采取保全措施后 30 日内不依法提起诉讼的,人民法院应当解除保全。当事人对保全的裁定不服的,可以申请复议;复议期间不停止裁定的执行。

财产保全措施限于申请人请求的范围,或者与本案有关的财物。财产保全采取查封、扣押、冻结或者法律规定的其他方法。人民法院保全财产后,应当立即通知被保全人。财产已被查封、冻结的,不得重复查封、冻结。涉及财产的案件,被申请人提供担保的,人民法院应当裁定解除保全。申请人申请有错误的,其应当赔偿被申请人因保全所遭受的损失。①

(八)裁定先予执行

人民法院对原告起诉行政机关没有依法支付抚恤金、最低生活保障金和工伤、医疗社会保险金的案件,权利义务关系明确、不先予执行将严重影响原告生活的,可以根据原告的申请,裁定先予执行。②

(九)对当事人争议进行调解

人民法院审理行政赔偿、补偿以及行政机关行使法律、法规规定的自由裁量权的行政案件,认为法律关系明确、事实清楚,在征得当事人双方同意后,可以径行调解。调解达成协议,人民法院应当制作调解书。调解书应当写明诉讼请求、案件的事实和调解结果。调解书由审判人员、书记员署名,加盖人民法院印章,送达双方当事人。调解书经双方当事人签收后,即具有法律效力。

---

① 上述财产保全规则参见《行政诉讼法司法解释》(2018 年)第 76~78 条。

② 参见《行政诉讼法》第 57 条。

调解书生效日期根据最后收到调解书的当事人签收的日期确定。

人民法院审理行政案件,调解过程不公开,但当事人同意公开的除外。经人民法院准许,第三人可以参加调解。人民法院认为有必要的,可以通知第三人参加调解。调解协议内容不公开,但为保护国家利益、社会公共利益、他人合法权益,人民法院认为确有必要公开的除外。当事人一方或者双方不愿调解、调解未达成协议的,人民法院应当及时判决。当事人自行和解或者调解达成协议后,请求人民法院按照和解协议或者调解协议的内容制作判决书的,人民法院不予准许。[①]

(十)裁定中止诉讼和终结诉讼

在行政诉讼中,中止诉讼适用于下列情形:(1)原告死亡,需等待其近亲属表明是否参加诉讼的;(2)原告丧失诉讼行为能力,尚未确定法定代理人的;(3)作为一方当事人的行政机关、法人或其他组织终止,尚未确定权利义务承受人的;(4)一方当事人因不可抗力的事由不能参加诉讼的;(5)案件涉及法律适用问题,需要送请有权机关作出解释或者确认的;(6)案件的审判须以相关民事、刑事或者其他行政案件的审理结果为依据,而相关案件尚未审结的;(7)其他应当中止诉讼的情形。上述中止诉讼的原因消除后,人民法院应恢复诉讼。[②]

在行政诉讼中,终结诉讼适用于下述情形:(1)原告死亡,没有近亲属或者近亲属放弃诉讼权利的;(2)作为原告的法人或者其他组织终止后,其权利义务的承受人放弃诉讼权利的;(3)因原告死亡,等待其近亲属表明是否参加诉讼,或原告丧失诉讼行为能力,等待确定法定代理人参加诉讼,或者作为一方当事人的行政机关、法人或其他组织终止,等待确定权利义务承受人参加诉讼而中止诉讼,满90日仍无人继续诉讼的,但有特殊情况的除外。[③]

---

① 以上调解规则参见《行政诉讼法司法解释》(2018年)第84~86条。

② 参见《行政诉讼法》第61条和《行政诉讼法司法解释》(2018年)第87条。

③ 参见《行政诉讼法司法解释》(2018年)第88条。

# 第四节　简易程序

## 一、行政诉讼简易程序适用的范围

原《行政诉讼法》对于行政审判没有规定简易程序，所有行政案件都走普通程序。这样，一个罚款几十元的案子，甚至一个警告的案子，也要合议庭审理，经过一审、二审，甚至再审。这种程序设计过分耗费司法资源，也不利于保护当事人的合法权益。因此，2014 年修订的《行政诉讼法》对此作了改变，规定对于人民法院认为事实清楚、权利义务关系明确、争议不大的第一审行政案件，可以适用简易程序。[①] 这里所谓“事实清楚”，是指当事人对争议的事实陈述基本一致，并能提供相应的证据，无须人民法院调查收集证据即可查明事实的案件情形；这里所谓“权利义务关系明确”，是指行政法律关系中权利和义务能够明确区分的案件情形；这里所谓“争议不大”，是指当事人对行政行为的合法性、责任承担等没有实质分歧的案件情形。[②]

根据现行《行政诉讼法》的规定，行政诉讼可以适用简易程序的案件包括 4 类：(1) 被诉行政行为是依法当场作出的；(2) 案件涉及款额 2000 元以下的；(3) 属于政府信息公开案件的；(4) 当事人各方均同意适用简易程序的案件。但是，发回重审、按照审判监督程序再审的案件不适用简易程序。

## 二、行政诉讼简易程序运作规则

适用简易程序审理行政案件由审判员一人独任审理，并应当自立案之日起 45 日内审结。

人民法院在适用简易程序审理过程中，如发现案件不宜适用简易程序的，可裁定转为普通程序。

适用简易程序审理的行政案件，人民法院可以用口头通知、电话、短信、传真、电子邮件等简便方式传唤当事人、通知证人、送达裁判文书以外的诉讼文书。

---

① 参见《行政诉讼法》第 82 条。

② 参见《行政诉讼法司法解释》(2018 年) 第 102 条。

以简便方式送达的开庭通知,未经当事人确认或者没有其他证据证明当事人已经收到的,人民法院不得缺席判决。

适用简易程序案件的举证期限由人民法院确定,也可以由当事人协商一致并经人民法院准许,但不得超过15日。被告要求书面答辩的,人民法院可以确定合理的答辩期间。

人民法院应当将举证期限和开庭日期告知双方当事人,并向当事人说明逾期举证以及拒不到庭的法律后果,由双方当事人在笔录和开庭传票的送达回证上签名或者捺印。

当事人双方均表示同意立即开庭或者缩短举证期限、答辩期间的,人民法院可以立即开庭审理或者确定近期开庭。

人民法院发现案情复杂,需要转为普通程序审理的,应当在审理期限届满前作出裁定并将合议庭组成人员及相关事项书面通知双方当事人。案件转为普通程序审理的,审理期限自人民法院立案之日起计算。[①]

## 第五节　第二审程序

### 一、二审形式

行政诉讼的二审形式与一审形式的重要区别是:一审一律开庭审理;二审既可以开庭审理,也可以不开庭审理。实行不开庭审理的条件是,法院经过阅卷、调查和询问当事人,没有发现新的事实、证据或者理由,合议庭认为不需要开庭审理。[②] 原《行政诉讼法》规定的二审书面审理(不开庭审理)的标准是"事实清楚",[③]这一标准显然没有现行《行政诉讼法》规定的条件明确。所谓"事实清楚",是指能证明被诉行政行为是否合法的事实清楚,主要证据齐全,且证据没有疑点;而不是指被诉行政行为所依据的事实清楚,证据充分、确凿。因为后一个"事实清楚"是法院原判决维持被诉行政行为的根据之一,而

① 以上行政诉讼简易程序动作规则参见《行政诉讼法》第83~84条和《行政诉讼法司法解释》(2018年)第103~105条。

② 参见《行政诉讼法》第86条。

③ 参见《行政诉讼法》(1989年)第59条。

不是法院决定二审实行书面审理的根据。因为即使被诉行政行为依据的事实不清楚，主要证据不足，只要一审中对此已经确认，且二审法院认为此种确认明白无误，当事人对此亦无争议，二审法院即可认为该上诉案件“事实清楚”，并对之实行书面审理。

书面审是相对于开庭审而言，而不是相对于合议庭和公开审判的形式。庭审可以是公开审理，也可以是不公开审理。书面审理虽然不存在公开审理的问题，但审理结果仍然要公开宣判。无论是庭审还是书面审理，无论是公开审还是不公开审，人民法院审理行政案件一般均采取合议庭的组织形但在这一点上，一审与二审稍有区别：二审一律采合议庭形式审理，而一审的简易程序采独任审判的形式。另外，在合议庭的组成上，一审、二审也有所区别：一审中合议庭可以由审判员组成，也可以由审判员、陪审员组成；而《行政诉讼法》对二审合议庭的组成没有规定，实践中一般仅由审判员组成。

## 二、二审步骤

行政诉讼二审主要包括下述步骤：

(1)当事人不服人民法院第一审判决，在判决书送达之日起15日内向上一级人民法院提起上诉；当事人不服人民法院第一审裁定，在裁定书送达之日起10日内向上一级人民法院提起上诉。

一审法院作出判决和裁定后，当事人均提起上诉的，上诉各方均为上诉人。诉讼当事人中的一部分人提出上诉，没有提出上诉的对方当事人为被上诉人，其他当事人依原审诉讼地位列明上诉状可向原审法院或二审法院提交，并按照其他当事人或者诉讼代表人的人数提出上诉状副本。

(2)原审人民法院收到上诉状，应当在5日内将上诉状副本发送其他当事人，对方当事人应当在收到上诉状副本之日起15日内提出答辩状。原审人民法院应当在收到答辩状之日起5日内将副本发送上诉人。对方当事人不提出答辩状的，不影响人民法院审理。

(3)原审人民法院收到上诉状、答辩状，应当在5日内连同全部案卷和证据，报送二审法院；已经预收的诉讼费用，一并报送。

(4)二审法院决定是否开庭审理，如开庭审理，其具体步骤与一审相同。

(5)合议庭评议，作出判决或裁定。

(6)公开宣判。[①]

## 三、二审程序中要处理的有关问题

行政诉讼一审程序中处理的问题在二审程序中通常也可能遇到和处理,只是相应问题在一审程序中出现的概率要比在二审中高得多。当然,二审程序中也要处理一些一审程序中不可能发生的问题,也有一些在一审程序中处理的问题在二审中不可能发生。二审程序要面对和处理的有关事项主要包括:

(1)在二审程序中,行政机关不得再改变其被诉行政行为,上诉人如因行政机关改变原行政行为而申请撤回上诉的,人民法院不予准许。

(2)二审法院审理上诉案件,应当对原审人民法院的判决、裁定和被诉行政行为进行全面审查。当事人对原审人民法院认定的事实有争议的,或者二审法院认为原审法院认定事实不清楚的,二审法院应当开庭审理。

(3)二审法院经审理,如认为原审法院不予立案或者驳回起诉的裁定确有错误且当事人的起诉符合起诉条件的,应当裁定撤销原审法院的裁定,指令原审法院依法立案或者继续审理。二审法院裁定发回原审法院重新审理的行政案件,原审法院应当另行组成合议庭进行审理。

(4)二审法院经审理,如认为原审法院作出的判决认定事实错误或者适用法律、法规错误的,依法改判、撤销或者变更;如认为原判决认定基本事实不清、证据不足的,可裁定撤销原判判,发回原审法院重审,或者查清事实后改判。如认为原判决遗漏当事人或者违法缺席判决等严重违反法定程序的,亦裁定撤销原判,发回原审法院重审。

(5)原审判决遗漏了当事人诉讼请求的,二审法院应当裁定撤销原审判决,发回重审。原审判决遗漏行政赔偿请求,二审法院经审查认为依法不应当予以赔偿的,应当判决驳回行政赔偿请求。二审法院经审理认为依法应当予以赔偿的,在确认被诉行政行为违法的同时,可以就行政赔偿问题进行调解;调解不成的,应当就行政赔偿部分发回重审。当事人在二审期间提出行政赔

---

① 关于二审步骤的有关规则,参见《行政诉讼法》第85条和《行政诉讼法司法解释》(2018年)第107、108条。

偿请求的,二审法院可以进行调解;调解不成的,应当告知当事人另行起诉。

(6)二审法院裁定发回原审法院重新审理的行政案件,原审法院应当另行组成合议庭进行审理。

(7)原审法院对发回重审的案件作出判决后,当事人再提起上诉的,二审法院不得再次发回重审。

(8)二审法院审理上诉案件,需要改变原审判决的,应当同时对被诉行政行为作出判决。[①]

## 第六节　审判监督程序

### 一、启动再审程序的条件[②]

《行政诉讼法》第91条规定了人民法院的启动再审程序的条件。根据该条规定,人民法院对具备下述八项情形之一的案件,在当事人申请再审、或人民检察院提出抗诉的条件下,应当启动再审。人民法院也可依法[③]自行启动再审:(1)不立案或者驳回起诉确有错误的;(2)有新的证据,足以推翻原判决、裁定的;(3)原判决、裁定认定事实的主要证据不足,未经质证或者系伪造的;(4)原判决、裁定适用法律、法规确有错误的;(5)违反法律规定的诉讼程序,可能影响公正审判的;(6)原判决、裁定遗漏诉讼请求的;(7)据以作出原判决、裁定的法律文书被撤销或者变更的;(8)审判人员在审理该案件时有贪污受贿、徇私舞弊、枉法裁判行为的。

### 二、启动再审程序的主体

(一)当事人

当事人对已经发生法律效力的判决、裁定,认为确有错误,具有启动再审程序的8项情形之一,可以向上一级人民法院申请再审(但判决、裁定不停止

---

① 上述二审程序的有关规则,参见《行政诉讼法》第87、89条和《行政诉讼法司法解释》(2018年)第109条。

② 审判监督程序也可简称"再审程序",故本节所用"再审"一词,均为审判监督程序。

③ 这里的"依法",是指依《行政诉讼法》第92条的规定。

执行),上一级人民法院如认为案件确实具有启动再审程序的 8 项情形之一的,应当裁定再审。

另外,当事人在法定情形下,还可以向人民检察院申请抗诉或者检察建议,以启动再审。是否抗诉或提出检察建议,则检察院决定。如检察院提出抗诉,法院必须启动再审;如检察院提出检察建议,是否启动再审,由法院决定。当事人可向人民检察院申请抗诉或者检察建议的情形有三:(1)人民法院驳回其再审申请的;(2)人民法院逾期未对其再审申请作出裁定的;(3)再审判决、裁定有明显错误的。但是,人民法院基于抗诉或者检察建议,作出再审判决、裁定后,当事人即使不服,也不能再申请再审。人民法院对当事人的此种再审申请不予立案。[①]

(二)人民法院院长

各级人民法院院长对本院已经发生法律效力的判决、裁定,发现符合再审条件的,或者发现调解违反自愿原则或者调解书内容违法,认为需要再审的,应当提交审判委员会讨论决定。[②]

(三)最高人民法院和上级人民法院

对最高人民法院对地方各级人民法院已经发生法律效力的判决、裁定,上级人民法院对下级人民法院已经发生法律效力的判决、裁定,发现具有启动再审程序的 8 项情形之一的,或者发现调解违反自愿原则或者调解书内容违法,有权提审或指令下级人民法院再审。[③]

(四)最高人民检察院和上级人民检察院

最高人民检察院对各级人民法院已经发生法律效力的判决、裁定,上级人民检察院对下级人民法院已经发生法律效力的判决、裁定,发现具有启动再审程序的 8 项情形之一的,或者发现调解书损害国家利益、社会公共利益的,应当提出抗诉。人民检察院提出抗诉后,人民法院必须再审。[④]

(五)地方各级人民检察院

地方各级人民检察院对同级人民法院已经发生法律效力的判决、裁定,发

---

① 参见《行政诉讼法司法解释》(2018 年)第 117 条。

② 参见《行政诉讼法》第 92 条第 1 款。

③ 参见《行政诉讼法》第 92 条第 2 款。

④ 参见《行政诉讼法》第 93 条第 1 款。

现具有启动再审程序的 8 项情形之一的，或者发现调解书损害国家利益、社会公共利益的，可以向同级人民法院提出检察建议，并报上级人民检察院备案；也可以提请上级人民检察院抗诉，启动法院再审。[①]

## 三、再审程序

### （一）再审时效

当事人向上一级人民法院申请再审，应当在判决、裁定或者调解书发生法律效力后 6 个月内提出。有下列情形之一的，应自知道或者应当知道之日起 6 个月内提出：（1）有新的证据，足以推翻原判决、裁定的；（2）原判决、裁定认定事实的主要证据是伪造的；（3）据以作出原判决、裁定的法律文书被撤销或者变更的；（4）审判人员审理该案件时有贪污受贿、徇私舞弊、枉法裁判行为的。[②]

### （二）审查与立案

当事人申请再审的，应当提交再审申请书等材料。人民法院认为有必要的，可以自收到再审申请书之日起 5 日内将再审申请书副本发送对方当事人。对方当事人应当自收到再审申请书副本之日起 15 日内提交书面意见。人民法院可以要求申请人和对方当事人补充有关材料，询问有关事项。

人民法院应当自再审申请案件立案之日起 6 个月内审查，有特殊情况需要延长的，由本院院长批准。

人民法院根据审查再审申请案件的需要决定是否询问当事人；新的证据可能推翻原判决、裁定的，人民法院应当询问当事人。

审查再审申请期间，被申请人及原审其他当事人依法提出再审申请的，人民法院应当将其列为再审申请人，对其再审事由一并审查，审查期限重新计算。经审查，其中一方再审申请人主张的再审事由成立的，应当裁定再审。各方再审申请人主张的再审事由均不成立的，一并裁定驳回再审申请。

审查再审申请期间，再审申请人申请人民法院委托鉴定、勘验的，人民法院不予准许。审查再审申请期间，再审申请人撤回再审申请的，是否准许，由

---

① 参见《行政诉讼法》第 93 条第 2 款。

② 参见《行政诉讼法司法解释》（2018 年）第 110 条。

人民法院裁定。再审申请人经传票传唤,无正当理由拒不接受询问的,按撤回再审申请处理。人民法院准许撤回再审申请或者按撤回再审申请处理后,再审申请人再次申请再审的,不予立案,但有《行政诉讼法》第 91 条第 2、3、7、8 项规定情形,自知道或者应当知道之日起 6 个月内提出的除外。

当事人主张的再审事由成立,且符合《行政诉讼法》和《行政诉讼法司法解释》(2018 年)规定的申请再审条件的,人民法院应当裁定再审。当事人主张的再审事由不成立,或者当事人申请再审超过法定申请再审期限、超出法定再审事由范围等不符合行政诉讼法和本解释规定的申请再审条件的,人民法院应当裁定驳回再审申请。

当事人通过向人民检察院申请抗诉或者检察建议启动再审适应以下情形:(1)人民法院驳回再审申请的;(2)人民法院逾期未对再审申请作出裁定的;(3)再审判决、裁定有明显错误的。但人民法院基于抗诉或者检察建议作出再审判决、裁定后,当事人申请再审的,人民法院不予立案。

对人民检察院按照审判监督程序提出,再审检察建议的案件,人民法院认为符合再审条件的,应当启动再审;认为不符合再审条件的,应告知提出检察建议的人民检察院,并说明理由。对人民检察院按照审判监督程序提出抗诉的案件,人民法院应当再审。人民法院开庭审理抗诉案件时,应当通知人民检察院派员出庭。①

(三)审理程序

人民法院按照审判监督程序再审的案件,发生法律效力的判决、裁定是由第一审人民法院作出的,按照第一审程序审理,所作的判决、裁定,当事人可以上诉;发生法律效力的判决、裁定是由第二审人民法院作出的,按照第二审程序审理,所作的判决、裁定是发生法律效力的判决、裁定;上级人民法院按照审判监督程序提审的,按照第二审程序审理,所作的判决、裁定是发生法律效力的判决、裁定。人民法院审理再审案件,应当另行组成合议庭。②

(四)中止原裁判的执行

按照审判监督程序决定再审的案件,应当裁定中止原判决、裁定、调解书

---

① 参见《行政诉讼法司法解释》(2018 年)第 110~117 条。

② 参见《行政诉讼法司法解释》(2018 年)第 119 条。

的执行,但支付抚恤金、最低生活保障费或者社会保险待遇的案件,可以不中止执行。

上级人民法院决定提审或者指令下级人民法院再审的,应当作出裁定,裁定应当写明中止原判决的执行;情况紧急的,可以将中止执行的裁定口头通知负责执行的人民法院或者作出生效判决、裁定的人民法院,但应当在口头通知后10日内发出裁定书。①

(五)对再审案件的处理

人民法院审理再审案件应当围绕再审请求和被诉行政行为合法性进行。当事人的再审请求超出原审诉讼请求,符合另案诉讼条件的,告知当事人可以另行起诉。

被申请人及原审其他当事人在庭审辩论结束前提出的再审请求,符合本解释规定的申请期限的,人民法院应当一并审理。

人民法院经再审,发现已经发生法律效力的判决、裁定损害国家利益、社会公共利益、他人合法权益的,应当一并审理。

再审审理期间,有下列情形之一的,裁定终结再审程序:(1)再审申请人在再审期间撤回再审请求,人民法院准许的;(2)再审申请人经传票传唤,无正当理由拒不到庭的,或者未经法庭许可中途退庭,按撤回再审请求处理的;(3)人民检察院撤回抗诉的;(4)其他应当终结再审程序的情形。

因人民检察院提出抗诉裁定再审的案件,申请抗诉的当事人有司法解释规定的情形,且不损害国家利益、社会公共利益或者他人合法权益的,人民法院裁定终结再审程序。再审程序终结后,人民法院裁定中止执行的原生效判决自动恢复执行。

人民法院审理再审案件,认为原生效判决、裁定确有错误,在撤销原生效判决或者裁定的同时,可以对生效判决、裁定的内容作出相应裁判,也可以裁定撤销生效判决或者裁定,发回作出生效判决、裁定的人民法院重新审理。

人民法院审理二审案件和再审案件,对原审法院立案、不予立案或者驳回起诉错误的,应当分别情况作如下处理:(1)一审法院作出实体判决后,二审法院认为不应当立案的,在撤销一审法院判决的同时,可以径行驳回起诉;

① 参见《行政诉讼法司法解释》(2018年)第118条。

(2)二审法院维持一审法院不予立案裁定错误的,再审法院应当撤销一审、二审法院裁定,指令一审法院受理;(3)二审法院维持一审法院驳回起诉裁定错误的,再审法院应当撤销一审、二审法院裁定,指令一审法院审理。

对人民检察院提出抗诉的案件,接受抗诉的人民法院应当自收到抗诉书之日起30日内作出再审的裁定;有《行政诉讼法》第91条第2、3项规定情形之一的,可以指令下一级人民法院再审,但经该下一级人民法院再审过的除外。人民法院在审查抗诉材料期间,当事人之间已经达成和解协议的,人民法院可以建议人民检察院撤回抗诉。

人民法院审查检察院提出检察建议的案件,应当组成合议庭,在3个月内进行审查。发现原判决、裁定、调解书确有错误,需要再审的,依照《行政诉讼法》第92条规定裁定再审。并通知当事人;经审查,决定不予再审的,应当书面回复人民检察院。

人民法院审理因人民检察院抗诉或者检察建议裁定再审的案件,不受此前已经作出的驳回当事人再审申请裁定的限制。①

(六)再审期限

再审案件按照第一审程序审理的,适用《行政诉讼法》第81条规定的审理期限(6个月)。再审案件按照第二审程序审理的,适用《行政诉讼法》第88条规定的审理期限(3个月)。

## 第七节　执行程序

### 一、执行条件与执行管辖

(一)执行行政判决、裁定和行政赔偿调解书的条件与管辖

对发生法律效力的行政判决书、行政裁定书、行政赔偿判决书和行政调解书,负有义务的一方当事人拒绝履行的,对方当事人可以依法申请人民法院强制执行。

人民法院判决行政机关履行行政赔偿、行政补偿或者其他行政给付义

① 参见《行政诉讼法司法解释》(2018年)第120~127条。

务，行政机关拒不履行的，对方当事人亦可以依法向法院申请强制执行。

根据《行政诉讼法》和《行政诉讼法司法解释》（2018 年）的规定，行政判决、裁定和行政赔偿调解书强制执行的条件、执行期限和管辖规则有下述 4 项：①

（1）所要执行的判决、裁定和行政赔偿调解书是人民法院已经发生法律效力的行政判决书、行政裁定书和行政赔偿调解书。如果判决、裁定还处在法定上诉期中，调解书尚未发生法律效力，人民法院或行政机关均不能加以强制执行。

（2）负有义务的一方当事人拒绝履行判决、裁定或者行政赔偿调解书。判决、裁定、行政赔偿调解书虽然已经发生法律效力，但如果负有义务的一方当事人已经开始履行，或表示愿意履行，并正在作履行的准备，人民法院或行政机关也不应对之采取强制执行措施。

（3）法院对发生法律效力的行政判决、裁定或者行政赔偿调解书的强制执行，通常应依一方当事人的申请执行。当事人向人民法院申请执行的期限为 2 年。申请执行的期限从法律文书规定的履行期间最后一日起计算；法律文书规定分期履行的，从规定的每次履行期间的最后一日起计算；法律文书中没有规定履行期限的，从该法律文书送达当事人之日起计算。逾期申请的，除有正当理由外，人民法院不予受理。

（4）发生法律效力的行政判决书、行政裁定书、行政赔偿判决书和行政调解书，由第一审人民法院执行。第一审人民法院认为情况特殊，需要由第二审人民法院执行的，可以报请第二审人民法院执行；第二审人民法院可以决定由其执行，也可以决定由第一审人民法院执行。

（二）执行行政机关申请执行行政行为的条件与管辖

根据《行政诉讼法》和《行政诉讼法司法解释》（2018 年）的规定，人民法院执行行政机关申请执行的行政行为的条件与管辖规则有下述 14 项：②

（1）行政行为依法可以由人民法院执行。

（2）行政行为已经生效并具有可执行内容。

（3）申请人是作出该行政行为的行政机关或者法律、法规、规章授权的

---

① 参见《行政诉讼法》第 94、95 条和《行政诉讼法司法解释》（2018 年）第 152～154 条。

② 参见《行政诉讼法》第 97 条和《行政诉讼法司法解释》（2018 年）第 156～161 条。

组织。

(4)被申请人是该行政行为所确定的义务人。

(5)被申请人在行政行为确定的期限内或者行政机关催告期限内未履行义务。

(6)申请人在法定期限内提出申请。

(7)被申请执行的行政案件属于受理执行申请的人民法院管辖。

(8)行政机关申请人民法院执行,应当提交《行政强制法》第55条规定的相关材料。人民法院对符合条件的申请,应当在5日内立案受理,并通知申请人;对不符合条件的申请,应当裁定不予受理。行政机关对不予受理裁定有异议,在15日内向上一级人民法院申请复议的,上一级人民法院应当在收到复议申请之日起15日内作出裁定。

(9)没有强制执行权的行政机关申请人民法院强制执行其行政行为,应当自被执行人的法定起诉期限届满之日起3个月内提出。逾期申请的,除有正当理由外,人民法院不予受理。

(10)行政机关申请人民法院强制执行其行政行为的,由申请人所在地的基层人民法院受理;执行对象为不动产的,由不动产所在地的基层人民法院受理。基层人民法院认为执行确有困难的,可以报请上级人民法院执行;上级人民法院可以决定由其执行,也可以决定由下级人民法院执行。

(11)行政机关根据法律的授权对平等主体之间民事争议作出裁决后,当事人在法定期限内不起诉又不履行,作出裁决的行政机关在申请执行的期限内未申请人民法院强制执行的,生效行政裁决确定的权利人或者其继承人、权利承受人在6个月内可以申请人民法院强制执行。享有权利的公民、法人或者其他组织申请人民法院强制执行生效行政裁决,参照行政机关申请人民法院强制执行行政行为的规定。

(12)行政机关或者行政行为确定的权利人申请人民法院强制执行前,有充分理由认为被执行人可能逃避执行的,可以申请人民法院采取财产保全措施。后者申请强制执行的,应当提供相应的财产担保。

(13)人民法院受理行政机关申请执行其行政行为的案件后,应当在7日内由行政审判庭对行政行为的合法性进行审查,并作出是否准予执行的裁定。人民法院在作出裁定前发现行政行为明显违法并损害被执行人合法权益的，应当听取被执行人和行政机关的意见，并自受理之日起30日内作出是否准予执行的裁定。需要采取强制执行措施的，由本院负责强制执行非诉行政行为的机构执行。

(14)被申请执行的行政行为有下列情形之一的，人民法院应当裁定不准予执行：①实施主体不具有行政主体资格的；②明显缺乏事实根据的；③明显缺乏法律、法规依据的；④其他明显违法并损害被执行人合法权益的情形。行政机关对不准予执行的裁定有异议，在15日内向上一级人民法院申请复议的，上一级人民法院应当在收到复议申请之日起30日内作出裁定。

## 二、执行措施

### (一)对公民、法人或其他组织的执行措施

根据《民事诉讼法》有关执行措施的规定和行政诉讼执行的特点，人民法院对拒绝履行行政判决、裁定或行政赔偿调解书的公民、法人或其他组织，可以采取下述强制执行措施：

(1)要求被执行人报告当前以及收到执行通知之日前一年的财产状况。

(2)扣押、冻结、划拨、变价被执行人的财产。

(3)扣留、提取被执行人的收入。

(4)查封、扣押、冻结、拍卖、变卖被执行人应当履行义务部分的财产。

(5)搜查被执行人及其住所或者财产隐匿地。

(6)传唤当事人当面交付法律文书指定交付的财物或者票证。

(7)强制被执行人迁出房屋或者强制退出土地。

(8)加倍支付迟延履行期间的债务利息或者支付迟延履行金。

(9)限制出境、在征信系统记录、通过媒体公布被执行人不履行义务的信息。

(10)法律规定的其他措施。[①]

### (二)对行政机关的执行措施

根据《行政诉讼法》第96条的规定，人民法院对拒绝履行行政判决、裁定

---

① 以上强制执行措施及实施这些措施的要求是笔者根据《民事诉讼法》第241～245条的规定整理归纳而成。

的行政机关,可以采取下述强制执行措施:

(1)对应当归还的罚款或者应当给付的款额,通知银行从该行政机关的账户内划拨。

(2)在规定期限内不履行的,从期满之日起,对该行政机关负责人按日处50元至100元的罚款。①

(3)将行政机关拒绝发行的情况予以公告。②

(4)向监察机关或者该行政机关的上一级行政机关提出司法建议,接受司法建议的机关,根据有关规定进行处理,并将处理情况告知人民法院。

(5)拒不履行判决、裁定、调解书,社会影响恶劣的,可以对该行政机关直接负责的主管人员和其他直接责任人员予以拘留;情节严重,构成犯罪的,依法追究刑事责任。

第5项拘留措施较前4项措施更为严格,是2014年修订的《行政诉讼法》新加的。原《行政诉讼法》没有规定。不过,这项措施使用需要非常谨慎,因为将一个行政机关直接负责的主管人员(如局长、处长、县长、副县长、市长、副市长、区长、副区长等)拘留起来,会对相应领域的行政管理造成重大影响。立法时有人反对规定此项措施,笔者却主张保留,因为它有很大的威慑作用。即使不能常用,偶尔用一下亦能产生很好的效果。

《行政诉讼法》对拒绝履行人民法院判决、裁定的当事人规定相应的执行措施是必要的。没有必要的强制,当事人对人民法院的判决、裁定可以履行,也可以不履行,行政诉讼在很大程度上就会失去作用,人们对行政诉讼法就会失去信心。当然,人民法院的判决、裁定并非是完全依靠强制措施实现的。人们的法律意识、法治观念对于其自觉履行法院判决、裁定有着重要的作用。在一个国民法律意识、法治观念很强的国度里,法院的判决、裁定是极受

---

① 此项罚款的对象,原《行政诉讼法》规定的是行政机关而不是行政机关的负责人。2014年修订的《行政诉讼法》将之改为行政机关负责人,其强制执行力度大多了,对行政机关1日罚50~100元,1年至多3.6万元,不痛不痒,起不了多大作用。而对其负责人1日罚50~100元,1月即罚1500~3000元,对于一个1月只拿几千元工资的公务员来说,对其本人和其家庭的压力就非常大,其执行效果显然明显得多。

② 这一执行措施是2014年修订的《行政诉讼法》新加的,原《行政诉讼法》没有规定这项措施。这项措施同样力度很大,行政机关及其负责人如果不想在广大人民群众中留下“老赖”的形象,其就必须自觉发行人民法院的生效裁判。

尊重的,从而也是较少需要强制措施去加以实现的。

### 三、执行程序中应遵循的有关规则

根据法律的一般原则、精神,人民法院在行政诉讼执行程序中应遵循下述规则:

(1)拟实施强制措施应当对之作出裁定。

(2)扣押、冻结、划拨、变价被执行人的财产时,不得超出被执行人应当履行义务的范围。

(3)扣留、提取被执行人的收入和查封、扣押、冻结、拍卖、变卖被执行人应当履行义务部分的财产时,应当保留被执行人及其所抚养家属的生活必须费用和生活必需品。

(4)查封、扣押财产时,被执行人是自然人的,人民法院应当通知被执行人或者他的成年家属到场;被执行人是法人或其他组织的,应当通知其法定代表人或者主要负责人到场,拒不到场的,不影响执行。被执行人是自然人的,其工作单位或者财产所在地的基层组织应当派人参加。

(5)对被查封、扣押财产,执行员必须造具清单由在场人签名或盖章后,交被执行人一份,被执行人是公民的,也可以将清单交给他的成年家属一份。被执行人财产被查封、扣押后,执行员应当责令被执行人在指定期间内履行法律文书确定的义务,被执行人逾期不履行的,人民法院可以按规定将查封、扣押的财产交给有关单位按照国家规定的价格拍卖。

(6)人民法院裁定冻结、划拨存款或者扣留、提取收入时,应当发出协助执行通知书,被通知单位必须办理。

(7)强制迁出房屋或者强制退出土地,由院长签发公告,责令被执行人在指定的期间内履行,被执行人逾期不履行的,由执行员强制执行。强制执行时,被执行人是自然人的,应当通知被执行人或者他的成年家属到场;被执行人是法人或者其他组织的,应当通知其法定代表人或者主要负责人到场,拒不到场的,不影响执行;被执行人是自然人的,其工作单位或房屋、土地所在地的基层组织应派人参加。执行员应将强制执行情况记入笔录,由在场人签名或盖章。强制迁出房屋被搬出的财物,由人民法院派至指定处所,交给被执行人,被执行人是自然人的,也可以交给他的成年家属,因拒绝接受而造成的损失,由被执行人承担。[①]

### 四、执行中止与执行终结

(一)执行中止

在行政诉讼执行程序中,出现下列情形之一的,人民法院应裁定中止执行:

(1)申请人表示可以延期执行的;

(2)案外人对执行标的提出确有理由的异议的;

(3)作为一方当事人的公自然人死亡,需要等待继承人继承权利或者承担义务的;

(4)作为一方当事人的法人或其他组织终止,尚未确定权利义务承受人的;

(5)人民法院认为应当中止执行的其他情形。

上述中止执行的情形消失后,人民法院应恢复执行。

(二)执行终结

在行政诉讼执行程序中,出现下列情形之一的,人民法院应裁定终结执行:

(1)申请人撤销申请的;

(2)据以执行的法律文书被撤销的;

(3)作为被执行人的自然人死亡,无遗产可供执行,又无义务承担人的;

(4)追索赡养费、抚养费、抚育费、抚恤金、社会保险金、最低生活保障费案件的权利人死亡的;

(5)作为被执行人的自然人因生活困难无力偿还借款,无收入来源,又丧失劳动能力;

(6)人民法院认为应当终结执行的其他情形。[②]

人民法院中止执行和终结执行的裁定,在送达当事人后立即生效。

---

① 参见《民事诉讼法》第241~255条。

② 参见《民事诉讼法》第256、258条和有关司法解释。

## 第八节　涉外行政诉讼程序

关于涉外行政诉讼的程序规则，基本同于中华人民共和国公民、法人和其他组织进行行政诉讼的规则。《行政诉讼法》对涉外行政诉讼仅规定了三项特别规则。关于涉外行政诉讼与中华人民共和国公民、法人和其他组织进行行政诉讼的相同的规则，本书各章已作了详细阐释，故这里不再赘述。本节仅列出《行政诉讼法》对涉外行政诉讼专门规定在三项规则：

(1)外国人、无国籍人、外国组织在中华人民共和国进行行政诉讼，除法律另有规定的外，同样适用《行政诉讼法》。

(2)外国人、无国籍人、外国组织在中华人民共和国进行行政诉讼，同中华人民共和国公民、组织有同等的诉讼权利和义务。但外国法院对中华人民共和国公民、组织的行政诉讼权利加以限制的，我国人民法院对该国公民、组织的行政诉讼权利，实行对等原则。

(3)外国人、无国籍人、外国组织在中华人民共和国进行行政诉讼，委托律师代理诉讼的，应当委托中华人民共和国律师机构的律师。

**本章参考书目**

1. 胡康生主编：《行政诉讼法释义》，北京师范学院出版社 1989 年版。

2. 管欧：《中国行政法总论》，蓝星有限公司 1981 年版，第 5 篇第 3 章。

3. 罗豪才主编：《行政审判问题研究》，北京大学出版社 1990 年版，第 24 章。

4. 江必新：《行政诉讼问题研究》，中国人民公安大学出版社 1989 年版，第 25 章。

5. 姜明安：《行政法与行政诉讼》，中国卓越出版公司 1990 年版，第 11 章。

6. 方世荣、徐银华、丁丽红编著：《行政诉讼法学》，清华大学出版社 2006 年版，第 13 章。

7. 莫于川主编：《行政法与行政诉讼法》，中国人民大学出版社 2012 年版，第 15 章。

# 第十章

# 行政诉讼的法律适用

司法审查是纠正不法行为的基本措施，蒙受行政裁决或其他行政行为损害的个人可以就这些行政裁决或行政行为的合法性问题向法院提起诉讼。在美国，连立法行为也要接受司法监督。因此……司法审查是行政法的平衡器。它使不得越权的理论（这种理论是行政权赖以存在的根据）能够发挥实际的效用。①

——伯纳德·施瓦茨

行政案件诉讼，具有如下裁判的特色：第一，是由其独立性受宪法保障的法院进行的；第二，是行政案件，即有关适用行政法规范的诉讼案件；第三，是根据诉讼程序，即根据以口头辩论和证据调查为核心内容的公开对审判程序进行的裁判。②

——南博方

## 第一节　行政诉讼法律适用概述

### 一、行政诉讼法律适用的概念

行政诉讼法律适用是指人民法院审理行政案件，依据法律、法规，参照规

① ［美］伯纳德·施瓦茨：《行政法》，徐炳译，群众出版社1986年版，第396页。

② ［日］南博方：《行政法》，杨建顺译，中国人民大学出版社2009年版，第169页。

章,对被诉行政行为的合法性进行审查、评价和作出裁判的活动。

行政诉讼法律适用包括解决行政诉讼活动程序问题的法律适用和通过行政诉讼程序解决行政争议实体问题的法律适用两个方面。第一个方面的法律适用是为行政诉讼活动怎样进行,人民法院对被诉行政行为怎样审查提供依据;第二个方面的法律适用是为行政案件怎样裁判,人民法院对被诉行政行为的合法性作出怎样的评判提供标准。①

## 二、行政诉讼法律适用的特点

行政诉讼法律适用具有如下特点:

(1)调整行政诉讼活动程序问题的法律规范不仅载于《行政诉讼法》以及最高人民法院的相应司法解释中,而且载于许多其他行政法律、法规中,在《民事诉讼法》中也存在行政诉讼可以适用的许多规范。因此,在行政诉讼中,解决诉讼程序问题就不仅适用《行政诉讼法》及最高人民法院的相应司法解释:《行政诉讼法司法解释》(2018 年)和《行政诉讼证据规则司法解释》(2002 年)、《最高人民法院关于审理行政协议案件若干问题的规定》(2019 年)等,而且适用各种其他行政法律、法规中有关行政诉讼程序方面的规范,以及《民事诉讼法》中不与《行政诉讼法》及其原则相抵触的法律规范。②

(2)由于行政实体法不存在一部统一法典,行政实体法律规范不仅载于数十上百个行政法律中,而且载于大量的行政法规、地方性法规、自治条例、单行条例以及数量更多的行政规章中;因此行政诉讼解决行政争议实体问题的法律适用就不仅不是适用一部统一的法律、法典的问题,而且也不只是适用各种相关法律的问题,而是涉及各种相关法律、法规和规章的复杂问题,甚至涉及数量更多的行政规范性文件的问题。

(3)解决行政争议的实体问题不仅涉及行政实体法,而且涉及行政程序法。程序合法与否是决定被诉行政行为是否合法的基本要素之一。人民法院审理行政案件,审查和评判被诉行政行为的合法性,不仅要依据行政实体

---

① 毫无疑问,行政诉讼第二个方面的法律适用在行政诉讼法律适用中有着特别重要的地位,对此法律适用的研究是本章的重点。

② 参见《行政诉讼法》第 101 条。

法,以行政实体法为标准,而且要依据行政程序法,以行政程序法为标准。因此,行政诉讼解决行政争议实体问题的法律适用就不仅包括行政实体法适用,而且包括行政程序法适用。虽然我国目前行政程序法很不完善,但随着我国法制的日趋发展、完备,行政程序法也必将日益完善起来。从而,行政程序法在行政诉讼法律适用中将会具有越来越重要的地位。①

(4)行政诉讼法律适用与行政管理活动中作出相应行政行为的法律适用既有联系,又有区别。其联系表现在:行政诉讼中适用的,用以评判被诉行政行为合法性的法律规范文件往往就是行政管理活动中作出相应行政行为引以为依据的法律规范文件,特别是在被诉具体行政行为适用法律正确的情况下更是如此。其区别表现在:其一,行政诉讼中适用法律是用以评判被诉行政行为是否合法,而行政管理活动中适用法律是以之为依据作出行政行为;故二者适用的法律规范文件不可能完全一致,即使适用的法律规范文件是相同的,其中适用的法律条款也不可能完全相同。其二,行政管理活动中,被诉行政行为如果是违法作出的,行政诉讼中所适用的法律规范则必然与之相异。其三,行政诉讼中的法律适用包括适用行政诉讼法、行政实体法、行政程序法,而行政管理活动中作出行政行为适用的往往只是行政实体法,不可能适用行政诉讼法,至于行政程序法,行政管理活动中作出行政行为往往只是实际遵循其原则,而并不在行政行为的书面形式中加以援用。在行政诉讼中,行政判决、裁定如对被诉行政行为程序合法性作出评判,则必须在判决书、裁定书中直接引用被诉行政行为应遵循的行政程序法律规范。

(5)行政诉讼法律适用与民事诉讼法律适用既有相同之处,又有不同之处。二者相同之处表现在:行政诉讼的法律适用与民事诉讼的法律适用都是人民法院适用诉讼法、实体法审理案件,评判是非,解决争议,作出裁判的活动。二者不同之处表现在:其一,行政诉讼法律适用前必有一个行政管理活动程序中的法律适用(包括作出被诉行政行为的法律适用和行政复议的法律适

① 《行政处罚法》《行政许可法》《行政强制法》的制定和实施为我国行政程序立法的宏大工程打下了坚实的基础,作为我国行政程序总法典《行政程序法》的出台应该是为时不远了。2012 年和 2015 年,北京大学宪法与行政法研究中心曾两度起草《中华人民共和国行政程序法》(专家建议稿),提交国家立法机关,作为国家立法机关正式制定行政程序法的参考与借鉴。而且,全国人大常委会也已经将制定《行政程序法》作为本届人大立法规划的第三类立法规划项目。

用）；而民事诉讼的法律适用无此前置程序。其二，行政诉讼的法律适用包括适用行政诉讼法、行政实体法、行政程序法；民事诉讼的法律适用只是适用民事诉讼法、民事实体法，而无民事活动程序法，民事活动即使存在某些程序法规则，其重要性也远不如行政程序规则重要。其三，行政诉讼适用的行政实体法包括各种行政组织法、行政行为法、行政监督和救济法，其形式包括大量的法律、法规、规章（很多情况下还包括行政规范性文件）；[①]民事诉讼适用的实体法主要是民法，[②]以及其他数量远比行政实体法为少的法律、法规。其四，行政诉讼与民事诉讼适用的诉讼法形式也存在区别，民事诉讼适用的诉讼法规范基本都集中在《民事诉讼法》及其司法解释中；行政诉讼适用的诉讼法规范如前所述，则不仅存在于《行政诉讼法》及其司法解释中，而且大量地存在于其他法律、法规中。

行政诉讼的法律适用与民事诉讼的法律适用比较，涉及的范围广泛、内容复杂，且更多地关系到国家、社会公益。因此，对行政诉讼的法律适用加以专门研究具有特殊重要的意义。

## 第二节　行政诉讼法适用

### 一、行政诉讼可适用民事诉讼法规范和其他特别法规范的原因

行政诉讼的法律适用首先是适用行政诉讼法律规范。在我国，行政诉讼法律规范主要集中在《行政诉讼法》以及最高人民法院的多个司法解释之中，如《行政诉讼法司法解释》（2018 年）和《关于行政诉讼证据若干问题的规定》（2002 年）、《关于审理行政协议案件若干问题的规定》（2019 年）等，当然，并非全部集中于此，《行政诉讼法》及最高人民法院的司法解释并非我国行政诉讼法的唯一法源。在行政诉讼中，人民法院必须同时适用其他行政法

---

① 人民法院审理行政案件，可以在裁判文书中引用合法有效的规章及其他规范性文件。另外。人民法院审理行政案件，还可适用最高人民法院的司法解释，并且应当在裁判文书中援引。参见《行政诉讼法司法解释》（2018 年）第 100 条。

② 《民法典》已由第十三届全国人大第三次会议于 2020 年 5 月 28 日通过和国家主席于同日以第 45 号主席令公布，自 2021 年 1 月 1 日起施行。曾经的《民法通则》《民法总则》《物权法》《合同法》《继承法》《婚姻法》《侵权责任法》等均已编纂和整合在统一的《民法典》之中。

律、法规中有关行政诉讼的规范。此外,《行政诉讼法》第 101 条规定,人民法院审理行政案件,关于期间、送达、财产保全、开庭审理、调解、中止诉讼、终结诉讼、简易程序、执行等,以及人民检察院对行政案件受理、审理、裁判、执行等,本法没有规定的,适用《民事诉讼法》的相关规定。

行政诉讼在程序上除了适用行政诉讼法外,为什么还要适用民事诉讼规范和其他特别法规范呢?这主要有以下原因:

第一,行政诉讼与民事诉讼是两种性质不同但又有着密切联系的诉讼制度。从历史发展上讲,民事诉讼制度的创立先于行政诉讼。在某种意义上可以说,行政诉讼制度是从民事诉讼制度中逐步分离、逐步独立和在民事诉讼制度基础上逐步发展起来的诉讼制度。世界各国(特别是英美法系国家)在行政诉讼创立的初期,在程序上均适用民事诉讼法。之后根据行政诉讼的特殊性,司法实践和立法逐步确立了调整它的某些特殊规范,最后形成独立的行政诉讼法典。各国的历史表明,行政诉讼制度不仅在其发展之初,均曾广泛地适用民事诉讼法,就是在其已经相当完善,有了调整它的独立的行政诉讼法典之后,还在某些方面、某些环节上适用民事诉讼法。

第二,行政诉讼既为诉讼,虽有作为行政诉讼的特殊之处,也必然有作为一般诉讼的共同性之处。对于属于诉讼共性的东西,自然可以以共性的诉讼法律规范加以调整。例如,关于送达、期间、证据保全、诉讼保全、法庭调查、诉讼文书等方面,各种诉讼,特别是行政诉讼和民事诉讼之间,均存在共性或近乎共性的东西,从而一种诉讼可以适用调整另一种诉讼的某些规范。哪一部门诉讼法制定在前,后制定的诉讼法即可引用前诉讼法的相应规范,如不在立法中重复规定,则允许在诉讼过程中直接援引他法之相应规范。在各国,通常是《民事诉讼法》制定在前,《行政诉讼法》制定在后,故行政诉讼可援引民事诉讼法的规范。如果是《行政诉讼法》制定在前,可以肯定地说,民事诉讼亦可援引行政诉讼法中具有共性的法律规范。

第三,行政案件是各种各样的,具体行政行为千差万别,对其审查难以采用完全统一的程序,例如,某些行政行为具有较强的政策性、技术性,不宜进行司法审查,或进行司法审查必须以经过行政复议为前提(行政复议作为行政诉讼的前置程序)。对这类具体行政行为,就不能适用《行政诉讼法》关于受案范围和由当事人选择复议的一般规范,而必须适用特别法律、法规的特别规范。

第四,行政诉讼是与国家民主、法治的发展进程紧密相联系的。随着国家民主政治和法治的发展,行政诉讼的范围和程序不能不有所变化,而行政诉讼法作为一项基本法律,具有相对稳定性,不能随时修改。因此,通过特别法律、法规逐步扩大行政诉讼的范围或改进行政诉讼的形式、程序就是必须的,从而,行政诉讼在程序方面除了适用《行政诉讼法》外,还必须适用有关的特别法规范。

## 二、行政诉讼可适用的民事诉讼法规范

对于行政诉讼应适用或可适用的某些民事诉讼法规范,现行《行政诉讼法》有的已直接吸收,从而已变成了行政诉讼法律规范。例如,《行政诉讼法》中关于行政诉讼基本原则的规范,关于管辖的规范,关于起诉、受理、审理、判决的规范,其中一部分即是从《民事诉讼法》中直接引入或根据行政诉讼的特殊性稍加改变而引入的。但是,《民事诉讼法》还有一些应为行政诉讼适用的或可适用的法律规范,现行《行政诉讼法》并未引入,也未直接规定它的适用力,但根据法理和各国通例,法院进行司法审查是自然应该适用或应稍作变通而加以适用的。

根据《行政诉讼法》第101条的规定,人民法院审理行政案件,可主要适用《民事诉讼法》下述九类规范:①

### (一)关于期间的规范

《民事诉讼法》关于期间的规定,可以概括为下述5项具体规则:②

(1)期间包括法定期间和人民法院指定的期间。

(2)期间以时、日、月、年计算。期间开始的时和日,不计算在期间内。

---

① 本节和本书引用的《民事诉讼法》规范均源自1991年4月9日第七届全国人民代表大会第四次会议通过,2007年10月28日第十届全国人民代表大会常务委员会第三十次会议和2012年8月31日第十一届全国人民代表大会常务委员会第二十八次会议两次修改后的《民事诉讼法》。

② 这些规则是笔者根据《民事诉讼法》的相应规定整理、归纳而成,并不完全与《民事诉讼法》的相应条文对应。有时,一项规则包括《民事诉讼法》的两个或两以上条文;有时,《民事诉讼法》的一个条文被分解为两项或两项以上规则。另外,《民事诉讼法》相关章节或条款中的有些规定完全不适用于行政诉讼的,或者《行政诉讼法》已对之有明确规定的,笔者在此没有引用。本节对《民事诉讼法》的其他9类规范的介绍采行的是同样的规则。

(3)期间届满的最后一日是节假日的,以节假日后的第一日为期间届满的日期。

(4)期间不包括在途时间,诉讼文书在期满前交邮的,不算过期。

(5)当事人因不可抗拒的事由或者其他正当理由耽误期限的,在障碍消除后的10日内,可以申请顺延期限,是否准许,由人民法院决定。[①]

(二)关于送达的规范

《民事诉讼法》关于送达的规定,可以概括为下述11项具体规则:

(1)送达诉讼文书必须有送达回证,由受送达人在送达回证上记明收到日期,签名或者盖章;受送达人在送达回证上的签收日期为送达日期。

(2)送达诉讼文书,应当直接送交受送达人。受送达人是公民的,本人不在,交他的同住成年家属签收;受送达人是法人或者其他组织的,应当由法人的法定代表人、其他组织的主要负责人或者该法人、组织负责收件的人签收;受送达人有诉讼代理人的,可以送交其代理人签收;受送达人已向人民法院指定代收人的,送交代收人签收。受送达人的同住成年家属,法人或者其他组织的负责收件的人,诉讼代理人或者代收人在送达回证上签收的日期为送达日期。

(3)受送达人或者他的同住成年家属拒绝接收诉讼文书的,送达人可以邀请有关基层组织或者所在单位的代表到场,说明情况,在送达回证上记明拒收事由和日期,由送达人、见证人签名或者盖章,把诉讼文书留在受送达人的住所;也可以把诉讼文书留在受送达人的住所,并采用拍照、录像等方式记录送达过程,即视为送达。

(4)经受送达人同意,人民法院可以采用传真、电子邮件等能够确认其收悉的方式送达诉讼文书,但判决书、裁定书、调解书除外。采用前款方式送达的,以传真、电子邮件等到达受送达人特定系统的日期为送达日期。

---

① 《民法典》第200~204条进一步细化规定了期间计算的下述规则:(1)民法所称的期间按照公历年、月、日、小时计算;(2)按照年、月、日计算期间的,开始的当日不计入,自下一日开始计算;按照小时计算期间的,自法律规定或者当事人约定的时间开始计算;(3)按照年、月计算期间的,到期月的对应日为期间的最后一日;没有对应日的,月末日为期间的最后一日;(4)期间的最后一日是法定休假日的,以法定休假日结束的次日为期间的最后一日。期间的最后一日的截止时间为二十四时;有业务时间的,停止业务活动的时间为截止时间;(5)期间的计算方法依照本法的规定,但是法律另有规定或者当事人另有约定的除外。

(5)直接送达诉讼文书有困难的,可以委托其他人民法院代为送达,或者邮寄送达。邮寄送达的,以回执上注明的收件日期为送达日期。

(6)受送达人是军人的,通过其所在部队团以上单位的政治机关转交。

(7)受送达人被监禁的,通过其所在监所转交。

(8)受送达人被采取强制性教育措施的,通过其所在强制性教育机构转交。

(9)代为转交的机关、单位收到诉讼文书后,必须立即交受送达人签收,以在送达回证上的签收日期,为送达日期。

(10)受送达人下落不明,或者用本节规定的其他方式无法送达的,公告送达。自发出公告之日起,经过60日,即视为送达。

(11)公告送达,应当在案卷中记明原因和经过。

(三)关于财产保全的规范

《民事诉讼法》关于财产保全的规定,可以概括为下述7项具体规则:

(1)人民法院对于可能因当事人一方的行为或者其他原因,使判决难以执行或者造成当事人其他损害的案件,根据对方当事人的申请,可以裁定对其财产进行保全、责令其作出一定行为或者禁止其作出一定行为;当事人没有提出申请的,人民法院在必要时也可以裁定采取保全措施。

(2)人民法院采取保全措施,可以责令申请人提供担保,申请人不提供担保的,裁定驳回申请。人民法院接受申请后,对情况紧急的,必须在48小时内作出裁定;裁定采取保全措施的,应当立即开始执行。

(3)利害关系人因情况紧急,不立即申请保全将会使其合法权益受到难以弥补的损害的,可以在提起诉讼前向被保全财产所在地、被申请人住所地或者对案件有管辖权的人民法院申请采取保全措施。申请人应当提供担保,不提供担保的,裁定驳回申请。人民法院接受申请后,必须在48小时内作出裁定;裁定采取保全措施的,应当立即开始执行。申请人在人民法院采取保全措施后30日内不依法提起诉讼的,人民法院应当解除保全。

(4)保全限于请求的范围,或者与本案有关的财物。

(5)财产保全采取查封、扣押、冻结或者法律规定的其他方法。人民法院保全财产后,应当立即通知被保全财产的人。财产已被查封、冻结的,不得重复查封、冻结。

(6)财产纠纷案件,被申请人提供担保的,人民法院应当裁定解除保全。

(7)申请有错误的,申请人应当赔偿被申请人因保全所遭受的损失。

(四)关于开庭审理的规范

《民事诉讼法》关于开庭审理的规定,可以概括为下述 11 项具体规则:

(1)人民法院审理民事案件,根据需要进行巡回审理,就地办案。

(2)人民法院审理民事案件,应当在开庭 3 日前通知当事人和其他诉讼参与人。公开审理的,应当公告当事人姓名、案由和开庭的时间、地点。

(3)开庭审理前,书记员应当查明当事人和其他诉讼参与人是否到庭,宣布法庭纪律。开庭审理时,由审判长核对当事人,宣布案由,宣布审判人员、书记员名单,告知当事人有关的诉讼权利义务,询问当事人是否提出回避申请。

(4)法庭调查按照下列顺序进行:①当事人陈述;②告知证人的权利义务,证人作证,宣读未到庭的证人证言;③出示书证、物证、视听资料和电子数据;④宣读鉴定意见;⑤宣读勘验笔录。

(5)当事人在法庭上可以提出新的证据。当事人经法庭许可,可以向证人、鉴定人、勘验人发问。当事人要求重新进行调查、鉴定或者勘验的,是否准许,由人民法院决定。

(6)原告增加诉讼请求,第三人提出与本案有关的诉讼请求,可以合并审理。

(7)法庭辩论按照下列顺序进行:①原告及其诉讼代理人发言;②被告及其诉讼代理人答辩;③第三人及其诉讼代理人发言或者答辩;④互相辩论。法庭辩论终结,由审判长按照原告、被告、第三人的先后顺序征询各方最后意见。

(8)法庭辩论终结,应当依法作出判决。判决前能够调解的,还可以进行调解,调解不成的,应当及时判决。

(9)宣判前,原告申请撤诉的,是否准许,由人民法院裁定。人民法院裁定不准许撤诉的,原告经传票传唤,无正当理由拒不到庭的,可以缺席判决。

(10)有下列情形之一的,可以延期开庭审理:①必须到庭的当事人和其他诉讼参与人有正当理由没有到庭的;②当事人临时提出回避申请的;③需要通知新的证人到庭,调取新的证据,重新鉴定、勘验,或者需要补充调查的;④其他应当延期的情形。

(11)书记员应当将法庭审理的全部活动记入笔录,由审判人员和书记员签名。法庭笔录应当当庭宣读,也可以告知当事人和其他诉讼参与人当庭或者在5日内阅读。当事人和其他诉讼参与人认为对自己的陈述记录有遗漏或者差错的,有权申请补正。如果不予补正,应当将申请记录在案。法庭笔录由当事人和其他诉讼参与人签名或者盖章。拒绝签名盖章的,记明情况附卷。

(五)关于调解的规范

《民事诉讼法》关于调解的规定,可以概括为下述8项具体规则:

(1)人民法院审理民事案件,根据当事人自愿的原则,在事实清楚的基础上,分清是非,进行调解。

(2)人民法院进行调解,可以由审判员一人主持,也可以由合议庭主持,并尽可能就地进行。

(3)人民法院进行调解,可以用简便方式通知当事人、证人到庭。

(4)人民法院进行调解,可以邀请有关单位和个人协助。被邀请的单位和个人,应当协助人民法院进行调解。

(5)调解达成协议,必须双方自愿,不得强迫。调解协议的内容不得违反法律规定。

(6)调解达成协议,人民法院应当制作调解书。调解书应当写明诉讼请求、案件的事实和调解结果。调解书由审判人员、书记员署名,加盖人民法院印章,送达双方当事人。调解书经双方当事人签收后,即具有法律效力。

(7)能够即时履行的案件和其他不需要制作调解书的案件达成协议,人民法院可以不制作调解书。对不需要制作调解书的协议,应当记入笔录,由双方当事人、审判人员、书记员签名或者盖章后,即具有法律效力。

(8)调解未达成协议或者调解书送达前一方反悔的,人民法院应当及时判决。

(六)关于中止和终结诉讼和的规范

《民事诉讼法》关于中止和终结诉讼的规定,可以概括为下述3项具体规则:

(1)民事诉讼中出现下列情形之一的,中止诉讼:①一方当事人死亡,需要等待继承人表明是否参加诉讼的;②一方当事人丧失诉讼行为能力,尚未确定法定代理人的;③作为一方当事人的法人或者其他组织终止,尚未确定权利义务承受人的;④一方当事人因不可抗拒的事由,不能参加诉讼的;⑤本案必须以另一案的审理结果为依据,而另一案尚未审结的;⑥其他应当中止诉讼的情形。

(2)中止诉讼的上述原因消除后,恢复诉讼。

(3)民事诉讼中出现下列情形之一的,终结诉讼:①原告死亡,没有继承人,或者继承人放弃诉讼权利的;②被告死亡,没有遗产,也没有应当承担义务的人的;③离婚案件一方当事人死亡的;④追索赡养费、扶养费、抚育费以及解除收养关系案件的一方当事人死亡的。

(七)关于简易程序的规范

《民事诉讼法》关于简易程序的规定,可以概括为下述6项具体规则:

(1)基层人民法院和它派出的法庭审理事实清楚、权利义务关系明确、争议不大的简单的民事案件,适用简易程序。

(2)对前述规定以外的民事案件,当事人双方也可以约定适用简易程序。

(3)对简单的民事案件,原告可以口头起诉。当事人双方可以同时到基层人民法院或者它派出的法庭,请求解决纠纷。基层人民法院或者它派出的法庭可以当即审理,也可以另定日期审理。

(4)适用简易程序审理案件,可以用简便方式传唤当事人和证人、送达诉讼文书、审理案件,但应当保障当事人陈述意见的权利。

(5)简单的民事案件由审判员一人独任审理。

(6)在审理过程中,发现案件不宜适用简易程序的,裁定转为普通程序。

(八)关于执行的规范

《民事诉讼法》关于执行的规定,可以概括为下述15项具体规则:

(1)发生法律效力的民事判决、裁定,以及刑事判决、裁定中的财产部分,由第一审人民法院或者与第一审人民法院同级的被执行的财产所在地人民法院执行。法律规定由人民法院执行的其他法律文书,由被执行人住所地或者被执行的财产所在地人民法院执行。

(2)当事人、利害关系人认为执行行为违反法律规定的,可以向负责执行的人民法院提出书面异议。当事人、利害关系人提出书面异议的,人民法院应当自收到书面异议之日起15日内审查,理由成立的,裁定撤销或者改正;理由不成立的,裁定驳回。当事人、利害关系人对裁定不服的,可以自裁定送达之日起10日内向上一级人民法院申请复议。

(3)人民法院自收到申请执行书之日起超过6个月未执行的,申请执行人可以向上一级人民法院申请执行。上一级人民法院经审查,可以责令原人民法院在一定期限内执行,也可以决定由本院执行或者指令其他人民法院执行。

(4)执行过程中,案外人对执行标的提出书面异议的,人民法院应当自收到书面异议之日起15日内审查,理由成立的,裁定中止对该标的的执行;理由不成立的,裁定驳回。案外人、当事人对裁定不服,认为原判决、裁定错误的,依照审判监督程序办理;与原判决、裁定无关的,可以自裁定送达之日起15日内向人民法院提起诉讼。

(5)执行工作由执行员进行。采取强制执行措施时,执行员应当出示证件。执行完毕后,应当将执行情况制作笔录,由在场的有关人员签名或者盖章。

(6)人民法院根据需要可以设立执行机构。

(7)被执行人或者被执行的财产在外地的,可以委托当地人民法院代为执行。受委托人民法院收到委托函件后,必须在15日内开始执行,不得拒绝。执行完毕后,应当将执行结果及时函复委托人民法院;在30日内如果还未执行完毕,也应当将执行情况函告委托人民法院。受委托人民法院自收到委托函件之日起15日内不执行的,委托人民法院可以请求受委托人民法院的上级人民法院指令受委托人民法院执行。

(8)在执行中,双方当事人自行和解达成协议的,执行员应当将协议内容记入笔录,由双方当事人签名或者盖章。

(9)申请执行人因受欺诈、胁迫与被执行人达成和解协议,或者当事人不履行和解协议的,人民法院可以根据当事人的申请,恢复对原生效法律文书的执行。

(10)在执行中,被执行人向人民法院提供担保,并经申请执行人同意的,人民法院可以决定暂缓执行及暂缓执行的期限。被执行人逾期仍不履行的,人民法院有权执行被执行人的担保财产或者担保人的财产。

(11)作为被执行人的公民死亡的,以其遗产偿还债务。作为被执行人的法人或者其他组织终止的,由其权利义务承受人履行义务。

(12)执行完毕后,据以执行的判决、裁定和其他法律文书确有错误,被人民法院撤销的,对已被执行的财产,人民法院应当作出裁定,责令取得财产的人返还;拒不返还的,强制执行。

(13)发生法律效力的民事判决、裁定,当事人必须履行。一方拒绝履行的,对方当事人可以向人民法院申请执行,也可以由审判员移送执行员执行。调解书和其他应当由人民法院执行的法律文书,当事人必须履行。一方拒绝履行的,对方当事人可以向人民法院申请执行。

(14)申请执行的期间为2年。申请执行时效的中止、中断,适用法律有关诉讼时效中止、中断的规定。期间从法律文书规定履行期间的最后一日起计算;法律文书规定分期履行的,从规定的每次履行期间的最后一日起计算;法律文书未规定履行期间的,从法律文书生效之日起计算。

(15)执行员接到申请执行书或者移交执行书,应当向被执行人发出执行通知,并可以立即采取强制执行措施。

(九)关于人民检察院对案件受理、审理、裁判、执行进行监督的规范

《民事诉讼法》第14、208~213、235条规定了对案件受理、审理、裁判、执行进行监督的规范,其中可为行政诉讼适用的规则有下述4项:

(1)人民检察院因履行法律监督职责提出检察建议或者抗诉的需要,可以向当事人或者案外人调查核实有关情况。

(2)人民检察院提出抗诉的案件,接受抗诉的人民法院应当自收到抗诉书之日起30日内作出再审的裁定;有下述五项情形之一的,可以交下一级人民法院再审:①有新的证据,足以推翻原判决、裁定的;②原判决、裁定认定的基本事实缺乏证据证明的;③原判决、裁定认定事实的主要证据是伪造的;④原判决、裁定认定事实的主要证据未经质证的;⑤对审理案件需要的主要证据,当事人因客观原因不能自行收集,书面申请人民法院调查收集,人民法院未调查收集的。具有上述情形的案件已经该下一级人民法院再审的,不得再交下一级人民法院再审。

(3)人民检察院决定对人民法院的判决、裁定、调解书提出抗诉的,应当制作抗诉书。

(4)人民检察院提出抗诉的案件,人民法院再审时,应当通知人民检察院派员出席法庭。

## 三、行政诉讼可适用的其他行政法律、法规规范

行政诉讼在程序上除适用《行政诉讼法》和部分民事诉讼法律规范外,还

适用其他行政法律、法规的有关规范。这些规范主要包括下述9类：

(1)规定行政相对人可以对一定行政行为提起行政诉讼的法律规范(法律、法规)；

(2)规定一定行政行为由行政机关作出最终裁决的法律规范(法律)；

(3)规定行政相对人对一定行政为不服,必须先经复议,然后再提起行政诉讼的法律规范(法律、法规)；

(4)规定行政复议期限的法律规范(法律、法规)；

(5)规定行政相对人直接向法院起诉的期限和不服复议决定向法院起诉的期限的法律规范(法律、法规)；

(6)规定诉讼期间停止被诉行政行为执行的法律规范(法律)；

(7)规定人民法院对一定行政案件不公开审理的法律规范(法律)；

(8)规定外国人、无国籍人、外国组织进行行政诉讼特别程序的法律规范(法律)；

(9)规定行政诉讼其他特别程序的法律规范(法律)。

## 第三节 行政实体法和行政程序法适用

### 一、行政诉讼对法律、法规依据的适用

行政诉讼是人民法院根据一定的标准判断被诉行政行为的合法性,从而确立是否满足原告提出的撤销、变更相应行政行为或者确认相应行政行为违法、无效的要求,而不是由人民法院对相应被诉行政行为作出任意评价和任意处置。那么,人民法院司法审查的标准是什么呢？这就是我们下面要探讨的行政诉讼的具体依据问题。

关于这个问题,《行政诉讼法》第63条作出了原则性的规定："人民法院审理行政案件,以法律和行政法规、地方性法规为依据。地方性法规适用于本行政区域内发生的行政案件。人民法院审理民族自治地方的行政案件,并以该民族自治地方的自治条例和单行条例为依据。"

(一)法律依据

法律作为行政诉讼司法审查的依据,这是毫无疑义的。法律是由全国人

民代表大会及其常委会制定的,它代表和反映全国人民的利益和意志,而行政机关和人民法院均是由各级人民代表大会产生和向各级人民代表大会负责的国家机关。因此,行政机关实施任何行政行为,必须根据法律和遵守法律;人民法院审查行政行为,必须以法律为依据,根据法律确定行政行为的合法或违法、有效或无效。

作为司法审查依据的法律,包括全国人民代表大会制定的基本法律和全国人大常委会制定的普通法律,广泛地讲,它还应包括宪法。但宪法对行政行为的调整通常是抽象的、间接的,在一般情况下,它必须通过法律、法规将之具体化,使之成为可直接适用和遵循的行为规范。因此,行政机关实施行政行为,通常不是直接根据宪法和适用宪法,而是直接根据具体法律、法规。从而,人民法院审查被诉行政行为,通常是直接以法律、法规为依据,而不是直接以宪法为依据。

当然,人民法院审查被诉行政行为通常不直接以《宪法》为依据,并不意味着人民法院的司法审查可以离开宪法,可以不考虑和顾及《宪法》的规定。《宪法》是国家的根本大法,具有最高的法律效力。任何国家机关、组织和个人都必须遵守《宪法》,行政机关实施行政行为当然亦不能违反《宪法》。人民法院审查行政机关行政行为的合法性,就包含着审查该行为的合宪性,因为法律、法规是对宪法的具体化。至于某一具体法律、法规是否符合宪法,人民法院不能作出发生法律效力的评价和判断,但人民法院在审查被诉行政行为时,认为某一具体法律、法规有违宪情况,它可以报请最高国家权力机关加以审查和确认。宪法虽然在大多数情况下不是人民法院司法审查的直接标准,但它应该是司法审查的最高标准、最终标准。在某些个别情况下,一定的被诉行政行为也可能没有直接的法律、法规根据,行政机关是直接根据宪法或直接根据有关行政规范性文件,间接根据宪法作出的。对这种行为,人民法院审查时并不排除直接以宪法或宪法原理、原则为根据,确定相应行为的合法性。因此,从广泛的意义上讲,作为司法审查依据的法律,应该包括宪法。①

---

① 在很长的一个时期里,宪法在我国不被人们重视,人民法院办案完全不理会宪法、不适用宪法。这是很不应该的,是不符合依宪治国、依法治国的要求的。这种情况直到20世纪末才开始有所改观,法院个别裁判开始直接援引宪法。对此,可参见王磊:《宪法的司法化》,中国政法大学出版社2000年版;王磊:《选择宪法》,北京大学出版社2003年版。

（二）法规依据

这里的"法规"包括：（1）国务院制定的行政法规；（2）省、自治区、直辖市的人大及其常委会制定的地方性法规；（3）设区的市、自治州的人大及其常委会制定的地方性法规；[①]（4）经济特区所在地的省、市的人大及其常委会制定的经济特区法规；（5）自治区、自治州、自治县的人大制定的自治条例、单行条例。

行政法规能够和应该作为司法审查的依据，其理由在于：第一，行政法规是由最高国家行政机关国务院发布的。因国务院直接由全国人民代表大会产生和对全国人民代表大会负责，故它制定的普遍性规范具有从属性立法的性质；第二，国务院的行政法规直接受全国人大常委会监督，全国人大常委会可以撤销国务院发布的同宪法、法律相抵触的行政法规，故有可能保证行政法规标准与法律标准的一致性；第三，法律对行政行为的调整往往仍然是抽象的、原则性的，在很多情况下必须通过行政法规将其具体化，故人民法院审查被诉行政行为，只有同时依据行政法规，才能确定相应行为的合法性。

---

① 由于我国经济、政治、社会、文化和生态环境"五位一体"的全面发展，由于深化改革和依法治国的全面推进，各个方面对立法的需求不断加大，而我国原有立法体制很难满足此种需求。为了解决目前立法需求不断增加而立法供给不足的矛盾，2015 年 3 月 15 日第十二届全国人民代表大会第三次会议通过的修改后的《立法法》较大幅度扩大了地方立法主体的范围：将有权制定地方性法规的主体从省、自治区、直辖市以及省、自治区的人民政府所在地的市、经济特区所在地的市和经国务院批准的"较大的市"的人大和人大常委会，扩大到省、自治区、直辖市以及所有设区的市（从 2015 年修订的《立法法》通过前的 49 个市扩大到 2015 年修订的《立法法》通过后的 284 个市）和自治州（全国共 30 个自治州）的人大和人大常委会（《立法法》第 72 条）；与之相适应，将有权制定地方政府规章的主体亦从省、自治区、直辖市以及省、自治区的人民政府所在地的市、经济特区所在地的市和经国务院批准的"较大的市"的人民政府，扩大到省、自治区、直辖市以及所有设区的市和自治州的人民政府（《立法法》第 82 条）。扩大地方立法主体的范围，是充分发挥地方深化改革，推进依法治国，全面建设小康社会的迫切需要。有人担心扩大地方立法权会导致立法乱、立法滥，损害国家法制统一。这种担心是完全没有必要的，因为，《立法法》提供了下述保障，能够防止和避免地方滥用立法权：第一，《立法法》将重要立法事项都保留给了全国人大及其常委会，划入了全国人大及其常委会的专属立法范围，地方无权染指（《立法法》第 8 条）；第二，《立法法》确立了上位法效力高于下位法的原则，凡是中央和省级人大及其常委会已经立法的事项，市级人大不能制定与之抵触的地方性法规（《立法法》第 72 条）；第三，《立法法》建立了对法规的违宪、违法监督审查制度，监督审查机关既可以通过接受备案主动审查，又可以接受机关、团体、组织和公民申请被动审查。地方立法机关如果乱立法，滥立法，不仅相应立法会被撤销或宣布无效，其负责人和有关责任人员还将被追究法律责任（《立法法》第 98～102 条）；第四，2015 年修订的《立法法》新增规定，设区的市的立法事项仅限于城乡建设与管理、环境保护、历史文化保护等方面（《立法法》第 72、82 条）；第五，设区的地方性法规须报省、自治区的人大常委会批准后施行（《立法法》第 72 条）。

地方性法规作为审查相应地方国家行政机关被诉行政行为的依据其理由亦是显然的:第一,地方性法规是由地方国家权力机关制定的,地方国家行政机关是地方国家权力机关的执行机关,其所作行政行为自然应遵循地方国家权力机关制定的地方性法规;第二,地方人民法院是由相应地方国家权力机关产生,并对之负责,故它有责任适用地方性法规;第三,有的法律通过行政法规具体化,而有的法律则是通过地方性法规具体化,人民法院对于以此种将法律规范具体化的地方性法规为依据实施的被诉行政行为,同样只有以它为依据才能对该行政行为进行审查和确定其合法性。至于人民法院审查民族自治地方行政机关实施的被诉行政行为和经济特区行政机关实施的被诉行政行为,同时应该分别以该民族自治地方的自治条例、单行条例和相应经济特区法规为依据,其理由亦同于以地方性法规作为司法审查依据的理由。又因为自治条例、单行条例可以在必要时变通法律和行政法规的某些具体规定(经全国人大常委会或省、自治区、直辖市人大常委会批准),人民法院对民族自治地方行政机关根据此种自治条例和单行条例实施的被诉行政行为,更有必要以之为根据。否则,即无法确定相应行为的合法性。

## 二、行政诉讼的"参照"规章

行政诉讼中人民法院进行司法审查除了依据法律、法规外,还应参照规章。《行政诉讼法》第 63 条第 3 款规定,"人民法院审理行政案件,参照规章"。

人民法院认为地方人民政府制定、发布的规章与国务院部、委制定、发布的规章不一致的,以及国务院部委制定、发布的规章之间不一致的,由最高人民法院送请国务院作出解释或者裁决。[①]

人民法院对被诉行政行为进行司法审查,可参照规章,即不能以规章为依据,不能单纯以规章作为判断被诉行政行为合法性的标准。因为规章是部门行政机关或地方行政机关制定的,对于人民法院的审判活动不发生必然拘束力,人民法院没有必须适用规章的责任。而且,在我国目前的情况下,由于法制尚不完善,对于规章的制定标准、制定程序等缺乏统一的法律调整,对于规

① 参见《立法法》第 95 条。

章的合法性缺乏统一的法律监督机制，[1]而人民法院对于规章又没有直接进行司法审查和撤销违法规章的权力，故司法审查简单地以规章为依据会违背我国宪法确定的政体和导致法制的混乱。

在我国以往立法实践中，一些部门规章和地方政府规章存在"任性"限制公民权利、自由和扩大自身权力、权利的现象，屡遭人诟病。[2] 为尽量消除这种现象，2015 年第十二届全国人大通过的修改后的《立法法》分别对部门规章和地方政府规章调整事项的范围和界限加大了限制。对部门规章，2015 年修订的《立法法》规定，部门规章规定的事项应当属于执行法律或者国务院的行政法规、决定、命令的事项。没有法律或者国务院的行政法规、决定、命令的依据，部门规章不得设定减损公民、法人和其他组织权利或者增加其义务的规范，不得增加本部门的权力或者减少本部门的法定职责；[3]对地方政府规章，2015 年修订的《立法法》规定，设区的市、自治州的人民政府制定地方政府规章，限于城乡建设与管理、环境保护、历史文化保护等方面的事项。没有法律、行政法规、地方性法规的依据，地方政府规章不得设定减损公民、法人和其他组织权利或者增加其义务的规范。另外，对于"应当制定地方性法规但条件尚不成熟的，因行政管理迫切需要而先制定的地方政府规章"只能是临时性的，实施满两年需要继续实施相应规章所规定的行政措施的，应当提请本级人大或其常委会制定地方性法规。[4]

尽管有 2015 年修订的《立法法》的较严格限制和规范，但目前规章存在的问题仍然不少。然而，司法审查在很大程度上必须依据规章，完全不考虑和顾及规章的规定，司法审查是不可能进行的，因为行政机关行政行为的实施不

---

① 虽然国务院于 2002 年即制定了《规章制定程序条例》(2017 年修订)，《立法法》也对规章制定的权限和程序进行了一定的规范，但目前对规章的整体法律规范仍不完善。

② 在实践中，"任性"限制公民权利、自由和扩大自身权力、权利的不仅是规章，而且更多的是规章以下的行政规范性文件，即各级政府和政府部门发布的具有普遍约束力的决定、命令，平时俗称"红头文件"。广义的"红头文件"还包括各级党委和党的工作部门发布的规范性文件。"红头文件"不属《立法法》规范的"法"的范围，它们目前没有统一的法律调整，违法的概率比法规、规章要高得多。为了规范"红头文件"，维护和保障国家法制的统一，迫切需要制定全国统一的《规范性文件法》，规定"红头文件"的制定权限、调整事项范围、制定程序和监督审查机制等。在全国性法律出台以前，应鼓励地方先制定这方面的地方性法规对"红头文件"进行制约和控制，保证"红头文件"的依法制定。

③ 参见《立法法》第 80 条。

④ 参见《立法法》第 82 条。

仅依据法律、法规,而且在许多情况下直接依据的是规章。规章是法律、法规的具体化。在这种情况下,人民法院司法审查离开规章,就难以确定相应被诉行政行为的合法性。至于对无法律、法规根据,行政机关直接依据规章实施的被诉行政行为,人民法院完全撇开规章就更无法对之进行实际的审查。

司法审查依据规章不行,不依据也不行,人民法院怎么解决这种矛盾,怎么摆脱这种两难的困境呢?《行政诉讼法》的立法者设计了一种具有某种调和味道但却是比较实际的方案,这就是《行政诉讼法》第 63 条第 3 款规定的"参照"规章。《行政诉讼法》对于规章使用"参照"一词,即赋予了人民法院一定的裁量权:人民法院可以根据案件的具体情况和对相应规章的评价,决定适用或不适用某一规章,或决定适用规章的某些条款或不适用规章的某些条款。这样,人民法院进行司法审查,既可不受规章的硬性拘束,又可在一定情况下,有条件地适用规章,以避免无据可依的困难,保障其顺利地进行司法审查。

《行政诉讼法》规定司法审查参照规章同时也意味着赋予人民法院对规章一定限度的审查和评价权:人民法院在决定是否适用相应规章或相应规章的某些条款时,首先要确定该规章的合法性,应从下述四个方面对规章的合法性进行审查和评价:其一,制定该规章的行政机关是否有权制定相应规章,是否越权?其二,该规章是否与相应法律、法规相抵触,或规避了相应法律、法规的规定?其三,该规章是否违背了法律基本原则或基本法理?其四,该规章的制定是否遵循了法定规章制定程序?当然,这种审查和评价是有限的:人民法院认为相应规章违法,只能不适用相应规章或相应规章的相应条款,而不能撤销相应规章或宣布相应规章无效。但人民法院可以向有关国家权力机关或相应行政机关提出司法建议,要求撤销或变更相应规章。

由此可见,"参照"规章既不是无条件的适用规章,也不是一律拒绝适用规章。"参照"规章是指人民法院进行司法审查在没有法律、法规对相应问题作出明确、具体规定,且人民法院通过适当审查,认为相应规章对相应问题作出的规定是明确、具体和不与法律、法规、法理相违背的情况下,依据此种规章对被诉行政行为进行审查、评价,确定其合法性和有效性。

## 三、行政诉讼中作为司法审查标准的法律规范适用的种类

行政诉讼中作为司法审查标准所适用的法律规范可以分为三类。

(一)行政组织法规范

行政组织法规范是评判被诉行政行为主体是否合法、权限是否合法的依据。[①] 其评判包括三项内容:其一,相应被诉行政行为的主体是不是依行政组织法设立的行政机关或法律、法规、规章授权的组织;其二,相应主体如属行政机关或法律、法规、规章授权组织,则根据行政组织法确定其是否为主管相应行政事项的行政机关或法律、法规、规章授权组织;其三,相应主体如为主管相应行政事项的行政机关或法律、法规、规章授权组织,则根据行政组织法确定其是否有权作出相应被诉行政行为,其作出被诉行政行为时是否越权。

(二)行政行为法规范

行政行为法规范是评判被诉行政行为内容是否合法的依据。这种评判主要包括下述四项内容:其一,相应被诉行政行为是不是符合法律、法规、规章关于行为范围的规定;其二,相应被诉行政行为是否符合法律、法规、规章关于行为对象的规定;其三,相应被诉行政行为是否符合法律、法规、规章关于行为实体要求的规定;其四,相应被诉行政行为是否符合法律、法规、规章关于行为的量和度(如行政处罚行为是否符合法定处罚种类、法定处罚幅度和法定从重、从轻处罚规则)的规定。

(三)行政程序法规范

行政程序法是评判被诉行政行为程序是否合法的依据。这种评判主要包括下述四项内容:其一,相应被诉行政行为是否遵循了法律、法规、规章规定的方式、手段(如公开方式、听证方式、行政协商手段、生气手段等);其二,相应被诉行政行为是否符合法律、法规、规章规定的形式(如书面形式、契约形式

---

① 目前,我国行政组织法还极不完善,除了仅有11个条款的《国务院组织法》和与地方人大共一个法律的"地方组织法"外,全国人大尚没有制定一部规范国务院几十个部委的组织法或组织条例,尚没有制定一部规范各级政府(省自治区、直辖市、设区的非直辖市、县级市、乡、镇等各级政府)的组织法。国务院各部委和地方各级人民政府的组织、机构、编制、职能主要是由各级国家编委制定的"三定办法"和有关行政管理的法律、法规规定的。因此,现在,人民法院审查被诉行政行为所涉及的组织法问题,还需要查阅相关的行政管理法和有关"三定办法"的文件。

等);其三,相应被诉行政行为是否遵循了法律、法规、规章规定的步骤、顺序(如立案、调查、审查、决定等);其四,相应被诉行政行为是否符合法律、法规、规章规定的时限。

人民法院在对被诉行政行为合法性进行审查时,即应依上述行政组织法、行政行为法、行政程序法对相应行为作出评判,并引用有关法律条文对之作出裁判。

## 第四节 行政诉讼中的法律规范冲突及其选择适用规则

### 一、行政诉讼中选择适用法律规范问题的提出

在行政诉讼中,作为人民法院司法审查对象的被诉行政行为往往同时受几个法律文件调整,这些法律文件均对相应行为有适用力。在这种情况下,如果这些文件中调整相应行为的法律规范均是一致的,没有冲突的,人民法院依据它们对相应行政行为进行审查是没有问题、没有困难的。但是,如果这些法律文件中调整相应行为的法律规范不一致,相互矛盾,人民法院进行司法审查就会发生问题,出现困难:法官究竟依据这些相互冲突的法律规范中哪些规范来审查相应被诉行政行为和判断相应行政行为的合法性呢?对此,我们首先必须确立选择适用法律规范的某些规则(标准),以便在遇到同一个被诉行政行为受几种相互冲突的法律规范调整的情况时,人民法院能够迅速地和正确地选择合适的法律规范作为依据,来审查和评价相应被诉行政行为的合法性。

### 二、行政诉讼法律规范冲突的情形

根据行政审判的司法实践,行政诉讼法律规范冲突大体有下述几种情形。

(一)不同法律效力位阶的法律规范冲突

不同法律效力的法律规范冲突的情况主要包括:(1)行政法规与法律的冲突;(2)地方性法规与法律的冲突;(3)自治条例、单行条例与法律的冲突;(4)地方性法规与行政法规的冲突;(5)规章与行政法规的冲突;(6)规章与地方性法规的冲突;(7)较低级别的国家权力机关制定的地方性法规与较高级别的国家权力机关制定的地方性法规的冲突;(8)下级人民政府发布的规

章与上级人民政府发布的规章的冲突。

（二）不同部分、不同地区法律文件中的法律规范的冲突

不同部门、不同地区法律文件规范冲突的情况主要包括：（1）国务院各部、委、直属机构规章之间的冲突；（2）各地方国家权力机关制定的地方性法规之间的冲突；（3）各地方人民政府发布的规章之间的冲突；（4）各民族自治地方制定的自治条例、单行条例之间的冲突。

（三）不同时期发布的法律文件中的法律规范冲突

不同时期发布的法律文件中的法律规范冲突的情况主要包括：（1）新法与旧法的冲突；（2）特别法与普通法的冲突；（3）单行法与法典的冲突。

（四）部门法律文件与地方法律文件的法律规范冲突

部门法律文件与地方法律文件的法律规范冲突主要包括：（1）国务院部门规章与地方性法规的冲突；（2）国务院部门规章与地方政府规章的冲突。

法律规范冲突主要包括上述情况。除此之外，还有条约与法律、法规的冲突，最高人民法院司法解释与法律、法规的冲突以及其他法律规范的冲突。

## 三、法律规范选择适用规则

在发生法律规范冲突的情况下，人民法院必须根据一定的规则，选择适当的法律规范加以适用，依据适当的法律文件进行司法审查，解决具体行政争议。根据《立法法》的规定，人民法院解决法律规范冲突，选择法律规范适用一般应遵循下述规则。[①]

（一）法律规范效力位阶规则

根据《立法法》的规定，我国法律文件的效力位阶如下：[②]

（1）《宪法》具有最高的法律效力，一切法律、行政法规、地方性法规、自治条例和单行条例、规章都不得同《宪法》相抵触。

（2）法律的效力高于行政法规、地方性法规、规章，行政法规的效力高于地方性法规、规章。

（3）地方性法规的效力高于本级和下级地方政府规章，省、自治区人民政

---

① 参见《立法法》第五章的规定。

② 参见《立法法》第87~89条。

府制定的规章的效力高于本行政区域内设区的市、自治州的人民政府制定的规章。

(二)法律规范效力范围规则

《立法法》对自治条例和单行条例、经济特区法规、规章的效力范围作了下述规定:①

(1)自治条例和单行条例依法对法律、行政法规、地方性法规作变通规定的,在本自治地方适用自治条例和单行条例的规定。

(2)经济特区法规根据授权对法律、行政法规、地方性法规作变通规定的,在本经济特区适用经济特区法规的规定。

(3)部门规章之间、部门规章与地方政府规章之间具有同等效力,其调整范围与相应规章制定主体的权限范围一致,在各自的权限范围内施行。

(三)法律规范冲突适用规则

根据《立法法》的规定,在同一位阶的法律规范发生冲突时,法律适用遵循下述规则:②

(1)新法优于旧法。即同一机关制定的法律、行政法规、地方性法规、自治条例和单行条例、规章,新的规定与旧的规定不一致的,适用新的规定。

(2)特别法优于普通法。即同一机关制定的法律、行政法规、地方性法规、自治条例和单行条例、规章,特别规定与一般规定不一致的,适用特别规定。

(3)法律之间对同一事项的新的一般规定与旧的特别规定不一致,不能确定如何适用时,由全国人大常委会裁决。

(4)行政法规之间对同一事项的新的一般规定与旧的特别规定不一致,不能确定如何适用时,由国务院裁决。

(5)地方性法规、规章之间不一致时,其处理规则是:①同一机关制定的新的一般规定与旧的特别规定不一致时,由制定机关裁决。②地方性法规与部门规章之间对同一事项的规定不一致,不能确定如何适用时,由国务院提出意见,国务院认为应当适用地方性法规的,应当适用地方性法规的规定;认为

---

① 参见《立法法》第90~91条。

② 参见《立法法》第92~95条。

应当适用部门规章的,应当提请全国人大常委会裁决。③部门规章之间、部门规章与地方政府规章之间对同一事项的规定不一致时,由国务院裁决。

(6)根据授权制定的法规与法律规定不一致,不能确定如何适用时,由全国人大常委会裁决。

## 四、对违法法律依据的处理途径

根据《立法法》的规定,我国处理违法法律规范的途径主要有二:一是通过法规(行政法规、地方性法规、自治条例和单行条例)、规章的备案途径解决;二是通过有权国家机关的审查,改变或撤销违法的法律、法规、规章。[①]

### (一)法规、规章的备案

《立法法》对法规、规章备案的要求包括:[②]

(1)行政法规、地方性法规、自治条例和单行条例、规章应在公布后30日内备案。

(2)行政法规报全国人大常委会备案。

(3)省、自治区、直辖市的地方性法规报全国人大常委会和国务院备案。

(4)设区的市、自治州的地方性法规,由省、自治区的人大常委会报全国人大常委会和国务院备案。

(5)自治州、自治县的自治条例和单行条例由省、自治区、直辖市人大常委会报全国人大常委会和国务院备案,自治条例和单行条例备案时,应当说明对法律行政法规、地方性法规作出变通的情况。

(6)部门规章和地方政府规章报国务院备案,地方政府规章应当同时报本级人大常委会备案,设区的市、自治州的地方政府规章应当同时报省、自治区的人大常委会和人民政府备案。

(7)根据授权制定的法规应当报授权决定的机关备案。

### (二)改变或撤销违法、不当的法律、法规、规章

(1)改变或撤销法律、法规、规章的条件。对于有下列情形之一的法律、法规、规章,有权机关可予以改变或撤销:

---

① 本节所称“法规”,均包括行政法规、地方性法规、自治条例和单行条例。

② 参见《立法法》第98条。

①超越权限的;

②下位法违反上位法规定的;

③规章之间对同一事项的规定不一致,经裁决应当改变或撤销一方的规定的;

④规章的规定被认为不适当,应当予以改变或撤销的;

⑤违背法定程序的。[①]

(2)改变或撤销法律、法规、规章的权限。根据宪法、组织法和《立法法》的规定,有权机关改变或撤销法律、法规、规章的权限划分如下:

①全国人大常委会制定的不适当的法律由全国人大改变或撤销;全国人大常委会批准的违背宪法,或违背法律、行政法规基本原则,变通宪法和民族区域自治法的规定。以及变通其他有关法律、行政法规专门就民族自治地方所作规定的自治条例和单行条例由全国人大撤销。

②同宪法和法律相抵触的行政法规、地方性法规,省级人大常委会批准的违背宪法,变通宪法和民族区域自治法的规定,以及变通其他有关法律、行政法规专门就民族自治地方所作规定的自治条例和单行条例由全国人大常委会撤销。

③不适当的部门规章和地方政府规章由国务院改变或者撤销。

④省级人大常委会制定的和批准的不适当的地方性法规由本级人大改变或者撤销。

⑤地方人民政府制定的不适当的规章由本级人大常委会撤销。

⑥下一级人民政府制定的不适当的规章由省级人民政府改变或撤销。

⑦被授权机关制定的超越授权范围或违背授权目的的法规由授权机关撤销,必要时授权机关还可撤销其授权。[②]

(3)对法规、规章进行监督审查的程序。[③] 全国人大及其常委会对法规进行监督审查的主要程序包括:

①提出审查要求或建议。国务院、中央军委、最高人民法院、最高人民检

---

① 根据《立法法》第96条整理归纳。

② 根据《立法法》第97条整理归纳。

③ 参见《立法法》第90~92条。

察院和各省、自治区、直辖市的人大常委会认为行政法规、地方性法规、自治条例和单行条例同宪法和法律相抵触的，可以向全国人大常委会书面提出进行审查的要求，由常务委员会工作机构分送有关的专门委员会进行审查、提出意见。

其他国家机关和社会团体、企事业组织以及公民认为行政法规、地方性法规、自治条例和单行条例同宪法和法律相抵触的，可以向全国人大常委会书面提出进行审查的建议，由常务委员会工作机构进行研究，必要时，送有关的专门委员会进行审查、提出意见。

②专门委员会审查。对国务院、中央军委、最高人民法院、最高人民检察院和省级人大常委会提出的审查要求，全国人大常委会工作机构必须启动审查程序，由其分送有关的专门委员会进行审查和提出意见；对其他国家机关和社会团体、企事业组织以及公民提出的审查建议，则不一定必然启动审查程序，只有在全国人大常委会工作机构进行研究后，其认为必要时才送有关的专门委员会进行审查和提出意见。

另外，有关的专门委员会和常务委员会工作机构还可以对报送备案的规范性文件进行主动审查。“主动审查”是 2015 年修订的《立法法》新规定的，原《立法法》只有被动审查的规定，没有“主动审查”的规定。

③向制定机关提出审查意见。全国人大专门委员会、常务委员会工作机构经审查，认为行政法规、地方性法规、自治条例和单行条例同宪法和法律相抵触的，可以向制定机关提出书面审查意见、研究意见；也可以由法律委员会与有关的专门委员会、常务委员会工作机构召开联合审查会议，要求制定机关到会说明情况，再向制定机关提出书面审查意见。制定机关应在两个月内研究提出是否修改的意见，并向全国人大法律委员会和有关的专门委员会或者常务委员会工作机构反馈。

④全国人大常委会委员长会议和常委会会议审议。全国人大法律委员会、有关的专门委员会、常务委员会工作机构审查认为行政法规、地方性法规、自治条例和单行条例同宪法和法律相抵触而制定机关不予修改的，应当向委员长会议提出予以撤销的议案、建议，由委员长会议决定提请常务委员会会议审议决定。

全国人大法律委员会、有关的专门委员会、常务委员会工作机构审查认为行政法规、地方性法规、自治条例和单行条例同宪法和法律相抵触，向制定机关提出审查意见、研究意见,制定机关如按照所提意见对行政法规、地方性法规、自治条例和单行条例进行修改或者废止的,则审查终止。

(4)审查与反馈。全国人大常委会委员长会议作出对相应行政法规、地方性法规、自治条例和单行条例提请常务委员会会议审议决定后,即启动全国人大常委会立法监督程序,由全国人大常委会审议后作出是否撤销相应行政法规、地方性法规、自治条例和单行条例的决定。

另外,全国人大有关的专门委员会和常务委员会工作机构在对其他国家机关和社会团体、企事业组织以及公民认为行政法规、地方性法规、自治条例和单行条例提出的审查建议进行审查、研究后,应将审查、研究的情况向提出建议的国家机关、社会团体、企事业组织以及公民反馈,并可以向社会公布。

《立法法》对其他接受法规、规章备案的机关的监督审查程序没有作统一的规定,而是要求它们各自就报送备案的地方性法规、自治条例和单行条例、规章的审查程序按照维护法制统一的原则分别作出规定。①

## 第五节 关于行政法适用的若干理论问题②

相对于民法和刑法的适用,行政法的适用具有许多特殊性:

首先,行政法的适用主体包括法院和行政执法机关,且大量的行政法适用发生在行政执法环节,司法环节的适用往往是法律的第二次适用,而民、刑法的适用主体基本上只是法院。

其次,行政法所适用的法的形式包括法律、法规和规章(甚至包括这些法的形式以外的行政规范性文件),且大量的是法规和规章,而民、刑法的基本形式是法律,仅有很少的法规。规章一般不能规定民、刑法的内容。

最后,行政法适用的程序包括行政和司法两种程序。行政程序要遵循首长负责制和下级服从上级的原则,司法程序的基本原则是合议、公开和法院独立行使审判权等(尽管合议、公开有一定的法定例外),而民、刑法适用基本上

---

① 根据《立法法》第99~102条整理归纳。

② 本节根据笔者20世纪90年代发表的一篇论文《行政法适用的十个问题》撰写,略有修改。该文载《法制与社会发展》1995年第3期。

只有司法程序,一般都是通过司法程序实现的。行政法适用上的特殊性(不限于上述),再加上行政法是一个相对民、刑法的较新的法律部门,故在行政法适用的问题上有大量的理论问题和实践问题需待研究。本节仅挑选出其中若干较重要的问题作些阐释。

## 一、法的适用与适用的法

行政法的适用遇到的第一个问题就是:什么是法?什么是法律?什么是行政法?“法”是一个广泛的概念,通常包括法律、法规、规章,广义的法甚至包括硬法、软法,[①]包括国家机关制定的法和非国家机关制定的法,包括各种规范性文件,如具有普遍约束力的决定、命令等。

“法律”则通常仅指由最高国家权力机关全国人大和它的常设机关全国人大常委会制定的法(其名称通常为“法”,如《行政处罚法》《行政许可法》《行政强制法》等)。但是人们平时讲到“法律适用”或“适用法律”时,这里的“法律”是等同于“法”的,是在广义上使用的。

“行政法”,顾名思义,即指关于行政的法,调整行政关系的法。其法的形式自然包括法律、法规、规章。行政法的适用包括法律、法规、规章的适用,也包括有权机关对相应法律、法规、规章的解释的适用。至于规章以下的其他规范性文件的适用是否属于“法的适用”或“法律适用”的范畴,是一个有待进一步研究的理论问题。[②]

行政法不同于民、刑法,法规、规章的数量很多,大大超过法律,以致使人们往往对究竟什么是法,什么是法律发生怀疑,发生争论。

法(这里仅指“硬法”,下同)的最重要特征是和国家相联系,由国家制定或认可,以国家强制力保障实施。因此,凡非国家制定或认可和非由国家强制力保障实施的规则、规范、政策文件,无论这些规则、规范、政策文件是由政党(包括中国共产党)、社会组织、团体(包括工、青、妇)发布的,还是由行业协

① 关于“硬法”“软法”,可参见罗豪才等:《软法与公共治理》,北京大学出版社 2006 年版;姜明安:《软法的兴起与软法之治》,载《中国法学》2006 年第 2 期。

② 《行政诉讼法司法解释》(1999 年)第 62 条规定,人民法院审理行政案件,适用最高人民法院司法解释的,应当在裁判文书中援引。人民法院审理行政案件,可以在裁判文书中引用合法有效的规章及其他规范性文件。这里的“法律适用”,包括司法解释、规章和其他规范性文件。

会、村民委员会、居民委员会等基层群众性自治组织发布的,都不属“法”的范畴,都不能作为法律适用。至于国家机关与执政党联合发布的文件(如中共中央与国务院的联合发文、中办与国办的联合发文等),执法机关和司法机关可以将之视为一种“软法”,运用这种“软法”指导执法、司法实践。但在法律文书中,特别是在法院的判决、裁定等法律文书中,不宜直接援引为判决、裁定的法律依据。不过,在法律文书对案件相关事实问题和法律问题的分析和说理部分,适当引用相应非严格法律的“软法”是可行和有益的。

立法权属于国家,但不是所有国家机关都享有立法权。根据《宪法》第58条的规定,国家立法权仅由全国人大和全国人大常委会行使。但这只是狭义的立法权,即制定法律权。至于制定法规和规章权,《宪法》和《立法法》则赋予了更广泛的国家机关,包括一定的地方国家权力机关(如省、自治区、直辖市、设区的市的人大及其常委会)和一定的国家行政机关(如国务院和省部级行政机关、设区的市的人民政府)。

不同国家机关制定的法律规范,其效力在质和量上都是有区别的。最高国家权力机关制定的是宪法和法律,代表的是全国人民的利益和意志,因此其具有最高的效力,一切法规、规章都要以法律为准,不得与法律相抵触(除非法律本身授权其变通法律的某些规范)。其他国家机关制定的法规和规章,虽然在总体上都属于法的范畴,但在效力位阶上是有区别的。一般来说,行政法规的效力低于法律,高于地方性法规和规章;地方性法规的效力低于法律和行政法规,高于规章;规章的效力则根据其制定机关的行政级别而互有差别,如省级政府的规章的效力通常高于设区的市的政府制定的规章。我们的执法机关、司法机关及其执法、司法人员在处理具体案件时,往往面对一大堆法律文件、法律规范而发难,适用哪些不适用哪些呢?哪些是法,哪些不是法呢?一些人机械地在概念上做文章,对有关法律文件、法律规范的性质争论不休。笔者认为大可不必,性质问题主要可以留给学者们去争论,执法、司法人员最重要的是把握各种法律文件、法律规范的效力位阶。在处理具体案件时,首先应适用较高位阶的法律文件、法律规范,然后适用较低位阶的法律文件、法律规范。即使是对于规章以下的规范性文件,只要是有权机关依法制定的,且不与高位阶的法律文件相抵触,亦可在执法、司法实践中予以参照适用。否则,有关国家机关制定的这些规范性文件还有何用处呢?法律、法规授权有关国家机关制定这些规范性文件是一个需要认真研究和慎重解决的重大理论问题。但这个问题不是执法、司法人员在处理具体案件时需要考虑的。执法、司法人员在处理具体案件时只需要考虑:相应规范性文件是否越权,是否与高位阶法律文件、法律规范抵触,其制定是否符合法定程序等,以确定其在整体上是否合法和能否适用于相应具体案件。

## 二、立法与适用法

“立法”有广义、狭义之分。广义的立法指制定法律、法规、规章等所有法律规范文件的活动;狭义的立法则仅指制定法律的活动。“适用法”则指将法律、法规、规章所确立的规范适用于具体案件,用以对相应行为、事实、事件作出评价,并据此作出有关决定(其形式包括行政决定、决议、命令、裁决和司法判决、裁定、决定等)。适用法与立法有着密切的联系,目前行政管理和行政诉讼中适用法律出现的种种问题大多与立法有关,这里仅举几例:

(1)法不完备,无法可依,执法、司法人员无法可适用,于是在处理具体案件中出现适用无法律效力的文件、政策,甚至领导人的指示、命令等情形。

(2)法已过时,未及时修改或废止,致使执法、司法人员在处理具体案件中自行其是,要么自行决定以低位阶规范文件代替法律、法规,要么机械地适用已与现实情况不相适应的过时的法律、法规。

(3)法律、法规脱离实际,难以实施,或者法律、法规不配套,难以运作,致使执法、司法人员在处理具体案件时处于两难境地,要么不顾客观实际,法怎样规定就怎样适用,其结果可能导致相应决定不可能执行,或执行起来给国家、社会利益或公民个人利益造成损害;要么规避相应法律规范,采取变通办法等,其结果可能导致相应决定被当事人指控违法和被复议机关、法院撤销。

(4)法律规范互相冲突,执法、司法人员无所适从。这种情形在实践中非常普遍,原因是法出多门,立法体制未理顺,法律规范的效力位阶不明确,未确立和形成完善的解决行政法律规范冲突的冲突规范原则体系。

立法是适用法的前提,立法的目的是适用,为了调整相应的社会关系。因此,我们的立法机关一定要对法的调整对象和适用情况、适用效果进行研究,根据科学研究的结论决定立什么法、修改什么法、废止什么法,要立要改的法怎么立、怎么改,以建立完善的法律规范体系,形成最有效的法律调整机制和达到最佳的调整效果。

适用法既是立法的目的,又是对立法的状况和立法效果的检验。执法、司法机关对于适用法律中发现的有关立法的问题,要及时向立法机关反映,建议立法机关对相应法律、法规、规章或法律、法规、规章的某些具体规定予以修改、补充或废止,或建议制定新的法律、法规、规章。执法、司法人员不应只是机械地适用法,而是应该起到整个法律调整机制中法律信息反馈环节的作用。

### 三、执法与依法

在一个法治国家,整个行政活动和司法活动在广义上都可以认为是"执法",但狭义上的执法仅指行政执法,主要指行政机关依法对作为行政相对人的公民、法人和其他组织实施影响其权利、义务的行政行为。

无论是广义的执法,还是狭义的执法,都要依法进行,依法执法是法治的要求,也是法存在的意义。执法者可以不依法执法,随心所欲而为,法治即不复存在,公民、法人和其他组织的权益即无从保护,人权即难以维系。

依法的含义主要有三个方面:一是依法定权限;二是依法定行为规则;三是依法定程序。广义的"依法"还包括依法的原理、原则。

依法定权限首先意味着执法者应享有权限,即法已授予执法者相应权限;其次意味着执法者行使的权限在法定权限范围之内,未超出法所授予执法者的权限的界限。执法者无权限或越权均将导致其行为无效。

依法定行为规则指执法者实施执法行为应遵循法为相应行为规定的条件、处理措施及其度和量的界限、例外情形的范围及相应处理办法等。执法者实施执法行为如在表面上遵循了法定行为规则,但实质上追求法外的目的则构成滥用职权。

依法定程序指执法者实施执法行为应遵循法为相应行为规定的方式、步骤、顺序、时限等。法定程序是保证执法行为公正、准确、及时进行和保护相对人合法权益不受侵犯的重要条件。违反法定程序的行为虽然不一定必然导致对相对人实体权益的侵犯,但即使是纯粹的程序权利,亦有其独立的价值(对人格保障和人的尊严的价值)。为了保障依法执法,法律规定违反法定程序的行为均是可撤销的行为,而未以导致对相对人实体权益的侵犯为条件。[①]

依法执法涉及上述三个要素:权限、行为规则和程序。但适用法则通常只涉及行为规则。执法者实施执法行为,作出某项决定时,所引用的法律规范通常只是法律、法规或规章对相应行为的具体规定,而很少直接引用有关授权执法者作出相应行为的组织法规定或有关行为应如何作出的程序法规定。人民法院在行政诉讼中审查被诉行政行为时,有时则要适用组织法或程序法,以对被诉行政行为的权限有无和程序当否进行评价。

对于执法机关和执法人员来说,要想做到正确地适用法,做到依法执法,首先要做到知法、懂法。不仅要知、要懂所执之法,还要知、要懂与所执之法相联系的有关自身权限的法和有关执法行为运作程序的法;对于所执之法,不仅要知、要懂法定行为之范围,还应知、应懂法定行为之条件以及法定行为之度和量。否则,均不可能真正做到正确地适用法律,真正做到依法执法。

### 四、司法与司法审查

司法既是一种执法,也是一种适用法的活动,但对于行政诉讼来说,它同时又是对执法的审查,对行政执法和行政领域适用法的正确性的审查。

行政诉讼作为一种司法活动,与民事、刑事诉讼作为司法活动一样,具有执法和适用法的性质。法官将立法机关创制的法律规范适用于具体案件,对案件所涉及的具体事实、行政行为性质、行为内容等进行评价、判别,并据此作出判决、裁定或决定。无论是行政裁判,还是民事、刑事裁判,在裁判书中均要引用相应的法律、法规(有时还包括规章)条文,以此作为相应裁判的根据。

但行政诉讼作为一种司法审查行为,又不同于民事、刑事诉讼,它是“第二次”执法和适用法。行政案件所涉及的事实、事件、行为,行政机关已对之作过第一次处理,已经对之适用过法。行政诉讼是要对行政机关的第一次适用法的正确性进行审查,这种审查可以认为是第二次适用法。第二次适用法不是重复适用第一次适用过的法律、法规、规章。如果第一次适用的法是正确

---

① 尽管《行政诉讼法》规定违反法定程序的行为均是可撤销的行为,但“可撤销”不一定必须撤销。对于某些对行政相对人合法权益损害不大的违反法定程序的行为,法院可责令行政机关补正或作出确认违法,但不予撤销的判决。

的,司法审查可能要再适用行政执法时已适用过的法,但绝不限于这些法,司法审查还要适用有关行政权限、行政程序的法律规定和行政诉讼法的有关规定;如果第一次适用的法是错误的,那么,司法审查时所适用的法将与行政第一次适用的法完全不同。

司法审查不仅适用法律审查被诉行政行为,而且也“审查”法,因为法是一个系统,包括若干位阶,低位阶法从属于高位阶法,低位阶法将高位阶法具体化,解释、补充、发展高位阶法,但是低位阶法不能与高位阶法相抵触。同时,同一位阶的法也不能互相冲突,各种法律规范应该协调一致,构成统一的调整机制。法院在对被诉行政行为进行司法审查时,往往不可避免地会遇到多种法律规范,这些规范有协调一致的,也有互相冲突、互相抵触的。在这种情况下,法院适用哪些规范,不适用哪些规范呢?它不能不对相应规范,特别是有关规章(特别是其他规范性文件)确定的规范进行审查,确定哪些规范是合法的(制定主体合法、内容不与高位阶法相抵触、制定程序合法等),哪些规范是不合法的,从而决定适用的取舍。

适用法必须首先审查法,司法审查不仅可以审查规章,而且可以审查法规。无论是地方性法规,还是行政法规,都必须与法律一致,不与法律相抵触。法规如果与法律相抵触,法院不加审查而盲目地加以适用,就会破坏国家法制的统一。当然,我国法院没有撤销违法的规章和法规的权力,如果在司法审查中确认相应规章、法规违法,法院只能在具体案件中不加适用,而不能在判决书中宣布该规章、法规违法、无效,更不能自行撤销它们。但是法院可以向相应规章、法规的制定机关或有权监督机关提出司法建议,要求有权机关予以撤销。

### 五、适用法与解释法

法律解释有不同类别、不同层次的解释,如立法解释、行政解释、司法解释。立法解释通常指的是全国人大常委会的解释,行政解释通常指的是国务院及国务院相关部委的解释,司法解释通常是指“两高”(最高人民法院、最高人民检察院)的解释。我们通常所讲的“法律解释”一般是狭义的,是指抽象性的,不针对具体的人和事,在较广泛的时空内发生普遍约束力的解释。此不同于法官、检察官或行政执法人员在处理个案时对法律、法规、规章的解释

(广义的法律解释),那种个案法律解释通常不具有普遍性,仅在特定时空发生法律效力。当然,如果法院(特别是最高人民法院)的某一案例确定为“指导性案例”,其在该案例中所作的法律解释也会具有普遍效力。

有人认为,法的有权解释仅限于狭义解释,这是不正确的。事实上,法的解释大量的是在法的适用过程中进行的(广义解释)。适用法必须解释法,因为法本身是抽象的,它要适用于具体的人和事,适用于具体的案件,这就必须进行解释。没有解释,执法者就无法运用法来评判具体的事实、事件、行为的合法性。

当然,适用法中的解释法(广义法律解释)与立法性的解释法(狭义法律解释)有重要区别:其一,前者仅针对具体案件,而后者具有抽象性和普遍性;其二,前者主要限于具体规范的语言、文字、含义等的解释,而后者的解释多及于有关法律文件的适用范围、对象、适用条件,甚至将法律文件的规范具体化和增加有关实施细则;其三,前者解释的形式限于有关法律文书(判决、裁定或者行政执法决定等)中对法的某些具体规定、规则的解释,而后者通常采取正式规范性文件的形式,有时甚至采用法本身的体例,划分编、章、节,设立解释法条;其四,前者解释的主体包括一切执法机关和执法人员,后者则仅限于法律明确规定的较高级别的机关。尽管有这些或更多的区别,但不能否认前者同样属于法的解释。

实践中有两种偏向:一种偏向是否认我国法官和行政执行人员有解释法的权力,致使他们在执法、司法中遇到的种种法律问题都要层层请示汇报。这样既影响了司法、执法的效率,又在一定程度上使司法、执法的独立性打了折扣。另一种偏向是司法、执法人员滥用法的解释权,他们为实现某种不公正的意图或达到某种目的,硬将自己对相应法律规定的错误理解说成是法的本义,而且他们这样做时还硬说他们并不是解释法,而是在宣示法的本义(当然,其中有些人这样做并非恶意,而是其法律素质过低所致)。

鉴于上述两种偏向,我们应该明确、确认法官和行政执法者在适用法时有解释法的权力。与此同时,加强对法官和行政执法者的培训,提高他们的素质,并建立有效的监督机制,防止他们滥用法的解释权。

## 六、执法者与法官

广义的“执法”包括行政和司法,所以法官也是执法者。但是平时人们讲到“执法”时,主要是指行政执法。我们这里讲“执法者”,也是讲行政执法人员,是将执法者与法官二者并列,并对二者加以区分。

行政法的适用与行政执法者和法官密切相关,在某种意义上可以说,法律制定出来以后,行政执法者和法官就是决定的因素。即使有最好最完善的法律,行政执法者和法官不加以正确的适用,有法也等于无法,也不能使相应事项、相应案件得到公正的处理,使相应社会关系得到合理、适当的调整。

影响行政执法者和法官正确适用法的因素很多,其中最重要的有下述诸项:

(1)行政执法者与法官的业务素质。行政执法者和法官要正确适用法律,首先,必须懂法,不仅应懂法律条文,还应懂法律的目的、原则、精神及相应法理;其次,必须懂法的适用方法,善于在大量的法律、法规、规章中选择适用与相应行政行为、具体行政案件相适应的法律规范,善于在相互冲突的法律规范中选择适用对于相应行政行为、具体行政案件应优先适用的法律规范;最后,行政执法者和法官还应具备较高的文化水平,相应的工作能力和工作经验,一定的文化水平、工作能力、工作经验是掌握法律、运用法律的前提。

(2)行政执法者与法官的思想品质和政治素质。行政执法者和法官的业务素质是其正确适用法的基本条件,但不是唯一条件。行政执法者与法官的职业道德水平、个人思想品质、政治素养等对于其公正执法、司法的影响是显而易见的。行政执法者与法官偏私,特别是法官腐败,会使人民对整个国家失去信任、失去信心。行政执法者腐败、偏私,被侵害的当事人也许还可诉诸法院,但法院和法官如果腐败、偏私,当事人就会彻底失去希望。

(3)执法与司法制度。执法者与法官的个人品质对于正确适用法自然是重要的,但制度是更具根本性的东西。有了好的制度,坏人难以为恶或不敢为恶;制度不好,好人也可能办坏事,甚至变坏。为此,制定完善的行政程序法和司法程序法,建立严格的行政执法制度和司法制度,就不仅是一件有关行政和司法效率的事情,而更重要的是一件关系到保障国家和社会公正,保障公民实质权益的大事情。

(4)执法与司法的外部环境。正确适用法不仅取决于行政执法者和法官的素质及有关行政执法和司法的制度,同时也取决于整个行政执法和司法的外部环境,如整个社会的精神文明状态、国家的政治经济制度、党和国家的政策(如保障行政执法、司法机关独立行使职权的政策,对法官、检察官待遇适当从优的政策)等。

一个法治国家必须有一支公正无私的高素质的行政执法、司法队伍。为此,必须加强对行政执法者和法官的业务、政治培训,必须健全和完善有关的行政执法、司法制度(特别是有关程序的规则),必须改善行政执法、司法的外部环境,形成社会与行政执法、司法队伍相互良性影响的机制。

## 七、行政自由裁量与司法自由裁量

无论是行政执法还是行政审判,法律都不能不赋予行政执法者和法官一定的自由裁量权。依法办事并不意味着行政执法者和法官办每一件事都应找到和都可找到相应法律条文作为根据;适用法也并不意味着行政执法者和法官只能和只须机械地将某一法律条文与某一法律事实"对号入座",没有任何选择和裁量的余地。如果执法和司法只能如此行事,适用法只是"对号入座",那么一个国家的几百万执法者和几十万法官绝大部分就可以用电脑代替了。但遗憾的是,法律永远也不可能那么完备、严密,立法者永远也不可能事前将千差万别、千变万化的社会现实的每一个细节都事先考虑到和设计出具体的处理方案,实践中大量的具体问题可能是立法者立法时不曾设想到的。对于这些问题如何处理、如何适用法律,必须依赖行政执法者和法官运用人脑(而不可能只是电脑,电脑只能是辅助人脑),启动他们自身具备的法律知识、执法、司法经验以及法理观念来进行评价、权衡、选择和作出决定。因此,行政执法和行政审判中的一定自由裁量均是不可避免且必不可少的。

对于行政自由裁量,人们不难理解。因为行政管理不仅客体广泛,各种不可预测的因素太多,而且很多问题受时空的影响很大,需要根据有关政策灵活处理。至于司法自由裁量,则较少有人提及,一般认为司法是对业已发生的争议的处理,法官只能严格依法对争议作出裁判,不可能和不应该有自由裁量参与其间。实际上这是一种误解。司法和行政一样,同样不可避免地存在自由裁量。例如,法官对被诉行政行为进行审查,要确定相应行为是否主要证据不足、是否滥用职权、是否明显不当,从而决定是维持相应行为,还是撤销或者变更相应行为。但对于什么是“主要证据”、什么是“滥用职权”、什么是“明显不当”,法律都没有明确的界定,法官必须凭借自己的法律知识和法理观念从有关判例中、有关学术著作中、有关法律解释中选择和确定自己的相应标准,这其中不能不含有一定的自由裁量的因素。

行政和司法的自由裁量是一种客观存在,它不可能因人们不喜欢它或否认它而在实践中消失。科学的态度应该是承认它、研究它和适当地控制它。自由裁量并非是一种完全有害的东西,如果正确地加以运用,它不仅能保证执法和司法行为的合法性,而且能增加相应行为的合理性,更好地保证个案正义。执法者和法官可以运用其聪明才智,在合法性的范围内去选择处理问题和解决争议的最佳方案,使之既有利于有效地维护国家和社会利益,又有利于最充分地保护公民、法人和其他组织的合法权益。当然,自由裁量如果运用不当,如果行政执法者和法官对之加以滥用,则必然会损害国家、社会和公民的权益。因此,对自由裁量必须加以控制。

控制行政自由裁量的主要手段和途径是行政程序和司法审查。行政执法者依公开和相对严密的法定程序行使自由裁量权就难以有滥用的机会,即使滥用,也易于被发现和通过监督程序予以纠正。特别是司法审查对于行政执法者滥用自由裁量权可以说是设置了一道屏障,法院可以以“滥用职权”“明显不当”为由撤销相应行政行为,也可以以“明显不当”为由变更相应行为。不仅如此,司法审查的存在本身即是对滥用行政自由裁量权的一种威慑,亦是保障行政自由裁量权正确行使的一种潜在条件。

但对于司法自由裁量,却不存在外部审查的控制。司法公正的保障主要是通过司法程序和法官自律机制实现的。司法程序的公开性、严肃性、正式性均要优于行政程序,合议制、公开审判、两审终审及审判监督制度等均是对司法自由裁量权行使的有效控制。至于法官的自律,一方面源于法官的职业道德(法官的选任和法官的培训通常是很严格的);另一方面源于法官的职位保障和优厚待遇。从世界各国的情况看,法官滥用权力的情况也是存在的,但相对于行政机关的官员来说,其比率却要小得多。

司法自由裁量的范围自然远不及行政自由裁量,而且两种自由裁量所涉及的领域和对象是不相同的。一般来说,法律赋予行政机关的行政自由裁量权,法院不得干预,不得以司法自由裁量代替行政自由裁量。行政机关当然更不得干预法律赋予法院的司法自由裁量权,以行政自由裁量取代司法自由裁量。不过,从法律程序上讲,以行政自由裁量取代司法自由裁量的可能性较小,而以司法自由裁量取代行政自由裁量的可能性却较大。因为行政行为(包括自由裁量的行政行为)依法可接受司法审查,而司法行为,法院的判决、裁定,行政机关则无权审查。因此,法院在这方面应自控,自觉不干预行政机关行使自由裁量权,只有在行政机关滥用自由裁量权的情形下,法院才应干预,而且干预也只是对相应自由裁量权行使的目的、范围、方式的合法性进行审查,而不是对自由裁量本身的适当性进行审查。

### 八、适用法与控权

法与权是密切相联系的。法要通过权力机关制定,要通过享有相应权限的机关去执行和实施,立法、执法、司法活动都要通过相应权力去组织、去协调;而权力则要通过法律赋予,权力的行使要通过法律调整、限制。

社会上经常有“权大还是法大”之争,理论界也常有人进行此种讨论。这种争论当然是有针对性的。如果单从学术角度讲,权和法并不是绝对对立的东西,而且权和法的概念也是相对的:权有人民主权、权力机关之权、执行机关之权、办事官员和办事人员之权的区分。法有宪法、法律、法规、规章的区分。把这些概念混淆起来去争、去论何者大何者小,难以有正确的答案和结论。

平时我们讲到权与法的关系,通常是指执法者依法办事与依长官命令、指示办事的关系。在此种关系中,依法办事当然占居首位,长官的命令、指示与法不一致时,自然应当依法而行而不能依长官命令、指示而行。然而在行政系统中,上下级关系、行政首长与行政工作人员的关系是一种命令与服从关系,下级必须服从上级、行政工作人员必须服从行政首长。这样,行政执法既要服从法,又要服从权,在权与法发生矛盾,发生不一致时,执法者何以适从呢?

根据行政法的基本原则和行政首长负责制的原理,凡是法律授予相应行政机关的权限,行政首长有最后决定权,行政机关工作人员意见与行政首长意见不一致时(除非行政首长的意见明显违法),应服从行政首长。之后出现违法问题,应由行政首长负责。反之,如果法律将处理某种问题的权限直接授予相应行政机关的某一部门或某一工作人员,或者通过机关内部分工,将相应权限赋予了某一部门或某一工作人员,该部门或该工作人员应该依自己认为是合法的方式处理问题,可以不接受其认为违法的行政首长的命令、指示。如果行政首长强行命令按其指示办,则可按《公务员法》第 60 条的规定处理。该条规定:"公务员执行公务时,认为上级的决定或者命令有错误的,可以向上级提出改正或者撤销该决定或者命令的意见;上级不改变该决定或者命令,或者要求立即执行的,公务员应当执行该决定或者命令,执行的后果由上级负责,公务员不承担责任;但是,公务员执行明显违法的决定或者命令的,应当依法承担相应的责任。"

在上下级行政机关的关系上,下级服从上级是一般原则。在处理具体问题上,凡是法律规定下级机关的行为要经上级批准的,上级机关有最后决定权,如其作出的决定违法,应由上级机关负责。但如果法律已明确将处理某一领域、某一范围问题的权限授予下级行政机关,下级机关应依法律规定而不是依上级指示处理问题。上级机关如果认为下级机关对法律理解有误,应依法定程序撤销下级机关的处理决定,并承担对其撤销行为的法律责任。

任何行政执法机关和执法机关工作人员,对上级机关或本机关行政首长的明显违法的命令、指示,都有权抵制。对违反组织关系的上级机关或上级领导人的命令、指示,更应该将其作为一种非法干预予以拒绝。在这两种情况下,行政执法机关及其工作人员都毫无疑问地应依法办事,不应畏惧权势,而按上级机关、上级首长违法的命令、指示办事。虽然这样做可能有遭受打击报复的风险,但作为国家公务员,有为国家和人民利益冒此种风险的义务,何况通过法定申诉、控告、检举程序,这种风险在很大程度上是可以避免的。

执法者要做到依法办事,正确适用法律,当然要有很好的法律素养:知法、懂法和对法有准确的理解。如果自己不知法、懂法,自己把法理解错了,还以自己的错误理解去抵制上级机关或本机关首长的正确的命令、指示,那最终就可能要由自己来承担违法的责任了。

### 九、适用法与执行政策

任何一个国家,除了都有调整社会关系和规范人们行为的法以外,也都会有调整其国家经济、政治、文化事务,规范其政府内政、外交行为的政策。尽管各国的法和政策有多有少,有完善和不完善,有制定的合理和不合理,有反映人民意志、利益和违反人民意志、利益之区分,但没有一个国家完全没有任何法,或完全没有任何政策。

作为一个执法者或法官,在适用法律时,如何对待政策呢?实践中可能有不同的选择:其一,只适用法律,不顾及任何政策,不考虑任何政策;其二,有法则适用法,无法则适用政策;其三,适用法律时考虑政策,但法律文书中不引用政策;其四,先适用政策,后适用法律;其五,同时适用法律与政策;其六,在法律与政策一致时,只适用法律,不适用政策;在二者不一致时,则适用政策,不适用法律。

我们先不对上述各种做法何者正确、适当,何者错误、不当进行评价。首先我们来探讨一下政策的作用以及政策与法律的关系,如果这两个问题搞清楚了,那么在适用法律时应对政策采取什么态度就自然明了了。

政策有基本政策与具体政策、较长期政策与较短期政策之分。基本政策和较长期性政策通常对立法起指导作用,立法机关在制定一项法律时必然要考虑党和国家在相应领域的基本政策,立法目的和法律的具体规范必然要受基本政策的影响。既然法律中贯穿着党和国家的基本政策,那么,执法者和法官在执法、司法时就必然要考虑相应政策,否则,就难以理解相应法律的目的、原则、精神,就不可能正确地执行和适用相应法律。

至于具体政策和较短期政策,虽然立法时并不以此为指导,但它却对法律规范对社会的调节起补充作用。因为法律规范具有相对的普遍性、原则性和稳定性,它不可能也不便于将广泛的千差万别、千变万化的社会现实生活都规范到和规范死,法律规范必然要给予执法者和法官处理具体问题、具体案件的一定的自由裁量权。执法者和法官如何行使这种自由裁量权呢,其必须有所遵循、有所依据,例如法理、公平、正义观念、社会道德等。除此之外,指导执法者和法官行使自由裁量权的一个重要规范就是政策,特别是具体政策和较短期性的政策。这类政策具有针对性、灵活性,可以较好地调整各种利益关系,特别是社会公益和公民个人利益的关系,以使相应行政决定和司法判决既具有合法性,又具有合理性。

一个国家,法律和政策在整体上应该是一致的,是互相影响、互相贯通、互为补充的。但是法律和政策有时也会出现不一致,出现互相矛盾、互相冲突的情形。导致这种情况出现的原因很多:有时是因为社会形势变化,政策即随之变化,但法律由于其稳定性,不可能随时修改;有时是因为党和国家领导人的看法和注意力的变化而导致政策变化,法律则不可能任由领导人说改就改,说变就变;至于具体政策,大多是由各政府部门或各地方政府根据相应部门、地区的情况制定的,有时他们出于本部门、本地方利益的需要,不可避免地会制定出一些与法律规范不一致的政策。

对于与法律规范不一致的政策,执法者和法官在执法、司法时通常不应予以遵循,处理问题应以法律规范为准。但在有些时候,也确有法律规范过时、不合理,而政策规范更符合实际、更具合理性的情形。在这种情况下,执法者和法官应尽量避免适用明显过时和明显不合理的法律规范,而要尽可能根据政策精神选择调整相应问题的其他较适当的法律规范加以适用。与此同时,执法者和法官应向有关立法机关提出建议,要求适时地对过时的法律规范加以修改或废止。在这样做时,执法者和法官应避免公开对法律规范的合理性进行评价。因为我国法律没有赋予人民法院和法官对法律规范的司法审查权,行政执法机关及其工作人员更没有对法律规范的审查权。

对于政策,无论是否合理,是否与法律规范一致,法官在法律文书中都不宜加以直接引用。但对于合法合理的政策,法官在作出判决裁定时应予考虑,在法律文书的理由说明中亦可予以阐述。至于行政执法机关,在其法律文书中引用有关国家政策是可以的。相应问题如没有法律规范调整,行政机关可直接以国家政策为依据;相应问题如既有法律规范调整,又有国家政策规定,行政机关可同时以相应法律规范和政策规定作为依据。

### 十、适用法与法治

法治的基本含意是依法治理国家,以法治理国家,在社会关系特别是国家管理的各个领域中做到有法可依,有法必依,执法必严,违法必究,并在国家治理和社会治理中做到科学立法、严格执法、公正司法和全民守法。

法的存在是法治的前提。有了法,公民、法人和其他组织的行为就有了规范。被管理者知道自己可以做什么,不可以做什么,能够做什么,不能够做什么,管理者就不能随心所欲地支使他们和侵犯被管理者的权益。有了法,政府的行为也就有了约束,管理者只能依法要求被管理者做什么,不做什么,而不能依自己反复无常的意志向被管理者发号施令。因此,在这个意义上可以说,法是人权和民主的基础,无法则会为专制、暴政提供条件。

有人说,法有恶法、善法之分,有恶法不如无法。这种观点是值得商榷的。恶法虽然对人民有害,但人民毕竟事先知道有这么一个有害物,可以预设办法(包括建立违宪、违法审查制度)防止其害,避免其害。无法则不然,一个坏的统治者如不以法(包括恶法),而以其反复无常的意志统治人民,就如同一只隐藏于林间路旁的恶虎,随时有向行人扑来的危险,人民会经常处在担惊受怕的恐惧之中,不知恶虎会何时从何处扑向自己。所以人民特别痛恨专制、人治,而崇尚民主、法治。

当然,以法作为治民的工具,单纯以法来规范和约束被管理者的行为而不规范和约束管理者的行为,此种"法治"并非现代意义上的法治,而是一种"治民"而非"民治"的"法治",如我国古代法家(如商鞅、韩非子等)鼓吹的"法治"("治民无常,唯治唯法")。尽管如此,此种"法治"也比人治要强。现代意义上的法治不仅要求管理者以法管理,法为被管理者确定行为规范,而且要求管理者依法管理,法要为管理者确定行为规范。后者在法治中具有更重要的地位。法治的"法",主要是规范和约束政府行为和控制政府权力的滥用。

无论是规范被管理者行为的法,还是规范管理者行为的法(二者都应该是"良法"),都必须通过执法机关的执法和适用法来实现。执法机关在执行和适用调整外部社会关系的法律规范时,必须遵守规范其自身行为的法律规范,如有关其权限、行为规则和其行为程序的法。法(包括规范被管理者行为的法和规范管理者行为的法)的存在是法治的前提,但法的存在并不是法治本身。法治还要通过法的执行和适用来实现,法是否被准确执行和正确适用是实现法治的重要条件。

行政执法中的正确适用法的直接含义,是指执法机关在实施具体行政行为时正确地把握调整相应行为的法的目的,遵循法定条件,依照法律规定的范围、幅度、方式作出行为,并正确选择适用有关的法律文件及其法律规范。而行政执法中的正确适用法的较间接和更广泛的含义,则包括执法机关在实施行政行为时遵守法定权限和法定程序,依法执行和依法适用法律规范。因此,从整体上把握行政法和执行行政法是行政执法正确适用法律的保障。

法院正确适用法和正确解决法律争议对于法治更具有重要意义。因为对行政执法适用法是否正确发生争议,最终要由法院通过司法审查进行评价和作出有法律效力的确认。只有法院的评价和确认正确,只有法院正确适用法,才能纠正法在行政执法中被曲解、被违背、被规避、被错误适用等种种情形,保障法的真正实现。反之,如果法院的评价和确认错误,法院将法适用错了,就不仅不能使执法中的错误得到纠正,反而可能使正确的执法行为被撤销、被否定,从而导致法的目的不能在实践中实现,甚至走向法的目的的反面。

由此可见,法治首先取决于法(有法可依),其次取决于法的内容(是"良法"而不是"恶法",此即要求依宪立法、民主立法、科学立法),最后则取决于法的执行和适用(有法必依,执法必严,违法必究,此即要求依法执法、严格执法、规范执法、文明执法)。法的适用包括行政执法的适用和司法的适用。司法的适用是行政执法适用的保障。因此,法院正确适用法具有更重要的意义,是行政法治,乃至整个法治的保障(所谓"最后一道防线")。

**本章参考书目**

1. 罗豪才、应松年主编:《行政诉讼法学》,中国政法大学出版社 1990 年版,第 9 章。

2. 胡建淼主编:《行政诉讼法教程》,杭州大学出版社 1990 年版,第 9 章。

3. 于安主编:《行政诉讼法通论》,重庆出版社 1989 年版,第 11 章。

4. 薛刚凌主编:《行政诉讼法学》,华文出版社 1998 年版,第 8 章。

5. 陈清秀:《行政诉讼法》,翰芦图书出版有限公司 1999 年版,第 6 章。

# 第十一章 行政诉讼的判决、裁定和决定

我们提出要努力让人民群众在每一个司法案件中都感受到公平正义……司法工作者要密切联系群众,规范司法行为,加大司法公开力度,回应人民群众对司法公正公开的关注和期待。要确保审判机关、检察机关依法独立行使审判权、检察权。

促进社会公平正义是政法工作的核心价值追求。从一定意义上说,公平正义是政法工作的生命线,司法机关是维护社会公平正义的最后一道防线。政法战线要肩扛公正天平、手持正义之剑,以实际行动维护社会公平正义,让人民群众切实感受到公平正义就在身边。①

——习近平

## 第一节 行政判决的概念与种类

### 一、行政诉讼裁判概述

人民法院在行政诉讼中的各个不同阶段,常常要对各种不同事项——实体的或程序的事项,作出有确定力、拘束力和执行力的意思表示。这种意思表

① 习近平:《习近平谈治国理政》(第1卷),外文出版社有限责任公司2014年版,第145、148页。

示,根据诉讼不同阶段中相应处理事项的不同性质,采取不同的表现形式——判决、裁定或决定。例如,在诉讼开始阶段,人民法院确定对原告起诉不予立案、停止被告行政行为的执行等,采用"裁定"的形式;人民法院确定管辖权转移和指定管辖,采用"决定"的形式。在一审阶段,人民法院准许原告撤诉,采用"裁定"的形式;人民法院通过审理,对被诉行政行为合法性作出评价并据此对案件作出处理,采用"判决"的形式。在二审阶段,人民法院通过审理,确定维持原判或改判,采用"判决"的形式;确定撤销原判、发回重审,采用裁定的形式;等等。

本章主要讨论人民法院各种行政判决、裁定、决定适用的条件、场合,特别是一审判决适用于被诉行政行为的条件、场合,探讨人民法院应针对什么样的被诉行政行为,判决驳回原告的诉讼请求;认定具有什么样情形的被诉行政行为,方判决予以撤销;认定具有什么样情形的被诉行政行为,方判决予以变更,认定具有什么样情形的被诉行政行为,方作出确认相应行政行为违法或无效的判决等。至于各种判决、裁定、决定的具体形式、具体格式、具体体例等,它们与民事判决、裁定、决定的形式、格式和体例大体相同,各种民事诉讼法学著作或教科书已对它们作了详细介绍,故本书不加赘述。

## 二、行政判决的概念

行政判决是指人民法院对行政案件审理(一审、二审或再审)终结后,根据庭审认定的事实和相应法律规范,以国家审判机关的名义,对行政争议作出的实质性的处理决定。

我们可以从以下四个方面解析行政判决的含义:

### (一)行政判决的主体是人民法院

虽然具体负责审理行政案件和作出判决的机构是行政审判庭,直接审理行政案件和作出判决的审判组织是合议庭或独任审判的法官,但是合议庭或独任审判法官的判决是以人民法院的名义作出的,判决主体只能是人民法院。尽管人民法院内除了审判委员会可以对重大疑难案件作出决定外,其他任何机构都不能改变合议庭作出的判决。

### (二)行政判决裁决的争议是行政争议

这里的所谓"行政争议",是指因被诉行政行为引起的争议,是案件的实质问题，而不是行政诉讼过程中因受理、审理、裁判“行政争议”案件而产生的各种诉讼程序问题的争议。诉讼程序问题的争议不采用“判决”形式解决，而是采用“裁定”或“决定”形式解决。

（三）行政判决的根据是经庭审认定的事实和相应法律规范

《行政诉讼法》第5条规定，人民法院审理行政案件，以事实为根据，以法律为准绳。这里的“事实”，既不完全是原告起诉时向法院指控的事实，也不完全是被告在答辩时向法院提交的行政程序案卷中所展示的事实，而是经过法庭审查、质证，以法庭证据证明的事实。尽管这种事实与原告、被告描述的事实可能会有许多相同和一致之处。这里的“法律规范”，应既包括行政实体法规范，也包括行政程序法规范，还包括行政诉讼法规范。从而其不同于作为被诉行政行为的行政决定所根据的规范，作为被诉行政行为的行政决定所根据的规范只是行政实体法规范。

（四）行政判决是对案件实质性问题作出实质性处理的决定

行政诉讼过程中需要解决的问题很多，包括案件实质性问题（被诉行政行为的合法性问题）和诉讼程序性问题（如回避问题、诉讼中止问题等）。行政判决只解决案件实质性问题而不解决诉讼程序性问题，这前已述及，但对案件实质性问题的处理也并非都采用行政判决的形式。法院对案件实质性问题的处理分实质性处理和程序性处理两种情形，后者如对原告诉讼请求（如支付抚恤金、最低生活保障金或工作、医疗社会保险金等）的先予执行和在诉讼过程中停止被诉行政行为的执行，适用裁定的形式。行政判决只适用于前者，即对案件实质性问题的实质处理，而不适用于后者。

## 三、行政判决的种类

行政判决根据不同的标准可以对之进行不同的分类。在实践中比较常用的分类有下述五种：

（一）依判决的时间先后顺序为标准对行政判决的分类

依此标准，行政判决分为三类：一审判决、二审判决和再审判决。因为我国实行二审终审制，故二审判决又称“终审判决”。至于再审判决。因为其审判遵循的分别是一审程序和二审程序，故再审判决在实质上仍然是一审判决（可上诉）和二审判决（“终审判决”，不可再上诉）。

(二)依判决效力为标准对行政判决的分类

依此标准,行政判决分为生效判决和非生效判决两类。根据我国的审判体制,中级人民法院、高级人民法院的二审判决和最高人民法院的一审判决为生效判决。而基层人民法院、中级人民法院、高级人民法院的一审判决为非生效判决。但如果当事人在法定上诉期限内对一审判决不上诉,一审判决亦可转化为生效判决。

(三)依判决解决案件所涉问题范围为标准对行政判决的分类

依此标准,行政判决分为全部判决和部分判决两类。全部判决解决相应案件所涉的全部问题。部分判决仅解决相应案件所涉的部分问题。如法院审理原告请求一并解决民事、行政争议的案件,法院可先就案件的行政争议作出部分判决,或者先就案件的民事争议作出部分判决。

(四)依案件审理时当事人是否全部到庭为标准对行政判决的分类

依此标准,行政判决分为对席判决和缺席判决两类。对席判决是双方当事人全部到庭参加审理后作出的判决。缺席判决是案件审理时当事人一方未出庭,且经合法传唤无正当理由拒不到庭的情况下法院作出的判决。

(五)依行政判决的内容为标准对行政判决的分类

依此标准,行政判决分为驳回诉讼请求判决、撤销判决(又分全部撤销判决、部分撤销判决和同时判决重新作出行政行为),履行判决,确认判决(含责令采取补救措施或判决承担赔偿责任),变更判决,行政协议判决等 6 类。如果考虑到撤销判决和确认判决又各内含 3 小类,则为 10 类。

以上仅为一审判决的种类,二审判决还包括维持判决和改判两种类型。

## 第二节　行政诉讼的一审判决

人民法院审理行政案件,除非有特殊情况,经高级人民法院或最高人民法院批准延长期限外,必须自立案之日起 6 个月内作出一审判决。①

根据《行政诉讼法》第 69~78 条的规定,一审判决包括前述驳回诉讼请求

① 此审限是指从立案之日起至裁判宣告之日止的期间。鉴定、处理管辖争议或者异议以及中止诉讼的时间不计算在内。

判决、撤销判决(含部分撤销和同时判决重新作出行政行为)、履行判决、确认判决(含责令采取补救措施或判决承担赔偿责任)、变更判决、行政协议判决等六种形式。原《行政诉讼法》仅规定了维持判决(相当于现行《行政诉讼法》规定的驳回诉讼请求判决)、撤销判决、履行判决和变更判决 4 种形式。确认判决和行政协议判决是 2014 年修订的《行政诉讼法》予以补充的。

下面我们分别阐释现行《行政诉讼法》规定的上述六种形式判决的具体适用情形。

## 一、驳回诉讼请求判决

现行《行政诉讼法》将原《行政诉讼法》规定的"维持判决"改为"驳回诉讼请求判决"。之所以做这一改变,理由有二:其一,"维持判决"的"维持"没有体现人民法院行政审判对行政行为的监督性质;其二,人民法院审理行政案件,只审查行政行为的合法性,而不审查行政行为的合理性。有些行政行为虽然不存在合法性问题,但可能存在合理性问题,法院不能撤销、变更,但如果维持,行政机关在判决后就不能再改变行政行为,以解决其存在的合理性问题。用"驳回诉讼请求判决"取代"维持判决",法院就可以仅驳回原告提出的撤销、变更行政行为的请求,而不做出维持不合理行政行为的判决。法院甚至可以在做出驳回诉讼请求判决后,进一步向行政机关提出司法建议,指出被诉行政行为的不合理处,建议行政机关自行纠正。

驳回诉讼请求判决是指人民法院经过对被诉行政行为的审查,认定相应行政行为证据确凿,适用法律、法规正确,符合法定程序,或者认为原告申请被告履行法定职责或者给付义务理由不成立的,从而作出否定原告对被诉行政行为的指控和驳回其诉讼请求的判决。①

由此可见,对于原告起诉一般行政行为的案件,人民法院认定被诉行为合法,作出驳回诉讼请求判决必须符合三个条件:其一,证据确凿;其二,适用法律、法规正确;其三,符合法定程序。这三个条件缺一不可,缺少一个即不能适用驳回诉讼请求判决。而对于原告起诉不作为和行政给付的案件,人民法院认定行政机关行为合法,作出驳回诉讼请求判决的条件只有一个,那就是原告

---

① 参见《行政诉讼法》第 69 条。

请求理由不成立:如被告无相应法定职责,或者被告已经履行了法定职责,或者原告申请被告满足其某种请求或行政给付,其不具备法定条件等。

下面我们先对人民法院认定一般行政行为合法,作出驳回原告诉讼请求判决的三个条件分别加以简要的分析和阐述。

(一)证据确凿

“证据确凿”是指实施被诉行政行为的证据确实、可靠,对于所证事实具有证明力。作为驳回诉讼请求判决基本根据的“证据确凿”,必须达到下述四项要求:

(1)案件的事实均有相应的证据证明。如果一案中有些事实有证据证明,有些事实没有证据证明,该案就不能说已达到“证据确凿”。

(2)各项证据均是真实、可靠的。证据的真实性、可靠性是建立在对证据形成的原因、发现证据的客观环境、证据的形式(如是否为原件、原物等)、提供证据的人或者证人与当事人的关系和其他各种有关情况的全面深入地分析、评价、判断的基础上的。例如,对证人是否有作伪证的内部(因与案件有某种利害关系)或外部条件(外部引诱、威胁等),是否有证明所证事实的能力(年龄、健康状况等条件的影响),是否有证明所证事实的机会(是否在现场、是否有可能得到某种材料),传来证据的来源是否可靠、传递过程中是否变形、走样,作为鉴定意见的证据,其鉴定机构、鉴定人员、鉴定设备是否符合法定标准和要求、鉴定过程中有无舞弊现象等,均应加以分析、评价、判断。如果证据形成的原因或证据本身的质量存在疑点,相应案件就不能说已达到“证据确凿”。

(3)各项证据对所证事实是有证明力的。证据的证明力除了取决于证据的真实、可靠外,还取决于证据对所证事实的关联性。只有与案件事实紧密相关的证据对于相应事实才具有证明力。如果证据与所证事实没有关联性,或仅有很小的关联性,它对所证事实就缺乏证明力。证据对所证事实缺乏证明力,自然不能说相应案件“证据确凿”。

(4)各项证据相互协调一致,对整个案件事实构成完整的证明。作为证明一个案件相应事实的各项证据在逻辑上应该是协调一致、相互补充、相互印证的,而不应该相互冲突、相互矛盾。如果一个案件的各项证据之间相互冲突、相互矛盾,则说明这些证据中的某些证据,甚至整个证据都是虚假的、不可靠的，从而也就不可能构成“证据确凿”。

（二）适用法律、法规正确

“适用法律、法规正确”，是指行政机关实施被诉行政行为正确适用了相应的法律、法规，所适用的法律、法规正是调整相应行政行为的，或者说是相应行政行为正是受行政机关所适用的那些法律、法规所调整的。适用法律、法规正确，具体应达到下述要求：

（1）适用的法律、法规是调整相应被诉行政行为的，不能“张冠李戴”。为此，行政机关对被诉行政行为所基于的事实的性质应认定正确。正确认定事实的性质是正确适用法律、法规的基础。因为不同性质的事实是受不同的法律、法规调整的。当然，正确认定事实性质并不等于已正确适用法律、法规，要正确适用法律、法规，还必须根据相应事实的情况，正确选择相应的法律、法规的具体规范。例如，行政机关实施行政处罚行为，必须根据相对人的违法事实，正确选择适用法律、法规规定的处罚种类、处罚幅度等。如选择适用错误的处罚种类、处罚幅度，就不能认定该被诉行政行为适用法律、法规正确。

（2）适用的法律、法规不与上位阶法律、法规相冲突。如果调整相应行政行为的法律、法规既有上位阶（其规范可能比较原则）的，也有下位阶（其规范可能比较具体）的，二者不相冲突，一般应同时适应。如果二者不一致，下位阶的法律、法规与上位阶的法律、法规相抵触，则只能适用上位阶的法律、法规而不能适用下位阶的法律、法规。

（3）适用的法律、法规是有效的法律、法规。法律、法规适用错误的情形是各种各样的，其中包括适用了无效、失效或尚未生效的法律、法规，如适用了已经撤销、废止了的法律、法规或适用了已经发布，但尚未到达生效日期的法律、法规。

（4）适用的法律、法规全面。行政机关实施被诉行政行为，应根据相应事实所具有的情节，全面地适用法律、法规。被诉行政行为所基于的事实通常具有法律、法规规定的若干情形，如从重、从轻处罚的情形，增加或限制有关权利、减免有关义务的情形，等等。行政机关实施被诉行政行为，应当考虑到相应事实所具有的各种情形，全面地适用法律、法规。既适用有关法律、法规的分则规定，也适用有关法律、法规的总则规定；既适用法律、法规对一般情况的规定，也适用法律、法规对有关特殊情况的规定。如果行政机关只适用了法律、法规的分则规定,忽视了有关的总则规定;只适用了法律、法规对一般情况的规定,而忽视了法律、法规对有关特殊情形的规定,就不能认定该被诉行政行为适用法律、法规正确。

(三)符合法定程序

“符合法定程序”是指行政机关实施被诉行政行为是根据法律、法规规定的方式、形式、手续、步骤、时限等进行的,符合行政行为的法定“操作规程”。其具体要求包括:

(1)符合法定方式。法律、法规规定相应行政行为要采取某种方式,如公众参与、专家论证、风险评估、合法性审查、集体讨论决定,①或者先行招标、投标、挂牌、拍卖,或者确认、裁决等,②被诉行政行为必须采取相应方式。不采取相应方式就不能认定其符合法定程序。

(2)符合法定形式。法律、法规规定相应行政行为要采取某种形式,如要求采用文书、证书、加盖印章等形式的,③被诉行政行为必须采取相应形式。不采取相应形式就不能认定其符合法定程序。

(3)符合法定步骤。法律、法规规定相应行政行为的实施要采取一定的步骤,如行政机关实施行政处罚要经过告知、说明理由、听取申辩、作出处罚决定和送达处罚决定书等步骤,④被诉行政行为必须按相应步骤进行。违反相应步骤就不能认定其符合法定程序。

(4)符合法定顺序。法律、法规规定相应行政行为的实施要遵循某种预定顺序进行的,如行政机关实施行政裁决行为应先取证、后裁决,行政行为就必须按这种顺序进行。⑤ 如果行政机关违反这种顺序,先裁决、后取证,即使裁决是正确的,但被诉行政行为仍应以违反法定程序为由确认违法或者予以撤销。

(5)符合法定时限。法律、法规规定了相应行政行为实施的一定时限的,如《治安管理处罚法》规定,公安机关传唤违反治安管理的人进行询问查

① 参见《重大行政决策程序暂行条例》第14~33条。

② 参见《优化营商环境条例》第13条。

③ 参见《行政处罚法》第34条、《行政许可法》第38条、《行政强制法》第37条等。

④ 参见《行政处罚法》第31~43条。

⑤ 参见《行政处罚法》第30条。

证,询问查证时间不得超过 8 小时,情况复杂,依法可能适用行政拘留处罚的,询问查证时间不得超过 24 小时等,[①]被诉行政行为必须在法定时限内进行。超过法定时限就不能认定其符合法定程序。

人民法院对一般被诉行政行为进行审查,只有确认相应行为符合上述要求——证据确凿,适用法律、法规正确,符合法定程序,才能认定相应行为合法和判决驳回原告诉讼请求。根据《行政诉讼法》第 69 条的规定,被诉行政行为只要符合上述要求,人民法院即可作出驳回原告诉讼请求判决。但是,我们考察《行政诉讼法》第 70 条,认定被诉行政行为合法和判决驳回原告诉讼请求仅有上述三个条件是不够的。除了上述三个条件外,要认定被诉行政行为合法和判决驳回原告诉讼请求还必须要求行政行为不超越职权、无滥用职权和明显不当的情形。否则,相应行为即应判决撤销或确认违法。

对于原告起诉不作为和行政给付的案件,人民法院认定行政机关行为合法,作出驳回原告诉讼请求判决的条件,《行政诉讼法》规定的条件是原告请求理由不成立。

所谓“原告请求理由不成立”,一般包括下述情形:

(1)被告没有作出原告所申请的行政行为的法定职责。原告申请被告履行保护人身权、财产权等合法权益的法定职责,被告履行必须以其具有这种法定职责为前提。例如,起诉人子女被人拐卖,其以法定代理人身份请求解救,具有解救法定职责的行政机关应是公安机关。其如果不是向公安机关而是向教育管理机关请求解救,教育管理机关不履行,其向法院起诉,法院就可以“请求理由不成立”而作出驳回原告诉讼请求的判决(应同时告知相对人向公安机关提出请求)。

(2)原告申请被告履行法定职责没有基本的事实根据和理由。原告申请被告履行法定职责必须有基本的事实根据和理由。如果其没有基本的事实根据和理由,被告不可能履行。例如,原告申请颁发许可证、执照,其必须向行政机关提交申请书和法律规定需要提交的材料。行政机关要求其提交,其拒绝提交,行政机关自然无法向其颁发证照。在这种情况下,其向法院起诉,法院即可以“请求理由不成立”而作出驳回原告诉讼请求的判决。

---

① 参见《治安管理处罚法》第 83 条。

(3)原告申请被告支付抚恤金、最低生活保障待遇或社会保险待遇而不具备法定条件的。原告取得上述行政给付待遇,必须符合法律、法规规定享受相应行政给付待遇的条件。如果其不具有相应法定条件,其向被告申请,被告自然不能给其支付。例如,某公职人员因私事致残或病故而非因公致残或因公致死、牺牲,即不符合领取抚恤金的法定条件。其如果向行政机关申请支付抚恤金,行政机关自然无法向其支付。在这种情况下,其向法院起诉,法院即可以“请求理由不成立”而作出驳回原告诉讼请求的判决。

## 二、撤销判决

“撤销判决”指人民法院经过对被诉行政行为的审查,认定相应行政行为具有《行政诉讼法》第 70 条规定情形的,作出满足原告请求,撤销被告所作出的行政行为的判决。

撤销判决包括三种形式:(1)判决全部撤销;(2)判决部分撤销;(3)判决撤销并同时判决被告重新作出行政行为。

撤销判决适用于具有《行政诉讼法》第 70 条规定的 6 种情形之一的被诉行政行为。此不同于驳回原告诉讼请求的判决,驳回原告诉讼请求的判决是适用于具有《行政诉讼法》第 69 条规定的各项情形(而不是情形之一)的具体行政行为。

《行政诉讼法》第 70 条规定的 6 种情形为:(1)主要证据不足的;(2)适用法律、法规错误的;(3)违反法定程序的;(4)超越职权的;(5)滥用职权的;(6)明显不当的。下面我们首先分析适用撤销判决的行政行为所具有的这 6 种情形,然后再探讨具有这些情形的行政行为在适用 3 种不同撤销判决时的差异。

### (一)主要证据不足

“主要证据不足”是指行政机关实施被诉行政行为缺少必要的证据证明作为其行为根据的事实。行政机关实施一定行政行为必须基于一定的事实根据,而行政机关认定一定的事实必须有必要的证据。所谓“必要”,就是必不可少的,缺少了就不能认定相应事实。这种认定事实必不可少的证据就是“主要证据”。当然行政机关认定相应事实除了这种必不可少的主要证据外,通常还会有一些其他次要证据。这种次要证据,能够进一步证明行政机关对相应事实的认定,但是缺少这种次要证据也并不影响行政机关对相应事实的认定。例如,行政机关对某一相对人实施治安管理处罚所认定的事实是该相对人偷窃少量公私财物。对于这一事实的认定,行政机关有证明该相对人作案的时间、作案行为、作案标的(赃物)的证据,还有证明其曾流露过作案动机和准备过作案工具的证人证言。在这些证据中,证明该相对人作案时间、作案行为、作案标的(赃物)的证据对于相应事实的认定很可能就是必要的,而证明其曾有作案动机和曾准备过作案工具的证据对于相应事实的认定就不一定是必不可少的:有这些证据能更进一步证明其违法事实的存在,没有这些证据也不能推翻对相应违法事实的认定。因此,《行政诉讼法》规定以"主要证据不足",即缺少认定事实的必要的证据,作为人民法院撤销相应具体行政行为的根据,而未规定以一般的"证据不足"作为撤销根据。

(二)适用法律、法规错误

"适用法律、法规错误"是指行政机关实施相应被诉行政行为依据了不相适应的法律、法规,依据的法律、法规不是调整相应行为而是调整其他事物的,或者说,相应行为是不应受行政机关所适用的法律、法规调整而应受其他法律、法规调整的。适用法律、法规错误主要有下述 7 种情况:

(1)相应行政行为应适用彼法律、法规,而行政机关错误地适用了此法律、法规,即"张冠李戴"。

(2)相应行政行为应适用法律、法规的彼条款,而行政机关错误地适用了此条款。

(3)相应行政行为适用的法律、法规与上位阶的法律、法规相抵触。

(4)相应行政行为应同时适用两个或几个有关法律、法规,而行政机关仅适用了其中某一个法律、法规;或该行为只应适用某一法律、法规,而行政机关却另适用了其他不应适用的法律、法规。

(5)相应行政行为应同时适用法律、法规的两个或几个条款,而行政机关仅适用了其中某一个条款;或该行为只应适用某一法律、法规的某一条款,而行政机关却另适用了其他不应适用的条款。

(6)相应行政行为适用了过时的、已被废止、撤销或尚未生效的法律、法规。

(7)相应行政行为应适用特别法条款而适用了一般法条款。

导致适用法律、法规错误的原因主要有五个方面:

其一,行政机关对事实的性质认定错误。例如,某行政机关曾将一大学生以同宿舍学生有不轨行为拟告知其女朋友为由,要求其给付 3000 元可为之保密的行为,错误地认定为招摇撞骗行为,导致其对之未适用本应适用的《治安管理处罚法》第 49 条关于"敲诈勒索"行为处罚的规定,而错误地适用了《治安管理处罚法》第 51 条的规定;又如,某行政机关曾将几个未成年人结伙斗殴、寻衅滋事的行为,错误地认定为结伙殴打、伤害他人的行为,导致对之未适用本应适用的《治安管理处罚法》第 26 条,而错误地适用第 43 条;等等。

其二,忽略了事实的有关情节。例如,行政机关收税,只注意到了相对人的盈利、收入,而忽略了相对人此种盈利或收入具有的减免税收的情形,即可能导致适用法律、法规的错误;又如,行政机关对相对人实施行政处罚,只注意到了相对人的某种违法行为,而忽略了相对人在其主体和行为上具有的从轻或免除处罚的情形,亦可能导致适用法律、法规的错误;等等。

其三,对法律、法规的理解错误。行政机关适用法律、法规错误有时不是出于对事实的性质的错误认定或对事实有关情节的忽略,而是由于对法律、法规本身理解的错误。例如,某法律、法规规定相对人行为在某一数量范围之内即受该法律、法规调整,在该数量范围之外,则受其他法调整,并在附则中说明"之内"包括本数,"之外"不包括本数,而行政机关适用法律、法规时未顾及附则,将"之内"理解为不包括本数,故导致适用法律、法规的错误。

其四,在法律规范冲突时,未遵循《立法法》确定的规则选择适用法律规范。行政机关在实施行政行为时,往往会发现某一行为可能同时受几个法律、法规调整的现象。这些法律、法规中的规范如果不一致,发生冲突,行政机关必须根据《立法法》确定的规则,如新法优于旧法、特别法优于普通法、上位阶法优于下位阶法等,正确选择适用法律、法规。行政机关如果不遵循长期以来人们形成的处理法律规范冲突的有关既定法律原则,任意选择适用法律规范,就会导致适用法律、法规的错误。

其五,对法律、法规不熟悉或工作马虎、粗枝大叶。行政机关适用法律、法规错误有时可能是因为其工作人员对法律、法规不熟悉,其不知道调整相应问题究竟有哪些法律、法规,哪个法律、法规效力位阶最高,哪个法律、法规已经过时,为新法所代替等,故临时找着哪个法律、法规就适用哪个法律、法规,这样就不可能不发生适用法律、法规错误。此外,行政机关工作人员不认真,工作马马虎虎，粗枝大叶，不全面了解案情，不仔细分析案中事实的性质，不认真查阅和研究有关的法律条文，在其作出行政决定后，随随便便找上几个法律条款为之根据，也会导致适用法律、法规的错误。

（三）违反法定程序

“违反法定程序”是指行政机关实施被诉行政行为违反法律、法规规定的方式、形式、步骤、顺序、时限等，未遵循法定“操作规程”而任意行为。行政机关实施任何行政行为，都必须采取一定的方式，具有一定的形式，履行一定的手续，遵循一定的步骤和在一定的时限内完成。这些方式、形式、手续、步骤、顺序、时限等，有的是法律、法规明确规定的，有的法律、法规并未作明确规定。法律、法规规定了的即为法定程序，行政行为必须遵循，违反了即导致该行为的无效。法律、法规未规定即意味着立法机关（包括行政立法机关）赋予行政执法机关以自由裁量权，行政执法机关可根据当时当地的情况和所要处理的问题的实际情况选择其认为最适当的方式、形式、手续、步骤、顺序、时限实施具体行政行为。这种选择只要没有违反一般常理、违反正当法律程序、构成滥用自由裁量权，即不会影响该行为的法律效力。

行政行为违反法定程序是对相对人程序权利的侵犯。侵犯相对人的程序权利在很多情况下会导致对相对人实体权利的侵害，但在某些情况下，侵犯程序权也并不一定导致侵害实体权利。在实践中，行政行为违反法定程序有时对相对人实体权利并不发生损害或对实体权利仅有很小的影响。对此种行为，人民法院是否必须予以撤销呢？从严格的法治角度讲是必须撤销的。不如此则不能促使行政机关及其工作人员无条件地依法办事。再者，《行政诉讼法》第70条规定违反法定程序作为撤销根据并未附任何条件，如必须给相对人实体权利造成了一定程度的损害等。当然，从效率的角度讲，行政行为违反法定程序（特别是指导性质的程序）未给相对人实体权利造成损害，人民法院在给行政机关提出司法建议，要求其补正或在以后注意的前提下予以维持也许是可取的。但从长远的眼光看问题，法治自然还是以严为好。对违反法定程序（特别是命令性的程序）的具体行政行为，不管其是否给相对人实体权益造成重要影响，均不应承认其效力，而应责成行政机关重新依法定程序作出相应行政行为。

目前，我国尚未制定统一的《行政程序法》，行政程序法制尚不完善，对于许多行政行为,法律、法规并未明确规定其实施的程序。行政机关实施这类行为是自行选择适当的程序。相对人如对行政机关这种自行选择的程序有异议,以此种程序不当,侵犯其合法权益为由请求法院撤销相应行政行为,法院大多不予认可。因为根据《行政诉讼法》,法院只能以程序违法为根据而不能以程序不当为根据撤销被诉行政行为。但是行政机关选择的程序如果违背正当法律程序,违背基本的公正要求,违背法律的目的、原则和精神,如作出对行政相对人不利的行政行为不告知行为根据、不说明理由、不听取申辩等,此即使不构成"违反法定程序",亦可构成"滥用职权"。人民法院可以以"滥用职权"为根据,撤销相应被诉行政行为。

关于"正当法律程序",笔者曾在一篇论文中进行过专门探讨。在该文中,笔者认为,正当法律程序原则有广义和狭义之分。广义的正当程序原则指整个行政法的程序性基本原则,包括公正、公开、公平原则;狭义的正当程序原则仅指相当于英国行政法中"自然正义"(Natural Justice)和美国行政法中"正当法律程序"(Due Process of Law)的原则。在西方国家,对行政行为特别要求程序公正,因此,正当法律程序原则是它们行政法的重要基本原则。正当法律程序原则的基本含义是行政机关作出影响行政相对人权益的行政行为,必须遵循包括事先告知相对人、向相对人说明行为的根据、理由,听取相对人的陈述、申辩,事后为相对人提供相应的救济途径等。正当法律程序原则起源于英国古老的自然正义原则,该原则已存在几个世纪,它包含两条基本规则:其一,任何人不应成为自己案件的法官。根据这一规则,行政机关实施任何行政行为,参与行为的官员如果与该行为有利害关系,或被认为有成见或偏见,即应回避,否则,该行为无效。其二,任何人在受到惩罚或其他不利处分前,应为之提供公正的听证或其他听取其意见的机会。根据正当程序规则,公民在财产被征收、征用、申请许可证照被拒绝,或受到吊销证照、罚款、开除公职等处罚或纪律制裁等不利处分前,行政机关均应事前给予其通知,告知处分根据、理由,听取其申辩意见的机会。否则该处分将被司法审查确认无效。正当法律程序原则后来在美国宪法修正案中以成文法确定:任何人未经正当法律程序不得剥夺其生命、自由或财产。开始,这一宪法条款适用范围较窄,之后,特别是自20世纪以来,随着对生命、自由、财产的宽泛解释,这一条款适用的范围越来越广泛,甚至包括公民领取抚恤金、救济金和政府大量的福利行为,这些抚恤、救济等福利行为也被认为与公民的生命、自由、财产有关，因此其拒绝提供或取消其继续提供亦要适用正当法律程序，如通知、说明理由、听取意见或举行听证等。20世纪中期以后，随着各国行政程序立法的发展，正当程序原则在世界许多国家得到确立和广泛适用。许多欧洲大陆法系国家（如德国、葡萄牙、西班牙、荷兰等），许多亚洲国家和地区（如日本、韩国、我国澳门特区、我国台湾地区等）都陆续制定了行政程序法，通过立法确立正当程序原则为行政法的基本原则。本书所提及的正当法律程序原则为狭义的正当程序原则，其要求主要有下述三项：其一，自己不做自己的法官。所谓"自己不做自己的法官"，就是行政机关及其工作人员处理涉及与自己有利害关系的事务或裁决与自己有利害关系的争议时，应主动回避或应当事人的申请回避。在西方国家，"自己不做自己的法官"是正当法律程序原则的首要要求，根据这一要求，不仅行政官员在处理有关事务或裁决有关纠纷时，如涉及其本身或亲属利益要予以回避，而且行政机关还应设置相对独立的机构（如行政裁判所、行政法官等）裁决涉及行政管理的有关争议；行政机关处理行政相对人的违法行为，进行调查和提出指控的机构不能直接作出处理裁决，而要提请与之有相对独立性的机构裁决。否则，亦构成"自己做自己的法官"的行政违法，违反"自己不做自己法官"的公正原则。我国《公务员法》明确规定了回避原则。虽然没有"自己不做自己法官"的表述，但其精神和要求是相同的。行政复议和行政诉讼都是由实施相应行政行为以外的机关处理行政争议，避免行为机关"自己做自己的法官"。其二，说明理由。行政机关做出任何行政行为，特别是做出对行政相对人不利的行政行为，除非有法定保密的要求，都必须说明理由。对于抽象行政行为，如制定行政法规和规章，应通过政府公报或其他公开出版的刊物说明理由；对于具体行政行为，应通过法律文书（或口头）直接向行政行为的相对人说明理由。我国《行政处罚法》《行政许可法》《行政强制法》等法律、法规均明确规定了行政行为说明理由的要求。其三，听取陈述和申辩。行政机关做出任何行政行为，特别是做出对行政相对人不利的行政行为时，必须听取相对人的陈述和申辩。行政机关做出严重影响行政相对人合法权益的行政行为，还应依相对人的申请或依法主动举行听证，通过相对人与执法人员当庭质证、辩论，审查行政机关据以作出行政行为的事实、证据的真实性、相关性与合法性。我国《行政处罚法》《行政许可法》

《行政强制法》等法律、法规均明确规定了行政机关作出行政行为听取相对人陈述和申辩以及听证的要求。[①]

(四)超越职权

“超越职权”是指行政机关超越了法律、法规授予的权限,实施了其无权实施的行为。超越职权主要有下述四种情况:

(1)下级行政机关行使了法律、法规授予上级行政机关的职权。如根据《土地管理法》的规定,农村村民住宅用地,须经乡(镇)人民政府审核,由县级人民政府批准。[②] 乡级人民政府如批准农民住宅用地,即是越权。根据法理,上级行政机关在必要时有权将自己行使的某些权限委托下级行政机关行使。下级行政机关根据上级行政机关的委托行使上级机关的相应职权不属于越权,而是合法的行为。但是职权委授应有法律、法规的根据,如没有明确的法律、法规根据,则应符合法理;否则,即构成违法。例如,根据法理,行政机关的某些职权是不能委授的,像国务院决定在省、自治区、直辖市范围内部分地区戒严的权限,制定行政法规的权限等,就不能委授地方政府行使。[③]

(2)甲部门行政机关行使了法律、法规授予乙部门行政机关的职权。如根据有关法律、法规,吊销违法企业的营业执照属于市场监管机关的权限,其他行政机关在进行管理中如吊销企业的营业执照,即属越权。

(3)甲地域行政机关行使了法律、法规授予乙地域行政机关的职权。根据宪法和地方组织法,地方各级人民政府管理本行政区域内的各项行政工作。因此,发生在河北省的治安违法行为应由河北省公安机关处理,发生在河南省的物价违法行为应由河南省物价管理机关处理。如果河南省的公安机关处理发生在河北省的治安违法行为,河北省的物价管理机关处理发生在河南省的物价违法行为,即属越权。

---

① 参见姜明安:《行政程序立法及其基本原则》,载《中国司法》2006 年第 5 期,第 15~20 页。

② 参见《土地管理法》第 62 条。

③ 上级行政机关行使下级行政机关的职权能否构成越权?在一般情况下,上级行政机关行使下级行政机关的职权是不会构成越权的,特别是当下级行政机关失职、不作为的情况下,上级行政机关既可责令下级行政机关行使职权,也可自己直接行使。但是,当法律、法规规定某种行政职权只能由下级行政机关行使,或依相应行政职权的性质只能由下级行政机关行使时,上级行政机关行使下级行政机关的职权亦可构成越权。在实践中,有些上级行政机关为了某些经济上的利益(如审批收费或处罚罚款)而越级行使下级行政机关的权力的情况是存在的。

根据法理，部门行政机关和地方行政机关在必要时均可将应由自己办理的某些事项委托其他部门行政机关或其他地方行政机关办理。其他部门行政机关和其他地方行政机关根据委托办理不属自己职权范围内的事项不属于越权，而属合法行为。当然委托行为必须合法，委托机关不能把法律、法规规定或根据法理不能委托的事项委托其他机关办理。例如，公安机关不能把自己实施行政拘留的权限委托其他行政机关行使。此外，委托必须有合法的程序和手续，否则，委托行为即为非法。委托行为的非法即导致被委托机关实施委托行为的无效。

(4)内部行政机构行使了外部行政执法机构的职权。根据行政机关的工作对象和工作性质，行政机关分为内部行政机构和外部行政执法机构。内部行政机构（如办公厅、内部人事、财务管理机构等）没有直接对外管理的职能，不能直接实施影响相对人权益的行政行为。内部行政机构如实施外部行政执法行为，即是侵越外部行政执法机构的职权，属于越权。

（五）滥用职权

“滥用职权”是指行政机关行使职权背离法律、法规的目的，背离基本法理，其所实施的行政行为虽然形式上在其职权之内，但其内容与法律、法规设定该职权的旨意相去甚远。滥用职权主要有下述表现：

(1)以权谋私。行政机关工作人员在实施被诉行政行为时利用职权实现自己的个人目的或者为自己或自己的亲朋好友谋私利。例如，行政机关办理甲乙两人的许可证申请时，公民甲的条件本优于公民乙，行政机关工作人员因与公民乙有某种关系，却将许可证发给公民乙而不发给甲。又如，行政机关对某违法者实施行政处罚时，其工作人员因对某违法者有私怨，故意对其科以法定幅度内最重的处罚，而就该违法者违法行为的情节衡量，其本只应受到法定幅度内较轻的处罚。行政机关工作人员的这类行为均属滥用职权。

(2)专断。又称“主观武断”，指行政机关在实施被诉行政行为时，任意所为，不考虑各种相关因素，或者考虑不相关的因素。例如，行政机关收税时，对于相对人具有减免税的有关情形，本应予以考虑，而行政机关拒绝予以考虑，此即为“不考虑相关因素”。又如，行政机关在处理某致害人殴打他人的治安案件中，考虑到致害人是某领导人的亲属，尽管其已导致明显的伤害，仍然拒绝被害人的要求，对致害人仅予以警告处罚，此即为“考虑不相关因素”。

不考虑相关因素或考虑不相关因素的专断行为均属滥用职权的表现。

(3)反复无常。行政机关实施被诉行政行为时,无任何确定标准,今天这样,明天那样,此地这样,彼地那样,对张三这样,对李四那样,翻来覆去,任意所为,称为"反复无常"。例如,公民向有关行政机关申请进行住宅建设,行政机关开始予以批准,过些天又无故撤销批准,致使该公民购买的大量建筑材料退货,导致很大的损失;又如,行政机关处理甲乙两人同样性质、同样情节的违法行为,今天对甲仅处以罚款的处罚,明天对乙却处以没收非法所得、罚款和吊销营业执照的处罚。虽然都在法律规定的处罚范围之内,但自由裁量却完全失去起码的标准,故构成滥用职权。

(4)人身迫害。行政机关工作人员在实施行政行为时,出于强逼口供证据或者打击报复或显示个人权威的目的,对相对人进行人身迫害,如殴打、污辱、捆绑、滥用警具等。

(5)故意拖延。行政机关对于行政相对人的申请、请求故意拖延办理,以使相对人要求办理的某种事项超过时效而不能办理或虽未超过时效但因拖延过久,时过境迁,再办理相应事项对于相对人已无任何意义。这种故意拖延的行为显然也是一种滥用职权的表现形式,但是对于这种滥用职权的行为,人民法院适用撤销判决有时是不能解决任何问题的。对于相对人要求办理的某种事项,如果还有可能办理,且此时办理对于相对人仍有意义,人民法院应适用我们在下面要讨论的履行判决。但是如果相应事项到法院审理判决时办理已不可能或此时办理对于相对人已失去意义,则履行判决也是不适用的。对此,人民法院应适用我们在下面要讨论的"确认判决":人民法院通过审理,确认相应行为违法,相对人根据此种判决可以要求行政机关赔偿相应行为给其造成的损失。对于此种判决形式,原《行政诉讼法》虽然没有规定,但《行政诉讼法司法解释》(1999年)曾予以了确定。

(六)明显不当

作为撤销判决情形之一的"明显不当",是现行《行政诉讼法》增加规定的,原《行政诉讼法》并没有这一规定。之所以增加规定这一情形,是基于以下三个方面的考虑:其一,某些行政行为虽然在形式上不违法,但其不当、不合理已达到实质违法的程度,即违反法律的目的、原则、精神,行政审判有必要对之加以监督;其二,对"明显不当"的行政行为,法院加以撤销,并判决行政机关重新作出行政行为，而不是直接加以改变，代替行政机关做出行政行为，符合司法权与行政权分工的原则；其三，原《行政诉讼法》没有明确将“明显不当”的行政行为列举为行政诉讼撤销判决的情形，是有通过“滥用职权”款项解决行政行为“明显不当”问题的考虑。因为行政行为“明显不当”完全可以构成“滥用职权”。但是原《行政诉讼法》施行 20 多年中，行政法官很少有人适用“滥用职权”款项撤销行政行为，因为“滥用职权”似乎是特别严重的违法，可能导致有关部门对作出相应行为的公职人员的严厉问责，法官“下不了手”。所以现行《行政诉讼法》将“明显不当”作为一种单独的撤销情形，会消除法官适用的顾虑，有利于保障行政相对人的权益。

“明显不当”是明显的不合理、不公正，是具有通常法律意识和道德水准的人均可发现和认定的不合理、不公正。行政行为明显不当主要有下述情形：

(1)行政处罚行为畸轻畸重。行政机关对相对人科处的行政处罚虽在法定种类和法定幅度之内，但相对于相对人的违法行为及其情节来说，明显地显现出过轻或过重。例如，某人仅在路边摆摊卖了几件衣物，并未妨碍交通和造成任何损害后果，城管部门即给予其 1000 元的罚款处罚和没收全部所卖衣物，此处罚即明显过重；某婆婆将其儿媳打得鼻青脸肿，导致其轻微伤害，公安机关仅给予其警告处罚，此处罚即明显过轻。

(2)行政许可厚此薄彼。例如，甲乙两人同时申请一项竞争性许可，甲乙虽然都符合相应许可的申请条件，但甲的条件明显优于乙。然而行政机关却把许可证颁发给了乙，而不是颁发给条件更优的甲。此行政许可行为显然明显不当。

(3)同样情况，不同对待；不同情况，同样对待。例如，两人共同实施同一违法行为，其违法情节完全相同，且具有同样的主观恶性和危害后果，行政机关对其中一人予以拘留，对另一人仅予以警告，此即为“同样情况，不同对待”；另有两人实施同一违法行为，但一人为谋划和直接行为者，另一人仅予以了一定的协助，行政机关对两人科以完全相同的处罚，此即为“不同情况，同样对待”。

(4)反复无常。“反复无常”是指行政机关对同样的事项，今天这样处理，明天那样处理，此处这样处理，彼处那样处理，虽在法律范围之内，但裁量过分任性，全无标准。反复无常虽然也可以是“滥用职权”的表现，但反复无常不管有无恶意,均可导致行为明显不当。例如,行政机关对企业实施监管,今天要求企业采取某项措施,企业照办了,明天又要求企业取消该项措施而实施另外的措施,导致相对人大量人力、物力、财力的耗费。

前面我们提到撤销判决有 3 种具体形式:判决全部撤销、判决部分撤销、判决撤销的同时判决被告重新作出行政行为。这 3 种不同的撤销判决分别适用于具有不同情形的被诉行政行为。判决全部撤销适用于整个被诉行政行为均有违法的情形;或者整个被诉行政行为既有违法的因素,也有合法的因素,但相应行政行为是不可分的,且行为的基本内容是违法的情形。判决部分撤销适用于被诉行政行为部分合法、部分违法,且相应行为是可分的情形。判决撤销的同时判决被告重新作出行政行为适用于被诉行政行为违法,但被相应行政行为违法处理的问题需要重新得到处理的情形。例如,行政机关对实施了一定违法行为的相对人科处行政处罚适用法律、法规不当或违反法定程序,该行政行为是违法的(实体违法或程序违法),应予撤销,但相对人的违法行为是实际存在的,故必须判决行政机关重新对相对人依法科处处罚。

此外,撤销判决在实践中还可能遇到以下三个问题:一是对于经过复议的行政行为,法院判决撤销对于原复议决定有何效力,法院如何处理复议决定?二是法院判决撤销被诉行政行为后,行政机关可否作出与被撤行为相同或基本相同的行为?三是法院依法应当判决撤销被诉行政行为,但判决撤销被诉行政行为后可能给国家利益、社会公共利益造成重大损害,应如何处理?

对于第一个问题,《行政诉讼法》第 79 条规定,“复议机关与作出原行政行为的行政机关为共同被告的案件,人民法院应当对复议决定和原行政行为一并作出裁判”。《行政诉讼法司法解释》(2018 年)第 89 条规定,“复议决定改变原行政行为错误,人民法院判决撤销复议决定时,可以一并责令复议机关重新作出复议决定或者判决恢复原行政行为的法律效力”。

对于第二个问题,《行政诉讼法》第 71 条规定,“人民法院判决被告重新作出行政行为,被告不得以同一的事实和理由作出与原行政行为基本相同的行政行为”。《行政诉讼法司法解释》(2018 年)第 90 条规定:“人民法院判决被告重新作出行政行为,被告重新作出的行政行为与原行政行为的结果相同,但主要事实或者主要理由有改变的,不属于行政诉讼法第七十一条规定的情形。人民法院以违反法定程序为由,判决撤销被诉行政行为的,行政机关重新作出行政行为不受行政诉讼法第七十一条规定的限制。行政机关以同一事实和理由重新作出与原行政行为基本相同的行政行为，人民法院应当根据行政诉讼法第七十条、第七十一条的规定判决撤销或者部分撤销，并根据行政诉讼法第九十六条的规定处理。即按其拒绝履行法院判决而对之采取强制执行措施”。

对于第三个问题，根据《行政诉讼法》第74条的规定，被诉行政行为依法应当撤销，但撤销会给国家利益、社会公共利益造成重大损害的，人民法院应判决确认被诉行政行为违法，但不撤销被诉行政行为，可同时责令被告采取补救措施给原告，依法判决被告承担赔偿责任。

### 三、履行判决

“履行判决”是指人民法院对行政案件经过审理，认定被告具有不履行或拖延履行法定职责的情形，作出责成被告在一定期限内履行法定职责的判决。[①]

履行判决适用于两种情形：其一，行政机关不履行法定职责；其二，行政机关拖延履行法定职责。所谓“不履行”，是指行政机关明确拒绝履行，且已超过法定履行期限而未履行。超过法定履行期限虽然属于违反法定程序，但对于此种情况不能适用撤销判决，因为无行为可撤；即使将不作为视为一种消极行为，将撤销此种消极行为视为确认该行为违法的话，此种判决也不能给予相对人以有效的救济。因此，对此种不作为，适用履行判决应该说是最适当的。所谓“拖延履行”，是指行政机关对于法律、法规未明确规定履行期限的有关事项故意拖延办理，或者对于某些紧急事项不及时办理（虽未超过法定期限）。拖延履行法定职责可以认为是一种滥用职权的行为，但此种行为，如我们在前面已分析的，不能适用撤销判决，而应适用履行判决；如履行已无意义，则应适用确认判决。

履行判决主要适用于对《行政诉讼法》第12条规定的作为人民法院受案范围的行政行为中的第3、6、10项行为的裁决：（1）行政机关拒绝行政相对人申请颁发许可证、照或申请作出其他行政许可行为，或者对行政相对人的相应

---

① 参见《行政诉讼法》第72条和第12条第1款第3、6、10项。

申请不予答复的行为;(2)行政机关拒绝履行保护人身权、财产权的法定职责或对行政相对人的相应申请不予答复的行为;(3)行政机关不依法支付相对人抚恤金、最低生活保障待遇或者社会保险待遇的行为。

对于行政机关拒绝行政相对人申请颁发许可证、执照或申请作出其他行政许可的行为,人民法院经过审理,如果查明相对人确实符合法定条件,且行政机关举不出拒绝作出相应许可行为的法律根据和事实根据,人民法院应作出责成行政机关在一定期限内作出相应许可行为的履行判决。而对于行政机关不予答复的行为,只要行政机关超过法定答复期限,人民法院即可判决其在一定期限内予以答复。行政机关的答复自然包括两种可能性:同意行政相对人的申请作出相应许可行为或者不同意行政相对人的申请,拒绝作出相应许可行为。对于行政机关不同意行政相对人申请,拒绝作出相应许可行为的决定,相对人仍然享有诉权,可再次提起行政诉讼。为了避免这种重复诉讼的情况,人民法院在审理不予答复的案件中,通常同时审理相对人是否具有所申请的许可的法定条件,如果相对人具有法定条件,且行政机关举不出拒绝相对人申请的法律根据和事实根据,人民法院即可一并作出责成行政机关作出行政相对人所申请的行政许可行为的履行判决,而不是只能作出责成其答复的判决。

因行政机关不履行、拖延履行法定职责,致使公民、法人或者其他组织的合法权益遭受损害的,人民法院应当判决行政机关承担行政赔偿责任。在确定赔偿数额时,应当考虑该不履行、拖延履行法定职责的行为在损害发生过程和结果中所起的作用等因素。①

对于行政机关拒绝履行保护公民、法人或者其他组织人身权、财产权的法定职责或对公民、法人或者其他组织的相应申请不予答复的行为,公民、法人或者其他组织应自行政机关收到其申请之日起 2 个月后和行政机关履行法定职责期限届满之日起 6 个月内向人民法院起诉。② 人民法院对此种起诉经过审理,应区别情况作出不同的判决。如行政相对人的申请是有根据、有理由的,人民法院原则上应判决行政机关在一定期限内履行;但此种履行如果已经

---

① 参见《行政诉讼法司法解释》(2018 年)第 98 条。
② 此种情形应同时适用《行政诉讼法》第 46、47 条。

太晚，再履行已经失去意义，人民法院也可以作出确认判决，确认行政机关不履行、不答复的行为违法，责成行政机关赔偿相对人因此而造成的损失；如果相对人的申请缺乏事实根据，或者虽然有事实根据，但履行时机尚不成熟，如相对人人身权、财产权暂时尚没有受到侵害的现实危险性，人民法院则应作出驳回行政相对人诉讼请求的判决。如果行政机关对行政相对人的申请不予满足的理由成立，只是没有给予相对人答复，人民法院应作出确认行政机关不答复行为违法的判决，并责成行政机关给予相对人答复，告知相对人不履行或暂不履行的理由。

对于行政机关不依法支付相对人抚恤金、最低生活保障待遇或者社会保险待遇的行为。人民法院经过审理，如果查明相对人确实具有取得相应抚恤金、最低生活保障待遇或者社会保险待遇的法定资格和条件，且行政机关举不出不给相对人拒绝支付的法律根据和事实根据，人民法院即应作出责成行政机关在一定期限内予以支付的履行判决。

《行政诉讼法司法解释》（2018 年）规定，原告申请被告依法履行支付抚恤金、最低生活保障待遇或者社会保险待遇等给付义务的理由成立，被告依法负有给付义务而拒绝或者拖延履行义务的，人民法院可以根据《行政诉讼法》第 73 条的规定，判决被告在一定期限内履行相应的给付义务。原告请求被告履行法定职责或者依法履行支付抚恤金、最低生活保障待遇或者社会保险待遇等给付义务，原告未先向行政机关提出申请的，人民法院裁定驳回起诉。人民法院经审理认为原告所请求履行的法定职责或者给付义务明显不属于行政机关权限范围的，亦可以裁定驳回起诉。①

### 四、确认判决（含责令采取补救措施或判决承担赔偿责任）

“确认判决”是指人民法院通过对被诉行政行为的审查，确认相应行政行为合法或违法，或者确认相应行政行为无效。如确认相应行为违法或者无效，人民法院可以同时判决责令行政机关采取补救措施，如违法、无效行政行为给行政相对人造成损失的，还应依法判决行政机关承担赔偿责任。行政相对人亦可根据确认行政行为违法或者确认行政行为无效的判决，直接向行政

---

① 参见《行政诉讼法司法解释》（2018 年）第 92、93 条。

机关申请行政赔偿。[1]

确认判决除了能作为行政相对人申请行政赔偿的根据外,它还用来解决某种法律事实是否存在、某种行政行为对过去、现在或将来的事实是否具有效力,某种法律关系是否存在,是否合法,关系双方当事人在此种关系中有什么权利、义务等法律问题。

对具有下述两种情形的被诉行政行为,人民法院确认违法但不撤销相应行政行为:其一,被诉行政行为应当撤销,但撤销会给国家利益、社会公共利益造成重大损害的;其二,被诉行政行为的程序轻微违法,[2]但对原告权利不产生实际影响的。对具有下述三种情形的被诉行政行为,人民法院不需作出撤销判决或履行判决,而作出确认违法的判决:其一,被诉行政行为违法,但不具有可撤销内容的;其二,被告改变原违法行政行为,原告仍要求确认原行政行为违法的;其三,被告不履行或者拖延履行法定职责,但判决其履行法定职责已没有意义的。

根据《行政诉讼法》第75条的规定,确认无效判决适用于下述三类情况:一是被诉行政行为的实施主体不具有行政主体资格;二是被诉行政行为没有依据;三是被诉行政行为具有其他重大且明显违法的情形。所谓"其他重大且明显违法",是指被诉行政行为减损行政相对人权利或者增加义务没有法律规范依据,或者行政行为的内容客观上不可能实施等情形。[3] 这些情形《行政诉讼法》没有列举,根据有关国外的法律规定和我国学者的研究,大致还包括下述情形:(1)行政相对人对相应行政行为所确定的义务的履行将导致犯罪或严重违法的;(2)行政行为严重违反公序良俗或公共秩序的;(3)行政决定未署名,行政主体不明确的;(4)行政行为应以书面形式作出而未以书面形式作出的等。

被诉行政行为的实施主体不具有行政主体资格不是行政行为主体一般的越权,而是其完全无权限,其既不是行政机关,也不是法律、法规、规章授权的组织,而是行政机关或者法律、法规、规章授权的组织非法组建或非法委托的

---

① 参见《行政诉讼法》74~76条。

② 参见《行政诉讼法司法解释》(2018年)第96条。

③ 参见《行政诉讼法司法解释》(2018年)第99条。

机构、组织。对这些机构、组织实施的行为,人民法院不是适用撤销判决而应适用确认无效判决。而对于行政主体实施的一般越权行为,人民法院则应适用撤销判决。

被诉行政行为没有依据不是行政主体实施行政行为依据错误而是完全没有依据:或者完全没有事实依据,或者完全没有法律依据。对于实施的完全没有依据的行政行为,人民法院不是适用撤销判决而应适用确认无效判决。而对于行政主体实施的一般依据错误的行为,人民法院则应适用撤销判决。

无效行政行为具有如下法律后果:(1)无效行政行为自始不具有法律效力,行政相对人可以不受该行政行为内容的拘束。(2)无效行政行为不具有执行力,行政相对人可以不履行该行政行为确定的义务,行政机关也不享有强制执行无效行政行为的权力。如果行政机关意图强制履行,行政相对人可以申请法院确认该行为无效,从而达到拒绝履行之目的。(3)如果行政相对人因无效行政行为而合法权益受损,而且行政行为的无效事由是由行政机关的过错造成的,那么行政相对人可以向作出无效行政行为的机关申请行政赔偿。(4)行政相对人对无效行政行为,可随时请求法院确认无效,不受行政诉讼时效的限制。

《行政诉讼法司法解释》(2018年)规定公民、法人或者其他组织起诉请求撤销行政行为,人民法院经审查认为行政行为无效的,应当作出确认无效的判决。公民、法人或者其他组织起诉请求确认行政行为无效,人民法院审查认为行政行为不属于无效情形,经释明,原告请求撤销行政行为的,应当继续审理并依法作出相应判决;原告请求撤销行政行为但超过法定起诉期限的,裁定驳回起诉;原告拒绝变更诉讼请求的,判决驳回其诉讼请求。①

人民法院经审理认为被诉行政行为违法或者无效,可能给原告造成损失,经释明,原告请求一并解决行政赔偿争议的,人民法院可以就赔偿事项进行调解;调解不成的,应当一并判决。人民法院也可以告知其就赔偿事项另行提起诉讼。原告或者第三人的损失系由其自身过错和行政机关的违法行政行为共同造成的,人民法院应当依据各方行为与损害结果之间有无因果关系以

---

① 参见《行政诉讼法司法解释》(2018年)第94条。

及在损害发生和结果中作用力的大小,确定行政机关相应的赔偿责任。①

### 五、变更判决

"变更判决",是指人民法院对于行政机关作出的明显不当的行政处罚或者其他涉及款项确定的行政行为通过司法裁判直接予以改变的判决。②

根据行政机关和司法机关的分工原则,行政机关行使行政权,在法律范围内自行决定行政管理的政策、方针和实施行政管理;法院行使审判权,依法审理各种案件、争议,制裁违法犯罪行为,保护国家社会公益和公民、法人及其他组织的合法权益。行政机关不得干预审判权的行使或代替法院对合法性问题作出终局裁决;法院亦不得代替行政机关行使行政权,直接对行政管理的适当性问题作出评价和决定。这种职权划分是基于法院长期与法律打交道,对什么行为合法、什么行为违法的问题能作出比行政机关更准确的回答;行政机关长期进行行政管理,对怎样进行行政管理最为适当、最为有效的问题能比法院找到更切实际的答案。正因如此,我国《行政诉讼法》原则上没有赋予人民法院对被诉行政行为的变更权。被诉行政行为违法,人民法院一般只能判决撤销;对相应违法行为处理的问题需要重新作出处理的,在判决撤销的同时判决行政机关重新依法作出行政行为,而不是由人民法院直接改变行政机关已经作出的行政处理决定。

但是,对于行政机关作出的行政处罚决定和其他涉及款项确定的行政行为,《行政诉讼法》赋予了人民法院以有限的变更权,即对明显不当的行政处罚和其他涉及款项确定的行政行为可以变更。行政诉讼法之所以赋予人民法院这种有限的变更权,是因为:其一,行政处罚与其他行政行为比较,对相对人权益影响较严重,对这种行政行为给相对人可能造成的损害,人民法院应给予更多一些的救济。其二,其他涉及款项确定的行政行为和行政处罚的幅度,法律通常有较为明确的规定,法院变更较易于把握标准。其三,行政机关作出明显不当的行政处罚和其他涉及款项确定的行政行为通常没有违反法律、法规关于行为范围和总的幅度的规定,人民法院如果对之予以撤销,判决行政机关

---

① 参见《行政诉讼法司法解释》(2018年)第95条。

② 参见《行政诉讼法》第77条。

重新作出行政行为，行政机关可能在形式上作些改变，而实际重新作出明显不当的行政行为，致使相对人重新起诉，造成不必要的时间消耗、行政和司法资源浪费。有时，行政机关工作人员还可能意气用事，故意将对违法者的处罚改得很轻，从而放纵违法行为，或者将行政给付的款项不当增加，损害国家公共利益。其四，明显不当不是一般的适当不适当的问题，不需要根据行政专门知识、专门技术、专门经验加以判断，而只须根据一般的公正标准和一般的知识、经验，即可以认定。因此，对明显不当的行政处罚决定或其他涉及款项确定的行政行为的判断和纠正，人民法院是完全能够胜任的。从而，《行政诉讼法》赋予人民法院以变更权既是必要的，也是可行的。

人民法院对明显不当的行政行为既可作出撤销判决，或撤销加责令重新作出行政行为（此前已述及），又可作出变更判决。对此法院如何把握呢？根据《行政诉讼法》第 77 条的规定，二者的区分主要是视相应行政行为是否涉及款项、数额和种类、幅度的选择。人民法院对一般的明显不当的行政行为不能选择适用变更判决，只能对行政处罚决定和其他涉及款项确定的行政行为选择适用变更判决。

关于明显不当的情形，我们在前面讨论撤销判决时已经作了介绍和分析，一般行政行为明显不当的情形当然也包含行政处罚行为的明显不当情形，这里不再赘述。

行政处罚明显不当通常是行政机关行使自由裁量权严重不当引起的，其在形式上并不构成违法，其处罚种类、处罚幅度均在法律、法规规定的范围之内。立法机关（包括行政立法机关）为了让行政机关更好地行使行政处罚权，在处罚时能考虑到有关行政政策，考虑到各种具体环境，考虑到相对人违法的各种情节，并据此选择最适当的处罚形式和处罚幅度，通常在法律、法规中给行政机关留有较大的，有时甚至是很大的自由裁量空间。但行政机关行使自由裁量权应符合立法的目的和意图，并有自行掌握和遵循的一定的标准。行政机关如果无视立法的目的和意图，行使自由裁量权无任何标准，任意所为，就不可避免地要发生明显不当的情况。明显不当有可能是因行政机关工作人员故意造成的，这种故意行为当然同时属于滥用职权的行为。但明显不当并不等于滥用职权。滥用职权实施的行为一定是不公正的，但不公正不一定是明显的，不一定构成“明显不当”。明显不当可能因滥用职权而造成，但却不都是因滥用职权造成的。行政机关工作人员工作马虎,不负责任,疏忽大意,行政机关内部规章制度不健全、不完善、不统一,等等,均可导致行政处罚的明显不当。人民法院对于明显不当的行政处罚决定,应判决变更,适用变更判决,而对于一般滥用职权的行为,则应予以撤销,适用撤销判决。

人民法院对于明显不当的行政处罚和其他涉及款项确定的行政行为应判决变更,但此种变更既不得加重原告的义务,也不得减损原告的权益。但是,利害关系人同为原告,且诉讼请求相反的情形不受此规则的约束。①

### 六、行政协议判决

原《行政诉讼法》没有将行政协议纳入行政诉讼受案范围,从而行政审判中也就没有行政协议判决。当然,这不是说在 2015 年以前,中国不存在行政协议,法院不审理行政协议的案件。自 20 世纪 90 年代起,甚至更早,中国经济和社会生活中就已出现行政协议,法院就开始受理行政协议案件。只是在实体法上没有明确行政协议的名称,在诉讼法上没有明确行政协议争议案件的管辖。在大多数情况下,行政协议争议案件被视为一般的合同案件,由法院民事审判庭依民法和合同法受理和审判。有时,行政协议争议也被视为行政争议,法院行政庭也受理和审判此类案件。

关于行政协议诉讼和行政协议案件的判决,我们拟在第十三章专门讨论和阐释,本章从略。

## 第三节　行政诉讼的二审判决(终审判决)

### 一、二审判决(终审判决)概述

二审判决即“终审判决”。人民法院审理上诉案件,除非有特殊情况经高级人民法院或最高人民法院批准延长期限外,必须自收到上诉状之日起 3 个月内作出二审判决。② 根据《行政诉讼法》第 89 条的规定,二审判决(含裁定)

① 参见《行政诉讼法》第 77 条第 2 款。

② 此审限是指从立案之日起至裁判宣告之日止的期间。鉴定、处理管辖争议或者异议以及中止诉讼的时间不计算在内。

有三种形式:(1)维持原判;(2)改判;(3)撤销原判,发回重审。

由于二审中,判决和裁定紧密联系,这种裁定和二审判决一样,都是二审法院在二审结束后对一审作出的一种评价和结论(二审判决是对一审判决正确性作出评价和结论,从而对被诉行政行为合法性作出的评价和结论,而撤销原判、发回重审的二审裁定则是仅对一审判决正确性作出的评价和结论),而不同于行政诉讼过程中用于解决一般程序问题的裁定,如裁定不予立案,裁定被诉行政行为的停止执行,裁定准许或不准许原告撤诉等,这些裁定均不涉及案件的实质问题。撤销原判,发回重审裁定虽然也没能解决案件的实质问题(故使用“裁定”而不使用“判决”),但它是对一审法院解决案件实质问题的正确性进行审查后作出的一种评价和处置,它处在解决案件实质问题的过程中。所以我们在探讨二审判决时,一并探讨二审裁定,将二者放在一起研究。

### 二、维持判决

二审维持判决的全称应是“驳回上诉,维持原判决、裁定”的判决。此种裁判是指二审人民法院通过对上诉案件的审理,确认一审判决、裁定认定事实清楚,适用法律、法规正确,从而作出的否定和驳回上诉人的上诉,维持一审判决、裁定的判决。

根据《行政诉讼法》的规定,维持原判适用的条件有两个:一是原判决、裁定认定事实清楚;二是原判决、裁定适用法律、法规正确。

所谓“原判决、裁定认定事实清楚”,是指一审判决、裁定对被诉行政行为合法性的裁判有可靠的事实基础和主要证据支持。“清楚”意味着在主要证据上没有疑点。无论是认定被诉行政行为合法,还是认定其违法,或者认定其形式上合法、实质上违法,或认定其明显不当,都必须有明确无误的事实和主要证据支持,这些事实和主要证据不应该存在疑点,不应该相互矛盾。否则,即不能认定原判决、裁定认定事实清楚。[①]

二审判决维持原判要求一审判决、裁定的“认定事实清楚”,不同于一审驳回原告诉讼请求判决要求被诉行政行为的“证据确凿”。前者是指一审法

---

① 《行政诉讼法》第 87 条规定,人民法院审理上诉案件,应当对原审人民法院的判决、裁定和被诉行政行为进行全面审查。

院作出判决、裁定(驳回原告诉讼请求判决或撤销被诉行政行为判决,或其他形式的裁判)所基于的事实是清楚的,有主要证据支持的,而不论被诉行政行为所基于的事实是否清楚和有否证据支持。被诉行政行为事实不清和没有证据支持,一审法院只要实事求是地认定这种情况并据此作出判决,即是认定事实清楚。而后者是指被诉行政行为应有可靠的事实根据和确凿的证据。被诉行政行为没有可靠的事实根据和确凿的证据,一审人民法院即不能作出维持判决。

所谓原判决、裁定"适用法律、法规正确",是指一审法院审查被诉行政行为所依据的法律、法规是正确的,从而对被诉行政行为合法性的认定和据此作出的判决、裁定所依据的法律、法规也是正确的。适用法律、法规的正确性对于一审法院正确作出判决、裁定,与认定事实清楚一样是同样重要的。没有认定事实清楚,就不可能有适用法律、法规正确;没有适用法律、法规正确,就不可能有正确的一审判决、裁定,从而二审法院不可能对之予以维持,作出维持原判的二审判决。

一审判决、裁定适用法律、法规正确与被诉行政行为适用法律、法规正确也是不相同的。被诉行政行为适用法律、法规应是作为其行为依据的行政实体法和行政程序法(行政活动程序法),而一审判决、裁定适用的法律、法规应是作为评判相应被诉行政行为合法性标准的行政实体法、行政程序法以及据此对相应被诉行政行为进行审查和作出判决的行政诉讼法。如果被诉行政行为适用法律、法规正确,正确的一审判决、裁定会适用某些与被诉行政行为适用的相同的法律、法规(在行政实体法和行政程序法方面),但不会完全相同(一审判决适用的行政诉讼法显然是不会为被诉行政行为所适用的)。如果被诉行政行为适用法律、法规错误,正确的一审判决、裁定通常就会适用与被诉行政行为适用的完全不同的法律、法规。因此,二审法院审查一审判决、裁定适用法律、法规是否正确,要在审查一审判决、裁定所认定的事实的基础上,全面审查一审法院是否正确选择和依据了对被诉行政行为进行审查、评价和裁决的法律、法规,包括行政实体法、行政程序法和行政诉讼法,而不能仅限于对一审法院适用行政实体法或行政程序法或行政诉讼法一个方面的法律、法规的审查,更不能仅限于对被诉行政行为适用法律、法规是否正确的审查。被诉行政行为适用法律、法规正确,一审法院即使是作出驳回原告诉讼请求判决,其所适用的法律、法规也不一定完全正确;被诉行政行为适用法律、法规错误,一审法院作出撤销判决,其所适用的法律、法规也不一定正确。一审判决适用的法律、法规与被诉行政行为适用的法律、法规虽然有关联性,但这两种适用法律、法规是很不相同的,二者存在重要的区别。

### 三、改判

二审"改判"的全称应是"改判、撤销或者变更",是指二审人民法院通过对上诉案件的审理,确认一审判决、裁定认定事实错误或者适用法律、法规错误,而依据查清的事实,适用应正确适用的法律、法规,直接改变一审法院的判决、裁定,以改变的判决作为终审判决。

根据《行政诉讼法》的规定,作为改判的前提条件有二:(1)一审判决、裁定认定事实错误;(2)一审判决、裁定适用法律、法规错误。这两项前提条件只要具备其中一项,二审法院即可直接改判。但是,如果一审判决不是认定事实错误,而是认定基本事实不清、证据不足的,二审法院则不一定改判,而是既可将案件发回原审法院重审,也可自己查清事实后改判。《行政诉讼法》作这样的规定是因为一审法院通常是行政争议案件的发生地和案件当事人所在地,具有弄清案情事实、收集案件证据的有利条件,而二审法院通常不具有这样的条件。另外,二审法院人力、物力有限,不可能对上诉案件都重新调查事实和收集证据。但是,在解决法律问题方面,二审法院无论在审判人员的法律素质上,还是在审判组织方面,均具有相对于一审法院的优势,故《行政诉讼法》规定二审法院对于适用法律、法规错误的一审判决一律直接改判,而不能将案件发回原审法院重审。

作为改判根据的"适用法律、法规错误"与作为维持原判根据的"适用法律、法规正确"是相对应的。这里的法律、法规既包括行政实体法、行政程序法,也包括行政诉讼法。一审判决将这些法律、法规适用错了,二审判决改判应以正确的法律、法规(应适用于该案事实的法律、法规)取代之。法律、法规适用错误通常会导致判决的错误,因此,二审法院在以正确的法律、法规取代原判决适用错误的法律、法规后,应同时撤销原判决,对案件重新作出判决(变更原判决),即以正确的判决取代错误的判决。当然,在某些情况下,一审判决仅援引法律、法规错误,判决不一定错误(如因审判人员的工作疏忽所致)。如果判决没有错误,只是援引法律、法规错误,改判时只将错误引用的法律、法规改正过来即可。

根据《行政诉讼法》第63条的规定,人民法院审理行政案件,可以参照规章。一审判决、裁定如果参照了规章,自然也有一个参照正确或参照错误的问题。如果参照正确,二审法院可以将其视之为适用法律、法规正确予以维持,如果参照错误,二审法院则可将其视之为适用法律、法规错误而予以改判。当然,这些都必须以一审法院认定事实清楚为前提。如果一审法院认定事实不清,规章无论是参照正确或错误,通常都应查清事实后改判,或者撤销原判,发回重审。

此外,根据《行政诉讼法》第89条的规定,二审法院审理上诉案件,需要改变原审判判决的,应当同时对被诉行政行为作出判决(如撤销、确认违法或无效,或者变更、责令履行等)。

## 四、撤销原判、发回重审

"撤销原判、发回重审"是二审法院在二审案件审结后,确认一审判决认定基本事实不清、证据不足,或者原判决遗漏当事人或者违法缺席判决等严重违反法定程序的,所作出的撤销原判决,将案件发回原审人民法院,要求原审人民法院重新审理和重新作出判决的裁定。

发回重审不是采用判决而是采用裁定的形式,因为发回重审不是对案件的实质问题——行政行为的合法性——作出评价和裁判,而只是对一审判决的正确性作出否定评价和要求一审法院重新审查被诉行政行为的合法性。人民法院的行政审判,无论是一审,还是二审,或者是再审,其根本任务都是审查被诉行政行为的合法性,就被诉行政行为的合法性作出评价,并据此作出判决。二审虽然要对一审判决的正确性进行审查和作出评价,但目的仍然是对被诉行政行为的合法性作出评价和判决。发回重审是二审法院将解决被诉行政行为合法性的任务交给一审法院重新解决(因原判未解决好),而不是最终确定和宣布解决的结论,故不同于维持原判和改判。为对此加以区别,故后者用"判决",前者用"裁定"。

根据《行政诉讼法》第89条的规定,撤销原判、发回重审适用两种情况:其一,原判决认定基本事实不清、证据不足的;其二,原判决遗漏当事人或者违法缺席判决等严重违反法定程序的。

所谓“认定基本事实不清”，是指一审判决缺乏明确无误的事实根据，对被诉行政行为合法性的评价没有建立在对有关事实的正确分析的基础上，而是基于似是而非的事实，甚至是基于当事人提供或从其他渠道取得的虚假的、错误的事实材料。事实认定错误必然导致判决错误。事实认定即使没有明显的错误，但如果在基本事实上存在疑点，也会使判决的正确性失去保障、失去把握。但是一审判决的错误或有疑点并不能从反面证明被诉行政行为的正确或错误——合法或违法，被诉行政行为的合法性还有待于法院依据真实可靠的事实材料作出判断。因此，对于认定基本事实不清的一审判决，二审法院应该裁定撤销，发回一审法院重审。

“认定基本事实不清”不同于“认定事实错误”，对于“认定事实错误”的一审判决，应适用改判而不是适用撤销原判，发回重审。当然，“认定基本事实不清”与“认定事实错误”也没有特别明确的界限。二审法院选择适用改判还是适用撤销原判，发回重审，还应根据有利于正确查明事实的其他各种因素决定。《行政诉讼法》第 89 条规定，对于“认定基本事实不清”的原判决，二审法院也可查清事实后改判，而不是只能撤销原判，发回一审法院重审。

所谓“证据不足”，是指一审判决缺乏必要的证据支持，对行政行为合法性的评价不是建立在充分可靠的证据的基础上，而是基于某些片面的事实或主观推断；或者虽有若干证据支持，但另外的事实和证据却足以推翻其所依据的证据或使其所依据的证据发生疑问。证据的“足”与“不足”不单纯取决于证据的数量，而主要取决于证据的质量。只要证据能使判决所依据的事实及其结论成立，不致发生动摇或疑问，就应该认定证据是“足”的。至于能超过这个限度，取得进一步的更多的证据，自然更好，但没有进一步的更多的证据，也不能认定其为“不足”。所以证据的“足”是指具有必要的、不可少的，少了就影响判决对事实的认定和结论的证据的质和量，而不是一个不确定的可以任意伸缩的量。

作为撤销原判、发回重审裁定根据的“严重违反法定程序”（主要限于原判决遗漏当事人或者违法缺席判决等严重违反法定程序的情形），较之作为一审撤销判决根据的“违反法定程序”，多了一个限制条件，这就是“严重”。如果一审违反法定程序的程度很轻微，显然对案件的正确判决不会产生太大影响,二审法院无须裁定撤销原判、发回重审,而只须自行补正或通知一审法院补正,要求一审法院在以后的审判中注意纠正即可。只有一审法院在审理、判决中较为严重地违反法定程序,导致可能影响案件的正确判决,才应对之适用撤销原判、发回重审的裁定。当然作为撤销原判、发回重审裁定的"违反法定程序"与作为一审撤销判决根据的"违反法定程序"还有一个重要的区别:前者的"违反法定程序"是指违反行政诉讼法规定的人民法院审理、判决行政案件的程序(如遗漏当事人或者违法缺席判决等),后者的"违反法定程序"是指违反有关行政法律、法规规定的行政机关实施被诉行政行为的程序。

此外,原审法院对于二审法院发回重审的案件作出判决后,当事人如再提起上诉,二审法院不得再次发回重审。

## 第四节 行政诉讼过程中的裁定和决定

### 一、裁定和决定概述

人民法院在行政诉讼过程中,除了要运用"判决"解决案件的实质问题——对被诉行政行为的合法性作出判定和据此作出相应判决以外,还要运用"裁定"解决诉讼程序上有关事项,运用"决定"解决诉讼过程中涉及法院内部工作关系的有关事项。判决是人民法院审理案件和当事人参加诉讼活动的结果的表现形式,裁定和决定则是为取得此种结果而运用的手段。裁定和决定对于判决来说,其地位是从属性的,是直接或间接为法院正确作出判决服务的。但是裁定和决定在诉讼中也不是可有可无的,它们对于保障当事人诉讼程序上的权利并从而保障其实体法上的权利的实现,对于保证人民法院正确地、有效地对案件进行审理和作出判决,对于排除行政诉讼的障碍和保障诉讼的顺利进行均具有重要的意义。下面我们分别探讨行政诉讼中裁定和决定具体适用的范围。

### 二、裁定种类和适用的事项范围

《行政诉讼法》第51、56、62、89条规定了行政诉讼过程中适用裁定的四种情况:(1)人民法院接到原告起诉状后,经审查,认为原告起诉不符合起诉条件的,裁定不予立案;(2)诉讼期间,出现《行政诉讼法》第56条规定的情形,人民法院裁定停止被诉行政行为的执行;(3)诉讼期间,人民法院对案件宣告判决或者裁定前,原告申请撤诉,或者被告改变被诉行政行为,原告同意并申请撤诉,法院作出准许或不予准许的裁定;(4)二审结束后,人民法院就原判决、裁定的处理作出裁定,如撤销原判,发回原审法院重审等。

上述4种情形的裁定我们在前面已作了专门介绍和阐释。除此之外,《行政诉讼法司法解释》(2018年)则概括性地规定了行政诉讼中适用裁定的各种情况,共包括15种情形(也包含上述情形)。

(一)不予立案裁定

这种裁定适用于诉讼开始阶段(确切地说,应该是审理尚未开始的阶段)。根据立案登记制(现行《行政诉讼法》之前实行的是立案审查制,现行《行政诉讼法》改行立案登记制)的要求,人民法院接到原告起诉状后,应进行初步的形式审查,认为符合《行政诉讼法》规定的起诉条件的,应当当场登记立案。对当场不能判定是否符合起诉条件的,应当接收起诉状,出具注明收到日期的书面凭证,并在7日内决定是否立案。7日内经审查,认为原告的起诉不符合起诉条件的,应作出不予立案的裁定。原告对裁定不服的,可以向作出裁定的人民法院的上一级法院提起上诉。上一级法院经审理认为原审人民法院不予立案的裁定确有错误,且起诉符合法定条件的,应当裁定撤销原审人民法院的裁定,指令原审人民法院依法立案受理。

原告对于人民法院既不立案,又不作出不予立案裁定的,可以向上一级法院提起起诉。上一级法院经审查认为起诉符合法定条件的,应当立案、审理,也可以指定其他下级人民法院立案、审理。

(二)驳回起诉裁定

这种裁定适用于人民法院已经立案的案件有下述10种情形的:(1)起诉不符合《行政诉讼法》第49条规定的;(2)起诉超过法定起诉期限且无正当理由的;(3)起诉书错列被告且拒绝变更的;(4)未按照法律规定由法定代理人、指定代理人、代表人为诉讼行为的;(5)原告未按照法律、法规规定先向行政机关申请复议的;(6)原告重复起诉的;(7)原告撤回起诉后无正当理由再行起诉的;(8)行政行为对其合法权益明显不产生实际影响的;(9)诉讼标的已为生效裁判所羁束的;(10)其他不符合法定起诉条件的。

对于此种裁定,人民法院经过阅卷、调查和询问当事人,认为不需要开庭审理的,可以径行作出。

对于人民法院驳回起诉的裁定,原告不服可以提起上诉。受理上诉的法院经审理认为原审人民法院驳回起诉的裁定确有错误,且起诉符合法定条件的,应当裁定撤销原审人民法院的裁定,指令原审人民法院依法继续审理。

(三)管辖异议裁定

《民事诉讼法》第127条规定,人民法院受理案件后,当事人对管辖权有异议的,应当在提交答辩状期间提出。人民法院对当事人提出的异议,应当审查。异议成立的,裁定将案件移送有管辖权的人民法院;异议不成立的,裁定驳回。《民事诉讼法》的这一规定同样适用于行政诉讼。

(四)终结诉讼裁定

此种裁定适用于《行政诉讼法司法解释》(2018年)第88条规定的情形。

(五)中止诉讼裁定

此种裁定适用于《行政诉讼法司法解释》(2018年)第87条规定的情形。

(六)移送或者指定管辖

此种裁定适用于《行政诉讼法》第22条和第23条规定的情形。

(七)诉讼期间停止被诉行政行为的执行或者驳回停止执行申请的裁定

这种裁定适用于原告提起诉讼后,人民法院作出判决前的诉讼期间出现的4种情形:①(1)被告认为需要停止执行的(笔者认为,此种情形不一定必须由法院作出裁定。对不涉及重大国家利益、社会公共利益的一般案件,被告认为需要停止执行的,即可停止执行,无须法院裁定,这更有利于保护行政相对人权益)。(2)原告或者利害关系人申请停止被诉行政行为的执行,人民法院认为相应行政行为的执行会造成难以弥补的损失,而停止执行又不会损害国家利益、社会公共利益的。(3)人民法院认为相应行政行为的执行会给国家利益、社会公共利益造成重大损害的。(4)法律、法规规定停止执行的。只有符合这4种情形,人民法院才能裁定停止被诉行政行为的执行。如果只有原告申请,而人民法院认为执行并不会造成难以弥补的损失,或人民法院认为停止执行会损害国家利益、社会公共利益,则应裁定驳回原告停止执行的申请。

---

① 这4种情形均由《行政诉讼法》第56条规定。

此外，对于人民法院停止执行或者不停止执行或者驳回停止执行申请的裁定不服的，案件当事人均可申请复议一次。

（八）财产保全裁定

此种裁定适用于下述情况：行政诉讼中可能因一方当事人的行为或者其他原因，使具体行政行为或者人民法院生效判决不能执行或难以执行，人民法院根据对方当事人申请作出或主动依法作出。

（九）先予执行裁定

此种裁定适用于有关抚恤金、最低生活保障金、医疗社会保险金的案件，即原告指控行政机关没有依法发给其抚恤金、最低生活保障金、医疗社会保险金的，人民法院根据其申请作出。对此种裁定，当事人不服，可以申请复议一次。复议期间不停止裁定的执行。①

（十）准许或者不准许撤诉裁定

此种裁定适用于三种场合：(1)原告在人民法院对案件宣告判决或裁定前，主动申请撤诉；(2)被告在人民法院对案件宣告判决或裁定前改变其所作出的被诉行政行为，原告同意此种改变并申请撤诉；(3)原告经人民法院传票传唤，无正当理由拒不到庭，或者未经法庭许可中途退庭（此种情况按撤诉处理）。对于前两种场合的申请撤诉，人民法院无论是予以准许，还是不予准许，均使用裁定予以答复。当事人对于此种裁定，法律没有规定可以因不服提起上诉或复议。因此可以认为其一经作出即发生法律效力。②

（十一）补正裁判文书中的笔误裁定

此种裁定适用于行政诉讼中人民法院发现（因当事人或其他诉讼参加人提出）裁判文书有错写、误算、用词不当、遗漏判决原意、文字表达超出裁判原意的范围、裁判文书正本与原本个别地方不符等情形时作出。

（十二）中止或者终结执行裁定

《民事诉讼法》第256条和第257条规定了民事诉讼中适用中止执行和终结执行的各种情形。这些情形中的部分情形在行政诉讼中同样可能出现。当行政诉讼执行中出现这些情形时，人民法院即应裁定中止或终结执行。

---

① 参见《行政诉讼法》第57条。
② 参见《行政诉讼法》第62、58条。

(十三)提审、指令再审或者发回重审裁定

《行政诉讼法》第92条第2款规定,最高人民法院对地方各级人民法院已经发生法律效力的判决、裁定,上级人民法院对下级人民法院已经发生法律效力的判决、裁定,发现有本法第91条规定情形之一,或者发现调解违反自愿原则或者调解书内容违法的,有权提审或者指令下级人民法院再审。提审或者指令下级人民法院再审均适用裁定。

(十四)准许或者不准许执行行政机关的行政行为裁定

《行政诉讼法》第97条规定,公民、法人或者其他组织对行政行为在法定期限内不提起诉讼又不履行的,行政机关可以申请人民法院强制执行,或者依法强制执行。人民法院对行政机关的强制执行申请应予审查,并作出立案受理或不予受理的裁定。

(十五)其他需要裁定的事项

此项是留给人民法院根据需要适用裁定于立法和司法解释未能预测到的情况的司法裁量权。

人民法院就上述事项作出裁定,其裁定书应当写明裁定结果和作出裁定的理由。裁定书由审判人员、书记员署名,加盖人民法院印章。口头裁定的,记入笔录。

## 三、决定种类和适用的事项范围

《行政诉讼法》第24、48、55、92条规定了在行政诉讼过程中适用决定的四种情况:(1)下级人民法院对其管辖的第一审行政案件,认为需要由上级人民法院审理或者指定管辖的,可向上级人民法院报告,是否准许,由上级人民法院决定;(2)公民、法人或其他组织因不可抗力或者其他不属于其自身的原因以外的其他特殊情况耽误起诉期限的,在障碍消除后10日内,可以申请延长期限,是否准许,由人民法院决定;(3)当事人申请审判人员或其他有关人员(书记员、翻译人员、鉴定人、勘验人)回避或者审判人员、其他有关人员自己申请回避,是否准许,由人民法院院长或审判长或审判委员会决定;(4)人民法院院长对本院已发生法律效力的判决、裁定,发现法定违法情形,或发现调解违反自愿原则或调解书内容违法,认为需要再审,是否再审,由法院审判委员会决定。

上述第一种决定属于有关管辖问题的决定。《行政诉讼法》只在第24条第2款明确规定了此种决定。实际上，此种决定也适用于人民法院根据《行政诉讼法》第23条第1款确定的管辖变动。根据《行政诉讼法》第23条第1款的规定，上级人民法院有权审理下级人民法院管辖的第一审行政案件。上级人民法院确定作此种管辖变动，亦应以决定为之。对于上级人民法院作出的有关管辖问题的决定，下级人民法院和当事人均必须服从，不能要求复议和提起上诉。

《行政诉讼法》规定的第二种决定是有关起诉期限延长问题的决定。根据《行政诉讼法》第48条的规定，公民、法人或其他组织应在其耽误起诉期限的障碍消除后10日内申请延长期限。对公民、法人或其他组织的此种申请，人民法院应予审查。经审查，如认定情况属实，则予准许；情况不实，则不予准许。是否准许，均应以决定为之。对此种决定，申请人也不能要求复议和提起上诉，一经作出，即发生法律效力。

《行政诉讼法》规定的第三种决定是有关回避的决定，根据《行政诉讼法》第55条的规定，当事人认为审判人员或其他有关人员与案件有利害关系或其他可能影响公正审判的关系，有权申请其回避；审判人员、其他有关人员认为自己与案件有利害关系或其他关系，应当申请回避，对于此种回避申请，是否准许，人民法院均应以决定为之。院长担任审判长时的回避，由审判委员会决定；审判人员的回避，由院长决定，其他人员的回避，由审判长决定。申请人对驳回回避申请决定不服的，可以向作出决定的人民法院申请复议一次。复议期间，被申请回避的人员不停止参与本案的工作。对申请人的复议申请，人民法院应当在3日内作出复议决定，并通知复议申请人。

《行政诉讼法》规定的第四种决定是有关再审的决定。《行政诉讼法》只在第92条第1款中明确规定了此种决定。

在行政诉讼中，人民法院除了对上述事项采用决定形式处理外，对于某些其他事项，虽然没有《行政诉讼法》的明确规定，但可根据《民事诉讼法》的有关规定，采用决定的方式处理。例如，人民法院对妨害行政诉讼的行为采取强制措施，就应该作出决定。其中罚款和拘留，还应该制作正式决定书，并将决定书送交当事人。当事人对此种决定不服,可申请复议一次。[①] 又如,人民法院处理重大、疑难的行政案件,可由院长提交审判委员会讨论。审判委员会讨论后应作出决定。对此种决定,具体审理案件的合议庭必须执行。[②]

人民法院除了采用决定处理与诉讼有关的上述事项外,在实践中还经常运用决定处理其内部管理的各种事项,如有关人事、财务、装备等方面的事务。但有关这些事项的决定因与诉讼无直接关系,故不是作为本书研究对象的"决定"。

## 第五节　对行政规范性文件的审查与处理

### 一、行政规范性文件审查制度的意义与作用

现行《行政诉讼法》确立了人民法院对行政规范性文件的司法审查制度:公民、法人或者其他组织认为行政行为所依据的国务院部门和地方人民政府制定的规范性文件不合法,在对行政行为提起诉讼时,可以一并请求对该规范性文件进行审查。[③] 人民法院在审理行政案件中,经审查,认为《行政诉讼法》第53条所规定的规范性文件不合法的,不作为认定行政行为合法的依据,并向制定机关提出处理建议。[④] 现行《行政诉讼法》实施一年来的实践证明,该法确立的这一制度,虽然有一定的缺陷和不足,但仍具有重要的意义和作用。这种意义和作用主要表现在三个方面:

其一,有利于保证人民法院及时审理行政案件,公正解决行政争议。人民法院审理行政案件,如果不能在审查行政行为时一并审查作为行为依据的行政规范性文件,而是要将之提交相应规范性文件制定机关或其上级机关审查,必然要迟延行政审判的进行,影响相应行政案件的及时办结。

---

① 参见《民事诉讼法》第116条。

② 《人民法院组织法》第39条规定,合议庭认为案件需要提交审判委员会讨论决定的,由审判长提出申请,院长批准。审判委员会讨论案件,合议庭对其汇报的事实负责,审判委员会委员对本人发表的意见和表决负责。审判委员会的决定,合议庭应当执行。审判委员会讨论案件的决定及其理由应当在裁判文书中公开,法律规定不公开的除外。

③ 参见《行政诉讼法》第53条。

④ 参见《行政诉讼法》第64条。

其二,有利于保护公民、法人和其他组织的合法权益。公民、法人和其他组织认为行政行为所依据的行政规范性文件不合法,侵犯其合法权益,诉诸法院,法院如果不能直接审查和认定相应规范性文件的合法性,还需要提交作为被告的行政机关或其上级机关确认,相对人的合法权益显然就难以得到有效保护。即使作为被告的行政机关或其上级机关的确认是正确的,相对人也难以信服。

其三,有利于监督行政机关依法行使规范性文件的制定权。人民法院对行政规范性文件的审查是通过当事人提起行政诉讼启动的,因为相应规范性文件与当事人的切身利益有关,故其相较于备案审查机构及其工作人员,其监督有特别的积极性。备案审查机构及其工作人员对规范性文件的监督显然不可能有当事人那么高的积极性,不可能像当事人那么主动、积极地去挖掘和发现相应规范性文件的问题。

由此可见,现行《行政诉讼法》确立的人民法院对规范性文件的审查制度是一项有诸多积极作用的制度。一年来其实施的实践也证明了这一点。但是,我们如果从整体上反思这一制度,也可发现这一制度仍然存在某些缺陷和不足,我们应进一步探讨对这一制度的改进和完善。

## 二、《行政诉讼法司法解释》(2018 年)确定的关于规范性文件审查和处理的规则

关于人民法院在行政诉讼中审查规范性文件的规则,《行政诉讼法》仅有两个条款:第 53 条和第 64 条。《行政诉讼法》第 53 条规定原告提起行政诉讼时对规范性文件申请一并审查的请求权;《行政诉讼法》第 64 条规定人民法院对规范性文件审查后的处理方式。关于行政诉讼审查和处理规范性文件的详细规则,则是由《行政诉讼法司法解释》(2018 年)确定的。这些规则主要有下述 7 项:

(1)公民、法人或者其他组织在对行政行为提起诉讼时一并请求对所依据的规范性文件审查的,由行政行为案件管辖法院一并审查。

(2)公民、法人或者其他组织请求人民法院一并审查规范性文件,应当在第一审开庭审理前提出;有正当理由的,也可以在法庭调查中提出。

(3)人民法院在对规范性文件审查过程中,发现规范性文件可能不合法

的,应当听取规范性文件制定机关的意见。制定机关申请出庭陈述意见的,人民法院应当准许。行政机关未陈述意见或者未提供相关证明材料的,不能阻止人民法院对规范性文件进行审查。

(4)人民法院对规范性文件进行一并审查时,可以从规范性文件制定机关是否超越权限或者违反法定程序、作出行政行为所依据的条款以及相关条款等方面进行。有下列情形之一的,属于《行政诉讼法》第64条规定的“规范性文件不合法”:①超越制定机关的法定职权或者超越法律、法规、规章的授权范围的;②与法律、法规、规章等上位法的规定相抵触的;③没有法律、法规、规章依据,违法增加公民、法人和其他组织义务或者减损公民、法人和其他组织合法权益的;④未履行法定批准程序、公开发布程序,严重违反制定程序的;⑤其他违反法律、法规以及规章规定的情形。

(5)人民法院经审查认为行政行为所依据的规范性文件合法的,应当作为认定行政行为合法的依据;经审查认为规范性文件不合法的,不作为人民法院认定行政行为合法的依据,并在裁判理由中予以阐明。作出生效裁判的人民法院应当向规范性文件的制定机关提出处理建议,并可以抄送制定机关的同级人民政府、上一级行政机关、监察机关以及规范性文件的备案机关。对于不合法的规范性文件,人民法院可以在裁判生效之日起3个月内,向文件制定机关提出修改或者废止该规范性文件的司法建议。规范性文件由多个部门联合制定的,人民法院可以向该规范性文件的主办机关或者共同上一级行政机关发送司法建议。接收司法建议的行政机关应当在收到司法建议之日起60日内予以书面答复。情况紧急的,人民法院可以建议制定机关或者其上一级行政机关立即停止执行该规范性文件。

(6)人民法院认为规范性文件不合法的,应当在裁判生效后报送上一级人民法院进行备案。涉及国务院部门、省级行政机关制定的规范性文件,司法建议还应当分别层报最高人民法院、高级人民法院备案。

(7)各级人民法院院长对本院已经发生法律效力的判决、裁定,发现规范性文件合法性认定错误,认为需要再审的,应当提交审判委员会讨论。最高人民法院对地方各级人民法院已经发生法律效力的判决、裁定,上级人民法院对下级人民法院已经发生法律效力的判决、裁定,发现规范性文件合法性认定错误的,有权提审或者指令下级人民法院再审。

## 三、行政规范性文件审查制度改进的途径

### （一）由附带诉、附带审逐步向直接诉、直接审转化

现行《行政诉讼法》规定的对行政规范性文件的起诉和审查制度均只是一种“附带诉”和“附带审”制度，即行政相对人只能在对行政行为起诉时附带起诉作为相应行政行为依据的行政规范性文件，人民法院只能在审查行政行为的合法性时一并审查相应行政规范性文件的合法性。“附带诉”和“附带审”制度从表面上看，似乎扩大了行政诉讼的受案范围，但实质上并没有对原《行政诉讼法》规定的受案范围有任何实质意义的扩大。因为，第一，原《行政诉讼法》规定人民法院审理行政案件参照规章。“参照”就有“附带诉”“附带审”的意味：原告起诉行政行为时如果认为被诉行政行为所依据的规章违法，必然会对所诉行政行为依据的规章提出异议，请求法院不予“参照”，法院也必然会审查规章的合法性，然后再决定是否参照。第二，最高人民法院早在《行政诉讼法司法解释》（1999 年）中规定，“人民法院审理行政案件，可以在裁判文书中引用合法有效的规章及其他规范性文件”。法院如何认定规章及其他规范性文件“合法有效”，必然要“附带审”。只有通过“附带审”，才能确定相应规章及其他规范性文件是否“合法有效”，从而决定是否在裁判文书中加以引用。可见，现行《行政诉讼法》规定行政相对人对行政行为起诉时可一并请求法院对行政规范性文件进行审查，人民法院可对规范性文件进行“附带审”，对行政诉讼的受案范围并没有在原《行政诉讼法》及司法解释的基础上作实质意义的扩大。

在世界各国，几乎没有哪个国家和地区对规章和其他规范性文件做严格的区分。它们能否被诉，关键不在于它们是规章还是其他规范性文件，而在于它们是否侵犯行政相对人的合法权益或对行政相对人产生“不利影响”：如果它们尚未侵犯行政相对人的合法权益或对行政相对人产生“不利影响”，相对人起诉时机就不“成熟”（ripeness），相对人只能等待行政机关依据这些规范性文件实施行政行为时再一并请求对之“附带审”。如果这些规范性文件不经行政行为就直接侵犯了行政相对人的合法权益或对行政相对人产生了“不利影响”，相对人起诉时机就“成熟”了，其就可以“直接诉”而无须“附带诉”，法院可以“直接审”而无须“附带审”。笔者一直认为，只有有条件地、一

定限度地允许相对人“直接诉”和法院“直接审”,才是真正将抽象行政行为纳入行政诉讼的受案范围,才实际在这一领域扩大了行政诉讼的受案范围。所谓对规范性文件(包括规章和其他规范性文件)实行有限的“直接诉”,即指在一般情形下,行政相对人对规范性文件只能“附带诉”,但如果相应规范性文件不经行政行为即造成对相对人合法权益的损害,相对人则可直接对该规范性文件提起诉讼。例如,有这样一个案例:某商品包装一直适用行政机关原确定的某一种标准,忽一日,行政机关发布规范性文件废除原包装标准而确定新标准,并规定自该规范性文件公布之日起,相应商品如未使用新标准而继续使用原包装标准的,每件商品罚款若干。对于这种规范性文件,如果采“附带诉”的方式,只有当商店向生产厂家购买该商品后出售,被行政机关发现其商品仍使用原包装标准并对之科处罚款时,商店方可对该规范性文件附带起诉。但是,如果该规范性文件一经发布,所有商店即不向生产厂家进货,不购买使用这种包装标准的商品,致使生产该商品的厂家大量商品积压在仓库,卖不出去,不得不把这些商品的包装全部拆除、重作和更换包装。可以想象该生产厂家的损失将是巨大的。但是该生产厂家却因没有受到行政处罚(没有具体行政行为)而不能提起行政诉讼。尽管该规范性文件明显违法:其没有让行政相对人卖掉使用原有包装标准的商品就生效,违反了规范性文件不得溯及既往的法律原则,从而导致相对人的巨大损失。如果我们现在的《行政诉讼法》规定可对行政规范性文件“直接诉”,即可为这种情形的相对人提供一个救济途径。笔者认为,今后《行政诉讼法》再次修改时,应考虑设计这样的制度:行政规范性文件如不经行政行为即可造成对行政相对人合法权益的损害,行政相对人可直接对该规范性文件提起诉讼,请求人民法院撤销该规范性文件或确认该规范性文件违法,至少在审理相应行政案件中,不将该规范性文件作为认定行政行为合法的依据,并事后向制定机关提出处理建议,以避免造成行政相对人权益的重大损害。

(二)由审查行政规范性文件逐步向审查规章开放

我国现行法律将行政机关制定的具有普遍约束力的文件分为行政法规、规章和规范性文件(境外基本没有这种区分):国务院常务会议或全体会议通过的规范性文件一般称“行政法规”;国务院部门和设区的市政府以上的人民政府制定的规范性文件一般称“规章”;其他行政机关发布的具有普遍约束力的决定、命令，以及国务院部门和设区的市政府以上的人民政府制定的非规章位阶的规范性文件一般称“规章以外的规范性文件”（简称“行政规范性文件”，俗称“红头文件”）。

现行《行政诉讼法》和司法解释赋予行政法规、规章和行政规范性文件的以不同的法律地位：(1)人民法院不受理公民、法人或者其他组织对行政法规、规章或者行政机关制定、发布的具有普遍约束力的决定、命令提起异议的诉讼；①(2)人民法院审理行政案件，行政法规是依据，规章为“参照”；②(3)人民法院审理行政案件，可以在裁判文书中引用“合法有效”的规章及其他规范性文件；③(4)人民法院在审理行政案件中，认为规范性文件不合法的，不作为认定行政行为合法的依据，并向制定机关提出处理建议。④

现行《行政诉讼法》和司法解释的这些规定在实际运作中存在若干矛盾和问题：首先，《行政诉讼法》规定人民法院不受理行政相对人对所有行政法规、规章和规范性文件提起的诉讼，人民法院不得对作为行政行为依据的法规、规章进行审查。而《行政诉讼法》又要求人民法院审理行政案件时“参照”规章，“参照”就意味着可适用也可不适用，合法的即适用，不合法的则不适用。不让法院审查，法院如何确定相应规章合不合法，适不适用？行政诉讼法司法解释要求法院在裁判文书中引用“合法有效”的规章及其他规范性文件，不让法院审查，法院如何确定相应规章及其他规范性文件“合法有效”，如何决定是否在裁判文书中引用？其次，《行政诉讼法》规定人民法院审理行政案件，以行政法规为依据，是不是意味着不论行政法规是否违宪、违法，均应以之为依据？如果是，怎么保障国家法制的统一？如果不是，那是否意味着《行政诉讼法》也赋予了法院一定的判断行政法规合宪性和合法性的权力：其认为合宪合法的行政法规就依据，认为不合宪不合法的行政法规就送请全国人大常委会审查和最后确定其效力？再次，《行政诉讼法》规定人民法院审理行政案件“参照”规章，并删去了原《行政诉讼法》关于“人民法院认为规章之间不一致的，由最高人民法院送请国务院作出解释或者裁决”的规定，这是不是

① 参见《行政诉讼法》第13条。
② 参见《行政诉讼法》第63条。
③ 参见《行政诉讼法司法解释》(1999年)第62条。
④ 参见《行政诉讼法》第64条。

意味着今后人民法院认为规章之间不一致,或规章与行政法规、法律不一致的,法院就不需要由最高人民法院送请国务院作出解释或者裁决,而授予法院选择适用权,如果这样,要是法院选择错了,怎么救济？最后,原《行政诉讼法司法解释》(1999 年)规定人民法院审理行政案件,可以在裁判文书中引用"合法有效"的规章及其他规范性文件(这一规定现在应该仍可适用),这是否意味着人民法院对规章享有一定司法审查权,因为没有一定的审查,如何确定其合法有效？而《行政诉讼法》对规章只规定了"参照",没有规定对其"合法有效"的审查。这里是否存在一定的矛盾？

现行《行政诉讼法》授权法院对规章以外的其他规范性文件的进行"附带审",而没有授权法院对规章进行"附带审"。但法院如果没有对规章的"附带审",《行政诉讼法》"参照规章"的规定就无法执行。如果人民法院在审理行政案件过程中,不能审查规章的合法性,法院即使认为规章不合法,不能"作为认定行政行为合法的依据",但其仍必须提交制定机关审查和确定其合法性,那就会既影响行政诉讼的公正性,又影响行政诉讼的效率。法院如果对规章的合法性没有任何判断权,即使法院认为规章明显违法,也必须中止诉讼,等待制定机关的自行审查、判断和答复。如果这样,行政诉讼的目的如何实现？

为了解决上述矛盾和问题,笔者一直建议,《行政诉讼法》规定的对行政规范性文件附带诉、附带审应逐步向规章开放:行政相对人在提起行政诉讼时,如认为行政行为所依据的规章违法,可以像对待行政规范性文件一样,请求人民法院对规章的合法性进行审查;人民法院在审理行政案件中,经审查认为相应规章不合法的,可以像对待行政规范性文件一样,不作为认定行政行为合法的依据,并向制定机关提出处理建议。

笔者认为,《行政诉讼法》规定的附带诉、附带审向规章开放,不仅有利于解决长期以来行政诉讼法实施中的遇到的各种矛盾和问题,消除相关矛盾和困境,而且有助于落实中共十八届三中、四中全会关于"维护宪法法律权威,推进法治中国建设"和建设法治政府、法治国家、法治社会的目标和任务:既能保证人民法院在行政审判适用合宪、合法的规章和规范性文件,又能保障人民法院行政审判的公正和效率。

（三）改进人民法院对行政规范性文件的审查，提高人民法院司法审查的实效

为了改进人民法院对行政规范性文件的审查，提高人民法院司法审查的实效，笔者特就现行行政规范性文件审查制度的运作提出以下四项完善的建议：

其一，人民法院对行政规范性文件的审查的范围不应完全局限于合法性，对极不合理，明显不当（如严重违反政策、严重损害公民合法权益、严重影响生态环境等）的问题也应审查，并向制定机关提出审查意见。

其二，人民法院对行政规范性文件的审查，不仅应审查行政规范性文件的内容是否符合相关法律、法规和规章，还应审查其制定机关是否享有制定相应行政规范性文件的权限和遵守了行政规范性文件的法定程序（包括法律尚未规定的正当程序，如公众参与、专家论证、风险评估、合法性审查、集体讨论决定等程序）。

其三，人民法院在行政诉讼中审查行政规范性文件，应充分听取原被告的陈述、辩论。如遇疑难法律问题，可在诉讼过程中举行专家论证会。人民法院对行政规范性文件的合法性进行认定时应考虑（但不一定要采纳）专家的论证意见。

其四，人民法院经对行政规范性文件的审查，认为相应行政规范性文件不合法或极不合理，明显不当的，应向制定机关提出处理建议。制定机关应在收到处理建议后 1 个月内向人民法院反馈。如接受建议，应告知处理落实措施；如不接受建议，应说明理由。

人民法院如果能通过司法解释确定上述措施，其审查行政规范性文件制度的实效必然会大为增强，从而保障《行政诉讼法》立法目的的有效实现。

**本章参考书目**

1. 姜明安主编：《行政法与行政诉讼法》，北京大学出版社、高等教育出版社 2019 年版，第 30 章。

2. 马怀德主编：《司法改革与行政诉讼制度的完善》，中国政法大学出版社 2004 年版，第 7 章。

3. 柴发邦主编：《行政诉讼法教程》，中国人民公安大学出版社 1990 年版，第 18 章。

4. 贺善征主编:《中国行政诉讼法学》,重庆大学出版社 1998 年版,第 11 章。

5. 黄杰主编:《行政诉讼法讲座》,中国人民公安大学出版社 1989 年版,第 14 讲。

6. 林丽红主编:《行政诉讼法学》,武汉大学出版社 1999 年版,第 11 章。

# 第十二章 行政诉讼一并解决民事争议

行政法固然应具有保障人民权利的功能,但行政效率与效能的提高,亦不容忽视。①

——翁岳生

纠纷解决过程的类型化可以考虑两条相互独立的基轴来构成。一条轴按纠纷是由当事人之间自由的“合意”还是由第三者有拘束力的“决定”来解决而描出。

如果可根据规范来强制解决纠纷的审判制度对当事人来说是具有现实性的选择手段,则通过交涉而得到的合意内容一般受到规范的制约。②

——棚濑孝雄

## 第一节 行政诉讼一并解决民事争议概述

### 一、行政诉讼一并解决民事争议的概念

行政诉讼一并解决民事争议,是指人民法院在行政诉讼中,应当事人的申请,一并解决与行政争议有关的民事争议,对行政争议与相关民事争议一并审

① 翁岳生:《行政法》,中国法制出版社2009年版,第39页。

② [日]棚濑孝雄:《纠纷的解决与审判制度》,王亚新译,中国政法大学出版社1994年版,第7、12页。

理的活动。

行政诉讼一并解决民事争议是以行政诉讼为主体,附带解决相关民事争议的诉讼活动,故也可称“行政附带民事诉讼”。因此,行政诉讼一并解决的民事争议的民事诉讼成立的前提条件是行政诉讼的成立。当事人在提起行政诉讼时一并提起民事诉讼,如行政诉讼的起诉被法院裁定不予立案,则一并提起的民事诉讼也必然被法院裁定不予立案;如行政诉讼立案后在诉讼过程中被法院驳回,则一并提起的民事诉讼也必然被法院同时驳回,当事人只能对民事争议另行起诉。但是,当事人在提起行政诉讼时一并提起民事诉讼,如一并提起的民事诉讼被法院裁定不予准许,行政诉讼仍可被法院受理;如一并提起的民事诉讼在行政诉讼过程中被法院驳回,行政诉讼仍可继续进行。另外,行政诉讼原告如在宣判前申请撤诉,要由人民法院裁定是否准许。人民法院裁定准许行政诉讼原告撤诉,但原告对已经提起的一并审理相关民事争议不撤诉的,人民法院应当继续审理。

行政诉讼一并解决民事争议是人民法院在行政诉讼过程中一并解决与本案有关的民事争议的活动。所谓与“本案有关”,就是所要一并解决的民事争议与作为本案主体争议的行政争议相互联系,或者是行政争议因民事争议而发,或者是民事争议因行政争议而生,或者行政争议中连带着民事争议,或者民事争议中内含着行政争议,二者你中有我,我中有你,相互交织或相互联结。如果民事争议与作为本案主体争议的行政争议没有联系,行政诉讼一并解决民事争议诉讼就不能成立。

## 二、行政诉讼一并解决民事争议诉讼的理论根据

行政诉讼一并解决民事争议诉讼的理论根据有五:

其一,现实社会生活中,行政法律关系与民事法律关系相互交织、相互关联的情况大量存在。此决定了行政争议与民事争议的相互联系,从而要解决相应行政争议,必须要以弄清相关联的民事争议的是非曲直为前提,相关联的民事争议的是非曲直情况是解决相应行政争议的事实根据之一;而解决相关联的民事争议更是必须以先解决相应行政争议为前提,相应行政争议解决的结果是解决相关联的民事争议的必要依据。

其二,现代社会,由于科学技术的发展,社会经济关系的日益复杂化,大量

的民事争议，如商标、专利、环境、医疗事故、交通、社会福利争议等，具有极强的技术性、专业性，普通法院对之处理日感困难，从而专门的行政裁判机关应运而生。[①] 行政裁判机关依职权作出裁决行为是一种特别的行政行为，当事人认为其裁决违法——适用法律、法规错误、主要证据不足、滥用职权、超越职权、违反法定程序，明显不当——可提起行政诉讼，请求撤销其裁决。但是被行政裁判机关裁决的当事人之间的民事争议依然存在，而此种民事争议的解决如离开行政争议的解决就不可能进行。

其三，行政争议因为争议一方是享有国家行政权的行政主体，其实施的行为具有确定力、拘束力、执行力，除非行政主体自身或其上级行政机关加以撤销或宣布无效，或者通过行政诉讼由人民法院确认无效加以撤销，相对人必须承认其法律效力，予以执行。因此，凡是解决与行政争议相联系的民事争议，必须以先解决行政争议为前提。否则，民事争议即使有了解决结果，如存在与此解决结果相悖的行政行为，相应行政行为仍有法律效力，民事争议的结果也无法实现，正因如此，民事争议的解决往往依附于行政争议的解决。由行政诉讼一并解决民事争议诉讼，而不是由民事诉讼附带行政诉讼解决。[②] 当然，民事法院或民事审判庭在审理民事案件，解决民事争议中，有时也会遇到相关的行政争议。即使在这种以民事争议为主体争议的情况下，行政争议的解决也应优先于民事争议的解决。按照许多大陆法系国家的通例，一般是民事法院或民事审判庭先中止民事争议的审理，将与民事争议相关的行政争议移送行政法院或行政审判庭审理，待行政争议的审理有了结果后，再进行民事争议的审理。[③]

其四，行政诉讼一并解决民事争议诉讼是诉讼经济原则的要求。在实践中，行政争议与民事争议相联系的情况是各种各样的：有时二者相互交织、密不可分；有时二者联系密切，但将二者加以区分并无太大困难；有时二者则只

---

① 如我国的商标评审委员会、专利复审委员会等。

② 对此，学界有不同的意见：有反对行政诉讼一并解决民事争议诉讼（行政诉讼附带民事诉讼），主张二者应分开、分别审理的；有主张对此类案件通过“当事人诉讼”途径解决的；还有主张民事诉讼附带行政诉讼解决的。关于这方面的争论和不同观点，可参见王贵松主编：《行政与民事争议交织的难题——焦作房产纠纷案的反思与展开》，法律出版社 2005 年版。

③ 英美国家的司法实行单轨制，故不存在“行政诉讼一并解决民事争议诉讼”（行政诉讼附带民事诉讼）或“民事诉讼附带行政诉讼”以及“先行后民”或“先民后行”的问题和争议。

存在一般的联系。对于后两种情况,行、民分开审理,先行后民,并不是不可以的,即使属于第一种情况,也不是不可以由行政审判庭先审理行政争议,待行政争议有了结果后,再由当事人向民事审判庭提起民事诉讼。当然,在这种情况下,行政庭审理行政争议中,不能不经常涉及民事争议的情况,实际同时在审理着民事争议,以民事争议的审理作为行政争议的事实审,但行政庭对民事争议不作出任何裁判,而只裁判行政争议,民事争议留待民庭去裁决。这样一种制度显然是不符合诉讼经济原则的要求的,不仅会给法院造成不必要的人力、物力的耗费,也会给当事人造成不必要的时间、金钱和精力的耗费。诉讼制度模式的选择,不能不考虑诉讼经济原则。

其五,行政诉讼一并解决民事争议诉讼制度的确立是保障法院正确办案和保护当事人合法权益的需要。如前所述,对于行政争议与民事争议相互联系的案件,行、民分开审理,先行后民并不是不可以的,但是分开审理不仅不利于时间、金钱、人力、物力的节约,而且不利于法院准确办案和维护当事人合法权益。因为行、民分开审理时,行政审判庭审理行政争议时有可能忽略作为本案重要情节的民事争议的事实情况,民事审判庭审理民事争议时也有可能忽略作为民事争议裁决前提的行政争议处理结果,从而导致法院判决出现偏差、失误,以致有失公正,损害当事人的合法权益,或国家社会公益。建立行政诉讼一并解决民事争议诉讼的制度,就可以尽量避免这种情况,将两种相互联系的争议统一审理,将全部案情统一考虑,显然有利于防止片面性,保障案件处理的准确、公正。

### 三、行政诉讼一并解决民事争议诉讼的法律根据

行政诉讼一并解决民事争议诉讼制度在理论上是能够成立和应该成立的,在我国现行法律上也是有根据的。2014 年修订的《行政诉讼法》第 61 条明确规定,“在涉及行政许可、登记、征收、征用和行政机关对民事争议所作的裁决的行政诉讼中,当事人申请一并解决相关民事争议的,人民法院可以一并审理”。原《行政诉讼法》虽然对行政诉讼一并解决民事争议诉讼制度没有作出明确规定,但许多相关具体法律、法规均规定了行政机关裁决民事争议及民事赔偿的行政裁判制度,而且法律授权当事人对行政机关的裁决不服可以提起行政诉讼,这就暗含了行政诉讼一并解决民事争议诉讼在法律上的可能性。

在我国刑事诉讼中，法律明确设立了刑事附带民事诉讼的制度。《刑事诉讼法》第 101 条规定："被害人由于被告人的犯罪行为而遭受物质损失的，在刑事诉讼过程中，有权提起附带民事诉讼。被害人死亡或者丧失行为能力的，被害人的法定代理人、近亲属有权提起附带民事诉讼。如果国家财产、集体财产遭受损失的，人民检察院在提起公诉的时候，可以提起附带民事诉讼。"刑事诉讼虽然与行政诉讼的性质截然不同，但既然同为诉讼，也就必然存在某些共性的东西，《刑事诉讼法》的某些规范、某些制度也就可能为行政诉讼所借鉴和参照适用。

行政诉讼一并解决民事争议诉讼制度虽然未在原《行政诉讼法》中规定，但原《行政诉讼法司法解释》（1999 年）曾对之作出规定："被告对平等主体之间民事争议所作的裁决违法，民事争议当事人要求人民法院一并解决相关民事争议的，人民法院可以一并审理"。[①]

## 四、行政诉讼一并解决民事争议诉讼的特征

行政诉讼一并解决民事争议诉讼既不同于纯行政诉讼，也不同于纯民事诉讼，既具有某些与二者相同的特征，又具有某些不同于二者的特征：

（1）行政诉讼一并解决民事争议诉讼中，民事争议的解决一般以行政争议的解决为前提，行政争议的裁判结果是民事裁判的依据，这是其不同于纯民事诉讼的特征。在民事诉讼中，如遇到行政争议，通常应中止诉讼，待当事人通过行政诉讼解决行政争议后再恢复民事诉讼。

（2）行政诉讼一并解决民事争议诉讼中，民事争议的解决可以适用和解、调解，以和解、调解结案，这是其不同于纯行政诉讼的特征。纯行政诉讼的和解、调解受到很大限制。原《行政诉讼法》规定，行政诉讼不适用调解，现行《行政诉讼法》规定，[②]行政诉讼仅有限适用调解。[③]

（3）行政诉讼一并解决民事争议诉讼中，民事争议的当事人与行政争议的当事人并不完全一致。有时行政诉讼的原告在行政诉讼一并解决民事争议

---

① 参见《行政诉讼法司法解释》（1999 年）第 61 条。
② 参见《行政诉讼法》（1989 年）第 50 条。
③ 参见《行政诉讼法》第 60 条。

诉讼所附带的民事诉讼中成为被告,行政争议当事人之外的第三人成了附带民事诉讼的原告;有时行政诉讼的原告在所附带的民事诉讼中虽然仍然为原告,但所附带的民事诉讼被告却不是行政诉讼的被告,而是行政争议之外的第三人(如行政机关裁决民事争议的双方当事人,一方对裁决结果不服,一并提起行政诉讼和附带民事诉讼,行政裁决机关为行政诉讼的被告,民事争议另一方当事人即为附带民事诉讼的被告);有时行政诉讼与所附带的民事诉讼原告被告正好交换了位置:行政诉讼的被告成了所附带的民事诉讼的原告,行政诉讼的原告成了所附带的民事诉讼的被告。① 这是其既不同于纯行政诉讼又不同于纯民事诉讼的特征。

(4)行政诉讼一并解决民事争议诉讼中,行政诉讼部分由被告对所作出的行为负举证责任,民事诉讼部分完全适用"谁主张,谁举证"的一般举证责任原则。

(5)行政诉讼一并解决民事争议诉讼中,行政争议与所附带的民事争议既可同时审理、同时裁判,也可先审理和裁判行政争议,先作出行政争议部分的判决,然后再由同一合议庭审理和裁判所附带的民事争议,作出民事争议部分的判决。人民法院在行政诉讼中一并审理相关民事争议的,民事争议应当单独立案,由同一审判组织审理。而审理行政机关对民事争议所作裁决的案件,一并审理民事争议的,不另行立案。②

## 第二节 行政诉讼一并解决民事争议诉讼的范围

《行政诉讼法》第61条规定了行政诉讼一并解决民事争议诉讼的正面肯定范围,《行政诉讼法司法解释》(2015年)第17条规定了行政诉讼一并解决民事争议诉讼的负面否定范围。

---

① 在我国现行行政诉讼体制下,第三种情形一般不会出现。因为在行政诉讼中,行政主体只能做被告而不能做原告。这样也就限制了行政主体在行政诉讼一并解决民事争议诉讼中由被告转化为原告的可能性。

② 参见《行政诉讼法司法解释》(2018年)第140条。

## 一、行政诉讼一并解决民事争议诉讼的正面肯定范围

《行政诉讼法》第 61 条规定的行政诉讼一并解决民事争议诉讼的正面肯定范围包括两类案件:一是涉及行政许可、登记、征收、征用的案件;二是行政机关对民事争议所作裁决的案件。另外,行政诉讼一并解决民事争议的诉讼中,近年来还展开了人民检察院提起行政附带民事公益诉讼的探索。因此,行政附带民事公益诉讼案件可以认为是行政诉讼一并解决民事争议诉讼的第三类案件。

### (一)涉及行政许可、登记、征收、征用的案件

行政许可行政案件涉及民事争议的情形是多方面的,主要的情形有三:其一,行政机关作出有关土地、矿藏、水流、森林、山岭、草原、荒地、滩涂、海域等自然资源使用权的行政许可,第三人与被许可人在相应自然资源使用权方面存在民事争议。故其在对行政许可行为提起行政诉讼的同时,一并以被许可人为被告提起民事诉讼。其二,行政机关作出有关道路、桥梁、房地产、市政建设、公共服务项目等工程建设许可,与被许可人存在竞争关系的第三人认为被许可人侵犯了其合法权益。故其在对行政许可行为提起行政诉讼的同时,一并以被许可人为被告提起民事诉讼。其三,行政机关作出有关准许被许可人从事某种特定活动的行政许可,第三人认为被许可人的相应活动将损害或已损害其合法权益,如活动的噪声、辐射、影响采风、采光、妨碍通行等。故其在对行政许可行为提起行政诉讼的同时,一并以被许可人为被告提起民事诉讼。

行政登记行政案件涉及民事争议的情形亦主要有三:其一,行政机关作出有关不动产或动产登记行为,第三人认为相应不动产或动产的产权应全部或部分属于自己所有,而非属于相应财产登记人。故其在对行政登记机关提起行政诉讼的同时,一并对财产登记人提起民事诉讼。其二,行政机关作出有关公司、企业登记行为,第三人认为相应公司、企业应全部或部分属于自己所有,而非属于相应公司、企业的登记人。故其在对行政登记机关提起行政诉讼的同时,一并对相应公司、企业的登记人提起民事诉讼。其三,行政机关作出有关公民户籍、身份等有关个人事项的登记后,发现其登记事项被第三人篡改或冒名登记。故其在对行政登记机关提起行政诉讼的同时,一并对篡改自己个人信息的人或冒名登记人提起民事侵权诉讼。

行政征收、征用行政案件涉及民事争议的情形则主要有四:其一,行政征收、征用的财产在征收、征用前存在所有权或使用权争议,行政机关在未明确相应财产所有权、使用权归属的情况下即实施行政征收、征用行为。这样,相应财产争议的双方当事人均可能既对实施行政征收、征用行为的行政机关提起行政诉讼,又相互对对方当事人提起民事诉讼。其二,行政机关在实施行政征收、征用行为时,曾协调有关单位、组织对被征收人给予补偿或实施某种补救措施,但事后对这些补偿或补救措施全部或部分未兑现。这样,被征收人就可能同时对征收、征用行政机关提起行政诉讼和对有关单位、组织提起民事诉讼。其三,行政机关实施行政征收、征用,其征收、征用补偿款交付有关单位、组织(如村民委员会、居民委员会、被征收人所在单位等)发给被征收人,但有关单位、组织未按规定标准发给被征收人。在这种情况下,被征收人就可能同时对征收、征用行政机关提起行政诉讼和对有关单位、组织提起民事诉讼。其四,行政机关实施行政征收、征用行为,对被征收人进行临时住所或营业场所进行安置,第三人与被征收人在相邻关系方面发生民事争议。在这种情况下,第三人可能既对实施安置行为的行政机关提起行政诉讼,又对被征收人一并提起民事诉讼。

(二)涉及行政机关对民事争议所作裁决的案件

这类案件在行政诉讼一并解决民事争议诉讼的案件中占有很大比例。其主要类别有:

(1)行政机关裁决公民、法人或其他组织之间有关土地、矿藏、水流、森林、山岭、草原、荒地、滩涂、海域等自然资源所有权或者使用权的权属争议。对于这类行政裁决,一方当事人对裁决不服,在提起以行政机关为被告,请求法院撤销行政裁决的行政诉讼的同时,一并提起以对方当事人为被告,请求法院重新对其民事权益争议作出裁决的民事诉讼。在这类行政诉讼一并解决民事争议诉讼中,行政诉讼的原告或第三人即是相应民事诉讼的原告,但行政诉讼的被告却不是相应民事诉讼的被告,相应民事诉讼的被告是民事权属争议裁决的对方当事人。

在上述情形的案件中,如果一方当事人仅对行政裁决不服,只提起以行政机关为被告,请求法院撤销行政裁决的行政诉讼,而未请求法院裁决民事权属争议,在这种情况下,法院应通知民事争议的对方当事人作为行政诉讼的第三人参加诉讼,并一并解决民事权属争议双方当事人的民事争议。

(2)行政机关裁决公民、法人或其他组织之间有关商标、专利等知识产权的争议。对于这类行政裁决,我国法律规定由专门的行政裁决机构——商标评审委员会或专利复审委员会——进行裁决。当事人对这类行政裁决不服,一般向人民法院专设的知识产权法庭或专门的知识产权法院一并提起以商标评审委员会或专利复审委员会为被告的行政诉讼和以争议对方当事人为被告的民事诉讼。知识产权法庭或专门的知识产权法院对两种争议一并审理和裁决。

(3)行政机关裁决公民、法人或其他组织之间有关损害赔偿、补偿方面的争议。当事人对这类行政裁决不服,通常在对行政机关提起行政诉讼的同时,请求人民法院一并解决民事赔偿、补偿争议。

(4)行政机关在对实施违法行为人科处行政处罚时,一并对违法行为人与被违法行为侵害的人的侵权赔偿进行调解,促成被处罚人与被害人之间达成侵权赔偿协议。对于这种情况,如果被处罚人或被害人对行政机关的行政处罚决定不服,提起行政诉讼,人民法院在审理行政处罚案件时,可以应当事人双方任意一方的要求,一并审理双方当事人之间的侵权赔偿争议。这种行政诉讼一并解决民事争议包括治安行政处罚赔偿案件,环境行政处罚赔偿案件,卫生行政处罚赔偿案件,知识产权行政处罚赔偿案件,等等。在这类行政诉讼一并解决民事争议案件中,如果是实施违法行为的被处罚人提起行政诉讼,相应民事诉讼的原告通常是受违法行为侵害的被害人,相应民事诉讼的被告通常是行政诉讼的原告——实施违法行为的被处罚人。如果是被害人提起行政诉讼,其就既是行政诉讼的原告,又是相应民事诉讼的原告。

行政机关在科处行政处罚的同时,有时会责令被处罚人赔偿国家或地方政府因被处罚人违法行为而受到的经济损失(如环境污染案件,相对人违反种子法、草原法、森林法、矿产资源法案件等),被处罚人既对行政处罚不服,又对损害赔偿不服,在提起行政诉讼的同时一并提起民事诉讼,要求法院既撤销或变更行政机关的行政处罚决定,又取消或减少损害赔偿。在这类行政诉讼一并解决民事争议的诉讼中,行政诉讼的原告即是附带民事诉讼的原告,行政诉讼的被告亦是相应民事诉讼的被告。[①]

(三)行政附带民事公益诉讼案件

近年来,人民检察院展开了提起行政附带民事公益诉讼的探索。这可以认为是行政诉讼一并解决民事争议诉讼案件中的第三类案件。就这类案件,这里仅举一例说明。据《检察日报》报道,吉林省白山市中级人民法院于2016年7月15日对吉林省白山市人民检察院提起的白山市江源区中医院违法排放医疗污水污染环境案作出判决。这是全国人大常委会授权检察机关提起公益诉讼试点工作后的全国首例行政附带民事公益诉讼案件。该案案情如下:

白山市江源区人民检察院在履行职责中发现,白山市江源区中医院自建院以来,始终未按照《医疗机构管理条例》和《医疗机构管理条例实施细则》的规定,建设符合环保标准的医疗污水处理设施,通过渗井、渗坑排放医疗污水。江源区检察院依法进行调查后,协调江源区环境保护局,委托吉林市吉科检测技术有限公司对江源区中医院医疗污水及渗井周边土壤进行取样检测,经检测,化学需氧量、五日生化需氧量、悬浮物、总余氯等均超出国家规定的标准限值,可引起医源性细菌对地下水及生活用水的污染,存在细菌传播的隐患。

2015年11月18日,江源区检察院向江源区卫生和计划生育局(以下简称江源区卫计局)发出检察建议,建议该局立即采取有效监管措施,制止江源区中医院继续违法排放医疗污水。江源区卫计局虽然在2015年12月10日作出回复并采取了相应措施,但并未依法正确履行监管职责,未能有效制止中医院违法排放医疗污水,存在造成环境污染的重大风险和隐患,公共利益处于持续受侵害状态。

2016年3月1日,白山市人民检察院在严格落实诉前程序后,依法以公益诉讼人的身份提起行政附带民事公益诉讼。白山市中级人民法院于5月11日公开开庭审理此案,7月15日作出判决,确认白山市江源区卫生和计划

---

① 现行法律通常仅规定对这类违法行为人科处罚款,而较少责令其承担民事赔偿责任。即使行政机关责令违法行为人承担民事赔偿责任,被处罚人也将这种责令承担民事赔偿责任视为一种行政处罚,如不服,即在提起行政诉讼请求撤销处罚时一并请求撤销这种赔偿责任。对此,法院也一并作为行政案件而非作为行政诉讼一并解决民事争议的案件审理。因此,笔者在这里阐述的此种行政诉讼一并解决民事争议诉讼只是一种理论上的类型而非我国行政审判实践中的实际诉讼类型。

生育局于2015年5月18日对白山市江源区中医院“医疗机构执业许可证”校验合格的行政行为违法；责令白山市江源区卫生和计划生育局履行监管职责，监督白山市江源区中医院在三个月内完成医疗污水处理设施的整改；判决白山市江源区中医院立即停止违法排放医疗污水。

在办理该案过程中，白山市检察院对办案中发现的问题向市委作了专题汇报并提出治理建议，白山市在全市开展了医疗废水排放的专项整改。吉林省人民检察院结合全省检察机关在案件办理中发现的医疗垃圾和污水处理不规范等普遍性问题，与省卫计委、省环保厅召开座谈会，推动在全省开展了专项执法检查。①

## 二、行政诉讼一并解决民事争议诉讼的负面否定范围

对于行政诉讼一并解决民事争议诉讼的负面否定范围，《行政诉讼法司法解释》（2018年）第139条作了专门规定：对于具有下列情形的案件，人民法院应当作出不予准许一并审理民事争议的决定，并告知当事人可以依法通过其他渠道主张权利：

### （一）法律规定应当由行政机关先行处理的事项

有些民事争议事项，由于特别涉及专业性、技术性或政策性，法律通常规定由行政机关先行处理，故当事人在提起行政诉讼时不得申请人民法院一并审理裁决。

### （二）违反民事诉讼法专属管辖规定或者协议管辖约定的事项

根据案件的性质，有些民事争议事项，《民事诉讼法》已经预先规定了专属管辖，或者当事人事先已就管辖达成了协议。如果准许当事人在提起行政诉讼时申请受诉人民法院一并审理裁决此种民事争议事项，就会违反民事诉讼法专属管辖规定和当事人的协议管辖约定，也有违诚信原则。

### （三）约定仲裁或者已经提起民事诉讼的事项

对于当事人约定仲裁或者已经提起民事诉讼的事项，不准许其再申请受诉人民法院一并审理，是出于维护司法和仲裁正常秩序的需要。如果准许当

① 报道源于《全国首例行政附带民事公益诉讼案宣判》，载《检察日报》2016年8月2日，第1版。

事人对约定仲裁或者已经提起民事诉讼的事项再申请行政审判庭审理,就可能出现不同机构就一个争议案件作出两个不同裁决的法制混乱局面。

(四)其他不宜一并审理民事争议的情形

这是行政诉讼一并解决民事争议诉讼负面否定范围的一个兜底条款,防止前述范围的遗漏,保证法院选择适用这一程序的必要灵活性。

## 第三节 行政诉讼一并解决民事争议诉讼的程序

### 一、行政诉讼一并解决民事争议诉讼的程序的一般规则

《行政诉讼法》规定了行政诉讼一并解决民事争议的制度,但没有专门规定行政诉讼一并解决民事争议诉讼的程序。这使得行政审判实践发生迷惑和困难:行政诉讼一并解决民事争议诉讼究竟适用什么程序,是适用行政诉讼程序,还是适用民事诉讼程序?或者是既适用行政诉讼程序,又适用民事诉讼程序?如果是既适用行政诉讼程序,又适用民事诉讼程序,那么,在什么情况下适用行政诉讼程序,在什么情况下适用民事诉讼程序呢?

显而易见,行政诉讼一并解决民事争议诉讼的内容包括解决两种争议:行政争议和民事争议。一般来说,人民法院解决行政争议适用行政诉讼程序,解决民事争议适用民事诉讼程序。但是在诉讼一并解决民事争议诉讼中,人民法院往往是同时解决两种争议,对行政争议和民事争议同时审理,分别裁判。这样,实践中往往就难以完全分别适用两种不同的诉讼程序,而是混合适用两种诉讼程序。在多数情况下,是以适用行政诉讼程序为主,在行政诉讼程序中,根据需要适用某些民事诉讼程序。

### 二、行政诉讼一并解决民事争议诉讼程序的特殊规则

行政诉讼一并解决民事争议诉讼程序的特殊规则主要表现在下述十个方面:①

(1)行政诉讼的原告可以在提起行政诉讼的同时一并提起民事争议诉

① 参见《行政诉讼法司法解释》(2018年)第137~142条。

讼,也可以在行政诉讼的过程中再提出一并审理的民事争议诉讼的要求。此外,在行政诉讼过程中,行政诉讼第三人和与行政争议有关的民事争议当事人也可以提起一并审理民事争议诉讼的要求。但是,当事人在行政诉讼过程中提起一并审理民事争议诉讼的要求,应当在第一审开庭审理前提出;有正当理由的,也可以在法庭调查中提出。

(2)人民法院决定在行政诉讼中一并审理相关民事争议,或者案件当事人一致同意相关民事争议在行政诉讼中一并解决,人民法院准许的,由受理行政案件的人民法院管辖。

(3)公民、法人或者其他组织请求一并审理相关民事争议,人民法院经审查发现行政案件已经超过起诉期限,民事案件尚未立案的,告知当事人另行提起民事诉讼;民事案件已经立案的,由原审判组织继续审理。

(4)人民法院在审理行政案件中发现民事争议为解决行政争议的基础,当事人没有请求人民法院一并审理相关民事争议的,人民法院应当告知当事人依法申请一并解决民事争议。当事人就民事争议另行提起民事诉讼并已立案的,人民法院应当中止行政诉讼的审理。民事争议处理期间不计算在行政诉讼审理期限内。

(5)在行政诉讼一并解决民事争议诉讼中,民事争议双方当事人可以通过和解解决民事争议,从而申请撤销原要求一并审理的民事诉讼,也可由人民法院对双方当事人进行调解,由双方当事人达成调解协议,再由法院以调解书对案件的民事部分结案。当然,和解不成,调解达不成协议,法院完全可以对双方的争议作出判决,以判决结案。

(6)人民法院一并审理相关民事争议,除法律另有规定以外,适用民事法律规范的相关规定。当事人在调解中对民事权益的处分,不能作为审查被诉行政行为合法性的根据。

(7)在行政诉讼一并解决民事争议诉讼中,人民法院一般应对行政争议与民事争议同时审理,分别裁判。但是,对行政争议与民事争议同时审理,并不意味着两项争议同时开始,同时结束。有时,案件的行政争议部分事实非常清楚明了,可以先结束审理和作出裁判,而案件的民事争议部分事实非常复杂,不可能在法定审判时限内结案,法庭应可申请延期继续审理,即由审理原案的同一合议庭再继续审理案件的民事争议部分,继而对相应民事争议作出裁判。

(8)在行政诉讼一并解决民事争议的诉讼中,行政机关对作出的行政行为负举证责任,民事争议的双方当事人则对各自提出的主张负举证责任。行政机关对行政行为不能完成举证责任的即要承担行政诉讼部分败诉的后果。民事诉讼双方当事人无论何方对自己的主张不能完成其举证责任的,其主张即不能成立,应承担可能的败诉后果。

(9)人民法院对案件的行政争议部分和民事争议部分分别裁判。当事人仅对行政裁判或者民事裁判提出上诉的,未上诉的裁判在上诉期满后即发生法律效力。第一审人民法院应当将全部案卷一并移送第二审人民法院,由行政审判庭审理。第二审人民法院发现未上诉的生效裁判确有错误的,应当按照审判监督程序再审。

(10)对于行政诉讼一并解决民事争议诉讼的判决、裁定,一方当事人如果拒绝履行其中的行政裁判部分,人民法院应另一方当事人的申请,可依《行政诉讼法》第94~96条的规定强制执行。对当事人中公民、法人或者其他组织不履行行政判决、裁定的,人民法院可以对之采取《民事诉讼法》第241~255条规定的有关强制执行措施。对行政机关不履行行政判决、裁定的,人民法院可对之采取《行政诉讼法》第96条规定的强制执行措施。一方当事人如果拒绝履行行政诉讼一并解决民事争议案件中的民事裁判部分,人民法院应另一方当事人的申请,则依《民事诉讼法》第三章第19~22条的规定强制执行。但对行政机关不履行民事部分的判决、裁定,人民法院也不宜对其用于执行公务的财产,如办公房屋、办公设备、设施、公务车辆等,采取查封、扣押、冻结、拍卖、变卖的措施,因为,这可能造成行政机关不能正常执行公务,从而给国家或社会公益带来损害。①

① 人民法院对行政机关拒不执行法院判决、裁定的,除可对之采取《行政诉讼法》第96条规定的强制执行措施外,是否可采取《民事诉讼法》规定的查封、扣押、冻结、拍卖、变卖等措施,不能一概而论。对于行政机关直接用于公务的财产,自然不能查封、扣押、冻结、拍卖、变卖等,但对于行政机关的非直接用于公务的财产,如疗养院、招待所、培训中心、非公务车辆等,应可以查封、扣押、冻结、拍卖、变卖等。否则,对行政机关的"执行难"问题难以真正有效解决。

## 本章参考书目

1. 罗豪才主编:《行政审判问题研究》,北京大学出版社 1990 年版,第 25~29 章。

2. 江必新、梁凤云:《行政诉讼法理论与实务》,北京大学出版社 2009 年版,第 19 章。

3. 胡建淼主编:《行政诉讼法教程》,杭州大学出版社 1990 年版,第 13 章。

4. 方世荣、徐银华、丁丽红编著:《行政诉讼法学》,清华大学出版社 2006 年版,第 12 章。

5. [日]棚濑孝雄:《纠纷的解决与审判制度》,王亚新译,中国政法大学出版社 1994 年版。

# 第十三章 行政协议诉讼与行政公益诉讼

化解矛盾纠纷是社会治理的重要内容。人民法院是化解矛盾纠纷、解决群众诉求的审判机关。公正高效化解矛盾、定分止争，是人民法院参与社会治理的重要职责，也是推进国家治理体系和治理能力现代化的重要内容。①

——周强

努力做好公益诉讼检察。牢记检察官公共利益代表的神圣职责，深化双赢多赢理念。

规范公益诉讼检察工作，拓展办案范围，积极稳妥办理安全生产、公共卫生、生物安全、妇女儿童及残疾人权益保护、网络侵害、扶贫、文物和文化遗产保护等领域公益损害案件。②

——张军

## 第一节 行政协议诉讼

### 一、行政协议的概念与特征

行政协议(administrative agreement)有各种表述，如行政合同、行政契约

① 周强：2020年5月25日在第十三届全国人大第三次会议上所作的《最高人民法院工作报告》。

② 张军：2020年5月25日在第十三届全国人大第三次会议上所作的《最高人民检察院工作报告》。

(administrative contract)、公法合同、公法契约(public law's contract)、政府合同、政府契约(government contract)等。这些表述,有时含义有些区别,很多时候则是指称一个概念。[①] 根据我国《最高人民法院关于审理行政协议案件若干问题的规定》,我国《行政诉讼法》第12条第1款第11项规定的"协议"(行政协议)是指"行政机关为了实现行政管理或者公共服务目标,与公民、法人或者其他组织协商订立的具有行政法上权利义务内容的协议"(亦可称"行政合同""行政契约""政府合同")。[②]

在一些西方国家学者的著作中,对"行政协议"多使用administrative contract(行政合同)。而在使用government contract(政府合同)时,其含义往往包括公法合同和私法合同,而非单纯指行政合同。许多国家和地区对"行政合同"有专章或专节的规定,如葡萄牙《行政程序法》第四编第三章专门规定"行政合同",共有12个条款;[③]我国台湾地区"行政程序法"第三章专门规定"行政契约",共有15个条款;[④]德国《行政程序法》第三章专门规定"公法契约",共有9个条款。[⑤]

各国行政法学者在其行政法教科书中对行政合同或公法契约(行政协议)有过不同的定义。例如,德国学者毛雷尔在其所著《行政法学总论》中指出,"行政契约是指设立、变更和终止公法上的法律关系的合同"。[⑥] 沃尔夫等人在其所著《行政法》中指出,公法合同(行政法合同)是指"一个公共行政主体与另一个公共行政主体或者行政相对人具有共同或者互补的利益时"签订的合同。"合同当事人的意思表示等值,公共行政主体的优越性不起作用,行政相对人也不是'行政客体',行政机关的优越地位变成了平等的合作伙伴身份。行政法合同是单方性措施的替代和补充,在单方性措施不适合时,即可采

① 《元照英美法词典》2003年版对"政府合同"的释义是:指政府与供应商、制造商、机构或服务单位签订的向政府提供产品或服务的合同。此种合同由政府规章、示范文本等规范。《布莱克法律词典》(第八版)对"政府合同"(government contract)的释义是:A contract to which a government or government agency is a party, esp. for The purchase of goods and services(procurement contract)。

② 参见《最高人民法院关于审理行政协议案件若干问题的规定》第1条。

③ 参见葡萄牙《行政程序法》第178~189条。

④ 参见我国台湾地区"行政程序法"第135~149条。

⑤ 参见德国《行政程序法》第54~62条。

⑥ 参见[德]哈特穆特·毛雷尔:《行政法学总论》,高家伟译,法律出版社2000年版,第348页。

用合同方式,因此,行政法合同是处理具体事件的,稳定性和灵活性兼备的替代性活动方式”。[①]

日本学者盐野宏认为,行政上的契约既包括公法契约,也包括私法契约。公法契约主要适用于政府和私人间在规划领域的权利义务关系以及行政主体之间的可用契约调整的关系。而私法契约适用政府和私人之间广泛的权利义务关系。如为了建设道路、公园、水库需要用地,其不通过征收而通过民法上的买卖契约进行;自来水供给、公营电车、公共汽车经营等及政府工程建设亦可通过民法上的承包合同进行。盐野宏在其《行政法总论》中没有对“行政上的契约”的内涵予以明确的界定,而只是对其外延予以了列举,包括:(1)准备行政中的契约。如民事土地买卖契约、行政法土地征收契约、公用建筑设施承包契约等。(2)给付行政中的契约。如电气、通讯、煤气、自来水供应契约等。(3)规制行政中的契约。如公害防止契约、地域环境整备契约等。(4)私人财政投资契约(private finance initiative,PFI)。如公共设施的设计、建筑、管理等方面的契约。(5)行政主体间的契约。如公共事务委托契约等。[②]

韩国学者金东熙认为,“行政契约是指行政主体相互间及行政主体和国民相互间为了达成一定的行政目的而缔结的契约。在这种意义上的契约中,从内容上包括以产生公法效果为目的的公法契约和以产生私法效果为目的的私法契约”。“公法契约也可以称为是通过多个当事人之间的意思一致,产生一定法的效果的契约。在这一点上,它基本上与私法契约相同。但是,在公法契约中,双方当事人的意思并不具有对等价值,而且公法契约产生公法上的效果,这不同于私法契约。[③]

我国目前尚无法律、法规对“行政协议”(“行政合同”)下过明确的定义。笔者曾在所著《行政法》一书中对“行政合同”(行政协议)的概念和特征有一个简单的界定和描述:[④]现稍加修改引述如下:所谓“行政合同”(行政协议),有广义与狭义之分。广义的行政合同包括行政主体为实现行政管理或公共服务目标而与行政相对人签订的合同,以及行政主体相互之间签订的合

① [德]汉斯·J.沃尔夫等:《行政法》(第2卷),高家伟译,商务印书馆2002年版,第147~148页。

② 参见[日]盐野宏:《行政法总论》,杨建顺译,北京大学出版社2008年版,第125~132页。

③ 参见[韩]金东熙:《行政法Ⅰ》,赵峰译,中国人民大学出版社2008年版,第163~173页。

④ 参见姜明安:《行政法》,北京大学出版社2017年版,第430~432页。

同。狭义的行政合同仅指前者,即行政主体与行政相对人之间签订的涉及公共利益,具有行政法上权利义务内容的合同(本章研究的行政协议主要限于狭义的行政合同)。行政合同(行政协议)具有下述特征:

(1)主体特征。合同的双方当事人一方是行政主体,另一方是行政相对人。双方都是行政主体,或者一方是行政主体,另一方是行政公职人员的合同可以是广义的行政合同,但不是本章研究的行政合同(行政协议)。双方都是私人的合同是民事合同。作为行政合同一方当事人的行政主体既可以是行政机关,也可以是法律、法规、规章授权的组织,还可以是行使社会公共职能的社会公权力组织。私人组织受行政机关的委托也可以与其他私人组织或个人签订行政合同,但合同的责任主体仍是委托行政机关,受委托的私人组织不能成为行政合同的责任主体。①

(2)目的特征。行政合同(行政协议)的目的是实现某种行政管理或公共服务目标,是基于公共利益的需要。行政主体纯粹为了商业利益或为了进行某种民事活动而与对方当事人签订的合同不是行政合同而是民事合同。

(3)内容特征。行政合同(行政协议)的内容与行政行为一样,是设立,或者变更,或者终止某种行政法律关系。其可以通过取代行政行为实现,如环境监管领域以碳排放指标交易协议取代罚款、收取排放费等强制性行政行为,也可以通过补充行政行为实现,如国有土地出让、矿业权出让领域以出让协议补充颁发国有土地使用权证、探矿权证、采矿权证等行政许可行政行为等。

(4)双方地位特征。行政合同(行政协议)双方的法律地位平等,但权利义务不完全对应。行政主体一方依法享有一定优益权:其基于公共利益的需要可以单方解除合同或变更合同的某些条款,但对于因此给相对方造成的损失应予以补偿;在履行合同的过程中,行政主体基于行政职权,可以依法对对方当事人履行合同的情况实施监督,为了实现合同目标可以采取必要的保障措施。

(5)协议性质特征。行政合同(行政协议)的性质既具有行政性,又具有民事性,从而其签订、履行和争议解决既要适用行政法、行政程序法、行政诉讼

---

① 《最高人民法院关于审理行政协议案件若干问题的规定》第4条第2款规定,因行政机关委托的组织订立的行政协议发生纠纷的,委托的行政机关是被告。

法的有关条款,又要适用民法、合同法、民事诉讼法的有关条款。争议的解决既可以循公法途径(如通过行政复议、行政诉讼等途径解决行政机关单方变更协议、单方解除协议和行政机关对对方当事人履行协议实施监督、处罚、强制等行政行为的争议),也可以循私法途径(如通过仲裁、民事诉讼等途径解决双方对于协议履行条件、时限、价款等不涉及行政权行使内容的争议)。

行政合同可分为服务合同与规制合同。服务合同是指政府为提供或购买公共服务而签订的合同。如政府提供自来水、燃气、廉租房等公共服务而与相对人签订的合同;政府购买幼儿园、养老所服务等而与相对人签订的合同。规制合同是指政府为实施规制或委托第三方实施规制而与相对人签订的合同。如政府为实施环境、交通、城管、食品药品安全监管而与相对人签订的合同,政府委托公共机构实施行政监管、行政处罚而与之签订的合同。

## 二、行政协议(行政合同)制度的兴起、发展

行政协议(行政合同)制度的兴起与发展对于公共治理现代化有着极为重要的意义。这种意义主要体表现在下述六个方面:

其一,这一制度有利于政府职能的转变。政府通过协议方式将其直接经营的工程项目、公益事业的转变为由市场经营政府监管,实现由规制型政府向服务型政府转变。

其二,这一制度有利于节约行政成本,提高政府资金使用效率和行政管理效率。

其三,这一制度有利于调动民间社会的积极性、创造性,充分利用民间资本发展社会公益事业和公共服务。

其四,这一制度有利于行政管理方式的变革:由命令—服从的强制性管理方式向指导—互动的柔性管理方式转变。

其五,这一制度有利于加强政府廉政建设,防止权力寻租和公权力腐败:政府重大工程项目通过招拍挂,与相对人签订协议(合同)的方式可尽量消除或减少权钱交易、权色交易的机会。

其六,有这一制度利于维护社会经济关系的稳定,促进诚信政府、诚信社会的建设:在公权力主体与相对人的关系中,通过协议(合同)的方式确定双方各自的权利义务,显然有利于保护相对人的合理预期和信赖利益,防止公权

力主体反复无常损害相对人的利益。

我国在计划经济时代和改革开放的初期，行政管理大多采取命令—服从的方式：行政主体发布命令、指示、指令、计划、标准、指标，行政相对人遵照执行，履行行政主体的命令、指示、指令，遵循行政主体制订的计划、标准、指标，完成相应的生产、工作任务、产出相应的产品、设备或建设相应的工程、设施等。服从是行政相对人的义务，行政主体和行政相对人之间没有协商、讨论的余地，更没有讨价还价，与之达成协议，签订合同的可能。改革开放以后，行政管理方式逐渐发生变化，行政主体和行政相对人不再完全是命令—服从关系。行政主体要求行政相对人履行某种义务、执行某种指令、完成某种任务、建设某项工程、作出某种行为或不作出某种行为，通常先和行政相对人协商、讨论，听取相对人的陈述、意见，达成一定的共识，甚至签订相应的意向书、协议。行政合同制度就是这样兴起和发展起来的。行政合同（行政协议）制度的兴起和发展主要有下述三个因素：

一是市场经济体制的建立。市场经济不同于计划经济，企业和其他经济组织自主经营，具有独立的经济主体地位，行政机关不能再对之任意发号施令。行政机关要求其建设公共工程或参与国家重大项目，必须与之谈判、协商，并达成相应协议和签订合同。

二是公民权利意识和法治观念的增强。在实行人治的集权时代，公民、法人和其他组织均听命于政府，政府可以依行政命令取得公民、法人和其他组织的财产，或要求其提供劳务或公共服务。而在公民权利意识和法治观念日益增强的现代，政府要取得公民、法人和其他组织的财产，或要求其提供劳务或公共服务必须通过征收、征用或政府购买服务程序，与相对人协商、交涉，达成相应的协议和签订相应的合同。否则，相对人完全可以拒绝提供、交付，甚至可能诉诸司法救济。

三是社会和行政管理体制、机制的转型。社会由农业社会向工业社会和信息化社会转型，由传统社会向现代城市化社会和契约社会转型，人们生产、生活和交往越来越依赖契约、协议。与之相适应，行政管理体制、机制也必然发生转变，行政机关不能再完全依靠制定规则、发布命令、实施监管等高权手段来管理社会。在现代社会，权力和规制在行政中的比重逐步下降，公共服务在行政中的比重日益增加。而政府提供公共服务不能不更多地借助行政合同

(行政协议)的方式,如政府购买服务合同,公用事业建设和供应合同,各种PPP、BOT等型式的合同越来越广泛地被运用和推广。

下面列举我国2014年《行政诉讼法》修改以前有关地方政府运用行政合同(行政协议)进行公共设施、公用事业建设并由此产生各种争议、纠纷的若干案例,这些案例说明,在过去很长一个时期,我们的立法机关和司法机关(包括最高人民法院)对这些合同(协议)以及因这些合同(协议)而产生的争议、纠纷的性质是不明确的:有时将之视为是"行政"的,有时视为是"民事"的。这也同时说明对这些合同(协议)加强法律规范,建立和完善相应的解纷诉讼制度的必要性。

案例一:鑫远城市桥梁公司与福州市人民政府路桥建设专营权协议纠纷案。1997年10月,福州市人民政府与鑫远城市桥梁公司(港中旅占股70%)签订《路桥建设专营权协议》,双方约定鑫远公司出资12亿元建设闽江四桥,经营闽江二三桥及附属收费站28年,政府承诺9年内所有从福州南大门进出的车辆都通过该收费站。但2004年5月,福州市修通市二环路,从而大量车辆绕过收费站走不收费的二环路,使港方投资8.4亿元不仅没有回报,还要承担2亿多元的银行还贷责任。对此,鑫远公司不服,向法院提起诉讼,认为政府不能(因换届)任意不履行合同和单方变更合同,即使因公共利益确实需要变更合同,也应给对方当事人因此造成的损失予以公正的补偿。

案例二:新疆兴源公司与新疆和田市政府天然气利用项目合同案。2004年4月14日,新疆兴源公司与新疆和田市政府双方签订《和田市天然气利用合同》,约定兴源公司项目建成后经营20年,不再允许第三方在和田市经营天然气项目。但2008年9月12日,和田市政府向兴源公司出具合同解除函,由市建设局接管兴源公司天然气供应运营业务。兴源公司不服,表示要追究政府违约责任。2008年12月22日,和田市政府向市中级人民法院提起民事诉讼,要求解除合同,2009年1月21日,兴源公司向新疆维吾尔自治区高级人民法院提起民事诉讼,要求继续履行合同。自治区高级人民法院判决和田市政府解除合同行为无效,要求其继续履行合同。和田市政府不服,诉至最高人民法院,认为他们双方签订的合同是行政合同,其解除合同的行为是行政行为,民事诉讼判决应予撤销。最高人民法院认可和田市政府的上诉理由,于2014年7月7日判决撤销原审判决,建议当事人另行提起行政诉讼。

案例三:河南新陵投资公司与河南辉县市政府公路建设合同纠纷案。2004年9月15日,新陵公司与辉县市新陵公路建设指挥部签订《关于投建经营辉县上八里至山西省省界公路项目协议书》,约定新陵公司承担项目投融资,建设及经营管理,期满后交辉县市交通局。辉县市政府新陵公路建设指挥部协助新陵公司办理项目投资、建设、经营等相关手续等。项目进行过程中,由于道路两端接线等相关问题无法解决,所建道路将无法通车,新陵公司要求辉县市政府新陵公路建设指挥协调解决,但市公路建设指挥部未能解决。新陵公司将面临投资无法收回更无法赢利的风险,故以辉县市政府未履行合同义务,导致协议无法继续履行为由,向辉县法院提起民事诉讼,要求辉县市政府回购已修公路,并给其所受损失予以补偿。辉县市政府对该案管辖向河南省高级人民法院提出异议,认为其和新陵公司签订的协议是行政合同,不应由基层法院审理。河南省高级人民法院于2015年5月20日作出裁定,认定该案应作为民事案件受理。辉县市政府不服,向最高人民法院上诉。最高人民法院认为,从本案合同的目的、职责、主体、行为、内容等方面看,该合同应定性为民商事合同。

案例四:海南中石油昆仑港华公司与海南儋州市政府行政许可纠纷案。2003年3月18日,海南中石油昆仑港华公司与儋州市建设局签订《开发儋州市管道燃气工程项目协议》,约定海南中石油昆仑港华公司开发建设儋州市管道燃气工程项目,由其统一规划、统一建设、统一经营、统一管理。但2010年9月10日,儋州市政府发布《常务会议纪要》,决定由市滨海新区管委会代表儋州市政府与中海油管道公司签订《投资建设儋州市滨海新区燃气管网供气工程协议》,并为中海油管道公司颁发建设行政许可。港华公司对之不服,向海南省第二中级人民法院提起行政诉讼。海南省第二中级人民法院认为特许公用事业经营有合理布局,有效配置资源的需要,判决驳回了港华公司的诉讼请求。港华公司对海南省第二中级人民法院判决不服,向海南省高级人民法院上诉。海南省高级人民法院以港华公司与儋州市建设局原签订的合同未经招投标程序,不能形成排他性开发建设权,驳回了港华公司的上诉,维持海南省第二中级人民法院原判。

以上案例表明,要推进我国治理现代化,建立和完善行政协议(行政合同)制度,特别是建立行政协议(行政合同)诉讼解纷制度非常必要和迫切。

### 三、可诉行政协议(行政合同)的种类

广义的行政协议(行政合同)包括四类:第一类是公权力主体与作为行政相对人的公民、法人或者其他组织签订的合同。这类合同的传统形式包括公共工程承包合同、公共工程特许合同、公务特许合同、公产使用合同、国有不动产使用合同、政府采购合同等。第二类是公权力主体相互间签订的合同。如地方政府间为实现区域合作、协作,如京津冀、长江三角洲、太湖流域等地区的区域合作、协作而签订的合同、上级政府与下级政府为实现某种政策目标,落实各自责任而签订的合同、政府部门间签订的公务协助合同或委托合同等。第三类是公权力主体与非政府组织、公共事业机构、基层群众自治组织签订的公务委托合同。如政府环保部门与民间环保组织、政府文化旅游部门与博物馆、美术馆、文艺演出单位、市县政府及其工作部门、乡镇政府与村民委员会、市区政府、街道办事处与居民委员会、社区之间签订的某种特定公务的委托合同等。第四类是行政机关与聘用公职人员签订的聘用合同和行政机关与其工作人员订立的劳动人事协议。

根据我国现行《行政诉讼法》和司法解释的规定,上述四类行政协议(行政合同)中,只有第一类属于我国行政诉讼受案范围的行政协议(可诉行政协议),第二、三、四类均不属于我国行政诉讼受案范围的行政协议。①

我国现行《行政诉讼法》第 12 条第 11 项的规定的可诉行政协议种类是:2+X。

"2"分别是:

(1)政府特许经营协议;

(2)土地房屋征收补偿协议。

"X"则是"等协议"。

《最高人民法院关于审理行政协议案件若干问题的规定》第 2 条规定的可诉行政协议的种类是:5+X。

---

① 《最高人民法院关于审理行政协议案件若干问题的规定》第 3 条规定,行政机关订立的下列协议不属于人民法院行政诉讼的受案范围:其一,行政机关之间因公务协助等事由而订立的协议;其二,行政机关与其工作人员订立的劳动人事协议。

“5”分别是：

（1）政府特许经营协议（主要涉供水、供电、供气、供暖等公用事业，大多采用 BOT 形式）；

（2）土地、房屋等征收征用补偿协议（限于公共利益需要，非公共利益需要应采用私法合同）；

（3）矿业权等国有自然资源使用权出让协议；

（4）政府投资的保障性住房的租赁、买卖等协议；

（5）政府与社会资本合作协议（须符合签订行政协议的条件，多采用 PPP 形式）。①

“X”则是“其他行政协议”。

最高法院司法解释规定的受案范围“5+X”相对于《行政诉讼法》规定的“2+X”，形式上增加了 3 种可诉行政协议，但实质上并未扩大范围，而只是将“2+X”中的“X”具体化出 3 项。因为即使再具体化出 5 项、7 项或更多项，也在《行政诉讼法》规定的“等”（“X”）的范围。

另外，根据我国现行《行政诉讼法》第 12 条第 11 项的规定，可诉行政协议的“可诉情形”包括下述 4 种：

（1）行政机关不依法履行行政协议；

（2）行政机关未依约履行行政协议；

（3）行政机关违法变更行政协议；

（4）行政机关违法解除行政协议。

而根据《最高人民法院关于审理行政协议案件若干问题的规定》的有关条款，可诉行政协议的“可诉情形”虽然形式上仍是 4 种，②但实质上包括 5 种：

（1）行政机关应与之订立行政协议而拒绝订立或违法与他人订立；

---

① 行政协议 PPP 有各种不同形式，其中最常见的有 BOT（建造、运营、移交）；BOOT（建造、拥有、运营、移交）；BTO（建造、移交、运营）；BOO（建造、拥有、运营）；PFI（民间主导融资：从政府或服务对象收取费用）等。

② 《最高人民法院关于审理行政协议案件若干问题的规定》第 4 条规定，“因行政协议的订立、履行、变更、终止等发生纠纷，公民、法人或者其他组织作为原告，以行政机关为被告提起行政诉讼的，人民法院应当依法受理”。

(2)行政机关不依法或未依约履行行政协议(这一情形实质包括不依法履行行政协议或未依约履行行政协议两种情形);

(3)行政机关违法变更行政协议;

(4)行政机关违法终止行政协议。

最高人民法院司法解释规定的第一种情形(因订立行政协议产生争议的情形)相对于《行政诉讼法》是新增加的。至于第四种情形("终止")相对于《行政诉讼法》规定的第四种情形("解除"),其外延亦有适当扩大。

## 四、行政协议案件的起诉与受理

行政协议由于兼具行政性和民事性(合同性),因此其争议的解决既可以运用行政争议解决机制,适用行政法和行政诉讼法,在一定场合也可以运用民事争议解决机制,适用民法(合同法)和民事诉讼法。对于行政协议中所涉行政行为(如行政机关作出单方变更、解除合同的决定、行政机关对对方当事人作出的行政处罚或行政强制决定)的争议,相对方只能通过行政争议解决机制(如行政复议、行政诉讼等)寻求救济,对于行政合同缔结和履行过程中所涉民事问题(如履行时间、条件、数量、价款等)的争议,双方当事人亦可通过民事争议解决机制(调解、仲裁、民事诉讼等)寻求解纷。

对于行政协议争议,行政相对方能否通过行政复议和行政诉讼寻求救济,我国原《行政复议法》和《行政诉讼法》是没有明确规定的。2014 年 11 月 1 日第十二届全国人大常委会第十一次会议通过的新修订的《行政诉讼法》将行政协议明确列入了行政诉讼的受案范围,该法第 12 条第 11 项规定,公民、法人或者其他组织"认为行政机关不依法履行、未按照约定履行或者违法变更、解除政府特许经营协议、土地房屋征收补偿协议等协议的",可以向人民法院提起行政诉讼。这项规定意味着行政协议(行政合同)已正式纳入了行政诉讼的受案范围。

行政协议诉讼案件的起诉和受理,除遵循《行政诉讼法》和《行政诉讼法司法解释》(2018 年)规定的一般规则外,还需遵循《最高人民法院关于审理行政协议案件若干问题的规定》确定的下述特殊规则:

(一)原告范围(2+X)

(1)参与招标、拍卖、挂牌等竞争性活动,认为行政机关应当依法与其订立行政协议但行政机关拒绝订立，或者认为行政机关与他人订立行政协议损害其合法权益的公民、法人或者其他组织；

（2）认为征收征用补偿协议损害其合法权益的被征收征用土地、房屋等不动产的用益物权人、公房承租人；

（X）其他认为行政协议的订立、履行、变更、终止等行损害其合法权益的公民、法人或者其他组织。

（二）原告请求（6+X）

（1）请求判决撤销行政机关变更、解除行政协议的行政行为，或者确认该行政行为违法；

（2）请求判决行政机关依法履行或者按照行政协议约定履行义务；

（3）请求判决确认行政协议的效力；

（4）请求判决行政机关依法或者按照约定订立行政协议；

（5）请求判决撤销、解除行政协议；

（6）请求判决行政机关赔偿或者补偿；

（X）其他有关行政协议的订立、履行、变更、终止等诉讼请求。

（三）行政协议案件管辖（5+X）

当事人可书面协议约定选择下述地点的法院管辖（但不得违反法律规定的级别管辖和专属管辖）：

（1）被告所在地法院；

（2）原告所在地法院；

（3）协议履行地法院；

（4）协议订立地法院；

（5）标的物所在地法院；

（X）其他与争议有实际联系地点的法院。

（四）行政协议案件起诉时效

公民、法人或者其他组织对行政机关不依法履行、未按照约定履行行政协议提起诉讼的，诉讼时效参照民事法律规范确定；[①]对行政机关变更、解除行

① 参见《民法典》第一编第九章关于民事诉讼时效的规定。

政协议等行政行为提起诉讼的,起诉期限依照行政诉讼法及其司法解释确定。[①]

## 五、行政协议案件的审理与判决

### (一)审理范围

人民法院审理行政协议案件,应当对被告订立、履行、变更、解除行政协议的行为是否具有法定职权、是否滥用职权、适用法律法规是否正确、是否遵守法定程序、是否明显不当、是否履行相应法定职责进行合法性审查。[②]

原告认为被告未依法或者未按照约定履行行政协议的,人民法院应当针对其诉讼请求,对被告是否具有相应义务或者履行相应义务等进行审查。

基于行政协议案件的特殊性,人民法院审理行政协议案件,还应当对下述八项内容进行进行审查:

(1)当事人签约是否自愿;

(2)协议针对的事项是否依法可通过协议实施的;

(3)需经招拍挂等法定程序选择对方当事人的是否经此法定程序;

(4)签约政府部门是否享有相应法定权限,须与其他政府部门(如财政、规划、自然资源等部门)协商的,是否经事先协商程序;

(5)当事人是否符合法定条件(资质);

(6)协议履行可能对第三人利益造成不利影响的,是否事先通知第三人并听取第三人的意见;

(7)协议内容是否存在行政机关滥用自由裁量权的情形;

(8)协议履行是否存在行政机关滥用优益权的情形。

### (二)裁判种类(共 11 种)

(1)行政协议存在《行政诉讼法》第 75 条规定的重大且明显违法情形的,法院应当确认行政协议无效。法院可以适用民事法律规范确认行政协议无效。行政协议无效的原因在一审法庭辩论终结前消除的,法院可以确认行

---

① 参见《行政诉讼法》第六章第 44~48 条和《行政诉讼法司法解释》第 64~66 条关于行政诉讼时效的规定。

② 参见《行政诉讼法》第 70 条。

政协议有效。

(2)法律、行政法规规定应当经过其他机关批准等程序后生效的行政协议,在一审法庭辩论终结前未获得批准的,法院应当确认该协议未生效。

(3)行政协议约定被告负有履行批准程序等义务而被告未履行,原告要求被告承担赔偿责任的,法院应予支持。

(4)原告认为行政协议存在胁迫、欺诈、重大误解、显失公平等情形而请求撤销,法院经审理认为符合法律规定可撤销情形的,可以依法判决撤销该协议。

(5)行政协议无效、被撤销或者确定不发生效力后,当事人因行政协议取得的财产,法院应当判决予以返还;不能返还的,判决折价补偿。因被告的原因导致行政协议被确认无效或者被撤销,可以同时判决责令被告采取补救措施;给原告造成损失的,法院应当判决被告予以赔偿。

(6)在履行行政协议过程中,可能出现严重损害国家利益、社会公共利益的情形,被告作出变更、解除协议的行政行为后,原告请求撤销该行为,法院经审理认为该行为合法的,判决驳回原告诉讼请求;给原告造成损失的,判决被告予以补偿。被告变更、解除行政协议的行政行为存在《行政诉讼法》第70条规定情形的,法院判决撤销或者部分撤销,并可以责令被告重新作出行政行为。被告变更、解除行政协议的行政行为违法,法院可以依据《行政诉讼法》第78条的规定判决被告继续履行协议、采取补救措施;给原告造成损失的,判决被告予以赔偿。

(7)原告请求解除行政协议,法院认为符合约定或者法定解除情形且不损害国家利益、社会公共利益和他人合法权益的,可以判决解除该协议。

(8)被告未依法履行、未按照约定履行行政协议,法院可以依据《行政诉讼法》第78条的规定,结合原告诉讼请求,判决被告继续履行,并明确继续履行的具体内容;被告无法履行或者继续履行无实际意义的,法院可以判决被告采取相应的补救措施;给原告造成损失的,判决被告赔偿。原告要求按照约定的违约金条款或者定金条款予以赔偿的,法院应予以支持。

(9)被告明确表示或者以自己的行为表明不履行行政协议,原告在履行期限届满之前向法院起诉请求其承担违约责任的,人民法院应予支持。

(10)被告或者其他行政机关因国家利益、社会公共利益的需要依法行使行政职权,导致原告履行不能、履行费用明显增加或者遭受损失,原告请求判令被告给予补偿的,法院应予支持。

(11)原告以被告违约为由请求法院判令其承担违约责任,法院经审理认为行政协议无效的,应当向原告释明,并根据原告变更后的诉讼请求判决确认行政协议无效;因被告行为造成行政协议无效的,法院可以依法判决被告承担赔偿责任。原告经释明后拒绝变更诉讼请求的,法院可以判决驳回其诉讼请求。

(三)举证责任

被告对于自己具有法定职权、履行法定程序、履行相应法定职责以及订立、履行、变更、解除行政协议等行为的合法性承担举证责任。原告主张撤销、解除行政协议的,对撤销、解除行政协议的事由承担举证责任。对行政协议是否履行发生争议的,由负有履行义务的当事人承担举证责任。

(四)行政协议当事人的抗辩权

在行政协议诉讼中,当事人依据民事法律规范的规定行使履行抗辩权的,法院应予支持。

《民法典》规定了下述4种形式的抗辩权:①

(1)同时履行抗辩权。当事人互负债务,没有先后履行顺序的,应当同时履行。一方在对方履行之前有权拒绝其履行请求,另一方在对方履行债务不符合约定时,有权拒绝其相应的履行请求。

(2)先履行抗辩权。当事人互负债务,有先后履行顺序,应当先履行债务一方未履行的,后履行一方有权拒绝其履行请求。先履行一方履行债务不符合约定的,后履行一方有权拒绝其相应的履行请求。

(3)不安抗辩权。应当先履行债务的当事人,有确切证据证明对方有下列情形之一的,可以中止履行:①经营状况严重恶化;②转移财产、抽逃资金,以逃避债务;③丧失商业信誉;④有丧失或者可能丧失履行债务能力的其他情形。当事人没有确切证据中止履行的,应当承担违约责任。当事人因行使不安抗辩权中止履行的,应当及时通知对方。对方提供适当担保的,应当恢复履行。中止履行后,对方在合理期限内未恢复履行能力且未提供适当担保的,视为以自己行为表明不履行主要债务,中止履行的一方可以解除合同并可

---

① 参见《民法典》第三编第四章第525~528条和第一编第九章第192条。

请求对方承担违约责任。

(4)诉讼时效抗辩权。诉讼时效期间届满的,义务人可以提出不履行义务的抗辩。诉讼时效期间届满后,义务人同意履行的,不得以诉讼时效期间届满为由抗辩;义务人已经自愿履行的,不得请求返还。

(五)行政协议诉讼的调解

人民法院审理行政协议案件,可以依法进行调解。法院进行调解时,应当遵循自愿、合法原则,不得损害国家利益社会公共利益和他人合法权益。

(六)行政机关申请法院强制执行权

在行政协议诉讼中,行政机关在两种情况下可申请法院强制执行:其一,对方当事人未按照协议约定履行义务,经催告后不履行,行政机关可以作出要求其履行协议的书面决定。对方当事人收到书面决定后在法定期限内未申请行政复议或者提起行政诉讼,且仍不履行,协议内容具有可执行性的,行政机关可向法院申请强制执行。其二,法律、行政法规规定行政机关对行政协议享有监督协议履行的职权,对方当事人未按照约定履行义务,经催告后不履行,行政机关可依法作出处理决定。对方当事人在收到处理决定后在法定期限内未申请行政复议或提起行政诉讼,且仍不履行,协议内容具有可执行性的,行政机关可以向法院申请强制执行。

(七)行政协议诉讼的法律适用

1. 诉讼法适用

人民法院审理行政协议案件,应当适用行政诉讼法的规定;行政诉讼法没有规定的,参照适用民事诉讼法的规定。①

2015年5月1日后订立的行政协议发生纠纷的,适用行政诉讼法及《最高法院关于审理行政协议案件若干问题的规定》。2015年5月1日前订立的行政协议发生纠纷的,适用当时的法律、行政法规及司法解释。

2. 实体法适用

人民法院审理行政协议案件,除应适用相应的行政实体法(如《行政许可法》《土地管理法》《城乡规划法》《城市房地产管理法》《基础设施和公用事业特许经营管理办法》等),可以参照适用民事法律规范(如《民法典》第三编、

① 参见《行政诉讼法》第101条。

《民法典》总则第六章等)关于民事合同或涉及合同效力问题的相关规定。

## 六、行政协议诉讼的若干典型案例

2019 年 12 月 10 日,最高人民法院发布了 10 个行政协议诉讼的典型案例。这些案例的基本案情、裁判结果和主要启示如下。

(一)大英县永佳纸业有限公司诉四川省大英县人民政府不履行行政协议案

**基本案情:**2013 年 7 月,中共四川省遂宁市大英县委为落实上级党委、政府要求,实现节能减排目标,出台中共大英县委第 23 期《关于研究永佳纸业处置方案会议纪要》(以下简称《会议纪要》),决定对大英县永佳纸业有限公司(以下简称永佳公司)进行关停征收。根据《会议纪要》,四川省大英县人民政府(以下简称大英县政府)安排大英县回马镇政府(以下简称回马镇政府)于 2013 年 9 月 6 日与永佳公司签订了大英县永佳纸业有限公司资产转让协议书(以下简称资产转让协议书),永佳公司关停退出造纸行业,回马镇政府受让永佳公司资产并支付对价。协议签订后,永佳公司依约定履行了大部分义务,回马镇政府接受了永佳公司的厂房等资产后,于 2014 年 4 月 4 日前由大英县政府、回马镇政府共计支付了永佳公司补偿金 322.4 万元,之后经多次催收未再履行后续付款义务。永佳公司认为其与回马镇政府签订的资产转让协议书系合法有效的行政合同,大英县政府、回马镇政府应当按约定履行付款义务。故诉至法院请求判令,大英县政府、回马镇政府支付永佳公司转让费人民币 894.6 万元及相应利息。

**裁判结果:**经四川省遂宁市中级人民法院一审,四川省高级人民法院二审判决资产转让协议书合法有效,大英县政府应当给付尚欠永佳公司的征收补偿费用人民币 794.6 万元及资金利息。大英县政府、回马镇政府不服,向最高人民法院申请再审称,资产转让协议书系民事合同,若属行政协议,永佳公司不履行约定义务将导致其无法救济,故本案不属于行政诉讼受案范围。

**主要启示:**明确行政协议的定义及相对人不履行行政协议约定义务时行政机关的救济途径。

(二)蒋某某诉重庆高新区管理委员会、重庆高新技术产业开发区征地服务中心行政协议纠纷案

**基本案情:**2016 年 7 月 12 日,蒋某某不服其与重庆高新技术产业开发区

征地服务中心签订的征地拆迁补偿安置协议，以重庆高新区管委会为被告向重庆市第五中级人民法院提起诉讼，请求撤销征地服务中心于 2015 年 12 月 25 日与其签订的征地拆迁补偿安置协议。

**裁判结果：**经重庆市第五中级人民法院一审，重庆市高级人民法院二审认为，《行政诉讼法》第 12 条第 1 款第 11 项规定，人民法院受理公民、法人或者其他组织认为行政机关不依法履行、未按照约定履行或者违法变更、解除政府特许经营协议、土地房屋征收补偿协议等协议提起的行政诉讼。蒋某某起诉请求撤销征地拆迁补偿安置协议，其起诉状中所诉理由均系对签订协议时主体、程序以及协议约定和适用法律所提出的异议，不属于行政机关不依法履行、未按照约定履行或者违法变更、解除协议内容的范畴，以蒋某某的起诉不属于人民法院行政诉讼受案范围为由裁定驳回蒋某某的起诉。

蒋某某不服，向最高人民法院申请再审。最高人民法院经审理后认为，通过对行政诉讼法、合同法及相关司法解释有关规定的梳理，行政协议争议类型，除《行政诉讼法》第 12 条第 1 款第 11 项列举的四种情形外，还包括协议订立时的缔约过失，协议成立与否，协议有效无效，撤销、终止行政协议，请求继续履行行政协议，采取相应的补救措施，请求行政赔偿和行政补偿责任，以及行政机关监督、指挥、解释等行为产生的行政争议。将行政协议案件的行政诉讼受案范围仅理解为《行政诉讼法》第 12 条第 1 款第 11 项规定的四种情形，既不符合现行法律及司法解释的规定，亦在理论上难于自圆其说且在实践中容易造成不必要的混乱。故裁定撤销一审、二审裁定，指令一审法院继续审理本案。

**主要启示：**因行政协议的订立、履行、变更、终止等产生的各类行政协议纠纷均属于人民法院行政诉讼受案范围。

（三）成都亿嘉利科技有限公司、乐山沙湾亿嘉利科技有限公司诉四川省乐山市沙湾区人民政府解除投资协议并赔偿经济损失案

**基本案情：**成都亿嘉利科技有限公司（以下简称成都亿嘉利公司）、乐山沙湾亿嘉利科技有限公司（以下简称乐山亿嘉利公司）向四川省乐山市中级人民法院诉称，2011 年 4 月 1 日，成都亿嘉利公司与四川省乐山市沙湾区人民政府（以下简称沙湾区政府）签署投资协议，约定成都亿嘉利公司租赁约 800 亩土地，投资 5000 万元建设以鳗鱼养殖为主并与新农村建设相结合的现

代观光农业项目,沙湾区政府负责提供“一站式服务”、为加快项目建设进度和协调相关部门的手续尽快落实。2011 年 9 月 13 日,成都亿嘉利公司设立乐山亿嘉利公司为项目公司。成都亿嘉利公司、乐山亿嘉利公司认为沙湾区政府一直怠于协调其项目行政手续办理事宜,隐瞒土地性质真相,无法办理相关手续,未按照约定履行投资协议,直接造成二公司重大损失。为此,诉请解除成都亿嘉利公司与沙湾区政府于 2011 年 8 月 29 日签署的投资协议,判令沙湾区政府赔偿二公司经济损失 400 万元。

**裁判结果:**经四川省乐山市中级人民法院一审,四川省高级人民法院二审认为,对于行政诉讼法修改施行之前形成的行政协议,根据当时的法律规定和人民法院处理此类纠纷的通常做法,一般不纳入行政诉讼受案范围,主要通过当事人提起民事诉讼方式寻求司法救济,故依法裁定不予立案。成都亿嘉利公司、乐山亿嘉利公司不服,向最高人民法院申请再审。

最高人民法院经审查认为,案涉投资协议符合行政协议本质特征,对形成于 2015 年 5 月 1 日之前的案涉投资协议产生的纠纷,当时的法律、行政法规、司法解释或者我国缔结或参加的国际条约没有规定其他争议解决途径的,作为协议一方的公民、法人或者其他组织提起行政诉讼,人民法院可以依法受理。行政协议作为一种行政手段,既有行政性又有协议性,应具体根据争议及诉讼的性质来确定相关的规则适用,在与行政法律规范不相冲突的情况下可以参照适用民事法律规范,故诉讼时效制度可以适用于公民、法人或者其他组织对行政机关不依法履行、未按照约定履行协议提起的行政诉讼案件。本案系因成都亿嘉利公司、乐山亿嘉利公司对沙湾区政府未履行案涉投资协议而提起的请求解除协议的行政诉讼,应当参照适用民事法律规范关于诉讼时效的规定,不再适用起诉期限的规定。结合本案案情,成都亿嘉利公司、乐山亿嘉利公司于 2016 年 8 月 31 日提起本案诉讼,并未超过诉讼时效。故撤销一审、二审裁定,指令一审法院受理本案。

**主要启示:**2015 年 5 月 1 日之前订立的行政协议纳入行政诉讼受案范围的条件及行政机关不依法履行、未按照约定履行协议之诉讼时效的适用。

(四)英德中油燃气有限公司诉英德市人民政府、英德市英红工业园管理委员会、英德华润燃气有限公司特许经营协议纠纷案

**基本案情:**2008 年 8 月 20 日,英德市建设局与中油中泰燃气有限责任公

司(以下简称中油中泰公司)签订英德市管道燃气特许经营协议。同年8月22日,英德市人民政府向英德市建设局作出批复,同意将该市管道天然气特许经营权独家授予中油中泰公司,期限为30年,至2038年8月20日止。中油中泰公司组建英德中油燃气有限公司(以下简称中油公司)负责经营涉案业务。2010年至2011年间,英德市英红工业园管理委员会(以下简称英红园管委会)先后与中油公司签订投资天然气站项目合同、补充协议等协议,就该公司在英红工业园内的管道燃气特许经营权具体实施,包括许可范围、开发建设及经营期限、建设用地等进行约定。

2012年9月4日,英德市政府发布管道燃气特许经营权招投标公告。华润燃气投资(中国)有限公司参与招标并中标,并于2013年2月20日与英德市规划和城市综合管理局签订英德市管道燃气特许经营协议,取得包括英红工业园在内的英德管道燃气业务独家特许经营权,有效期限为30年,至2043年2月20日止。该公司随后成立了英德华润燃气有限公司(以下简称华润公司)负责项目经营管理。

中油公司因与华润公司对英红工业园管道燃气特许经营权范围发生争议,向法院起诉,请求:判令英德市政府、英红园管委会继续履行涉案行政协议,授予其在英红工业园内管道燃气的独家特许经营权;判令该政府立即终止华润公司在涉案地域内的管道燃气建设及经营活动。

**裁判结果**:经清远市中级人民法院一审,广东省高级人民法院二审认为,涉案合法有效,中油公司享有的特许经营合同权利受法律保护,协议各方应当按照约定履行相关的合同义务。英德市政府作为该管委会这一事业单位的设立机关以及特许经营许可一方,应承担相应合同义务,保障合同履行,但英德市政府又将英红工业园的管道燃气特许经营权授予给华润公司,存在对同一区域将具有排他性的独家特许经营权先后重复许可给不同的主体的行为,应当认定为违法。法院同时认为,该重复许可系行政机关的行政行为所致,并不必然导致在后的华润公司所获得的独家特许经营权无效,华润公司基于其所签订的特许经营权协议的相关合同利益、信赖利益亦应当予以保护。且中油公司、华润公司均已进行了管道建设并对园区企业供气,若撤销任何一家的特许经营权均将影响到所在地域的公共利益。对于重复许可的相关法律后果,应当由行政机关承担,不应由华润公司承担。英德市政府应当采取补救措施,依法作出行政处理,对双方相应经营地域范围予以界定,妥善解决本案经营权争议。故判决:一、确认涉案协议有效,确认中油公司在英红工业园内有管道燃气特许经营权,且不得授予第三方;二、确认英德市政府、英红园管委会将英红工业园内特许经营权授予华润公司的行为违法;三、责令英德市人民政府采取补救措施;四、驳回中油公司其他诉讼请求。

**主要启示**:在能源和公共基础设施建设等领域,行政机关将同一区域内独家特许经营权通过行政协议先后授予给不同的经营者,人民法院应当认定该行为属于违约行为,并判决其承担相应法律责任。

(五)王某某诉江苏省仪征枣林湾旅游度假区管理办公室房屋搬迁协议案

**基本案情**:为加快铜山小镇项目建设,改善农民居住环境,推进城乡一体化建设和枣林湾旅游产业的发展,2017年,原仪征市铜山办事处(现隶属于省政府批准成立的江苏省仪征枣林湾旅游度假区管理办公室)决定对包括铜山村在内的部分民居实施协议搬迁,王某某所有的位于铜山村王营组12号的房屋在本次搬迁范围内。2017年8月4日早晨,仪征市真诚房屋拆迁服务有限公司工作人员一行到王某某家中商谈搬迁补偿安置事宜。2017年8月5日凌晨1时30分左右,王某某在本案被诉的铜山体育建设特色镇项目房屋搬迁协议上签字,同时在房屋拆除通知单上签字。2017年8月5日凌晨5时20分,王某某被送至南京鼓楼医院集团仪征医院直至8月21日出院,入院诊断为"1.多处软组织挫伤……"因认为签订协议时遭到了胁迫,王某某于2017年9月19日向扬州市中级人民法院提起诉讼。

**裁判结果**:扬州市中级人民法院一审认为,行政协议兼具单方意思与协商一致的双重属性,对行政协议的效力审查自然应当包含合法性和合约性两个方面。根据原《合同法》第54条第2款规定,一方以欺诈、胁迫的手段或者乘人之危,使对方在违背真实意思的情况下订立的合同,受损害方有权请求人民法院或者仲裁机构予以变更或撤销。在签订本案被诉的搬迁协议过程中,虽无直接证据证明相关拆迁人员对王某某采用了暴力、胁迫等手段,但考虑到协商的时间正处于盛夏的8月4日,王某某的年龄已近70岁,协商的时间跨度从早晨一直延续至第二日凌晨1时30分左右等,综合以上因素,难以肯定王某某在签订搬迁协议时系其真实意思表示,亦有违行政程序正当原则。据此,判决撤销本案被诉的房屋搬迁协议。双方当事人未上诉。

**主要启示**：行政协议的订立应遵循自愿、合法原则，被诉行政协议在受胁迫等违背相对方真实意思表示的情形下所签订的，人民法院可依法判决撤销该行政协议。

（六）崔某某诉徐州市丰县人民政府招商引资案

**基本案情**：2001 年 6 月 28 日，中共丰县县委和丰县人民政府（以下简称丰县政府）印发丰委发〔2001〕23 号《关于印发丰县招商引资优惠政策的通知》（以下简称《23 号通知》），就丰县当地的招商引资奖励政策和具体实施作出相应规定。2003 年，在崔某某及其妻子李某某的推介运作下，徐州康达环保水务有限公司建成并投产。后崔某某一直向丰县政府主张支付招商引资奖励未果。2015 年 5 月，崔某某向一审法院提起本案之诉，请求判令丰县政府依照《23 号通知》第 25 条和附则的规定兑现奖励义务。丰县政府在收到一审法院送达的起诉状副本后，其下属部门丰县发展改革与经济委员会（以下简称丰县发改委）于 2015 年 6 月作出《关于对〈关于印发丰县招商引资优惠政策的通知〉部分条款的解释》（以下简称《解释》），对《23 号通知》第 25 条和附则作如下说明："……3. 本县新增固定资产投入 300 万元人民币以上者，可参照此政策执行。本条款是为了鼓励本县原有企业，增加固定资产投入，扩大产能，为我县税收作出新的贡献，可参照本优惠政策执行。"

**裁判结果**：经江苏省徐州市中级人民法院一审，江苏省高级人民法院二审认为，丰县政府作出的上述招商引资奖励承诺，以及崔某某因此开展的介绍行为，符合居间人向委托人报告订立合同的机会或者提供订立合同的媒介服务，委托人支付报酬的特征，具备诺成性、双务性和不要式性的特点。崔某某多次主张丰县政府应当按照《23 号通知》的规定向其支付招商引资奖励未果，由此发生的纠纷属于行政合同争议，依法属于人民法院行政诉讼受理范围。对于本案中丰县政府是否应当支付招商引资奖励费用的问题，要审查其行为有无违反准用的民事法律规范的基本原则。诚实信用原则不仅是合同法中的帝王条款，也是行政协议各方当事人应当遵守的基本行为准则。基于保护公共利益的考虑，可以赋予行政主体在解除和变更行政协议中具有一定的优益权，但这种优益权的行使不能与诚实信用原则相抵触，不能够被滥用，尤其是在行政协议案件中，对于关键条文的解释，应当限制行政主体在无其他证据佐证的情形下任意行使所谓的优益权。本案一审中丰县发改委将《23 号通知》附则所规定的“本县新增固定资产投入”仅指丰县原有企业,追加投入,扩大产能,属于限缩性的解释。该解释与社会公众正常的理解不符。丰县政府通过对当时承诺重新界定的方式,推卸自身应负义务,是对优益权的滥用,显然有悖于诚实信用原则。故应当认为丰县发改委《解释》中的该相关内容无效,判令丰县政府继续依照《23 号通知》的承诺履行义务。

**主要启示:**行政机关违反招商引资承诺义务,滥用行政优益权的,人民法院不予支持。

(七)金华市光跃商贸有限公司诉金华市金东区人民政府拆迁行政合同案

**基本案情:**2017 年 3 月 4 日,原告金华市光跃商贸有限公司法定代表人严某某与被告金华市金东区人民政府设立的多湖中央商务区征迁指挥部签订多湖中央商务区金华市光跃商贸有限公司房屋及土地收购货币补偿协议一份,原告同意多湖中央商务区征迁指挥部收购其所有的坐落于金华市金东区浮桥东路 88 号华丰市场综合楼的房屋。但双方未就房屋的性质、面积及收购的补偿金额等内容进行约定。同日,原告法定代表人严某某作出书面承诺,承诺其本人会积极响应多湖中央商务区开发建设,同意先行拆除华丰市场所有建筑物,自愿承担先行拆除的所有法律效果。次日,多湖中央商务区征迁指挥部对原告所有的华丰市场综合楼实施了拆除。之后,因被收购房屋性质为商业用地、土地性质为工业用地,双方对适用何种补偿标准有争议,一直未就补偿金额协商一致。故原告起诉请求:确认多湖中央商务区金华市光跃商贸有限公司房屋与土地收购货币补偿协议无效;请求被告恢复原状并赔偿损失或按现行同类附近房地产价格赔偿原告损失。

**裁判结果:**经浙江省金华市中级人民法院一审,浙江省高级人民法院二审认为,建立在平等、自愿、等价、有偿基础上的收购协议,在一定层面上有利于提高旧城改造的效率,并有助于通过合理的价格来对房屋所有权人给予更加充分更加及时的补偿安置,具有现实合理性和可行性。对于原告同意收购、承诺可以先行拆除再行协商补偿款项并已实际预支部分补偿款、行政机关愿意对房屋所有权人进行公平合理的并不低于当时当地同区位同类房屋市场评估价格的补偿安置,且不存在《合同法》第 52 条等规定的以欺诈、胁迫等手段签订收购协议情形的,不宜完全否定此种收购协议的合法性。故对原告事后要求确认该协议无效的请求,不予支持。同时鉴于协议约定的房屋已被拆除,对原告要求恢复房屋原状的请求，亦不予支持。对于涉案房屋的损失补偿问题，被告应采取补救措施，协商不成的，被告应及时作出补偿的处理意见。遂判决责令被告于本判决生效之日起三个月内对原告所有的案涉房屋的损失采取补救措施；驳回其他诉讼请求。

**主要启示**：行政机关采用签订空白房地产收购补偿协议方式拆除房屋后，双方未能就补偿内容协商一致，行政机关又不作出补偿决定的，人民法院应当判决行政机关限期采取补救措施。

（八）安吉展鹏金属精密铸造厂诉安吉县人民政府搬迁行政协议案

**基本案情**：2012 年 5 月 18 日，中共安吉县委办公室、安吉县人民政府办公室印发安委办〔2012〕61 号文件设立安吉临港经济区管理委员会（以下简称临港管委会）。2013 年 12 月 30 日，安吉县编制委员会发文撤销临港管委会。2015 年 11 月 18 日，湖州振新资产评估有限公司接受安吉临港经济区管理委员会（以下简称临港管委会）委托对安吉展鹏金属精密铸造厂（以下简称展鹏铸造厂）进行资产评估，并出具资产评估报告书，评估目的是拆迁补偿。2016 年 1 月 22 日，临港管委会与展鹏铸造厂就企业搬迁安置达成企业搬迁补偿协议书，约定临港管委会按货币形式安置，搬迁补偿总额合计 1,131,650 元。协议签订后，合同双方均依约履行各自义务，2017 年 7 月 12 日，展鹏铸造厂以安吉县人民政府为被告提起诉讼，请求判令被告作出的企业搬迁补偿协议书的具体行政行为违法应予以撤销，并责令依法与其重新签订拆迁补偿协议。

**裁判结果**：经湖州市中级人民法院一审，浙江省高级人民法院二审认为，行政协议既有行政性又有契约性。基于行政协议的双重性特点，在行政协议案件司法审查中应坚持对行政机关行政协议行为全程监督原则、双重审查双重裁判原则。在具体的审查过程中，既要审查行政协议的契约效力性，又要审查行政协议行为特别是订立、履行、变更、解除行政协议等行为的合法性。本案中，临港管委会系由安吉县人民政府等以规范性文件设立并赋予相应职能的机构，其不具有独立承担法律责任的能力，无权以自己的名义对外实施行政行为，该管委会被撤销后，更无权实施签约行为。虽然安吉县人民政府追认该协议的效力，并不能改变临港管委会签订涉案补偿协议行为违法的事实。但是，涉案补偿协议系双方基于真实意思表示自愿达成，且已经实际履行完毕，补偿协议的内容未并损害展鹏铸造厂的合法补偿权益，在安吉县人民政府对涉案补偿协议予以追认的情况下,协议效力应予保留。故判决确认安吉县人民政府等设立的临港管委会与展鹏铸造厂签订案涉协议的行为违法;驳回展鹏铸造厂要求撤销案涉协议并依法与其重新签订拆迁补偿协议的诉讼请求。

**主要启示**:人民法院审理行政协议案件,在对行政协议进行效力性审查的同时,亦应当对行政机关订立行政协议的行为进行合法性审查,并作出相应裁判。

(九)寿光中石油昆仑燃气有限公司诉寿光市人民政府解除特许经营协议案

**基本案情**:2011 年 7 月 15 日,寿光市人民政府授权寿光市住房和城乡建设局与寿光中石油昆仑燃气有限公司(以下简称昆仑燃气公司)签订天然气综合利用项目合作协议,约定由昆仑燃气公司在寿光市从事城市天然气特许经营,特许经营期限为 30 年。协议签订后,昆仑燃气公司办理了一部分开工手续,并对项目进行了开工建设,但一直未能完工。2014 年 7 月 10 日,寿光市住房和城乡建设局发出催告通知,告知昆仑燃气公司在收到通知后两个月内抓紧办理天然气经营许可手续,否则将收回燃气授权经营区域。2015 年 6 月 29 日,昆仑燃气公司向寿光市人民政府出具项目建设保证书,承诺在办理完相关手续后三个月内完成项目建设,否则自动退出授权经营区域。2016 年 4 月 6 日,寿光市人民政府决定按违约责任解除特许经营协议并收回昆仑燃气公司的特许经营权。昆仑燃气公司不服,经复议未果,遂起诉请求确认寿光市人民政府收回其天然气特许经营权的行为违法并撤销该行政行为。

**裁判结果**:经潍坊市中级人民法院一审,山东省高级人民法院二审认为,特许经营协议在履行过程中,出现了损害社会公共利益的情形,符合协议解除的法定条件,行政机关可以单方解除特许经营协议并收回特许经营权,但该行为亦应遵循法定程序,给相对方造成损失的还应当予以补偿。本案中,寿光市人民政府多次催促昆仑燃气公司完成天然气项目建设,但昆仑燃气公司长期无法完工,致使授权经营区域内居民供气目的无法实现,损害了社会公共利益,解除特许经营协议的法定条件成立。寿光市人民政府解除特许经营协议并收回昆仑燃气公司已获得的特许经营权,应依据《市政公用事业特许经营管理办法》第 25 条之规定告知昆仑燃气公司享有听证的权利,但其未能履行相应的告知义务,违反法定程序。因此,被诉行政行为虽然内容合法,但程序违法。鉴于被诉行政行为涉及社会公共利益，该行为一旦撤销会影响城市发展需要和居民供气需求，故该行为应判决确认程序违法但不予撤销。寿光市人民政府对此应采取相应的补救措施，对昆仑燃气公司的合理投入予以弥补。

**主要启示**：特许经营协议在履行过程中，出现损害社会公共利益的情形，符合协议解除的法定条件，行政机关可以单方解除特许经营协议并收回特许经营权，但该行为亦应遵循法定程序，给相对方造成损失的，应当依法补偿。

（十）徐某某诉安丘市人民政府房屋补偿安置协议案

**基本案情**：1993 年 12 月，徐某某以非本村集体经济组织成员身份在王五里村购得一处宅基地，并盖有占地 2 间房屋的二层楼房。2013 年，安丘市人民政府设立指挥部，对包括徐某某房屋所在的王五里村实施旧村改造，并公布安置补偿政策为"……房屋产权调换：每处 3 间以上的合法宅基地房屋在小区内安置调换 $200m^2$ 楼房，分别选择一套 $80m^2$、一套 $120m^2$ 的十二层以下小高层楼房屋；2 间以下的安置一套 $100m^2$ 的小高层楼房。实际面积超出或不足部分，按安置价找差……"同年 8 月 5 日，指挥部与徐某某签订产权调换补偿协议书，该协议第 2 条约定的补偿方式为"徐某某选择住宅楼回迁，选择住宅楼两套均为十二层以下小高层，户型以 $120m^2$ 和 $80m^2$ 户型设计……"协议签订后，徐某某领取房屋及地上附着物补偿款、临时安置费、搬迁费等共计 152，984 元。2017 年 7 月，指挥部交付徐某某一套 $100m^2$ 楼房安置。对此，相关部门答复称"根据当时的拆迁政策，徐某某只能享受 $100m^2$ 安置房一套。"徐某某不服，遂起诉请求判令安丘市人民政府继续履行产权调换补偿协议书，交付剩余的 $100m^2$ 楼房。

**裁判结果**：潍坊市中级人民法院一审认为，根据《行政诉讼法》第 75 条的规定，行政行为有实施主体不具有行政主体资格或者没有依据等重大且明显违法情形的，人民法院判决确认无效。本案中，安丘市人民政府作为旧城改造项目的法定实施主体，制定了安置补偿政策的具体标准，该标准构成签订安置补偿协议的依据，而涉案产权调换补偿协议书关于给徐某某两套回迁安置房的约定条款严重突破了安置补偿政策，应当视为该约定内容没有依据，属于无效情形。同时考虑到签订涉案协议的目的是为改善居民生活条件、实现社会公共利益，如果徐某某依据违反拆迁政策的协议条款再获得 $100m^2$ 的安置房，势必增加政府在旧村改造项目中的公共支出，侵犯整个片区的补偿安置秩序,损害社会公共利益。因此,根据《合同法》第 52 条之规定,涉案争议条款关于给徐某某两套回迁安置房的约定不符合协议目的,损害社会公共利益,亦应无效。故徐某某在按照安置补偿政策已获得相应补偿的情况下,其再要求安丘市人民者政府交付剩余 $100m^2$ 的安置楼房,缺乏事实和法律依据,人民法院遂判决驳回徐某某的诉讼请求。双方当事人未上诉。

**主要启示**:行政协议存在重大且明显违法情形或者适用民事法律规范亦属无效的,人民法院应当确认该协议无效。

## 第二节　行政公益诉讼

### 一、行政公益诉讼概述

#### (一)行政公益诉讼的概念

行政公益诉讼是行政诉讼的一种特殊形式。相对于一般行政诉讼(主观诉讼),行政公益诉讼属于客观诉讼。一般行政诉讼(主观诉讼)是作为行政相对人的公民、法人或者其他组织认为行政主体的行政行为(作为或不作为)侵犯其合法权益,依法向法院提起诉讼,请求法院对其被侵犯的合法权益予以救济的制度,而行政公益诉讼(客观诉讼)是被诉行为与本身权益没有特定利害关系的机关、组织或者个人认为行政主体的行政行为(作为或不作为,不作为占有更大比例)违法侵害公共利益(国家利益或者社会公共利益),依法向法院提起诉讼,请求法院确认相应行政行为(作为或不作为)违法,责令行政主体予以纠正,依法正确履行职责的制度。作为行政公益诉讼原告的机关、组织、个人提起行政公益诉讼,一般先向违法作为或不作为的行政主体提出纠正违法,依法履行职责的建议,只有行政主体不接受建议,拒不依法履行职责时,其才向法院提起行政公益诉讼,请求法院作出判决。

根据我国现行《行政诉讼法》的规定,[①]我国目前能够提起行政公益诉讼的原告(称"公益诉讼起诉人")仅限于检察机关,其他机关、组织、个人现在尚无行政公益诉讼原告资格,不能以自己的名义向法院提起行政公益诉讼。其

① 参见《行政诉讼法》第 25 条。

发现行政主体的行政行为(作为或不作为)违法侵害公共利益,可向检察机关反映,请求检察机关起诉。

(二)我国行政公益诉讼制度建立的过程

2014年10月23日,十八届四中全会发布的《中共中央关于全面推进依法治国若干重大问题的决定》确定:完善对涉及公民人身、财产权益的行政强制措施实行司法监督制度。检察机关在履行职责中发现行政机关违法行使职权或者不行使职权的行为,应该督促其纠正。探索建立检察机关提起公益诉讼制度。

2015年7月1日,第十二届全国人大常委会第十五次会议作出决定:授权最高人民检察院在部分地区(涉北京、广东、湖北等13个省级、87个市级、759个县级检察机关)开展公益诉讼试点工作。

2015年7月2日,最高人民检察院发布《检察机关提起公益诉讼试点方案》。

2017年6月27日,第十二届全国人大常委会第二十八次会议作出修改行政诉讼法的决定,在我国正式建立行政公益诉讼制度。

(三)在我国建立行政公益诉讼制度的意义

我国建立行政公益诉讼制度的意义主要表现在四个方面:其一,落实我国《宪法》第134条关于检察机关是国家法律监督机关的性质定位。其二,适应国家监察体制改革,检察机关职能变化的需要。在检察机关有关对公职人员监督和反腐败职能、机构、人员向监察机关转隶后,适当增加其行政检察监督职能以及民事检察监督、公益诉讼检察监督的职能。其三,适应推进依法行政,加强法治政府建设的需要,有效发挥检察机关监督行政机关依法行政,正确履行法定职责的作用。其四,适应落实科学发展观,促进生态文明和社会文明建设的需要,加强检察机关在推进国家绿色发展、科学发展方面的重要作用,因为在行政公益诉讼中,对生态环境和资源保护、食品药品安全、国有财产保护、国有土地使用权出让等领域的监督具有最重要的地位。

## 二、行政公益诉讼的范围

(一)《行政诉讼法》第25条规定的范围(4+X)

(1)生态环境和资源保护领域的行政行为(作为或不作为);

(2)食品药品安全领域的行政行为(作为或不作为);

(3)国有财产保护领域的行政行为(作为或不作为);

(4)国有土地使用权出让领域的行政行为(作为或不作为);

(X)致使国家利益或者社会公共利益遭受侵害的其他领域。

《行政诉讼法》第25条规定的行政公益诉讼范围除了上述四个领域的行政行为外,还有一个不确定的"等领域",从而构成了一个"4+X"领域的范围,"4"领域是确定的范围,"X"领域则是不确定的范围,即国家今后随着社会、经济和法治的发展情况而不断扩展人民检察院提起和人民法院受理行政公益诉讼的范围。

(二)《英雄烈士保护法》第25条规定的涉英烈名誉荣誉类案件

《英雄烈士保护法》第25条规定,对侵害英雄烈士的姓名、肖像、名誉、荣誉的行为,英雄烈士的近亲属可以依法向人民法院提起诉讼。英雄烈士没有近亲属或者近亲属不提起诉讼的,检察机关依法对侵害英雄烈士的姓名、肖像、名誉、荣誉,损害社会公共利益的行为向人民法院提起诉讼。负责英雄烈士保护工作的部门和其他有关部门在履行职责过程中发现第1款规定的行为,需要检察机关提起诉讼的,应当向检察机关报告。英雄烈士近亲属依照第1款规定提起诉讼的,法律援助机构应当依法提供法律援助服务。根据这一规定,涉英烈名誉荣誉类案件即构成行政公益诉讼范围的法定范围之一(行政公益诉讼范围的法定范围为"4+1+X")。

(三)最高人民检察院2020年向全国人大的工作报告中提出今后拟拓展的行政公益诉讼范围(7+X)

最高人民检察院检察长张军2020年5月25日在第十三届全国人大第三次会议上所作《最高人民检察院工作报告》中指出,今后要进一步拓展公益诉讼(包括行政公益诉讼和民事公益诉讼)的办案范围,积极、稳妥办理下述"7+X"领域的公益诉讼案件。"7+X"领域分别为:①

(1)安全生产领域;

(2)公共卫生领域;

---

① 这里的"7+X"等于行政公益诉讼范围的法定范围为"4+1+X"中的"X","7"只是"4+1+X"中的一部分,"7+X"中的"X"范围小于"4+1+X"中的"X"范围。

(3)生物安全领域;

(4)妇女儿童及残疾人权益保护领域;

(5)网络侵害领域;

(6)扶贫领域;

(7)文物和文化遗产保护领域;

(X)其他可拓展的领域。

这里的"X"领域则为各地、各级检察机关开展行政公益诉讼留下了进一步拓展的余地。

### 三、行政公益诉讼的基本原则和运作规则

行政公益诉讼的主要功能和任务是充分发挥司法审判、法律监督的职能作用,维护宪法法律权威,维护社会公平正义,维护国家利益和社会公共利益,促进依法行政、严格执法,推进法治政府建设。

行政公益诉讼案件的办理遵循宪法法律规定,遵循诉讼制度的原则,遵循审判权、检察权运行规律。人民检察院以公益诉讼起诉人身份提起行政公益诉讼,依照行政诉讼法享有相应的诉讼权利,履行相应的诉讼义务。

行政公益诉讼的基本原则有下述四项:

(1)协同和补充监督原则。根据这一原则,检察机关实施行政公益诉讼监督应该只起协同和补充的作用。凡是其他监督主体已经在进行监督的事项,检察机关不应重复介入。只有其他监督主体都缺席监督时,检察机关如再不介入,国家利益或社会公共利益就要受到重大损害,此时,相应事项才应进入检察机关行政公益诉讼监督的范围。在这个意义上,检察行政公益诉讼监督可以说是制止和纠正违法行政行为(作为或不作为),维护国家利益或社会公共利益的"最后一道防线"。

(2)不代行行政权原则。根据国家职能分工的要求,检察机关不能代替行政机关行使行政权。检察机关发现行政机关违法作为或不作为,只能建议相应行政机关自行纠正,或者向人民法院起诉,通过人民法院的审理判决,责令相应行政机关纠正和依法履行法定职责。在任何情况下,检察机关都不应代替行政机关作出行政处罚、行政许可、行政强制、行政给付等行政行为。

(3)诉前监督程序前置原则。根据《行政诉讼法》第25条的规定,检察机

关在履行职责中发现生态环境和资源保护、食品药品安全、国有财产保护、国有土地使用权出让等领域负有监督管理职责的行政机关违法行使职权或者不作为,致使国家利益或者社会公共利益受到侵害的,应当首先启动行政公益诉讼诉前程序,即向相应行政机关提出检察建议,督促其依法履行职责。只有在检察建议不被相应行政机关接受、采纳,相应行政机关仍然不依法履行职责的,人民检察院才依法向人民法院提起诉讼。诉前监督程序前置是行政公益诉讼的一项重要原则。

(4)依法监督和积极稳妥的原则。检察机关对行政机关实施行政公益诉讼监督必须严格依法进行。严格遵循法定监督范围、监督管辖、监督方式和监督程序。在监督范围方面,行政诉讼法虽然确定的是"4+X"领域,对于"X"领域,检察机关虽然有一定的自由裁量权,但也要受"积极稳妥"原则的约束。根据"积极稳妥"原则,各地检察机关对违法行政行为(作为或不作为)监督范围应依不同时期的法治条件、环境以及自身能力、资源的情况和当地社会的特别需要逐步拓展,选择一定时期违法行政行为危害最为严重的若干重点领域(如最高人民检察院2020年向全国人大的工作报告中提出的"7+X"领域)开展监督。

行政公益诉讼的主要运作规则有下述八项:①

(1)基层人民检察院提起的第一审行政公益诉讼案件,由被诉行政机关所在地基层人民法院管辖。

(2)人民检察院办理行政公益诉讼案件,可以向有关行政机关以及其他组织、公民调查收集证据材料;有关行政机关以及其他组织、公民应当配合;需要采取证据保全措施的,依照《行政诉讼法》相关规定办理。

(3)人民法院审理人民检察院提起的第一审行政公益诉讼案件,可以适用人民陪审制。

(4)人民法院开庭审理人民检察院提起的行政公益诉讼案件,应当在开庭三日前向人民检察院送达出庭通知书;人民检察院应当派员出庭,并应当自收到人民法院出庭通知书之日起三日内向人民法院提交派员出庭通知书。派

① 参见《最高人民法院、最高人民检察院关于检察公益诉讼案件适用法律若干问题的解释》第1~12条。

员出庭通知书应当写明出庭人员的姓名、法律职务以及出庭履行的具体职责。

(5)出庭检察人员履行以下职责:宣读行政公益诉讼起诉书;对人民检察院调查收集的证据予以出示和说明,对相关证据进行质证;参加法庭调查,进行辩论并发表意见;依法从事其他诉讼活动。

(6)人民检察院不服人民法院第一审判决、裁定的,可以向上一级人民法院提起上诉。

(7)人民法院审理第二审案件,由提起行政公益诉讼的人民检察院派员出庭,上一级人民检察院也可以派员参加。

(8)人民检察院提起行政公益诉讼案件判决、裁定发生法律效力,被告不履行的,人民法院应当移送执行。

## 四、行政公益诉讼的程序与判决

### (一)行政公益诉讼的诉前程序

人民检察院在履行职责中发现生态环境和资源保护、食品药品安全、国有财产保护、国有土地使用权出让等领域负有监督管理职责的行政机关违法行使职权或者不作为,致使国家利益或者社会公共利益受到侵害的,应当向行政机关提出检察建议,督促其依法履行职责。

行政机关应当在收到检察建议书之日起 2 个月内依法履行职责,并书面回复人民检察院。出现国家利益或者社会公共利益损害继续扩大等紧急情形的,行政机关应当在 15 日内书面回复。[①]

### (二)行政公益诉讼的起诉和受理

行政机关不依法履行职责的,人民检察院依法向人民法院提起诉讼。人民检察院提起行政公益诉讼应当提交下列材料:(1)行政公益诉讼起诉书,并按照被告人数提出副本;(2)被告违法行使职权或者不作为,致使国家利益或者社会公共利益受到侵害的证明材料;(3)检察机关已经履行诉前程序,行政机关仍不依法履行职责或者纠正违法行为的证明材料。

人民检察院依据《行政诉讼法》第 25 条第 4 款的规定提起行政公益诉

① 参见《最高人民法院、最高人民检察院关于检察公益诉讼案件适用法律若干问题的解释》第 21 条。

讼,符合《行政诉讼法》第 49 条第 2、3、4 项及"两高"司法解释规定的起诉条件的,人民法院应当登记立案。[①]

(三)行政公益诉讼的审理和判决

在行政公益诉讼案件审理过程中,被告纠正违法行为或者依法履行职责而使人民检察院的诉讼请求全部实现,人民检察院撤回起诉的,人民法院应当裁定准许;人民检察院变更诉讼请求,请求确认原行政行为违法的,人民法院应当判决确认违法。

人民法院区分下列情形作出行政公益诉讼判决:

(1)被诉行政行为具有《行政诉讼法》第 74、75 条规定情形之一的,判决确认违法或者确认无效,并可以同时判决责令行政机关采取补救措施。

(2)被诉行政行为具有《行政诉讼法》第 70 条规定情形之一的,判决撤销或者部分撤销,并可以判决被诉行政机关重新作出行政行为。

(3)被诉行政机关不履行法定职责的,判决在一定期限内履行。

(4)被诉行政机关作出的行政处罚明显不当,或者其他行政行为涉及对款额的确定、认定确有错误的,判决予以变更。

(5)被诉行政行为证据确凿,适用法律、法规正确,符合法定程序,未超越职权,未滥用职权,无明显不当,或者人民检察院诉请被诉行政机关履行法定职责理由不成立的,判决驳回诉讼请求。

对于行政公益诉讼的判决结果,人民法院可以告知被诉行政机关所属的人民政府或者其他相关的职能部门。[②]

## 五、行政公益诉讼应正确处理的若干关系

(一)行政公益诉讼与民事公益诉讼的关系

笔者认为,拟启动民事公益诉讼监督程序的案件,一般应该同时启动,或者应该先启动行政公益诉讼监督程序;但拟启动行政公益诉讼监督程序的案件,大多不需要同时启动民事公益诉讼监督程序。

---

① 参见《最高人民法院、最高人民检察院关于检察公益诉讼案件适用法律若干问题的解释》第 22~23 条。

② 参见《最高人民法院、最高人民检察院关于检察公益诉讼案件适用法律若干问题的解释》第 24~25 条。

2019 年,全国检察机关办理民事公益诉讼案件 7125 件,办理行政公益诉讼案件 119,787 件,前者只占后者的 6%。说明检察机关启动的公益诉讼,重在监督公权而非监督私权。

在整个公益诉讼中,行政公益诉讼之所以在一般情况下优先于民事公益诉讼,其理由在于:公民、法人和其他组织的违法行为,无论是作为还是不作为,都属于一定行政机关监管的职责范围。对行政相对人的违法行为实施监管和追究相对人违法责任,首先应是行政机关而非检察机关的职责。检察机关发现行政相对人有违法行为,首先应该向主管行政机关制发检察建议,督促其履行法定职责,使之首先通过行政监管,纠正相对人的违法行为,只有在行政机关收到检察建议后仍不履责,相对人继续实施违法行为,构成对公共利益的紧急损害时,检察机关才应在提起行政公益诉讼的同时,一并或单独对实施违法行为的公民、法人或其他组织提起民事公益诉讼。

当然,公民、法人或其他组织的某些违法行为可能给公共利益造成特别紧急的损害。在这种情况下,检察机关自应先行直接向法院提起民事公益诉讼,请求法院责令致害人立即停止致害行为。但即使如此,检察机关也应随后尽快启动行政公益诉讼的诉前程序,并视情况启动正式行政公益诉讼。

至于检察机关启动行政公益诉讼监督程序的案件,则大多不必启动民事公益诉讼程序。这是因为行政相对人的违法行为,主管行政机关完全可以直接查处制裁,而非必须经法院诉讼程序追究责任。

对于行政公益诉讼与民事公益诉讼的关系,我们可通过分析下述案例获得一定启示:

案例一(最高人民检察院 2019 年 10 月 10 日发布的"检察公益诉讼全面实施两周年 26 典型案例"的第 13 案例:内蒙古呼和浩特市人民检察院诉内蒙古阜丰生物科技公司大气污染民事公益诉讼案):古阜丰公司因大气污染治理设施不健全,导致恶臭气体大量排放。呼和浩特市人民检察院对该公司提起民事公益诉讼。与此同时,检察机关还向呼和浩特市环境保护局发出了行政公益诉讼诉前检察建议。

对于本案的处理,议案评论人提出,"一般情况下,在提起民事公益诉讼后不宜再就同一违法事实向行政主管部门发出行政诉前建议"。笔者认为,评论人的这一观点是值得商榷的,检察机关提起民事公益诉讼,不应将负有行政监管职责的主管行政机关放在一边。即使不追究其不作为的责任,至少应该建议其反思和自查其履职缺陷,促其今后的积极履职。

案例二(最高人民检察院 2019 年 10 月 10 日发布的"检察公益诉讼全面实施两周年 26 典型案例"的第 15 案例:江苏省无锡市红宝特种染料公司处置危险废物民事公益诉讼案):本案红宝公司将其危险废物 520 余只废油墨桶非法出售,给生态环境造成重大损害隐患,无锡市人民检察院拟对之提起民事公益诉讼。

无锡市人民检察院在拟对红宝公司提起民事公益诉讼的同时,其为此组织了一次听证。通过听证,无锡市人民检察院与红宝公司达成了和解协议,后者主动支付生态损害赔偿金 35.18 万元和论证费 2.7 万元,前者即不再对后者提起诉讼。

笔者认为,此案可以有三种处理方式:一是该听证会是由检察院组织和主持(如本案实际所为);二是先由检察院向法院起诉,再由法院组织调解,达成调解协议;三是先由检察院向主管行政机关发出检察建议,然后由主管行政机关决定是否举行听证和决定是否放弃行政处罚,以和解方式结案。如主管行政机关根据类案处理情况,拟对红宝公司予以行政处罚,则应由其组织行政处罚听证。笔者认为,根据检察监督不代行行政权原则,后一种处理方式也许更为适当些。

(二)行政公益诉讼范围"等内"与"等外"的关系

笔者认为,属于行政公益诉讼法定范围"等内"(4+1)的案件,检察机关必须启动行政公益诉讼监督程序;属于行政公益诉讼法定范围"等外"(涉及一定共同体公共利益的其他领域)的案件,各地、各级检察机关可以根据案件在其所属区域内的重要性和其人力物力等资源情况,选择一定类别的案件,积极、稳妥地启动行政公益诉讼监督程序。

"等内""4+1"指《行政诉讼法》第 25 条规定的涉生态环境资源、食药、国有财产、国有土地出让类案件和《英雄烈士保护法》第 25 条规定的涉英烈名誉荣誉类案件。

关于行政公益诉讼范围"等内"与"等外"关系的处理,"等外"选择的一般原则和考虑因素是:(1)案件在其所属区域内的重要性;(2)检察机关人力物力等资源的可能性;(3)检察机关积极、稳妥的态度。

最高人民检察院2020年工作报告提出的应拓展的较重要性公益诉讼案件是“7+X”领域，即涉安全生产、公共卫生、生物安全、妇女儿童及残疾人权益保护、网络侵害、扶贫、文物和文化遗产保护等“7”领域案件。各地、各级检察机关应选择的“等外”较重要性案件既可在此“7”领域之内，亦可在此“7”领域之外。

行政公益诉讼范围“等内”监督属检察机关法定职权，无可选择性；“等外”监督属裁量性职权，有可选择性。而且，公益的领域极其广泛，有大共同体的国家、社会，乃至人类，有小共同体的特定人群体，检察机关均要介入是完全不可能的，只能有所选择。

对于行政公益诉讼范围“等内”与“等外”关系，我们可通过分析下述案例获得一定启示：

案例一（2020年9月17日《检察日报》载杭州下城区检察院所办公共安全案）：该检察院在审查办理一起系统维护员通过篡改考题及答题的方式，帮助91名考试未合格人员取得网约车从业证资格证的案件时，发现涉案的系统维护人员虽受刑事追诉，但行政机关对取得网约车从业证资格证的91名考试不合格人员却未作任何处理。对此，检察机关意识到这将导致重大公共安全隐患，故向相关行政机关提出诉前检察建议，督促其撤销涉案网约车司机的从业资格。

此案显属“等外”，亦属2020年《最高人民检察院工作报告》提出的应拓展的“7”领域之外（非“安全生产”而属公共安全），其重要性不仅及于杭州地域，而且超出该地域。故其选择符合积极、稳妥的原则。

案例二（2020年9月17日《检察日报》载敦煌市人民检察院所办文物保护案）：敦煌三危山下有多家石料厂和砂矿，这些厂矿虽证件齐全，但其未采取有效措施减少粉尘排放，未按行政许可要求设置安全防护设施，以及存在使用淘汰工艺作业等诸多问题，给敦煌石窟景观形象和文物安全造成重大隐患。对此，敦煌市人民检察院向负有直接责任的文体广电和旅游、自然资源、生态环境等行政机关发出检察建议，督促各行政单位依法履职，监督涉案厂矿在规定时限内实施和完成整改。

此案属“等外”，但属最高人民检察院2020年工作报告提出的应拓展的“7”领域之内（文物和文化遗产保护），在其地域内的重要性更不待言，故其选择符合积极稳妥的原则。

(三)行政公益诉讼监督行政机关依法行政功能与防止公益受损,保障公益实现的功能的关系

笔者认为,行政公益诉讼的直接功能是监督行政机关依法行政。防止公益受损,保障公益实现是其间接功能。行政公益诉讼防止公益受损,保障公益实现的功能是通过监督行政机关依法行政,督促其依法履职,纠正其不作为和乱作为实现的。检察机关不适宜、也不应该通过代替行政机关履职去直接实现公共利益。

行政公益诉讼监督行政机关依法行政的功能与防止公益受损,保障公益实现的功能的关系之所以应该如此,理由在于:其一,行政公益诉讼应遵循宪法和法律对国家机关的职能分工要求:行政机关行使对行政相对人监管的行政权,检察机关和法院行使对行政机关依法行政的监督权;其二,行政机关具有行政管理专门知识、专门经验和专门技能的优势,而检察机关具有法律监督的优势,二者应各展其长,各避其短;其三,检察机关代行行政职能即是放弃对行政的监督职责,这一方面将会放纵行政机关的不作为,另一方面还将会使自己代行行政职能的行为失去监督,违反国家治理的"善治"要求。

对于行政公益诉讼监督行政机关依法行政功能与防止公益受损,保障公益实现功能的关系,我们可通过分析下述案例获得一定启示:

案例一(最高人民检察院 2018 年 12 月 25 日发布的检察公益诉讼十大典型案例的第 9 案例:江西省赣州市检察院诉郭某等人生产、销售硫磺熏制辣椒民事公益诉讼案):江西省信丰县村民郭某从事辣椒销售生意,其采用硫磺熏制辣椒以达到防霉、耐存储的目的。2017 年 8 月县公安、工商在其家中查获硫磺熏制辣椒 14,943 斤,现场扣押 5000 多斤,查封 9000 多斤。后郭某私自撕去封条,将这 9000 多斤硫磺熏制辣椒予以销售。经信丰县食药检验所检验,这些硫磺熏制辣椒超过食品安全国家标准上限 20 多倍。足以对不特定多数人的身体健康造成重大侵害危险。

对此,赣州市人民检察院积极引导侦查,制定调查提纲,先后多次直接到案发地调查,询问当事人、证人,补充完善相关证据,确保案件基本事实证据到位。同时,根据本案案件推进状况,赣州市检察院对发现的线索价值、事实认定难点和证据转化及成案情况反复研究,以确定诉讼请求。之后,赣州市人民

检察院在无社会组织提起民事公益诉讼的情况下，向赣州中级人民法院提起民事公益诉讼，请求判令被告郭某支付其所生产、销售的不符合食品安全标准的硫磺熏制食用辣椒价款10倍的赔偿金、承担现场扣押和销毁硫磺熏制辣椒的费用、消除食品安全隐患，并通过媒体公开向社会公众赔礼道歉。

关于本案的处理，笔者认为，根据《食品安全法》第110条的规定，食药监管部门和质量监督部门履行食药监管职责，有权实施现场检查、对食品进行抽查、查封、扣押不符合安全标准和存在安全隐患的食品等。检察机关履行检察监督职能，重点应该监督食药监管部门和质量监督部门是否依法正确履行食药监管职责，是否存在不作为和乱作为，如存在不作为和乱作为，导致食品安全隐患，应向行政机关制发检察建议，乃至提起行政公益诉讼，督促行政机关依法正确履责，而不应是代行政机关去做依法应由行政机关去做的直接监管行政相对人的事。

案例二：2020年10月11日，最高人民检察院、国务院食品安全委员会等11家单位联合发布了《关于在检察公益诉讼中加强协作配合依法保障食品药品安全的意见》。该意见规定，“要严守检察权边界，不干涉食品药品有关部门的正常履职和自由裁量权”。这无疑是符合法律基本原则和国家治理善治的基本要求的。但是，该意见同时规定，食药监管部门在开展食药督察专项行动时，“可以邀请检察机关参与专项督察工作，真正形成检察机关与行政执法机关司法、执法工作合力”。笔者认为，该意见的后一项规定实际上是对前一项规定的否定，是不符合法律基本原则和善治的基本要求的：检察机关事前参与行政执法行为，事后怎么对之进行监督？因此，检察机关应严格遵循该意见的前一项规定，“严守检察权边界，不干涉食品药品有关部门的正常履职和自由裁量权”。

自2017年《行政诉讼法》修法确立行政公益诉讼制度三年以来，这一制度现已在全国全面展开，并取得了重大成效。仅2019年一年，全国检察机关即办理行政公益诉讼案件119,787件，其中发出诉前检察建议103,076件，向法院正式提起诉讼的案件4778件。①

---

① 参见最高人民检察院检察长张军2020年5月25日在第十三届全国人大第三次会议上所作的《最高人民检察院工作报告》。

**本章参考书目**

1. 余凌云:《行政协议论》,中国人民大学出版社2006年版。

2. 于安:《外商投资特许权项目协议(BOT)与行政合同法》,法律出版社1998年版。

3. 梁凤云:《行政协议司法解释讲义》,人民法院出版社2020年版。

4. 最高人民检察院民行检察厅编:《检察机关提起公益诉讼实践与探索》,中国检察出版社2017年版。

5. 最高人民检察院第八检察厅:《行政公益诉讼典型案例实务指引》,中国检察出版社2019年版。

# 第十四章 行政赔偿与行政赔偿诉讼

人民因国家公权力之行政行为所受之损害，既不可归责于人民之本身，亦不可归责于执行职务之公务员，则不得不另谋救济，其道多端，即通常之申诉、声明异议、请愿、诉愿及行政诉讼等均是。唯此等救济方法，其主旨乃在排除侵害之发生或存在，若因侵害若受有损害或损失，则得向国家请求赔偿或补偿，国家亦负有赔偿或补偿之责任。是即为行政上之赔偿与补偿，亦为行政救济之方法。[①]

——管欧

国家赔偿法调整公民在国家活动侵害其权利时而提出的损害赔偿、公平补偿、恢复原状的请求，是一个开放的系统。

国家赔偿法的第一个重点是公务员或者其他公务人员在公权力领域实施违法过错行为的职务责任……国家赔偿法的第二个重点是财产损害补偿。[②]

——哈特穆特·毛雷尔

## 第一节 行政赔偿诉讼概述

### 一、行政赔偿诉讼的概念与性质

行政赔偿诉讼是行政诉讼的一种特殊形式，是行政相对人向人民法院对

① 管欧：《中国行政法总论》第19版，蓝星打字排版有限公司1981年版，第561页。

② [德]哈特穆特·毛雷尔：《行政法学总论》，高家伟译，法律出版社2000年版，第615页。

被诉行政行为的合法性提起异议的同时,请求人民法院判决行政机关赔偿被诉行政行为侵犯其合法权益给其造成的损失;或者是在行政机关行使职权行为侵犯行政相对人合法权益并造成损害事实后,行政相对人向行政机关请求赔偿,被行政机关拒绝,或与行政机关就赔偿方式、数额等达不成协议,而向人民法院起诉,请求人民法院作出赔偿裁决的诉讼。

第一种形式的行政赔偿诉讼实际是行政诉讼的一部分,是行政相对人在对被诉行政行为提起诉讼时,一并向人民法院提出请求,请求人民法院判决行政机关对行政侵权行为给其造成的损失予以赔偿。赔偿只是行政相对人行政诉讼诸项请求中的一项。因此,这种行政赔偿诉讼不是一种独立的诉讼,其与相应行政诉讼构成一体,是一个诉讼。只有第二种形式的行政赔偿诉讼才是严格的行政赔偿诉讼,行政相对人并不向人民法院提出审查相应行政侵权行为合法性和撤销该行政行为的请求,而只是请求人民法院判决行政机关对行政侵权行为给其造成的损失予以赔偿。我们在本章中讨论行政赔偿诉讼,同时针对这两种形式。但在阐释其具体内容和程序时会对二者加以区别。

行政赔偿诉讼之所以属于行政诉讼的一种特殊形式而非属于民事诉讼的一种特殊形式,是因为诉讼当事人双方在实体法律关系中是处于不平等的地位,行政赔偿是因行政机关行使职权行为侵害相对人权益造成的,要解决是否满足原告赔偿请求的问题,首先要解决行政机关行为是否侵犯行政相对人合法权益的问题。要解决赔偿方式和赔偿数额的争议,也必须先审查行政机关行为侵犯行政相对人权益的事实情节。对行政机关行为是否侵权的审查是解决赔偿争议的前提,这一点决定了行政赔偿诉讼属于行政诉讼的性质而非属于民事诉讼的性质。

行政赔偿诉讼之所以属于行政诉讼的一种特殊形式而非属于一般行政诉讼,是因为行政赔偿在程序上要采用一些不同于一般行政诉讼的特殊规则,例如,行政赔偿诉讼适用调解没有一般行政诉讼适用调解有那样严格的法律限制,行政赔偿诉讼的举证责任适用不同于一般行政诉讼的举证规则:由行政机关负基本的举证责任,而是适用基本与民事诉讼相同的举证责任——“谁主张,谁举证”,等等。

行政赔偿诉讼由于在性质上属于行政诉讼而非民事诉讼,所以当它与一般行政诉讼合并审理时,并非属于行政诉讼一并解决民事争议的诉讼,而是行政诉讼中对不同诉的请求的合并审理，属于行政诉讼的组成部分。独立的行政赔偿诉讼虽然不依附于和不伴随一般行政诉讼，但其本质仍然属于行政诉讼，是行政诉讼的一种特殊形式。

## 二、行政赔偿诉讼的特征

行政赔偿诉讼具有下述特征：

（1）当事人的行政赔偿请求往往和一般行政诉讼合并审理。这种行政赔偿诉讼的原告即是一般行政诉讼的原告，行政赔偿诉讼的被告，即是一般行政诉讼的被告。

在行政机关行政行为侵犯行政相对人合法权益的事实发生以后，行政相对人未向人民法院提起一般行政诉讼，而是向行政机关请求赔偿，如其请求被行政机关拒绝，或与行政机关就赔偿方式、数额等达不成协议，在这种情况下，行政相对人可以单独提起行政赔偿诉讼（不是在提起一般行政诉讼时一并提出赔偿请求）。这种行政赔偿诉讼的原告是被行政机关行政行为侵害的行政相对人，行政赔偿诉讼的被告是行政赔偿义务机关。

（2）行政赔偿诉讼的客体是原告的行政赔偿请求，诉讼的内容是审查被告是否实施了行政侵权行为，原告权益是否受到了侵害以及受侵害的程度如何，侵权行为与受侵害事实之间是否存在因果关系，从而决定是否判决被告给予原告赔偿、赔偿多少、怎样赔偿。而一般行政诉讼的客体是被告的行政行为，诉讼内容是审查行政行为是否合法、侵权，从而决定是否判决撤销、改变或驳回原告起诉，或判决被告在法定期限内履行法定职责。

（3）行政赔偿诉讼的程序既有别于民事诉讼的程序，也有别于一般行政诉讼的程序。行政赔偿诉讼除了适用《行政诉讼法》规定的有关程序外，还适用《国家赔偿法》规定的行政赔偿专门程序。一般行政诉讼程序与《国家赔偿法》规定的行政赔偿专门程序不一致时，适用专门行政赔偿程序，即特别法优于普通法。

（4）行政赔偿诉讼适用的实体法，即确定是否赔偿、赔偿方式、赔偿标准的法律规范，主要是《国家赔偿法》中有关行政赔偿制度的法律规范。[1] 除了

---

① 《国家赔偿法》除规定行政赔偿制度外，还规定了刑事赔偿制度。

《国家赔偿法》外,行政赔偿诉讼还适用各种行政管理法律、法规、规章中有关行政赔偿的法律规范,而有关行政公共设施造成的损害赔偿,还适用《民法典》的有关民事赔偿的法律规范。

## 第二节 行政赔偿的概念和赔偿责任构成要件

### 一、行政赔偿的概念

行政赔偿是行政机关及其工作人员行使行政职权,侵犯行政相对人的合法权益并造成其损害,受害人依法向国家请求赔偿的行政救济制度。

我们可从以下五个方面阐释行政赔偿的概念。

(一)行政赔偿是因行政侵权行为引起的行政责任

行政侵权行为的实施主体包括行政机关和行政机关工作人员,法律、法规、规章授权的组织,行政机关委托的组织、个人。行政机关工作人员、行政机关委托的组织、个人的行为,有些是代表行政主体(行政侵权行为的责任主体),以行政主体的名义实施的,有些虽不是代表行政主体,以行政主体的名义作出,但因为是其在行使行政职权过程中作出的,对外即视为行政主体的行为。因此,其行为侵害相对人合法权益,造成相对人损失的,即应由行政主体(行政侵权行为的责任主体,由其作为行政赔偿义务机关)承担赔偿责任。①

一般来说,行政机关的行政侵权行为都是由执行公务的工作人员或受委托人员个人实施的。但是在某些情况下,行政机关的行政侵权行为是通过行政机关集体作出决定或通过行政首长作出决定实施的;在另外一些情况下,是执行公务的人员在没有任何行政决定的情况下实施的(如对行政相对人实施殴打等暴力行为,即行政事实行为)。执行公务的人员在有组织决定和没有组织决定的条件下实施行政侵权行为,其所要承担的内部行政责任是不同的,但对外部来说,行政侵权责任的主体都是其所在的行政机关或法律、法规、规章授权的组织,两种情况下行政赔偿责任主体(赔偿义务机关)并没有什么不同。

---

① 本章以"行政机关"指代"行政主体",所用"行政机关"即包括法律、法规、规章授权的组织。

（二）行政赔偿的对象是其合法权益受到行政侵权行为侵害的行政相对人（受害人）

行政侵权行为侵害的行政相对人（受害人）包括公民、法人和其他组织，也包括外国人和外国组织。行政机关和行政机关工作人员在作为外部行政相对人，其合法权益被行政主体侵犯时，同样也可以作为行政赔偿的对象。但公职人员如果处在内部相对人地位，其权益被内部行政行为侵犯，则不能依《行政赔偿法》取得赔偿。在这种情形下，他们一般通过其他途径取得赔偿。①

（三）行政赔偿的损失是行政相对人合法权益的损失

行政相对人申请行政赔偿，应是其合法权益被行政侵权行为侵犯，如果相对人受到损害的权益不是合法的而是非法的，即不受法律保护，不能申请行政赔偿。例如，相对人的某项财产是通过盗窃或其他非法手段获取的或属违禁物品，行政机关加以没收、销毁等，则其不能获得赔偿；又如，相对人违法进入某一军事禁区，警察鸣枪警告予以制止，其仍不停止进入，警察开枪射击，使其受伤甚至丧命，其也不能获得赔偿。相对人受到损害的权益非法，行政主体的行为合法，其不能取得赔偿是显而易见的。但是在有些情况下，相对人受到损害的权益非法，但行政主体的行为也违法，违法行政行为损害相对人的非法权益，是否应予赔偿呢？一般来说，非法权益受到损害，无论是合法行政行为造成的损害，还是违法行政行为（特别是程序违法的行政行为）造成的损害，都不能获得行政赔偿，但是违法行政行为损害相对人权益的范围如果超过其非法权益的范围，涉及其合法权益，例如，行政机关用违法方式（如爆炸等）拆除相对人违章建筑时，对其合法建筑也予以拆毁，甚至伤及相对人家属的身体或生命，此种超出的范围则应予以赔偿。如果不属这种情况，行政主体违法行政行为损害相对人非法权益，则不对外承担行政赔偿责任，但对内要承担内部行政责任，相应行政工作人员要受到相应的政务处分或纪律处分。

（四）行政赔偿责任的最终责任主体是国家

行政赔偿虽然是受害人向致害机关、组织或致害者所在的机关、组织（行

---

① 内部行政行为对公职人员的侵权损害，往往通过政策途径而非法律途径对之救济。这种制度显然是不公正的，今后修改《监察法》和《行政诉讼法》，应允许公职人员对违法内部行为请求司法救济，包括提起行政诉讼和申请行政赔偿。

政赔偿义务机关)请求赔偿,但赔偿金最终由国家各级财政支付,因此其最终责任主体是国家。行政赔偿故也称“国家赔偿”,而不是机关赔偿,更不是公务员个人赔偿。

(五)行政赔偿是国家对受到行政侵权行为侵害的行政相对人给予救济的行政救济制度

行政救济制度除了行政赔偿外,还有行政复议、行政诉讼、行政申诉、信访等。行政赔偿与其他行政救济的区别在于:此种救济往往是其他救济追求的目标和结果之一。行政相对人申请行政复议、提起行政诉讼,或者进行申诉、信访,其重要目的之一,是期望获得行政赔偿,以补救其被行政侵权行为侵害的权益。

## 二、行政赔偿责任构成要件

行政赔偿是行政侵权责任的基本形式。根据行政法的一般原理,行政侵权赔偿责任的构成主要包括三个要件:行政侵权行为、相对人权益受到损害的事实、行政侵权行为与损害事实之间具有因果关系。

(一)行政侵权行为

行政侵权行为,是指行政主体及其工作人员在行使行政职权过程中侵害行政相对人合法权益的行为。“行政侵权行为”有三个重要要素:一是行为是行使行政职权的行为;二是行为违法;三是行为侵害行政相对人合法权益。

下面我们对这三个要素分别予以阐释。

(1)行为是行使行政职权的行为。作为行政赔偿责任构成要件的“行政侵权行为”的第一个要素是“行为是行使行政职权的行为”,即侵权行为的“职权”性。行政侵权行为必须是行政机关及其工作人员行使行政职权的行为,即公务行为或与公务相关的行为,只有行政机关及其工作人员的公务行为或与公务相关的行为才能构成行政侵权行为。行政机关及其工作人员,法律、法规、规章授权的组织,行政机关委托的组织和个人如果不是实施公务行为或与公务相关的行为,而是实施民事行为或工作人员的个人行为,即不能构成行政侵权行为。行政机关的公务行为或与公务相关的行为与民事行为的区分较为容易,但行政工作人员的公务行为或与公务相关的行为与个人行为的区分就相当困难。工作时间是区分二者的一个重要标准,工作人员在上班时间实施的行为通常应该认为是公务行为或与公务相关的行为，工作人员在下班时间实施的行为通常应认为是个人行为。但此标准也不能绝对化，工作人员在下班时间仍干“公活”的事屡见不鲜。例如，警察在下班后或假日发现通缉犯而主动将其缉拿归案，卫生行政机关工作人员在下班时间发现食品商出卖严重违反食品卫生要求的食品，将危及人们身体健康的食品而加以制止、取缔。此类行为如果导致某种不法损害，是否都应视为个人行为而由公务员自己赔偿呢？显然应加以分析，如确实出于“公”的目的而非私的目的，应作为公务行为或与公务相关行为对待。同样，工作人员在上班时间干“私”活的事也不是绝无仅有的，例如，上班时间擅离工作岗位去河塘炸鱼，上班时间擅离工作岗位去帮助朋友打架斗殴等。这些行为如果导致损害他人权益，被害人请求赔偿，能否视为行政侵权行为，由行政机关赔偿呢？显然不能。因此，区分行政工作人员某一种行为是否属于公务行为或与公务相关行为还是属于个人行为，除了主要依据工作时间、地点为标准外，还要考虑行为人动机、目的、行为导因、条件、性质等要素。一般来说，公务人员执行职务时间内的行为都应视为公务行为或与公务相关的行为，即使行为人的行为实际上与公务无关，例如，公务人员执行职务时殴打、辱骂、虐待相对人，虽然完全不是执行公务的需要，甚至是公务人员公报私仇，借机报复，但也应视为与公务相关的行为，归入行政赔偿的范围。因为这样更有利于保护行政相对人的合法权益，更有利于加强行政机关对行政人员选用、监察、考核的责任，行政机关在对外作出赔偿后，完全可以和应该对违法乱纪的工作人员进行处分和追偿其对外已作出的赔偿。我们提出要考虑工作时间以外的其他因素，只是为了防止把工作时间要素作为区分公务行为与非公务行为的绝对标准。

（2）行为违法。1994 年第八届全国人大常委会第七次会议通过的《国家赔偿法》确定国家赔偿实行“违法归责”原则：①“国家机关和国家机关工作人

---

① 各国国家赔偿实行不同的归责原则：有的国家实行“过错归责”原则，国家只对国家机关和国家机关工作人员有过错（故意或过失）的致害行为才向受害人承担赔偿责任；有的国家实行“违法归责”原则，国家只对国家机关和国家机关工作人员有过错违法或不法的致害行为才向受害人承担赔偿责任；有的国家实行“违法加过错归责”原则，国家只对国家机关和国家机关工作人员既违法，又有过错（故意或过失）的致害行为才向受害人承担赔偿责任；有的国家实行“结果责任”原则，国家不问国家机关和国家机关工作人员有无过错或违法，只要其行为造成了相对人合法权益的损害，即向受害人承担赔偿责任；多数国家实行“多元归责”原则，依不同性质的国家侵权行为确立不同的归责原则，如冤狱赔偿（刑事赔偿）一般实行“结果责任”原则，而行政赔偿实行“过错归责”原则或“违法归责”原则。

员违法行使职权侵犯公民、法人和其他组织的合法权益造成损害的,受害人有依照本法取得国家赔偿的权利”。[①] 2010 年第十一届全国人大常委会第十四次会议修改通过的现行《国家赔偿法》删除了国家赔偿“违法归责”原则,改为笼统的“侵权归责”原则:“国家机关和国家机关工作人员行使职权,有本法规定的侵犯公民、法人和其他组织合法权益的情形,造成损害的,受害人有依照本法取得国家赔偿的权利”。[②]

我国现行《国家赔偿法》虽然在总则中删除了国家赔偿的“违法归责”原则,改为笼统的“侵权归责”原则,但在其分则“行政赔偿”部分还是确立了“违法归责”原则,只有行政机关及其工作人员违法行使职权的行为,国家才予以赔偿。在分则“刑事赔偿”部分则同时确立了“结果责任”原则(国家对于某些刑事侵权行为,无论国家机关和国家机关工作人员有无过错或违法,只要其行为造成了相对人合法权益的损害,即向受害人承担赔偿责任)和“违法归责”原则。

根据现行《国家赔偿法》,“违法”是行政侵权责任的构成要件。这里的“违法”是广义的,包括狭义的“违法”与“非法”(“不法”)。“违法”与“非法”(“不法”)既有联系也有区别:“违法”是指行为违反法律(广义的法)的规定;“非法”(“不法”)是指行为没有法律根据,但并不一定违反制定法的某一明文规定。“违法”肯定构成“不法”(“不法”),但“非法”(“不法”)却不并不一定构成“违法”。我国《国家赔偿法》使用的是“违法”,没有使用“不法”,但有时使用“非法”。所以,我们在实践中有时要区分“非法”和“违法”,以免导致理论上的混乱。当然,我们如果在理论上说清楚此项构成要件包括“违法”和“非法”(“不法”),在实践中只使用“违法”也不会发生问题,我们可以解释我国《国家赔偿法》的行政赔偿适用的是“违法归责”原则,其内涵即包括“非法”(“不法”),这里的“违法”,是从结果上,从保护受害人权益的角度规定的。受害人请求赔偿,他无须论证你致害者的行为在主观上(故意或过失)是不是违法,他只要论证他自己的权益是合法的,你侵害他的权益没有法律根据,从结果上讲你的行为就是“违法”的。因为行政赔偿从本质上主要是对行

---

① 参见《国家赔偿法》(1994 年)第 2 条。

② 参见《国家赔偿法》第 2 条。

政相对人的救济制度,而不是对行政主体及其工作人员的监督制度。

从理论上讲,侵权损害包括违法损害和过失损害,甚至包括某些无过错损害。违法损害的情况是大量的,例如,违法对相对人科处行政处罚,违法采取强制措施,殴打、辱骂、虐待相对人等。过失损害的情况也是存在的,例如,依法检查、搜查相对人财产时,不慎造成相对人财产损坏,依法拘留相对人时不慎损害相对人身体某个部位等。无过失损害的情况虽然不多,但在实践中也是可能发生的,例如,警察镇压骚乱或公安机关追捕逃犯,对有现实危险的骚乱分子或逃犯射击时,某行人恰巧骑车从其前面穿过,警察根本不可能预料到此种情况,结果射中行人,导致其终身残废或死亡。所有这些损害都应认为是"违法损害"(不法损害),是没有法律根据的损害。相对人的权益是合法的,是受法律保护的,但是因为行政主体及其工作人员的行为而受到了损害,对于这些损害,国家均应依法予以赔偿。

过去我国学界大多根据《国家赔偿法》(1994 年)主张行政侵权行为的基本特征是"违法侵犯"相对人合法权益。行政机关及其工作人员的行为如果不是违法的而是合法的,就不构成行政侵权行为,不承担行政赔偿责任。合法行为造成的损害不是赔偿而是补偿的问题,违法与合法是损害赔偿与损失补偿的"分水岭"。笔者认为,这种观点在理论上有一定漏洞,对实践中的许多问题难以解释:同样是合法权益遭受损害,为什么违法行为侵犯造成的就赔偿,合法行为侵犯造成的就补偿?笔者主张将行政赔偿的"违法"构成要件做广义的理解,即包括"不法"。故赔偿与补偿区分的标准不应是违法与合法,而应是"不法"(无法律根据)与合法(有法律根据)。例如,征收、征用都是有法律根据的,所以属于补偿;海关人员检查不小心损坏旅客物品和警察追捕犯罪嫌疑人时误伤好人都是没有法律根据的,所以属于赔偿。

过错损害或无过错损害都是不法损害,它们不同于行政主体依法征收、征用行政相对人的土地、财产给相对人导致的"财产损失"。行政征收、征用造成的补偿是可以事前协议确定的,补偿标准、数额也是法律、法规预先规定的。实践中人们使用"补偿"一词大多适用于行政征收、征用这类情况。我们现在如果在法律上把不法损害也纳入行政补偿的范畴,一是人们在法律概念上使用不习惯,二是此两种"补偿"在实践中和程序上都难以适用同样的规则。而把不法损害纳入赔偿的范畴,则可以消除理论上和实践中的很多不便和困难。

(3)行为侵害行政相对人合法权益。这一要素前已阐释,这里不再赘述。

(二)损害事实

行政侵权损害事实,是指行政机关及其工作人员、被授权人或被委托人在行使行政职能过程中,实施的侵权行为使被侵权人的人身或财产权益受到的实际损害。①

人身损害包括:(1)被侵权人的人身自由受到非法限制或剥夺;(2)人的身体受到损害,导致伤、残、病等;(3)人的名誉、荣誉受到损害,导致精神痛苦等;(4)人的生命权被非法剥夺,导致死亡。

导致人身自由损害的行政侵权行为是各种各样的,如违法拘留、扣留、留置、拘禁、约束,以及现已被废除的收容审查、劳动教养等。人身自由损害导致行政侵权责任是毫无疑义的,因为人身自由权是宪法赋予公民的基本权利,是公民其他一切权利的基础,且人身自由损害必然带来相应的精神损害和财产损害以及可能的其他损害,故行政机关对此侵权承担责任是特别重要的。

导致公民身体健康和生命损害的行政侵权行为除了可能由行政机关的违法行为(通过决议、决定)构成外,在很多情况下也可能由行政机关工作人员或被授权人、被委托人个人执行职务中的违法行为(如殴打、捆绑、虐待等暴力行为或者唆使、放纵他人以殴打、虐待等暴力行为,以及违法使用武器、警械等)构成。公民身体健康和生命损害的事实包括伤、病、残和死亡,此种损害事实通常要以国家医疗机构或其他法定鉴定机构的证明或鉴定意见作为依据。当然,生命和身体健康损害的事实即使成立,要确立行政侵权责任,还需证明行政侵权行为及其与损害事实因果关系的存在。

精神损害很多时候是随着人身损害、财产损害同时发生的,在这种情况下,精神损害不一定作为独立的行政侵权责任构成的损害事实,可以被人身损害、财产损害的损害事实所吸收。但是,如果人身损害、财产损害严重,特别是人身损害严重,会造成被害人精神的极度痛苦。在这种情况下,被害人不仅可申请人身损害赔偿,而且可申请精神损害赔偿(精神损害抚慰金)。另外,在有些情况下,精神损害也可能是因为行政机关对相对人违法实施行政处罚、行

---

① 行政赔偿主要或基本上是对受害人人身权、财产权受到的损害的赔偿,受害人政治权、受教育权或其他权益的损害一般通过其他途径而不是行政赔偿途径救济。

政处分造成相对人名誉、荣誉受损或行政工作人员在执行职务中的对相对人进行诬蔑、诽谤,致使其精神极度痛苦等。对于这种情况,精神损害应作为导致行政侵权责任的独立损害事实。

作为行政侵权责任构成的损害事实之一的财产损害包括:(1)侵权人的一定财产的全部或部分丧失;(2)财产的外部变形或数量减少,导致其价值降低或失去价值;(3)财产的变质、破损,导致其价值降低或失去价值;(4)可得利益的丧失,如失去可能的营业收入、利润或预期收益等。[①]

导致被侵权人一定财产全部或部分丧失的行政侵权行为主要有:行政处罚中的违法罚款、吊销许可证和执照、责令停产停业、没收财物等;行政强制措施中的违法查封、扣押、冻结、销毁等;行政处理行为中的违法征收、征用财产,以及科加义务(如违法集资、摊派费用等)等。这些行政侵权行为是造成被侵害人财产损害,导致行政侵权责任法律关系发生的最常见的法律事实。

导致被侵权人一定财产外形或质量发生变化,使其价值减少或丧失的行政侵权行为主要有:行政强制措施中的错误扣留、扣押、查封以及行政机关工作人员在执行公务中的个人违法乱纪行为等。被侵权人财产外形或质量发生变化作为构成行政侵权责任的损害事实,通常是以其财产价值一定程度的降低或丧失为前提的。如果相应财产外形或质量虽有变化,但可修复的,则可采取恢复原状的赔偿方式,致害行为仍构成行政侵权责任的损害事实。

被侵权人可得利益的损失目前尚未列入国家赔偿的范围,今后修改《国家赔偿法》,即使将之作为导致行政侵权赔偿责任的一种损害事实,也将是有条件限制的。首先,这种可得利益应该是一种有根据的可以得到的利益(如正常的营业利润、劳动报酬、投资回报等),而不仅仅是一种凭推测可能得到的利益(如鸡可下蛋,蛋可孵出鸡的无穷推算的利益);其次,这种可得利益通常应是指某种较直接的财产利益,而不应包括(至少我国目前不宜包括)各种各样可能带来一定间接财产利益的机遇,如聘用考试机会、职务晋升机会、有奖竞赛机会等;最后,这种可得利益应是在较短期限内可以取得的利益,而不应是久远将来可能获得的利益。

---

① 现行《国家赔偿法》对财产权的损害赔偿仅规定了直接损失赔偿,尚未规定可得利益赔偿,这有待《国家赔偿法》进一步修改时再加以确立。

可得利益损失作为行政侵权赔偿责任构成,之所以应加一定限制条件,这是因为:第一,此种利益不同于既得利益,相对人尚未实际取得。虽然在一般情况下,他是可以取得的,但例外情况也总是可能发生的。因此,他也存在不能实际获取的风险。第二,可得利益的推算可以是无穷尽的,而国家的财力是有限的。第三,人与人之间、个人与社会之间、个人与国家之间不存在也不可能存在绝对的公平。虽然国家、社会应尽量通过创立和完善各种制度(如国家赔偿制度、国家补偿制度等)去维护公平和消除不公平,但制度的作用不是万能的,制度创立不了绝对的社会公平。人们如果试图通过某项制度去创立绝对的社会公平,那么反而会事与愿违,可能造成更多的社会不公平。因此,行政侵权赔偿责任也是有一定限度的,作为国家的公民、法人或其他组织对行政侵权行为给其造成的某些轻微的损害和某些可得利益的损害有容忍的义务,不能无限制地要求国家赔偿自己受到的和可能受到的任何损害。

至于可得利益损失作为行政侵权责任构成的限制条件,法律、法规一般只能作原则性的规定,具体界限还需由人民法院通过具体判例和司法解释确立。

(三)因果关系

作为行政侵权责任构成要素的因果关系是指被侵权人权益受到损害的事实与行政侵权行为之间存在必然的和内在的联系,即被侵权人的权益损害是由行政侵权行为造成的,或者说,行政侵权行为是使被侵权人权益损害必然发生的条件。

因果关系不是一般的先后关系,这一点是无须加以论证的。尽管作为原因的事物通常是出现在作为结果的事物之先,但先后出现的事物之间却不一定存在必然的和内在的联系,不一定具有因果关系。

因果关系也不是一般的条件关系。条件与原因似乎难以区别:因为原因也可以认为是一种条件,但原因不是一般条件,而是决定性的条件。一定事物的发生可能是由很多条件促成的,但这些条件中有些条件可能是必然导致该事物发生的,有些条件则不然,它只能决定该事物早一些发生或晚一些发生,决定该事物在大一些范围以大一些规模发生或在小一些范围以小一些规模发生。在所有条件中,只有决定相应事物必然发生的条件才是该事物的原因,与该事物存在因果关系;决定该事物发生的时间、范围、规模等的条件与该事物只是一般的条件关系,而不是因果关系。

因果关系在理论上似乎比较清楚、明确，但在实践中予以辨别和确认有时却很困难，下面我们分析几个案例：

例一，某公民违反交通规则（红灯亮时骑车横穿马路），警察予以罚款，该公民申辩了几句，警察认为其态度不好，欲加拘留，该公民欲走，警察抓住其胳膊并动了拳脚，致其受伤，后送医院治疗，不幸遭遇医生手术失误，致其左手残废。在此案中，该公民的残废与警察的侵权行为是什么关系呢？是否为因果关系？

例二，某公民携带若干贵重药品出境，过海关时被海关误认作走私物品扣留。之后，海关经审查，认定该公民所带药品不属走私物，可带出境，将药退回该公民。但该公民取回药品时，发现药品已完全变质，不能使用，故申诉至上级海关。上级海关经查发现了两个问题：（1）原海关扣留该物品后，存放保管不妥，导致药品箱进水；（2）该公民在海关决定扣留其药品时，不慎将两种不能混装的药品放置于一个药箱，使两种药品在一起发生了化学反应，导致整箱药品变质。在此案中，该公民药品变质由两种过错引起，每一种过错（海关存放保管不妥导致药箱进水或该公民自己混装药品导致药品发生化学反应）均可单独（即使没有另一种过错）引起同样的损害。对于这种情况，我们能否认定该公民的药品变质与海关的侵权行为存在因果关系呢？

例三，某公民从事个体饮食业服务，因事得罪了某食品卫生监督人员。该工作人员寻机报复，凭借两位顾客诬告饮食店食品不符合卫生要求的诬告信，对该饮食店科处罚款和销毁该店经营的食品，造成了该店近万元的经济损失。在此案中，顾客的诬告信是民事（或刑事）侵权行为，食品卫生监督机构的行政处罚是行政侵权行为。受害人的损失显然与二者都有关联，但究竟与二者中何者具有因果关系呢？是与诬告人的民事侵权行为还是与食品卫生监督机构的行政侵权行为，或者是与二者均存在因果关系（侵权法律关系中一因多果和一果多因的情况是存在的）？

例四，某公民违法倒卖国家限制买卖物资，国家相应监管机关当场抓获并予以没收，被处罚人不服进行争辩，监管人员认为其态度不好将其强拖硬拉至机关讯问（拖拉和讯问中有殴打行为）。讯问过程中，被处罚人突然倒地，急送医院抢救，抢救中死亡。后经医院检验鉴定，死者生前有严重心脏病，死亡是由心脏病发作所致。在此案中，被处罚人的直接死因虽为心脏病发作，但其死亡与行政监管机关工作人员的违法行为有没有一定关系呢？如果有一定关系,那是什么关系呢？

根据前述因果关系的理论,我们认为,在第一个案例中,受害人的残废与公安人员的行为不存在因果关系,二者只是先后关系而已,因此它不能作为行政侵权责任的构成。当然,受害人在进医院前的挨打受伤是与公安人员的侵权行为存在因果关系的,公安机关应对此种损害承担侵权赔偿责任。在第二个案例中,受损害人的药品变质与海关的行为应认为存在因果关系,它可以作为行政侵权赔偿责任的构成,使海关对此承担侵权责任。当然,受损害人自己的过错可以减轻海关的责任,但此不影响损害事实与海关侵权行为的因果关系。在第三个案例中,被损害人的经济损失与卫生监督机构的行为应认为存在因果关系,因为被损害人的损失是直接由该违法行为造成的。至于第三者的诬告行为,与被侵害人的损害虽然有重要的关系,但那种关系应认为是条件关系而非因果关系。当然,第三者应向国家承担其违法行为的法律责任,这是不应有疑问的。在第四个案例中,死者的死与行政监管机关的行为不存在因果关系。此与第一个案例相似但也有区别:两案例均不存在因果关系,但第一个案例中,侵权行为与损害事实(致残)只是前后关系,此案中的侵权行为与损害事实(死亡)的关系则应认为是条件关系,行政监管机关工作人员的拖拉、殴打行为是促成被害人心脏病发作的条件。虽然条件关系不构成行政侵权责任,但我们如果将损害条件致病本身作为一种损害事实,那么侵权行为与此种损害事实之间却存在因果关系,行政监管机关对此(殴打引起被害人病发)应承担侵权赔偿责任,因此,在此案中,行政监管机关对被侵害人的死亡虽可不承担侵权责任,但对其被殴打发病却应承担侵权责任。

在行政赔偿实践中,辨别与确认被害人损害事实与行政侵权行为之间的因果关系是一件极为复杂和困难的事,必须将因果关系的理论应用于具体案件,根据具体案件中的具体情况作具体分析,以便使行政侵权责任制度的运行既保证社会公平(被害人因行政侵权行为造成的实际损失能得到合理的赔偿),又保障行政职能的有效行使(行政机关及其工作人员能主动积极地依法行使职权,不致有被相对人无理纠缠的后顾之忧)。

综上所述,行政侵权赔偿责任的构成即为上述三项:行政侵权行为;相对人权益遭受损害的事实;行政侵权行为与损害事实之间存在因果关系。当然,此构成主要是从行政赔偿法立法角度分析的,即行政赔偿立法应确定行政机关承担侵权责任以此三项为条件。如果从执法和司法的角度分析,具有上述三项条件还不一定导致行政侵权赔偿责任。因为在执法、司法中,要使行政机关承担侵权赔偿责任还必须有法律、法规的根据,而法律、法规并非对所有上述三项条件的情况均规定了行政侵权责任。因此,执法或司法机关在裁决行政侵权赔偿责任时,不仅要考虑以上三项构成要件,还要查阅相应法律、法规的有关规定。在这个意义上,具有法律、法规的规定也可视为行政侵权赔偿责任的一个要件(但此条件在理论上作为行政侵权赔偿责任的构成要件则不妥)。

## 第三节　行政赔偿义务机关和赔偿请求人

### 一、行政赔偿义务机关

行政赔偿是国家赔偿的一种,因此,行政赔偿的责任主体是国家。无论是行政机关集体作出的决议、决定导致的损害,还是公务员在执行公务中的个人行为导致的损害,或者是法律、法规授权的组织、行政机关委托的组织、个人所实施的行为造成的损害,在法律上都应当由国家赔偿。因为在外部行政法律关系中,关系双方当事人是行政机关和行政相对人,而不是公务员和被委托的组织、个人,而行政机关则是代表国家,以国家名义行动的,其行为结果自然归属于国家。

在 20 世纪以前,英美等西方国家实行主权豁免原则,国家不负侵权损害赔偿责任。公务员在执行公务中造成对行政相对人的损害不是由国家赔偿而是由公务员本人赔偿。但是由公务员本人承担行政侵权赔偿责任在实践中有着种种弊端:首先,公务员的个人财力有限,而其在执行公务中造成的损害可能是很大的,其有限的财产往往远远赔偿不了行政相对人所受到的全部损失,从而不利于保障行政相对人的合法权益;其次,公务员在执行公务中由于担心承担赔偿责任,可能会失去积极主动精神,导致多一事不如少一事和不负责任的情况,从而会使社会公益受到重大损失;最后,公务员执行公务不像公民、法人实施民事行为,是为了通过其行为获取自身的利益,公务员行为的受益人是社会公众。因此,要公务员个人完全承担侵权行为的责任也是不公正的。鉴于以上弊端,在19世纪末期和20世纪初期,一些国家开始建立国家赔偿制度,由国家作为行政赔偿的责任主体(有些国家,包括英、美等国,[①]直到20世纪中期才部分取消"主权豁免"原则,建立国家赔偿制度);另外一些国家则建立了双重责任主体的行政赔偿制度,即由国家和公务员、被委托行使行政职权人分担行政侵权赔偿责任:公务员、被委托行使行政职权人在执行公务中因一般过错行为引起的损害,由国家赔偿;因公务员、被委托行使行政职权人本身严重过错引起的损害,由其本人赔偿。建立双重责任主体的行政赔偿制度是为了促使公务员、被委托行使行政职权人在执行公务时提高责任心和谨慎从事,防止其毫无约束地滥用权力。但这种制度不利于最好地保障行政相对人的合法权益,因为公务员、被委托行使行政职权人的收入、财产有限,在很多时候难以完全赔偿行政相对人的损失。因此,在加强公务员、被委托行使行政职权人责任心和防止其滥用权力方面,许多国家并未采取双重责任主体制度,而是采取国家赔偿加追偿的制度:无论公务员、被委托行使行政职权人有无个人过错或过错大小,先一律由国家赔偿;国家在赔偿以后,再根据公务员、被委托行使行政职权人的个人的过错情况,向其追偿全部或部分赔偿额。这样做既有利于保障行政相对人所受到的损失能依法得到赔偿,又可以对公务员、被委托行使行政职权人起到制约作用,使之慎重行使职权,不滥用权力。我国《国家赔偿法》对此作了这样的规定"行政机关或者行政机关工作人员(或者受委托的组织或者个人)作出的行政行为侵犯公民、法人或者其他组织的合法权益造成损害的,由该行政机关或者该行政机关工作人员所在的行政机关负责赔偿","赔偿义务机关赔偿损失后,应当责令有故意或者重大过失的工作人员或者受委托的组织或者个人承担部分或者全部赔偿费用"。[②]

以国家作为行政赔偿的责任主体,这在理论和实践上都是适当的。但是国家是由各种具体国家机关组成的,人们寻求行政赔偿只能从具体的行政机关那里取得赔偿。离开具体行政机关,人们到哪里去找国家和从国家获得所

---

① 美国于1946年制定《联邦侵权赔偿法》,英国于1947年制定《王权诉讼法》(规定行政侵权诉讼和国家赔偿),载行政立法研究组编译:《外国国家赔偿、行政程序、行政诉讼法规汇编》,中国政法大学出版社1994年版。

② 参见《国家赔偿法》第7、16条。

欲得到的行政赔偿呢？因此，行政赔偿机关只能是具体的国家机关而不能是抽象的国家。

关于具体行政赔偿机关的确定，世界各个国家和地区的做法不尽一致。目前主要有三种模式：第一种模式是由实施相应致害行为的行政机关作为赔偿义务机关；第二种模式是建立统一的赔偿义务机关，主管各部门各领域的所有行政赔偿和其他国家赔偿；第三种模式是由社会保险机关作为直接赔偿义务机关，由行政机关预先定期向社会保险机关交纳保险金，相对人受到损害后即向保险机关索赔。

我国台湾地区的行政赔偿实行的是第一种模式。台湾地区行政赔偿相关规定，请求行政侵权损害赔偿者，以该公务员所属机关为赔偿义务机关，请求公共设施损害赔偿者，以该公共设施之设置或管理机关为赔偿义务机关；上述赔偿义务机关经裁撤或改组者，以承受其业务之机关为赔偿义务机关，无承受其业务之机关者，以其上级机关为赔偿义务机关；赔偿义务机关不能确定或有争议时，得请求上级机关确定，其上级机关自被请求之日起逾 20 日不为确定者，得径以该上级机关为赔偿义务机关。①

韩国是采取第二种模式的例子。韩国《国家赔偿法》规定，在法务部内设立国家赔偿审议会，统一主管国家赔偿。另外，在国防部设置特别赔偿审议会，主管对军人或军属加害他人的赔偿。国家赔偿审议会和特别赔偿审议会根据必要可在地区设立地区赔偿审议会，受理相应地区的国家赔偿请求。国家赔偿审议会，特别赔偿审议会和地区赔偿审议会均受法务部长官领导。②

第三种模式往往作为第一种模式的补充，在主要采用第一种模式的同时结合采用第三种模式。例如，在法国，如需紧急支付赔偿金（如医疗费等）时，则首先由社会保险机构给受害人提供赔偿。社会保险机构在赔偿受害人之后，即向行政机关请求赔偿。在美国的一些州，则采取行政机构向社会保险机构预先定期交纳保险金，相对人在遭受行政侵权行为损害后直接向保险机关索赔的方式。

---

① 参见载陶百川编：《最新六法全书》，三民书局 1981 年版，第 10 页。

② 参见韩国《国家赔偿法》第 10 条，载行政立法研究组编译：《外国国家赔偿、行政程序、行政诉讼法规汇编》，中国政法大学出版社 1994 年版，第 90、91 页。

关于我国行政赔偿的义务机关,原《行政诉讼法》第 68 条作了原则性的规定,即“行政机关或者行政机关工作人员作出的具体行政行为侵犯公民、法人或者其他组织的合法权益造成损害的,由该行政机关或者该行政机关工作人员所在的行政机关负责赔偿”。当然,这只是一个原则性的规定。关于各种具体情况下行政赔偿的义务机关,现行《国家赔偿法》确定了下述具体规则:

(1)行政机关及其工作人员行使行政职权侵犯公民、法人和其他组织的合法权益造成损害的,该行政机关为赔偿义务机关。

(2)两个以上行政机关共同行使行政职权时侵犯公民、法人和其他组织的合法权益造成损害的,共同行使行政职权的行政机关为共同赔偿义务机关。

(3)法律、法规授权的组织在行使授予的行政权力时侵犯公民、法人和其他组织的合法权益造成损害的,被授权组织为赔偿义务机关。

(4)受行政机关委托的组织或个人在行使受委托的行政权力时侵犯公民、法人和其他组织的合法权益造成损害的,委托的行政机关为赔偿义务机关。

(5)赔偿义务机关被撤销的,继续行使其职权的行政机关为赔偿义务机关;没有继续行使其职权的行政机关的,撤销该赔偿义务机关的行政机关为赔偿义务机关。

(6)经复议机关复议的,最初造成侵权行为的行政机关为赔偿义务机关,但复议机关的复议决定加重损害的,复议机关对加重的部分履行赔偿义务。[①]

## 二、行政赔偿请求人

《行政诉讼法》(1989 年)第 67 条规定:“公民、法人或者其他组织的合法权益受到行政机关或者行政机关工作人员作出的具体行政行为侵犯造成损害的,有权请求赔偿。”这是我国关于赔偿请求人的最早的一般性规定。

我国现行《国家赔偿法》对行政赔偿请求人作出了具体明确的规定:

(1)受害的公民、法人和其他组织有权要求赔偿。

(2)受害的公民死亡,其继承人和其他有抚养关系的亲属有权要求赔偿。

---

① 参见《国家赔偿法》第 7、8 条。

(3)受害的法人或者其他组织终止的,其权利承受人有权要求赔偿。[①]

《国家赔偿法》的这些具体规定显然有利于保证、公民法人和其他组织求偿权的有效实现。

## 第四节 行政赔偿的范围

### 一、行政赔偿范围概述

广义的行政赔偿范围包括两个大的方面:一是行政侵权行为致害的赔偿,二是公共设施致害的赔偿。行政侵权行为致害的赔偿又包括作为侵权行为致害的赔偿和不作为侵权致害的赔偿。此两种致害赔偿又分别包括对人身权的损害赔偿和对财产权的损害赔偿,对人身权的损害赔偿又包括侵犯人身自由赔偿、身体伤害赔偿、致残赔偿、死亡赔偿和精神损害赔偿。

世界各国国家赔偿法对行政赔偿范围的规定,有的同时及于行政侵权行为的赔偿和公共设施致害的赔偿,有的则仅及于行政侵权行为的赔偿而不涉及公共设施致害的赔偿,对公共设施致害的赔偿按民法调整。我国在起草《国家赔偿法》时,大多数人倾向于第二种做法,即公共设施致害的赔偿仍留给民法调整,后来的《国家赔偿法》采用了这一方案。故本书研究的行政赔偿范围,基本上只是行政侵权行为的赔偿,而不包括公共设施致害的赔偿。

研究行政赔偿的范围,除了要研究依法应予赔偿的肯定范围外,还要研究依法应予免除赔偿责任的否定范围。因为法定赔偿范围是一个大范围,在这个大范围内,还存在免责的一定范围,只有排除了这种一定免责范围后的法定赔偿范围才是行政相对人可申请的行政赔偿范围。下面我们首先研究法定应予赔偿的范围,然后再研究免责的范围。

### 二、对公民人身权侵害的赔偿

根据《国家赔偿法》第3条的规定,行政机关及其工作人员在行使行政职权时有下列侵犯人身权情形之一的,受害人有取得赔偿的权利:

---

① 参见《国家赔偿法》第6条和《行政诉讼法》第25条。

(一)违法拘留或者违法采取限制公民人身自由的行政强制措施的

这种行政侵权行为的实施者可能是行政机关,法律、法规、规章授权的组织,行政机关或法律、法规、规章授权的组织的工作人员,行政机关委托的组织或个人。侵权行为的实施者实施这种行为可能是根据行政主体的命令或指示,也可能是根据自己的决定所为;可能是出于故意,也可能是出于过失;可能是在合法行使职权中实施了违法行为,也可能是故意违法侵害相对人的人身自由。

这里的"违法"通常是指行为在有法律根据的情况下实施的,但行为的实施者违反法律规定的条件、对象或程序。同时,这里的"违法"也包括"不法",即行政机关及其工作人员完全在没有任何法律根据的情况下实施相应行为,尽管拘留或者限制人身自由的行政强制措施是法律规定的,但行政机关及其工作人员对行政相对人拘留或者采取限制人身自由的行政强制措施完全没有任何事实和证据。对此种情形,只要行政机关及其工作人员不能举证,被拘留或者被采取限制人身自由的行政强制措施的相对人即可申请行政赔偿。

这里的"违法"应包括下述"不法"情形:其一,行政机关依法对有重大违法行为嫌疑人进行拘留,后经审查发现被拘留人并未参与相应违法行为,公安机关根据错误的情报、信息采取了拘留行为。此种行为不属于一般"违法",而只能属于对行政相对人人身自由的"不法"侵害。其二,行政机关及其工作人员没有履行合法手续(如未办理拘留证等)对行政相对人进行拘留或实施限制人身自由的行政强制措施。其三,行政机关及其工作人员对行政相对人采取变相限制人身自由的行政强制措施,如违法监视相对人住所,禁止外出(软禁),以办"学习班"、责令交代问题等方式使其与外界隔绝,禁止其与他人联系等。

(二)非法拘禁或者以其他方法非法剥夺公民人身自由的

这里的"非法"相当于"不法",不完全同于前种情形的"违法"。前种情形的"违法"拘留或者"违法"采取限制公民人身自由的行政强制措施,其中的拘留和行政强制措施毕竟还是法律规定的行政行为,只是行政机关及其工作人员违反法律规定的条件、对象或程序实施此种行为,而这里的"非法"拘禁或者以其他方法"非法"剥夺公民人身自由中的拘禁和剥夺公民人身自由行为则是完全无法律规定的,是行政机关及其工作人员完全任意实施的行为。

（三）以殴打、虐待等行为或者唆使、放纵他人以殴打、虐待等行为造成公民身体伤害或者死亡的

这种行政侵权行为的实施者只能是行政工作人员个人，而且必然是故意的违法行为。行政工作人员实施这种行政侵权行为的目的动机可能是各种各样的，有时可能是为了刑讯逼供，有时可能是对实施某种违法行为的公民表示"愤怒"，有时可能是因为行政相对人在其执法时对之有某种不敬行为而加以报复性惩治，有时可能是公报私仇，打击迫害曾经得罪过自己的人，有时则可能纯粹是为了显威风，横行霸道，违法乱纪。不论是出于何种动机、何种原因，只要行政工作人员这种行为是在执行职务过程中实施的或与执行职务有关，都构成应由行政主体承担赔偿责任的行政侵权行为。至于行政主体在赔偿后向行政工作人员追偿其损失，则应视行政工作人员主观过错的程度不同而有所区别。

值得注意的是，这种行政侵权行为的实施有的是行政工作人员直接所为，有的是行政工作人员唆使、放纵他人间接所为。被唆使、放纵的人不一定是公职人员，但相应行为的受害人对因其行为受到的伤害仍可申请国家行政赔偿，因为受害人受到的伤害与行政工作人员的违法行为（作为和不作为：唆使是作为，放纵是不作为）有关。当然，对于这种情形，受害人也可以，并且也应当对直接致害人——被唆使、放纵的人——提起民事赔偿之诉，要求其承担相应的损害赔偿责任。

（四）违法使用武器、警械造成公民身体伤害或者死亡的

这种行政侵权行为可能是由行政工作人员（主要是人民警察）根据违法的行政决定实施的，也可能是行政工作人员自己违法实施的。无论是何种情形，只要相应违法行为造成公民身体伤害或者死亡，受害人即可申请国家行政赔偿。

此种"违法"行为应包括某种形式上合法但实质结果违法侵权的"不法"行为，如行政工作人员依法定条件使用武器、警械，但有过错或无过错地伤及不应伤及的公民。例如，警察追捕手执凶器的杀人犯，向凶犯开枪射击，因枪法不准或其他原因未射中凶犯而射伤无辜群众，这种情况警察是有过错的；但是如果警察在开枪射击时，一位公民突然骑车从凶犯身前而过，结果子弹射中骑车公民而未射中凶犯，这种情况警察并无过错。无论属于何种情况，无论警

察有无过错,上述被害人的人身权均受到了“不法”侵害,从而都应获得国家行政赔偿。

(五)造成公民身体伤害或者死亡的其他违法行为

这里仅指“造成公民身体伤害或者死亡的”其他违法行为,而没有包括行政机关及其工作人员侵害公民的姓名权、肖像权、名誉权、荣誉权,使公民精神受到损害的行为。《国家赔偿法》第35条只是规定,赔偿义务机关对行政机关及其工作人员实施了前述五项行政侵权行为(非法拘禁或者以其他方法非法剥夺公民人身自由的;非法拘禁或者以其他方法非法剥夺公民人身自由的;以殴打、虐待等行为或者唆使、放纵他人以殴打、虐待等行为造成公民身体伤害或者死亡的;违法使用武器、警械造成公民身体伤害或者死亡的;造成公民身体伤害或者死亡的其他违法行为),致人精神损害的,应当在侵权行为影响的范围内,为受害人消除影响,恢复名誉,赔礼道歉,造成严重后果的,应当支付精神损害抚慰金。因此,行政机关及其工作人员单纯侵害公民姓名权、肖像权、名誉权、荣誉权的行政侵权行为似乎不在行政赔偿的范围之内。这样规定应该说是有缺陷的,对行政机关及其工作人员单纯侵害公民姓名权、肖像权、名誉权、荣誉权的行政侵权行为即使可以不支付赔偿金,但在侵权行为影响的范围内,为受害人消除影响,恢复名誉,赔礼道歉则是完全应该的。今后进一步修改《国家赔偿法》时应对此予以完善。

至于行政机关不履行法定职责的不作为行为导致公民人身权的损害,应在“造成公民身体伤害或者死亡的其他违法行为”的范围之内。根据有关法律、法规,某些行政机关具有保护公民人身权的法定职责,在公民的人身权受到某种现实的侵害或处在某种危险境地而请求其加以保护时,相应行政机关如果拒绝加以保护,不履行法定职责,结果使公民的健康或生命权受到侵害,尽管这种侵害不是相应行政机关及其工作人员所加予的,但是相应行政机关对这种侵权负有法律上的责任。因此,相应受害公民(或其近亲属)如果不能从直接致害人处获得赔偿,或者从直接致害人处获得赔偿远不足以补偿其损失,有权请求行政赔偿,法院可以判决行政机关对其人身权受到的相应侵害负一定的赔偿责任。至于行政机关的不作为责任与直接致害人的责任如何划分,是实行连带责任原则,还是比例责任(依双方对致害结果的过错比例)原则,还是补充责任原则(受害人首先向直接致害人索赔,如直接致害人因死亡、外逃、破产等完全不能赔偿或不能赔偿全部损失,受害人再向有不作为行为的行政机关索赔,由行政机关补充赔偿直接致害人不能赔偿的部分),学界和实务界均有不同的主张。笔者倾向于采行补充责任原则。

"造成公民身体伤害或者死亡的"行政侵权行为除上述外,可能还存在其他行为。对此,立法者在立法时尚不能确定,但在未来行政管理实践中将会发生或可能发生。例如,随着高科技的发展和在行政管理实践中的运用,某些品质不良的工作人员是否可能利用某种高科技手段来侵犯公民人身权,如利用互联网、微波、智能机器人伤害人的身体,利用电器噪声干扰相对人的休息睡眠等。现实生活是复杂的,未来的有些行政侵权行为,现在不可能预料。所以,立法不可能也不应该规定一个绝对确定的范围,使用"其他违法行为"一词,赋予行政救济机关(包括人民法院)根据新的情况,对相对人受到的不法侵害,给予可能的救济的自由裁量权是适当的和必要的。

### 三、对行政相对人财产权损害的赔偿

《国家赔偿法》第4条规定,行政机关及其工作人员在行使行政职权时有下列侵犯财产权情形之一的,受害人有取得赔偿的权利:

(一)违法实施罚款、吊销许可证和执照、责令停产停业,没收财物等行政处罚的

行政主体及其工作人员违法实施行政处罚是导致行政相对人财产权受侵犯和损害的重要原因之一。这里的处罚有两种情况:一是罚款、没收财物一类处罚,其损害的主要是相对人的既得利益;二是吊销许可证和执照、责令停产停业一类处罚,其损害的主要是行政相对人的可得利益。依据现行《国家赔偿法》,对于既得利益,行政相对人一般可获得相应赔偿,对于可得利益,行政相对人目前尚不能得到相应赔偿,国家只对实际的直接损失部分予以赔偿。

(二)违法对财产采取查封、扣押、冻结等行政强制措施的

行政强制措施对于行政相对人财产权的侵犯和损害同行政处罚的损害大致相同。对财产采取查封、扣押、冻结,既可能对行政相对人既得利益造成实际的损害,也可能对行政相对人可得利益造成潜在的损害。依据现行《国家赔偿法》,对违法采取查封、扣押、冻结的行为的救济,一是解除对财产的查封、扣押、冻结,二是赔偿因此造成财产的损坏或灭失。可得利益目前尚无明

确的赔偿规则可循。

(三)违反国家规定征收财物、摊派费用的

这种对行政相对人财产权的致害行为不完全同于行政处罚和行政强制措施。行政机关及其工作人员违法实施行政处罚和行政强制措施可能是违反法律、法规规定的条件、对象或程序,但行政处罚和行政强制措施本身毕竟是有法律、法规规定的,而行政机关及其工作人员违反国家规定征收财物和摊派费用,往往本身就根本没有任何法律、法规根据,并非只是违反法律、法规规定的条件、对象或程序。因此,这种违法行为不是一般的违法,而是更多地具有"不法"性质。当然,行政机关及其工作人员的这种行为不管具有的是何种性质——违法或不法,造成行政相对人的财产损失都应予以赔偿。

(四)造成财产损害的其他违法行为

行政机关及其工作人员侵犯行政相对人人身权的行为与侵犯行政相对人财产权的行为有一个区别:侵犯行政相对人人身权的行为的对象只是公民个人,而侵犯行政相对人财产权的行为对象则涉及公民、法人和其他组织,其范围后者比前者要广泛得多。这里所谓"其他违法行为"是指除行政处罚、行政强制措施和征收财物、摊派费用以外的所有造成行政相对人财产损害的其他违法行为。立法者在此难以一一列举,故用统一概括的方式概括之。

## 四、行政赔偿的免责范围

《国家赔偿法》第 5 条规定,属于下列情形之一的,国家不承担赔偿责任:

(一)行政机关工作人员与行使职权无关的个人行为

行政机关工作人员具有双重身份:在其实施行政职权行为时,其是国家公职人员(公务员或法律、法规、规章授权组织中行使被授职权的人员、行政机关委托的组织中行使被委托职权的人员);在其实施与职务无关的行为时,其是一般公民。行政机关工作人员只有在其是以国家公职人员身份实施行政职权行为才视为行政机关的行为,由行政机关对外承担其行为的法律责任,包括侵权赔偿责任。行政机关工作人员如果是以一般公民身份实施与行政职权无关的个人行为,则由其本人对其行为承担法律责任,如果行为导致他人人身权、财产权的损害,则由其本人向受害人承担民事赔偿责任,国家不对此承担行政赔偿责任。

（二）因公民、法人和其他组织自己的行为致使损害发生的

行政相对人权益受到的某些损害虽然是在行政机关及其工作人员行使职权过程中造成的，但损害的原因却不是行政机关及其工作人员的行政侵权行为，而是相对人自己的过错行为，例如，被行政拘留的人自杀、自伤身体，被行政机关封存的财物为行政相对人自己放火或失火烧毁，被行政审查（其涉嫌参与某种违法行为）的企业因自己的不慎泄露某种技术情报，等等。对此，国家均不负行政赔偿责任，相对人造成的损失应由有过错的相对人自负。

此外，行政相对人的合法权益在遇到行政主体侵权行为的不法侵害时，自己有责任在可能的条件下尽量避免或减少侵权行为造成的损失。如果行政相对人不履行这种责任，故意放任损失的发生，甚至人为地扩大损失，国家对行政相对人因此受到的损失亦不负赔偿责任。

（三）法律规定的其他情形

"法律规定的其他情形"是概括性条款，可能包括《国家赔偿法》立法时难以列举，而只能由有关具体法律规定的情形，如不可抗力、正当防卫、紧急避险等。国家对不可抗力、正当防卫、紧急避险等造成的损害一般不承担行政赔偿责任。[①] 所谓"不可抗力"，指地震、山洪、暴雨、严寒、酷暑等，如果行政机关及其工作人员在实施行政行为中，因"不可抗力"导致了行政相对人的损害，行政机关不负赔偿责任。[②] 但是行政机关及其工作人员如果能够预知不可抗力的发生，故意或过失不采取措施使相对人避免损失，以致使行政相对人损失扩大的，国家应承担一定的赔偿责任。"正当防卫"是行政机关及其工作人员对正在进行违法犯罪行为的人采取造成其一定损害的方法，以避免国家、社会利益、本人或他人人身或其他权利遭受侵害的行为。行政机关对"正当防卫"行为造成的损害不负赔偿责任，但是"正当防卫"如果超过必要的限度，导致不应有的损害，行政机关对超过必要限度的损害部分仍应承担适当的赔偿责任。[③] 所谓"紧急避险"是指行政机关及其工作人员在法律所保护的权益遇到某种危险而不可能采用其他措施加以避免时，不得已而采用损害另一个较小

---

① 对于不可抗力或正当防卫、紧急避险造成的损害，国家一般不对行政相对人承担行政赔偿责任，但可对之给予适当行政补偿或通过其他途径予以救济。

② 此可参考《民法典》第 180 条的规定。

③ 此可参考《民法典》第 181 条的规定。

权益以保护较大权益免遭危险损害的行为。根据《民法典》的规定,因紧急避险造成损害的,由引起险情发生的人承担民事责任。如果危险是由自然原因引起的,紧急避险人不承担民事责任或承担适当的民事责任。因紧急避险采取措施不当或者超过必要的限度,造成不应有的损害的,紧急避险人应当承担适当的民事责任。[①]《民法典》的这一规定同样适用于行政赔偿。

## 第五节 行政赔偿方式和计算标准

### 一、行政赔偿的方式

关于我国行政赔偿的方式,最初公布给全民讨论的《行政诉讼法(草案)》时(1988年11月),曾规定了我国行政赔偿的一个大致的规则:侵犯公民人身自由的赔偿,以每日一定金额计算;对公民身体健康造成损害的,应当赔偿医疗费,因误工减少的收入等费用;造成残废的,还应当支付生活补助费;造成公民死亡的,应当支付丧葬费、死者生前扶养的人必要的生活费等费用;侵犯公民、组织财产权益造成损失的赔偿金额,按直接损失计算;被查封、扣押、没收的物品,原物存在的,返还原物,原物有损坏的,赔偿损失,已经变卖的,按照市场价格予以赔偿,市场价格低于原购进价的,按原购进价予以赔偿。[②]

《行政诉讼法(草案)》后来在提交全国人大常委会和全国人大讨论时,由于考虑到《行政诉讼法》通过之后马上要制定《国家赔偿法》,赔偿方式应在《国家赔偿法》中详细规定,加上当时我国对行政赔偿尚缺乏经验,对上述规定亦没有把握,所以在之后正式通过的《行政诉讼法》文本中删去了上述规定。

《国家赔偿法》于1994年5月12日由第八届全国人大常委会第七次会议通过,1995年1月1日起施行。之后,经2010年第十一届全国人大常委会第十四次会议和2012年第十一届全国人大常委会第二十九次会议两次修改。

---

① 参见《民法典》第182条。

② 1988年11月全国人大常委会曾在《人民日报》和有关重要媒体上公布《行政诉讼法(草案)》,交付全民讨论。

现行《国家赔偿法》确定的行政赔偿方式的基本规则主要有五：[①]其一，国家赔偿（含行政赔偿和刑事赔偿）以支付赔偿金为主要方式。其二，能够返还财产或者恢复原状的，予以返还财产或者恢复原状。其三，应当返还的财产损坏的，能够恢复原状的恢复原状，不能恢复原状的，按照损害程度给付相应的赔偿金。其四，应当返还的财产灭失的，给付相应赔偿金。其五，财产已经拍卖或者变卖的，给付拍卖或者变卖所得的价款；变卖的价款明显低于财产价值的，应当支付相应的赔偿金。

《国家赔偿法》对于赔偿方式的规定，行政赔偿与刑事赔偿二者是一样的，上述方式同样适用于两种赔偿。

## 二、行政赔偿的计算标准

关于行政赔偿的计算标准，《国家赔偿法》的规定与对刑事赔偿计算标准的规定同样是一样的。二者均适用下述标准：

### （一）侵犯公民人身自由的赔偿计算标准

《国家赔偿法》第33条规定，侵犯公民人身自由的，每日赔偿金按照国家上年度职工日平均工资计算。例如，2016年5月13日，海南省高级人民法院和宣布无罪释放的陈满就国家赔偿问题达成赔偿协议，向陈满支付国家赔偿金275万元。其中精神损害抚慰金90万元，人身自由赔偿金185万余元，其计算公式是：2015年度职工日平均工资219.72元×8437天（陈满从被捕到无罪释放，一共经历23年，合计失去了8437天）=1,853,777.64元。

### （二）侵犯公民生命健康权的赔偿计算标准

侵犯公民生命健康权的赔偿计算标准又分为三种类别：一是造成公民身体伤害的赔偿标准；二是造成公民部分或者全部丧失劳动能力的赔偿标准；三是造成公民死亡的赔偿标准。[②]

（1）造成公民身体伤害的赔偿标准。根据《国家赔偿法》的规定，造成公民身体伤害的，赔偿标准是：支付医疗费、护理费；赔偿因误工减少的收入。减少的收入每日的赔偿金按照国家上年度职工日平均工资计算，最高额为国家

---

① 参见《国家赔偿法》第32条、第36条第4~6项。

② 参看《国家赔偿法》第34条。

上年度职工年平均工资的5倍。

(2)造成公民部分或者全部丧失劳动能力的赔偿标准。《国家赔偿法》确定的造成公民部分或者全部丧失劳动能力的赔偿标准是:支付医疗费、护理费、残疾生活辅助具费、康复费等因残疾而增加的必要支出和继续治疗所必需的费用,以及残疾赔偿金。残疾赔偿金根据丧失劳动能力的程度,按照国家规定的伤残等级确定,最高不超过国家上年度职工年平均工资的20倍。造成全部丧失劳动能力的,对其扶养的无劳动能力的人,还应当支付生活费。

(3)造成公民死亡的赔偿标准。《国家赔偿法》确定的造成公民死亡的赔偿标准是:支付死亡赔偿金、丧葬费,总额为国家上年度职工年平均工资的20倍。对死者生前扶养的无劳动能力的人,还应当支付生活费。

在《国家赔偿法》规定的上述三种类别的侵犯公民生命健康权的赔偿计算标准中,第二、三类别的生活费发放标准参照当地最低生活保障标准执行。被扶养的人是未成年人的,生活费给付至18周岁止;其他无劳动能力的人,生活费给付至死亡时止。

(三)精神损害赔偿计算标准

《国家赔偿法》对精神损害赔偿计算标准没有明确具体的规定,仅确定了精神损害赔偿的前提条件:有本法第3条或者第17条规定情形(侵权行为造成了公民人身权损害的情形)之一,致公民精神损害的,以及赔偿的范围和方式:在侵权行为影响的范围内,为受害人消除影响,恢复名誉,赔礼道歉;造成严重后果的,支付相应的精神损害抚慰金。[①] 至于精神损害抚慰金的标准,则通过司法实践逐步由具体案例或司法解释确定。

(四)侵犯公民、法人和其他组织财产权的赔偿计算标准

《国家赔偿法》第36条规定,国家机关及其工作人员行使职权的行为侵犯公民、法人和其他组织的财产权,造成损害的,按照下列规定处理:

(1)处罚款、罚金、追缴、没收财产或者违法征收、征用财产的,返还财产。

(2)查封、扣押、冻结财产的,解除对财产的查封、扣押、冻结,造成财产损坏的,能够恢复原状的恢复原状,不能恢复原状的,按照损害程度给付相应的赔偿金;造成财产灭失的,给付相应的赔偿金。

---

① 参看《国家赔偿法》第35条。

(3)应当返还的财产损坏的,能够恢复原状的恢复原状,不能恢复原状的,按照损害程度给付相应的赔偿金。

(4)应当返还的财产灭失的,给付相应的赔偿金。

(5)财产已经拍卖或者变卖的,给付拍卖或者变卖所得的价款;变卖的价款明显低于财产价值的,应当支付相应的赔偿金。

(6)吊销许可证和执照、责令停产停业的,赔偿停产停业期间必要的经常性费用开支。

(7)返还执行的罚款或者罚金、追缴或者没收的金钱,解除冻结的存款或者汇款的,应当支付银行同期存款利息。

(8)对财产权造成其他损害的,按照直接损失给予赔偿。

外国关于行政赔偿标准的规定,凡制定了国家赔偿法的,多在国家赔偿法中予以直接规定或确定适用民法的赔偿规则;没有制定国家赔偿法的国家,则多循民法规定或通过判例确定。

关于财产损害的赔偿,许多国家规定赔偿全部实际损失,有的还规定另加利息;对于可得利益的赔偿,一般均予以确认,但多有条件或时间的限制。可赔偿的损失必须是很有可能得到的利益,而不是仅有很小可能得到的利益,必须是较近的时间内能获得的利益,而不是遥远的将来才能得到的利益等。

关于精神损害的赔偿,各国多适用民事赔偿的原则。

关于人身损害赔偿,各国多在国家赔偿法中规定特别的标准。例如,韩国《国家赔偿法》规定,人身损害赔偿适用下述标准:(1)予以必要的疗养和赔偿相应的疗养费。(2)在疗养治疗期间另给付50%的月薪或月实际收入或月平均工资。(3)对被伤害致残者依残废等级,赔偿当时月薪或月实际收入或月平均工资乘以相应残废等级的法定月数或法定天数(如一级残废的法定赔偿月数为40个月,法定赔偿天数为1200日;九级残废的法定赔偿月数为6个半月,法定赔偿天数为200日)的赔偿金。(4)对被伤害致死者,向其遗属赔偿丧葬费以及12~16个月死者当时的月薪或月实际收入,或者360~700日死者当时的日平均工资。(5)对于被害人的直系尊亲属、直系卑亲属及配偶,斟酌被害人之社会地位、损失程度及遗属生活状况或遗属赔偿金数额,赔偿一定数额的抚恤金。[①]

对于某一领域或某种特定的损害,有些国家还规定一个最高赔偿限额,被害人各项损害赔偿之和不得超过该最高限额。这种最高赔偿限额不是由国家赔偿法规定,而是由特别法规定。美国有关国家赔偿的特别法有 50 多个,其中少数几个有最高赔偿限额的规定。例如,关于核能利用事故赔偿的特别法即有最高限额的规定。

此外,有些国家还规定,赔偿总额不得超过被害人的实际损失。如受害人已从社会保险中取得了赔偿,或已获得了社会的捐助,则应在国家赔偿时扣除。对于被错误开除的公职人员的赔偿,如被开除者在开除期间又获得了新的工作并有收入者,国家赔偿应扣除其所获得的收入。

## 第六节　行政赔偿的程序

### 一、行政赔偿请求的时效

《国家赔偿法》第 39 条和第 13、14 条分别规定了行政相对人请求国家赔偿的时效和提起行政赔偿诉讼的时效。

关于行政相对人请求国家赔偿的时效,《国家赔偿法》第 39 条规定,赔偿请求人请求国家赔偿的时效为 2 年,自其知道或者应当知道国家机关及其工作人员行使职权时的行为侵犯其人身权、财产权之日起计算,但被羁押等限制人身自由期间不计算在内。在申请行政复议或者提起行政诉讼时一并提出赔偿请求的,适用行政复议法、行政诉讼法有关时效的规定。赔偿请求人在赔偿请求时效的最后 6 个月内,因不可抗力或者其他障碍不能行使请求权的,时效中止。从中止时效的原因消除之日起,赔偿请求时效期间继续计算。

关于行政相对人提起行政赔偿诉讼的时效,《国家赔偿法》第 13 条和第 14 条规定,赔偿请求人向赔偿义务机关请求国家赔偿,赔偿义务机关应当自收到申请之日起 2 个月内作出是否赔偿的决定。赔偿义务机关在规定期限内

---

① 参见韩国《国家赔偿法》第 3 条,载行政立法研究组编译:《外国国家赔偿、行政程序、行政诉讼法规汇编》,中国政法大学出版社 1994 年版,第 90~91 页。

未作出是否赔偿的决定,赔偿请求人可以自期间届满之日起 3 个月内向人民法院提起诉讼。赔偿请求人对赔偿的方式、项目、数额有异议的,或者赔偿义务机关作出不予赔偿决定的,赔偿请求人可以自赔偿义务机关作出赔偿或者不予赔偿决定之日起 3 个月内向人民法院提起诉讼。

在国外,对于行政相对人向行政机关请求赔偿或向法院提起行政赔偿之诉,各国国家赔偿法规定了不同时效限制。例如,美国法律规定向联邦行政机关请求行政赔偿必须在损害发生后 2 年内提出,向法院请求行政赔偿的诉讼必须在联邦行政机关驳回其赔偿请求后 6 个月内提起。[①] 法国请求行政侵权赔偿之诉属于"完全管辖权之诉",其起诉时效根据当事人是否已向行政机关先行提出赔偿申请而不同:当事人未向行政机关先行提出赔偿申请的,时效按一般规定为 30 年,即当事人在 30 年内随时可向行政机关提出赔偿请求。当事人已向行政机关先行提出赔偿申请的,行政机关应在 4 个月内作出赔偿决定。如行政机关决定拒绝赔偿或当事人对赔偿数额不满意,可在行政机关赔偿决定作出后 2 个月内起诉。行政机关 4 个月内不作出赔偿决定的,当事人亦可在 4 个月期满后 2 个月内起诉。有关公共工程损害赔偿之诉的时效没有限制。但当事人对于国家的债权,其请求时效只有 4 年。[②] 德国法律规定,请求行政赔偿的时效为自受害人知悉损害并知悉因其行为引起请求权之官署和机构起 3 年;不论是否知悉,该请求权从损害行为发生 30 年后消灭。[③] 奥地利法律规定,请求行政赔偿,受害人必须自知悉损害发生后 3 年或知悉违法处分后 1 年内提出,如受害人不知悉损害情形或损害发生为犯罪之结果,则可自损害发生后 10 年内提出。[④]

## 二、行政赔偿的程序

对于行政赔偿的程序,《国家赔偿法》第 9 条规定了两种程序:赔偿义务

① 参见美国《联邦侵权求偿法》第 2401 条,载行政立法研究组编译:《外国国家赔偿、行政程序、行政诉讼法规汇编》,中国政法大学出版社 1994 年版,第 3 页。

② 参见王名扬:《法国行政法》,中国政法大学出版社 1989 年版,第 679 页。

③ 参见德意志联邦共和国《国家赔偿法》第 13 条,载行政立法研究组编译:《外国国家赔偿、行政程序、行政诉讼法规汇编》,中国政法大学出版社 1994 年版,第 57 页。

④ 参见奥地利《国家赔偿法》第 6 条,载行政立法研究组编译:《外国国家赔偿、行政程序、行政诉讼法规汇编》,中国政法大学出版社 1994 年版,第 61 页。

机关主动赔偿程序和赔偿请求人申请赔偿程序。

《国家赔偿法》第9条第1款规定的是赔偿义务机关主动赔偿程序:赔偿义务机关发现自己有本法第3、4条规定的情形之一的,即应依法主动给予受害人赔偿。

《国家赔偿法》第9条第2款规定的是赔偿请求人申请赔偿程序:赔偿请求人要求赔偿,应当先向赔偿义务机关提出,也可以在申请行政复议或者提起行政诉讼时一并提出。这一规定意味着赔偿请求人申请赔偿程序有两个途径:一个途径是先经过行政程序,行政程序解决不了然后再进入行政赔偿诉讼程序,这一途径适用于相对人单独提起行政赔偿请求和在申请行政复议时一并提出赔偿请求的情况;另一个途径就是直接通过法院诉讼程序解决,这一途径适用于相对人在提起行政诉讼时一并提出赔偿请求的情况。至于这两个途径解决行政赔偿的具体程序,《国家赔偿法》分别作出了相应规定。

关于行政相对人在提起行政诉讼时一并提出赔偿请求的诉讼程序,即适用《行政诉讼法》规定的一般行政诉讼的程序。

关于行政相对人单独提起行政赔偿请求的程序,《国家赔偿法》确定了下述规则:①

(1)赔偿请求人申请行政赔偿应当向赔偿义务机关递交赔偿申请书。申请书应当载明下列事项:①受害人的姓名、性别、年龄、工作单位和住所,法人或者其他组织的名称、住所和法定代表人或者主要负责人的姓名、职务;②具体的要求、事实根据和理由;③申请的年、月、日。赔偿请求人书写申请书确有困难的,可以委托他人代书;也可以口头申请,由赔偿义务机关记入笔录。

(2)行政相对人的合法权益受两个以上行政机关共同行使行政职权时侵犯并造成损害的,共同行使行政职权的行政机关为共同赔偿义务机关。赔偿请求人可以向共同赔偿义务机关中的任何一个赔偿义务机关要求赔偿,收到相对人申请的赔偿义务机关应当先予赔偿。

(3)赔偿请求人根据受到的不同损害,可以同时提出数项赔偿要求。

(4)赔偿请求人不是受害人本人的,应当说明与受害人的关系,并提供相应证明。

---

① 根据《国家赔偿法》第9~16条整理归纳。

(5)赔偿请求人当面向赔偿义务机关递交赔偿申请书的,赔偿义务机关应当当场出具加盖本行政机关专用印章并注明收讫日期的书面凭证。申请材料不齐全的,赔偿义务机关应当当场或者在5日内一次性告知赔偿请求人需要补正的全部内容。

(6)赔偿义务机关应当自收到申请之日起2个月内作出是否赔偿的决定。赔偿义务机关作出赔偿决定,应当充分听取赔偿请求人的意见,并可以与赔偿请求人就赔偿方式、赔偿项目和赔偿数额依法进行协商。

(7)赔偿义务机关决定赔偿的,应当制作赔偿决定书,并自作出决定之日起10日内送达赔偿请求人。赔偿义务机关决定不予赔偿的,应当自作出决定之日起10日内书面通知赔偿请求人,并说明不予赔偿的理由。

(8)人民法院审理行政赔偿案件,赔偿请求人和赔偿义务机关对自己提出的主张,应当提供证据。

(9)赔偿义务机关采取行政拘留或者限制人身自由的强制措施期间,被限制人身自由的人死亡或者丧失行为能力的,赔偿义务机关的行为与被限制人身自由的人的死亡或者丧失行为能力是否存在因果关系,赔偿义务机关应当提供证据。

(10)赔偿义务机关赔偿损失后,应当责令有故意或者重大过失的工作人员或者受委托的组织或者个人承担部分或者全部赔偿费用。对有故意或者重大过失的责任人员,有关机关应当依法给予处分;构成犯罪的,应当依法追究刑事责任。

### 三、行政赔偿经费来源和支付办法

各国行政赔偿经费通常源于国家财政预算拨款,其方式则各有不同。有的国家是由政府设立统一的国家赔偿基金,由统一的赔偿主管机关统一支配使用;有的国家是每年从总预算中拨给各部一定金额作为行政赔偿金和其他机动使用款项,由各部自行掌握使用;有的国家是单列一项行政赔偿预算,分拨各行政机关使用;也有的由中央政府或政府部门从赔偿总预算中留一部分作为调节使用或作大数额的赔偿支付用。还有的国家的行政赔偿经费由国家和行政机关分担。一定数额以内的赔偿由行政机关的自有经费开支,超过一定数额的经费由国家专项基金开支。例如,美国联邦行政机关,2500美元以下的赔偿由各行政机关自有经费开支,超过 2500 美元者则由联邦政府支付。还有的国家的行政赔偿经费原则上由国家专项基金开支,但行政机关如有严重过错,国家对之有求偿权,行政机关应以自有经费偿付国家对相对人已支付的全部或部分赔偿金。

关于我国行政赔偿经费的来源,《国家赔偿法》作出了相应规定。《国家赔偿法》第 37 条规定,赔偿费用列入各级财政预算。赔偿费用预算与支付管理的具体办法由国务院规定。

国务院于 1995 年 1 月 16 日制定了《国家赔偿费用管理办法》,之后又于 2011 年 1 月 17 日颁布了《国家赔偿费用管理条例》取代该办法,确定了行政赔偿费用由各级财政分担和支付的下述十项具体规则:①

(1)国家赔偿费用由各级人民政府按照财政管理体制分级负担。各级人民政府应当根据实际情况,安排一定数额的国家赔偿费用,列入本级年度财政预算。当年需要支付的国家赔偿费用超过本级年度财政预算安排的,应当按照规定及时安排资金。

(2)国家赔偿费用由各级人民政府财政部门统一管理。国家赔偿费用的管理应当依法接受监督。

(3)赔偿请求人申请支付国家赔偿费用的,应当向赔偿义务机关提出书面申请,并提交与申请有关的生效判决书、复议决定书、赔偿决定书或者调解书以及赔偿请求人的身份证明。赔偿请求人书写申请书确有困难的,可以委托他人代书;也可以口头申请,由赔偿义务机关如实记录,交赔偿请求人核对或者向赔偿请求人宣读,并由赔偿请求人签字确认。

(4)赔偿请求人申请材料真实、有效、完整的,赔偿义务机关收到申请材料即为受理。赔偿义务机关受理申请的,应当书面通知赔偿请求人。申请材料不完整的,赔偿义务机关应当当场或者在 3 个工作日内一次告知赔偿请求人需要补正的全部材料。赔偿请求人按照赔偿义务机关的要求提交补正材料的,赔偿义务机关收到补正材料即为受理。未告知需要补正材料的,赔偿义务机关收到申请材料即为受理。申请材料虚假、无效,赔偿义务机关决定不予受理的,应当书面通知赔偿请求人并说明理由。

---

① 《国家赔偿费用管理条例》共 14 条,这里概括的是其中的主要内容。

(5)赔偿请求人对赔偿义务机关不予受理决定有异议的,可以自收到书面通知之日起10日内向赔偿义务机关的上一级机关申请复核。上一级机关应当自收到复核申请之日起5个工作日内依法作出决定。上一级机关认为不予受理决定错误的,应当自作出复核决定之日起3个工作日内通知赔偿义务机关受理,并告知赔偿请求人。赔偿义务机关应当在收到通知后立即受理。上一级机关维持不予受理决定的,应当自作出复核决定之日起3个工作日内书面通知赔偿请求人并说明理由。

(6)赔偿义务机关应当自受理赔偿请求人支付申请之日起7日内,依照预算管理权限向有关财政部门提出书面支付申请,并提交下列材料:①赔偿请求人请求支付国家赔偿费用的申请;②生效的判决书、复议决定书、赔偿决定书或者调解书;③赔偿请求人的身份证明。

(7)财政部门收到赔偿义务机关申请材料后,应当根据下列情况分别作出处理:①申请的国家赔偿费用依照预算管理权限不属于本财政部门支付的,应当在3个工作日内退回申请材料并书面通知赔偿义务机关向有管理权限的财政部门申请;②申请材料符合要求的,收到申请即为受理,并书面通知赔偿义务机关;③申请材料不符合要求的,应当在3个工作日内一次告知赔偿义务机关需要补正的全部材料。赔偿义务机关应当在5个工作日内按照要求提交全部补正材料,财政部门收到补正材料即为受理。

(8)财政部门应当自受理申请之日起15日内,按照预算和财政国库管理的有关规定支付国家赔偿费用。如发现赔偿项目、计算标准违反国家赔偿法规定的,应当提交作出赔偿决定的机关或者其上级机关依法处理、追究有关人员的责任。

财政部门应当自支付国家赔偿费用之日起3个工作日内告知赔偿义务机关、赔偿请求人。

(9)赔偿义务机关应当依照《国家赔偿法》第16、31条的规定,责令有关工作人员、受委托的组织或者个人承担或者向有关工作人员追偿部分或者全部国家赔偿费用。赔偿义务机关依照上述规定作出决定后,应当书面通知有关财政部门。有关工作人员、受委托的组织或者个人应当依照财政收入收缴的规定上缴应当承担或者被追偿的国家赔偿费用。

(10)赔偿义务机关、财政部门及其工作人员有下列行为之一,根据《财政违法行为处罚处分条例》的规定处理、处分;构成犯罪的,依法追究刑事责任:①以虚报、冒领等手段骗取国家赔偿费用的;②违反国家赔偿法规定的范围和计算标准实施国家赔偿造成财政资金损失的;③不依法支付国家赔偿费用的;④截留、滞留、挪用、侵占国家赔偿费用的;⑤未依照规定责令有关工作人员、受委托的组织或者个人承担国家赔偿费用或者向有关工作人员追偿国家赔偿费用的;⑥未依照规定将应当承担或者被追偿的国家赔偿费用及时上缴财政的。

1995年国务院发布的《国家赔偿费用管理办法》中曾有某些规定,如"国家赔偿费用由赔偿义务机关先从本单位预算经费和留归本单位使用的资金中支付,支付后再向同级财政机关申请核拨"的规定,有将国家赔偿导致国家机关赔偿的倾向,不利于赔偿请求人及时和有效取得赔偿。故2010年第十一届全国人大常委会第十四次会议修改通过的《国家赔偿法》在《国家赔偿法》(1994年)的基础上增加了两项规定:(1)赔偿请求人凭生效的判决书、复议决定书、赔偿决定书或者调解书,向赔偿义务机关申请支付赔偿金;(2)赔偿义务机关应当自收到支付赔偿金申请之日起7日内,依照预算管理权限向有关的财政部门提出支付申请。财政部门应当自收到支付申请之日起15日内支付赔偿金。[①] 这两项规定对于防止赔偿义务机关以本单位经费困难为由不向赔偿请求人支付赔偿金或者不向赔偿请求人及时支付赔偿金,保证行政赔偿判决书、复议决定书、赔偿决定书以及赔偿调解书的实际兑现和避免其成为空头支票,以切实保障赔偿请求人救济权的实现具有重要作用和意义。2011年国务院颁布的《国家赔偿费用管理条例》废除了1995年《国家赔偿费用管理办法》中不适当的相关规定,很好地体现了2010年修订的《国家赔偿法》的上述要求。

## 本章参考书目

1. 金立琪等:《国家赔偿法原理》,中国广播电视出版社1990年版。

2. 罗豪才、应松年主编:《国家赔偿法研究》,中国政法大学出版社1991年版。

---

① 参见《国家赔偿法》第37条第2款和第3款。

3. 刘恒:《行政救济制度研究》,法律出版社 1998 年版,第 23~28 章。

4. 杨小君:《国家赔偿法律问题研究》,北京大学出版社 2005 年版。

5. 姜明安主编:《行政法与行政诉讼法》,北京大学出版社、高等教育出版社 2019 年版,第 33~37 章。

## 附录一

# 中华人民共和国行政诉讼法

（1989年4月4日第七届全国人民代表大会第二次会议通过　根据2014年11月1日第十二全国人民代表大会常务委员会第十一次会议《关于修改〈中华人民共和国行政诉讼法〉的决定》第一次修正　根据2017年6月27日第十二届全国人民代表大会常务委员会第二十八次会议《关于修改〈中华人民共和国民事诉讼法〉和〈中华人民共和国行政诉讼法〉的决定》第二次修正）

目　　录

## 第一章　总　　则

**第一条**　为保证人民法院公正、及时审理行政案件，解决行政争议，保护公民、法人和其他组织的合法权益，监督行政机关依法行使职权，根据宪法，制定本法。

**第二条**　公民、法人或者其他组织认为行政机关和行政机关工作人员的行政行为侵犯其合法权益，有权依照本法向人民法院提起诉讼。

前款所称行政行为，包括法律、法规、规章授权的组织作出的行政行为。

**第三条**　人民法院应当保障公民、法人和其他组织的起诉权利，对应当受理的行政案件依法受理。

行政机关及其工作人员不得干预、阻碍人民法院受理行政案件。

被诉行政机关负责人应当出庭应诉。不能出庭的，应当委托行政机关相应的工作人员出庭。

**第四条**　人民法院依法对行政案件独立行使审判权，不受行政机关、社会团体和个人的干涉。

人民法院设行政审判庭，审理行政案件。

**第五条**　人民法院审理行政案件，以事实为根据，以法律为准绳。

**第六条**　人民法院审理行政案件，对行政行为是否合法进行审查。

**第七条**　人民法院审理行政案件，依法实行合议、回避、公开审判和两审终审制度。

**第八条**　当事人在行政诉讼中的法律地位平等。

**第九条**　各民族公民都有用本民族语言、文字进行行政诉讼的权利。

在少数民族聚居或者多民族共同居住的地区，人民法院应当用当地民族通用的语言、文字进行审理和发布法律文书。

人民法院应当对不通晓当地民族通用的语言、文字的诉讼参与人提供翻译。

**第十条**　当事人在行政诉讼中有权进行辩论。

**第十一条**　人民检察院有权对行政诉讼实行法律监督。

## 第二章 受案范围

**第十二条** 人民法院受理公民、法人或者其他组织提起的下列诉讼:

(一)对行政拘留、暂扣或者吊销许可证和执照、责令停产停业、没收违法所得、没收非法财物、罚款、警告等行政处罚不服的;

(二)对限制人身自由或者对财产的查封、扣押、冻结等行政强制措施和行政强制执行不服的;

(三)申请行政许可,行政机关拒绝或者在法定期限内不予答复,或者对行政机关作出的有关行政许可的其他决定不服的;

(四)对行政机关作出的关于确认土地、矿藏、水流、森林、山岭、草原、荒地、滩涂、海域等自然资源的所有权或者使用权的决定不服的;

(五)对征收、征用决定及其补偿决定不服的;

(六)申请行政机关履行保护人身权、财产权等合法权益的法定职责,行政机关拒绝履行或者不予答复的;

(七)认为行政机关侵犯其经营自主权或者农村土地承包经营权、农村土地经营权的;

(八)认为行政机关滥用行政权力排除或者限制竞争的;

(九)认为行政机关违法集资、摊派费用或者违法要求履行其他义务的;

(十)认为行政机关没有依法支付抚恤金、最低生活保障待遇或者社会保险待遇的;

(十一)认为行政机关不依法履行、未按照约定履行或者违法变更、解除政府特许经营协议、土地房屋征收补偿协议等协议的;

(十二)认为行政机关侵犯其他人身权、财产权等合法权益的。

除前款规定外,人民法院受理法律、法规规定可以提起诉讼的其他行政案件。

**第十三条** 人民法院不受理公民、法人或者其他组织对下列事项提起的诉讼:

(一)国防、外交等国家行为;

(二)行政法规、规章或者行政机关制定、发布的具有普遍约束力的决定、命令;

（三）行政机关对行政机关工作人员的奖惩、任免等决定；

（四）法律规定由行政机关最终裁决的行政行为。

## 第三章　管　　辖

**第十四条**　基层人民法院管辖第一审行政案件。

**第十五条**　中级人民法院管辖下列第一审行政案件：

（一）对国务院部门或者县级以上地方人民政府所作的行政行为提起诉讼的案件；

（二）海关处理的案件；

（三）本辖区内重大、复杂的案件；

（四）其他法律规定由中级人民法院管辖的案件。

**第十六条**　高级人民法院管辖本辖区内重大、复杂的第一审行政案件。

**第十七条**　最高人民法院管辖全国范围内重大、复杂的第一审行政案件。

**第十八条**　行政案件由最初作出行政行为的行政机关所在地人民法院管辖。经复议的案件，也可以由复议机关所在地人民法院管辖。

经最高人民法院批准，高级人民法院可以根据审判工作的实际情况，确定若干人民法院跨行政区域管辖行政案件。

**第十九条**　对限制人身自由的行政强制措施不服提起的诉讼，由被告所在地或者原告所在地人民法院管辖。

**第二十条**　因不动产提起的行政诉讼，由不动产所在地人民法院管辖。

**第二十一条**　两个以上人民法院都有管辖权的案件，原告可以选择其中一个人民法院提起诉讼。原告向两个以上有管辖权的人民法院提起诉讼的，由最先立案的人民法院管辖。

**第二十二条**　人民法院发现受理的案件不属于本院管辖的，应当移送有管辖权的人民法院，受移送的人民法院应当受理。受移送的人民法院认为受移送的案件按照规定不属于本院管辖的，应当报请上级人民法院指定管辖，不得再自行移送。

**第二十三条**　有管辖权的人民法院由于特殊原因不能行使管辖权的，由上级人民法院指定管辖。

人民法院对管辖权发生争议，由争议双方协商解决。协商不成的，报它们的共同上级人民法院指定管辖。

**第二十四条** 上级人民法院有权审理下级人民法院管辖的第一审行政案件。

下级人民法院对其管辖的第一审行政案件,认为需要由上级人民法院审理或者指定管辖的,可以报请上级人民法院决定。

## 第四章 诉讼参加人

**第二十五条** 行政行为的相对人以及其他与行政行为有利害关系的公民、法人或者其他组织,有权提起诉讼。

有权提起诉讼的公民死亡,其近亲属可以提起诉讼。

有权提起诉讼的法人或者其他组织终止,承受其权利的法人或者其他组织可以提起诉讼。

人民检察院在履行职责中发现生态环境和资源保护、食品药品安全、国有财产保护、国有土地使用权出让等领域负有监督管理职责的行政机关违法行使职权或者不作为,致使国家利益或者社会公共利益受到侵害的,应当向行政机关提出检察建议,督促其依法履行职责。行政机关不依法履行职责的,人民检察院依法向人民法院提起诉讼。

**第二十六条** 公民、法人或者其他组织直接向人民法院提起诉讼的,作出行政行为的行政机关是被告。

经复议的案件,复议机关决定维持原行政行为的,作出原行政行为的行政机关和复议机关是共同被告;复议机关改变原行政行为的,复议机关是被告。

复议机关在法定期限内未作出复议决定,公民、法人或者其他组织起诉原行政行为的,作出原行政行为的行政机关是被告;起诉复议机关不作为的,复议机关是被告。

两个以上行政机关作出同一行政行为的,共同作出行政行为的行政机关是共同被告。

行政机关委托的组织所作的行政行为,委托的行政机关是被告。

行政机关被撤销或者职权变更的,继续行使其职权的行政机关是被告。

**第二十七条** 当事人一方或者双方为二人以上,因同一行政行为发生的行政案件,或者因同类行政行为发生的行政案件、人民法院认为可以合并审理并经当事人同意的,为共同诉讼。

**第二十八条** 当事人一方人数众多的共同诉讼,可以由当事人推选代表人进行诉讼。代表人的诉讼行为对其所代表的当事人发生效力,但代表人变更、放弃诉讼请求或者承认对方当事人的诉讼请求,应当经被代表的当事人同意。

**第二十九条** 公民、法人或者其他组织同被诉行政行为有利害关系但没有提起诉讼,或者同案件处理结果有利害关系的,可以作为第三人申请参加诉讼,或者由人民法院通知参加诉讼。

人民法院判决第三人承担义务或者减损第三人权益的,第三人有权依法提起上诉。

**第三十条** 没有诉讼行为能力的公民,由其法定代理人代为诉讼。法定代理人互相推诿代理责任的,由人民法院指定其中一人代为诉讼。

**第三十一条** 当事人、法定代理人,可以委托一至二人作为诉讼代理人。

下列人员可以被委托为诉讼代理人:

(一)律师、基层法律服务工作者;

(二)当事人的近亲属或者工作人员;

(三)当事人所在社区、单位以及有关社会团体推荐的公民。

**第三十二条** 代理诉讼的律师,有权按照规定查阅、复制本案有关材料,有权向有关组织和公民调查,收集与本案有关的证据。对涉及国家秘密、商业秘密和个人隐私的材料,应当依照法律规定保密。

当事人和其他诉讼代理人有权按照规定查阅、复制本案庭审材料,但涉及国家秘密、商业秘密和个人隐私的内容除外。

## 第五章 证　　据

**第三十三条** 证据包括:

(一)书证;

(二)物证;

(三)视听资料;

(四)电子数据;

(五)证人证言;

(六)当事人的陈述;

(七)鉴定意见;

(八)勘验笔录、现场笔录。

以上证据经法庭审查属实,才能作为认定案件事实的根据。

**第三十四条** 被告对作出的行政行为负有举证责任,应当提供作出该行政行为的证据和所依据的规范性文件。

被告不提供或者无正当理由逾期提供证据,视为没有相应证据。但是,被诉行政行为涉及第三人合法权益,第三人提供证据的除外。

**第三十五条** 在诉讼过程中,被告及其诉讼代理人不得自行向原告、第三人和证人收集证据。

**第三十六条** 被告在作出行政行为时已经收集了证据,但因不可抗力等正当事由不能提供的,经人民法院准许,可以延期提供。

原告或者第三人提出了其在行政处理程序中没有提出的理由或者证据的,经人民法院准许,被告可以补充证据。

**第三十七条** 原告可以提供证明行政行为违法的证据。原告提供的证据不成立的,不免除被告的举证责任。

**第三十八条** 在起诉被告不履行法定职责的案件中,原告应当提供其向被告提出申请的证据。但有下列情形之一的除外:

(一)被告应当依职权主动履行法定职责的;

(二)原告因正当理由不能提供证据的。

在行政赔偿、补偿的案件中,原告应当对行政行为造成的损害提供证据。因被告的原因导致原告无法举证的,由被告承担举证责任。

**第三十九条** 人民法院有权要求当事人提供或者补充证据。

**第四十条** 人民法院有权向有关行政机关以及其他组织、公民调取证据。但是,不得为证明行政行为的合法性调取被告作出行政行为时未收集的证据。

**第四十一条** 与本案有关的下列证据,原告或者第三人不能自行收集的,可以申请人民法院调取:

(一)由国家机关保存而须由人民法院调取的证据;

(二)涉及国家秘密、商业秘密和个人隐私的证据;

(三)确因客观原因不能自行收集的其他证据。

**第四十二条**　在证据可能灭失或者以后难以取得的情况下,诉讼参加人可以向人民法院申请保全证据,人民法院也可以主动采取保全措施。

**第四十三条**　证据应当在法庭上出示,并由当事人互相质证。对涉及国家秘密、商业秘密和个人隐私的证据,不得在公开开庭时出示。

人民法院应当按照法定程序,全面、客观地审查核实证据。对未采纳的证据应当在裁判文书中说明理由。

以非法手段取得的证据,不得作为认定案件事实的根据。

## 第六章　起诉和受理

**第四十四条**　对属于人民法院受案范围的行政案件,公民、法人或者其他组织可以先向行政机关申请复议,对复议决定不服的,再向人民法院提起诉讼;也可以直接向人民法院提起诉讼。

法律、法规规定应当先向行政机关申请复议,对复议决定不服再向人民法院提起诉讼的,依照法律、法规的规定。

**第四十五条**　公民、法人或者其他组织不服复议决定的,可以在收到复议决定书之日起十五日内向人民法院提起诉讼。复议机关逾期不作决定的,申请人可以在复议期满之日起十五日内向人民法院提起诉讼。法律另有规定的除外。

**第四十六条**　公民、法人或者其他组织直接向人民法院提起诉讼的,应当自知道或者应当知道作出行政行为之日起六个月内提出。法律另有规定的除外。

因不动产提起诉讼的案件自行政行为作出之日起超过二十年,其他案件自行政行为作出之日起超过五年提起诉讼的,人民法院不予受理。

**第四十七条**　公民、法人或者其他组织申请行政机关履行保护其人身权、财产权等合法权益的法定职责,行政机关在接到申请之日起两个月内不履行的,公民、法人或者其他组织可以向人民法院提起诉讼。法律、法规对行政机关履行职责的期限另有规定的,从其规定。

公民、法人或者其他组织在紧急情况下请求行政机关履行保护其人身权、财产权等合法权益的法定职责,行政机关不履行的,提起诉讼不受前款规定期限的限制。

**第四十八条** 公民、法人或者其他组织因不可抗力或者其他不属于其自身的原因耽误起诉期限的,被耽误的时间不计算在起诉期限内。

公民、法人或者其他组织因前款规定以外的其他特殊情况耽误起诉期限的,在障碍消除后十日内,可以申请延长期限,是否准许由人民法院决定。

**第四十九条** 提起诉讼应当符合下列条件:

(一)原告是符合本法第二十五条规定的公民、法人或者其他组织;

(二)有明确的被告;

(三)有具体的诉讼请求和事实根据;

(四)属于人民法院受案范围和受诉人民法院管辖。

**第五十条** 起诉应当向人民法院递交起诉状,并按照被告人数提出副本。

书写起诉状确有困难的,可以口头起诉,由人民法院记入笔录,出具注明日期的书面凭证,并告知对方当事人。

**第五十一条** 人民法院在接到起诉状时对符合本法规定的起诉条件的,应当登记立案。

对当场不能判定是否符合本法规定的起诉条件的,应当接收起诉状,出具注明收到日期的书面凭证,并在七日内决定是否立案。不符合起诉条件的,作出不予立案的裁定。裁定书应当载明不予立案的理由。原告对裁定不服的,可以提起上诉。

起诉状内容欠缺或者有其他错误的,应当给予指导和释明,并一次性告知当事人需要补正的内容。不得未经指导和释明即以起诉不符合条件为由不接收起诉状。

对于不接收起诉状、接收起诉状后不出具书面凭证,以及不一次性告知当事人需要补正的起诉状内容的,当事人可以向上级人民法院投诉,上级人民法院应当责令改正,并对直接负责的主管人员和其他直接责任人员依法给予处分。

**第五十二条** 第人民法院既不立案,又不作出不予立案裁定的,当事人可以向上一级人民法院起诉。上一级人民法院认为符合起诉条件的,应当立案、审理,也可以指定其他下级人民法院立案、审理。

**第五十三条** 公民、法人或者其他组织认为行政行为所依据的国务院部门和地方人民政府及其部门制定的规范性文件不合法,在对行政行为提起诉讼时,可以一并请求对该规范性文件进行审查。

前款规定的规范性文件不含规章。

## 第七章　审理和判决

### 第一节　一般规定

**第五十四条**　人民法院公开审理行政案件,但涉及国家秘密、个人隐私和法律另有规定的除外。

涉及商业秘密的案件,当事人申请不公开审理的,可以不公开审理。

**第五十五条**　当事人认为审判人员与本案有利害关系或者有其他关系可能影响公正审判,有权申请审判人员回避。

审判人员认为自己与本案有利害关系或者有其他关系,应当申请回避。

前两款规定,适用于书记员、翻译人员、鉴定人、勘验人。

院长担任审判长时的回避,由审判委员会决定;审判人员的回避,由院长决定;其他人员的回避,由审判长决定。当事人对决定不服的,可以申请复议一次。

**第五十六条**　诉讼期间,不停止行政行为的执行。但有下列情形之一的,裁定停止执行:

(一)被告认为需要停止执行的;

(二)原告或者利害关系人申请停止执行,人民法院认为该行政行为的执行会造成难以弥补的损失,并且停止执行不损害国家利益、社会公共利益的;

(三)人民法院认为该行政行为的执行会给国家利益、社会公共利益造成重大损害的;

(四)法律、法规规定停止执行的。

当事人对停止执行或者不停止执行的裁定不服的,可以申请复议一次。

**第五十七条**　人民法院对起诉行政机关没有依法支付抚恤金、最低生活保障金和工伤、医疗社会保险金的案件,权利义务关系明确、不先予执行将严重影响原告生活的,可以根据原告的申请,裁定先予执行。

当事人对先予执行裁定不服的,可以申请复议一次。复议期间不停止裁定的执行。

**第五十八条** 经人民法院传票传唤,原告无正当理由拒不到庭,或者未经法庭许可中途退庭的,可以按照撤诉处理;被告无正当理由拒不到庭,或者未经法庭许可中途退庭的,可以缺席判决。

**第五十九条** 诉讼参与人或者其他人有下列行为之一的,人民法院可以根据情节轻重,予以训诫、责令具结悔过或者处一万元以下的罚款、十五日以下的拘留;构成犯罪的,依法追究刑事责任:

(一)有义务协助调查、执行的人,对人民法院的协助调查决定、协助执行通知书,无故推拖、拒绝或者妨碍调查、执行的;

(二)伪造、隐藏、毁灭证据或者提供虚假证明材料,妨碍人民法院审理案件的;

(三)指使、贿买、胁迫他人作伪证或者威胁、阻止证人作证的;

(四)隐藏、转移、变卖、毁损已被查封、扣押、冻结的财产的;

(五)以欺骗、胁迫等非法手段使原告撤诉的;

(六)以暴力、威胁或者其他方法阻碍人民法院工作人员执行职务,或者以哄闹、冲击法庭等方法扰乱人民法院工作秩序的;

(七)对人民法院审判人员或者其他工作人员、诉讼参与人、协助调查和执行的人员恐吓、侮辱、诽谤、诬陷、殴打、围攻或者打击报复的。

人民法院对有前款规定的行为之一的单位,可以对其主要负责人或者直接责任人员依照前款规定予以罚款、拘留;构成犯罪的,依法追究刑事责任。

罚款、拘留须经人民法院院长批准。当事人不服的,可以向上一级人民法院申请复议一次。复议期间不停止执行。

**第六十条** 人民法院审理行政案件,不适用调解。但是,行政赔偿、补偿以及行政机关行使法律、法规规定的自由裁量权的案件可以调解。

调解应当遵循自愿、合法原则,不得损害国家利益、社会公共利益和他人合法权益。

**第六十一条** 在涉及行政许可、登记、征收、征用和行政机关对民事争议所作的裁决的行政诉讼中,当事人申请一并解决相关民事争议的,人民法院可以一并审理。

在行政诉讼中,人民法院认为行政案件的审理需以民事诉讼的裁判为依据的,可以裁定中止行政诉讼。

**第六十二条**　人民法院对行政案件宣告判决或者裁定前,原告申请撤诉的,或者被告改变其所作的行政行为,原告同意并申请撤诉的,是否准许,由人民法院裁定。

**第六十三条**　人民法院审理行政案件,以法律和行政法规、地方性法规为依据。地方性法规适用于本行政区域内发生的行政案件。

人民法院审理民族自治地方的行政案件,并以该民族自治地方的自治条例和单行条例为依据。

人民法院审理行政案件,参照规章。

**第六十四条**　人民法院在审理行政案件中,经审查认为本法第五十三条规定的规范性文件不合法的,不作为认定行政行为合法的依据,并向制定机关提出处理建议。

**第六十五条**　人民法院应当公开发生法律效力的判决书、裁定书,供公众查阅,但涉及国家秘密、商业秘密和个人隐私的内容除外。

**第六十六条**　人民法院在审理行政案件中,认为行政机关的主管人员、直接责任人员违法违纪的,应当将有关材料移送监察机关、该行政机关或者其上一级行政机关;认为有犯罪行为的,应当将有关材料移送公安、检察机关。

人民法院对被告经传票传唤无正当理由拒不到庭,或者未经法庭许可中途退庭的,可以将被告拒不到庭或者中途退庭的情况予以公告,并可以向监察机关或者被告的上一级行政机关提出依法给予其主要负责人或者直接责任人员处分的司法建议。

### 第二节　第一审普通程序

**第六十七条**　人民法院应当在立案之日起五日内,将起诉状副本发送被告。被告应当在收到起诉状副本之日起十五日内向人民法院提交作出行政行为的证据和所依据的规范性文件,并提出答辩状。人民法院应当在收到答辩状之日起五日内,将答辩状副本发送原告。

被告不提出答辩状的,不影响人民法院审理。

**第六十八条**　人民法院审理行政案件,由审判员组成合议庭,或者由审判员、陪审员组成合议庭。合议庭的成员,应当是三人以上的单数。

**第六十九条**　行政行为证据确凿,适用法律、法规正确,符合法定程序的,或者原告申请被告履行法定职责或者给付义务理由不成立的,人民法院判决驳回原告的诉讼请求。

**第七十条** 行政行为有下列情形之一的,人民法院判决撤销或者部分撤销,并可以判决被告重新作出行政行为:

(一)主要证据不足的;

(二)适用法律、法规错误的;

(三)违反法定程序的;

(四)超越职权的;

(五)滥用职权的;

(六)明显不当的。

**第七十一条** 人民法院判决被告重新作出行政行为的,被告不得以同一的事实和理由作出与原行政行为基本相同的行政行为。

**第七十二条** 人民法院经过审理,查明被告不履行法定职责的,判决被告在一定期限内履行。

**第七十三条** 人民法院经过审理,查明被告依法负有给付义务的,判决被告履行给付义务。

**第七十四条** 行政行为有下列情形之一的,人民法院判决确认违法,但不撤销行政行为:

(一)行政行为依法应当撤销,但撤销会给国家利益、社会公共利益造成重大损害的;

(二)行政行为程序轻微违法,但对原告权利不产生实际影响的。

行政行为有下列情形之一,不需要撤销或者判决履行的,人民法院判决确认违法:

(一)行政行为违法,但不具有可撤销内容的;

(二)被告改变原违法行政行为,原告仍要求确认原行政行为违法的;

(三)被告不履行或者拖延履行法定职责,判决履行没有意义的。

**第七十五条** 行政行为有实施主体不具有行政主体资格或者没有依据等重大且明显违法情形,原告申请确认行政行为无效的,人民法院判决确认无效。

**第七十六条** 人民法院判决确认违法或者无效的,可以同时判决责令被告采取补救措施;给原告造成损失的,依法判决被告承担赔偿责任。

**第七十七条**　行政处罚明显不当,或者其他行政行为涉及对款额的确定、认定确有错误的,人民法院可以判决变更。

人民法院判决变更,不得加重原告的义务或者减损原告的权益。但利害关系人同为原告,且诉讼请求相反的除外。

**第七十八条**　被告不依法履行、未按照约定履行或者违法变更、解除本法第十二条第一款第十一项规定的协议的,人民法院判决被告承担继续履行、采取补救措施或者赔偿损失等责任。

被告变更、解除本法第十二条第一款第十一项规定的协议合法,但未依法给予补偿的,人民法院判决给予补偿。

**第七十九条**　复议机关与作出原行政行为的行政机关为共同被告的案件,人民法院应当对复议决定和原行政行为一并作出裁判。

**第八十条**　人民法院对公开审理和不公开审理的案件,一律公开宣告判决。

当庭宣判的,应当在十日内发送判决书;定期宣判的,宣判后立即发给判决书。

宣告判决时,必须告知当事人上诉权利、上诉期限和上诉的人民法院。

**第八十一条**　人民法院应当在立案之日起六个月内作出第一审判决。有特殊情况需要延长的,由高级人民法院批准,高级人民法院审理第一审案件需要延长的,由最高人民法院批准。

### 第三节　简易程序

**第八十二条**　人民法院审理下列第一审行政案件,认为事实清楚、权利义务关系明确、争议不大的,可以适用简易程序:

(一)被诉行政行为是依法当场作出的;

(二)案件涉及款额二千元以下的;

(三)属于政府信息公开案件的。

除前款规定以外的第一审行政案件,当事人各方同意适用简易程序的,可以适用简易程序。

发回重审、按照审判监督程序再审的案件不适用简易程序。

**第八十三条** 适用简易程序审理的行政案件,由审判员一人独任审理,并应当在立案之日起四十五日内审结。

**第八十四条** 人民法院在审理过程中,发现案件不宜适用简易程序的,裁定转为普通程序。

### 第四节 第二审程序

**第八十五条** 当事人不服人民法院第一审判决的,有权在判决书送达之日起十五日内向上一级人民法院提起上诉。当事人不服人民法院第一审裁定的,有权在裁定书送达之日起十日内向上一级人民法院提起上诉。逾期不提起上诉的,人民法院的第一审判决或者裁定发生法律效力。

**第八十六条** 人民法院对上诉案件,应当组成合议庭,开庭审理。经过阅卷、调查和询问当事人,对没有提出新的事实、证据或者理由,合议庭认为不需要开庭审理的,也可以不开庭审理。

**第八十七条** 人民法院审理上诉案件,应当对原审人民法院的判决、裁定和被诉行政行为进行全面审查。

**第八十八条** 人民法院审理上诉案件,应当在收到上诉状之日起三个月内作出终审判决。有特殊情况需要延长的,由高级人民法院批准,高级人民法院审理上诉案件需要延长的,由最高人民法院批准。

**第八十九条** 人民法院审理上诉案件,按照下列情形,分别处理:

(一)原判决、裁定认定事实清楚,适用法律、法规正确的,判决或者裁定驳回上诉,维持原判决、裁定;

(二)原判决、裁定认定事实错误或者适用法律、法规错误的,依法改判、撤销或者变更;

(三)原判决认定基本事实不清、证据不足的,发回原审人民法院重审,或者查清事实后改判;

(四)原判决遗漏当事人或者违法缺席判决等严重违反法定程序的,裁定撤销原判决,发回原审人民法院重审。

原审人民法院对发回重审的案件作出判决后,当事人提起上诉的,第二审人民法院不得再次发回重审。

人民法院审理上诉案件,需要改变原审判决的,应当同时对被诉行政行为作出判决。

### 第五节　审判监督程序

**第九十条**　当事人对已经发生法律效力的判决、裁定，认为确有错误的，可以向上一级人民法院申请再审，但判决、裁定不停止执行。

**第九十一条**　当事人的申请符合下列情形之一的，人民法院应当再审：

（一）不予立案或者驳回起诉确有错误的；

（二）有新的证据，足以推翻原判决、裁定的；

（三）原判决、裁定认定事实的主要证据不足、未经质证或者系伪造的；

（四）原判决、裁定适用法律、法规确有错误的；

（五）违反法律规定的诉讼程序，可能影响公正审判的；

（六）原判决、裁定遗漏诉讼请求的；

（七）据以作出原判决、裁定的法律文书被撤销或者变更的；

（八）审判人员在审理该案件时有贪污受贿、徇私舞弊、枉法裁判行为的。

**第九十二条**　各级人民法院院长对本院已经发生法律效力的判决、裁定，发现有本法第九十一条规定情形之一，或者发现调解违反自愿原则或者调解书内容违法，认为需要再审的，应当提交审判委员会讨论决定。

最高人民法院对地方各级人民法院已经发生法律效力的判决、裁定，上级人民法院对下级人民法院已经发生法律效力的判决、裁定，发现有本法第九十一条规定情形之一，或者发现调解违反自愿原则或者调解书内容违法的，有权提审或者指令下级人民法院再审。

**第九十三条**　最高人民检察院对各级人民法院已经发生法律效力的判决、裁定，上级人民检察院对下级人民法院已经发生法律效力的判决、裁定，发现有本法第九十一条规定情形之一，或者发现调解书损害国家利益、社会公共利益的，应当提出抗诉。

地方各级人民检察院对同级人民法院已经发生法律效力的判决、裁定，发现有本法第九十一条规定情形之一，或者发现调解书损害国家利益、社会公共利益的，可以向同级人民法院提出检察建议，并报上级人民检察院备案；也可以提请上级人民检察院向同级人民法院提出抗诉。

各级人民检察院对审判监督程序以外的其他审判程序中审判人员的违法

行为,有权向同级人民法院提出检察建议。

## 第八章　执　　行

**第九十四条**　当事人必须履行人民法院发生法律效力的判决、裁定、调解书。

**第九十五条**　公民、法人或者其他组织拒绝履行判决、裁定、调解书的,行政机关或者第三人可以向第一审人民法院申请强制执行,或者由行政机关依法强制执行。

**第九十六条**　行政机关拒绝履行判决、裁定、调解书的,第一审人民法院可以采取下列措施:

(一)对应当归还的罚款或者应当给付的款额,通知银行从该行政机关的账户内划拨;

(二)在规定期限内不履行的,从期满之日起,对该行政机关负责人按日处五十元至一百元的罚款;

(三)将行政机关拒绝履行的情况予以公告;

(四)向监察机关或者该行政机关的上一级行政机关提出司法建议。接受司法建议的机关,根据有关规定进行处理,并将处理情况告知人民法院;

(五)拒不履行判决、裁定、调解书,社会影响恶劣的,可以对该行政机关直接负责的主管人员和其他直接责任人员予以拘留;情节严重,构成犯罪的,依法追究刑事责任。

**第九十七条**　公民、法人或者其他组织对行政行为在法定期间不提起诉讼又不履行的,行政机关可以申请人民法院强制执行,或者依法强制执行。

## 第九章　涉外行政诉讼

**第九十八条**　外国人、无国籍人、外国组织在中华人民共和国进行行政诉讼,适用本法。法律另有规定的除外。

**第九十九条**　外国人、无国籍人、外国组织在中华人民共和国进行行政诉讼,同中华人民共和国公民、组织有同等的诉讼权利和义务。

外国法院对中华人民共和国公民、组织的行政诉讼权利加以限制的,人民法院对该国公民、组织的行政诉讼权利,实行对等原则。

**第一百条**　外国人、无国籍人、外国组织在中华人民共和国进行行政诉讼，委托律师代理诉讼的，应当委托中华人民共和国律师机构的律师。

## 第十章　附　　则

**第一百零一条**　人民法院审理行政案件，关于期间、送达、财产保全、开庭审理、调解、中止诉讼、终结诉讼、简易程序、执行等，以及人民检察院对行政案件受理、审理、裁判、执行的监督，本法没有规定的，适用《中华人民共和国民事诉讼法》的相关规定。

**第一百零二条**　人民法院审理行政案件，应当收取诉讼费用。诉讼费用由败诉方承担，双方都有责任的由双方分担。收取诉讼费用的具体办法另行规定。

**第一百零三条**　本法自一九九〇年十月一日起施行。

## 附录二

# 关于《中华人民共和国行政诉讼法修正案(草案)》的说明

——2013年12月23日在第十二届全国人民代表大会常务委员会第六次会议上

全国人大常委会法制工作委员会副主任　信春鹰

全国人民代表大会常务委员会:

我受委员长会议的委托,作关于《中华人民共和国行政诉讼法修正案(草案)》的说明。

行政诉讼法于1989年由第七届全国人大第二次会议通过,1990年10月1日起实施。这部被称为"民告官"的法律规定了行政诉讼程序的基本规则,实施以来,在解决行政争议,推进依法行政,保护公民、法人和其他组织的合法权益等方面,发挥了重要作用。同时,随着社会主义民主法制建设的深入推进,行政诉讼制度与社会经济发展不协调、不适应的问题也日渐突出。人民群众对行政诉讼中存在的"立案难、审理难、执行难"等突出问题反映强烈。为解决这些突出问题,适应依法治国、依法执政、依法行政共同推进,法治国家、法治政府、法治社会一体建设的新要求,有必要对行政诉讼法予以修改完善。

近年来,许多全国人大代表和有关方面陆续提出修改行政诉讼法的意见和建议。法制工作委员会从2009年开始着手行政诉讼法的修改调研工作,先后到山东、湖南等多地进行调研,听取基层人民法院、地方政府部门的意见和建议。采取旁听案件审理、阅卷、派人到行政审判一线蹲点等多种方式了解行政诉讼实践的情况。多次召开国务院部门、学者和律师座谈会,听取意见。今年11月又分两次召开17个省、自治区、直辖市人大法制机构、政府法制部门、人民法院和人民检察院参加的座谈会。按照党的十八届三中全会精神和各方面的意见,修改工作把握以下几点:一是维护行政诉讼制度的权威性,针对现实中的突出问题,强调依法保障公民、法人和其他组织的诉讼权利;二是坚持我国行政诉讼制度的基本原则,维护行政权依法行使和公民、法人和其他组织寻求司法救济渠道畅通的平衡,保障人民法院依法独立行使审判权;三是坚持从实际出发,循序渐进,逐步完善;四是总结行政审判实践的经验,把经实践证明的有益经验上升为法律。经与最高人民法院、国务院法制办公室等方面沟通协商、反复研究,在充分论证并取得基本共识的基础上,形成了行政诉讼法修正案(草案)。现就主要问题说明如下:

## 一、关于保障当事人的诉讼权利

行政诉讼面临的"三难",最突出的是立案难。公民、法人或者其他组织与政府机关及其工作人员产生纠纷,行政机关不愿当被告,法院不愿受理,导致许多应当通过诉讼解决的纠纷进入信访渠道,在有些地方形成了"信访不信法"的局面。为通畅行政诉讼的入口,建议从五个方面完善对当事人的诉权保护:

1. 明确人民法院和行政机关应当保障当事人的起诉权利。增加规定:人民法院应当保障公民、法人或者其他组织的起诉权利,对应当受理的行政案件依法受理。行政机关不得干预、阻碍人民法院受理行政案件。被诉行政机关应当依法应诉。①

2. 扩大受案范围。将行政机关侵犯公民、法人或者其他组织依法享有的土地、矿藏、水流、森林、山岭、草原、荒地、滩涂、海域等自然资源的所有权或者使用权,行政机关侵犯农村土地承包经营权,行政机关违法集资、征收征用财产、摊派费用,行政机关没有依法支付最低生活保障待遇或者社会保险待遇等纳入受案范围。②

3. 明确可以口头起诉,方便当事人行使诉权。增加规定:起诉应当向人民法院递交起诉状,并按照被告人数提出副本。书写起诉状确有困难的,可以口

---

① 《修正案草案》第3条。——本书作者注
② 《修正案草案》第4条。——本书作者注

头起诉,由人民法院记入笔录,出具注明日期的书面凭证,并告知对方当事人。①

4. 强化受理程序约束。增加规定:一是人民法院应当在接到起诉状时当场予以登记,并出具注明日期的书面凭证。起诉状内容欠缺或者有其他错误的,应当给予指导和释明,并一次性告知当事人补正。不得未经指导和释明即以起诉不符合条件为由不受理。二是起诉符合条件的,人民法院应当在接到起诉状或者口头起诉之日起七日内立案,并通知当事人;不符合起诉条件的,应当在七日内作出裁定书,不予受理。裁定书应当载明不予受理的理由。原告对裁定不服的,可以提起上诉。三是人民法院在七日内既不立案,又不作出裁定书的,当事人可以向上一级人民法院起诉。上一级人民法院认为符合起诉条件的,应当立案、审理,也可以指定其他下级人民法院立案、审理。②

5. 明确人民法院的相应责任。增加规定:对于不接收起诉状、接收起诉状后不出具书面凭证,以及不一次性告知当事人补正起诉状内容的,当事人可以向上级人民法院投诉,上级人民法院应当责令改正,并对直接负责的主管人员和其他直接责任人员依法给予处分。③

## 二、关于对规范性文件的附带审查

实践中,有些具体行政行为侵犯公民、法人或者其他组织的合法权益,是地方政府及其部门制定的规范性文件中越权错位等规定造成的。为从根本上减少违法具体行政行为,可以由法院在审查具体行政行为时应公民、法人或者其他组织的申请对规章以下的规范性文件进行附带审查,不合法的,转送有权机关处理。这符合我国宪法和法律有关人大对政府、政府对其部门以及下级政府进行监督的基本原则,也有利于纠正相关规范性文件的违法问题。建议增加规定:一是公民、法人或者其他组织认为具体行政行为所依据的国务院部门和地方人民政府及其部门制定的规章以外的规范性文件不合法,在对具体行政行为提起诉讼时,可以一并请求对该规范性文件进行审查。二是人民法

---

① 《修正案草案》第25条。——本书作者注

② 《修正案草案》第25、27条。——本书作者注

③ 《修正案草案》第25条。——本书作者注

院在审理行政案件中，发现上述规范性文件不合法的，不作为认定具体行政行为合法的依据，并应当转送有权机关依法处理。①

### 三、关于完善管辖制度

现行行政诉讼法规定，基层人民法院管辖第一审行政案件。为了解决行政案件审理难问题，减少地方政府对行政审判的干预，在总结现行做法的基础上，根据党的十八届三中全会关于探索建立与行政区划适当分离的司法管辖制度的精神，建议增加规定：一是高级人民法院可以确定若干基层人民法院跨行政区域管辖第一审行政案件。二是对县级以上地方人民政府所作的具体行政行为提起诉讼的案件，由中级人民法院管辖。②

### 四、关于完善诉讼参加人制度

1. 明确原告资格。现行行政诉讼法关于原告资格的规定比较原则。实践中，有的将行政诉讼原告仅理解为具体行政行为的相对人，排除了其他利害关系人。建议明确：具体行政行为的相对人以及其他与具体行政行为有利害关系的公民、法人或者其他组织，有权作为原告提起诉讼。③

2. 进一步明确被告资格。根据实践需要，建议增加规定：一是复议机关在法定期限内未作出复议决定，公民、法人或者其他组织起诉原具体行政行为的，作出原具体行政行为的行政机关是被告；起诉复议机关不作为的，复议机关是被告。二是行政机关职权变更的，继续行使其职权的行政机关是被告。④

3. 增加诉讼代表人制度。现行行政诉讼法规定了共同诉讼，但未规定诉讼代表人制度。为了提高司法效率，建议参照民事诉讼法，增加规定：当事人一方人数众多的共同诉讼，可以由当事人推选代表人进行诉讼。代表人的诉讼行为对其所代表的当事人发生效力，但代表人变更、放弃诉讼请求，必须经被代表的当事人同意。⑤

---

① 《修正案草案》第 5 条。——本书作者注
② 《修正案草案》第 6、7 条。——本书作者注
③ 《修正案草案》第 10 条。——本书作者注
④ 《修正案草案》第 11 条。——本书作者注
⑤ 《修正案草案》第 12 条。——本书作者注

4. 细化第三人制度。现行行政诉讼法有关第三人的规定较为原则。实践中,行政诉讼涉及第三方利益的情形逐渐增多,完善第三人制度有利于解决行政争议。建议规定:公民、法人或者其他组织同被诉具体行政行为有利害关系但没有提起诉讼,或者同案件处理结果有利害关系的,可以作为第三人申请参加诉讼,或者由人民法院通知参加诉讼。人民法院判决承担义务的第三人,有权依法提起上诉。①

## 五、关于完善证据制度

现行行政诉讼法有关证据的规定较为简单,建议总结现行做法,作如下补充修改:

1. 明确被告逾期不举证的后果。针对被告不举证或者拖延举证的情况,增加规定:被告不提供或者无正当理由逾期提供证据,视为没有相应证据。但是,被诉具体行政行为涉及第三人合法权益,第三人提供证据或者人民法院依法调取证据的除外。②

2. 完善被告的举证制度。现行行政诉讼法规定在诉讼过程中,被告不得自行向原告和证人收集证据。为了查明事实,增加规定:在两种情形下,经人民法院准许,被告可以补充证据,一是被告在作出具体行政行为时已经收集了证据,但因不可抗力等正当事由不能提供的;二是原告或者第三人提出了其在行政处理程序中没有提出的理由或者证据的。③

3. 明确原告的举证责任。现行行政诉讼法没有规定原告的举证责任。但在有些情况下,如果原告不举证,就难以查清事实,作出正确的裁判。因此,需要原告承担一定的举证责任,增加规定:在起诉被告未履行法定职责的案件中,原告应当提供其向被告提出申请的证据。在行政赔偿和行政机关依法给予补偿的案件中,原告应当对具体行政行为造成的损害提供证据。因被告的原因导致原告无法举证的,由被告承担举证责任。④

4. 完善人民法院调取证据制度。为了规范人民法院依申请调取证据行

① 《修正案草案》第13条。——本书作者注
② 《修正案草案》第17条。——本书作者注
③ 《修正案草案》第19条。——本书作者注
④ 《修正案草案》第19条。——本书作者注

为,增加规定:与本案有关的下列证据,原告或者第三人不能自行收集的,可以申请人民法院调取,一是由国家机关保存而须由人民法院调取的证据;二是涉及国家秘密、商业秘密和个人隐私的证据;三是确因客观原因不能自行收集的其他证据。[①]

5. 明确证据的适用规则。为了规范证据使用,增强判决的公正性和说服力,增加规定:证据应当在法庭上出示,并由当事人互相质证。对涉及国家秘密、商业秘密和个人隐私的证据,不得在公开开庭时出示。人民法院应当按照法定程序,全面、客观地审查核实证据。对未采纳的证据应当说明理由。以非法手段取得的证据,不得作为认定案件事实的根据。[②]

## 六、关于完善民事争议和行政争议交叉的处理机制

有些具体行政行为引起的争议,往往伴随着相关的民事争议。这两类争议依照行政诉讼法和民事诉讼法分别立案,分别审理,浪费了司法资源,有的还导致循环诉讼,影响司法效率,不利于保护当事人的合法权益。根据实践中行政争议与相关民事争议一并审理的做法,建议增加规定:一是在行政诉讼中,当事人申请一并解决因具体行政行为影响民事权利义务关系引起的民事争议的,人民法院可以一并审理。人民法院决定一并审理的,当事人不得对该民事争议再提起民事诉讼。二是当事人对行政机关就民事争议所作的裁决不服提起行政诉讼的,人民法院依申请可以对民事争议一并审理。三是在行政诉讼中,人民法院认为该行政案件审理需以民事诉讼的裁判为依据的,裁定中止行政诉讼。[③]

## 七、关于完善判决形式

现行行政诉讼法规定了维持判决、撤销判决、履行判决和变更判决等四类判决形式。这些判决形式已不能完全适应审判实际需要,应予修改完善。建议作如下补充修改:

---

① 《修正案草案》第 21 条。——本书作者注
② 《修正案草案》第 22 条。——本书作者注
③ 《修正案草案》第 36 条。——本书作者注

1. 以判决驳回原告诉讼请求代替维持判决。根据审判实际需要,规定:具体行政行为证据确凿,适用法律、法规正确,符合法定程序的,或者原告要求被告履行职责理由不成立的,人民法院判决驳回原告的诉讼请求。①

2. 增加给付判决。根据审判实际需要,规定:人民法院经过审理,查明被告依法负有给付义务的,判决被告履行给付义务。②

3. 增加确认违法或者无效判决。根据审判实际需要,规定:在六种情形下,人民法院判决确认具体行政行为违法或者无效,一是具体行政行为应当依法被判决撤销,但撤销该具体行政行为将会给国家利益、社会公共利益造成重大损害的;二是具体行政行为应当依法被判决撤销,但不具有可撤销内容的;三是具体行政行为程序违法,但未对原告权利产生实际影响的;四是被告不履行或者拖延履行法定职责应当判决履行,但判决履行已没有意义的;五是被告撤销或者变更原违法具体行政行为,原告不撤诉,仍要求对原具体行政行为的违法性作出确认的;六是原告提出具体行政行为无效,理由成立的。同时规定,人民法院判决确认具体行政行为违法或者无效,可以同时判决责令被告采取补救措施,给原告造成损失的,依法判决被告承担赔偿责任。③

4. 扩大变更判决范围。根据审判实际需要,规定:行政处罚显失公正,或者其他具体行政行为涉及对款额的确定或者认定确有错误的,人民法院可以判决变更。人民法院判决变更,不得加重原告的义务或者减少原告的利益。但利害关系人同为原告,且诉讼请求相反的除外。④

## 八、关于增加简易程序

现行行政诉讼法未规定简易程序。增加简易程序,有利于提高审判效率,降低诉讼成本。总结现行做法,建议增加规定:人民法院审理事实清楚、权利义务关系明确、争议不大的第一审行政案件,可以适用简易程序,一是被诉具体行政行为是依法当场作出的;二是案件涉及款额一千元以下的;三是当事人各方同意适用简易程序的。发回重审、按照审判监督程序再审的案件不适

---

① 《修正案草案》第38条。——本书作者注
② 《修正案草案》第38条。——本书作者注
③ 《修正案草案》第38条。——本书作者注
④ 《修正案草案》第38条。——本书作者注

用简易程序。同时规定，适用简易程序审理的行政案件，由审判员一人独任审理，并应当在立案之日起四十五日内审结。①

## 九、关于加强人民检察院对行政诉讼的监督

现行行政诉讼法规定，人民检察院有权对行政诉讼实行法律监督。对已经发生法律效力的判决、裁定，发现违反法律、法规规定的，有权提出抗诉。新修改的民事诉讼法细化了检察机关对民事诉讼的监督，建议参照民事诉讼法，增加规定：一是最高人民检察院对各级人民法院已经发生法律效力的判决、裁定，上级人民检察院对下级人民法院已经发生法律效力的判决、裁定，发现存在再审法定情形的，应当提出抗诉。二是地方各级人民检察院对同级人民法院已经发生法律效力的判决、裁定，发现存在再审法定情形的，可以向同级人民法院提出检察建议，并报上级人民检察院备案；也可以提请上级人民检察院向同级人民法院提出抗诉。三是地方各级人民检察院对审判监督程序以外的其他审判程序中审判人员的违法行为，有权向同级人民法院提出检察建议。②

## 十、关于进一步明确行政机关不执行法院判决的责任

当前，行政机关不执行法院判决的问题仍较为突出。为增强法律规定的可执行性，建议增加规定：一是将行政机关拒绝履行判决、裁定、调解书的情况予以公告。二是拒不履行判决、裁定、调解书，社会影响恶劣的，可以对该行政机关直接负责的主管人员和其他直接责任人员予以拘留。③

此外，修正案草案对先予执行、审判公开、再审条件等问题也作了补充完善。有关方面还提出了其他一些问题和修改意见，这些问题可以在提请常委会会议审议后继续深入研究。

修正案草案和以上说明是否妥当，请审议。

---

① 《修正案草案》第 40 条。——本书作者注

② 《修正案草案》第 47 条。——本书作者注

③ 《修正案草案》第 48 条。——本书作者注

## 附录三

# 最高人民法院关于适用《中华人民共和国行政诉讼法》的解释

法释〔2018〕1号

(2017年11月13日最高人民法院审判委员会第1726次会议通过,自2018年2月8日起施行)

为正确适用《中华人民共和国行政诉讼法》(以下简称行政诉讼法),结合人民法院行政审判工作实际,制定本解释。

### 一、受案范围

**第一条** 公民、法人或者其他组织对行政机关及其工作人员的行政行为不服,依法提起诉讼的,属于人民法院行政诉讼的受案范围。

下列行为不属于人民法院行政诉讼的受案范围:

(一)公安、国家安全等机关依照刑事诉讼法的明确授权实施的行为;

(二)调解行为以及法律规定的仲裁行为;

(三)行政指导行为;

(四)驳回当事人对行政行为提起申诉的重复处理行为;

(五)行政机关作出的不产生外部法律效力的行为;

(六)行政机关为作出行政行为而实施的准备、论证、研究、层报、咨询等过程性行为;

(七)行政机关根据人民法院的生效裁判、协助执行通知书作出的执行行为,但行政机关扩大执行范围或者采取违法方式实施的除外;

(八)上级行政机关基于内部层级监督关系对下级行政机关作出的听取

报告、执法检查、督促履责等行为；

（九）行政机关针对信访事项作出的登记、受理、交办、转送、复查、复核意见等行为；

（十）对公民、法人或者其他组织权利义务不产生实际影响的行为。

**第二条**　行政诉讼法第十三条第一项规定的“国家行为”，是指国务院、中央军事委员会、国防部、外交部等根据宪法和法律的授权，以国家的名义实施的有关国防和外交事务的行为，以及经宪法和法律授权的国家机关宣布紧急状态等行为。

行政诉讼法第十三条第二项规定的“具有普遍约束力的决定、命令”，是指行政机关针对不特定对象发布的能反复适用的规范性文件。

行政诉讼法第十三条第三项规定的“对行政机关工作人员的奖惩、任免等决定”，是指行政机关作出的涉及行政机关工作人员公务员权利义务的决定。

行政诉讼法第十三条第四项规定的“法律规定由行政机关最终裁决的行政行为”中的“法律”，是指全国人民代表大会及其常务委员会制定、通过的规范性文件。

## 二、管辖

**第三条**　各级人民法院行政审判庭审理行政案件和审查行政机关申请执行其行政行为的案件。

专门人民法院、人民法庭不审理行政案件，也不审查和执行行政机关申请执行其行政行为的案件。铁路运输法院等专门人民法院审理行政案件，应当执行行政诉讼法第十八条第二款的规定。

**第四条**　立案后，受诉人民法院的管辖权不受当事人住所地改变、追加被告等事实和法律状态变更的影响。

**第五条**　有下列情形之一的，属于行政诉讼法第十五条第三项规定的“本辖区内重大、复杂的案件”：

（一）社会影响重大的共同诉讼案件；

（二）涉外或者涉及香港特别行政区、澳门特别行政区、台湾地区的案件；

（三）其他重大、复杂案件。

**第六条** 当事人以案件重大复杂为由,认为有管辖权的基层人民法院不宜行使管辖权或者根据行政诉讼法第五十二条的规定,向中级人民法院起诉,中级人民法院应当根据不同情况在七日内分别作出以下处理:

(一)决定自行审理;

(二)指定本辖区其他基层人民法院管辖;

(三)书面告知当事人向有管辖权的基层人民法院起诉。

**第七条** 基层人民法院对其管辖的第一审行政案件,认为需要由中级人民法院审理或者指定管辖的,可以报请中级人民法院决定。中级人民法院应当根据不同情况在七日内分别作出以下处理:

(一)决定自行审理;

(二)指定本辖区其他基层人民法院管辖;

(三)决定由报请的人民法院审理。

**第八条** 行政诉讼法第十九条规定的"原告所在地",包括原告的户籍所在地、经常居住地和被限制人身自由地。

对行政机关基于同一事实,既采取限制公民人身自由的行政强制措施,又采取其他行政强制措施或者行政处罚不服的,由被告所在地或者原告所在地的人民法院管辖。

**第九条** 行政诉讼法第二十条规定的"因不动产提起的行政诉讼"是指因行政行为导致不动产物权变动而提起的诉讼。

不动产已登记的,以不动产登记簿记载的所在地为不动产所在地;不动产未登记的,以不动产实际所在地为不动产所在地。

**第十条** 人民法院受理案件后,被告提出管辖异议的,应当在收到起诉状副本之日起十五日内提出。

对当事人提出的管辖异议,人民法院应当进行审查。异议成立的,裁定将案件移送有管辖权的人民法院;异议不成立的,裁定驳回。

人民法院对管辖异议审查后确定有管辖权的,不因当事人增加或者变更诉讼请求等改变管辖,但违反级别管辖、专属管辖规定的除外。

**第十一条** 有下列情形之一的,人民法院不予审查:

(一)人民法院发回重审或者按第一审程序再审的案件,当事人提出管辖异议的;

（二）当事人在第一审程序中未按照法律规定的期限和形式提出管辖异议，在第二审程序中提出的。

**三、诉讼参加人**

**第十二条**　有下列情形之一的，属于行政诉讼法第二十五条第一款规定的“与行政行为有利害关系”：

（一）被诉的行政行为涉及其相邻权或者公平竞争权的；

（二）在行政复议等行政程序中被追加为第三人的；

（三）要求行政机关依法追究加害人法律责任的；

（四）撤销或者变更行政行为涉及其合法权益的；

（五）为维护自身合法权益向行政机关投诉，具有处理投诉职责的行政机关作出或者未作出处理的；

（六）其他与行政行为有利害关系的情形。

**第十三条**　债权人以行政机关对债务人所作的行政行为损害债权实现为由提起行政诉讼的，人民法院应当告知其就民事争议提起民事诉讼，但行政机关作出行政行为时依法应予保护或者应予考虑的除外。

**第十四条**　行政诉讼法第二十五条第二款规定的“近亲属”，包括配偶、父母、子女、兄弟姐妹、祖父母、外祖父母、孙子女、外孙子女和其他具有扶养、赡养关系的亲属。

公民因被限制人身自由而不能提起诉讼的，其近亲属可以依其口头或者书面委托以该公民的名义提起诉讼。近亲属起诉时无法与被限制人身自由的公民取得联系，近亲属可以先行起诉，并在诉讼中补充提交委托证明。

**第十五条**　合伙企业向人民法院提起诉讼的，应当以核准登记的字号为原告。未依法登记领取营业执照的个人合伙的全体合伙人为共同原告；全体合伙人可以推选代表人，被推选的代表人，应当由全体合伙人出具推选书。

个体工商户向人民法院提起诉讼的，以营业执照上登记的经营者为原告。有字号的，以营业执照上登记的字号为原告，并应当注明该字号经营者的基本信息。

**第十六条**　股份制企业的股东大会、股东会、董事会等认为行政机关作出的行政行为侵犯企业经营自主权的，可以企业名义提起诉讼。

联营企业、中外合资或者合作企业的联营、合资、合作各方,认为联营、合资、合作企业权益或者自己一方合法权益受行政行为侵害的,可以自己的名义提起诉讼。

非国有企业被行政机关注销、撤销、合并、强令兼并、出售、分立或者改变企业隶属关系的,该企业或者其法定代表人可以提起诉讼。

**第十七条** 事业单位、社会团体、基金会、社会服务机构等非营利法人的出资人、设立人认为行政行为损害法人合法权益的,可以自己的名义提起诉讼。

**第十八条** 业主委员会对于行政机关作出的涉及业主共有利益的行政行为,可以自己的名义提起诉讼。

业主委员会不起诉的,专有部分占建筑物总面积过半数或者占总户数过半数的业主可以提起诉讼。

**第十九条** 当事人不服经上级行政机关批准的行政行为,向人民法院提起诉讼的,以在对外发生法律效力的文书上署名的机关为被告。

**第二十条** 行政机关组建并赋予行政管理职能但不具有独立承担法律责任能力的机构,以自己的名义作出行政行为,当事人不服提起诉讼的,应当以组建该机构的行政机关为被告。

法律、法规或者规章授权行使行政职权的行政机关内设机构、派出机构或者其他组织,超出法定授权范围实施行政行为,当事人不服提起诉讼的,应当以实施该行为的机构或者组织为被告。

没有法律、法规或者规章规定,行政机关授权其内设机构、派出机构或者其他组织行使行政职权的,属于行政诉讼法第二十六条规定的委托。当事人不服提起诉讼的,应当以该行政机关为被告。

**第二十一条** 当事人对由国务院、省级人民政府批准设立的开发区管理机构作出的行政行为不服提起诉讼的,以该开发区管理机构为被告;对由国务院、省级人民政府批准设立的开发区管理机构所属职能部门作出的行政行为不服提起诉讼的,以其职能部门为被告;对其他开发区管理机构所属职能部门作出的行政行为不服提起诉讼的,以开发区管理机构为被告;开发区管理机构没有行政主体资格的,以设立该机构的地方人民政府为被告。

**第二十二条** 行政诉讼法第二十六条第二款规定的"复议机关改变原行

政行为”,是指复议机关改变原行政行为的处理结果。复议机关改变原行政行为所认定的主要事实和证据、改变原行政行为所适用的规范依据,但未改变原行政行为处理结果的,视为复议机关维持原行政行为。

复议机关确认原行政行为无效,属于改变原行政行为。

复议机关确认原行政行为违法,属于改变原行政行为,但复议机关以违反法定程序为由确认原行政行为违法的除外。

**第二十三条**　行政机关被撤销或者职权变更,没有继续行使其职权的行政机关的,以其所属的人民政府为被告;实行垂直领导的,以垂直领导的上一级行政机关为被告。

**第二十四条**　当事人对村民委员会或者居民委员会依据法律、法规、规章的授权履行行政管理职责的行为不服提起诉讼的,以村民委员会或者居民委员会为被告。

当事人对村民委员会、居民委员会受行政机关委托作出的行为不服提起诉讼的,以委托的行政机关为被告。

当事人对高等学校等事业单位以及律师协会、注册会计师协会等行业协会依据法律、法规、规章的授权实施的行政行为不服提起诉讼的,以该事业单位、行业协会为被告。

当事人对高等学校等事业单位以及律师协会、注册会计师协会等行业协会受行政机关委托作出的行为不服提起诉讼的,以委托的行政机关为被告。

**第二十五条**　市、县级人民政府确定的房屋征收部门组织实施房屋征收与补偿工作过程中作出行政行为,被征收人不服提起诉讼的,以房屋征收部门为被告。

征收实施单位受房屋征收部门委托,在委托范围内从事的行为,被征收人不服提起诉讼的,应当以房屋征收部门为被告。

**第二十六条**　原告所起诉的被告不适格,人民法院应当告知原告变更被告;原告不同意变更的,裁定驳回起诉。

应当追加被告而原告不同意追加的,人民法院应当通知其以第三人的身份参加诉讼,但行政复议机关作共同被告的除外。

**第二十七条**　必须共同进行诉讼的当事人没有参加诉讼的,人民法院应当依法通知其参加;当事人也可以向人民法院申请参加。

人民法院应当对当事人提出的申请进行审查,申请理由不成立的,裁定驳回;申请理由成立的,书面通知其参加诉讼。

前款所称的必须共同进行诉讼,是指按照行政诉讼法第二十七条的规定,当事人一方或者双方为两人以上,因同一行政行为发生行政争议,人民法院必须合并审理的诉讼。

**第二十八条** 人民法院追加共同诉讼的当事人时,应当通知其他当事人。应当追加的原告,已明确表示放弃实体权利的,可不予追加;既不愿意参加诉讼,又不放弃实体权利的,应追加为第三人,其不参加诉讼,不能阻碍人民法院对案件的审理和裁判。

**第二十九条** 行政诉讼法第二十八条规定的"人数众多",一般指十人以上。

根据行政诉讼法第二十八条的规定,当事人一方人数众多的,由当事人推选代表人。当事人推选不出的,可以由人民法院在起诉的当事人中指定代表人。

行政诉讼法第二十八条规定的代表人为二至五人。代表人可以委托一至二人作为诉讼代理人。

**第三十条** 行政机关的同一行政行为涉及两个以上利害关系人,其中一部分利害关系人对行政行为不服提起诉讼,人民法院应当通知没有起诉的其他利害关系人作为第三人参加诉讼。

与行政案件处理结果有利害关系的第三人,可以申请参加诉讼,或者由人民法院通知其参加诉讼。人民法院判决其承担义务或者减损其权益的第三人,有权提出上诉或者申请再审。

行政诉讼法第二十九条规定的第三人,因不能归责于本人的事由未参加诉讼,但有证据证明发生法律效力的判决、裁定、调解书损害其合法权益的,可以依照行政诉讼法第九十条的规定,自知道或者应当知道其合法权益受到损害之日起六个月内,向上一级人民法院申请再审。

**第三十一条** 当事人委托诉讼代理人,应当向人民法院提交由委托人签名或者盖章的授权委托书。委托书应当载明委托事项和具体权限。公民在特殊情况下无法书面委托的,也可以由他人代书,并由自己捺印等方式确认,人民法院应当核实并记录在卷;被诉行政机关或者其他有义务协助的机关拒绝人民法院向被限制人身自由的公民核实的，视为委托成立。当事人解除或者变更委托的，应当书面报告人民法院。

**第三十二条**　依照行政诉讼法第三十一条第二款第二项规定，与当事人有合法劳动人事关系的职工，可以当事人工作人员的名义作为诉讼代理人。以当事人的工作人员身份参加诉讼活动，应当提交以下证据之一加以证明：

（一）缴纳社会保险记录凭证；

（二）领取工资凭证；

（三）其他能够证明其为当事人工作人员身份的证据。

**第三十三条**　根据行政诉讼法第三十一条第二款第三项规定，有关社会团体推荐公民担任诉讼代理人的，应当符合下列条件：

（一）社会团体属于依法登记设立或者依法免予登记设立的非营利性法人组织；

（二）被代理人属于该社会团体的成员，或者当事人一方住所地位于该社会团体的活动地域；

（三）代理事务属于该社会团体章程载明的业务范围；

（四）被推荐的公民是该社会团体的负责人或者与该社会团体有合法劳动人事关系的工作人员。

专利代理人经中华全国专利代理人协会推荐，可以在专利行政案件中担任诉讼代理人。

## 四、证据

**第三十四条**　根据行政诉讼法第三十六条第一款的规定，被告申请延期提供证据的，应当在收到起诉状副本之日起十五日内以书面方式向人民法院提出。人民法院准许延期提供的，被告应当在正当事由消除后十五日内提供证据。逾期提供的，视为被诉行政行为没有相应的证据。

**第三十五条**　原告或者第三人应当在开庭审理前或者人民法院指定的交换证据清单之日提供证据。因正当事由申请延期提供证据的，经人民法院准许，可以在法庭调查中提供。逾期提供证据的，人民法院应当责令其说明理由；拒不说明理由或者理由不成立的，视为放弃举证权利。

原告或者第三人在第一审程序中无正当事由未提供而在第二审程序中提

供的证据,人民法院不予接纳。

**第三十六条** 当事人申请延长举证期限,应当在举证期限届满前向人民法院提出书面申请。

申请理由成立的,人民法院应当准许,适当延长举证期限,并通知其他当事人。申请理由不成立的,人民法院不予准许,并通知申请人。

**第三十七条** 根据行政诉讼法第三十九条的规定,对当事人无争议,但涉及国家利益、公共利益或者他人合法权益的事实,人民法院可以责令当事人提供或者补充有关证据。

**第三十八条** 对于案情比较复杂或者证据数量较多的案件,人民法院可以组织当事人在开庭前向对方出示或者交换证据,并将交换证据清单的情况记录在卷。

当事人在庭前证据交换过程中没有争议并记录在卷的证据,经审判人员在庭审中说明后,可以作为认定案件事实的依据。

**第三十九条** 当事人申请调查收集证据,但该证据与待证事实无关联、对证明待证事实无意义或者其他无调查收集必要的,人民法院不予准许。

**第四十条** 人民法院在证人出庭作证前应当告知其如实作证的义务以及作伪证的法律后果。

证人因履行出庭作证义务而支出的交通、住宿、就餐等必要费用以及误工损失,由败诉一方当事人承担。

**第四十一条** 有下列情形之一,原告或者第三人要求相关行政执法人员出庭说明的,人民法院可以准许:

(一)对现场笔录的合法性或者真实性有异议的;

(二)对扣押财产的品种或者数量有异议的;

(三)对检验的物品取样或者保管有异议的;

(四)对行政执法人员身份的合法性有异议的;

(五)需要出庭说明的其他情形。

**第四十二条** 能够反映案件真实情况、与待证事实相关联、来源和形式符合法律规定的证据,应当作为认定案件事实的根据。

**第四十三条** 有下列情形之一的,属于行政诉讼法第四十三条第三款规定的“以非法手段取得的证据”:

（一）严重违反法定程序收集的证据材料；

（二）以违反法律强制性规定的手段获取且侵害他人合法权益的证据材料；

（三）以利诱、欺诈、胁迫、暴力等手段获取的证据材料。

**第四十四条**　人民法院认为有必要的，可以要求当事人本人或者行政机关执法人员到庭，就案件有关事实接受询问。在询问之前，可以要求其签署保证书。

保证书应当载明据实陈述、如有虚假陈述愿意接受处罚等内容。当事人或者行政机关执法人员应当在保证书上签名或者捺印。

负有举证责任的当事人拒绝到庭、拒绝接受询问或者拒绝签署保证书，待证事实又欠缺其他证据加以佐证的，人民法院对其主张的事实不予认定。

**第四十五条**　被告有证据证明其在行政程序中依照法定程序要求原告或者第三人提供证据，原告或者第三人依法应当提供而没有提供，在诉讼程序中提供的证据，人民法院一般不予采纳。

**第四十六条**　原告或者第三人确有证据证明被告持有的证据对原告或者第三人有利的，可以在开庭审理前书面申请人民法院责令行政机关提交。

申请理由成立的，人民法院应当责令行政机关提交，因提交证据所产生的费用，由申请人预付。行政机关无正当理由拒不提交的，人民法院可以推定原告或者第三人基于该证据主张的事实成立。

持有证据的当事人以妨碍对方当事人使用为目的，毁灭有关证据或者实施其他致使证据不能使用行为的，人民法院可以推定对方当事人基于该证据主张的事实成立，并可依照行政诉讼法第五十九条规定处理。

**第四十七条**　根据行政诉讼法第三十八条第二款的规定，在行政赔偿、补偿案件中，因被告的原因导致原告无法就损害情况举证的，应当由被告就该损害情况承担举证责任。

对于各方主张损失的价值无法认定的，应当由负有举证责任的一方当事人申请鉴定，但法律、法规、规章规定行政机关在作出行政行为时依法应当评估或者鉴定的除外；负有举证责任的当事人拒绝申请鉴定的，由其承担不利的法律后果。

当事人的损失因客观原因无法鉴定的，人民法院应当结合当事人的主张和在案证据,遵循法官职业道德,运用逻辑推理和生活经验、生活常识等,酌情确定赔偿数额。

### 五、期间、送达

**第四十八条** 期间包括法定期间和人民法院指定的期间。

期间以时、日、月、年计算。期间开始的时和日,不计算在期间内。

期间届满的最后一日是节假日的,以节假日后的第一日为期间届满的日期。

期间不包括在途时间,诉讼文书在期满前交邮的,视为在期限内发送。

**第四十九条** 行政诉讼法第五十一条第二款规定的立案期限,因起诉状内容欠缺或者有其他错误通知原告限期补正的,从补正后递交人民法院的次日起算。由上级人民法院转交下级人民法院立案的案件,从受诉人民法院收到起诉状的次日起算。

**第五十条** 行政诉讼法第八十一条、第八十三条、第八十八条规定的审理期限,是指从立案之日起至裁判宣告、调解书送达之日止的期间,但公告期间、鉴定期间、调解期间、中止诉讼期间、审理当事人提出的管辖异议以及处理人民法院之间的管辖争议期间不应计算在内。

再审案件按照第一审程序或者第二审程序审理的,适用行政诉讼法第八十一条、第八十八条规定的审理期限。审理期限自再审立案的次日起算。

基层人民法院申请延长审理期限,应当直接报请高级人民法院批准,同时报中级人民法院备案。

**第五十一条** 人民法院可以要求当事人签署送达地址确认书,当事人确认的送达地址为人民法院法律文书的送达地址。

当事人同意电子送达的,应当提供并确认传真号、电子信箱等电子送达地址。

当事人送达地址发生变更的,应当及时书面告知受理案件的人民法院;未及时告知的,人民法院按原地址送达,视为依法送达。

人民法院可以通过国家邮政机构以法院专递方式进行送达。

**第五十二条** 人民法院可以在当事人住所地以外向当事人直接送达诉讼文书。当事人拒绝签署送达回证的,采用拍照、录像等方式记录送达过程即视为送达。审判人员、书记员应当在送达回证上注明送达情况并签名。

## 六、起诉与受理

**第五十三条** 人民法院对符合起诉条件的案件应当立案，依法保障当事人行使诉讼权利。

对当事人依法提起的诉讼，人民法院应当根据行政诉讼法第五十一条的规定接收起诉状。能够判断符合起诉条件的，应当当场登记立案；当场不能判断是否符合起诉条件的，应当在接收起诉状后七日内决定是否立案；七日内仍不能作出判断的，应当先予立案。

**第五十四条** 依照行政诉讼法第四十九条的规定，公民、法人或者其他组织提起诉讼时应当提交以下起诉材料：

（一）原告的身份证明材料以及有效联系方式；

（二）被诉行政行为或者不作为存在的材料；

（三）原告与被诉行政行为具有利害关系的材料；

（四）人民法院认为需要提交的其他材料。

由法定代理人或者委托代理人代为起诉的，还应当在起诉状中写明或者在口头起诉时向人民法院说明法定代理人或者委托代理人的基本情况，并提交法定代理人或者委托代理人的身份证明和代理权限证明等材料。

**第五十五条** 依照行政诉讼法第五十一条的规定，人民法院应当就起诉状内容和材料是否完备以及是否符合行政诉讼法规定的起诉条件进行审查。

起诉状内容或者材料欠缺的，人民法院应当给予指导和释明，并一次性全面告知当事人需要补正的内容、补充的材料及期限。在指定期限内补正并符合起诉条件的，应当登记立案。当事人拒绝补正或者经补正仍不符合起诉条件的，退回诉状并记录在册；坚持起诉的，裁定不予立案，并载明不予立案的理由。

**第五十六条** 法律、法规规定应当先申请复议，公民、法人或者其他组织未申请复议直接提起诉讼的，人民法院裁定不予立案。

依照行政诉讼法第四十五条的规定，复议机关不受理复议申请或者在法定期限内不作出复议决定，公民、法人或者其他组织不服，依法向人民法院提起诉讼的，人民法院应当依法立案。

**第五十七条** 法律、法规未规定行政复议为提起行政诉讼必经程序,公民、法人或者其他组织既提起诉讼又申请行政复议的,由先立案的机关管辖;同时立案的,由公民、法人或者其他组织选择。公民、法人或者其他组织已经申请行政复议,在法定复议期间内又向人民法院提起诉讼的,人民法院裁定不予立案。

**第五十八条** 法律、法规未规定行政复议为提起行政诉讼必经程序,公民、法人或者其他组织向复议机关申请行政复议后,又经复议机关同意撤回复议申请,在法定起诉期限内对原行政行为提起诉讼的,人民法院应当依法立案。

**第五十九条** 公民、法人或者其他组织向复议机关申请行政复议后,复议机关作出维持决定的,应当以复议机关和原行为机关为共同被告,并以复议决定送达时间确定起诉期限。

**第六十条** 人民法院裁定准许原告撤诉后,原告以同一事实和理由重新起诉的,人民法院不予立案。

准予撤诉的裁定确有错误,原告申请再审的,人民法院应当通过审判监督程序撤销原准予撤诉的裁定,重新对案件进行审理。

**第六十一条** 原告或者上诉人未按规定的期限预交案件受理费,又不提出缓交、减交、免交申请,或者提出申请未获批准的,按自动撤诉处理。在按撤诉处理后,原告或者上诉人在法定期限内再次起诉或者上诉,并依法解决诉讼费预交问题的,人民法院应予立案。

**第六十二条** 人民法院判决撤销行政机关的行政行为后,公民、法人或者其他组织对行政机关重新作出的行政行为不服向人民法院起诉的,人民法院应当依法立案。

**第六十三条** 行政机关作出行政行为时,没有制作或者没有送达法律文书,公民、法人或者其他组织只要能证明行政行为存在,并在法定期限内起诉的,人民法院应当依法立案。

**第六十四条** 行政机关作出行政行为时,未告知公民、法人或者其他组织起诉期限的,起诉期限从公民、法人或者其他组织知道或者应当知道起诉期限之日起计算,但从知道或者应当知道行政行为内容之日起最长不得超过一年。

复议决定未告知公民、法人或者其他组织起诉期限的,适用前款规定。

**第六十五条**　公民、法人或者其他组织不知道行政机关作出的行政行为内容的,其起诉期限从知道或者应当知道该行政行为内容之日起计算,但最长不得超过行政诉讼法第四十六条第二款规定的起诉期限。

**第六十六条**　公民、法人或者其他组织依照行政诉讼法第四十七条第一款的规定,对行政机关不履行法定职责提起诉讼的,应当在行政机关履行法定职责期限届满之日起六个月内提出。

**第六十七条**　原告提供被告的名称等信息足以使被告与其他行政机关相区别的,可以认定为行政诉讼法第四十九条第二项规定的“有明确的被告”。

起诉状列写被告信息不足以认定明确的被告的,人民法院可以告知原告补正;原告补正后仍不能确定明确的被告的,人民法院裁定不予立案。

**第六十八条**　行政诉讼法第四十九条第三项规定的“有具体的诉讼请求”是指:

(一)请求判决撤销或者变更行政行为;

(二)请求判决行政机关履行特定法定职责或者给付义务;

(三)请求判决确认行政行为违法;

(四)请求判决确认行政行为无效;

(五)请求判决行政机关予以赔偿或者补偿;

(六)请求解决行政协议争议;

(七)请求一并审查规章以下规范性文件;

(八)请求一并解决相关民事争议;

(九)其他诉讼请求。

当事人单独或者一并提起行政赔偿、补偿诉讼的,应当有具体的赔偿、补偿事项以及数额;请求一并审查规章以下规范性文件的,应当提供明确的文件名称或者审查对象;请求一并解决相关民事争议的,应当有具体的民事诉讼请求。

当事人未能正确表达诉讼请求的,人民法院应当要求其明确诉讼请求。

**第六十九条**　有下列情形之一,已经立案的,应当裁定驳回起诉:

(一)不符合行政诉讼法第四十九条规定的;

(二)超过法定起诉期限且无行政诉讼法第四十八条规定情形的;

(三)错列被告且拒绝变更的;

(四)未按照法律规定由法定代理人、指定代理人、代表人为诉讼行为的;

(五)未按照法律、法规规定先向行政机关申请复议的;

(六)重复起诉的;

(七)撤回起诉后无正当理由再行起诉的;

(八)行政行为对其合法权益明显不产生实际影响的;

(九)诉讼标的已为生效裁判或者调解书所羁束的;

(十)其他不符合法定起诉条件的情形。

前款所列情形可以补正或者更正的,人民法院应当指定期间责令补正或者更正;在指定期间已经补正或者更正的,应当依法审理。

人民法院经过阅卷、调查或者询问当事人,认为不需要开庭审理的,可以迳行裁定驳回起诉。

**第七十条** 起诉状副本送达被告后,原告提出新的诉讼请求的,人民法院不予准许,但有正当理由的除外。

## 七、审理与判决

**第七十一条** 人民法院适用普通程序审理案件,应当在开庭三日前用传票传唤当事人。对证人、鉴定人、勘验人、翻译人员,应当用通知书通知其到庭。当事人或者其他诉讼参与人在外地的,应当留有必要的在途时间。

**第七十二条** 有下列情形之一的,可以延期开庭审理:

(一)应当到庭的当事人和其他诉讼参与人有正当理由没有到庭的;

(二)当事人临时提出回避申请且无法及时作出决定的;

(三)需要通知新的证人到庭,调取新的证据,重新鉴定、勘验,或者需要补充调查的;

(四)其他应当延期的情形。

**第七十三条** 根据行政诉讼法第二十七条的规定,有下列情形之一的,人民法院可以决定合并审理:

(一)两个以上行政机关分别对同一事实作出行政行为,公民、法人或者其他组织不服向同一人民法院起诉的;

(二)行政机关就同一事实对若干公民、法人或者其他组织分别作出行政行为,公民、法人或者其他组织不服分别向同一人民法院起诉的;

(三)在诉讼过程中,被告对原告作出新的行政行为,原告不服向同一人民法院起诉的;

(四)人民法院认为可以合并审理的其他情形。

**第七十四条** 当事人申请回避,应当说明理由,在案件开始审理时提出;回避事由在案件开始审理后知道的,应当在法庭辩论终结前提出。

被申请回避的人员,在人民法院作出是否回避的决定前,应当暂停参与本案的工作,但案件需要采取紧急措施的除外。

对当事人提出的回避申请,人民法院应当在三日内以口头或者书面形式作出决定。对当事人提出的明显不属于法定回避事由的申请,法庭可以依法当庭驳回。

申请人对驳回回避申请决定不服的,可以向作出决定的人民法院申请复议一次。复议期间,被申请回避的人员不停止参与本案的工作。对申请人的复议申请,人民法院应当在三日内作出复议决定,并通知复议申请人。

**第七十五条** 在一个审判程序中参与过本案审判工作的审判人员,不得再参与该案其他程序的审判。

发回重审的案件,在一审法院作出裁判后又进入第二审程序的,原第二审程序中合议庭组成人员不受前款规定的限制。

**第七十六条** 人民法院对于因一方当事人的行为或者其他原因,可能使行政行为或者人民法院生效裁判不能或者难以执行的案件,根据对方当事人的申请,可以裁定对其财产进行保全、责令其作出一定行为或者禁止其作出一定行为;当事人没有提出申请的,人民法院在必要时也可以裁定采取上述保全措施。

人民法院采取保全措施,可以责令申请人提供担保;申请人不提供担保的,裁定驳回申请。

人民法院接受申请后,对情况紧急的,必须在四十八小时内作出裁定;裁定采取保全措施的,应当立即开始执行。

当事人对保全的裁定不服的,可以申请复议;复议期间不停止裁定的执行。

**第七十七条** 利害关系人因情况紧急,不立即申请保全将会使其合法权益受到难以弥补的损害的,可以在提起诉讼前向被保全财产所在地、被申请人住所地或者对案件有管辖权的人民法院申请采取保全措施。申请人应当提供担保,不提供担保的,裁定驳回申请。

人民法院接受申请后,必须在四十八小时内作出裁定;裁定采取保全措施的,应当立即开始执行。

申请人在人民法院采取保全措施后三十日内不依法提起诉讼的,人民法院应当解除保全。

当事人对保全的裁定不服的,可以申请复议;复议期间不停止裁定的执行。

**第七十八条** 保全限于请求的范围,或者与本案有关的财物。

财产保全采取查封、扣押、冻结或者法律规定的其他方法。人民法院保全财产后,应当立即通知被保全人。

财产已被查封、冻结的,不得重复查封、冻结。

涉及财产的案件,被申请人提供担保的,人民法院应当裁定解除保全。

申请有错误的,申请人应当赔偿被申请人因保全所遭受的损失。

**第七十九条** 原告或者上诉人申请撤诉,人民法院裁定不予准许的,原告或者上诉人经传票传唤无正当理由拒不到庭,或者未经法庭许可中途退庭的,人民法院可以缺席判决。

第三人经传票传唤无正当理由拒不到庭,或者未经法庭许可中途退庭的,不发生阻止案件审理的效果。

根据行政诉讼法第五十八条的规定,被告经传票传唤无正当理由拒不到庭,或者未经法庭许可中途退庭的,人民法院可以按期开庭或者继续开庭审理,对到庭的当事人诉讼请求、双方的诉辩理由以及已经提交的证据及其他诉讼材料进行审理后,依法缺席判决。

**第八十条** 原告或者上诉人在庭审中明确拒绝陈述或者以其他方式拒绝陈述,导致庭审无法进行,经法庭释明法律后果后仍不陈述意见的,视为放弃陈述权利,由其承担不利的法律后果。

当事人申请撤诉或者依法可以按撤诉处理的案件,当事人有违反法律的行为需要依法处理的,人民法院可以不准许撤诉或者不按撤诉处理。

法庭辩论终结后原告申请撤诉,人民法院可以准许,但涉及到国家利益和社会公共利益的除外。

**第八十一条**　被告在一审期间改变被诉行政行为的，应当书面告知人民法院。

原告或者第三人对改变后的行政行为不服提起诉讼的，人民法院应当就改变后的行政行为进行审理。

被告改变原违法行政行为，原告仍要求确认原行政行为违法的，人民法院应当依法作出确认判决。

原告起诉被告不作为，在诉讼中被告作出行政行为，原告不撤诉的，人民法院应当就不作为依法作出确认判决。

**第八十二条**　当事人之间恶意串通，企图通过诉讼等方式侵害国家利益、社会公共利益或者他人合法权益的，人民法院应当裁定驳回起诉或者判决驳回其请求，并根据情节轻重予以罚款、拘留；构成犯罪的，依法追究刑事责任。

**第八十三条**　行政诉讼法第五十九条规定的罚款、拘留可以单独适用，也可以合并适用。

对同一妨害行政诉讼行为的罚款、拘留不得连续适用。发生新的妨害行政诉讼行为的，人民法院可以重新予以罚款、拘留。

**第八十四条**　人民法院审理行政诉讼法第六十条第一款规定的行政案件，认为法律关系明确、事实清楚，在征得当事人双方同意后，可以迳行调解。

**第八十五条**　调解达成协议，人民法院应当制作调解书。调解书应当写明诉讼请求、案件的事实和调解结果。

调解书由审判人员、书记员署名，加盖人民法院印章，送达双方当事人。

调解书经双方当事人签收后，即具有法律效力。调解书生效日期根据最后收到调解书的当事人签收的日期确定。

**第八十六条**　人民法院审理行政案件，调解过程不公开，但当事人同意公开的除外。

经人民法院准许，第三人可以参加调解。人民法院认为有必要的，可以通知第三人参加调解。

调解协议内容不公开，但为保护国家利益、社会公共利益、他人合法权益，人民法院认为确有必要公开的除外。

当事人一方或者双方不愿调解、调解未达成协议的，人民法院应当及时判决。

当事人自行和解或者调解达成协议后,请求人民法院按照和解协议或者调解协议的内容制作判决书的,人民法院不予准许。

**第八十七条** 在诉讼过程中,有下列情形之一的,中止诉讼:

(一)原告死亡,须等待其近亲属表明是否参加诉讼的;

(二)原告丧失诉讼行为能力,尚未确定法定代理人的;

(三)作为一方当事人的行政机关、法人或者其他组织终止,尚未确定权利义务承受人的;

(四)一方当事人因不可抗力的事由不能参加诉讼的;

(五)案件涉及法律适用问题,需要送请有权机关作出解释或者确认的;

(六)案件的审判须以相关民事、刑事或者其他行政案件的审理结果为依据,而相关案件尚未审结的;

(七)其他应当中止诉讼的情形。

中止诉讼的原因消除后,恢复诉讼。

**第八十八条** 在诉讼过程中,有下列情形之一的,终结诉讼:

(一)原告死亡,没有近亲属或者近亲属放弃诉讼权利的;

(二)作为原告的法人或者其他组织终止后,其权利义务的承受人放弃诉讼权利的。

因本解释第八十七条第一款第一、二、三项原因中止诉讼满九十日仍无人继续诉讼的,裁定终结诉讼,但有特殊情况的除外。

**第八十九条** 复议决定改变原行政行为错误,人民法院判决撤销复议决定时,可以一并责令复议机关重新作出复议决定或者判决恢复原行政行为的法律效力。

**第九十条** 人民法院判决被告重新作出行政行为,被告重新作出的行政行为与原行政行为的结果相同,但主要事实或者主要理由有改变的,不属于行政诉讼法第七十一条规定的情形。

人民法院以违反法定程序为由,判决撤销被诉行政行为的,行政机关重新作出行政行为不受行政诉讼法第七十一条规定的限制。

行政机关以同一事实和理由重新作出与原行政行为基本相同的行政行为,人民法院应当根据行政诉讼法第七十条、第七十一条的规定判决撤销或者部分撤销,并根据行政诉讼法第九十六条的规定处理。

**第九十一条** 原告请求被告履行法定职责的理由成立,被告违法拒绝履行或者无正当理由逾期不予答复的,人民法院可以根据行政诉讼法第七十二条的规定,判决被告在一定期限内依法履行原告请求的法定职责;尚需被告调查或者裁量的,应当判决被告针对原告的请求重新作出处理。

**第九十二条** 原告申请被告依法履行支付抚恤金、最低生活保障待遇或者社会保险待遇等给付义务的理由成立,被告依法负有给付义务而拒绝或者拖延履行义务的,人民法院可以根据行政诉讼法第七十三条的规定,判决被告在一定期限内履行相应的给付义务。

**第九十三条** 原告请求被告履行法定职责或者依法履行支付抚恤金、最低生活保障待遇或者社会保险待遇等给付义务,原告未先向行政机关提出申请的,人民法院裁定驳回起诉。

人民法院经审理认为原告所请求履行的法定职责或者给付义务明显不属于行政机关权限范围的,可以裁定驳回起诉。

**第九十四条** 公民、法人或者其他组织起诉请求撤销行政行为,人民法院经审查认为行政行为无效的,应当作出确认无效的判决。

公民、法人或者其他组织起诉请求确认行政行为无效,人民法院审查认为行政行为不属于无效情形,经释明,原告请求撤销行政行为的,应当继续审理并依法作出相应判决;原告请求撤销行政行为但超过法定起诉期限的,裁定驳回起诉;原告拒绝变更诉讼请求的,判决驳回其诉讼请求。

**第九十五条** 人民法院经审理认为被诉行政行为违法或者无效,可能给原告造成损失,经释明,原告请求一并解决行政赔偿争议的,人民法院可以就赔偿事项进行调解;调解不成的,应当一并判决。人民法院也可以告知其就赔偿事项另行提起诉讼。

**第九十六条** 有下列情形之一,且对原告依法享有的听证、陈述、申辩等重要程序性权利不产生实质损害的,属于行政诉讼法第七十四条第一款第二项规定的"程序轻微违法":

(一)处理期限轻微违法;

(二)通知、送达等程序轻微违法;

(三)其他程序轻微违法的情形。

**第九十七条** 原告或者第三人的损失系由其自身过错和行政机关的违法

行政行为共同造成的,人民法院应当依据各方行为与损害结果之间有无因果关系以及在损害发生和结果中作用力的大小,确定行政机关相应的赔偿责任。

**第九十八条** 因行政机关不履行、拖延履行法定职责,致使公民、法人或者其他组织的合法权益遭受损害的,人民法院应当判决行政机关承担行政赔偿责任。在确定赔偿数额时,应当考虑该不履行、拖延履行法定职责的行为在损害发生过程和结果中所起的作用等因素。

**第九十九条** 有下列情形之一的,属于行政诉讼法第七十五条规定的"重大且明显违法":

(一)行政行为实施主体不具有行政主体资格;

(二)减损权利或者增加义务的行政行为没有法律规范依据;

(三)行政行为的内容客观上不可能实施;

(四)其他重大且明显违法的情形。

**第一百条** 人民法院审理行政案件,适用最高人民法院司法解释的,应当在裁判文书中援引。

人民法院审理行政案件,可以在裁判文书中引用合法有效的规章及其他规范性文件。

**第一百零一条** 裁定适用于下列范围:

(一)不予立案;

(二)驳回起诉;

(三)管辖异议;

(四)终结诉讼;

(五)中止诉讼;

(六)移送或者指定管辖;

(七)诉讼期间停止行政行为的执行或者驳回停止执行的申请;

(八)财产保全;

(九)先予执行;

(十)准许或者不准许撤诉;

(十一)补正裁判文书中的笔误;

(十二)中止或者终结执行;

(十三)提审、指令再审或者发回重审;

（十四）准许或者不准许执行行政机关的行政行为；

（十五）其他需要裁定的事项。

对第一、二、三项裁定，当事人可以上诉。

裁定书应当写明裁定结果和作出该裁定的理由。裁定书由审判人员、书记员署名，加盖人民法院印章。口头裁定的，记入笔录。

**第一百零二条** 行政诉讼法第八十二条规定的行政案件中的“事实清楚”，是指当事人对争议的事实陈述基本一致，并能提供相应的证据，无须人民法院调查收集证据即可查明事实；“权利义务关系明确”，是指行政法律关系中权利和义务能够明确区分；“争议不大”，是指当事人对行政行为的合法性、责任承担等没有实质分歧。

**第一百零三条** 适用简易程序审理的行政案件，人民法院可以用口头通知、电话、短信、传真、电子邮件等简便方式传唤当事人、通知证人、送达裁判文书以外的诉讼文书。

以简便方式送达的开庭通知，未经当事人确认或者没有其他证据证明当事人已经收到的，人民法院不得缺席判决。

**第一百零四条** 适用简易程序案件的举证期限由人民法院确定，也可以由当事人协商一致并经人民法院准许，但不得超过十五日。被告要求书面答辩的，人民法院可以确定合理的答辩期间。

人民法院应当将举证期限和开庭日期告知双方当事人，并向当事人说明逾期举证以及拒不到庭的法律后果，由双方当事人在笔录和开庭传票的送达回证上签名或者捺印。

当事人双方均表示同意立即开庭或者缩短举证期限、答辩期间的，人民法院可以立即开庭审理或者确定近期开庭。

**第一百零五条** 人民法院发现案情复杂，需要转为普通程序审理的，应当在审理期限届满前作出裁定并将合议庭组成人员及相关事项书面通知双方当事人。

案件转为普通程序审理的，审理期限自人民法院立案之日起计算。

**第一百零六条** 当事人就已经提起诉讼的事项在诉讼过程中或者裁判生效后再次起诉，同时具有下列情形的，构成重复起诉：

（一）后诉与前诉的当事人相同；

(二)后诉与前诉的诉讼标的相同;

(三)后诉与前诉的诉讼请求相同,或者后诉的诉讼请求被前诉裁判所包含。

**第一百零七条** 第一审人民法院作出判决和裁定后,当事人均提起上诉的,上诉各方均为上诉人。

诉讼当事人中的一部分人提出上诉,没有提出上诉的对方当事人为被上诉人,其他当事人依原审诉讼地位列明。

**第一百零八条** 当事人提出上诉,应当按照其他当事人或者诉讼代表人的人数提出上诉状副本。

原审人民法院收到上诉状,应当在五日内将上诉状副本发送其他当事人,对方当事人应当在收到上诉状副本之日起十五日内提出答辩状。

原审人民法院应当在收到答辩状之日起五日内将副本发送上诉人。对方当事人不提出答辩状的,不影响人民法院审理。

原审人民法院收到上诉状、答辩状,应当在五日内连同全部案卷和证据,报送第二审人民法院;已经预收的诉讼费用,一并报送。

**第一百零九条** 第二审人民法院经审理认为原审人民法院不予立案或者驳回起诉的裁定确有错误且当事人的起诉符合起诉条件的,应当裁定撤销原审人民法院的裁定,指令原审人民法院依法立案或者继续审理。

第二审人民法院裁定发回原审人民法院重新审理的行政案件,原审人民法院应当另行组成合议庭进行审理。

原审判决遗漏了必须参加诉讼的当事人或者诉讼请求的,第二审人民法院应当裁定撤销原审判决,发回重审。

原审判决遗漏行政赔偿请求,第二审人民法院经审查认为依法不应当予以赔偿的,应当判决驳回行政赔偿请求。

原审判决遗漏行政赔偿请求,第二审人民法院经审理认为依法应当予以赔偿的,在确认被诉行政行为违法的同时,可以就行政赔偿问题进行调解;调解不成的,应当就行政赔偿部分发回重审。

当事人在第二审期间提出行政赔偿请求的,第二审人民法院可以进行调解;调解不成的,应当告知当事人另行起诉。

**第一百一十条** 当事人向上一级人民法院申请再审,应当在判决、裁定或者调解书发生法律效力后六个月内提出。有下列情形之一的，自知道或者应当知道之日起六个月内提出：

（一）有新的证据，足以推翻原判决、裁定的；

（二）原判决、裁定认定事实的主要证据是伪造的；

（三）据以作出原判决、裁定的法律文书被撤销或者变更的；

（四）审判人员审理该案件时有贪污受贿、徇私舞弊、枉法裁判行为的。

**第一百一十一条**　当事人申请再审的，应当提交再审申请书等材料。人民法院认为有必要的，可以自收到再审申请书之日起五日内将再审申请书副本发送对方当事人。对方当事人应当自收到再审申请书副本之日起十五日内提交书面意见。人民法院可以要求申请人和对方当事人补充有关材料，询问有关事项。

**第一百一十二条**　人民法院应当自再审申请案件立案之日起六个月内审查，有特殊情况需要延长的，由本院院长批准。

**第一百一十三条**　人民法院根据审查再审申请案件的需要决定是否询问当事人；新的证据可能推翻原判决、裁定的，人民法院应当询问当事人。

**第一百一十四条**　审查再审申请期间，被申请人及原审其他当事人依法提出再审申请的，人民法院应当将其列为再审申请人，对其再审事由一并审查，审查期限重新计算。经审查，其中一方再审申请人主张的再审事由成立的，应当裁定再审。各方再审申请人主张的再审事由均不成立的，一并裁定驳回再审申请。

**第一百一十五条**　审查再审申请期间，再审申请人申请人民法院委托鉴定、勘验的，人民法院不予准许。

审查再审申请期间，再审申请人撤回再审申请的，是否准许，由人民法院裁定。

再审申请人经传票传唤，无正当理由拒不接受询问的，按撤回再审申请处理。

人民法院准许撤回再审申请或者按撤回再审申请处理后，再审申请人再次申请再审的，不予立案，但有行政诉讼法第九十一条第二项、第三项、第七项、第八项规定情形，自知道或者应当知道之日起六个月内提出的除外。

**第一百一十六条**　当事人主张的再审事由成立，且符合行政诉讼法和本解释规定的申请再审条件的,人民法院应当裁定再审。

当事人主张的再审事由不成立,或者当事人申请再审超过法定申请再审期限、超出法定再审事由范围等不符合行政诉讼法和本解释规定的申请再审条件的,人民法院应当裁定驳回再审申请。

**第一百一十七条** 有下列情形之一的,当事人可以向人民检察院申请抗诉或者检察建议:

(一)人民法院驳回再审申请的;

(二)人民法院逾期未对再审申请作出裁定的;

(三)再审判决、裁定有明显错误的。

人民法院基于抗诉或者检察建议作出再审判决、裁定后,当事人申请再审的,人民法院不予立案。

**第一百一十八条** 按照审判监督程序决定再审的案件,裁定中止原判决、裁定、调解书的执行,但支付抚恤金、最低生活保障费或者社会保险待遇的案件,可以不中止执行。

上级人民法院决定提审或者指令下级人民法院再审的,应当作出裁定,裁定应当写明中止原判决的执行;情况紧急的,可以将中止执行的裁定口头通知负责执行的人民法院或者作出生效判决、裁定的人民法院,但应当在口头通知后十日内发出裁定书。

**第一百一十九条** 人民法院按照审判监督程序再审的案件,发生法律效力的判决、裁定是由第一审法院作出的,按照第一审程序审理,所作的判决、裁定,当事人可以上诉;发生法律效力的判决、裁定是由第二审法院作出的,按照第二审程序审理,所作的判决、裁定,是发生法律效力的判决、裁定;上级人民法院按照审判监督程序提审的,按照第二审程序审理,所作的判决、裁定是发生法律效力的判决、裁定。

人民法院审理再审案件,应当另行组成合议庭。

**第一百二十条** 人民法院审理再审案件应当围绕再审请求和被诉行政行为合法性进行。当事人的再审请求超出原审诉讼请求,符合另案诉讼条件的,告知当事人可以另行起诉。

被申请人及原审其他当事人在庭审辩论结束前提出的再审请求,符合本解释规定的申请期限的,人民法院应当一并审理。

人民法院经再审，发现已经发生法律效力的判决、裁定损害国家利益、社会公共利益、他人合法权益的，应当一并审理。

**第一百二十一条**　再审审理期间，有下列情形之一的，裁定终结再审程序：

（一）再审申请人在再审期间撤回再审请求，人民法院准许的；

（二）再审申请人经传票传唤，无正当理由拒不到庭的，或者未经法庭许可中途退庭，按撤回再审请求处理的；

（三）人民检察院撤回抗诉的；

（四）其他应当终结再审程序的情形。

因人民检察院提出抗诉裁定再审的案件，申请抗诉的当事人有前款规定的情形，且不损害国家利益、社会公共利益或者他人合法权益的，人民法院裁定终结再审程序。

再审程序终结后，人民法院裁定中止执行的原生效判决自动恢复执行。

**第一百二十二条**　人民法院审理再审案件，认为原生效判决、裁定确有错误，在撤销原生效判决或者裁定的同时，可以对生效判决、裁定的内容作出相应裁判，也可以裁定撤销生效判决或者裁定，发回作出生效判决、裁定的人民法院重新审理。

**第一百二十三条**　人民法院审理二审案件和再审案件，对原审法院立案、不予立案或者驳回起诉错误的，应当分别情况作如下处理：

（一）第一审人民法院作出实体判决后，第二审人民法院认为不应当立案的，在撤销第一审人民法院判决的同时，可以迳行驳回起诉；

（二）第二审人民法院维持第一审人民法院不予立案裁定错误的，再审法院应当撤销第一审、第二审人民法院裁定，指令第一审人民法院受理；

（三）第二审人民法院维持第一审人民法院驳回起诉裁定错误的，再审法院应当撤销第一审、第二审人民法院裁定，指令第一审人民法院审理。

**第一百二十四条**　人民检察院提出抗诉的案件，接受抗诉的人民法院应当自收到抗诉书之日起三十日内作出再审的裁定；有行政诉讼法第九十一条第二、三项规定情形之一的，可以指令下一级人民法院再审，但经该下一级人民法院再审过的除外。

人民法院在审查抗诉材料期间，当事人之间已经达成和解协议的，人民法院可以建议人民检察院撤回抗诉。

**第一百二十五条** 人民检察院提出抗诉的案件,人民法院再审开庭时,应当在开庭三日前通知人民检察院派员出庭。

**第一百二十六条** 人民法院收到再审检察建议后,应当组成合议庭,在三个月内进行审查,发现原判决、裁定、调解书确有错误,需要再审的,依照行政诉讼法第九十二条规定裁定再审,并通知当事人;经审查,决定不予再审的,应当书面回复人民检察院。

**第一百二十七条** 人民法院审理因人民检察院抗诉或者检察建议裁定再审的案件,不受此前已经作出的驳回当事人再审申请裁定的限制。

## 八、行政机关负责人出庭应诉

**第一百二十八条** 行政诉讼法第三条第三款规定的行政机关负责人,包括行政机关的正职、副职负责人以及其他参与分管的负责人。

行政机关负责人出庭应诉的,可以另行委托一至二名诉讼代理人。行政机关负责人不能出庭的,应当委托行政机关相应的工作人员出庭,不得仅委托律师出庭。

**第一百二十九条** 涉及重大公共利益、社会高度关注或者可能引发群体性事件等案件以及人民法院书面建议行政机关负责人出庭的案件,被诉行政机关负责人应当出庭。

被诉行政机关负责人出庭应诉的,应当在当事人及其诉讼代理人基本情况、案件由来部分予以列明。

行政机关负责人有正当理由不能出庭应诉的,应当向人民法院提交情况说明,并加盖行政机关印章或者由该机关主要负责人签字认可。

行政机关拒绝说明理由的,不发生阻止案件审理的效果,人民法院可以向监察机关、上一级行政机关提出司法建议。

**第一百三十条** 行政诉讼法第三条第三款规定的“行政机关相应的工作人员”,包括该行政机关具有国家行政编制身份的工作人员以及其他依法履行公职的人员。

被诉行政行为是地方人民政府作出的,地方人民政府法制工作机构的工作人员,以及被诉行政行为具体承办机关工作人员,可以视为被诉人民政府相应的工作人员。

**第一百三十一条** 行政机关负责人出庭应诉的,应当向人民法院提交能够证明该行政机关负责人职务的材料。

行政机关委托相应的工作人员出庭应诉的,应当向人民法院提交加盖行政机关印章的授权委托书,并载明工作人员的姓名、职务和代理权限。

**第一百三十二条** 行政机关负责人和行政机关相应的工作人员均不出庭,仅委托律师出庭的或者人民法院书面建议行政机关负责人出庭应诉,行政机关负责人不出庭应诉的,人民法院应当记录在案和在裁判文书中载明,并可以建议有关机关依法作出处理。

## 九、复议机关作共同被告

**第一百三十三条** 行政诉讼法第二十六条第二款规定的“复议机关决定维持原行政行为”,包括复议机关驳回复议申请或者复议请求的情形,但以复议申请不符合受理条件为由驳回的除外。

**第一百三十四条** 复议机关决定维持原行政行为的,作出原行政行为的行政机关和复议机关是共同被告。原告只起诉作出原行政行为的行政机关或者复议机关的,人民法院应当告知原告追加被告。原告不同意追加的,人民法院应当将另一机关列为共同被告。

行政复议决定既有维持原行政行为内容,又有改变原行政行为内容或者不予受理申请内容的,作出原行政行为的行政机关和复议机关为共同被告。

复议机关作共同被告的案件,以作出原行政行为的行政机关确定案件的级别管辖。

**第一百三十五条** 复议机关决定维持原行政行为的,人民法院应当在审查原行政行为合法性的同时,一并审查复议决定的合法性。

作出原行政行为的行政机关和复议机关对原行政行为合法性共同承担举证责任,可以由其中一个机关实施举证行为。复议机关对复议决定的合法性承担举证责任。

复议机关作共同被告的案件,复议机关在复议程序中依法收集和补充的证据,可以作为人民法院认定复议决定和原行政行为合法的依据。

**第一百三十六条** 人民法院对原行政行为作出判决的同时,应当对复议决定一并作出相应判决。

人民法院依职权追加作出原行政行为的行政机关或者复议机关为共同被告的,对原行政行为或者复议决定可以作出相应判决。

人民法院判决撤销原行政行为和复议决定的,可以判决作出原行政行为的行政机关重新作出行政行为。

人民法院判决作出原行政行为的行政机关履行法定职责或者给付义务的,应当同时判决撤销复议决定。

原行政行为合法、复议决定违法的,人民法院可以判决撤销复议决定或者确认复议决定违法,同时判决驳回原告针对原行政行为的诉讼请求。

原行政行为被撤销、确认违法或者无效,给原告造成损失的,应当由作出原行政行为的行政机关承担赔偿责任;因复议决定加重损害的,由复议机关对加重部分承担赔偿责任。

原行政行为不符合复议或者诉讼受案范围等受理条件,复议机关作出维持决定的,人民法院应当裁定一并驳回对原行政行为和复议决定的起诉。

## 十、相关民事争议的一并审理

**第一百三十七条** 公民、法人或者其他组织请求一并审理行政诉讼法第六十一条规定的相关民事争议,应当在第一审开庭审理前提出;有正当理由的,也可以在法庭调查中提出。

**第一百三十八条** 人民法院决定在行政诉讼中一并审理相关民事争议,或者案件当事人一致同意相关民事争议在行政诉讼中一并解决,人民法院准许的,由受理行政案件的人民法院管辖。

公民、法人或者其他组织请求一并审理相关民事争议,人民法院经审查发现行政案件已经超过起诉期限,民事案件尚未立案的,告知当事人另行提起民事诉讼;民事案件已经立案的,由原审判组织继续审理。

人民法院在审理行政案件中发现民事争议为解决行政争议的基础,当事人没有请求人民法院一并审理相关民事争议的,人民法院应当告知当事人依法申请一并解决民事争议。当事人就民事争议另行提起民事诉讼并已立案的,人民法院应当中止行政诉讼的审理。民事争议处理期间不计算在行政诉讼审理期限内。

**第一百三十九条**　有下列情形之一的，人民法院应当作出不予准许一并审理民事争议的决定，并告知当事人可以依法通过其他渠道主张权利：

（一）法律规定应当由行政机关先行处理的；

（二）违反民事诉讼法专属管辖规定或者协议管辖约定的；

（三）约定仲裁或者已经提起民事诉讼的；

（四）其他不宜一并审理民事争议的情形。

对不予准许的决定可以申请复议一次。

**第一百四十条**　人民法院在行政诉讼中一并审理相关民事争议的，民事争议应当单独立案，由同一审判组织审理。

人民法院审理行政机关对民事争议所作裁决的案件，一并审理民事争议的，不另行立案。

**第一百四十一条**　人民法院一并审理相关民事争议，适用民事法律规范的相关规定，法律另有规定的除外。

当事人在调解中对民事权益的处分，不能作为审查被诉行政行为合法性的根据。

**第一百四十二条**　对行政争议和民事争议应当分别裁判。

当事人仅对行政裁判或者民事裁判提出上诉的，未上诉的裁判在上诉期满后即发生法律效力。第一审人民法院应当将全部案卷一并移送第二审人民法院，由行政审判庭审理。第二审人民法院发现未上诉的生效裁判确有错误的，应当按照审判监督程序再审。

**第一百四十三条**　行政诉讼原告在宣判前申请撤诉的，是否准许由人民法院裁定。人民法院裁定准许行政诉讼原告撤诉，但其对已经提起的一并审理相关民事争议不撤诉的，人民法院应当继续审理。

**第一百四十四条**　人民法院一并审理相关民事争议，应当按行政案件、民事案件的标准分别收取诉讼费用。

## 十一、规范性文件的一并审查

**第一百四十五条**　公民、法人或者其他组织在对行政行为提起诉讼时一并请求对所依据的规范性文件审查的，由行政行为案件管辖法院一并审查。

**第一百四十六条**　公民、法人或者其他组织请求人民法院一并审查行政诉讼法第五十三条规定的规范性文件,应当在第一审开庭审理前提出;有正当理由的,也可以在法庭调查中提出。

**第一百四十七条** 人民法院在对规范性文件审查过程中,发现规范性文件可能不合法的,应当听取规范性文件制定机关的意见。

制定机关申请出庭陈述意见的,人民法院应当准许。

行政机关未陈述意见或者未提供相关证明材料的,不能阻止人民法院对规范性文件进行审查。

**第一百四十八条** 人民法院对规范性文件进行一并审查时,可以从规范性文件制定机关是否超越权限或者违反法定程序、作出行政行为所依据的条款以及相关条款等方面进行。

有下列情形之一的,属于行政诉讼法第六十四条规定的"规范性文件不合法":

(一)超越制定机关的法定职权或者超越法律、法规、规章的授权范围的;

(二)与法律、法规、规章等上位法的规定相抵触的;

(三)没有法律、法规、规章依据,违法增加公民、法人和其他组织义务或者减损公民、法人和其他组织合法权益的;

(四)未履行法定批准程序、公开发布程序,严重违反制定程序的;

(五)其他违反法律、法规以及规章规定的情形。

**第一百四十九条** 人民法院经审查认为行政行为所依据的规范性文件合法的,应当作为认定行政行为合法的依据;经审查认为规范性文件不合法的,不作为人民法院认定行政行为合法的依据,并在裁判理由中予以阐明。作出生效裁判的人民法院应当向规范性文件的制定机关提出处理建议,并可以抄送制定机关的同级人民政府、上一级行政机关、监察机关以及规范性文件的备案机关。

规范性文件不合法的,人民法院可以在裁判生效之日起三个月内,向规范性文件制定机关提出修改或者废止该规范性文件的司法建议。

规范性文件由多个部门联合制定的,人民法院可以向该规范性文件的主办机关或者共同上一级行政机关发送司法建议。

接收司法建议的行政机关应当在收到司法建议之日起六十日内予以书面答复。情况紧急的,人民法院可以建议制定机关或者其上一级行政机关立即停止执行该规范性文件。

**第一百五十条**　人民法院认为规范性文件不合法的，应当在裁判生效后报送上一级人民法院进行备案。涉及国务院部门、省级行政机关制定的规范性文件，司法建议还应当分别层报最高人民法院、高级人民法院备案。

**第一百五十一条**　各级人民法院院长对本院已经发生法律效力的判决、裁定，发现规范性文件合法性认定错误，认为需要再审的，应当提交审判委员会讨论。

最高人民法院对地方各级人民法院已经发生法律效力的判决、裁定，上级人民法院对下级人民法院已经发生法律效力的判决、裁定，发现规范性文件合法性认定错误的，有权提审或者指令下级人民法院再审。

## 十二、执行

**第一百五十二条**　对发生法律效力的行政判决书、行政裁定书、行政赔偿判决书和行政调解书，负有义务的一方当事人拒绝履行的，对方当事人可以依法申请人民法院强制执行。

人民法院判决行政机关履行行政赔偿、行政补偿或者其他行政给付义务，行政机关拒不履行的，对方当事人可以依法向法院申请强制执行。

**第一百五十三条**　申请执行的期限为二年。申请执行时效的中止、中断，适用法律有关规定。

申请执行的期限从法律文书规定的履行期间最后一日起计算；法律文书规定分期履行的，从规定的每次履行期间的最后一日起计算；法律文书中没有规定履行期限的，从该法律文书送达当事人之日起计算。

逾期申请的，除有正当理由外，人民法院不予受理。

**第一百五十四条**　发生法律效力的行政判决书、行政裁定书、行政赔偿判决书和行政调解书，由第一审人民法院执行。

第一审人民法院认为情况特殊，需要由第二审人民法院执行的，可以报请第二审人民法院执行；第二审人民法院可以决定由其执行，也可以决定由第一审人民法院执行。

**第一百五十五条**　行政机关根据行政诉讼法第九十七条的规定申请执行其行政行为，应当具备以下条件：

(一)行政行为依法可以由人民法院执行;

(二)行政行为已经生效并具有可执行内容;

(三)申请人是作出该行政行为的行政机关或者法律、法规、规章授权的组织;

(四)被申请人是该行政行为所确定的义务人;

(五)被申请人在行政行为确定的期限内或者行政机关催告期限内未履行义务;

(六)申请人在法定期限内提出申请;

(七)被申请执行的行政案件属于受理执行申请的人民法院管辖。

行政机关申请人民法院执行,应当提交行政强制法第五十五条规定的相关材料。

人民法院对符合条件的申请,应当在五日内立案受理,并通知申请人;对不符合条件的申请,应当裁定不予受理。行政机关对不予受理裁定有异议,在十五日内向上一级人民法院申请复议的,上一级人民法院应当在收到复议申请之日起十五日内作出裁定。

**第一百五十六条** 没有强制执行权的行政机关申请人民法院强制执行其行政行为,应当自被执行人的法定起诉期限届满之日起三个月内提出。逾期申请的,除有正当理由外,人民法院不予受理。

**第一百五十七条** 行政机关申请人民法院强制执行其行政行为的,由申请人所在地的基层人民法院受理;执行对象为不动产的,由不动产所在地的基层人民法院受理。

基层人民法院认为执行确有困难的,可以报请上级人民法院执行;上级人民法院可以决定由其执行,也可以决定由下级人民法院执行。

**第一百五十八条** 行政机关根据法律的授权对平等主体之间民事争议作出裁决后,当事人在法定期限内不起诉又不履行,作出裁决的行政机关在申请执行的期限内未申请人民法院强制执行的,生效行政裁决确定的权利人或者其继承人、权利承受人在六个月内可以申请人民法院强制执行。

享有权利的公民、法人或者其他组织申请人民法院强制执行生效行政裁决,参照行政机关申请人民法院强制执行行政行为的规定。

**第一百五十九条** 行政机关或者行政行为确定的权利人申请人民法院强

制执行前,有充分理由认为被执行人可能逃避执行的,可以申请人民法院采取财产保全措施。后者申请强制执行的,应当提供相应的财产担保。

**第一百六十条**　人民法院受理行政机关申请执行其行政行为的案件后,应当在七日内由行政审判庭对行政行为的合法性进行审查,并作出是否准予执行的裁定。

人民法院在作出裁定前发现行政行为明显违法并损害被执行人合法权益的,应当听取被执行人和行政机关的意见,并自受理之日起三十日内作出是否准予执行的裁定。

需要采取强制执行措施的,由本院负责强制执行非诉行政行为的机构执行。

**第一百六十一条**　被申请执行的行政行为有下列情形之一的,人民法院应当裁定不准予执行:

(一)实施主体不具有行政主体资格的;

(二)明显缺乏事实根据的;

(三)明显缺乏法律、法规依据的;

(四)其他明显违法并损害被执行人合法权益的情形。

行政机关对不准予执行的裁定有异议,在十五日内向上一级人民法院申请复议的,上一级人民法院应当在收到复议申请之日起三十日内作出裁定。

## 十三、附则

**第一百六十二条**　公民、法人或者其他组织对 2015 年 5 月 1 日之前作出的行政行为提起诉讼,请求确认行政行为无效的,人民法院不予立案。

**第一百六十三条**　本解释自 2018 年 2 月 8 日起施行。

本解释施行后,《最高人民法院关于执行〈中华人民共和国行政诉讼法〉若干问题的解释》(法释〔2000〕8 号)、《最高人民法院关于适用〈中华人民共和国行政诉讼法〉若干问题的解释》(法释〔2015〕9 号)同时废止。最高人民法院以前发布的司法解释与本解释不一致的,不再适用。

# 附录四

## 最高人民法院关于审理行政协议案件若干问题的规定

法释〔2019〕17号

（2019年11月12日最高人民法院审判委员会第1781次会议通过，自2020年1月1日起施行）

为依法公正、及时审理行政协议案件，根据《中华人民共和国行政诉讼法》等法律的规定，结合行政审判工作实际，制定本规定。

**第一条** 行政机关为了实现行政管理或者公共服务目标，与公民、法人或者其他组织协商订立的具有行政法上权利义务内容的协议，属于行政诉讼法第十二条第一款第十一项规定的行政协议。

**第二条** 公民、法人或者其他组织就下列行政协议提起行政诉讼的，人民法院应当依法受理：

（一）政府特许经营协议；

（二）土地、房屋等征收征用补偿协议；

（三）矿业权等国有自然资源使用权出让协议；

（四）政府投资的保障性住房的租赁、买卖等协议；

（五）符合本规定第一条规定的政府与社会资本合作协议；

（六）其他行政协议。

**第三条** 因行政机关订立的下列协议提起诉讼的，不属于人民法院行政诉讼的受案范围：

（一）行政机关之间因公务协助等事由而订立的协议；

（二）行政机关与其工作人员订立的劳动人事协议。

**第四条**　因行政协议的订立、履行、变更、终止等发生纠纷，公民、法人或者其他组织作为原告，以行政机关为被告提起行政诉讼的，人民法院应当依法受理。

因行政机关委托的组织订立的行政协议发生纠纷的，委托的行政机关是被告。

**第五条**　下列与行政协议有利害关系的公民、法人或者其他组织提起行政诉讼的，人民法院应当依法受理：

（一）参与招标、拍卖、挂牌等竞争性活动，认为行政机关应当依法与其订立行政协议但行政机关拒绝订立，或者认为行政机关与他人订立行政协议损害其合法权益的公民、法人或者其他组织；

（二）认为征收征用补偿协议损害其合法权益的被征收征用土地、房屋等不动产的用益物权人、公房承租人；

（三）其他认为行政协议的订立、履行、变更、终止等行为损害其合法权益的公民、法人或者其他组织。

**第六条**　人民法院受理行政协议案件后，被告就该协议的订立、履行、变更、终止等提起反诉的，人民法院不予准许。

**第七条**　当事人书面协议约定选择被告所在地、原告所在地、协议履行地、协议订立地、标的物所在地等与争议有实际联系地点的人民法院管辖的，人民法院从其约定，但违反级别管辖和专属管辖的除外。

**第八条**　公民、法人或者其他组织向人民法院提起民事诉讼，生效法律文书以涉案协议属于行政协议为由裁定不予立案或者驳回起诉，当事人又提起行政诉讼的，人民法院应当依法受理。

**第九条**　在行政协议案件中，行政诉讼法第四十九条第三项规定的“有具体的诉讼请求”是指：

（一）请求判决撤销行政机关变更、解除行政协议的行政行为，或者确认该行政行为违法；

（二）请求判决行政机关依法履行或者按照行政协议约定履行义务；

（三）请求判决确认行政协议的效力；

（四）请求判决行政机关依法或者按照约定订立行政协议；

（五）请求判决撤销、解除行政协议；

(六)请求判决行政机关赔偿或者补偿;

(七)其他有关行政协议的订立、履行、变更、终止等诉讼请求。

**第十条** 被告对于自己具有法定职权、履行法定程序、履行相应法定职责以及订立、履行、变更、解除行政协议等行为的合法性承担举证责任。

原告主张撤销、解除行政协议的,对撤销、解除行政协议的事由承担举证责任。

对行政协议是否履行发生争议的,由负有履行义务的当事人承担举证责任。

**第十一条** 人民法院审理行政协议案件,应当对被告订立、履行、变更、解除行政协议的行为是否具有法定职权、是否滥用职权、适用法律法规是否正确、是否遵守法定程序、是否明显不当、是否履行相应法定职责进行合法性审查。

原告认为被告未依法或者未按照约定履行行政协议的,人民法院应当针对其诉讼请求,对被告是否具有相应义务或者履行相应义务等进行审查。

**第十二条** 行政协议存在行政诉讼法第七十五条规定的重大且明显违法情形的,人民法院应当确认行政协议无效。

人民法院可以适用民事法律规范确认行政协议无效。

行政协议无效的原因在一审法庭辩论终结前消除的,人民法院可以确认行政协议有效。

**第十三条** 法律、行政法规规定应当经过其他机关批准等程序后生效的行政协议,在一审法庭辩论终结前未获得批准的,人民法院应当确认该协议未生效。

行政协议约定被告负有履行批准程序等义务而被告未履行,原告要求被告承担赔偿责任的,人民法院应予支持。

**第十四条** 原告认为行政协议存在胁迫、欺诈、重大误解、显失公平等情形而请求撤销,人民法院经审理认为符合法律规定可撤销情形的,可以依法判决撤销该协议。

**第十五条** 行政协议无效、被撤销或者确定不发生效力后,当事人因行政协议取得的财产,人民法院应当判决予以返还;不能返还的,判决折价补偿。

因被告的原因导致行政协议被确认无效或者被撤销,可以同时判决责令被告采取补救措施;给原告造成损失的,人民法院应当判决被告予以赔偿。

**第十六条** 在履行行政协议过程中，可能出现严重损害国家利益、社会公共利益的情形，被告作出变更、解除协议的行政行为后，原告请求撤销该行为，人民法院经审理认为该行为合法的，判决驳回原告诉讼请求；给原告造成损失的，判决被告予以补偿。

被告变更、解除行政协议的行政行为存在行政诉讼法第七十条规定情形的，人民法院判决撤销或者部分撤销，并可以责令被告重新作出行政行为。

被告变更、解除行政协议的行政行为违法，人民法院可以依据行政诉讼法第七十八条的规定判决被告继续履行协议、采取补救措施；给原告造成损失的，判决被告予以赔偿。

**第十七条** 原告请求解除行政协议，人民法院认为符合约定或者法定解除情形且不损害国家利益、社会公共利益和他人合法权益的，可以判决解除该协议。

**第十八条** 当事人依据民事法律规范的规定行使履行抗辩权的，人民法院应予支持。

**第十九条** 被告未依法履行、未按照约定履行行政协议，人民法院可以依据行政诉讼法第七十八条的规定，结合原告诉讼请求，判决被告继续履行，并明确继续履行的具体内容；被告无法履行或者继续履行无实际意义的，人民法院可以判决被告采取相应的补救措施；给原告造成损失的，判决被告予以赔偿。

原告要求按照约定的违约金条款或者定金条款予以赔偿的，人民法院应予支持。

**第二十条** 被告明确表示或者以自己的行为表明不履行行政协议，原告在履行期限届满之前向人民法院起诉请求其承担违约责任的，人民法院应予支持。

**第二十一条** 被告或者其他行政机关因国家利益、社会公共利益的需要依法行使行政职权，导致原告履行不能、履行费用明显增加或者遭受损失，原告请求判令被告给予补偿的，人民法院应予支持。

**第二十二条** 原告以被告违约为由请求人民法院判令其承担违约责任，人民法院经审理认为行政协议无效的，应当向原告释明，并根据原告变更后的诉讼请求判决确认行政协议无效；因被告的行为造成行政协议无效的，人民法院可以依法判决被告承担赔偿责任。原告经释明后拒绝变更诉讼请求的,人民法院可以判决驳回其诉讼请求。

**第二十三条** 人民法院审理行政协议案件,可以依法进行调解。

人民法院进行调解时,应当遵循自愿、合法原则,不得损害国家利益、社会公共利益和他人合法权益。

**第二十四条** 公民、法人或者其他组织未按照行政协议约定履行义务,经催告后不履行,行政机关可以作出要求其履行协议的书面决定。公民、法人或者其他组织收到书面决定后在法定期限内未申请行政复议或者提起行政诉讼,且仍不履行,协议内容具有可执行性的,行政机关可以向人民法院申请强制执行。

法律、行政法规规定行政机关对行政协议享有监督协议履行的职权,公民、法人或者其他组织未按照约定履行义务,经催告后不履行,行政机关可以依法作出处理决定。公民、法人或者其他组织在收到该处理决定后在法定期限内未申请行政复议或者提起行政诉讼,且仍不履行,协议内容具有可执行性的,行政机关可以向人民法院申请强制执行。

**第二十五条** 公民、法人或者其他组织对行政机关不依法履行、未按照约定履行行政协议提起诉讼的,诉讼时效参照民事法律规范确定;对行政机关变更、解除行政协议等行政行为提起诉讼的,起诉期限依照行政诉讼法及其司法解释确定。

**第二十六条** 行政协议约定仲裁条款的,人民法院应当确认该条款无效,但法律、行政法规或者我国缔结、参加的国际条约另有规定的除外。

**第二十七条** 人民法院审理行政协议案件,应当适用行政诉讼法的规定;行政诉讼法没有规定的,参照适用民事诉讼法的规定。

人民法院审理行政协议案件,可以参照适用民事法律规范关于民事合同的相关规定。

**第二十八条** 2015 年 5 月 1 日后订立的行政协议发生纠纷的,适用行政诉讼法及本规定。

2015 年 5 月 1 日前订立的行政协议发生纠纷的,适用当时的法律、行政法规及司法解释。

**第二十九条** 本规定自 2020 年 1 月 1 日起施行。最高人民法院以前发布的司法解释与本规定不一致的,适用本规定。

## 附录五

# 最高人民法院<br>关于行政诉讼证据若干问题的规定

法释〔2002〕21号

（2002年6月4日最高人民法院审判委员会第1224次会议通过）

为准确认定案件事实，公正、及时地审理行政案件，根据《中华人民共和国行政诉讼法》（以下简称行政诉讼法）等有关法律规定，结合行政审判实际，制定本规定。

### 一、举证责任分配和举证期限

**第一条** 根据行政诉讼法第三十二条和第四十三条的规定，被告对作出的具体行政行为负有举证责任，应当在收到起诉状副本之日起十日内，提供据以作出被诉具体行政行为的全部证据和所依据的规范性文件。被告不提供或者无正当理由逾期提供证据的，视为被诉具体行政行为没有相应的证据。

被告因不可抗力或者客观上不能控制的其他正当事由，不能在前款规定的期限内提供证据的，应当在收到起诉状副本之日起十日内向人民法院提出延期提供证据的书面申请。人民法院准许延期提供的，被告应当在正当事由消除后十日内提供证据。逾期提供的，视为被诉具体行政行为没有相应的证据。

**第二条** 原告或者第三人提出其在行政程序中没有提出的反驳理由或者证据的，经人民法院准许，被告可以在第一审程序中补充相应的证据。

**第三条** 根据行政诉讼法第三十三条的规定，在诉讼过程中，被告及其诉讼代理人不得自行向原告和证人收集证据。

**第四条** 公民、法人或者其他组织向人民法院起诉时,应当提供其符合起诉条件的相应的证据材料。

在起诉被告不作为的案件中,原告应当提供其在行政程序中曾经提出申请的证据材料。但有下列情形的除外:

(一)被告应当依职权主动履行法定职责的;

(二)原告因被告受理申请的登记制度不完备等正当事由不能提供相关证据材料并能够作出合理说明的。

被告认为原告起诉超过法定期限的,由被告承担举证责任。

**第五条** 在行政赔偿诉讼中,原告应当对被诉具体行政行为造成损害的事实提供证据。

**第六条** 原告可以提供证明被诉具体行政行为违法的证据。原告提供的证据不成立的,不免除被告对被诉具体行政行为合法性的举证责任。

**第七条** 原告或者第三人应当在开庭审理前或者人民法院指定的交换证据之日提供证据。因正当事由申请延期提供证据的,经人民法院准许,可以在法庭调查中提供。逾期提供证据的,视为放弃举证权利。

原告或者第三人在第一审程序中无正当事由未提供而在第二审程序中提供的证据,人民法院不予接纳。

**第八条** 人民法院向当事人送达受理案件通知书或者应诉通知书时,应当告知其举证范围、举证期限和逾期提供证据的法律后果,并告知因正当事由不能按期提供证据时应当提出延期提供证据的申请。

**第九条** 根据行政诉讼法第三十四条第一款的规定,人民法院有权要求当事人提供或者补充证据。

对当事人无争议,但涉及国家利益、公共利益或者他人合法权益的事实,人民法院可以责令当事人提供或者补充有关证据。

## 二、提供证据的要求

**第十条** 根据行政诉讼法第三十一条第一款第(一)项的规定,当事人向人民法院提供书证的,应当符合下列要求:

(一)提供书证的原件,原本、正本和副本均属于书证的原件。提供原件确有困难的,可以提供与原件核对无误的复印件、照片、节录本;

（二）提供由有关部门保管的书证原件的复制件、影印件或者抄录件的，应当注明出处，经该部门核对无异后加盖其印章；

（三）提供报表、图纸、会计账册、专业技术资料、科技文献等书证的，应当附有说明材料；

（四）被告提供的被诉具体行政行为所依据的询问、陈述、谈话类笔录，应当有行政执法人员、被询问人、陈述人、谈话人签名或者盖章。

法律、法规、司法解释和规章对书证的制作形式另有规定的，从其规定。

**第十一条**　根据行政诉讼法第三十一条第一款第（二）项的规定，当事人向人民法院提供物证的，应当符合下列要求：

（一）提供原物。提供原物确有困难的，可以提供与原物核对无误的复制件或者证明该物证的照片、录像等其他证据；

（二）原物为数量较多的种类物的，提供其中的一部分。

**第十二条**　根据行政诉讼法第三十一条第一款第（三）项的规定，当事人向人民法院提供计算机数据或者录音、录像等视听资料的，应当符合下列要求：

（一）提供有关资料的原始载体。提供原始载体确有困难的，可以提供复制件；

（二）注明制作方法、制作时间、制作人和证明对象等；

（三）声音资料应当附有该声音内容的文字记录。

**第十三条**　根据行政诉讼法第三十一条第一款第（四）项的规定，当事人向人民法院提供证人证言的，应当符合下列要求：

（一）写明证人的姓名、年龄、性别、职业、住址等基本情况；

（二）有证人的签名，不能签名的，应当以盖章等方式证明；

（三）注明出具日期；

（四）附有居民身份证复印件等证明证人身份的文件。

**第十四条**　根据行政诉讼法第三十一条第一款第（六）项的规定，被告向人民法院提供的在行政程序中采用的鉴定结论，应当载明委托人和委托鉴定的事项、向鉴定部门提交的相关材料、鉴定的依据和使用的科学技术手段、鉴定部门和鉴定人鉴定资格的说明，并应有鉴定人的签名和鉴定部门的盖章。通过分析获得的鉴定结论，应当说明分析过程。

**第十五条** 根据行政诉讼法第三十一条第一款第(七)项的规定,被告向人民法院提供的现场笔录,应当载明时间、地点和事件等内容,并由执法人员和当事人签名。当事人拒绝签名或者不能签名的,应当注明原因。有其他人在现场的,可由其他人签名。法律、法规和规章对现场笔录的制作形式另有规定的,从其规定。

**第十六条** 当事人向人民法院提供的在中华人民共和国领域外形成的证据,应当说明来源,经所在国公证机关证明,并经中华人民共和国驻该国使领馆认证,或者履行中华人民共和国与证据所在国订立的有关条约中规定的证明手续。

当事人提供的在中华人民共和国香港特别行政区、澳门特别行政区和台湾地区内形成的证据,应当具有按照有关规定办理的证明手续。

**第十七条** 当事人向人民法院提供外文书证或者外国语视听资料的,应当附有由具有翻译资质的机构翻译的或者其他翻译准确的中文译本,由翻译机构盖章或者翻译人员签名。

**第十八条** 证据涉及国家秘密、商业秘密或者个人隐私的,提供人应当作出明确标注,并向法庭说明,法庭予以审查确认。

**第十九条** 当事人应当对其提交的证据材料分类编号,对证据材料的来源、证明对象和内容作简要说明,签名或者盖章,注明提交日期。

**第二十条** 人民法院收到当事人提交的证据材料,应当出具收据,注明证据的名称、份数、页数、件数、种类等以及收到的时间,由经办人员签名或者盖章。

**第二十一条** 对于案情比较复杂或者证据数量较多的案件,人民法院可以组织当事人在开庭前向对方出示或者交换证据,并将交换证据的情况记录在卷。

### 三、调取和保全证据

**第二十二条** 根据行政诉讼法第三十四条第二款的规定,有下列情形之一的,人民法院有权向有关行政机关以及其他组织、公民调取证据:

(一)涉及国家利益、公共利益或者他人合法权益的事实认定的;

(二)涉及依职权追加当事人、中止诉讼、终结诉讼、回避等程序性事项的。

**第二十三条**　原告或者第三人不能自行收集，但能够提供确切线索的，可以申请人民法院调取下列证据材料：

（一）由国家有关部门保存而须由人民法院调取的证据材料；

（二）涉及国家秘密、商业秘密、个人隐私的证据材料；

（三）确因客观原因不能自行收集的其他证据材料。

人民法院不得为证明被诉具体行政行为的合法性，调取被告在作出具体行政行为时未收集的证据。

**第二十四条**　当事人申请人民法院调取证据的，应当在举证期限内提交调取证据申请书。

调取证据申请书应当写明下列内容：

（一）证据持有人的姓名或者名称、住址等基本情况；

（二）拟调取证据的内容；

（三）申请调取证据的原因及其要证明的案件事实。

**第二十五条**　人民法院对当事人调取证据的申请，经审查符合调取证据条件的，应当及时决定调取；不符合调取证据条件的，应当向当事人或者其诉讼代理人送达通知书，说明不准许调取的理由。当事人及其诉讼代理人可以在收到通知书之日起三日内向受理申请的人民法院书面申请复议一次。

人民法院应当在收到复议申请之日起五日内作出答复。人民法院根据当事人申请，经调取未能取得相应证据的，应当告知申请人并说明原因。

**第二十六条**　人民法院需要调取的证据在异地的，可以书面委托证据所在地人民法院调取。受托人民法院应当在收到委托书后，按照委托要求及时完成调取证据工作，送交委托人民法院。受托人民法院不能完成委托内容的，应当告知委托的人民法院并说明原因。

**第二十七条**　当事人根据行政诉讼法第三十六条的规定向人民法院申请保全证据的，应当在举证期限届满前以书面形式提出，并说明证据的名称和地点、保全的内容和范围、申请保全的理由等事项。

当事人申请保全证据的，人民法院可以要求其提供相应的担保。

法律、司法解释规定诉前保全证据的，依照其规定办理。

**第二十八条**　人民法院依照行政诉讼法第三十六条规定保全证据的，可以根据具体情况，采取查封、扣押、拍照、录音、录像、复制、鉴定、勘验、制作询问笔录等保全措施。

人民法院保全证据时,可以要求当事人或者其诉讼代理人到场。

**第二十九条** 原告或者第三人有证据或者有正当理由表明被告据以认定案件事实的鉴定结论可能有错误,在举证期限内书面申请重新鉴定的,人民法院应予准许。

**第三十条** 当事人对人民法院委托的鉴定部门作出的鉴定结论有异议申请重新鉴定,提出证据证明存在下列情形之一的,人民法院应予准许:

(一)鉴定部门或者鉴定人不具有相应的鉴定资格的;

(二)鉴定程序严重违法的;

(三)鉴定结论明显依据不足的;

(四)经过质证不能作为证据使用的其他情形。

对有缺陷的鉴定结论,可以通过补充鉴定、重新质证或者补充质证等方式解决。

**第三十一条** 对需要鉴定的事项负有举证责任的当事人,在举证期限内无正当理由不提出鉴定申请、不预交鉴定费用或者拒不提供相关材料,致使对案件争议的事实无法通过鉴定结论予以认定的,应当对该事实承担举证不能的法律后果。

**第三十二条** 人民法院对委托或者指定的鉴定部门出具的鉴定书,应当审查是否具有下列内容:

(一)鉴定的内容;

(二)鉴定时提交的相关材料;

(三)鉴定的依据和使用的科学技术手段;

(四)鉴定的过程;

(五)明确的鉴定结论;

(六)鉴定部门和鉴定人鉴定资格的说明;

(七)鉴定人及鉴定部门签名盖章。

前款内容欠缺或者鉴定结论不明确的,人民法院可以要求鉴定部门予以说明、补充鉴定或者重新鉴定。

**第三十三条** 人民法院可以依当事人申请或者依职权勘验现场。

勘验现场时,勘验人必须出示人民法院的证件,并邀请当地基层组织或者当事人所在单位派人参加。当事人或其成年亲属应当到场，拒不到场的，不影响勘验的进行，但应当在勘验笔录中说明情况。

**第三十四条**　审判人员应当制作勘验笔录，记载勘验的时间、地点、勘验人、在场人、勘验的经过和结果，由勘验人、当事人、在场人签名。

勘验现场时绘制的现场图，应当注明绘制的时间、方位、绘制人姓名和身份等内容。

当事人对勘验结论有异议的，可以在举证期限内申请重新勘验，是否准许由人民法院决定。

## 四、证据的对质辨认和核实

**第三十五条**　证据应当在法庭上出示，并经庭审质证。未经庭审质证的证据，不能作为定案的依据。

当事人在庭前证据交换过程中没有争议并记录在卷的证据，经审判人员在庭审中说明后，可以作为认定案件事实的依据。

**第三十六条**　经合法传唤，因被告无正当理由拒不到庭而需要依法缺席判决的，被告提供的证据不能作为定案的依据，但当事人在庭前交换证据中没有争议的证据除外。

**第三十七条**　涉及国家秘密、商业秘密和个人隐私或者法律规定的其他应当保密的证据，不得在开庭时公开质证。

**第三十八条**　当事人申请人民法院调取的证据，由申请调取证据的当事人在庭审中出示，并由当事人质证。

人民法院依职权调取的证据，由法庭出示，并可就调取该证据的情况进行说明，听取当事人意见。

**第三十九条**　当事人应当围绕证据的关联性、合法性和真实性，针对证据有无证明效力以及证明效力大小，进行质证。

经法庭准许，当事人及其代理人可以就证据问题相互发问，也可以向证人、鉴定人或者勘验人发问。

当事人及其代理人相互发问，或者向证人、鉴定人、勘验人发问时，发问的内容应当与案件事实有关联，不得采用引诱、威胁、侮辱等语言或者方式。

**第四十条**　对书证、物证和视听资料进行质证时，当事人应当出示证据的

原件或者原物。但有下列情况之一的除外:

(一)出示原件或者原物确有困难并经法庭准许可以出示复制件或者复制品;

(二)原件或者原物已不存在,可以出示证明复制件、复制品与原件、原物一致的其他证据。

视听资料应当当庭播放或者显示,并由当事人进行质证。

**第四十一条** 凡是知道案件事实的人,都有出庭作证的义务。有下列情形之一的,经人民法院准许,当事人可以提交书面证言:

(一)当事人在行政程序或者庭前证据交换中对证人证言无异议的;

(二)证人因年迈体弱或者行动不便无法出庭的;

(三)证人因路途遥远、交通不便无法出庭的;

(四)证人因自然灾害等不可抗力或者其他意外事件无法出庭的;

(五)证人因其他特殊原因确实无法出庭的。

**第四十二条** 不能正确表达意志的人不能作证。

根据当事人申请,人民法院可以就证人能否正确表达意志进行审查或者交由有关部门鉴定。必要时,人民法院也可以依职权交由有关部门鉴定。

**第四十三条** 当事人申请证人出庭作证的,应当在举证期限届满前提出,并经人民法院许可。人民法院准许证人出庭作证的,应当在开庭审理前通知证人出庭作证。

当事人在庭审过程中要求证人出庭作证的,法庭可以根据审理案件的具体情况,决定是否准许以及是否延期审理。

**第四十四条** 有下列情形之一,原告或者第三人可以要求相关行政执法人员作为证人出庭作证:

(一)对现场笔录的合法性或者真实性有异议的;

(二)对扣押财产的品种或者数量有异议的;

(三)对检验的物品取样或者保管有异议的;

(四)对行政执法人员的身份的合法性有异议的;

(五)需要出庭作证的其他情形。

**第四十五条** 证人出庭作证时,应当出示证明其身份的证件。法庭应当告知其诚实作证的法律义务和作伪证的法律责任。

出庭作证的证人不得旁听案件的审理。法庭询问证人时,其他证人不得在场,但组织证人对质的除外。

**第四十六条**　证人应当陈述其亲历的具体事实。证人根据其经历所作的判断、推测或者评论,不能作为定案的依据。

**第四十七条**　当事人要求鉴定人出庭接受询问的,鉴定人应当出庭。鉴定人因正当事由不能出庭的,经法庭准许,可以不出庭,由当事人对其书面鉴定结论进行质证。

鉴定人不能出庭的正当事由,参照本规定第四十一条的规定。

对于出庭接受询问的鉴定人,法庭应当核实其身份、与当事人及案件的关系,并告知鉴定人如实说明鉴定情况的法律义务和故意作虚假说明的法律责任。

**第四十八条**　对被诉具体行政行为涉及的专门性问题,当事人可以向法庭申请由专业人员出庭进行说明,法庭也可以通知专业人员出庭说明。必要时,法庭可以组织专业人员进行对质。

当事人对出庭的专业人员是否具备相应专业知识、学历、资历等专业资格等有异议的,可以进行询问。由法庭决定其是否可以作为专业人员出庭。

专业人员可以对鉴定人进行询问。

**第四十九条**　法庭在质证过程中,对与案件没有关联的证据材料,应予排除并说明理由。

法庭在质证过程中,准许当事人补充证据的,对补充的证据仍应进行质证。

法庭对经过庭审质证的证据,除确有必要外,一般不再进行质证。

**第五十条**　在第二审程序中,对当事人依法提供的新的证据,法庭应当进行质证;当事人对第一审认定的证据仍有争议的,法庭也应当进行质证。

**第五十一条**　按照审判监督程序审理的案件,对当事人依法提供的新的证据,法庭应当进行质证;因原判决、裁定认定事实的证据不足而提起再审所涉及的主要证据,法庭也应当进行质证。

**第五十二条**　本规定第五十条和第五十一条中的"新的证据"是指以下证据:

(一)在一审程序中应当准予延期提供而未获准许的证据;

(二)当事人在一审程序中依法申请调取而未获准许或者未取得,人民法院在第二审程序中调取的证据;

(三)原告或者第三人提供的在举证期限届满后发现的证据。

**五、证据的审核认定**

**第五十三条** 人民法院裁判行政案件,应当以证据证明的案件事实为依据。

**第五十四条** 法庭应当对经过庭审质证的证据和无需质证的证据进行逐一审查和对全部证据综合审查,遵循法官职业道德,运用逻辑推理和生活经验,进行全面、客观和公正地分析判断,确定证据材料与案件事实之间的证明关系,排除不具有关联性的证据材料,准确认定案件事实。

**第五十五条** 法庭应当根据案件的具体情况,从以下方面审查证据的合法性:

(一)证据是否符合法定形式;

(二)证据的取得是否符合法律、法规、司法解释和规章的要求;

(三)是否有影响证据效力的其他违法情形。

**第五十六条** 法庭应当根据案件的具体情况,从以下方面审查证据的真实性:

(一)证据形成的原因;

(二)发现证据时的客观环境;

(三)证据是否为原件、原物,复制件、复制品与原件、原物是否相符;

(四)提供证据的人或者证人与当事人是否具有利害关系;

(五)影响证据真实性的其他因素。

**第五十七条** 下列证据材料不能作为定案依据:

(一)严重违反法定程序收集的证据材料;

(二)以偷拍、偷录、窃听等手段获取侵害他人合法权益的证据材料;

(三)以利诱、欺诈、胁迫、暴力等不正当手段获取的证据材料;

(四)当事人无正当事由超出举证期限提供的证据材料;

(五)在中华人民共和国领域以外或者在中华人民共和国香港特别行政区、澳门特别行政区和台湾地区形成的未办理法定证明手续的证据材料;

（六）当事人无正当理由拒不提供原件、原物，又无其他证据印证，且对方当事人不予认可的证据的复制件或者复制品；

（七）被当事人或者他人进行技术处理而无法辨明真伪的证据材料；

（八）不能正确表达意志的证人提供的证言；

（九）不具备合法性和真实性的其他证据材料。

**第五十八条** 以违反法律禁止性规定或者侵犯他人合法权益的方法取得的证据，不能作为认定案件事实的依据。

**第五十九条** 被告在行政程序中依照法定程序要求原告提供证据，原告依法应当提供而拒不提供，在诉讼程序中提供的证据，人民法院一般不予采纳。

**第六十条** 下列证据不能作为认定被诉具体行政行为合法的依据：

（一）被告及其诉讼代理人在作出具体行政行为后或者在诉讼程序中自行收集的证据；

（二）被告在行政程序中非法剥夺公民、法人或者其他组织依法享有的陈述、申辩或者听证权利所采用的证据；

（三）原告或者第三人在诉讼程序中提供的、被告在行政程序中未作为具体行政行为依据的证据。

**第六十一条** 复议机关在复议程序中收集和补充的证据，或者作出原具体行政行为的行政机关在复议程序中未向复议机关提交的证据，不能作为人民法院认定原具体行政行为合法的依据。

**第六十二条** 对被告在行政程序中采纳的鉴定结论，原告或者第三人提出证据证明有下列情形之一的，人民法院不予采纳：

（一）鉴定人不具备鉴定资格；

（二）鉴定程序严重违法；

（三）鉴定结论错误、不明确或者内容不完整。

**第六十三条** 证明同一事实的数个证据，其证明效力一般可以按照下列情形分别认定：

（一）国家机关以及其他职能部门依职权制作的公文文书优于其他书证；

（二）鉴定结论、现场笔录、勘验笔录、档案材料以及经过公证或者登记的书证优于其他书证、视听资料和证人证言；

(三)原件、原物优于复制件、复制品;

(四)法定鉴定部门的鉴定结论优于其他鉴定部门的鉴定结论;

(五)法庭主持勘验所制作的勘验笔录优于其他部门主持勘验所制作的勘验笔录;

(六)原始证据优于传来证据;

(七)其他证人证言优于与当事人有亲属关系或者其他密切关系的证人提供的对该当事人有利的证言;

(八)出庭作证的证人证言优于未出庭作证的证人证言;

(九)数个种类不同、内容一致的证据优于一个孤立的证据。

**第六十四条** 以有形载体固定或者显示的电子数据交换、电子邮件以及其他数据资料,其制作情况和真实性经对方当事人确认,或者以公证等其他有效方式予以证明的,与原件具有同等的证明效力。

**第六十五条** 在庭审中一方当事人或者其代理人在代理权限范围内对另一方当事人陈述的案件事实明确表示认可的,人民法院可以对该事实予以认定。但有相反证据足以推翻的除外。

**第六十六条** 在行政赔偿诉讼中,人民法院主持调解时当事人为达成调解协议而对案件事实的认可,不得在其后的诉讼中作为对其不利的证据。

**第六十七条** 在不受外力影响的情况下,一方当事人提供的证据,对方当事人明确表示认可的,可以认定该证据的证明效力;对方当事人予以否认,但不能提供充分的证据进行反驳的,可以综合全案情况审查认定该证据的证明效力。

**第六十八条** 下列事实法庭可以直接认定:

(一)众所周知的事实;

(二)自然规律及定理;

(三)按照法律规定推定的事实;

(四)已经依法证明的事实;

(五)根据日常生活经验法则推定的事实。

前款(一)、(三)、(四)、(五)项,当事人有相反证据足以推翻的除外。

**第六十九条** 原告确有证据证明被告持有的证据对原告有利,被告无正当事由拒不提供的,可以推定原告的主张成立。

**第七十条**　生效的人民法院裁判文书或者仲裁机构裁决文书确认的事实,可以作为定案依据。但是如果发现裁判文书或者裁决文书认定的事实有重大问题的,应当中止诉讼,通过法定程序予以纠正后恢复诉讼。

**第七十一条**　下列证据不能单独作为定案依据:

(一)未成年人所作的与其年龄和智力状况不相适应的证言;

(二)与一方当事人有亲属关系或者其他密切关系的证人所作的对该当事人有利的证言,或者与一方当事人有不利关系的证人所作的对该当事人不利的证言;

(三)应当出庭作证而无正当理由不出庭作证的证人证言;

(四)难以识别是否经过修改的视听资料;

(五)无法与原件、原物核对的复制件或者复制品;

(六)经一方当事人或者他人改动,对方当事人不予认可的证据材料;

(七)其他不能单独作为定案依据的证据材料。

**第七十二条**　庭审中经过质证的证据,能够当庭认定的,应当当庭认定;不能当庭认定的,应当在合议庭合议时认定。

人民法院应当在裁判文书中阐明证据是否采纳的理由。

**第七十三条**　法庭发现当庭认定的证据有误,可以按照下列方式纠正:

(一)庭审结束前发现错误的,应当重新进行认定;

(二)庭审结束后宣判前发现错误的,在裁判文书中予以更正并说明理由,也可以再次开庭予以认定;

(三)有新的证据材料可能推翻已认定的证据的,应当再次开庭予以认定。

**六、附则**

**第七十四条**　证人、鉴定人及其近亲属的人身和财产安全受法律保护。

人民法院应当对证人、鉴定人的住址和联系方式予以保密。

**第七十五条**　证人、鉴定人因出庭作证或者接受询问而支出的合理费用,由提供证人、鉴定人的一方当事人先行支付,由败诉一方当事人承担。

**第七十六条**　证人、鉴定人作伪证的,依照行政诉讼法第四十九条第一款第(二)项的规定追究其法律责任。

**第七十七条** 诉讼参与人或者其他人有对审判人员或者证人、鉴定人、勘验人及其近亲属实施威胁、侮辱、殴打、骚扰或者打击报复等妨碍行政诉讼行为的,依照行政诉讼法第四十九条第一款第(三)项、第(五)项或者第(六)项的规定追究其法律责任。

**第七十八条** 对应当协助调取证据的单位和个人,无正当理由拒不履行协助义务的,依照行政诉讼法第四十九条第一款第(五)项的规定追究其法律责任。

**第七十九条** 本院以前有关行政诉讼的司法解释与本规定不一致的,以本规定为准。

**第八十条** 本规定自2002年10月1日起施行。2002年10月1日尚未审结的一审、二审和再审行政案件不适用本规定。

本规定施行前已经审结的行政案件,当事人以违反本规定为由申请再审的,人民法院不予支持。

本规定施行后按照审判监督程序决定再审的行政案件,适用本规定。

附录六

# 最高人民法院关于正确确定县级以上地方人民政府行政诉讼被告资格若干问题的规定

法释〔2021〕5号

（2021年2月22日最高人民法院审判委员会第1832次会议通过，自2021年4月1日起施行）

为准确适用《中华人民共和国行政诉讼法》，依法正确确定县级以上地方人民政府的行政诉讼被告资格，结合人民法院行政审判工作实际，制定本解释。

**第一条** 法律、法规、规章规定属于县级以上地方人民政府职能部门的行政职权，县级以上地方人民政府通过听取报告、召开会议、组织研究、下发文件等方式进行指导，公民、法人或者其他组织不服县级以上地方人民政府的指导行为提起诉讼的，人民法院应当释明，告知其以具体实施行政行为的职能部门为被告。

**第二条** 县级以上地方人民政府根据城乡规划法的规定，责成有关职能部门对违法建筑实施强制拆除，公民、法人或者其他组织不服强制拆除行为提起诉讼，人民法院应当根据行政诉讼法第二十六条第一款的规定，以作出强制拆除决定的行政机关为被告；没有强制拆除决定书的，以具体实施强制拆除行为的职能部门为被告。

**第三条** 公民、法人或者其他组织对集体土地征收中强制拆除房屋等行为不服提起诉讼的，除有证据证明系县级以上地方人民政府具体实施外，人民法院应当根据行政诉讼法第二十六条第一款的规定，以作出强制拆除决定的行政机关为被告；没有强制拆除决定书的，以具体实施强制拆除等行为的行政机关为被告。

县级以上地方人民政府已经作出国有土地上房屋征收与补偿决定,公民、法人或者其他组织不服具体实施房屋征收与补偿工作中的强制拆除房屋等行为提起诉讼的,人民法院应当根据行政诉讼法第二十六条第一款的规定,以作出强制拆除决定的行政机关为被告;没有强制拆除决定书的,以县级以上地方人民政府确定的房屋征收部门为被告。

**第四条** 公民、法人或者其他组织向县级以上地方人民政府申请履行法定职责或者给付义务,法律、法规、规章规定该职责或者义务属于下级人民政府或者相应职能部门的行政职权,县级以上地方人民政府已经转送下级人民政府或者相应职能部门处理并告知申请人,申请人起诉要求履行法定职责或者给付义务的,以下级人民政府或者相应职能部门为被告。

**第五条** 县级以上地方人民政府确定的不动产登记机构或者其他实际履行该职责的职能部门按照《不动产登记暂行条例》的规定办理不动产登记,公民、法人或者其他组织不服提起诉讼的,以不动产登记机构或者实际履行该职责的职能部门为被告。

公民、法人或者其他组织对《不动产登记暂行条例》实施之前由县级以上地方人民政府作出的不动产登记行为不服提起诉讼的,以继续行使其职权的不动产登记机构或者实际履行该职责的职能部门为被告。

**第六条** 县级以上地方人民政府根据《中华人民共和国政府信息公开条例》的规定,指定具体机构负责政府信息公开日常工作,公民、法人或者其他组织对该指定机构以自己名义所作的政府信息公开行为不服提起诉讼的,以该指定机构为被告。

**第七条** 被诉行政行为不是县级以上地方人民政府作出,公民、法人或者其他组织以县级以上地方人民政府作为被告的,人民法院应当予以指导和释明,告知其向有管辖权的人民法院起诉;公民、法人或者其他组织经人民法院释明仍不变更的,人民法院可以裁定不予立案,也可以将案件移送有管辖权的人民法院。

**第八条** 本解释自 2021 年 4 月 1 日起施行。本解释施行后,最高人民法院此前作出的相关司法解释与本解释相抵触的,以本解释为准。

## 附录七

# 最高人民法院关于办理行政申请再审案件若干问题的规定

法释〔2021〕6号

(2021年3月1日最高人民法院审判委员会第1833次会议通过,自2021年4月1日起施行)

为切实保障当事人申请再审的权利,切实有效解决行政争议,结合人民法院行政审判工作实践,根据《中华人民共和国行政诉讼法》的规定,制定本解释。

**第一条** 当事人不服高级人民法院已经发生法律效力的判决、裁定,依照行政诉讼法第九十条的规定向最高人民法院申请再审的,最高人民法院应当依法审查,分别情况予以处理。

**第二条** 下列行政申请再审案件中,原判决、裁定适用法律、法规确有错误的,最高人民法院应当裁定再审:

(一)在全国具有普遍法律适用指导意义的案件;

(二)在全国范围内或者省、自治区、直辖市有重大影响的案件;

(三)跨省、自治区、直辖市的案件;

(四)重大涉外或者涉及香港特别行政区、澳门特别行政区、台湾地区的案件;

(五)涉及重大国家利益、社会公共利益的案件;

(六)经高级人民法院审判委员会讨论决定的案件;

(七)最高人民法院认为应当再审的其他案件。

**第三条** 行政申请再审案件有下列情形之一的,最高人民法院可以决定

由作出生效判决、裁定的高级人民法院审查:

(一)案件基本事实不清、诉讼程序违法、遗漏诉讼请求的;

(二)再审申请人或者第三人人数众多的;

(三)由高级人民法院审查更适宜实质性化解行政争议的;

(四)最高人民法院认为可以由高级人民法院审查的其他情形。

**第四条** 已经发生法律效力的判决、裁定认定事实清楚,适用法律、法规正确,当事人主张的再审事由不成立的,最高人民法院可以迳行裁定驳回再审申请。

**第五条** 当事人不服人民法院再审判决、裁定的,可以依法向人民检察院申请抗诉或者检察建议。

**第六条** 本解释自2021年4月1日起施行。本解释施行后,最高人民法院此前作出的相关司法解释与本解释相抵触的,以本解释为准。

附录八

# 中华人民共和国国家赔偿法

（1994年5月12日第八届全国人民代表大会常务委员会第七次会议通过　1994年5月12日中华人民共和国主席令第23号公布　根据2010年4月29日第十一届全国人民代表大会常务委员会第十四次会议通过　2010年4月29日中华人民共和国主席令29号公布　自2010年12月1日起施行的《全国人民代表大会常务委员会关于修改〈中华人民共和国国家赔偿法〉的决定》第一次修正　根据2012年10月26日第十一届全国人民代表大会常务委员会第二十九次会议通过　2012年10月26日中华人民共和国主席令第68号公布　自2013年1月1日起施行的《全国人民代表大会常务委员会关于修改〈中华人民共和国国家赔偿法〉的决定》第二次修正）

目　　录

## 第一章　总　　则

**第一条**　为保障公民、法人和其他组织享有依法取得国家赔偿的权利,促进国家机关依法行使职权,根据宪法,制定本法。

**第二条**　国家机关和国家机关工作人员行使职权,有本法规定的侵犯公民、法人和其他组织合法权益的情形,造成损害的,受害人有依照本法取得国家赔偿的权利。

本法规定的赔偿义务机关,应当依照本法及时履行赔偿义务。

## 第二章　行政赔偿

### 第一节　赔偿范围

**第三条**　行政机关及其工作人员在行使行政职权时有下列侵犯人身权情形之一的,受害人有取得赔偿的权利:

(一)违法拘留或者违法采取限制公民人身自由的行政强制措施的;

(二)非法拘禁或者以其他方法非法剥夺公民人身自由的;

(三)以殴打、虐待等行为或者唆使、放纵他人以殴打、虐待等行为造成公民身体伤害或者死亡的;

(四)违法使用武器、警械造成公民身体伤害或者死亡的;

(五)造成公民身体伤害或者死亡的其他违法行为。

**第四条**　行政机关及其工作人员在行使行政职权时有下列侵犯财产权情形之一的,受害人有取得赔偿的权利:

(一)违法实施罚款、吊销许可证和执照、责令停产停业、没收财物等行政处罚的;

(二)违法对财产采取查封、扣押、冻结等行政强制措施的;

(三)违法征收、征用财产的;

(四)造成财产损害的其他违法行为。

**第五条**　属于下列情形之一的,国家不承担赔偿责任:

(一)行政机关工作人员与行使职权无关的个人行为;

(二)因公民、法人和其他组织自己的行为致使损害发生的;

(三)法律规定的其他情形。

### 第二节　赔偿请求人和赔偿义务机关

**第六条**　受害的公民、法人和其他组织有权要求赔偿。

受害的公民死亡,其继承人和其他有扶养关系的亲属有权要求赔偿。

受害的法人或者其他组织终止的,其权利承受人有权要求赔偿。

**第七条**　行政机关及其工作人员行使行政职权侵犯公民、法人和其他组织的合法权益造成损害的,该行政机关为赔偿义务机关。

两个以上行政机关共同行使行政职权时侵犯公民、法人和其他组织的合法权益造成损害的,共同行使行政职权的行政机关为共同赔偿义务机关。

法律、法规授权的组织在行使授予的行政权力时侵犯公民、法人和其他组织的合法权益造成损害的,被授权的组织为赔偿义务机关。

受行政机关委托的组织或者个人在行使受委托的行政权力时侵犯公民、法人和其他组织的合法权益造成损害的,委托的行政机关为赔偿义务机关。

赔偿义务机关被撤销的,继续行使其职权的行政机关为赔偿义务机关;没有继续行使其职权的行政机关的,撤销该赔偿义务机关的行政机关为赔偿义务机关。

**第八条**　经复议机关复议的,最初造成侵权行为的行政机关为赔偿义务机关,但复议机关的复议决定加重损害的,复议机关对加重的部分履行赔偿义务。

### 第三节　赔偿程序

**第九条**　赔偿义务机关有本法第三条、第四条规定情形之一的,应当给予赔偿。

赔偿请求人要求赔偿,应当先向赔偿义务机关提出,也可以在申请行政复议或者提起行政诉讼时一并提出。

**第十条**　赔偿请求人可以向共同赔偿义务机关中的任何一个赔偿义务机关要求赔偿,该赔偿义务机关应当先予赔偿。

**第十一条** 赔偿请求人根据受到的不同损害，可以同时提出数项赔偿要求。

**第十二条** 要求赔偿应当递交申请书，申请书应当载明下列事项：

(一)受害人的姓名、性别、年龄、工作单位和住所，法人或者其他组织的名称、住所和法定代表人或者主要负责人的姓名、职务；

(二)具体的要求、事实根据和理由；

(三)申请的年、月、日。

赔偿请求人书写申请书确有困难的，可以委托他人代书；也可以口头申请，由赔偿义务机关记入笔录。

赔偿请求人不是受害人本人的，应当说明与受害人的关系，并提供相应证明。

赔偿请求人当面递交申请书的，赔偿义务机关应当当场出具加盖本行政机关专用印章并注明收讫日期的书面凭证。申请材料不齐全的，赔偿义务机关应当当场或者在五日内一次性告知赔偿请求人需要补正的全部内容。

**第十三条** 赔偿义务机关应当自收到申请之日起两个月内，作出是否赔偿的决定。赔偿义务机关作出赔偿决定，应当充分听取赔偿请求人的意见，并可以与赔偿请求人就赔偿方式、赔偿项目和赔偿数额依照本法第四章的规定进行协商。

赔偿义务机关决定赔偿的，应当制作赔偿决定书，并自作出决定之日起十日内送达赔偿请求人。

赔偿义务机关决定不予赔偿的，应当自作出决定之日起十日内书面通知赔偿请求人，并说明不予赔偿的理由。

**第十四条** 赔偿义务机关在规定期限内未作出是否赔偿的决定，赔偿请求人可以自期限届满之日起三个月内，向人民法院提起诉讼。

赔偿请求人对赔偿的方式、项目、数额有异议的，或者赔偿义务机关作出不予赔偿决定的，赔偿请求人可以自赔偿义务机关作出赔偿或者不予赔偿决定之日起三个月内，向人民法院提起诉讼。

**第十五条** 人民法院审理行政赔偿案件，赔偿请求人和赔偿义务机关对自己提出的主张，应当提供证据。

赔偿义务机关采取行政拘留或者限制人身自由的强制措施期间，被限制人身自由的人死亡或者丧失行为能力的，赔偿义务机关的行为与被限制人身自由的人的死亡或者丧失行为能力是否存在因果关系，赔偿义务机关应当提供证据。

**第十六条**　赔偿义务机关赔偿损失后，应当责令有故意或者重大过失的工作人员或者受委托的组织或者个人承担部分或者全部赔偿费用。

对有故意或者重大过失的责任人员，有关机关应当依法给予处分；构成犯罪的，应当依法追究刑事责任。

## 第三章　刑事赔偿

### 第一节　赔偿范围

**第十七条**　行使侦查、检察、审判职权的机关以及看守所、监狱管理机关及其工作人员在行使职权时有下列侵犯人身权情形之一的，受害人有取得赔偿的权利：

（一）违反刑事诉讼法的规定对公民采取拘留措施的，或者依照刑事诉讼法规定的条件和程序对公民采取拘留措施，但是拘留时间超过刑事诉讼法规定的时限，其后决定撤销案件、不起诉或者判决宣告无罪终止追究刑事责任的；

（二）对公民采取逮捕措施后，决定撤销案件、不起诉或者判决宣告无罪终止追究刑事责任的；

（三）依照审判监督程序再审改判无罪，原判刑罚已经执行的；

（四）刑讯逼供或者以殴打、虐待等行为或者唆使、放纵他人以殴打、虐待等行为造成公民身体伤害或者死亡的；

（五）违法使用武器、警械造成公民身体伤害或者死亡的。

**第十八条**　行使侦查、检察、审判职权的机关以及看守所、监狱管理机关及其工作人员在行使职权时有下列侵犯财产权情形之一的，受害人有取得赔偿的权利：

（一）违法对财产采取查封、扣押、冻结、追缴等措施的；

（二）依照审判监督程序再审改判无罪，原判罚金、没收财产已经执行的。

**第十九条**　属于下列情形之一的，国家不承担赔偿责任：

(一)因公民自己故意作虚伪供述,或者伪造其他有罪证据被羁押或者被判处刑罚的;

(二)依照刑法第十七条、第十八条规定不负刑事责任的人被羁押的;

(三)依照刑事诉讼法第十五条、第一百七十三条第二款、第二百七十三条第二款、第二百七十九条规定不追究刑事责任的人被羁押的;

(四)行使侦查、检察、审判职权的机关以及看守所、监狱管理机关的工作人员与行使职权无关的个人行为;

(五)因公民自伤、自残等故意行为致使损害发生的;

(六)法律规定的其他情形。

### 第二节　赔偿请求人和赔偿义务机关

**第二十条**　赔偿请求人的确定依照本法第六条的规定。

**第二十一条**　行使侦查、检察、审判职权的机关以及看守所、监狱管理机关及其工作人员在行使职权时侵犯公民、法人和其他组织的合法权益造成损害的,该机关为赔偿义务机关。

对公民采取拘留措施,依照本法的规定应当给予国家赔偿的,作出拘留决定的机关为赔偿义务机关。

对公民采取逮捕措施后决定撤销案件、不起诉或者判决宣告无罪的,作出逮捕决定的机关为赔偿义务机关。

再审改判无罪的,作出原生效判决的人民法院为赔偿义务机关。二审改判无罪,以及二审发回重审后作无罪处理的,作出一审有罪判决的人民法院为赔偿义务机关。

### 第三节　赔偿程序

**第二十二条**　赔偿义务机关有本法第十七条、第十八条规定情形之一的,应当给予赔偿。

赔偿请求人要求赔偿,应当先向赔偿义务机关提出。

赔偿请求人提出赔偿请求,适用本法第十一条、第十二条的规定。

**第二十三条**　赔偿义务机关应当自收到申请之日起两个月内,作出是否赔偿的决定。赔偿义务机关作出赔偿决定,应当充分听取赔偿请求人的意见，并可以与赔偿请求人就赔偿方式、赔偿项目和赔偿数额依照本法第四章的规定进行协商。

赔偿义务机关决定赔偿的，应当制作赔偿决定书，并自作出决定之日起十日内送达赔偿请求人。

赔偿义务机关决定不予赔偿的，应当自作出决定之日起十日内书面通知赔偿请求人，并说明不予赔偿的理由。

**第二十四条**　赔偿义务机关在规定期限内未作出是否赔偿的决定，赔偿请求人可以自期限届满之日起三十日内向赔偿义务机关的上一级机关申请复议。

赔偿请求人对赔偿的方式、项目、数额有异议的，或者赔偿义务机关作出不予赔偿决定的，赔偿请求人可以自赔偿义务机关作出赔偿或者不予赔偿决定之日起三十日内，向赔偿义务机关的上一级机关申请复议。

赔偿义务机关是人民法院的，赔偿请求人可以依照本条规定向其上一级人民法院赔偿委员会申请作出赔偿决定。

**第二十五条**　复议机关应当自收到申请之日起两个月内作出决定。

赔偿请求人不服复议决定的，可以在收到复议决定之日起三十日内向复议机关所在地的同级人民法院赔偿委员会申请作出赔偿决定；复议机关逾期不作决定的，赔偿请求人可以自期限届满之日起三十日内向复议机关所在地的同级人民法院赔偿委员会申请作出赔偿决定。

**第二十六条**　人民法院赔偿委员会处理赔偿请求，赔偿请求人和赔偿义务机关对自己提出的主张，应当提供证据。

被羁押人在羁押期间死亡或者丧失行为能力的，赔偿义务机关的行为与被羁押人的死亡或者丧失行为能力是否存在因果关系，赔偿义务机关应当提供证据。

**第二十七条**　人民法院赔偿委员会处理赔偿请求，采取书面审查的办法。必要时，可以向有关单位和人员调查情况、收集证据。赔偿请求人与赔偿义务机关对损害事实及因果关系有争议的，赔偿委员会可以听取赔偿请求人和赔偿义务机关的陈述和申辩，并可以进行质证。

**第二十八条**　人民法院赔偿委员会应当自收到赔偿申请之日起三个月内作出决定；属于疑难、复杂、重大案件的，经本院院长批准，可以延长三个月。

**第二十九条** 中级以上的人民法院设立赔偿委员会,由人民法院三名以上审判员组成,组成人员的人数应当为单数。

赔偿委员会作赔偿决定,实行少数服从多数的原则。

赔偿委员会作出的赔偿决定,是发生法律效力的决定,必须执行。

**第三十条** 赔偿请求人或者赔偿义务机关对赔偿委员会作出的决定,认为确有错误的,可以向上一级人民法院赔偿委员会提出申诉。

赔偿委员会作出的赔偿决定生效后,如发现赔偿决定违反本法规定的,经本院院长决定或者上级人民法院指令,赔偿委员会应当在两个月内重新审查并依法作出决定,上一级人民法院赔偿委员会也可以直接审查并作出决定。

最高人民检察院对各级人民法院赔偿委员会作出的决定,上级人民检察院对下级人民法院赔偿委员会作出的决定,发现违反本法规定的,应当向同级人民法院赔偿委员会提出意见,同级人民法院赔偿委员会应当在两个月内重新审查并依法作出决定。

**第三十一条** 赔偿义务机关赔偿后,应当向有下列情形之一的工作人员追偿部分或者全部赔偿费用:

(一)有本法第十七条第四项、第五项规定情形的;

(二)在处理案件中有贪污受贿,徇私舞弊,枉法裁判行为的。

对有前款规定情形的责任人员,有关机关应当依法给予处分;构成犯罪的,应当依法追究刑事责任。

## 第四章 赔偿方式和计算标准

**第三十二条** 国家赔偿以支付赔偿金为主要方式。

能够返还财产或者恢复原状的,予以返还财产或者恢复原状。

**第三十三条** 侵犯公民人身自由的,每日赔偿金按照国家上年度职工日平均工资计算。

**第三十四条** 侵犯公民生命健康权的,赔偿金按照下列规定计算:

(一)造成身体伤害的,应当支付医疗费、护理费,以及赔偿因误工减少的收入。减少的收入每日的赔偿金按照国家上年度职工日平均工资计算,最高额为国家上年度职工年平均工资的五倍;

(二)造成部分或者全部丧失劳动能力的,应当支付医疗费、护理费、残疾生活辅助具费、康复费等因残疾而增加的必要支出和继续治疗所必需的费用,以及残疾赔偿金。残疾赔偿金根据丧失劳动能力的程度,按照国家规定的伤残等级确定,最高不超过国家上年度职工年平均工资的二十倍。造成全部丧失劳动能力的,对其扶养的无劳动能力的人,还应当支付生活费;

(三)造成死亡的,应当支付死亡赔偿金、丧葬费,总额为国家上年度职工年平均工资的二十倍。对死者生前扶养的无劳动能力的人,还应当支付生活费。

前款第二项、第三项规定的生活费的发放标准,参照当地最低生活保障标准执行。被扶养的人是未成年人的,生活费给付至十八周岁止;其他无劳动能力的人,生活费给付至死亡时止。

**第三十五条**　有本法第三条或者第十七条规定情形之一,致人精神损害的,应当在侵权行为影响的范围内,为受害人消除影响,恢复名誉,赔礼道歉;造成严重后果的,应当支付相应的精神损害抚慰金。

**第三十六条**　侵犯公民、法人和其他组织的财产权造成损害的,按照下列规定处理:

(一)处罚款、罚金、追缴、没收财产或者违法征收、征用财产的,返还财产;

(二)查封、扣押、冻结财产的,解除对财产的查封、扣押、冻结,造成财产损坏或者灭失的,依照本条第三项、第四项的规定赔偿;

(三)应当返还的财产损坏的,能够恢复原状的恢复原状,不能恢复原状的,按照损害程度给付相应的赔偿金;

(四)应当返还的财产灭失的,给付相应的赔偿金;

(五)财产已经拍卖或者变卖的,给付拍卖或者变卖所得的价款;变卖的价款明显低于财产价值的,应当支付相应的赔偿金;

(六)吊销许可证和执照、责令停产停业的,赔偿停产停业期间必要的经常性费用开支;

(七)返还执行的罚款或者罚金、追缴或者没收的金钱,解除冻结的存款或者汇款的,应当支付银行同期存款利息;

(八)对财产权造成其他损害的,按照直接损失给予赔偿。

**第三十七条**　赔偿费用列入各级财政预算。

赔偿请求人凭生效的判决书、复议决定书、赔偿决定书或者调解书,向赔偿义务机关申请支付赔偿金。

赔偿义务机关应当自收到支付赔偿金申请之日起七日内,依照预算管理权限向有关的财政部门提出支付申请。财政部门应当自收到支付申请之日起十五日内支付赔偿金。

赔偿费用预算与支付管理的具体办法由国务院规定。

## 第五章　其他规定

**第三十八条**　人民法院在民事诉讼、行政诉讼过程中,违法采取对妨害诉讼的强制措施、保全措施或者对判决、裁定及其他生效法律文书执行错误,造成损害的,赔偿请求人要求赔偿的程序,适用本法刑事赔偿程序的规定。

**第三十九条**　赔偿请求人请求国家赔偿的时效为两年,自其知道或者应当知道国家机关及其工作人员行使职权时的行为侵犯其人身权、财产权之日起计算,但被羁押等限制人身自由期间不计算在内。在申请行政复议或者提起行政诉讼时一并提出赔偿请求的,适用行政复议法、行政诉讼法有关时效的规定。

赔偿请求人在赔偿请求时效的最后六个月内,因不可抗力或者其他障碍不能行使请求权的,时效中止。从中止时效的原因消除之日起,赔偿请求时效期间继续计算。

**第四十条**　外国人、外国企业和组织在中华人民共和国领域内要求中华人民共和国国家赔偿的,适用本法。

外国人、外国企业和组织的所属国对中华人民共和国公民、法人和其他组织要求该国国家赔偿的权利不予保护或者限制的,中华人民共和国与该外国人、外国企业和组织的所属国实行对等原则。

## 第六章　附　　则

**第四十一条**　赔偿请求人要求国家赔偿的,赔偿义务机关、复议机关和人民法院不得向赔偿请求人收取任何费用。

对赔偿请求人取得的赔偿金不予征税。

**第四十二条**　本法自 1995 年 1 月 1 日起施行。

**图书在版编目(CIP)数据**

行政诉讼法 / 姜明安著. -- 4版. -- 北京 : 法律出版社, 2021
(姜明安公法著作系列丛书)
ISBN 978-7-5197-5692-5

Ⅰ. ①行… Ⅱ. ①姜… Ⅲ. ①行政诉讼法－研究－中国 Ⅳ. ①D925.304

中国版本图书馆CIP数据核字(2021)第113771号

**行政诉讼法(第四版)**
**XINGZHENG SUSONGFA(DI-SI BAN)**

姜明安 著

策划编辑 朱 峰
责任编辑 朱 峰 李缙漪
装帧设计 贾丹丹

**出版发行** 法律出版社
**编辑统筹** 辞书·融出版编辑部
**责任校对** 周合芝 周诗湄
**责任印制** 张建伟
**经　　销** 新华书店

**开本** 710毫米×1000毫米 1/16
**印张** 36.75 **字数** 572千
**版本** 2021年7月第4版
**印次** 2021年7月第1次印刷
**印刷** 三河市龙大印装有限公司

地址:北京市丰台区莲花池西里7号(100073)
网址:www.lawpress.com.cn
投稿邮箱:info@lawpress.com.cn
举报盗版邮箱:jbwq@lawpress.com.cn

销售电话:010-83938349
客服电话:010-83938350
咨询电话:010-63939796


**书号**:ISBN 978-7-5197-5692-5
**定价**:158.00元